TOME ~~XVIII~~ I

MÉMOIRES DE LA SOCIÉTÉ ARCHÉOLOGIQUE DE TOURAINE

ARMORIAL GÉNÉRAL DE LA TOURAINE

ARMORIAL GÉNÉRAL

DE

LA TOURAINE

PRÉCÉDÉ

D'UNE NOTICE SUR LES ORDONNANCES, ÉDITS, DÉCLARATIONS
ET RÈGLEMENTS RELATIFS AUX ARMOIRIES AVANT 1789

Par J.-X. CARRÉ DE BUSSEROLLE
Membre de la Société archéologique de Touraine

Publié par la Société archéologique de Touraine

TOME XVIII.

TOURS
IMPRIMERIE LADEVÈZE, RUE ROYALE, 39 BIS
1866

PRÉFACE

La science héraldique, pendant longtemps délaissée,
sous le prétexte que des vanités personnelles pouvaient
seules y trouver leur compte, est aujourd'hui en honneur. Nous nous en félicitons, parce qu'elle profitera
en plus d'une circonstance aux recherches des personnes
que leurs goûts et leur patriotisme portent à une étude
approfondie de notre histoire et de nos gloires nationales.

Appliquée à l'archéologie surtout, elle offre une utilité
incontestable. Lorsqu'on visite une église, un vieux ma-
noir, l'occasion se présente à chaque pas de l'appeler à
son secours. Signes muets, simples motifs d'ornemen-
tation aux yeux des personnes étrangères au blason, les
armoiries que l'on rencontre sur les vitraux, sur les
pierres tombales, aux clefs des voûtes, sur les litres
funèbres, sont pour celui à qui l'érudition héraldique est
familière autant de notes précieuses à l'aide desquelles

il pourra souvent découvrir l'origine d'une fondation vainement cherchée à d'autres sources, ou le nom d'une personne illustre que l'histoire locale a négligé d'enregistrer.

Très-bon auxiliaire dans l'étude des monuments, l'art du blason est indispensable à ceux qui s'occupent de numismatique et de sigillographie; il complète ces deux branches de connaissances et doit en être inséparable.

Dès le début de mes travaux historiques sur la Touraine, et dans le cours d'une longue pratique, j'ai pu me convaincre de toute l'utilité de la science des armoiries, et c'est de cette conviction que m'est venue la pensée de former un recueil général d'armes tourangelles, destiné à faciliter la recherche des familles ou des individus propriétaires des blasons existant dans nos anciens monuments civils et religieux et sur les sceaux, médailles ou monnaies relatifs à notre province.

Ce recueil a été commencé en 1845. Son plan est vaste, et je ne pense pas que jusqu'ici il ait été fait, dans ce genre, pour aucun de nos départements, un travail plus développé.

L'ouvrage comprend les armoiries des familles nobles qui ont résidé en Touraine ; — celles des chevaliers-croisés de cette province ; — des chevaliers-bannerets, — des sénéchaux, — des grands-baillis-gouverneurs, — des gouverneurs-lieutenants-généraux, — des lieutenants-généraux du roi, — des baillis, — des baillis d'épée, — des baillis des ressorts et exemptions, — des intendants de Touraine, — des archevêques de Tours, — des dignitaires des églises de Saint-Gatien et de Saint-Martin (doyens, chanoines, vicaires-généraux, archidiacres, etc..); — des abbayes, collégiales, chapitres,

prieurés et couvents; des abbés, prieurs, abbesses et prieu-
res, — des trésoriers au bureau des finances de la généralité de Tours; — des capitaines-gouverneurs des principaux
châteaux, — des maires et échevins de Tours et autres
villes, — de magistrats, conseillers du roi, juges, lieutenants, aux siéges et baillages de Tours, de Loches,
de Chinon; etc...

A cette nomenclature viennent s'ajouter les blasons
d'un certain nombre de familles bourgeoises, — celles
des principales villes de Touraine, et enfin les armoiries
des corporations et communautés.

Souvent, aux articles concernant la noblesse, je n'ai
pu donner que le nom et les armes. Mais aussi, lorsque
le résultat de mes recherches l'a permis, j'y ai joint
quelques notes résumant les situations nobiliaires et in-
diquant les principales alliances, les fonctionnaires tourangeaux que la famille a fournis, les maintenues de
noblesse, les dates d'érection des terres titrées ou de
concession de titres, et les comparutions aux assemblées électorales des gentilshommes en 1789. L'objet
spécial de l'ouvrage étant l'énonciation des blasons, ainsi
que l'indique le titre, je ne me suis pas astreint à réunir toutes les preuves de noblesse de chaque maison.
Je me suis borné à relever quelques-unes de ces preuves,
afin de bien établir l'identité des familles, de prévenir
les erreurs pouvant résulter des similitudes de noms et
de fixer d'une manière exacte l'attribution des armoiries.

Il rentre également dans le but de l'ouvrage de faire
connaître le plus grand nombre possible des fiefs pos-
sédés dans notre province par les maisons nobles ou non
nobles, comme aussi de marquer les époques de possession. Ces documents, auront sans aucun doute un grand

intérêt pour les personnes qui voudraient soit entreprendre l'histoire ou la géographie féodale de la Touraine, soit dresser des listes chronologiques des seigneurs de telle ou telle localité. Des tables de noms de lieu placées à la fin de l'*Armorial* rendront d'ailleurs ce travail d'un usage très-facile.

Dans une publication aussi étendue, aussi compliquée, et qui avant tout doit être pratique, j'ai simplifié le plus possible l'agencement des documents. C'est ainsi que, pour éviter des répétitions d'armoiries ou des renvois qui se fussent multipliés à l'infini, j'ai réuni les noms des fonctionnaires et des dignitaires ecclésiastiques tourangeaux à la notice de leurs familles, en prenant soin toutefois de signaler les différences existant entre leurs blasons et ceux de la maison à laquelle il se relie. Par suite de cette disposition, et en l'absence de désignation spéciale on devra attribuer à ces personnages les armes pleines de la famille.

L'*Armorial général*, quelque considérables que soient les éléments dont il se compose, n'a pas la prétention de contenir toutes les armoiries qui ont été en usage en Touraine depuis leur origine jusqu'à notre époque. J'ai dû en effet en éliminer beaucoup de familles tourangelles, nobles ou bourgeoises, beaucoup d'hommes illustres, de dignitaires ecclésiastiques, de magistrats et autres fonctionnaires dont je n'ai pu, malgré les plus persévérantes recherches, me procurer les armoiries.

Ces lacunes eussent été bien plus nombreuses encore, je dois le reconnaître, si bon nombre de familles, répondant à mon appel avec un empressement plein de courtoisie, ne m'eussent fourni une foule de renseignements héraldiques et historiques fort importants, souvent inédits et ayant d'ailleurs tous les caractères d'authenticité désirables.

Quelques-unes de ces familles ne se sont pas bornées à des communications de pièces qui les intéressaient directement; elles ont aussi mis à ma disposition des documents relatifs à d'autres maisons tourangelles et sur lesquels j'aurai à revenir dans la revue sommaire des sources où j'ai puisé pour la composition de l'*Armorial général de Touraine.*

Ces sources tant manuscrites qu'imprimées sont très-nombreuses; je ne m'occuperai ici que des principales.

Je citerai d'abord, bien que je ne les aie consultés qu'en dernier lieu, les manuscrits de M. Lambron de Lignim.

M. Lambron de Lignim avait depuis longtemps formé le projet de publier un armorial général de notre province. Le 27 mars 1857 il l'annonça à la Société archéologique de Touraine et développa son plan.

Dès 1845, comme je l'ai déjà dit, je m'occupais de réunir les éléments d'une semblable publication, destinée également à être offerte à la Société archéologique de Touraine. En apprenant le projet de M. Lambron je dus, respectant la priorité acquise à mon collègue, suspendre mon travail, déjà très-avancé et représentant alors douze années de recherches.

Lorsque, après la mort de M. Lambron de Lignim, je pus examiner ses papiers, généreusement offerts, par sa veuve, à la bibliothèque municipale de Tours, je reconnus que l'Armorial n'était encore qu'à l'état d'ébauche, en le comparant au plan annoncé. Pour mener l'œuvre au point voulu, il eût fallu entreprendre un dépouillement de notes considérable et se livrer à des investigations pleines de difficultés résultant surtout de renvois, d'une foule d'abréviations bien connues sans doute de l'auteur lui-même, mais dont une autre personne ne trouverait pas toujours la clé.

Je ne pouvais m'imposer cette tâche, alors que j'avais dans les mains un travail du même genre, fruit de mes propres recherches, travail beaucoup plus large dans sa base, plus complet sous certains rapports, et bien plus avancé dans son organisation que l'armorial de M. Lambron de Lignim. Il était conforme à la raison de reprendre mon ouvrage, en y ajoutant les renseignements nouveaux que je pourrais découvrir dans l'œuvre de mon collègue, dont la publication ne me semblait pas possible.

Travailleur assidu, infatigable, M. Lambron de Lignim a employé de longues années à rassembler des documents non-seulement en vue de l'Armorial, mais aussi pour d'autres parties non moins intéressantes de l'histoire de Touraine, portant plus spécialement son attention sur les généalogies des familles nobles et bourgeoises de notre province.

Dans les registres de l'état-civil des paroisses de Tours, il a trouvé et relevé des éléments de filiation de familles appuyés sur des dates certaines et très-souvent inédits. Les archives municipales de la même ville, celles de la préfecture d'Indre-et-Loire, la bibliothèque de Tours, celle de l'Arsenal à Paris, ont été de sa part l'objet de minutieuses investigations. A la Bibliothèque impériale il a recueilli, dans l'Armorial général de d'Hozier (manuscrit) beaucoup de blasons se rapportant à la Touraine, à l'Anjou et au Maine. Il s'est adressé également aux études des notaires, et maintes fois il a reçu des familles nobles du pays des communications d'armoiries et de notes généalogiques.

Il est à remarquer que ses recherches, ayant porté

pour la plus grande partie sur des manuscrits, sur des
pièces originales, offrent une garantie d'exactitude qui
ajoute singulièrement à leur valeur.

Les notes de M. Lambron de Lignim forment des re-
cueils assez volumineux, qui font aujourd'hui partie de
la bibliothèque municipale de Tours. Elles ont fort
utilement servi à mon armorial, soit en me permettant
d'exercer un contrôle sur mes propres renseignements,
soit en ajoutant de nouvelles indications à celles qui me
provenaient d'autres sources manuscrites et imprimées
dont je vais parler :

La collection dite de dom Housseau, due aux travaux
de ce savant bénédictin et de ses confrères dom Morice
Arnauld, dom Jean Colomb, dom Marie Poncet et autres ;
— la collection Salmon, conservée à la bibliothèque de
Tours, — les *Mémoires de Touraine*, manuscrit de la
Bibliothèque impériale, — et l'*Armorial général de
France*, de d'Hozier, appartenant au même dépôt public, ont apporté à mon travail une somme considérable
de documents.

A Rouen, dans la bibliothèque municipale, très-riche
en ouvrages nobiliaires, j'ai accumulé pendant sept
années de nombreux matériaux pour l'histoire de la
noblesse de Touraine.

Mes recherches ont été également très-fructueuses
aux archives du département d'Indre-et-Loire, où
l'obligeance et les conseils du savant archiviste
M. Grandmaison rendent toujours faciles la tâche du
travailleur.

Les registres de l'état-civil devaient fixer tout particulièrement mon attention. J'avais en effet la certitude
d'y trouver mentionnés les possesseurs de fiefs, et d'y

prendre l'origine et l'état nobiliaire de beaucoup de familles.

Dans l'arrondissement de Loches, j'ai compulsé les archives municipales de Bossay, de Chaumussay, de Preuilly, de Charnizay, d'Yzeures, du Grand-Pressigny, d'Etableaux, du Petit-Pressigny, de St-Pierre de Tournon, de Chambon, de Boussay, etc...

J'ai dû à la collaboration d'un ancien instituteur de St-Flovier une grande quantité de notes relatives aux familles ayant résidé dans cette paroisse et dans celles de Verneuil, de Ste-Julitte, de Cleré-du-Bois, de Fléré-la-Rivière, d'Obterre et autres.

Les archives d'Azay-le-Féron, commune dépendant aujourd'hui du département de l'Indre, et qui avant 1790, faisait partie, pour le temporel, de la province de Touraine, les registres des différentes paroisses de notre ville, des chapitres de St-Gatien et de St-Martin, et ceux de plusieurs communes de l'arrondissement de Tours ont été également l'objet de mes recherches.

Il eût été à souhaiter, sans doute, que cet examen se fût étendu à un plus grand nombre encore de paroisses ; l'Armorial y eût beaucoup gagné. Mais il a fallu me résoudre, sous peine de renoncer à une publication depuis longtemps souhaitée, à m'arrêter dans cette voie presque sans limites. D'autres, je le souhaite dans l'intérêt de notre histoire, continueront ce genre de travail ; mon expérience peut leur affirmer qu'ils en retireront de très-bons résultats.

Dans cette revue rapide des documents manuscrits qui ont servi à la rédaction de l'*Armorial de Touraine*, je n'entreprendrai pas de citer toutes les pièces, généalogies, notes, certificats, brevets, que les familles, répon-

dant à mon appel, ont bien voulu me remettre pour la
rédaction de leur article; une semblable énumération
m'entrainerait trop loin. J'inscrirai seulement ici les
noms des personnes à qui je dois des communications
méritant par leur importance une mention plus spéciale.

M. de Cougny, membre de la Société archéologique
de Touraine, m'a transmis une longue liste de propriétaires de fiefs situés dans l'ancienne élection de Chinon.
C'est un travail précieux et qui m'a été d'une grande
utilité.

M. Clément Proust, membre également de la Société
archéologique de Touraine, a mis à ma disposition plusieurs notices rédigées avec beaucoup de soin, et concernant des familles de Bléré et des environs.

Je dois à l'obligeance de M. l'abbé Bourassé, président
de notre Société, la communication d'un grand nombre
d'armoiries du clergé et des établissements religieux
de la ville de Tours, qui lui ont été adressées par M.
Constant, membre de la Société de Sphragistique.

M. Cormier, notaire à Rochecorbon, m'a confié un
manuscrit assez volumineux dont il est l'auteur, et
dans lequel j'ai trouvé beaucoup de renseignements
généalogiques relatifs à diverses familles d'Amboise, qui
jusque-là m'étaient peu connues.

MM. Salmon de Maison-Rouge, Léonide Guiot, Ladevèze,
de Montenay, le vicomte de Maussabré, de Sourdeval,
l'abbé Chevalier, le comte de Bailivy, le vicomte de Villiers du Terrage, Dorange m'ont fourni également des
indications ou des documents fort utiles.

J'exprime ici mes sincères remerciements à toutes les
personnes qui ont bien voulu me venir en aide et ajouter
à la valeur de mon travail en l'honorant de leur coopé-
ration.

Quelques mots maintenant sur les ouvrages imprimés que j'ai consultés.

En tête de ceux qui concernent spécialement la Touraine, viennent se placer les *Mémoires* de notre Société. Grâce à l'excellente table analytique de M. l'abbé Chevalier, formant le tome XV⁰, le dépouillement de cet immense répertoire m'a été facile.

Je n'ai pas manqué de consulter le tome XVII de ces mêmes mémoires, publié postérieurement à la table analytique, et où se trouve le *Martyrologe obituaire de l'Eglise métropolitaine de Tours*, édité et savamment commenté par M. l'abbé Bourassé. J'avais à relever dans cet ouvrage les noms de dignitaires ecclésiastiques dont je me proposais de rechercher ensuite les armoiries.

L'histoire généalogique de la noblesse de Touraine, par l'Hermite-Souliers, est une œuvre qui, selon moi, doit être tenue en grande estime. Il y a dans le tome X (page 224) des *Mémoires de la Société archéologique*, une appréciation un peu sévère, à mon point de vue, des travaux de ce gentilhomme. « En lisant ses écrits avec attention, est-il dit à la page que nous indiquons, on éprouve le triste embarras de savoir ce qu'on doit reprocher le plus vivement à cet écrivain, soit son insigne crédulité, ou bien encore la complaisance sans bornes avec laquelle il acceptait les fabuleuses origines de la plupart des familles dont il a donné les généalogies. Tout ce qu'il avance ne peut être admis que sous bénéfice d'inventaire. »

Fort heureusement ce jugement n'est pas sans appel. Il se peut que l'Hermite-Souliers ait trop complaisamment admis quelques origines, mais il ne s'ensuit pas

que l'on soit autorisé à tenir en suspicion tout ce
qu'il a écrit. Je me suis servi moi-même de l'*Histoire
généalogique de la noblesse de Touraine*, j'y ai puisé des
renseignements nombreux que j'étais en mesure de con-
trôler, et, en fin de compte, elle ne m'a pas paru mériter
l'appréciation que l'on vient de lire. Les erreurs qui s'y
rencontrent sont inévitables dans les travaux de ce genre,
et il n'est pas de généalogiste, quelque consciencieux,
quelque prudent qu'il soit, qui puisse se vanter de ne pas
en avoir commis. J'ajouterai à cette justification qui,
jusqu'à un certain point est la mienne, parce que j'ai
beaucoup emprunté à l'Hermite–Souliers, que d'Hozier,
dont l'autorité est bien connue, n'a pas hésité à citer
fort souvent dans son *Armorial* le nobiliaire de notre
compatriote.

Les autres ouvrages imprimés dans lesquels j'ai recueilli soit des renseignements généalogiques, soit des
énoncés d'armoiries, sont :

L'*Armorial des principales maisons et familles du Royaume*,
par Dubuisson; —Le *Dictionnaire universel de la Noblesse de
France*, par M. de Courcelles;— Le *Dictionnaire héraldique*,
par M. Charles Grandmaison; — L'*Histoire généalogique
et chronologique de la maison de France, des pairs*, etc.
par les PP. Anselme et Simplicien; — Le *Catalogue de
tous les conseillers du parlement de Paris*, par Souliers et
Blanchard; — Le *Trésor héraldique*, par Charles Segoing;
— Le *Calendrier des princes et de la noblesse*, — *Gallia
christiana* (les deux éditions); — La *Science héroïque*,
par Marc de Wulson de la Colombière; — Les *Éloges
de tous les premiers présidents* du parlement de Paris, par
Blanchard et l'Hermite-Souliers; — Le *Dictionnaire de
la noblesse*, de la Chesnaye-des-Bois; — *Histoire de la*

maison de Chasteigner, par A. Duchesne; — *Dictionnaire des familles de l'ancien Poitou*, par Henri Filleau, publié par MM. Beauchet-Filleau et Ch. de Chergé; — *La Touraine ancienne et moderne*, par Stanislas Bellanger; — *Histoire de Chatellerault*, par M. l'abbé Lalanne; — Le *Martyrologe des chevaliers de Saint-Jean de Jérusalem*, par Mathieu de Goussancourt; — *Tablettes historiques, généalogiques*, 8 vol. in-16, 1749; — *Nobiliaire universel de France*, par St. Allais; — *Manuel du blason*, par J. Pautet; — *Histoire des anciens comtes d'Anjou et de la construction d'Amboise*, traduite par de Marolles; — *Histoire de Touraine*, par Chalmel; — *Histoire généalogique de la maison de Dreux*, par Duchesne; — *Histoire de la maison du Plessis-Richelieu*, par le même; — *Tableau généalogique de la noblesse*, par le comte de Waroquier; — *Catalogue des illustres maréchaux, etc.*. par M. Vascosan; — *Catalogue des illustres ducs, connétables, etc.* par le même; — *Histoire généalogique de la maison de Harcourt*, par La Roque; — *Histoire de la maison de Montmorency*, par A. Duchesne; — *Mémoires de Michel de Castelnau*; — *Histoire généalogique de la maison des Briçonnets*, par G. Bretonneau; — *Vraye et parfaicte science des armoiries*, par P. Palliot; — Le *Recueil des armes de plusieurs nobles maisons et familles*, Paris, 1633; — *Mémoires de Michel de Marolles, abbé de Villeloin*; — *Mémorial de chronologie historique et généalogique*, Paris, 1754; *Armorial général de France*, de d'Hozier; — *Nobiliaire de Bretagne*, par M. de Beauregard; — *Archives de la noblesse de France*, par M. Lainé; — *Dictionnaire de la noblesse*, par M. Jouffroy d'Eschavannes; — *Noblesse de Saintonge et d'Aunis*, par M. de la Morinerie; — *Armorial de la noblesse française*, par M. de Milleville; — *Nobiliaire de Bretagne*, par Pol de Courcy ; — *Archives nobiliaires universelles*, par M. de Magny ; — la *Science du blason*, par le même ; — le *Livre d'or de la noblesse de France*, par le même ; — le *Nouvel armorial universel*, par Claude le Cellyer ; — *Généalogies des familles nobles de l'Orléanais*, par M. de Vassal ; — *Histoire du Berry*, par la Thaumassière ; — *Histoire du Poitou*, par Thibaudeau ; — *Armorial du Poitou et état des nobles réservés dans toutes les élections de la généralité*, par M. A. Gouget, etc.. etc..

OBSERVATIONS.

Suivant un usage adopté par presque tous les généalogistes, nous nous sommes servi, à la suite de l'indication du nom de famille, en tête de chaque article, des abréviations Ec., Chev., et Sgr., pour exprimer les qualifications d'Écuyer, de Chevalier et de Seigneur, dont l'énoncé entier eût donné à la composition une extension tout à fait inutile.

Trois tables terminent cet Armorial et indiquent : la première, les noms de lieu cités dans l'ouvrage ; — la seconde les dignités ecclésiastiques et civiles, les emplois civils et militaires, les professions ; — la troisième, les meubles des armoiries. Cette dernière est destinée à faciliter l'explication des armoiries que l'on rencontre si fréquemment dans nos monuments, et à aider à la recherche des familles qui les ont possédées.

2

Les corporations dont les armes sont indiquées dans cet ouvrage ont été rangées par ordre alphabétique sous le nom de la ville où elles résidaient. Si l'on veut chercher, par exemple, les armoiries des *Médecins* de Tours, il faut se reporter à la table, aux mots, *Médecins de Tours*, et là, on trouvera l'indication de la page où figure cette corporation. Il en est de même pour les établissements religieux autres que les ABBAYES.

INTRODUCTION

NOTICE

SUR LES ORDONNANCES, ÉDITS, DÉCLARATIONS ET RÈGLEMENTS RELATIFS AUX ARMOIRIES, AVANT 1789.

C'est à tort que le P. Ménétrier, qui s'est particulièrement occupé de l'histoire du blason, fait remonter au Xe siècle l'origine des armoiries considérées comme des marques héréditaires de noblesse. Son opinion a été victorieusement combattue par d'autres écrivains, et notamment par M. Grandmaison, dans l'Introduction à son Dictionnaire héraldique. Nous pensons avec M. Grandmaison qu'il faut arriver jusqu'au XIIe siècle pour constater des tendances à l'hérédité des armoiries, et au XIIIe, pour trouver des transmissions à peu près généralement établies.

D'après M. Lainé (1), ce serait vers 1350 seulement que les armoiries, précédemment attachées à la possession

(1) *Archives de la noblesse de France.*

des fiefs et servant à sceller les actes de la justice et à
marquer les limites et les insignes de la juridiction,
auraient été propres à tous les membres d'une même famille, sauf les brisures destinées à indiquer les puinesses.

A cette même époque eurent lieu les premières usurpations des priviléges de la noblesse, et, par suite, les
premières recherches ordonnées par le pouvoir royal
contre les usurpateurs.

. Un des priviléges de la noblesse était le port, l'usage
d'armoiries timbrées, c'est-à-dire portant sur leur sommet
des ornements·servant à désigner par leur nature ou
par la pose qui leur était donnée la qualité du feuda-
taire. Les principaux ornements, dans le sens que nous
venons d'indiquer, étaient le heaume et la couronne.

Les villes, les établissements religieux, les corporations, de simples bourgeois même pouvaient porter des
armoiries, mais sans les timbrer des marques particulières à la noblesse. Pour qu'un bourgeois usât d'armoiries timbrées il fallait une autorisation du roi.

La première ordonnance royale, faisant mention de ce
genre d'autorisation et dont nous connaissons le texte,
est celle de Charles V, du 9 août 1371. Elle confirme les
bourgeois de Paris dans le droit de se servir des ornements appartenant à l'état de chevalerie et *de porter les
armes timbrées ainsi que les nobles d'extraction par possession
immémoriale* (1).

Les recherches des faux nobles et des usurpateurs
d'armoiries timbrées furent ordonnées à cette même
époque et s'exercèrent d'une façon rigoureuse. Enrichis
par le commerce et l'industrie, beaucoup d'habitants

(1) *Dictionnaire héraldique*, de M. Grandmaison, p. 862.

des villes avaient acheté des fiefs et cherchaient à
s'élever au rang de la noblesse. Pour arrêter les empié-
tements, on fit dresser par les hérauts d'armes des
listes des gentilshommes du royaume. Tous les trois ans,
ces fonctionnaires devaient se rassembler, et chacun
d'eux devait remettre à son chef l'indication *de tous les
nobles, chacun de sa marche, et de leurs noms, surnoms, blasons, timbres et nobles fiefs* (1).

D'un autre côté, on frappait d'amendes ceux qui s'é-
taient arrogé les priviléges de la noblesse, ou qui
n'étaient pas en mesure d'appuyer leurs prétentions par
des preuves. La Couronne se montrait d'ailleurs assez
accommodante à l'égard des délinquants. Au plus grand
nombre elle délivrait en effet des lettres d'anoblissement, à la condition qu'ils verseraient une certaine somme
au trésor royal.

Au xv⁰ siècle, on se préoccupa non-seulement de
réprimer les usurpations de noblesse, mais aussi de
réglementer, de réviser et de réformer, lorsque besoin
était, les armoiries des nobles. Jusque-là, la composition
des blasons avait été uniquement soumise au caprice
des intéressés. Beaucoup d'armes étaient fausses, en ce
sens qu'elles n'appartenaient pas à la famille, et il s'y
était glissé des abus qu'une ordonnance royale de l'é-
poque qualifie de « répugnants à la noblesse. »

Ce fut dans le but de remédier à cet état de choses
que Charles VIII créa, par lettres-patentes du 17 juin
1487, un maréchal d'armes, spécialement chargé d'in-
specter les armoiries et de dresser un armorial général
du royaume. Nous trouvons reproduites dans l'*Armo-*

_____

(1) *Glossaire*, de Ducange.

rial de France, de d'Hozier, reg. 1er, 2e partie, les dispositions énoncées dans ces lettres :

« Le roi Charles VIII, par ses lettres patentes données à Angers (17 juin 1487), après avoir fait entendre qu'excepté le salut de l'âme, rien n'est plus digne de l'homme que de travailler pour le bien public ; que dans cette pensée plusieurs rois, princes, ducs, comtes, barons et autres nobles hommes avaient sacrifié leurs biens et leur vie ; mais aussi que, pour transmettre leur mémoire à la postérité et pour la faire reconnaître dans les titres qu'ils avaient mérités par leurs faits vertueux et leur magnanimité, ils avaient pris des armes et enseignes militaires qui répondaient à ce qu'ils avaient eu de recommandable, lesquelles ils avaient transmis à leurs descendants, afin que, par ce tableau de leurs belles actions, leurs hoirs et successeurs fussent plus attentifs à suivre le chemin de la vertu et à se rendre dignes de leur extraction ; que cet usage reconnu de tout le monde avait été plus particulièrement attaché à la nation française qui s'était tant de fois et si courageusement signalée contre les infidèles et les nations barbares et étrangères ; que le nom et les armes des Français seraient en un honneur éternel. Et, comme l'intention de Sa Majesté était de conserver cette coutume, elle ordonna qu'il serait fait un catalogue dans lequel toutes les armes des ducs, princes, comtes, barons, seigneurs châtelains et autres nobles gens du Royaume seraient peintes et décrites, à l'effet de quoi elle crée maréchal d'armes des Français, Gilbert Chauveau, dit Bourbon, héraut d'armes du duc du Bourbonnais et d'Auvergne, connétable de France, avec plein pouvoir et autorité de peindre, faire peindre et mettre en ordre en forme de catalogue les noms et les armes de tous les ducs, princes, comtes, barons, seigneurs, châtelains et autres gens nobles de toutes les provinces, bailliages, sénéchaussées, prévôtés, et autres juridictions du Royaume; et comme, faute de connaissance à la science du blason, plusieurs armes étaient fausses, Sa Majesté donne pouvoir au dit Bourbon de les voir et visiter, de les peindre et faire peindre et mettre en ordre dans le dit catalogue, chacun selon son degré; même de retrancher ce qu'il trouverait répugnant à la noblesse, aux dépens de ceux pour qui il les réformerait; et enfin d'y ajouter et suppléer dans les écus et timbres tout ce qu'il trouverait y manquer, afin que dorénavant ceux auxquels elles appartiendraient pussent en jouir sans débat ni contrainte (1). »

Tandis que l'on s'occupait de réglementer les armoiries des vrais nobles, la bourgeoisie et les commerçants enrichis continuaient à usurper les qualifications nobiliaires et le privilége des armes timbrées. Ces usurpations avaient lieu surtout dans le fond des provinces, où elles pouvaient plus facilement échapper à la surveillance des agents préposés à la sauvegarde des droits de la noblesse. Il est utile de faire remarquer que, lorsqu'elles parvenaient à être tolérées, elles offraient à ceux qui les conservaient, outre une satisfaction d'amour-propre, un avantage réel, matériel : celui de l'exemption de certains impôts auxquels les roturiers seuls étaient soumis.

Cet appât d'un bénéfice pécuniaire explique, peut-être mieux qu'un simple sentiment de vanité, la persistance, l'opiniâtreté de la classe bourgeoise et marchande à vouloir se faufiler dans les rangs de la noblesse.

(1) *Armorial de France*, de d'Hozier, reg. 1er, 2me partie, page 659.

En regard de cette persistance, il faut placer celle que le pouvoir mettait à frapper les usurpateurs par des peines sévères.

L'édit de Charles IX de 1560 déclare (article 110) que « ceux qui usurperont les nom et titre de noblesse, ou porteront armoiries timbrées, seront mulctés d'amendes arbitraires » (1). Une ordonnance de la même époque veut que ceux qui, sans droit, prendront ces espèces d'armoiries soient poursuivis comme faussaires et punis comme tels.

De nouvelles défenses sont faites par les édits de juillet 1576, septembre 1577 (2), mai 1579 (3), mars 1583, mars 1600 ; mais elles ne réussissent pas à arrêter les usurpations.

Le corps de la noblesse s'émeut de cette impuissance des édits, qui s'expliquait facilement par les complaisances de certains fonctionnaires. Il s'adresse directement au roi, et, dans le cahier des remontrances qu'il lui présente, aux États généraux tenus à Paris en 1614, il demande entre autres mesures (§ 7 et 8) : « Que les non-nobles qui auraient acquis des terres et seigneuries des plus nobles et des plus anciennes du royaume ne pourront s'attribuer le nom ni les armes des dites terres, mais seront tenus de porter celui de leurs familles, à peine de confiscation des dites terres ; que défenses seront faites à toutes sortes de gens non nobles de race de prendre la qualité d'écuyer et de timbrer leurs armes sous quelque prétexte que ce soit (4). »

(1) *Armorial de France*, reg. 1er, 2e partie.
(2)   id.
(3)   id.
(4)   id. p. 672.

Les remontrances de la noblesse française furent favorablement accueillies et provoquèrent une application sérieuse des édits rendus contre ceux qui usurpaient ses priviléges.

Peu de temps après (juin 1615) parut l'ordonnance suivante, concernant spécialement l'usage des armoiries et portant création d'un conseiller juge-général d'armes :

« Les députés de la noblesse du royaume aux États généraux tenus en la ville de Paris, ayant remontré très-humblement au roi que les nobles et illustres personnages qui désiraient anciennement faire montre de leur vertu aux rencontres et batailles où ils se trouvaient pour le service de leurs princes, afin d'être mieux signalés dans la foule des combattants, portaient sur leurs armes certaines reconnaissances que leurs enfants avaient toujours retenues et gardées pour leur servir de titre de noblesse, de témoignage certain de la valeur de leurs ancêtres, et de preuve infaillible à la postérité, de la conservation de leurs familles, desquelles il était aisé par ce moyen de faire la distinction ; que cette marque d'honneur et de gloire leur apportait beaucoup d'aide et de secours dans les belles et généreuses actions lorsqu'à la vue de ces mêmes marques ils étaient incités à se rendre semblables à ceux desquels ils avaient tiré leur origine, et à ne point forligner ni démentir leur race ; que si toutes sortes de nations avaient fait cas de ces signes de distinctions, les gentilshommes français les avaient conservés en grande estime, en perçant autrefois jusque dans les déserts les plus éloignés, avaient eu recours à la mémoire et aux armoiries de leurs ancêtres, se sentant, par cette représentation, forcés aux beaux exploits qui leur avaient ouvert un chemin pour porter la gloire de leur nom par toute la terre habitable ; mais que, comme les plus excellentes choses étaient poussées à leur diminution par la corruption des siècles, il était arrivé par la licence des guerres et par la tolérance des magistrats, que plusieurs, contrefaisant les nobles, s'é- taient donné des armes, la plupart faussement faites et plus mal blasonnées ; que d'autres voulant faire croire qu'ils étaient d'une tige plus ancienne et plus illustre, avaient usurpé des armoiries, et s'ingéraient de les porter confusément sans droit, ni titre, ni mérite ; de manière que l'on ne pouvait, comme anciennement, distinguer par les armoiries l'aîné du puîné, les descendants en droite ligne des collatéraux, et le roturier du noble ; à quoi voulant remédier, Sa Majesté crée un titre d'office formé d'un conseiller-juge général d'armes, aux gages, droits et appointements qu'elle lui ordonnerait sur l'état de la dépense de sa grande écurie, et pour y être par elle pourvue à la nomination du grand-écuyer de France, d'un gentilhomme d'ancienne race, expert et bien con- naissant au fait des armes et blasons, lequel serait ordinairement à la suite de Sa Majesté, avec plein pouvoir, autorité et mandement spécial, de juger des blasons, fautes et messéances des armoiries, et de ceux qui en pouvaient et devaient porter de simples, timbrées, parties, brisées, chargées, écartelées et tranchées, avec couverts, supports, cercles, chapeaux, couronnés, man- telets et pavillons, et connaître des différends qui, pour raison des dites armes, naîtraient entre les particuliers. Sa Majesté, voulant que dans la suite le dit juge général d'armes blasonnât les armes de ceux qu'elle honore du titre de noblesse, sans que les dites armes puissent être peintes au milieu des lettres qui en seraient expédiées,

qu'elles n'eussent été reçues et jugées par le juge général
d'armes, lequel en donnerait son attache ; Sa Majesté,
ordonnant aussi que toutes les recherches, poursuites et
registres des armes des nobles du royaume, ne puissent
être faits que ce ne fût de son avis et ordonnance, lui
ayant à cet effet attribué toutes cour, juridiction et connaissance, lesquelles elle interdit à tous juges et officiers
quelconques, sauf l'appel de ses sentences et jugements
devant les maréchaux de France, etc. (1). »

Une ordonnance du 4 novembre 1616, en confirmant
le conseiller-juge d'armes dans ses attributions, voulut
que toutes les lettres obtenues en matière d'anoblissement, de port des armes, lettres de chevalerie, etc.,
fussent, à peine de nullité, présentées à ce fonctionnaire,
pour être par lui enregistrées.

Puis vinrent l'édit de janvier 1634, portant que les individus qui, n'étant pas d'extraction noble, prendraient
le titre d'écuyer et s'attribueraient des armoiries timbrées
seraient punis de 2,000 livres d'amende (2).

De 1634 à 1696, nous trouvons une foule d'édits, d'ordonnances, de déclarations royales, de sentences du
Conseil d'Etat, relatifs à l'état de noblesse ; mais aucun
ne concerne spécialement les armoiries.

L'édit du roi, de novembre 1696, a, pour le sujet qui
nous occupe, une grande importance ; car c'est à son exécution que l'on doit l'existence de l'*Armorial général de
France*, immense et précieux recueil manuscrit, conservé
à la Bibliothèque impériale. Voici le texte de cet édit,
portant : Création d'une grande maîtrise générale et sou-

---

(1) *Armorial de France*, reg. 1er, 2e partie, p. 679.
(2)   id.   p. 675.

veraine, et établissement d'un armorial général à Paris, ou dépôt public des armes et blasons du royaume, et création de plusieurs maîtrises particulières dans les provinces :

« Louis, par la grâce de Dieu roy de France et de Navarre : à tous présens et à venir, salut. Les rois nos prédécesseurs ont toujours esté persuadez que rien ne convenait mieux à la gloire et à l'avantage de ce royaume, que de retrancher les abus qui s'étoient glissez dans le port des armoiries, et de prévenir ceux qui s'y pourroient introduire dans les suites. C'est dans cette veue que Charles VIII établit en 1487 un Mareschal d'armes, pour écrire, peindre et blazonner dans les registres publics le nom et les armes de toutes les personnes qui avaient droit d'en porter. La noblesse de France, animée du mesme esprit en 1614, supplia très-humblement le roi Louis XIII, nostre très-honoré père d'heureuse mémoire, de faire faire une recherche de ceux qui auroient usurpé des armoiries au préjudice de l'honneur et du rang des grandes Maisons et anciennes familles. Ce qui l'engagea en 1615, suivant les motifs des ordonnances de Charles IX et Henri III, des années 1560 et 1579, d'établir un Juge d'armes, pour dresser des registres manuscrits dans lesquels il employerait le nom et les armes des personnes nobles, lesquelles à cet effet seraient tenues de fournir aux Baillifs et Seneschaux les blazons et les armes de leurs Maisons, pour estre envoyées au Juge d'armes. Mais, quoyque ceux qui ont esté pourveus de cet office s'y soient comportez avec honneur, ils n'ont pu toutesfois, par le défaut d'autorité sur les Baillifs et Seneschaux, former des registres assez authentiques pour conserver le lustre des armes des grandes et anciennes maisons, et

donner de l'éclat à celles des autres personnes, qui par
leur naissance, leurs charges et emplois, leurs services,
ou leurs vertus, sont en droit d'en porter. Ainsi nous
croyons qu'il est de la grandeur de nostre Règne de mestre
la dernière main à cet ouvrage, qui n'a esté, pour ainsi
dire, qu'ébauché jusqu'à présent, et qu'il n'y a point de
moyen plus convenable pour y parvenir, que de créer
dans nostre bonne ville de Paris des Officiers qui ayent
caractère suffisant pour faire, par les diligences de ceux
qui leur seront subordinez dans les Provinces, que les
armes des personnes, Domaines, Compagnies, Corps
et Communautés de nostre royaume soient registrées,
peintes et blazonnées dans les Registres de l'Armorial
général qui sera pareillement établi dans nostre bonne
ville de Paris.

« A CES CAUSES, et autres et à ce nous mouvans, de
notre certaine science, pleine puissance et autorité
royale, nous avons créé, érigé et établi, créons, érigeons
et établissons dans nostre bonne ville de Paris, une
grande Maistrise générale et souveraine, avec un Armorial général ou dépost public des armes et blazons de
nostre royaume, païs, terres et seigneuries de nostre
obéissance, ensemble le nombre des maîtrises particulières que nous jugeons à propos, suivant l'état qui en
sera arresté en nostre Conseil.

« La maîtrise particulière de la ville de Paris, qui con-
noistra des armes de son ressort et de celles de toutes
les personnes de la suite de nostre cour et de nos camps
et armées, sera jointe, unie et incorporée à la grande
Maistrise et exercée par les officiers, ainsi et de la
même manière que celles des provinces le seront par
les leurs.

« Les Maistrises seront composées, sçavoir, la Générale :

« D'un nostre Conseiller en nos Conseils Grand-Maistre ;

« D'un nostre Conseiller aussi de nos Conseils, son Grand bailly et séneschal;

« D'un nostre Conseiller lieutenant-général ;

« D'un nostre Conseiller lieutenant particulier ;

« D'un nostre Conseiller garde de l'Armorial général ;

« De dix de nos Conseillers et Commissaires ;

« D'un nostre Conseiller et Procureur général ;

« D'un nostre Conseiller secretaire et greffier ;

« D'un Héraut et grand audiencier ;

« De huit huissiers ordinaires ;

« De huit procureurs ;

« D'un nostre Conseiller substitut de nostre procureur général;

« D'un nostre Conseiller et trésorier Receveur des gages et droits d'enregistrement ;

« Et d'un nostre Conseiller son contrôleur.

« Et chaque maistrise particulière sera composée :

« D'un nostre Conseiller Maistre particulier ;

« D'un nostre Conseiller son lieutenant;

« D'un nostre Conseiller et Procureur ;

« D'un greffier et receveur des gages et droits d'enregistrement;

« D'un premier huissier ;

« De deux huissiers ordinaires ;

« Et de trois procureurs ;

« Pour, par les Officiers des Maistrises particulières chacun dans l'étendue de leur département, connoistre

en première instance, à la charge de l'appel en la grande
Maistrise, et par ceux de la grande Maistrise en dernier
ressort et sans appel, tant en première instance à l'égard
des affaires de la Maistrise particulière de Paris, que par
appel à l'égard des jugements rendus dans les Maistrises
particulières, de tous les différends et contestations qui
arriveront à l'occasion des Armoiries, circonstances et
dépendances, et généralement de tout ce qui concerne
l'exécution du présent édit, arrêts et règlements de nostre
Conseil ou de la grande Maistrise, qui interviendront
en conséquence, dont nous leur avons attribué toute
cour, juridiction et connaissance, et icelles interdisons à
tous autres nos officiers et juges, et en conséquence nous
avons supprimé et supprimons l'office de juge d'armes,
sauf à pourvoir à l'indemnité de celuy qui en est titu-
laire, et de celuy qui a droit de nomination au dit office,
ainsi qu'il appartiendra par raison ; auquel effet, les titres
et pièces justificatives concernant le dit office et le droit
d'y nommer seront rendus ès-mains du contrôleur général de nos finances dans un mois, à compter du jour de
la publication du présent édit.

« Nos armes, celles de nostre très-cher et amé fils le
Dauphin, des princes et princesses de nostre maison et
de nostre sang, et généralement celles de toutes les personnes, maisons et familles, comme aussi celles des provinces, païs d'États, gouvernements, villes, terres et seigneuries, et celles des archevêchés, évêchés, chapitres,
abbayes, prieurés et autres bénéfices, compagnies, corps
et communautés ayant droit d'armoiries, seront portées
ès-maistrises particulières de leur ressort et département,
deux mois après la publication des présentes, et envoyées
ensuite à la grande Maistrise, pour, après y avoir esté

reçeues, estre reportées à l'Armorial général, dans les registres qui s'y tiendront dans l'ordre et suivant la forme qui sera prescrite par le règlement qui sera fait en conséquence du dit édit.

« Les officiers, tant de nostre maison et de celles des princes et princesses de nostre sang, que ceux d'épée, de robe, de finance et de villes, les ecclésiastiques, les gens du clergé, les bourgeois de nos villes franches, et autres qui jouissent à cause de leurs charges, états et emplois de quelque exemption, priviléges et droits publics jouiront aussi du droit d'avoir et de porter des armes, à la charge de les présenter dans le temps ci-dessus, au bureau des maistrises particulières; autrement, le dit temps passé, nous les en avons déclarés déchus.

« Et pour ne pas priver de cette marque d'honneur nos autres sujets qui possèdent des fiefs et terres nobles, les personnes de lettres et autres, qui par la noblesse de leur profession et de leur art, ou, par leur mérite personnel, tiennent un rang d'honneur et de distinction dans nos États et dans leurs corps, compagnies et communautés, et généralement tous ceux qui se seront signalés à nostre service, dans nos armées, négociations et autres emplois remarquables, Voulons que les officiers de la grande Maistrise leur en puissent accorder lorsqu'ils en demanderont, eu égard à leurs états, qualités et profession.

« Nous nous réservons le droit de donner et octroyer de nouvelles pièces d'honneur et de distinctions pour ajouter aux armes anciennes de ceux de nos sujets que nous en jugerons dignes, sur le rapport qui nous en sera fait par les officiers de la grande Maistrise, et seront les lettres que nous donnerons à cet effet, ensemble toutes autres lettres de concession d'armoiries, registrées à la grande Maistrise, et les dites armoiries désignées, peintes, blazonnées et enregistrées à l'Armorial général. Défendons autrement d'y avoir égard.

« Faisons pareillement défenses, après le dit temps de deux mois expiré, à tous officiers, bénéficiers et autres, de se servir d'aucuns sceaux pour sceller des actes publics, et à toutes autres personnes de quelque qualité et conditions qu'elles soient, de porter publiquement aucunes armoiries qu'elles n'ayent esté registrées à l'Armorial général, à peine de 300 livres d'amende contre les contrevenans, qui ne pourra être remise ny modérée, dont les deux tiers nous appartiendront et l'autre au dénonciateur ; et encore à peine de confiscation des meubles où elles seront peintes, gravées et représentées.

« Ceux qui usurperont à l'avenir les armoiries d'au-truy, ou qui, après avoir fait recevoir les leurs, en échangeront les partitions, écarteleures et émaux, ou augmenteront ou diminueront les pièces et figures, ou qui en pervertiront les positions et situations, seront condamnés à la même peine.

« Les délais cy-dessus ne coureront que du premier jour de janvier prochain, en faveur de tous ceux qui sont actuellement à notre service dans nos armées de terre et de mer ; et en faveur de ceux occupés pour nous dans quelque négociation ou commission hors le royaume, du jour seulement de leur retour au lieu de leur domicile.

« Les armoiries, avant que d'être enregistrées à l'Armorial général, seront présentées au bureau des maistrises particulières, pour y estre veues et vérifiées par les officiers; elles seront ensuite, avec leur avis, envoyées en

3

la grande Maistrise pour y estre reçeues, et de là portées à l'Armorial général pour y estre registrées.

« Le gardé de l'Armorial général fera faire les brevets ou expéditions de cet enregistrément, contenant l'explication, peintures et blazons des armes, avec les noms et qualités de ceux à qui elles appartiendront; et il renvoyera les expéditions aux officiers des Maistrises particulières pour estre par eux délivrées et mises ès-mains de ceux qui en les présentant auront consigné le droit de leur enregistrement, et qui en apporteront les quittances.

« Ces brevets d'enregistrement d'armoiries, sur lesquels elles seront désignées, peintes et blazonnées; ainsi que dans les registres de l'Armorial général, vaudront lettres d'armoiries. Relevons et dispensons nos sujets d'en obtenir d'autres, sans cependant que ces brevets ou lettres puissent en aucun cas être tirées à conséquence pour preuve de Noblesse.

« Les armoiries des personnes, maisons et familles ainsi registrées, leur seront patrimoniales, et pourront en conséquence estre mises aux bâtiments, édifices, tombeaux, chapelles, vitres et litres des églises paroissiales, où les droits honorifiques appartenaient aux défunts lors de leur décès, et sur les tableaux, images, ornements et autres meubles par eux leguez ou donnez, et estre portées par leurs veuves après leur mort tant qu'elles demeureront en viduité. Elles seront en outre héréditaires à leurs descendants, à la charge par ces derniers de les présenter, faire recevoir et registrer sous leurs noms dans l'année du décès des chefs de famille et autres auxquels elles auront appartenu.

« A l'égard de celles des Païs d'États, Provinces, Gou-

vernements, Villes, Terres et Seigneuries, et autres
armes de domaine et de possession, ensemble de
celles des Archevêchés, Évêchés et autres bénéfices,
et des Chapitres, Compagnies, Corps, Communautés,
et autres gens de main-morte, qui auront esté pareillement registrées, elles leur seront propres et non
sujettes à aucun autre enregistrement, si bon ne semble
aux nouveaux seigneurs, propriétaires et possesseurs.

« Attribuons aux officiers présentement créez, les
droits d'enregistrement des armoiries, payables par parties, suivant le tarif cy attaché, et en outre cent cinquante
mille livres de gages annuels et effectifs à repartir entre
ceux, savoir : à ceux de la grande Maistrise pour trois
quartiers, et à ceux des Maistrises particulières pour deux
quartiers, à les avoir et prendre sur les Recettes générale-
les de nos finances et domaines.

« Avons anobli et anoblissons ceux qui seront pourvus des offices de nos conseillers, lieutenant-général,
lieutenant particulier, garde de l'Armorial général et procureur général à la grande Maistrise; ensemble leurs
femmes, enfants, postérité, lignée, nez et à naistre en
légitime mariage, pourvus toutefois qu'ils ayent exercé
les charges pendant vingt ans, ou qu'il soyent décédés
revêtus d'icelles.

Jouiront les autres officiers présentement créés des
mêmes priviléges, exemptions et droits que ceux dont
jouissent les officiers des siéges Présidiaux.

« Nous nous réservons de commettre aux offices du
grand Maistre et du grand Bailly, à chacune mutation. Et
à l'égard des autres offices créés par le présent édit,
ceux qui en seront pourvus en jouiront héréditairement,
sans que, leur décès arrivant, les dits offices puissent

être déclarés vacants, domaniaux, ny sujets à aucune
revente; à la charge néanmoins de nous payer à chaque
mutation le vingtième denier de la première finance, qui
ne pourra estre augmenté à l'avenir sous quelque prétexte
que ce soit.

« Les provisions des dits offices seront scellées et
expédiées en nostre grande Chancellerie, la première fois
sur la quittance du trésorier de nos revenus casuels, et
dans la suite sur la démission des titulaires, ou de leurs
veuves ou ayant cause, quittances du vingtième denier
et du marc d'or.

« Le grand Maistre prestera le serment entre nos
mains; le grand Bailly sera reçu en la grande Maistrise,
et prestera le serment entre les mains de nostre Chancelier et du grand Maistre. Et tous les autres officiers seront
reçus et presteront le serment en la grande Maistrise et
seront par elle renvoyés par devant les officiers des provinces qu'elle commettra à cet effet en cas d'absence ou
d'éloignement.

« Déclarons les offices présentement créez compatibles
avec tous autres, tant d'Épée que de Robe, de Finance
et des Villes, et tant de nos Conseils, Parlements, Chambres, Cours et Juridictions supérieures, que des Présidiaux et autres justices de nostre Royaume, Païs, terres
et Seigneuries de nostre obéissance. Permettons à tous
graduez et non graduez qui auraient les qualités requises
de les lever, s'en faire pourvoir, s'y faire recevoir, et de les
tenir, posséder et exercer conjointement avec ceux dont
ils sont déjà et seront revêtus.

« Et en attendant que nous ayons pourvu aux dits
offices nous nommerons des commissaires de nostre
Conseil et autres, pour fixer les fonctions de ceux de

la grande Maistrise ; et nos commissaires départis dans les Provinces, pour celles des officiers des Maistrises particulières. Si donnons en mandement à nos amez et feaux Conseillers les gens tenant nostre Cour et Parlement, Chambres des Comptes et Cour des Aydes de Paris, que le présent édit, ils ayent à faire registrer, et le contenu en celuy exécuter de point en point selon sa forme et teneur, cessant et faisant cesser tous troubles et empêchements au contraire, nonobstant tous édits, déclarations, ordonnances, règlements, arrêts, et autres choses à ce contraire, auxquelles nous avons derogé et derogeons par nostre présent édit ; aux copies duquel collationnées par l'un de nos amez et feaux Conseillers–Secrétaires, voulons que foy soit ajoutée comme à l'original; car tel est nostre plaisir. Et afin que ce soit chose ferme et stable à toujours, nous y avons fait mestre notre scel. Donné à Versailles au mois de novembre, l'an de grâce mil six cent quatre–vingt-seize, et de nostre règne le cinquante-quatrième. Signé LOUIS : *Visa*, BOUCHERAT, et plus bas, Par le Roy, PHELYPPAUX, et scellé.

« *Registrée, oüy, et ce requerant le Procureur général du Roy, pour estre exécutée selon sa forme et teneur, suivant l'arrêt de ce jour. A Paris, en Parlement, le* 28 *novembre* 1696, *signé* DUJARDIN.

« *Registrées en la Chambre des Comptes, oüy, et ce requérant le Procureur général du Roy, pour estre exécutées selon leur forme et teneur, les Bureaux assemblez, le* 26 *novembre* 1696, *signé* RICHER. »

Un arrêt du conseil d'État du roi, du 20 novembre 1696, décida que l'édit dont nous venons de donner le texte serait exécuté à la diligence d'Adrien Vannier, bourgeois de Paris et de ses commis et procureurs. En mêm e tem p furent publiés une instruction relative aux formalités et enregistrement des armoiries dans l'Armorial général, et un tarif des frais à payer par les intéressés.

Voici le tarif de l'enregistrement :

Pour les armoiries de chaque personne, 20 livres ; — pour les armoiries de Provinces, pays d'États et grands Gouvernements, 300 livres ; — pour les armoiries où il y a archevêché, évêché ou compagnie supérieure, 100 livres ; — pour les autres villes, 50 livres ; — duchés-pairies, 50 livres ; — comtés et marquisats, 40 livres ; — vicomtés, baronnies et vidamies, 30 livres ; — fiefs, terres et seigneuries ayant haute, moyenne et basse justice, 20 livres ; — terres ayant moyenne et basse justice, 18 livres ; — simples fiefs, 15 livres ; — archevêchés, maisons, chefs d'ordre et universités, 100 livres ; — évêchés, chapitres de cathédrales et abbayes, 50 livres; — les autres chapitres, prieurés, maisons conventuelles et régulières, commanderies et autres bénéfices qui ont droit de nomination, 25 livres; — corps et compagnies supérieures, 100 livres ; — corps de ville, offices, communautés laïques et séculières, d'arts et métiers dans les villes où il y a archevêché, évêché ou compagnie supérieure, 50 livres ; — autres corps, communautés et compagnies, 25 livres.

Outre les sommes ci-dessus, il y avait à payer deux sols pour livre.

Un autre arrêt du Conseil, du 22 janvier 1697, prorogea le délai de deux mois fixé par l'édit, pour le paiement de l'enregistrement des armoiries, jusqu'au dernier jour de mars de cette année, et il y était rappelé que ceux qui n'auraient pas effectué le paiement à cette époque seraient condamnés à une amende de 300 livres. Sous la même peine, défense était faite de porter des armoiries qui n'auraient pas été enregistrées dans l'Armorial général.

Enfin, un autre arrêt, du 24 mars 1697, ordonna la confiscation de tous les meubles, des voitures, de l'argenterie sur lesquels on trouverait des armoiries n'ayant pas subi la formalité de la déclaration et de l'enregisment.

Beaucoup de personnes, celles surtout qui n'avaient pas de droits à la noblesse, refusèrent de faire enregistrer leurs armoiries et, dans le but d'échapper à l'amende portée par l'édit, elles les firent effacer sur leurs carosses, sur leur argenterie et sur leurs autres objets mobiliers. Mais ces infractions furent rigoureusement recherchées après l'expiration du délai fixé pour l'enregistrement et l'amende fut appliquée. Nous citerons pour exemple un nommé de Croix, de Lille. Il fut condamné à 300 livres d'amende et en outre déclaré privé du droit de porter des armoiries (arrêt du 18 juin 1697). Les mêmes condamnations furent prononcées contre un sieur Blaise Florent, de Toulon, qui au lieu de faire enregistrer ses armoiries les avait fait effacer dans une chapelle de l'église des Carmes de cette ville, où elles étaient peintes.

L'*Armorial général*, faisant partie des manuscrits de la Bibliothèque impériale et qui a été dressé en vertu de l'édit de novembre 1696 contient un grand nombre d'armoiries relatives à la Généralité de Tours. En tête de la liste de ces armoiries on lit :

« Etat des armoiries des personnes et communautés dénommées ci-après, envoyées aux bureaux établis par M. Adrien Vanier, chargé de l'exécution de l'édit du mois de novembre 1696, pour estre présentées à Nosseigneurs les commissaires généraux du Conseil, députés par Sa Majesté par arrêts des quatre décembre au dit an, et vingt-trois janvier 1697.

GÉNÉRALITÉ DE TOURS.

(Suivent les armoiries, puis un dispositif dont voici le texte) :

« Présenté par le dit Vanier à Nosseigneurs les commissaires généraux du conseil, à ce qu'il leur plaise recevoir les dites armoiries et ordonner qu'elles seront registrées à l'*Armorial général*, conformément aux dits édits et arrêts rendus en conséquence. Fait à Paris ce 23ᵉ jour de juillet 1698, signé De La Roe et Accault.

« Les commissaires généraux du Conseil, députés par le Roy, par arrêts du Conseil des 4 décembre 1696 et 29 janvier 1697, pour l'exécution de l'édit du mois de novembre précédent sur le fait des armoiries ;

« Vu l'estat ci-dessus des armoiries envoyées aux bureaux établis dans la Généralité de Tours, en exécution de l'édit du mois de novembre 1696, à nous présenté par M. Adrien Vanier chargé du dit édit, à ce qu'il nous plaise ordonner, que les armoiries expliquées au dit état seront reçeues et ensuite enregistrées à l'*Armorial général*, les feuilles jointes au dit état, contenant l'empreinte ou l'explication des dites armoiries, notre ordonnance du 1ᵉʳ août dernier, portant que le dit état et les feuilles seroient montrées au Procureur général de Sa Majesté, conclusions du dit sieur P. G., ouy le rapport du sieur de Breteuil, conseiller ordinaire du Roy en son Conseil d'Estat, intendant des finances, l'un des dits commissaires ;

« Nous commissaires susdits, en vertu du pouvoir à

nous donné par Sa Majesté, avons receu les 1578 armoiries mentionnées au dit état, et en conséquence ordonné
qu'elles seront registrées, peintes et blazonnées à l'*Armorial général* et les brevets d'icelles délivrés , conformément au dit édit et arrêts rendus en conséquence ; et à
cet effet, les feuilles des armoiries jointes au dit état et
une expédition de la présente ordonnance seront remises
au sieur d'Hozier, conseiller du Roy, garde du dit *Armorial
général*, sauf à estre ci-après pourveu à la réception de
celles des armoiries qui se trouvent sursises par quelques
articles de cet état. Fait en l'assemblée des dits sieurs
commissaires, tenue à Paris le vendredi 22 aoust 1698.

« Signé SANDRAS. »

Les armoiries, dont la réception avait été ajournée en
vertu de l'ordonnance que l'on vient de lire, parce qu'elles
présentaient des défauts ou des obscurités, furent exa-
minées et rectifiées quelque temps après par Charles
d'Hozier.

L'*Armorial général* a donné lieu dans ces derniers temps
à diverses critiques. On lui a reproché notamment de n'a-
voir été qu'une mesure fiscale, qu'une spéculation du
gouvernement qui en aurait retiré une somme de plus de
sept millions. Si cette idée est réellement celle sur laquelle on se serait appuyé pour fonder la grande Maistrise et l'*Armorial général*, on ne pourrait, selon nous,
que l'approuver ; car le nouvel impôt, assez modéré du
reste, portait exclusivement.sur la classe aisée, sur des
fonctionnaires jouissant de gros revenus, et pouvait ainsi
permettre un adoucissement aux lourdes charges impo-
sées aux classes laborieuses.

Quelques écrivains prétendent que la noblesse aurait

été blessée dans son amour-propre par l'édit de 1696 duquel il résultait que ses armes seraient confondues dans
un même recueil avec celles de la bourgeoisie, de fonctionnaires roturiers et de marchands. Ce serait pour cette
raison que beaucoup de gentilshommes auraient refusé
de figurer dans l'*Armorial général*.

Nous ne croyons pas à cette susceptibilité de la noblesse.
Elle eût été en effet déplacée, absurde, en présence de
l'exemple donné par Louis XIV lui-même qui n'avait
pas cru déroger à sa dignité en décidant que ses propres
armoiries seraient enregistrées dans le Recueil dont il
venait d'ordonner la création.

Un reproche sérieux peut être adressé à l'*Armorial
général* : c'est qu'il attribue à certains nobles, à des
établissements religieux, à des villes, à des corporations, etc....,des armoiries autres que celles qu'ils avaient
avant 1696. Il est résulté de cette nouvelle attribution
une confusion de nature à embarrasser plus d'une fois les
écrivains qui s'occupent de recherches historiques sur
le blason.

La question suivante, qui ne manque pas de gravité, a
été soulevée au sujet de l'*Armorial général* de 1696 :
Toutes les familles qui y figurent doivent-elles se consi-
dérer comme étant nobles par le seul fait de l'enregistrement de leurs armoiries ?

Cette question m'a souvent été adressée dans mes re-
lations avec les personnes qui ont bien voulu prêter
leur concours à mon ouvrage. Je leur ai répondu et je
réponds ici : Non, toutes les familles qui y sont mentionnées ne seraient pas fondées à arguer de leur présence dans ce recueil pour établir leurs droits à la
noblesse, et j'en trouve la preuve dans le texte même de

l'édit de novembre 1696. Il y est dit que : « Les brevets d'enregistrement d'armoiries sur lesquels elles seront désignées, peintes ou blasonnées, ainsi que dans les registres de l'*Armorial général*, ne pourront en aucun cas être tirés à conséquence pour preuve de Noblesse. » On remarque du reste dans l'énumération de ceux qui ont fait enregistrer leurs armes, des qualifications éminemment distinctives et sur la portée desquelles on ne peut se méprendre. Évidemment doivent être considérés comme nobles tous ceux dont on a fait suivre le nom du titre d'*écuyer*, de *chevalier* et autres; mais d'un autre côté, de l'absence de ces qualifications on ne pourrait conclure d'une manière absolue et sans s'exposer à erreur qu'une famille n'aurait pas joui des prérogatives de la noblesse.

En examinant les listes avec attention j'ai constaté en effet des omissions de qualités assez fréquentes, omissions imputables soit à ceux qui ont déclaré les armoiries, soit aussi peut-être à la négligence des rédacteurs de l'*Armorial*.

Quoi qu'il en soit, l'*Armorial général*, dressé en vertu de l'édit de 1696, est un document officiel, doué de tous les caractères de la légalité et de l'authenticité. Il assure aux familles nobles ou non nobles qui y sont mentionnées une possession incontestable de leurs armoiries.

En août 1700, il fut rendu un édit portant suppression de la grande Maîtrise et des maîtrises particulières, créées en 1696, avec confirmation à ceux qui avaient fait registrer leurs armoiries et payé l'enregistrement, du droit et faculté de les porter (1); puis parut, l'année suivante (6 avril 1701), un autre édit rétablissant l'office

_____

(1) *Armorial de France*, reg. 1, 2° partie, p. 701.

de juge d'armes de France, supprimé depuis 1697 (1).
D'Hozier fut pourvu de cet office (23 août 1701), et le
Conseil (le 9 mars 1706), prit les décisions suivantes :

« Sa Majesté, voulant le rétablir (d'Hozier) dans ses
fonctions et remédier à différents abus, ordonne que nul
ne pourra porter des armoiries timbrées si elles n'ont
été réglées par le dit sieur d'Hozier, en qualité de juge
d'armes de France, et enregistrées dans l'*Armorial
général;* qu'il lui sera permis, lorsqu'il en sera requis par
les particuliers, de réformer les armoiries, qui ayant été
enregistrées, auront été mal prises, mal données ou mal
expliquées dans l'*Armorial*, et qu'il ne sera expédié aucunes lettres, tant de noblesse, que de mutation de nom,
ou d'armes, ou de concession d'armoiries, et qu'elles ne
seront vérifiées dans aucune cour, que les particuliers
auxquels elles seront accordées, n'aient obtenu l'acte de
règlement du juge d'armes, pour être attaché sous le
contre-scel des dites lettres (2). »

De 1706 à 1789, nous ne trouvons que deux pièces, une
ordonnance royale et un arrêt du Parlement qui concernent spécialement les armoiries.

L'ordonnance royale est du 29 juillet 1760. Elle avait
pour but de créer à Paris un dépôt général d'armoiries où
seraient enregistrées celles du roi, de la reine et de la
famille royale, des princes et princesses du sang et
généralement celles de toutes les maisons, familles et
personnes ayant droit d'armoiries, comme aussi les armes
des provinces, pays d'États, gouvernements des villes,
terres et seigneuries, des archevêchés, évêchés, cha-

(1) *Armorial de France,* reg. 1, 2ᵉ partie, p. 701.
(2)   id.   id.   p. 709.

pitres, abbayes, prieurés et autres bénéfices, compagnies, confréries, corps et communautés.

D'après la même ordonnance, tous ceux qui composaient l'ordre de la noblesse, de quelque état ou qualité qu'ils fussent, devaient remettre ou envoyer, savoir : ceux qui résidaient à la cour ou dans la ville de Paris, aux commissaires qui seraient nommés, et ceux qui demeureraient dans les provinces et généralités du royaume, devant les intendants et commissaires du roi, des mémoires par eux signés et certifiés véritables, contenant leurs noms, surnoms, titres et qualités, ceux de leurs enfants nés en légitime mariage, le blason des armes qu'ils portaient, et s'ils jouissaient de la noblesse d'extraction ou si elle leur étoit acquise avant ou depuis l'an 1700, en vertu de lettres d'anoblissement, ou de charges et offices auxquels le privilége de la noblesse était attribué (1). »

Cette ordonnance n'eut pas d'exécution, le Parlement l'ayant repoussée, le 22 août de la même année, par un arrêt qui la déclarait contraire aux lois, maximes et usages du royaume (2).

---

(1) *Dictionnaire héraldique*, p. 22, Ch. Grandmaison, p. 1031.
(2)   id.   id.

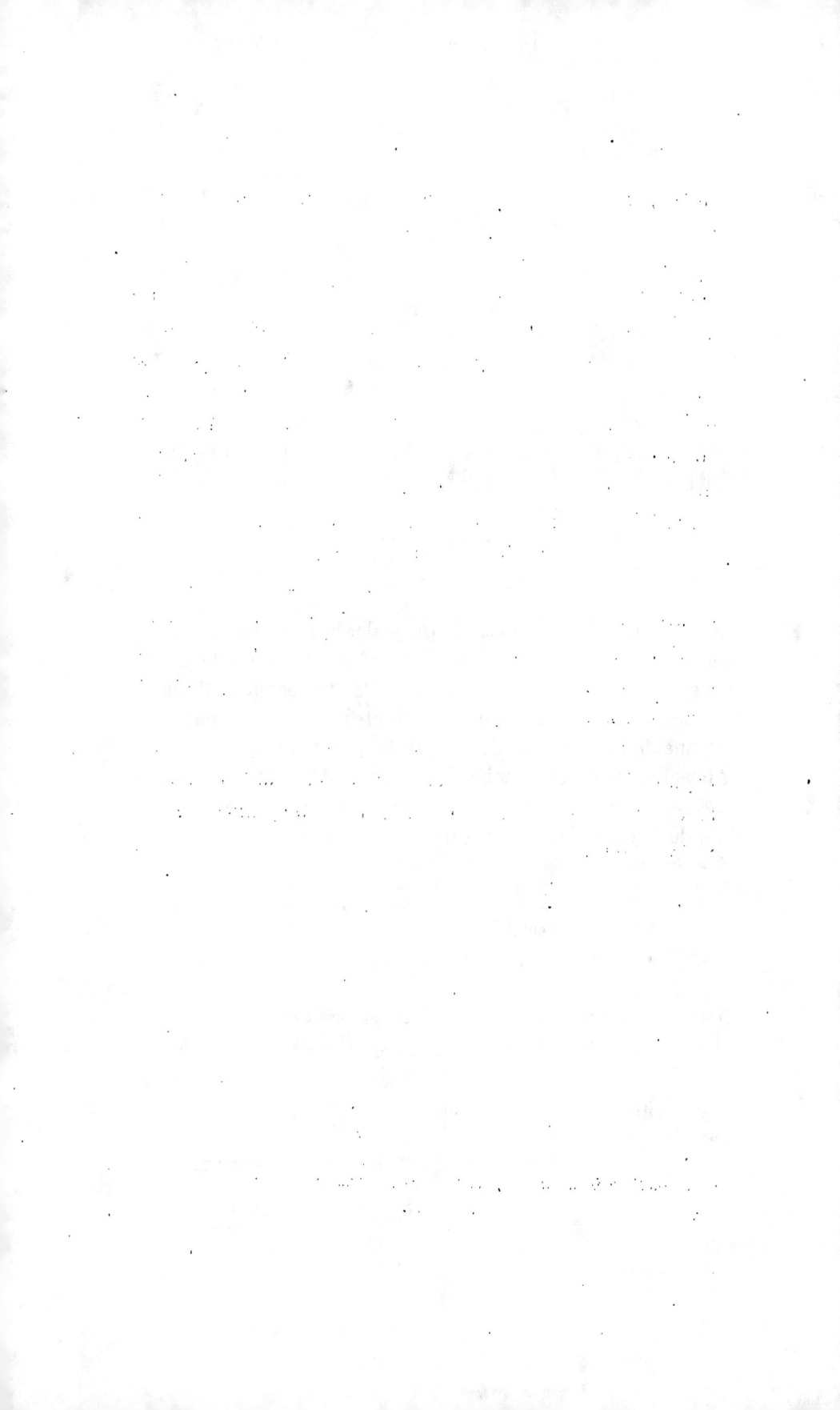

ARMORIAL GÉNÉRAL DE LA TOURAINE

ABBADIE (d'), Chev., barons de Montcontour, seigneurs de Sautenon, de Bas-Follet, de Château-Pinard (xviiie siècle); — Famille originaire de Normandie. Elle a été maintenue dans sa noblesse le 11 juillet 1667, en la personne de Henri d'Abbadie, dont le grand père, Bernard d'Abbadie, avait été anobli par lettres de janvier 1597, enregistrées à la chambre des comptes et en la cour des aides de Normandie, les 22 mars 1597 et 27 mai 1599.

Écartelé; au 1 de gueules chargé d'un heaume d'or, qui est d'Abbadie; au 2 d'azur, à un croissant d'argent; au 3 d'azur, au bras mouvant du côté senestre de l'écu et tenant en main une épée, le tout d'argent; au 4; de gueules, au lion d'or rampant.

ABBÉ (Charles l'), capitaine-gouverneur du château de Tours (1417).

D'argent, à une aigle de gueules, becquée et membrée d'or.

ABOT, Éc., Sgrs de la Bretonnière et de Cangé (xviiie siècle); — Famille originaire de Normandie. Elle a donné un échevin à la ville de Tours.

De sable, à trois coquilles d'or, 2, 1.

Deux branches de la famille Abot, établies en Normandie, portaient:

Écartelé; aux 1 et 4 d'azur à une coquille d'argent; aux 2 et 3 d'argent, à une branche de fougère de sinople.

ABRAHAM, Éc., Sgrs de Boisrideau, de la Carrière, de la Bretonnière, de la Varenne, de la Carrée, en Touraine, (xviie et xviiie siècles). — Cette famille paraît être originaire de Paris. Elle a fourni trois trésoriers de France au bureau des finances de la généralité de Tours : Bernard, François et Charles Abraham, — et un conseiller du roi, procureur au siége de la Monnaie de Tours, Bernard Abraham.

Par arrêt du Conseil du 29 août 1769, les terres de la Varenne et de la Carrée, situées dans la paroisse de la Ville-aux-Dames, furent érigées cu fiefs, avec mouvance du château de Tours, sur la requête d'Abraham de Boisrideau, trésorier de France au bureau des finances de Poitiers.

Elizabeth-Magloire Abraham, veuve de Jean-Baptiste-Michel Pregent du Breuil, chevalier, puis femme de Pierre-Joseph de Celoron, comparut par fondé de pouvoir à l'assemblée électorale de la noblesse de Touraine en 1789.

D'argent, à une ancre de sable chargée d'une foi au naturel, parée d'azur ; au chef d'azur chargé de trois étoiles d'argent.

ABRAHAM, à Tours (xviiie siècle).

De sinople, au bouc d'or.

ABZAC (d'), Chev., marquis d'Abzac, Sgrs de Montplaisir, de Pommiers, de Mazières, de Noyant, de Brou, paroisse de Noyant (xviie et xviiie siècles), — famille originaire du Périgord, où elle est connue dès le xive siècle. Une branche s'est établie en Touraine en 1607, époque du mariage de Pierre d'Abzac avec Anne Perry, fille de Jean Perry, Sgr de Mazières.

Guillaume-Joseph d'Abzac, fut doyen de l'église de Tours (1751-74), puis évêque de Saint-Papoul.

Louise-Madeleine de Gébert de Noyant, dame de Noyant, veuve d'Antoine d'Abzac, marquis d'Abzac, comparut par fondé de pouvoir, en 1789, à l'Assemblée électorale de la noblesse de Touraine.

D'argent, à une bande d'azur, chargée au milieu d'un besant d'or; et une bordure d'azur chargée de neuf besants aussi d'or.

ACCART ou **ACCARD**, famille noble, originaire de Paris, et résidante à Tours au xviiie siècle.

D'argent, à une massue de sable; au chef d'azur chargé d'une étoile d'argent.

ACHARD, Chev., Sgrs de Cravant, de Pommiers (xiiie siècle). marquis de La Haye, Sgrs de Purnon (xviiie siècle). — Famille sortie du Poitou et l'une des plus anciennes de France. Les généalogistes font remonter son origine à l'an 650, époque à laquelle vivait Anselme Achard, père de St-Achard, abbé de Jumiéges.

Une charte de 1066 fait mention d'Achard de Noisay, maire de la cour de Ligueil.

Pierre Achard, Sgr de Cravant, chevalier banneret de Touraine, vivait en 1213.

Robert et Guillaume Achard, chevaliers, prirent part à la 7e croisade (1249).

D'azur, au lion d'argent, armé et lampassé de gueules, et deux fasces de gueules brochant sur le tout.

ACHÉ (d'), Chev., barons de Larrey, Sgrs de Souvigné et de la Roche-Talbot (xviie siècle).

Cette maison est originaire de Normandie, où elle est connue dès 1390. Elle établit sa filiation à partir d'Eudes d'Aché, Sgr de Beuzeval. Le 1er septembre 1667, elle a été maintenue dans sa noblesse.

Chevronné d'or et de gueules de six pièces.

ACIGNÉ (d'), Chev., Sgrs de la Roche-Jagu, de Grand-Bois, de la Motte-Sonzay, de la Ville-Marion et de la Roche-Behuard, en Touraine (xviie siècle), — famille très-ancienne, originaire de Bretagne.

D'hermines, à la fasce alaisée de gueules, chargée de trois fleurs de lis d'argent (ou d'or) — Cimier : une hermine au naturel; — Supports, deux hermines de même.

4

ACQUET, Éc., Sgrs de la Vergne, de la Baudouinière, de Haute-Porte (xviiᵉ siècle). — Famille originaire du Poitou et dont la filiation remonte à 1298, ainsi que le prouve un titre de l'évêché de Poitiers. Elle a été maintenue dans sa noblesse en 1647, 1667 et le 5 février 1669.

Les enfants de Charles Acquet (branche aînée), Chev., Sgr d'Ozé, et de Catherine Dumont, ajoutèrent à leur nom celui de leur mère et s'appelèrent Dumont-Acquet. La branche cadette (Acquet de Haute-Porte), réside actuellement en Picardie.

Acquet porte :

De sable, à trois seaux d'or, 2, 1.

Une branche portait :

D'azur, à un chevron d'or, accompagné de trois têtes de lion arrachées et couronnées de même.

Les Dumont-Acquet ajoutent à ces armes une croix d'argent en chef.

Marie Acquet, femme de Louis de Bellère, Éc., Sgr de Chaligny, élection de Richelieu, portait :

Parti d'or et de sable, à une aigle de l'un en l'autre.

ACTON, Chev., Sgrs d'Availles, relevant de la Guerche, en Touraine, — de Marsay, de la Rivière (du xviᵉ au xviiiᵉ siècles), — famille sortie des environs de Thouars, et connue dès l'an 1381. Elle a été maintenue dans sa noblesse en 1666. Trois de ses membres ont été admis dans l'ordre de Malte. Elle s'est alliée aux familles de Courseulle de Rouvray, Chambret de Blanchecoudre, de Parthenay, de Villiers, de Vaucelles, Esquot, Cartier, Sochet, etc....

Cette maison s'est éteinte en la personne de Charles-Armand Acton, chevalier, Sgr de Marsay et de la Rivière, chevalier de Saint-Louis, ancien capitaine aux Gardes françaises, décédé à Paris, le 17 octobre 1778.

D'argent, à cinq fleurs de lis d'azur posées en devise; au franc-canton de gueules chargé d'un croissant d'or.

L'abbé de Vertot attribue aux trois chevaliers de Malte, du nom d'Acton, les armes suivantes, qui sont incomplètes :

D'argent, semé de fleurs de lis d'azur; au franc-canton de gueules.

ADAM DE LA GASSERIE, Éc., Sgrs de la Gasserie, en Touraine.

D'azur, à un triangle plein, d'or, chargé de quatre coquilles de gueules.

ADHÉMAR DE MONTFALCON (d'), Chev., Sgrs des Bordes-Guenand, paroisse du Petit-Pressigny (XVIIIe siècle), par suite du mariage de Jean Balthazar, comte d'Adhémar de Montfalcon, colonel du régiment de Chartres, chevalier de Saint-Louis, ministre plénipotentiaire au gouvernement des Pays-Bas, avec Gabrielle-Pauline Bouthillier de Chavigny, dame d'atours de la reine de France, et dame des Bordes-Guenand.

Cette famille est originaire du Dauphiné. Sa filiation suivie remonte à Lambert d'Adhémar, vivant en 1170.

Écartelé de France et de Toulouse ; à la bordure engrêlée d'argent, chargée de huit billettes d'or ; sur le tout, d'azur, à la bande d'argent, chargée de trois croissants de sable, et en chef, d'un lion d'or armé et lampassé de gueules.

ADRIANSIN, Ec., Sgrs de Casant, de Cephoux, des Fourneaux, d'Orfons et de la Foucherie, dans l'élection de Loches, (XVIIe et XVIIIe siècles).

Cette famille a fourni deux conseillers, élus en l'élection de Loches, Jean et Pierre Adriansin (avant 1692) ; — un prévôt de la maréchaussée de France, à Loches, René Adriansin (1692) ; — et deux avocats au bailliage et siège présidial de Tours, René et Jean Adriansin (1730-35).

De sable, à une fasce d'argent, surmontée de trois merlettes rangées en chef.

AIGREMONT (d'), Chev., Sgrs d'Aigremont, en Touraine.

D'or, au lion de gueules, traversé d'une bande d'argent et tenant d'une patte trois feuilles de gui, de sinople ; au chef de gueules, chargé d'un croissant d'argent accosté de deux étoiles d'or.

Aiguevive (ABBAYE d') — *Sancta-Maria de Aquaviva, seu de Bella Valle*, de l'ordre de Saint-Augustin. — La fondation de ce monastère est due à Garlet, gouverneur de Montrichard, et à Payenne, sa femme, qui le firent batir en 1023, suivant quelques historiens, mais plus certainement, d'après d'autres, en 1147. Il entra dans la Congrégation de Sainte-Geneviève de Paris, le 25 novembre 1673.

D'or, à une main dextre au naturel, sortant d'un nuage d'azur mouvant du flanc sénestre de l'écu et tenant un cœur enflammé de gueules, percé d'une flèche, en barre, d'argent; à la champagne d'azur chargée de ces mots, d'or : *Supereminet charitas*.

AILGEMBOURSE (Pierre d'), bailli des ressorts et exemptions de Touraine (1391).

De... au sautoir de... accompagné à dextre et à sénestre de deux lions passants, de ..; et en chef de deux tours crénelées et ajourées, de...

AILLEBOUST (d'), Éc., Sgrs de Cerry, en Touraine (XVIe siècle). — Pierre d'Ailleboust, médecin du roi François Ier, mort le 21 août 1531, était de cette maison.

De gueules, au chevron d'or, accompagné de trois étoiles de même, 2, 1.

AILLY (d'), Chev., Sgrs de Neuvy (Roi) au XVe siècle, — de Montrésor (XVIe et XVIIe siècles), de Thuisseau et de la Bourdaisière (XVIIIe siècle).

Cette famille a pris son nom de la terre d'Ailly-Haut-Clocher, en Picardie. Elle commence sa filiation au XIe siècle. Le 3 novembre 1668, elle a été maintenue dans sa noblesse. On trouve dans sa généalogie une alliance avec la maison de France, par le mariage de Jacqueline d'Ailly, avec Jean de Bourgogne, comte de Nevers, duc de Brabant, arrière petit-fils du roi Jean.

De gueules, à deux branches d'alisier d'argent, en double sautoir; au chef échiqueté d'argent et d'azur de trois traits.

AIMARD, voyez l'art. AYMARD.

ALAIS, Ec., Sgrs de la Roche-d'Alais, paroisse de Marray, en Touraine (XVIe siècle) — Famille anoblie par François Ier.

D'argent, au lion de sable, lampassé de gueules et accolé d'or.

ALAMAND, ALEMAN, ou **ALLEMAND**, Chev., comtes de Concoursault, — famille répandue en Poitou, en Touraine et en Languedoc, et à laquelle appartenait Louis Alamand, cardinal, archevêque d'Arles, mort en odeur de sainteté, le 16 septembre 1450.

Bandé d'or et de gueules. — Cimier : un centaure lançant une flèche. — Supports : deux centaures, le tout au naturel.

ALBANEL (Jean), marchand-bourgeois, à Tours (fin du xviie siècle).

D'argent, au chevron de sable accompagné en chef d'un chapeau de même, accosté de deux étoiles d'azur, et en pointe d'un croissant de même.

ALBERT DE LUYNES (d'), Chev., princes de Neufchâtel, ducs de Luynes, de Chevreuse et de Chaulnes, marquis de Cinq-Mars, comtes de Tours, barons de Rochecorbon, de Semblançay et de Langeais, Sgrs des Ecluses, de Saint-Michel-sur-Loire, de Crassay, de la Bourdaisière, etc...

La maison d'Albert de Luynes est une branche de l'ancienne et illustre famille des Alberti, Sgrs de Castaneia, une des plus puissantes de la république de Florence. Sa filiation suivie commence par Fabiano Alberti, né à Arezzo, vers la fin du xe siècle.

Tommaso Alberti, vivant en 1330, fils de Caroccio Alberti et de Sandra Gherardini, fut l'auteur de la branche des d'Albert de Luynes qui a fourni entre autres illustrations, un connétable, Charles d'Albert de Luynes (1619), un garde des sceaux, deux maréchaux de France, quatre lieutenants-généraux, des chevaliers de l'ordre du roi, etc...

Par lettres d'août 1619, le comté de Maillé, en Touraine, fut érigé en duché-pairie en faveur de Charles d'Albert de Luynes, garde des sceaux, gouverneur d'Amboise.

Le chef de nom et d'armes de cette maison est aujourd'hui Honoré-Théodoric-Paul-Joseph d'Albert, duc de Luynes, membre de l'Institut, né le 15 décembre 1802. Le duc de Luynes a épousé en premières noces Amicie de Dauvet ; et en secondes (le 19 mars 1846), Adèle-Alexandrine Amys du Ponceau, veuve du vicomte de Contades. Du premier mariage est né Honoré d'Albert, duc de Chevreuse, né en 1823, marié le 12 septembre 1843, à Valentine de Contades, fille de Jules-

Gaspard-Amour, vicomte de Contades, dont il a eu : 1º Charles d'Albert, né en 1846 ; 2º Paul, né en mars 1852 ; 3º Marie-Julie, mariée, le 4 juin 1863, à Elzéar-Charles-Antoine, marquis de Sabran-Pontevès.

D'or, au lion couronné de gueules.

Au xviiiᵉ siècle, la branche aînée portait :

Écartelé; aux 1 et 4 d'azur, à quatre chaines d'argent en sautoir, aboutissantes en cœur à un anneau d'argent ; aux 2 et 3 d'or, au lion de gueules, couronné, armé et lampassé de même ; et sur le tout, de Neufchâtel, qui est d'or, au pal de gueules. chargé de trois chevrons d'argent.

Cette maison porte aujourd'hui :

Écartelé; aux 1 et 4 d'or, au lion couronné de gueules, qui est d'Albert; aux 2 et 3 de gueules, à neuf macles d'or, qui est de Rohan.

ALBIN DE **VALSERGUES** (d'), Chev., Sgrs du Châtelier, près Paulmy, — et de Ceré (xviᵉ et xviiᵉ siècles).

Écartelé; aux 1 et 4 de gueules, au lion d'or; aux 2 et 3 d'argent, à trois châteaux de gueules, 2, 1.

ALBIGNAC DE **CASTELNAU** (N. d'), abbé de Bois-Aubry, en Touraine (1769.)

D'azur, à trois pommes de pin d'or, 2, 1, les queues en bas.

ALBIS DE **GISSAC** (N. d'), chanoine et prévôt de St-Martin de Tours (1785).

D'azur, à un cygne d'argent, surmonté d'un croissant de même, accosté de deux étoiles aussi d'argent.

ALÈGRE (Louis-Léonard d'), abbé de Bourgueil (1723), mourut le 8 mars 1750.

De gueules, à la tour carrée d'argent, accostée de six fleurs de lis d'or, en pal.

ALENÇON (d'), ducs d'Alençon, barons de Saint-Christophe et de Semblançay, Sgrs d'Ussé, de Verneuil, près Loches, des Ponts de Tours, etc. (xivᵉ siècle).

De France, à la bordure de gueules chargée de huit besants d'argent.

ALENÇON (Robert III d'), Chev., comte d'Alençon et de Séez, Sgr de la Guerche, en Touraine (commencement du xiiiᵉ siècle)

D'argent, à trois chevrons de gueules.

ALÈS (d'), Chev., Sgrs de Corbet, de Marnou, paroisse de Fléré-la-Rivière, de Saint-Antoine-du-Rocher (xive siècle), de Bois-Mittet, de la Brosse, de la Championnière, de la Rispière, du Petit-Mursault, paroisse de Genillé ; — du Rouzay (xvie, xviie et xviiie siècles). — Par contrat du 2 mars 1733, Pierre d'Alès II vendit la terre de Corbet à N. Franquelin de la Bétrie.

La famille d'Alès est une des plus anciennes de la Touraine. Sa filiation commence à Jean d'Alès, vivant en 1190.

En 1504, François d'Alès, docteur en médecine, remplissait à Tours les fonctions de *Garde du scel royal établi pour les contracts.*

De gueules, à une fasce d'argent accompagnée de trois merlettes de même, 2, 1. — Cimier : un lion d'or issant, — Supports : deux lions d'or.

ALESSO (d'), en Touraine.

D'azur, au sautoir d'or, accompagné de quatre limaçons de même.

ALEXANDRE D'HANACHE, Chev., marquis d'Hanache, famille résidante en Touraine aux xviie et xviiie siècles. Elle est originaire de Beauvoisis. Lors de l'admission de Henriette-Suzanne Alexandre d'Hanache à Saint-Cyr (18 décembre 1711), la noblesse de cette maison fut justifiée par titres depuis 1501.

Louis-Maximilien Alexandre, comte d'Hanache, comparut en 1789 à l'assemblée électorale de la noblesse de Touraine.

D'argent, à l'aigle éployée de gueules, à deux têtes, becquée et armée d'or. — Couronne de marquis. — Supports, deux lions, couronnés, posés sur une terrasse de sinople. — Cimier : une aigle de gueules issante. — Devise : *Partout et toujours fidèle à Dieu et au roi.*

ALEYRAC (d'), — famille résidante en Touraine au xviiie siècle. Elle est originaire d'Auvergne, où l'on constate son existence dès 1200.

De gueules, au demi-vol d'or.

ALIGRE (d'), Chev., marquis d'Aligre, Sgrs de Boislandry, de la Lande, du Plessis, de la Forêt (xviiie siècle). — Cette maison, originaire de Chartres, est parvenue aux plus hautes dignités de la magistrature. Elle a donné deux chanceliers de France, tous deux du nom d'Etienne d'Aligre, le premier sous Louis XIII (1625), l'autre en 1674.

Des lettres patentes du 17 avril 1815 créèrent pair de France un membre de cette maison, Etienne d'Aligre ; le titre de de marquis fut attaché à l'institution de cette pairie.

Burelé d'or et d'azur de 10 pièces ; au chef d'azur chargé de trois soleils d'or.

ALLAIRE (Omer-Magloire), chanoine de Saint-Martin de Tours (1771).

D'azur, au roc d'échiquier de... accompagné de trois arbres de..

ALLARD (d'), Ec., Sgrs de la Crouzillière, en Touraine, — famille originaire du Dauphiné. Elle a été maintenue dans sa noblesse le 22 janvier 1648 et le 28 janvier 1698.

D'or, à un chevron de sable, accompagné de trois étoiles d'azur rangées en chef et d'un croissant de gueules à la pointe de l'écu.

ALLEMAIGNE (d'), Chev., Sgrs de Launay-sur-Fourche, paroisse de Martizay, de Vallier, de la Roche-Ramé, de Chessigné, de Bournais, de Crouzilles, du Puy, de la Genaudière, de Parigny, de la Rabaudière (xv⁰ et xvi⁰ siècles) ; — famille éteinte depuis longtemps et dont l'origine remontait à Hugues d'Allemaigné, vivant en 1181.

D'or, à trois fasces de gueules.

ALLEN, Ec., Sgrs de Pintray et de Cray, paroisse de Lussault (xviii⁰ siècle) ; — famille originaire d'Irlande.

D'argent, à deux fasces ondées d'azur ; au chef de même, chargé d'une étoile d'argent, accostée de deux coquilles aussi d'argent. — Devise : *Triumpho morte tam vita.*

ALLIGER ou **ALIGER** (d'), Chev., Sgrs de la Touche, de Saint-Ciran-du-Jambot (xviii⁰ siècle).

De gueules, à trois fasces d'or.

ALLUYE (d'), Chev., Sgrs de Saint-Christophe (dès 978), de Châteaux (dès 1025), de Saint-Paterne, de Chenu, de Noyant, de la Bruère, de Sonzay (xii⁰ et xiii⁰ siècles).

Cette famille a donné trois chevaliers croisés : Hugues d'Alluye V (1190), Jean d'Alluye (1240), Hugues d'Alluye VI (1248) — et un chevalier-banneret de Touraine, Jean d'Alluye (1214).

Ce dernier portait pour armes (d'après son sceau) :

De... à trois annelets de... 2, 1.

Son contre-sceau présente six annelets, 3, 2, 1.

Un autre Jean d'Alluye, vivant également au xiiie siècle, portait (d'après son sceau) :

Écartelé de... et de sinople ; à la bordure de... chargée de dix besants de...

Jean d'Alluye (1231), portait (d'après son sceau) :

De... à trois fasces ondées, de... ; la première surmontée de trois besants chargés chacun d'une fleur de lis ; la deuxième, chargée de trois besants aussi à fleurs de lis et de quatre macles ; la troisième chargée de trois besants à fleurs de lis et de deux macles.

ALOIGNY (d'), Chev., marquis de Rochèfort-sur-Creuse et d'Aloigny-Rochefort, barons de Rochefort-sur-Loire, Sgrs de Saint-Flovier et du Roulet (1200), de Perey, près Yzeures, des Rivaux, paroisse de Chaumussay, — de Sepmes (xve siècle), de Pont-de-Ruan, d'Ingrandes, de la Chèze, près Martizay, de Cingé (paroisse de Bossay), de l'Islerette, des Breux, de Ferrières, des Bordes, de l'Espine, de Boismorand, de Cherzay. de Beaulieu, de Ligners, près Yzeures, de la Millaudière, de la Gosselinière, de la Brunetière, de la Bernadière, du Grand-Pouillé, de la Groye, etc. (du xve au xviiie siècles) ; — famille sortie du Poitou et une des plus anciennes de France. Elle a fourni un chevalier-croisé, Guillaume d'Aloigny (1248), et un maréchal de France, Henri-Louis d'Aloigny, né à Preuilly, en Touraine, décédé à Nancy le 22 mai 1676.

Marguerite d'Aloigny, veuve de François de la Mothe, comparut par fondé de pouvoir, en 1789, à l'assemblée électorale de la noblesse de Touraine.

La maison d'Aloigny a été confirmée dans sa noblesse en 1667.

Les branches d'Aloigny-Rochefort, la Millandière, la Gosselinière, Cherzay, portaient :

De gueules, à trois fleurs de lis d'argent, 2, 1.

Celles de la Groye, de Beaulieu et du Puy-St-Astier :

De gueules à cinq fleurs de lis d'argent, en sautoir.

Plusieurs membres de la famille, entre autres Boucher d'Aloigny, vivant en 1339, et Pierre d'Aloigny, vivant en 1420, ajoutaient à leurs armes un lambel de trois pendants.

ALSACE (d'), Chev., comtes et marquis d'Alsace, princes d'Hénin, — propriétaires de la terre de Perreux, commune de Nazelles, en Touraine (xixᵉ siècle); — maison originaire d'Artois. Elle descend de Simon d'Alsace, deuxième fils de Thierry d'Alsace, duc de Lorraine. Le 16 octobre 1736, elle reçut de l'empereur d'Allemagne le titre de prince d'Hénin. Le chef de nom et d'armes, le prince d'Hénin, décédé en 1794, laissa pour légataire son cousin, Charles-Louis-Albert, marquis d'Alsace (issu de la branche des Sgrs de Dion-du-Val). Celui-ci, par lettres patentes du 2 mars 1828, fut autorisé à porter le titre de prince d'Hénin, et à le transmettre à sa postérité.

De gueules, à une bande d'or. — Supports : deux griffons portant au col une croix de Lorraine. — Couronne de prince.

AMBOISE (d'), Chev , Sgrs d'Amboise, de Bléré, de Montrichard, de Civray, de Chaumont (du xiᵉ au xiiiᵉ siècle).

Cette famille tourangelle a donné un sénéchal de Touraine, Lysois d'Amboise (1046); un chevalier croisé, Hugues d'Amboise (1090); un chevalier-banneret, Sulpice d'Amboise (1213), et un prieur de Saint-Florentin d'Amboise, Guillaume d'Amboise (1220). Elle s'est fondue dans la maison de Berrie, au xiiiᵉ siècle.

Pallé d'or et de gueules de six pièces.

AMBOISE (d'), Chev., barons, comtes et marquis d'Amboise.

Cette famille, une des plus anciennes et des plus illustres de France, a d'abord porté le nom de Berrie, qui est celui d'une terre en Loudunois. Pierre de Berrie vivait en 1100. Son petit-fils, Renaud de Berrie, épousa en 1120 Marguerite d'Amboise, fille et héritière de Hugues III d'Amboise, Sgr d'Amboise, de Montrichard, de Bléré, de Chaumont et de Civray. Jean de Berrie, fils de Renaud, prit vers 1256, après la mort de Mahaut, dame d'Amboise, comtesse de Chartres, le nom et les armes d'Amboise. Ses descendants possédèrent en Touraine, outre les terres qui avaient appartenu à Hugues III d'Amboise, celles de Rochecorbon, de Cigogné, de Mouzay, Verneuil, Limeray, Benais, le Brandon, la Guerche, Grillemont, Preuilly, les Bordes, paroisse du Petit-Pressigny, Neuilly, Bourot, Clos-Lucé, près Amboise, la Menardière, Maulay, etc.

Cette maison a donné deux chanoines, grands-archidiacres de l'église de Tours, André d'Amboise (1282), Gilbert d'Amboise (1296) ; — deux chanoines-chantres de la même église, César d'Amboise (1353-61), Guy d'Amboise (1354) ; — un gouverneur de Touraine et capitaine du château de Loches, Pierre d'Amboise de Chaumont (1440). La filiation des comtes et marquis d'Amboise, encore existants, se rattache à Michel d'Amboise, maréchal de France.

Charles-Jules, marquis d'Amboise, fut maintenu dans sa noblesse en 1666, avec confirmation dans la possession des armes pleines d'Amboise.

Henri-Michel, marquis d'Amboise, Sgr de Clos-Lucé, comparut en 1789 à l'assemblée électorale de la noblesse de Touraine et fut élu député suppléant aux États-généraux.

Pallé d'or et de gueules de six pièces.

AMBOISE (d'), famille de Touraine anoblie par lettres du 16 mai 1398, en la personne de Dieudonné d'Amboise.

Coupé ; au 1 d'azur chargé d'une fleur de lis d'or ; au 2 pallé d'or et de gueules de six pièces.

Amboise (LA VILLE d').

Pallé d'or et d'azur de six pièces ; au chef d'azur chargé de trois fleurs de lis d'or.

Elle fut confirmée dans la possession de ces armoiries par lettres-patentes du 3 février 1819.

Amboise (COUVENT DES RELIGIEUSES DE SAINTE-URSULE, à)

D'azur, à un lis mis en pal, d'argent, tigé et feuillé de sinople.

Amboise (LES PROCUREURS d')

De sinople, à un griffon d'or ; au chef d'argent chargé d'une lyre de gueules.

AMBOISE-D'ESMERY (d'), famille résidante en Touraine au xviiie siècle.

D'azur, au lion d'or; au chef pallé d'or et de gueules de six pièces, le premier pal brisé d'un dauphin d'azur.

AMELOT, Chev., marquis de Chaillou, Sgrs de Châtillon-sur-Indre et des Pruneaux (xviiie siècle) ; — famille originaire de l'Orléanais et anoblie en 1580, en la personne de Jean Amelot. Elle a donné un archevêque à l'église de Tours, Michel Amelot de Gournay, décédé le 17 février 1687. D'abord évêque de Lavaur, Michel Amelot était passé de ce siége à celui de Tours le 14 janvier 1673.

Antoine-Jean Amelot de Chaillou, Chev., marquis de Châtillon, comparut, en 1789, à l'assemblée électorale de la noblesse de Touraine.

D'azur à trois cœurs d'or, 2, 1, surmontés d'un soleil de même.

Michel Amelot, archevêque de Tours avait pour tenants à ses armes deux anges.

AMENARD, Ec., Sgrs de Chanzé, près Tours, du Mesnil, de Béchault, de Montbonneau, etc...; — famille originaire de l'Anjou.

D'or, à cinq cotices d'argent.

AMORY, ou AMAURY, Ec., Sgrs de Lavau, élection de Richelieu, — et de Lureuil (xviii siècle).

D'azur, au chevron d'argent surmonté de trois étoiles d'or, et accompagné en pointe de trois roses mal ordonnées de même.

On attribue aussi à cette famille les armes suivantes.

De gueules, à trois fleurs de lis d'or, 2, 1.

AMPLEMAN, Chev., Vicomtes de Wolphus, Sgrs de la Cressonnière, de la Roche et de St-Jean-sur-Indre, en Touraine (xviiie siècle); — famille originaire de Picardie. Elle a été plusieurs fois maintenue dans sa noblesse, notamment le 22 avril 1750. Sa filiation remonte à Jacques d'Ampleman, vivant en 1370.

Jean-Baptiste d'Ampleman, Chevalier, Sgr de la Cressonnière, chevalier de St Louis, comparut à l'assemblée électorale de la noblesse de Touraine, en 1789.

D'argent, au chevron d'azur, accompagné de trois aigles éployées de sable, 2, 1. — Supports : deux licornes d'argent. — Couronne de vicomte.

AMYOT, Ec., Sgrs de Pezé et des Bordes (xviie et xviiie siècles).

Cette famille a donné un avocat au parlement, lieutenant du duché-pairie de Choiseul-Amboise, Augustin -Antoine Amyot, — et un bailli, premier juge civil et criminel et de police à Amboise, N. Amyot (17...)

D'argent, à la fasce d'azur chargée d'une fleur de lis d'or, accompagnée de trois têtes de loup de sable, arrachées et lampassées de gueules, 2, 1.

ANCELON, Chev., Sgrs de Jauget (paroisse de Charnizay), de la Tropinerie, de Becheron, de Fontbaudry et du Pouët, près Preuilly, de Claise (paroisse de Bossay), de la Groüe, de la Forge, du Breuil, de l'Etourneau (paroisse d'Yzeures), de Bois-Gillet (du xive au xviie siècle). Cette famille s'est divisée en plusieurs branches qui se sont établies en Touraine et en Poitou. Elle s'est alliée aux principales maisons de ces deux provinces, notamment à celles de St-Gelais, d'Azay, de Voyer de Paulmy, de Chasteigner, Frotier, de Rasilly, de Bonnard, de Biars, de Baraudin, etc...

Honorat Ancelon, Ec., Sgr de Fontbaudry, fut maintenu dans sa noblesse en 1667.

Georges Ancelon, prieur de la Guerche, fut abbé de St-Pierre de Preuilly de 1495 à 1507.

Louis Ancelon fut abbé de Cormery en 1596.

De gueules, semé de fleurs de lis d'argent, au franc-canton aussi d'argent, chargé d'une fleur de lis d'azur. — Cimier : un bras tenant une banderolle des armes de la famille. — Supports : deux sauvages de carnation tenant chacun une massue.

Georges Ancelon, abbé de Preuilly, portait :

De gueules, semé de fleurs de lis d'argent, au franc-canton de même chargé de quatre fleurs de lis d'azur.

ANCHÉ, Chev., Sgrs d'Anché (xiie siècle), du Puy-d'Anché, de la Guerrière, de la Chaise (du xvie au xviiie siècle), —

famille originaire du Poitou. Elle a été maintenue dans sa noblesse en 1667 et a eu des représentants à l'assemblée électorale des gentilshommes du Poitou, en 1789.

D'argent, au lion de sable, lampassé, armé et couronné de gueules.

ANDIGNÉ (d'), Chev., marquis de la Chasse, Sgrs d'Andigny (paroisse de Cinq-Mars) dès 1121,— de Savonnières, d'Esves (paroisse d'Abilly), de la Greslaye, de Chivray, de la Rogatière, du Bois-de-la-Court, de Montgauger, des Écotais et de Cangé (du xiie au xviie siècles).

Cette famille portait autrefois le nom d'ANGRIE. Elle est originaire de l'Anjou. Parmi ses alliances, elle compte les maisons de la Porte de Vezins, de Vangeau, de Bouillé, de Chazé, Suyrot des Champs, Pentin de Belle-Isle, de Lancoet, de la Motte-Fouquet, de Cahideuc, de Brehant, Huby de Laudrouet, etc.

Marthe d'Andigné était abbesse de Beaumont-les-Tours en 1313.

Adrien d'Andigné remplissait la charge de capitaine-gouverneur du château de Tours en 1465.

Louis-Jules François d'Andigné de Mayneuf fut abbé commendataire de Noyers en 1785-90.

Plusieurs membres de la famille comparurent aux assemblées électorales de la noblesse de l'Anjou et du Maine en 1789.

Louis-Marie-Auguste Fortuné, comte d'Andigné, fut élevé à la pairie le 17 août 1815.

D'argent, à trois aigles de gueules, au vol abaissé, becquées et membrées d'azur, 2, 1. — Cimier : un lion naissant de gueules. — Supports : deux aigles de même. — Devise : *Aquila non capit muscas.*

ANDRAS (Etienne), bourgeois de Tours (1700).

D'azur, à trois fasces vivrées d'argent.

ANDRÉ, Ec., Sgrs de Casault, relevant de Nouâtre;—et de la Garde (xve siècle).

D'azur, au sautoir d'argent cantonné en chef d'une étoile d'or, les autres cantons chargés chacun d'une rose d'argent.

ANGÉ (d'), comtes d'Angé. — Cette famille a donné un chevalier banneret de Touraine (1213).

De gueules à la bande d'or.

ANGELLIER, barons Angellier,—famille originaire d'Amboise. — Joseph-Jérôme-Hilaire Angellier, préfet de la Corse, chevalier de la Légion d'honneur, président de la Société d'agriculture, sciences, arts et belles lettres du département d'Indre-et-Loire, fils de Joseph Angellier (décédé à Amboise en 1811), et de Marie-Anne-Françoise Coullon, fut créé baron, avec majorat, en 1825. Il a épousé Marie-Adèle Lys ; de ce mariage sont issus : Gustave-Louis-Charles, baron Angellier, marié en 1840 à Cesarine Bacot ; — Adèle-Joséphine-Marie, mariée en 1835, à Victor-Jules, baron Le Vasseur, colonel d'artillerie, commandeur de la Légion d'honneur.

Parti ; au 1 de gueules, à la bande d'or chargée de trois têtes de maure de sable tortillées d'argent ; au 2 d'azur, à une tour d'argent surmontée d'une étoile de même. — Supports : deux griffons d'or. — Couronne de baron.

ANGELY (d'), famille originaire de Tours ; elle a été anoblie par lettres du 15 février 1461, en la personne de Jean d'Angely.

De gueules, à trois têtes de chérubins d'or, 2, 1.

ANGLERAIS (d'), Ec., Sgrs de la Boissière (paroisse de Chaumussay), de la Roche (paroisse de Genillé), de la Menaudière, de Trisac, de Tressaut, de la Roche-Chicot (du xvie au xviiie siècle). A la fin du xvie siècle, une branche de cette famille, alors représentée par Antoine d'Anglerais, écuyer, premier porte-manteau du roi, résidait à Loches.

De sable, à l'aigle éployée d'argent.

ANGLES (d'), Chev., comtes de Hudington, Sgrs de Bossay, près Preuilly, — et de Plumartin (xive siècle), — famille originaire du Poitou ; elle a donné son nom à la ville d'Angles.

Gironné d'argent et de gueules.

Guichard d'Angles de Bossay, mort en 1380, portait :

D'or, au lion rampant d'azur, billeté d'or.

ANGLURE (d'), Chev., barons de Givry, puis comtes de Maillé, par suite du mariage de Marguerite Hurault de Chiverny, veuve de Guy de Laval, avec Anne d'Anglure (1593), — Cette famille s'est éteinte en 1595. Outre la terre de Maillé elle a possédé celle de Gizeux.

D'or, semé de grelots d'argent soutenus de croissants de gueules.

ANGOULÊME (Hélie d'), abbé de Marmoutier (1389-1413).

Losangé d'or et de gueules.

ANGUILLE, Ec., Sgrs de la Niverdière, de Moulin-Couché, de Thaïs (paroisse de Sorigny), de Vèze, des Ruaux, de Vaugourdon, de Candé (par acquisition du 16 mai 1715, de la famille de Guenand).

N. Anguille de Vèze était chanoine de l'église de Tours en 1670.

En 1740, Gilles Anguille remplissait à Tours les fonctions de trésorier de France au bureau des finances de la généralité.

Pierre-Mathieu Anguille de la Niverdière, Ecuyer, Sgr de Candé, lieutenant-commissaire-provincial des guerres, à Tours, mourut le 9 août 1769.

D'azur, à la fasce d'or, accompagnée en chef de trois roses d'argent, et en pointe d'une anguille ondée d'argent, posée en fasce.

ANGUILLE, — famille résidante à la Haye, en Touraine, aux XVIIe et XVIIIe siècles. — Elle a donné un receveur du grenier à sel de la Haye, André Anguille (1700).

D'or, à une bande de sable chargée de trois roses d'argent.

ANISSON du PERRON, — en Touraine et en Normandie. Cette famille, d'ancienne noblesse, a fourni un pair de France, Alexandre-Jacques-Laurent-Hippolyte Anisson du Perron, mort à Dieppe le 1er septembre 1852.

D'argent, au vol de sable; au chef d'azur, chargé d'une croisette d'or accostée de deux coquilles de même.

ANJOU (d'), comtes d'Anjou et de Touraine, Sgrs de Buzançais, de Loches, de La Haye, de Loudun, de Chinon, de Langeais et de Villentrois (Xe et XIe siècles).

Cette maison a pour auteur Tertulle (ou Terculf), à qui Charles-le-Chauve donna une partie de l'Anjou pour le récompenser des services qu'il avait rendus à l'Etat, en s'opposant aux courses des Normands. Elle s'éteignit en 1060, en la personne de Geoffroy II, dit le Martel. Ce dernier laissa toutes ses possessions à Geoffroy-le-Barbu et à Foulques IV, dit le Richin, ses neveux, fils de Ermengarde, sœur du testateur, et de Geoffroy, dit Férole, comte de Gatinais.

Guy d'Anjou fut religieux et ensuite abbé de Cormery, puis évêque d'Angers.

Foulques, dit Nerra, fondateur de l'abbaye de Beaulieu, près Loches (1010), fit trois fois le voyage de Jérusalem et mourut à Metz le 23 juin 1040.

De gueules, au chef d'argent, à l'escarboucle pommetée et fleurettée d'or, brochant sur le tout.

ANJOU (d'), comtes d'Anjou et de Touraine (xie et xiie siècles). Geoffroy, comte de Gâtinais, eut deux fils de son mariage avec Ermengarde, fille de Foulques, comte d'Anjou : Geoffroy-le-Barbu et Foulques IV, à qui, comme on l'a vu plus haut, Geoffroy II, dit le Martel, légua le comté d'Anjou et ses autres possessions.

Foulques V, chevalier croisé, roi de Jérusalem, mourut en 1142.

Richard, dit Cœur-de-Lion, roi d'Angleterre, comte d'Anjou et de Touraine, chevalier croisé, mourut en 1199.

De gueules, à deux léopards d'or.

ANJOU (d'), rois de Naples, de Sicile, de Jérusalem, d'Arragon, ducs de Touraine et d'Anjou, Sgrs, barons, puis marquis de Mézières en Brenne, Sgrs de Ferrière-Larçon (du xive au xvie siècle). — Le 16 juillet 1566, la terre de Mézières en Brenne, relevant du château de Tours, fut érigée en marquisat, en faveur de Nicolas d'Anjou, comte de St-Fargeau.

Anjou-Sicile porte :

Semé de France, au lambel de trois pendants de gueules.

ANJOU (Charles I d'), comte du Maine, de Guise, Sgr de Mézières en Brenne, né le 14 octobre 1414, mourut à Neuvy, en Touraine, le 10 avril 1472. Il était le 3ᵉ fils de Louis d'Anjou II, roi de Sicile.

Semé de France, au lion d'argent mis en franc-canton ; à la bordure de gueules.

ANJOU (René d'), roi de Naples, de Sicile et de Jérusalem, duc d'Anjou, de Lorraine et de Bar, Sgr du Coudray (Montpensier), né à Angers le 16 janvier 1408, mourut le 10 juillet 1480.

Coupé ; le chef tiercé en pal, au 1 de Hongrie ; au 2 d'Anjou-Sicile ; au 3 de Jérusalem ; au 1, soutenu de la pointe d'Anjou-moderne ; au 2 d'azur à deux barbeaux adossés d'or, l'écu semé de croix recroisettées au pied fiché de même, qui est de Bar ; et sur le tout, d'Aragon.

ANJOU (Charles IV d'), roi de Naples, de Sicile et de Jérusalem, comte du Maine, Sgr de Mézières-en-Brenne (par échange avec Jean de Harcourt), mourut le 10 décembre 1481.

Coupé ; le chef tiercé en pal ; au 1 de Hongrie ; au 2 d'Anjou-Sicile ; au 3 de Jérusalem ; au 1 de la pointe, d'Anjou-moderne, parti d'Aragon.

ANJOU (Louis d'), bâtard du Maine, sénéchal de Touraine, Anjou et Maine, baron de Mézières-en-Brenne (terre que Charles d'Anjou lui donna le 10 mars 1465), Sgr de Ferrière-Larçon (terre acquise de Hardouin de Maillé en 1476), mourut en 1489.

Louis d'Anjou, ainsi que son fils, René d'Anjou, marquis de Mézières, Sgr de St-Fargeau, — et son petit-fils, Nicolas d'Anjou, mort en 1568, portaient :

Semé de France, au lion d'argent mis en franc-canton ; à la barre d'argent brochant sur le tout ; l'écu bordé de gueules.

ANQUETIL, Ec., Sgrs de Badouilleau (xviiiᵉ siècle).

D'argent, à trois feuilles de chêne de sinople, 2, 1.

ANSTRUDE (N. d'), vicaire général du diocèse de Tours (1820).

Coupé, emmanché de sable, sur argent, de trois pièces.

ANTHENAISE (d'), Chev., comtes d'Anthenaise, Sgrs du
Grand-Pressigny (xiie siècle), de la Jaille-Ivon, de la Renaudière, de la Raillière, de Port-Joulain, — famille originaire
du Maine, où se trouve la terre d'Anthenaise dont elle a
conservé le nom. Elle remonte à Guillaume d'Anthenaise
vivant en 980. Plusieurs de ses membres prirent part aux
croisades sous Louis-le-jeune et Philippe-Auguste. Savary
d'Anthenaise était chevalier banneret de Touraine en 1213.

Cette maison s'est divisée en un grand nombre de branches.
L'aînée s'éteignit vers 1260, et la famille Chamaillart recueillit
ses biens. La branche du Plessis s'est éteinte en 1642 ; celle
de Villerny et de Rouilly en 1802 ; celle de la Pitellerie, à la
fin du xviiie siècle ; celles du Port-Joulain et de la Jaille-Ivon
vers 1751. Les branches de la Raillière et de St-Philibert
sont aujourd'hui les seules survivantes.

La famille d'Anthenaise a été maintenue dans sa noblesse
le 27 mars 1641, en 1648, le 4 juin 1666, le 10 juin 1667 et le
20 mai 1669.

Pierre d'Anthenaise comparut à l'assemblée électorale de
la noblesse de l'Anjou, en 1789.

Par lettres du 6 septembre 1828, un majorat fut institué,
avec le titre de comte, sur la terre de la Cour-St-Philibert, en
faveur de Armand-Charles d'Anthenaise et de ses descendants
mâles, en ligne directe et légitime, suivant l'ordre de primo-
géniture.

Armand-Charles, comte d'Anthenaise, né le 31 janvier
1779, épousa, le 8 février 1809, Guy-Françoise-Victoire de
Contades. De ce mariage sont issus :

1° Victor, comte d'Anthenaise, né le 30 novembre 1809,
marié le 6 février 1837 à Marie-Charlotte-Geneviève-Louise-
Catherine-Noémie de Rougé, dont il a eu : Pierre, né le 29
janvier 1838 ; Geneviève, née le 28 janvier 1840 ; Simonne,
née le 23 décembre 1841.

2° Alfred ; 3° Clotilde, mariée au comte du Buat.

Écartelé; aux 1 et 4 d'argent à une aigle éployée, de gueules, au vol abaissé; aux 2 et 3 vairés d'or et de gueules de 5 tires; sur le tout, bandé d'argent et de gueules de 8 pièces. — Supports : deux aigles. — Cimier : une aigle essorante. — L'écu posé sur deux bannières en sautoir, d'argent à trois jumelles de gueules, en bande. — Couronne de comte.

D'Anthenaise, dans la généralité d'Alençon, portait d'après d'Hozier :

Bandé d'argent et de gueules de 8 pièces.

Un sceau des d'Anthenaise, de 1203, offre une aigle à une seule tête; des sceaux de 1210-15-17-18, portent une aigle à deux têtes, au vol abaissé. L'écu principal, en 1234, était un fascé nébulé de six pièces; l'aigle éployée formait le contre-scel.

Savary d'Anthenaise, chevalier banneret, portait :

D'argent, à une aigle de gueules, à deux têtes, au vol abaissé.

ANTHON (Seguin d'), archevêque de Tours (1379) donna sa démission en 1380.

De gueules, à une aigle éployée, d'or, armée et couronnée d'argent.

ANTOIGNY, **ANTHOIGNE**, ou **ANTHONGUE** (d'), — famille répandue en Touraine et dans le Maine au xviie siècle.

De gueules, à la fasce ondée d'argent, accompagnée de six merlettes de même.

Antoigny (Le prieuré d').

D'or, à une croix potencée d'azur.

ANTOINE (N.) chanoine de St-Martin de Tours, prévôt de Courçay (fin du xviie siècle).

D'azur, à un croissant d'argent, accompagné de trois étoiles du même, 2, 1.

ANYEL, — famille résidante en Touraine au xviie siècle.

D'or, à trois fasces de sinople.

AOUST (d') Éc., Sgrs de Neufville (xviie siècle).

De sable, à trois gerbes d'or, 2, 1.

APCHON, — en Touraine, en Anjou et en Poitou (xviie siècle). — Cette famille était connue autrefois sous le nom de Saint-Germain, qu'elle quitta en 1541 pour prendre celui d'Apchon.

D'or, semé de fleurs de lis d'azur.

APPELVOISIN (d'), Chev., marquis de la Roche-du-Maine, Sgrs de Chaligné, relevant de la Guerche (xvᵉ siècle), — de Candes, — de la Chateigneraye, — de Verneuil, près Loches (xviiiᵉ siècle), famille originaire d'Italie où elle était connue sous le nom de Palavicini. Elle s'est établie en Poitou avant 1160.

Charles-Gabriel-René d'Appelvoisin, marquis de la Roche-du-Maine, comparut en 1789, à l'assemblée électorale de la noblesse du Poitou.

De gueules, à une herse d'or de trois traits.

ARCEMALE (d'), Chev., barons et marquis du Langon, Sgrs de Marçay (ou Marcé), du Plessis-Gerbault et de la Chauvelière (xviiiᵉ siècle), — famille issue d'une ancienne maison de Sologne, propriétaire de la terre de Marembert, relevant du comté de Blois. Sa filiation commence à Bernard d'Arcemale, vivant en 1360.

La famille d'Arcemale a été maintenue dans sa noblesse en 1667. Elle s'est alliée aux maisons de Guilly, Bodot de la Viorne, Pichard du Verger, de Beauregard, du Pin de la Guérivière, Foucher du Gué-Sainte-Flaive, etc.

Claude-Antoine d'Arcemale, chevalier, comparut par fondé de pouvoir, en 1789, à l'assemblée électorale de la noblesse du Poitou.

D'azur, au chevron d'argent, accompagné en pointe d'un croissant renversé aussi d'argent.

ARCHAMBAUT, Ec., Sgrs de Languedouc (xviiᵉ siècle).

D'argent, à trois lions d'or grimpants, armés et lampassés de gueules; en cœur, un écu d'argent, à la fasce de gueules chargée de trois sautoirs alaisés, d'or. — Supports : deux griffons.

ARCHAMBAULT (Claude), chanoine et archiprêtre de l'église de Tours (1775).

D'argent, à la croix de gueules chargée de cinq étoiles d'argent.

ARCHAMBAULT, à Tours (fin du xviiiᵉ siècle).

D'argent, à trois têtes de loup, arrachées, de...

ARCHAMBAULT (N.), prêtre, curé d'Anché (vers 1700).

D'or, à cinq trèfles d'azur, posés en sautoir.

ARCHAMBAULT DE BEAUNE.

De gueules, à un chevron d'argent, accompagné de trois roses de même, deux en chef et une en pointe. — L'écu timbré d'un casque de chevalier avec ses lambrequins (d'après le *Nobil. univ.* de M. de Magny, 1860).

ARCHAMBAULT DE GATINELLE, Sgrs de la Pichardière, de Saint-Martin, du Verger, des Varannes, du Monteil, des Paranches. — Famille issue de N. Archambault de Gàtinelle, fixé près de Richelieu au xvii⁰ siècle. Elle a donné plusieurs chanoines de St-Martin de Tours.

D'azur, au chevron d'argent, accompagné de trois roses de même, 2, 1. — Couronne de comte. — Supports ; deux sauvages armés chacun d'une massue.

ARCHEVÊQUE (l'), Chev., barons de Semblançay, de Châteaux, de Saint-Christophe, Sgrs des Ponts de Tours, de Pernay, de la Mothe-Sonzay (xiiiᵉ, xivᵉ et xvᵉ siècles).

Guillaume l'Archevêque fut pourvu de la charge de lieutenant-général au gouvernement de Touraine en 1358. Il mourut le 17 mai 1407.

Burelé d'argent et de gueules de dix pièces, et une bande de gueules brochant sur le tout.

ARCHIAC (d'), Chev., Sgrs de Saint-Germain-sur-Vienne, d'Avrillé (xiiiᵉ et xivᵉ siècles) ; — famille originaire de Saintonge et depuis longtemps éteinte. Sa filiation remonte à 1096, époque à laquelle trois chevaliers du nom d'Archiac firent le voyage de la Terre-Sainte.

La terre de Saint-Germain-sur-Vienne passa dans la maison de Rochechouart par le mariage de Jeanne d'Archiac avec Aimery de Rochechouart, vers 1370.

De gueules, à deux pals de vair; au chef d'or.

ARGENÇON (d'), Sgrs d'Auvaines (xviiᵉ siècle).

D'argent, à la fasce de gueules.

ARGENTON (d'), Chev., Sgrs de Souvigné, de Rigaudeau, de Villentrois (xviᵉ siècle).

La filiation suivie de cette maison, originaire du Poitou,

commence en 1080 par Geoffroy de Bleis d'Argenton qui, à cette époque, fit une donation à l'abbaye de Bourgueil.

D'or, à trois tourteaux de gueules, accompagnés de sept croisettes d'azur. *Aliàs* : d'or, semé de croisettes de gueules à trois tourteaux de même.

ARGIOT DE LA FERRIÈRE ; — famille d'ancienne noblesse, originaire de Picardie. Une branche a résidé en Touraine.

De gueules, à la bande d'argent, chargée de trois flèches de sable. — Devise : *Pro regi meo sanguis meus.*

ARGOUGES (d'), marquis d'Argouges, Sgrs de Vaux, de Malitourne, de Querole, de la Jarraye, de Villesidec (du xvᵉ au xviiiᵉ siècle).

Originaire de Normandie, cette maison a pris son nom de la terre d'Argouges, près de Bayeux.

En 1672, les baronnies d'Asnebec et de Rannes furent érigées en marquisat en faveur de Nicolas d'Argouges, lieutenant-général des armées du roi.

Par lettres-patentes d'avril 1680, la terre d'Achères, unie à celle de la Chapelle-le-Reine, fut érigée en marquisat en faveur de Jean-Pierre d'Argouges, Sgr de Fleury.

Une branche établie en Touraine vers le milieu du xivᵉ siècle a donné les personnages suivants :

Jamet d'Argouges, élu de Tours (1388) ;

Nicole d'Argouges, chanoine de l'église de Tours (1445) ;

Martin d'Argouges, maire de Tours (1483) ;

Jean d'Argouges, doyen de l'église de Tours (1490), décédé le 15 juin 1503 ;

Nicolas d'Argouges, maire de Tours (1526).

Écartelé d'or et d'azur, à trois quintefeuilles de gueules, 2, 1, brochant sur le tout.

ARGY (d'), Chev., comtes d'Argy, Sgrs de Loché, d'Azay, de Pons (paroisse de Genillé), de Couasnay, de la Grange-Hocquet, de la Gibaudière, Chamberlin, la Chignardière, la Pesselière, Neron, près Loches, — du Puy-aux-Bœufs (paroisse de Crissé), — de Palluau, de la Tour-Sibylle, de l'Étang, Chantereine, Bellefonds, de la Sabardière (paroisse de Coulangé), des Bornais, Launay-Loquin, la Mallouère, l'Isledon, la Couture, la Gusdonnière, Manne (paroisse de Crouzilles), des Fontaines, de la Gringotterie, la Martinière, la Raudière, la Roche-Ploquin, Lamps, de Mesvres et de Baigneux (paroisses de Civray et de la Croix-de-Bléré), de la Cour-d'Argy, du Haut-Theneuil (du XIIᵉ au XVIIᵉ siècle).

Quatre membres de cette famille ont pris part aux croisades : Archambault I et Archambault II, en 1145 ; Hélie (1212), mort en 1221, — et Renoul d'Argy (1218).

Geoffroy d'Argy était *viguier* de Loches en 1247.

Vers le milieu du XVᵉ siècle, Pierre d'Argy, était doyen des Roches-Tranchelion.

René d'Argy, Sgr de Pons, relevant de Loches, fut nommé député de la noblesse des bailliages de Touraine et d'Amboise aux États-généraux tenus à Paris en 1614.

La maison d'Argy a été maintenue dans sa noblesse les 3 février 1609, 1ᵉʳ et 22 juin 1634, 22 mars 1635 et 5 février 1669.

Charles-Augustin, comte d'Argy, chef de nom et d'armes de la maison, né le 12 mai 1795, a épousé le 15 avril 1828, Laurence-Victoire Besnard du Chesnay. De ce mariage sont issus : Marie-Charles, né le 27 janvier 1831 ; Marie-Raoul, né le 4 mai 1833 ; Marie-Adalbert, né le 13 décembre 1835 : Marie-Laurence-Gabrielle et Marie-Henriette.

D'or à cinq trangles (burelles impaires) d'azur. — Couronne de comte ; — Supports : deux lions d'or ; — Cimier : un lion issant de même.

Archambault III d'Argy, Sgr de Palluau (1160) portait, d'après l'empreinte d'un sceau de l'époque (charte de l'abbaye de Beaugerais) :

Burelé de 10 pièces de... et de..., et une croix de... brochant sur le tout.

Archambault IV d'Argy, aussi Sgr de Palluau, portait :

Burelé de 18 pièces de... et de... et une croix ancrée, de... brochant sur le tout.

Renoul d'Argy, Sgr de Palluau et d'Argy (1208) portait :

Burelé de 14 pièces de... et de.. et une croix ancrée de... brochant sur le tout.

Quelques membres de la famille, Sgrs de Mesvres et de la Cour (xve et xvie siècles) portaient :

D'or, à huit merlettes de sable, mises en orle.

Pierre d'Argy, Ec., Sgr de la Martinière, avait pour armes (d'après l'*Armorial* manuscrit de d'Hozier) :

Fascé d'or et d'azur de quatre pièces.

ARMAGNAC (d'), Chev., comtes d'Armagnac, Sgrs de la Mothe-de-Nouâtre, de Marcilly, Isoré, Pussigny, Signy, Nueil, Chambray, du Marais, du Clos, de la Grande-Garde, — de la Bretonnière (paroisse de Marcilly), de la Heurtellière (paroisse de Maillé-Lailler), de la Braudière (paroisse de Dangé), de Salvert, Pouligny, Saint-Remi-sur-Creuse, Haute-Rue, Doucé ; — famille originaire de Gascogne et établie en Touraine au commencement du xvie siècle.

Georges d'Armagnac, cardinal, archevêque de Tours (1547), abbé de la Clarté-Dieu, donna sa démission de son archevêché en 1551.

Jean I d'Armagnac fut pourvu de la charge de capitaine du Plessis-lès-Tours, par lettres du 1er juin 1589.

Jean II d'Armagnac remplissait les fonctions de Maître des eaux et forêts au ressort du bailliage de Chinon en 1592.

D'argent, au lion de gueules rampant, surmonté de trois chevrons d'azur. — Cimier : un lion issant de gueules. — Supports : deux lions, aussi de gueules.

Georges d'Armagnac, archevêque de Tours, portait :

Écartelé; aux 1 et 4 d'or, au lion de gueules; aux 2 et 3 de gueules, au lion léopardé, d'or, lampassé d'azur.

ARMAILLÉ (d'). en Touraine.

De gueules, à deux molettes d'éperon d'or.

ARMENAULT (Charles), bourgeois de Tours (fin du xviie siècle).

D'hermine, à deux bandes de gueules.

ARMINVILLE (Thomas d'), bailli des ressorts et exemptions de Touraine (1375-77).

D'azur, au chevron d'or, accompagné de trois croisettes treflées de même

— 74 —

ARNAUD (Jean), chevalier de Malte, commandeur de l'Ile-Bouchard (1403).

D'azur, au lion d'or, armé et lampassé de gueules.

ARNAUD ; — famille de Tours, anoblie par lettres du 9 mars 1670, en la personne de Nicolas Arnaud.

D'azur, au lion d'or, accompagné d'une étoile de même posée au premier canton.

ARNAULT, Ec., Sgrs d'Orfons, près Loches (xvie et xviie siècles) ; famille originaire du Berri.

D'azur, au chevron d'or, accompagné de deux étoiles d'argent en chef et d'un croissant montant, de même, en pointe.

ARPAJON (d'), Chev., barons de Sceaux, Sgrs de Mirebeau, du Coudray (Montpensier), de la Roche-Clermault, Purnon (xvie siècle).

De gueules, à une harpe d'or.

ARS (Guichard d'), bailli de Touraine (1348-51). Il tint ses premières assises au château de Tours en 1348.

D'or, à cinq fleurs de lis d'azur, en sautoir.

ARS (d'), Chev., Sgrs de Changran, du Plessis, de Noizay, des Arpentis (xvie siècle).

Jean-Gonzalve d'Ars était capitaine-gouverneur de Bléré en 1460.

De gueules, à la croix d'argent cantonnée alternativement de deux tours et de deux fleurs de lis aussi d'argent. — Aliàs : d'or à cinq fleurs de lis d'azur en sautoir (armes de Guichard d'Ars, dont l'article précède celui-ci).

ARSAC (d'), Chev., marquis de Ternay, Sgrs de Pidouet (paroisse de Chaumussay), du Chêne, du Coudray, de la Fourneraie, relevant de la Guerche (xve siècle), de Thaix et de Marigny, paroisse d'Yzeures (xviiie siècle).

Cette famille est originaire de Bretagne. Sa filiation suivie s'établit à partir de Roland d'Arsac, vivant en 1450.

Les d'Arsac ont été maintenus dans leur noblesse les 34 mars 1635, 20 juillet 1638, 20 juillet 1667 et 20 avril 1746.

Charles-François d'Arsac de Ternay, chevalier de Malte, était commandeur d'Amboise en 1782.

Gabriel d'Arsac, marquis de Ternay, chevalier de S-Louis, comparut en 1789 à l'assemblée électorale de la noblesse de Touraine, et se fit représenter à la même époque à celle du Maine. La famille comparut également à l'assemblée électorale de la noblesse du Poitou (1789).

De sable, à l'aigle éployée d'argent, becquée et onglée de gueules.

ARTAUD, Ec., Sgr du Puy-Montbazon (xiiie et xive siècles). Pierre Artaud fut doyen de l'église de Tours de 1462 à 1471.

D'azur, à trois tours d'argent, maçonnées de sable.

ARTHUYS, ARTHUYS DE CHARNIZAY, — famille noble, originaire d'Angleterre, qui vint s'établir en Berri à la fin du xiie siècle ; diverses branches se sont répandues dans le Perche, l'Orléanais, le pays Chartrain et la Touraine.

Cette maison a donné un lieutenant général au bailliage d'Issoudun (1300) ; un chevalier de Malte, capitulaire en la commanderie de Villefranche, près Romorantin, Jehan Arthuys (1409); des conseillers au bailliage d'Issoudun, un lieutenant-général au bailliage de Berri, un conseiller et secrétaire du roi, contrôleur général des guerres (1600), etc. Elle a été maintenue plusieurs fois dans sa noblesse, notamment, le 25 avril 1669, en 1689 et en 1715. Parmi les familles auxquelles elle s'est alliée, on remarque celles de Durbois, de Rieux, de Touzelle, Bigot-des-Fontaines, de la Châtre, Desmaretz, de Valentiennes, Baraton, Penier de l'Orme, des Gentils, de Lestang, de Meaux, de Gregoireau, de Gallot, etc.

Par lettres patentes de 1811, Philippe-Claude Arthuys, né le 26 juin 1765, président de la 3e chambre de la cour d'Orléans, fut créé baron, avec majorat.

Résidence de la famille en Touraine (xixe siècle) : le château de Charnizay, canton de Preuilly.

D'argent, au chevron brisé, de sinople, accompagné de trois feuilles de chêne de même, deux en chef et une en pointe.

On voyait ces armes au frontispice du chœur du Chapitre de Saint-Cyr, à Issoudun, bâti en 1300; au-dessous de ces armes était écrit le nom de Jehan Arthuys, premier lieutenant-général du bailliage d'Issoudun.

D'Hozier (T. III de son Armorial) substitue *trois feuilles de houx* aux *trois feuilles de chêne* qui sont dans les armes de cette maison.

ARTOIS (Charles d'), comte de Longueville, — Sgr de Champigny-sur-Veude, du chef de sa seconde femme, Jeanne de Beauçay (celle-ci décédée en 1402).

Semé de France, au lambel de quatre pendants de gueules, chaque pendant chargé de trois châteaux d'or; l'écu chargé en cœur d'un écusson de gueules, à la croix d'or, accompagnée de quatre B, ou fusils adossés, d'or.

ARTUR DE LA VILLARMOIS, comtes et vicomtes de la Villarmois. — Famille originaire de la Basse-Normandie. Sa filiation remonte au milieu du XIVe siècle.

Le comte Artur de la Villarmois fut élu député du bailliage de Coutances, aux Etats-Généraux de 1789.

La famille Artur de la Villarmois s'est alliée à celles de la Motte-Beaumanoir, de Grollier, Gallet de Mondragon, etc.

Le vicomte de la Villarmois réside actuellement (1866) au château de Montgoger, en Touraine. Son frère aîné, le comte de la Villarmois, habite la Basse-Normandie.

Une branche de cette maison s'est établie en Angleterre au XVe siècle.

De gueules à une coquille d'or; au chef d'argent. — Supports : deux levrettes, colletées de gueules.

ARVERS DE RUFFÉ.

Joseph Arvers de Ruffé remplissait les fonctions de procureur fiscal des ville et baronnie de l'Ile-Bouchard en 1740.

Gabriel-François Arvers de Vaution était chanoine de Saint-Mexme de Chinon en 1766.

D'après une empreinte de cachet blasonnée par M. Lambron de Lignim, la famille Arvers de Ruffé porterait :

Deux écus accolés; le premier de... au chevron de... accompagné en chef de deux pommes de pin de...; et en pointe, de...; la deuxième, de... à une bande chargée de...

ASPREMONT (d'), Chev., Sgrs d'Aspremont, de Marcilly, des Essarts (xii*, xiii* et xv* siècles).

Guillaume d'Aspremont, chevalier banneret (1213), Gaubert et Geoffroy d'Aspremont, chevaliers croisés (xiii* siècle). et Catherine d'Aspremont, prieure de l'abbaye de Moncé (1491), appartenaient à cette maison.

De gueules, à un lion d'or, couronné d'azur.

Quelques membres de la famille brisaient ces armes d'un lambel de sept pendants, d'argent, brochant sur le tout.

ASSÉ (d') ou ASSAY, Chev., Sgr d'Assay (xvi* siècle). — famille originaire du Maine. Sa filiation remonte à Jean d'Assé, écuyer, Sgr de l'Epinay, vivant au xii* siècle :

Parti emmanché d'argent et de sable de huit pièces.

ASSELIN-ROYNE (Pierre), chanoine, puis trésorier de Saint-Martin de Tours, mourut le 17 avril 1409.

D'azur, à trois croix pattées d'or.

ASSON (d'), — en Touraine et en Anjou.

D'argent, à trois fasces d'azur.

ASSY (d') ou d'ASSYE, Chev., marquis d'Assye, — Sgrs d'Enau, paroisse de Saint-Martin-le-Beau (xvi* siècle), — famille originaire de Normandie. Elle a été maintenue dans sa noblesse le 11 août 1666.

D'argent, à deux lions passants de sable, lampassés de gueules.

AUBEPINE (de l') Chev., marquis de Chateauneuf-sur-Cher, de Verderonne, d'Haute-Rive, — Sgrs de Couzières, de Nantilly, de Bagneux et de la Folie, en Touraine (xvi* siècle), maison originaire de la Beauce, et qui a fourni beaucoup d'illustrations, entre autres, un garde des sceaux, des évêques et plusieurs ambassadeurs. Sa filiation suivie commence par Claude de l'Aubepine vivant en 1507.

Claude de l'Aubepine II, baron de Chateauneuf-sur-Cher, fut maire de Tours en 1517.

Charles de l'Aubepine, marquis de Chateauneuf-sur-Cher, commandeur des ordres du roi, gouverneur de Touraine, mourut le 17 septembre 1653.

Son frère, François de l'Aubepine, marquis d'Haute-Rive. lieutenant-général des armées du roi, lieutenant-général de Touraine (provisions du 22 juin 1632), mourut le 27 mars 1670.

Écartelé; aux 1 et 4 contre écartelé, aux 1 et 4 d'azur, au sautoir alaisé d'or, accompagné de quatre billettes de même ; aux 2 et 3 de gueules, à trois fleurs d'aubépine d'argent, — et aux 2 et 3 des écartelures, de gueules, à la croix ancrée de vair, qui est de la Châtre.

AUBÉRI (d'),Chev., Sgrs du Maurier, de la Fontaine-d'Angé, de la Ville-au-Maire, de Boulart, de Négron, de la Roche-Saint-Sulpice, relevant de Nouâtre, de Vaugodin, de Pilloron, de Varennes (du XVe au XVIIIe siècle). — Le nom de cette famille s'écrit aussi quelquefois AUBERY et AUBERRY.

D'après le *Dictionnaire historique et généalogique des familles de l'ancien Poitou*, publié par MM. Beauchet-Filleau et de Chergé, la filiation suivie de la maison d'Aubéri commence à Frédéric-Paul Aubéri, anglais de nation, qui (selon des mémoires domestiques) vint s'établir en France en 1499. Suivant d'Hozier, ce serait en 1439 que Frédéric-Paul Aubéri aurait passé en France.

La maison d'Aubéri a fourni un lieutenant-civil de la prévôté et vicomté de Paris, Jacques Aubéri; un conseiller d'état, ambassadeur en Hollande et en Angleterre, Benjamin Aubéri, décédé en 1636 ; un conseiller, maître d'hôtel ordinaire du roi et aide de camp dans les armées de S. M.; des chevaliers de Malte, etc... Elle s'est alliée aux familles de Harlai, de Blin, du Buisson, d'Orvaux, de la Barre, Lenfernat, d'Ernecourt, de Beauvau, de Nettancourt, Vaillant d'Avignon, de Créquy, Fournier de Boisayrault d'Oyron, Poignand de Lorgères, etc...

En 1789, Charles-Marie-Jean-Baptiste, marquis d'Aubéry,

comparut par fondé de pouvoir à l'assemblée électorale de la noblesse de Touraine, — et en personne, à l'assemblée de la noblesse du Poitou.

De gueules, à un croissant d'or, accompagné de trois trèfles d'argent, posés deux en chef et l'autre en pointe de l'écu.

AUBERT, à Tours (xviii⁰).

D'argent, au chevron d'azur, accompagné en chef de deux molettes de... ; et en pointe d'un heaume de...

AUBERT, AUBERT du PETIT-THOUARS, Chev., Sgrs de

St-Germain-sur-Vienne, d'Ingrandes, de la Normandelière, de St-Georges, des Landes, de la Boutinière, de Rassay, de la Bremonière (autrement Bresne), paroisse de St-Jean-de-Langeais, — famille originaire du Poitou, et dont la filiation remonte au xiii⁰ siècle. Elle a été maintenue dans sa noblesse le 28 mai 1518 et en 1667.

Yves-Suzanne Aubert du Petit-Thouars de Saint-Georges, chevalier, Hyacinthe-Louis Aubert de Saint-Georges du Petit-Thouars et Marie-Madeleine-Suzanne Aubert de Saint-Georges, comtesse du Petit-Thouars, chanoinesse d'honneur du Chapitre noble de Salle, comparurent par fondés de pouvoir à l'assemblée électorale de la noblesse de Touraine, en 1789.

La branche de Boumois a donné un membre de l'Institut, Louis-Marie Aubert du Petit-Thouars, mort le 12 mai 1831, — et un capitaine de vaisseau, Aristide Aubert du Petit-Thouars, tué à la bataille d'Aboukir.

Abel Aubert du Petit-Thouars, chef de la branche de Foix, commandeur de la Légion d'honneur, a été nommé contre-amiral, en 1844.

D'azur, au haubert d'or.

AUBERY, Sgrs du Maurier, — voyez Aubéri.

AUBERY (Jean), intendant de Touraine (1618-30), maître des requêtes ordinaires de l'hôtel du roi.

D'argent, à une hure de sanglier, de sable, les yeux et les défenses d'argent, au chef d'azur dentelé par le bas et chargé de trois roses d'or.

AUBIERS (Jean des), abbé de Noyers (1240-47).

De gueules, au croissant d'or.

AUBIGNÉ (d'), Chev., marquis de Villandry, Sgrs de la Touche et de la Jousselinière (xvᵉ siècle). — Famille originaire de l'Anjou, où elle est connue dès 1200. Elle a pris son nom de la terre d'Aubigné, près Martigné-Briant.

La terre de Villandry fut érigée en marquisat, en septembre 1738, en faveur de Louis-Henri d'Aubigné. Elle avait déjà été érigée au même titre, en 1619, pour Balthazar le Breton.

De gueules, au lion d'hermine, couronné, armé et lampassé d'or.

AUBIN, — famille résidante en Touraine aux xvⁱᵉ et xviiᵉ siècles.

Jean Aubin était prévôt de Saint-Epain, en l'église de Saint-Martin de Tours, vers 1650.

De sinople, à une cigogne d'argent, tenant en son bec un serpent de sable; au chef cousu d'azur, chargé de trois étoiles d'or posées en fasce.

AUBIN DE MALICORNE, en Touraine et au Maine (xviiᵉ siècle).

De sable, à trois poissons d'argent posés en fasce, l'un sur l'autre.

AUBINEAU, Chev., Sgrs de Rigny, de la Ricastelière, de la Ratelière, de Montbrun et de Puyraveau (xviiᵉ et xviiiᵉ siècles), — famille originaire de Civray, en Poitou. Elle a été maintenue dans sa noblesse le 12 août 1667.

Losangé d'argent et de gueules; au chef denché de gueules et d'argent.

Une branche établie en Anjou portait :

Losangé d'or et de gueules.

AUBONNE (d'), — famille résidante en Touraine au xviiiᵉ siècle.

D'or, à un chevron d'azur, brisé de trois pièces.

AUBOUTET, Ec., Sgrs du Chillou, de la Foix, du Breuil (xviⁱᵉ et xviiᵉ siècles),—famille originaire de la Basse-Marche. Elle a été maintenue dans sa noblesse le 5 mars 1599 et le 24 mai 1634.

D'or, au chevron de gueules, accompagné de trois merlettes de sable, 2, 1.

AUBRIOT, à Tours, — famille anoblie le 12 Mars 1350 en la personne de Pierre Aubriot.

Henri Aubriot remplissait les fonctions de conseiller du roi, contrôleur général des finances de la généralité de Tours, en 1695.

D'azur, à une étoile d'or en cœur, surmontée d'un croissant de même.

AUBRY (Denis-Louis), Ec., inspecteur des manufactures et pépinières de la généralité de Tours (1744).

Coupé, au 1 de gueules, à trois étoiles de.., rangées en fasce; au 2 d'azur, à une tête de cerf de..., surmontée d'une étoile de... posée entre les bois. — Couronne de marquis.

AUBRY, marchands - bourgeois, à Tours (fin du xviie siècle).

D'azur, à un croissant d'argent, accompagné de trois étoiles de même.

AUBRY (AUBRI, d'après d'Hozier), AUBRI du Plessis, Chev., marquis de Castelnau, Sgrs du Plessis, de la Roche-Behuard, de la Gitonnière, de Villiers, du Plessis-Réchaussé (du xvie au xviiie siècle), — famille originaire du Berri. Elle a fourni les fonctionnaires dont les noms suivent :

Gilles Aubry, Sgr de Villiers, échevin perpétuel de la ville de Tours (1617) conseiller au bailliage et siége présidial de Tours (1665) ; — Leonor Aubry, conseiller au bailliage et siége présidial de Tours, lieutenant-criminel au même siége, décédé le 16 janvier 1706, — Joseph Aubry, conseiller du roi, lieutenant-général criminel examinateur au bailliage de Tours, maire de cette ville (1719-20), puis premier président au bureau des finances de la généralité de Tours (12 juin 1722) ; — Jacques-Olivier Aubry, conseiller du roi, lieutenant-général au bailliage et siége présidial de Tours (1749) ; — Joseph-Jean Aubry, Sgr du Plessis, d'Isernay, de la Bouchardière, conseiller du roi, premier président au bureau des finances de Tours (1748), nommé maire de cette ville le 4 août 1762, décédé le 10 décembre 1763 ; — Joseph-Robert Aubry, Chev., premier président au bureau des finances de Tours de 1779 à 1789 ; à cette dernière époque, il comparut à

6

l'assemblée électorale de la noblesse de Touraine; — Jean-Joseph Aubry, ancien premier-président au bureau des finances de Tours, fut maire de cette ville depuis le 4 mars 1801 juqu'au 21 décembre 1803.

D'argent, à une hure de sanglier de sable, es yeux et les défenses d'argent; au chef d'azur dentelé par le bas, chargé de trois roses d'or.

AUBUS (des), Chev., vicomtes de Bayeux, seigneurs de Savonnières, de Colombiers, de Talvois, près Chinon, de Prézault, paroisse de Nouâtre (xvᵉ et xviᵉ siècles).

François des Aubus, fut abbé de Beaugerais de 1473 à 1481.

D'azur, à trois pots à deux anses, d'or, 2, 1.

AUBUSSON (Antoine I d'), Chev., baron de Semblançay, Sgr de Pelletange, Monteil-au-Vicomte, etc..., gouverneur-bailli de Touraine, d'Anjou et du pays de Caux (1451), mourut en 1481. Par lettres du 20 novembre 1458, le roi lui avait fait don de la terre de Semblançay.

D'or, à la croix ancrée de gueules.

AUCHERS, Ec., Sgrs des Mées, paroisse de Bossay (xviiᵉ siècle).

D'or, au chevron d'azur, accompagné en pointe d'une étoile de sable; au chef d'azur chargé de trois molettes du champ.

AUDE, Ec., Sgrs du Coudray (en partie) et de Royboit, paroisses de Nouzilly et de Monnaie.

Guillaume Aude, argentier de la reine, résidait à Tours en 1509.

D'or, à trois têtes de Maure de sable, tortillées d'argent.

AUDEBERT (Pierre), curé de Civray-sur-Esvres (1700).

D'or, au lion d'azur.

AUDEBERT DE L'AUBUGE, Chev., Sgrs de l'Aubuge et du Pin, relevant de Nouâtre (xviᵉ et xviiᵉ siècles). — Cette famille a donné plusieurs chevaliers de Malte. Elle a été confirmée dans sa noblesse en 1667.

Louis-Pierre Audebert, chanoine de l'Église de Tours, archidiacre d'Outre-Loire, puis d'Outre-Vienne, mourut le 17 mai 1786.

D'azur, au sautoir d'or.

La branche dite du Pin, portait :

D'or, au sautoir d'azur, vrillé de sable.

AUDET, Éc., Sgrs de l'Étang-Rigollet, près Yzeures, — et de Montaboulin (xvie siècle).

D'or, à trois têtes de Maure, de sable, tortillées d'argent.

AUFFRET (Louis-Joseph), grand prieur de l'abbaye de Cormery (1708-12).

D'azur, au chevron d'or, accompagné de trois roues de sainte Catherine, de même.

AUGÉARD ou d'AUGÉARD, Ec., Sgrs de la Membrolle, du Petit-Mont et de Gruais, en Touraine (xviie et xviiie siècles). — Originaire de Montreuil-Bellay, sur les frontières de l'Anjou, cette famille s'est établie à Tours, en 1612. Elle a été confirmée dans sa noblesse par arrêt de la Cour des Aides du 27 juin 1766. Sa filiation suivie commence par Jean Augéard, vivant en 1460.

Mathieu Augéard II, écuyer, né à Tours le 14 mars 1621, fut conseiller au siége présidial de cette ville. Son fils, Jacques-Mathieu Augéard, né à Tours le 5 septembre 1651, fut reçu garde des sceaux de la Chancellerie de la même ville le 7 mai 1679.

Jacques-Mathieu Augéard, Chev., remplit les fonctions de procureur du roi au bureau des finances de Tours (1769), puis celles de secrétaire des commandements de la reine (1777).

D'azur, à trois jars, ou oies, d'argent, 2, 1. — *Alias* : Écartelé, aux 1 et 4 d'azur, à trois jars d'argent, 2, 1 ; aux 2 et 3 de sable, au croissant d'or, en cœur.

AUGUSTIN (d'), **d'AUGUSTIN DE BOURGUISSON, Chev.,** Sgrs de Bourguisson, du Courbat, de l'Estang, en Touraine (dès le xve siècle), — de Migny, de Badecon, etc...; — Famille

noble et très-ancienne, originaire de Bretagne. Une branche
s'est établie en Bourgogne.

Pierre-René d'Augustin de Bourguisson, capitaine-commandant les grenadiers au régiment d'Agénois, — et Etienne-
Charles d'Augustin de Bourguisson, chevalier de Saint-Louis,
comparurent, en 1789, le premier, en personne, le second par
fondé de pouvoir, à l'Assemblée électorale de la noblesse de
Touraine.

Pierre-René-Casimir d'Augustin de Bourguisson, colonel en
retraite, a laissé de son mariage avec Joséphine-Marie Poisson
du Breil : 1° Félix-Hyacinthe d'Augustin de Bourguisson,
né en octobre 1824, lieutenant-trésorier au 20° bataillon de
chasseurs à pied ; 2° Paul-Gabriel-Casimir d'Augustin de
Bourguisson, né en mars 1825, chef de bureau télégraphique
à Alger, marié à Mlle Lesueur ; 3° Marie-Renée d'Augustin de
Bourguisson, en religion sœur Marie-Thérèse de St-Joseph,
née en 1819, prieure des religieuses carmélites de Tours (1866).

De sable, à une fasce d'argent, accompagnée de trois porcs-épics d'or. —
L'écu timbré d'un casque de chevalier orné de ses lambrequins. — Devise,
Cominus et eminus.

AUMONT (d'), Chev., ducs d'Aumont, vicomtes de la
Guerche (xvii° siècle), marquis de Clervaux; — famille dont
la filiation suivie remonte au xiii° siècle. Elle a produit deux
maréchaux de France, un garde-oriflamme, cinq ducs et pairs
et six chevaliers de l'ordre du Saint-Esprit. — Par lettres de
1665, la terre de l'Isle, en Champagne, fut érigée en duché-
pairie, en faveur d'Antoine d'Aumont, maréchal de France.

César d'Aumont, marquis de Clervaux, vicomte de la Guerche, fut nommé gouverneur-lieutenant-général de Touraine
en juin 1650. Il mourut le 20 avril 1661.

D'argent, au chevron de gueules, accompagné de sept merlettes de sable,
4, 3.

AUTAY (d'), ou d'AUTHAY, Chev., Sgrs des Roches et de
la Châteigneraie, paroisse de Faverolles (xviii° siècle).—Cette
famille a comparu à l'Assemblée électorale de la noblesse de
l'Orléanais, en 1789.

D'argent, à la bande d'azur accompagnée en chef de trois tourteaux de gueules, 2, 1, et accostée en pointe de trois tourteaux de même

AUTRICHE (Éléonore d'), femme de François Ier, roi de France, duchesse apanagiste de Touraine, dame de Montrichard, décédée le 18 février 1558.

Écartelé, au 1 contre écartelé, aux 1 et 4 de gueules, au château d'or sommé de trois tours de même, qui est de Castille; aux 2 et 3 d'argent, au lion de gueules, qui est de Léon; au 2 quartier, d'or, à quatre pals de gueules qui est Aragon, parti d'Aragon-Sicile qui est de même, flanqué d'argent à deux aigles de sable; à la pointe de ces deux quartiers, d'or à une grenade de gueules tigée et feuillée de sinople, qui est de Grenade; au 3 de gueules, à la fasce d'argent, qui est d'Autriche; soutenu et bandé d'or et d'azur de six pièces, qui est de Bourgogne ancien; au 4 semé de France à la bordure componée d'argent et de gueules, qui est de Bourgogne moderne, soutenu de sable au lion d'or, lampassé et armé de gueules, qui est de Brabant; sur ces deux quartiers, d'or au lion de sable, lampassé et armé de gueules, qui est de Flandre; parti d'argent à l'aigle de gueules, couronnée, becquée et membrée d'or, chargée sur la poitrine d'un croissant de même, qui est de Tyrol.

AUVÉ, à Tours (XIXe siècle).

D'argent, à une fasce denchée par le bas, de gueules, accompagnée en chef de deux étoiles d'azur, et en pointe d'un croissant de même.

AUVERGNE (d'), Chev., Sgrs des Grands-Buissons et de la Grossinière, paroisse de Villantrois, — de la Drevaudière, de Paradis, des Cognées, de la Chaize (paroisse de Martizay), de la Pignolière et de la Pacaudière, paroisse de Faverolles (du XVIe au XVIIIe siècle).

Cette famille paraît être originaire du Beauvoisis. Elle commence sa filiation par Jean d'Auvergne vivant en 1450. Parmi les familles auxquelles elle s'est alliée on remarque celles de Perceval, d'Ailly, de Jeufosse, de Bonnafau, Martin des Augis, de Boisvilliers, de Maliveau, d'Autay, d'Elbée de Caumont, Trotignon de Montenay, de Baillou, de la Panouse, Huguet de Semonville, Perillault de Chambeaudrie, Huart de Boisrenaud, de Maussabré, de Boislinards, etc...

La famille d'Auvergne s'est divisée en plusieurs branches; celle des Cognées a pour chef de nom et d'armes Louis-Henri d'Auvergne, né en 1813, général de brigade, commandeur de la Légion d'honneur, marié à Laure Aufrère de la Preugne.

De ce mariage sont issus : Amable - Henri d'Auvergne, né en 1843 ; — Jeanne d'Auvergne, née en 1855.

D'argent, à une fasce de gueules chargée de trois coquilles de même et accompagnée de six merlettes de sable, trois en chef, trois en pointe. — Supports : deux aigles. — Couronne de comte.

AUVRAY, — famille originaire de Normandie. Elle s'est fixée dans le Mantois et à Paris (xviie et xviiie siècles) et en dernier lieu en Touraine. Un de ses membres servit comme écuyer du roi Henri IV. Un autre, Louis Auvray, était, en 1665, lieutenant de la prévôté de la cavalerie légère de France. — Cyprien Auvray, né à Paris le 3 novembre 1720, premier secrétaire de l'intendance de la Rochelle et de Poitiers (1747-83), décédé à Poitiers le 4 janvier 1783, avait épousé le 8 septembre 1749, Élisabeth - Jeanne - Charlotte Rousset. De ce mariage est issu Louis-Marie Auvray, né à Poitiers le 12 octobre 1762, surnuméraire dans la gendarmerie de la reine (1780), colonel de la 40e demi-brigade, préfet de la Sarthe (13 mars 1800), baron de l'Empire (15 août 1809), maréchal de camp et chevalier de Saint-Louis (1814), décédé à Fondettes le 11 novembre 1833, laissant deux enfants de son mariage (mai 1803), avec Françoise Pellegrain de l'Etang :

1° Anatole-Louis-Le Mans, baron Auvray, né le 6 octobre 1804, officier de cavalerie, membre du conseil d'arrondissement de Tours, marié le 20 mai 1834 à Pauline-Olympe-Clémentine de Villiers du Terrage, dont il a eu : Thérèse-Pauline-Louise ; Louise-Jeanne-Marie ; Anatole-Paul-Marie, né le 4 octobre 1842. — Anatole-Louis-Le Mans, baron Auvray, est décédé à Fondettes le 8 novembre 1856 ;

2° Louis-René Auvray, ancien officier d'infanterie, maire de Tours (1866), né au Mans le 7 juin 1810, marié en avril 1837 à Flavie Loiseau, dont il a eu : Raoul-Louis-René, né le 23 mars 1838 ; Arthur, né le 22 janvier 1840.

Écartelé; au 1 d'azur, au bouclier d'or chargé d'un écusson du champ sur lequel est inscrit le chiffre 40, d'argent; au 2 de baron-préfet, qui est d'azur à la muraille crénelée d'or, surmontée d'une branche de chêne de même; au 3 de gueules, à la clef en pal d'argent; au 4 d'azur, à l'olivier d'or, fruité d'argent.

La famille Auvray portait avant 1809 :

De sable, à l'aigle au vol abaissé, d'argent.

AUX-EPAULES DE LAVAL (Renée), vicomtesse de la Guerche, première femme de César d'Aumont, gouverneur de Touraine (avant 1657).

De gueules, à une fleur de lis d'or.

AUXERRE (Michel d'), chanoine de Saint-Venant, à Tours (1659).

De gueules, à une bande d'or.

AVAILLOLES (d') ou **d'AVAYOLLES**, Chev., Sgrs de Meigné, relevant de Montrichard, — et de Roncée, près de l'Ile-Bouchard. Cette terre de Roncée passa dans la maison de Barjot, en 1561, par le mariage d'Anne d'Avayolles avec Claude III de Barjot.

Jean d'Avayolles était abbé de Seuilly, vers 1580.

De sable, à la fasce d'argent chargée de cinq losanges de gueules et accompagnée de six fleurs de lis d'argent.

AVAUGOUR (Guillaume d'), bailli des exemptions de Touraine, Anjou et Maine (par lettres du 21 avril 1418), capitaine du château de Tours (1440), mourut en 1446, et fut inhumé dans la chapelle de Saint-Lidoire, aux Cordeliers de Tours.

D'argent, au chef de gueules brisé d'une cotice d'azur.

Henri d'Avaugour, doyen de Saint-Martin de Tours, portait les mêmes armes que le précédent.

AVELINE, Éc., Sgrs du Clos et de Montbonneau (xviie siècle), — famille originaire de l'Anjou.

René Aveline, écuyer, remplissait les fonctions de conseiller du roi, président trésorier de France, à Tours, vers 1666. — Philibert Aveline occupa la même charge et fut maire de Tours en 1689.

Joachin-André Aveline de Narcé et Charles-Laurent Aveline comparurent à l'assemblée électorale de la noblesse de l'Anjou, en 1789.

D'azur, au chevron d'or, accompagné de deux roses de même en chef et d'une quintefeuille aussi d'or, en pointe.

AVENET, Ec., Sgrs de la Huchonnière (xviiie siècle).

Michel Avenet, écuyer, conseiller du roi, président trésorier de France à Poitiers, mourut à Amboise le 16 août 1726. De sable, à deux avirons d'argent posés en sautoir.

AVENTIGNY (d'), famille résidant en Touraine au xvie et xviie siècles.

D'argent, à deux pals de gueules, accompagnés de dix clochettes d'azur, 3, 4, 3.

AVERTON (d'), Ec., Sgrs de Thou, près Yzeures (xve siècle), de Monticheri, de la Heurtelière (xviie siècle); — famille originaire de l'Anjou. Elle a fourni trois chevaliers-croisés, Adrien et Louis d'Averton (1re croisade), Geoffroy d'Averton (3e croisade).

André d'Averton I était chanoine et chancelier de l'église de Tours en 1507.— André d'Averton II eut les mêmes dignités en 1510-20.

De gueules, à trois jumelles d'argent.

AVERTON (Emmanuel d'), Chev., baron du Grand-Pressigny, Sgr de la Borde, de Ferrière-Larçon (xviie siècle). — Nous ignorons s'il appartenait à la famille précédente.

D'argent, à six fasces de gueules; au chef de même.

AVIAU DE PIOLANS (d'), Chev., barons de Piolans, Sgrs du Grand et du Petit-Relay, relevant de Sainte-Maure, — de Buxeuil-sur-Creuse, relevant de la Guerche, — de la Chaize-Saint-Remi, du Bois-de-Sanxay, de la Brosse (du xve au xviiie siècle); — famille issue de l'antique maison de Montfort. Elle a donné un gouverneur de Loudun, pays et bailliage du Loudunois, Louis d'Aviau (1644), — un abbé commendataire de Noyers, Jacques d'Aviau du Bois-de-Sanxay (1749-64), — un archevêque de Bordeaux, pair de France, commandeur de l'ordre du Saint-Esprit, Charles-François d'Aviau du Bois-du-Sanxay, mort le 11 juillet 1826.

De gueules, au lion d'argent, couronné de même, la queue fourchée et passée en sautoir. — Cimier : un griffon naissant, d'or ; — Supports : deux lions d'argent.

AVICE, Ec., Sgrs de Mougon (xviiie siècle), — famille originaire du Poitou. Renée Avice de la Mothe et Catherine-Ursule-Antoinette Avice de la Mothe, veuve d'Amateur Avice, Sgr de Mougon, comparurent par fondé de pouvoir à l'assemblée électorale de la noblesse de Touraine, en 1789.

D'azur, à trois diamants taillés en triangle, posés sur leurs pointes, chaque diamant à trois facettes.

AVOGADRE, Ec., Sgrs de Méré, en Touraine (xviie siècle). — Originaire de Piémont, cette famille a été reconnue de noble extraction par lettres patentes du 2 juin 1599, et a été maintenue dans sa noblesse en 1668.

En août 1661, Antoine d'Avogadre acheta la terre de Méré de César de Brossin.

Coupé, au 1 échiqueté d'or et de gueules ; au 2 de gueules, à trois fasces ondées d'or.

AVOIR (d'), Chev., Sgr de Véretz (xive siècle). Pierre d'Avoir de Château-Fromont, bailli, sénéchal et gouverneur de Touraine (1370-80), capitaine des châteaux de Tours et de Loches (1374), mourut en 1390.

De gueules, à la croix ancrée d'or.

AVOIR (d'), famille de Touraine qui n'est peut-être qu'une branche de la précédente ; elle portait :

D'argent, au lion d'azur, surmonté d'un lambel de même.

AVRIL, famille résidant en Touraine et en Anjou aux xviie et xviiie siècles. — Marcel Avril, Sgr de Pignerolles et de Chauffour, comparut, en 1789, à l'assemblée électorale de la noblesse de l'Anjou.

D'azur, au chevron d'argent, accompagné de trois besants d'or.

AYDIE (d'), Chev., comtes de Ribérac, Sgrs des Bernardières et des Gastinières (xviie et xviiie siècles).

François-Odet d'Aydie de Ribérac fut doyen de l'église de Tours et vicaire-général de ce diocèse en 1737-51.

De gueules, à quatre lapins d'argent courant l'un sur l'autre, sur un écartelé de Commlnges et d'Armagnac. (D'Armagnac porte : d'argent au lion de gueules rampant, surmonté de trois chevrons d'azur. — Commlnges porte : de gueules, à quatre otelles adossées et mises en sautoir.)

AYMARD ou AIMARD, Chev., Sgrs de Narsay, en partie, de Sasilly et de la Roche-aux-Enfants (xviᵉ et xviiᵉ siècles).

De gueules, à trois coquilles d'argent, 2, 1.

AYMER DE LA CHEVALLERIE, Chev., marquis de la Chevallerie, Sgrs du Corniou, en Touraine (du xviᵉ au xviiiᵘ siècle), — famille originaire du Poitou, où elle est connue dès le xiiiᵉ siècle. Elle a fourni des chevaliers de Malte, dont un fut grand-prieur de Champagne (1505). En 1667, elle a été maintenue dans sa noblesse par Barentin, intendant du Poitou, et le 20 octobre 1741, la chambre souveraine des comptes de Dôle, en Franche-Comté, rendit un arrêt sur le vu des titres de noblesse des Aymer, qui furent alors produits et enregistrés.

La famille Aymer s'est alliée aux maisons de Mouchy, de Saint-Denis, de Saint-Martin, Janvre, d'Angliers de Joubert, de Saint-Quintin de Blet, de Bremond, Bellin de la Boutaudière, de Girardon, de Beaumont, Gigou de Vezançay, Leclerc de Vezins, de Moussy-la-Contour, etc.

D'argent, à une fasce componée de sable et de gueules de quatre pièces.

AYRAULT, en Touraine, au xvᵉ siècle. — Famille originaire de l'Anjou; son nom s'est quelquefois écrit AYROLDE.

René-Guillaume Ayrault, écuyer, Sgr de la Roche, Pierre Ayrault, Sgr d'Andigné, Pierre-Jean-Marie Ayrault, Sgr de Thenis, et Guillaume-François-Geneviève Ayrault, Sgr de Chauvon, comparurent, en 1789, les trois premiers en personne, le dernier par fondé de pouvoir, à l'assemblée électorale de la noblesse de l'Anjou.

D'azur, à deux chevrons d'or.

AZAY (d'), Chev., Sgrs de la Celle-Draon, de Chambon, près Preuilly, de la Chatière, de la Chevalerie, de Giveigne, du Puy (paroisse de Barrou), de l'Etang (paroisse de Betz), de Fontcluse, de Mauvies, de Villecuet, de la Friandière, du Bouchet, près Crançay, de Villaines, etc. (xve et xvie siècles).

La terre de la Celle-Draon et autres vinrent dans la maison d'Azay par le mariage de Jehanne de la Celle, fille de Geoffroy, avec N. d'Azay, vers 1415.

La famille d'Azay a donné un abbé de Noyers, Odon d'Azay (1199-1209); — un chevalier-banneret, bailli de Touraine, Guillaume d'Azay (1177-1214); — un chanoine de Saint-Martin de Tours, Pierre d'Azay (1257); — un chanoine de l'église de Tours, Herbert d'Azay (1314); — et un abbé de Cormery, Pierre d'Azay (1377-1441).

D'argent, à la bande de gueules.

AZAY (La ville d').

D'azur, à trois aigles d'or, 2, 1.

AZAY (Le prieuré d').

De sable, à une bande d'or, chargée de trois croix d'azur.

BABIN DE LIGNAC. — Famille noble originaire de la Marche, où elle a possédé des fiefs importants. Elle commence sa filiation suivie par Jean Babin, qui vivait en 1300. En 1789, elle a comparu à l'assemblée électorale de la noblesse du Poitou.

Jacques Babin de Lignac, chevalier, mort en 1793, a laissé plusieurs enfants de son mariage avec Marie-Catherine de Regnault de la Soudière, entre autres, Joseph-Adrien-Madeleine, né en 1787, et Marie-Madeleine, née en 1794, supérieure des Ursulines de Tours.

D'argent, burelé d'azur, à trois chevrons d'argent brochant sur le tout.

BABOU, Chev., comtes de Sagonne, Sgrs de Givray, du Solier, de la Bourdaisière, de Thuisseau, de Clos-Lucé, de la Menardière, de Chissé, etc., — famille originaire de Bourges et qui s'est établie en Touraine au commencement du xvi^e

siècle. Elle a donné plusieurs dignitaires ecclésiastiques et magistrats dont les noms suivent :

Philibert Babou, Sgr du Solier, maire de Tours en 1520 ; — Jacques Babou, doyen de Saint Martin de Tours, évêque d'Angoulême, mort le 26 novembre 1532 ; — Philibert Babou, aussi doyen de Saint Martin de Tours, cardinal, évêque d'Angoulême, décédé le 25 janvier 1570 ; — Jean Babou, gouverneur, grand-bailli et bailli d'épée de Touraine, capitaine des ville et château d'Amboise, mort le 11 octobre 1569 ; — Madeleine Babou, abbesse de Beaumont-les-Tours, morte en 1577 ; — Anne Babou, abbesse du même monastère, décédée le 8 novembre 1643 ; — Anne Babou, abbesse du même monastère, morte le 13 janvier 1647.

Écartelé ; aux 1 et 4 d'argent, au bras de gueules sortant d'un nuage d'azur, tenant une poignée de vesce en rameau, de trois pièces, de sinople ; aux 2 et 3 de sinople, au pal d'argent, parti de gueules au pal d'argent.

BACHER, famille résidant en Touraine au XVIIᵉ siècle.

De sinople, à la bande d'or accostée de deux merlettes de même.

BACOT DE ROMAND. — La famille Bacot est connue à Tours dès le commencement du XVIIᵉ siècle. Elle appartenait à la religion réformée. La révocation de l'édit de Nantes la dispersa. Une de ses branches se fixa en Angleterre ; une autre dans la Caroline du Sud, où elle existe encore.

Claude-René Bacot, préfet de Loir-et-Cher (1815), puis d'Indre-et-Loire (1861), directeur général et conseiller d'état (1827), député d'Indre-et-Loire (de 1815 à 1830), fut créé baron héréditaire le 16 mai 1816 (les lettres patentes furent délivrées le 11 juin suivant). Une ordonnance royale du 4 juillet 1821 l'autorisa, ainsi que ses enfants à prendre le nom de Bacot de Romand. Un jugement du tribunal civil de Tours du 5 novembre 1822, a ordonné la rectification des actes antérieurs de naissance et de mariage.

Le baron Bacot de Romand a épousé Marie-Françoise-Clémence de Romand. De ce mariage sont issus : Jules-

Dieudonné-César Bacot de Romand, né le 11 décembre 1821 ; — Marie-Thérèse, née le 17 avril 1824; Alix-Françoise-Périne, née le 28 février 1827.

D'azur, à une tour d'or, accostée à dextre d'une branche de lis de jardin, d'argent; et à sénestre d'une levrette grimpante, du même ; au chef d'hermines. — Couronne de baron, — Supports : deux lévriers.

BACQUEVILLE (de), Ec., — Famille originaire de Normandie. Une branche résidait à Chambon, en Touraine, au xviie siècle.

D'or, à trois marteaux de gueules, 2, 1.

BADOUX, Ec., Sgrs de la Brosse, paroisse de Chenusson (xvie et xviie siècles).

Écartelé; aux 1 et 4 d'argent à trois hures de sanglier, de sable, 2, 1; aux 2 et 3 d'azur, à trois annelets d'or; 2. 1.

BAGNEUX (de), Ec., Sgrs de la Lavardinière, paroisse de la Celle-Saint-Avant (xve siècle).

De sable, à trois étoiles d'or, 2, 1.

BAIGNAN (de), voyez BAYGNAN.

BAILLEHACHE (Jean) commandeur de Gast (ordre de Malte), paroisse de Sonzay (avant 1377).

De gueules, au sautoir d'argent cantonné de quatre merlettes de même.

BAILLEUL (du), Chev., marquis du Bailleul, barons de Goron, Sgrs de Couesmes, de Lucé, du Rocher, de la Pierre, de Vaudemusson (du xive au xviiie siècle).—Famille originaire du Maine; sa filiation commence par Alain du Bailleul, Chev., marié le 7 avril 1407 à Jeanne de Benehart. Parmi ses alliances, elle compte les familles de Barad, le Féron, Barrin de la Galissonnière et de Montécler.

Louis-Émérite du Bailleul, né le 20 janvier 1709, vicaire général de l'archevêché de Tours (5 septembre 1739), mourut à Paris le 18 septembre 1769.

D'argent, à trois têtes de loup, de sable, arrachées et lampassées de gueules 2, 1.

BAILLIF, Ec., Sgrs de Rassay, en Touraine (xviie siècle).

D'argent, au lion de sable.

BAILLIVY (de), comtes de Baillivy et de Mérigny, Sgrs d'Housse-les-Monts, d'Oichy, de Sélincourt, de Rambercourt, de Ficquelmont, etc...

Originaire de Toul, et connue autrefois sous le nom de Bailly, cette famille a été déclarée noble d'ancienne race (depuis 1258), par lettres du roi Louis XIII, en 1620, — et le 8 mars 1622, par lettres-patentes de Henri II, duc de Lorraine, délivrées à Claude de Baillivy, conseiller d'État, maître des requêtes de l'hôtel du duc de Lorraine, et chef de toutes les branches alors existantes.

La maison de Baillivy s'est alliée aux familles d'Inteville, de Chauvirey, de Gournay, de Nettancourt, Barbe de Hault-de-Sancy, du Mesnil, de Coligny, de Vaillot, de Curel, de Malartic, de Malvoisin, de Rosières, de Seurot, de Vincey, de Heere, de la Pierre de Frémeur, etc... Elle est représentée actuellement en Touraine par Jean-Vincent-Gustave, comte de Baillivy, né en l'an IV, marié le 10 décembre 1833 à Élisabeth de Préaux, fille de Raoul, comte de Préaux et de Henriette de Cresnay. De ce mariage sont issus : Neolie-Joséphine de Baillivy, née le 25 avril 1835, mariée à Henri-Armand, marquis de Heere; Marie-Antoinette-Héloïse de Baillivy, née le 15 mars 1843, mariée, le 1er juillet 1863 à Armand-Joseph-Marie de la Pierre, marquis de Frémeur.

Résidence de la famille de Baillivy : le château de Pierre-fitte, commune d'Auzouer.

De gueules, au chevron d'or, accompagné en chef de trois étoiles de même, et en pointe d'un triangle taillé à facettes, aussi d'or.

BAILLOU (de), Chev., Sgrs du Bois-d'Ais, de Milereau, de Pouvreau, relevant de la Haye, — de Lallemandière et de la Forest, près Montrésor (du xive au xviie siècle), — famille originaire de Flandre; elle s'est établie en Touraine en 1350.

Paul-Alexandre de Baillou, Chev., capitaine de cavalerie, comparut à l'Assemblée électorale de la noblesse de la vicomté de Paris, en 1789.

D'or, à trois hures de sanglier, de gueules, 2, 1.

BAILLY (Guillaume de) comte de la Ferté-Alais, abbé de Bourgueil (1581), mourut en mai 1582.

D'or, à la fasce d'azur chargée d'une croix ancrée d'or, accompagnée en chef de deux glands, et en pointe d'un chêne sur une terrasse, le tout de sinople.

BAILLY, à Loches.

D'azur, à trois cygnes de... 2, 1.

BALAGUET (Pierre), lieutenant du bailli de Touraine (1331).

De... au lion de...

BALAN (de), Chev., Sgrs de Sonnay, près Chinon, vers 1441.

D'azur, au balancier d'or, accompagné en chef d'une étrille, accostée de deux étoiles, le tout de même, — et en pointe, d'un croissant d'argent.

BALBIS BERTON DE CRILLON (Louis), dit le Brave, né à Murs le 5 mars 1543, capitaine-gouverneur de Tours, décédé le 2 décembre 1586.

D'or, à cinq cotices d'azur.

BALSAC D'ENTRAGUES (de), Chev., Sgrs de la Roche-Benhard, relevant du château de Tours (XVIIIe siècle). — Cette famille, dont l'origine remonte au Xe siècle, a pris son nom de la petite ville de Balsac, située en Auvergne.

Jean de Balsac et Antoine de Balsac furent abbés de Villeloin, le premier de 1472 à 1493, le second de 1493 à 1518.

Charles de Balsac, chanoine, doyen de l'église de Tours et de Saint-Martin de Tours, puis évêque de Noyon (1596), mourut le 27 novembre 1627.

D'azur, à trois sautoirs d'or; au chef d'or chargé de trois sautoirs du champ.

Charles de Balsac, doyen de l'église de Tours, portait :

Écartelé; aux 1 et 4 d'azur à trois sautoirs d'argent, 2, 1; au chef d'or, chargé de trois sautoirs d'azur ; aux 2 et 3 de gueules, à trois fermeaux d'or; et sur le tout, d'argent à la guivre d'azur, à l'issant de gueules.

BALUE (Jean la), cardinal, évêque d'Angers, abbé de Bourgueil (vers 1466), mourut en 1491. Il était originaire d'Angles, en Poitou.

D'argent, à trois têtes de lion de gueules, lampassées d'azur.

BALZAC (Honoré de), célèbre romancier, né à Tours le 20 mai 1799, fils de Bernard-François Balzac et de Anne-Charlotte-Laure Sallambier.

Écartelé; aux 1 et 4 d'azur à trois besants d'or, 2, 1; au chef d'or, chargé de trois besants d'azur; aux 2 et 3 de gueules à trois fermaux d'argent, 2, 1 ; et sur le tout, d'argent à la guivre d'azur posée en pal.

BANCALIS DE PRUINES (Michel de), abbé de Bois-Aubry (1678), mourut le 26 novembre 1732.

D'azur, à une aigle d'or.

BANCHEREAU, — famille bourgeoise de Tours, propriétaire de la Moisandrie, fief relevant de Bezay (xviiiᵉ siècle).

Michel Banchereau fut nommé maire de Tours le 14 juillet 1771, et mourut le 9 avril 1780.

D'or, à la barre de gueules accostée de deux chicots de sinople, un en chef, 'autre en pointe.

BANCHEREAU, Ec., Sgrs de Serre (xviiᵉ siècle).

Échiqueté d'or et de gueules; au chef d'or, chargé de trois roses de gueules.

BANS (des), Chev., Sgrs de Mareuil, de Corbet (du xivᵉ au xviiᵉ siècle), de Vaugelé, du Bois-Metachery (xviiiᵉ siècle), famille originaire de Provence. Elle s'est établie en Touraine vers 1350, en la personne de Guillaume des Bans.

D'argent, à l'aigle éployée de sable. — Cimier : un lion naissant d'or. — Supports : deux lions d'or.

BAR (Jean IV de), Chev., Sgr de Baugé, la Güerche, Estrechy, vicomte de Savigny, chambellan des rois Charles VII et Louis XI, bailli-gouverneur de Touraine et capitaine des châteaux de Tours et d'Amboise (1460-66), mourut en 1469.

Fascé d'or et d'azur de neuf pièces.

BARADAT (de), — famille résidant en Touraine au XVIIe...

BARADAT (de), — famille résidant en Touraine au xviie siècle. Elle est originaire du Condomois et est connue dans ce pays dès 1495.

D'azur, à une fasce d'or, accompagnée de trois roses d'argent.

BARANGEVILLE (de) ou **BERENGEVILLE**, Chev., Sgrs du Chatelier, près Paulmy (xviie siècle), — famille originaire de Normandie.

D'or, au lion coupé d'azu et de gueules.

BARAT, — à Tours (xviie et xviiie siècles).

Pierre Barat était chanoine de Saint-Martin de Tours vers 1700. — Jean-Charles Barat, chanoine de la même collégiale, mourut le 5 novembre 1744. — N. Barat de Villiers, était chanoine de l'église de Tours en 1786.

D'argent, à un fer de moulin de sable.

BARATON, Chev., Sgrs de la Roche-Baraton, de Champdité, de la Brosse, de Montgoger, d'Achères, de Rivarennes, de Challonges, Savonnières, Bois-Durant, la Proutière, *alias* : la Prévostière (xve et xvie siècles); — cette famille de Touraine s'est éteinte au xvie siècle en la personne d'Anne Baraton.

D'or, à la fasce fuselée de gueules, accompagnée de sept croix ancrées de sable, 4, 3.

BARAUDIN (de), Chev., comtes de Baraudin, Sgrs du Verger, de Mauvières, près Loches, de la Jallère, de la Cloutière, de la Charpraye, du Chatelier, du Bournais (du xvie au xviiie siècle), — famille originaire du Piémont. Elle a été anoblie par lettres du 25 février 1515 (du 17 octob. 1512, d'après l'Hermite-Souliers) confirmées par d'autres lettres du 3 mars 1540.

Honorat de Baraudin fut pourvu de la charge de greffier des élection et grenier à sel de Loches, en 1686.

Un autre Honorat de Baraudin fut pourvu de la même charge, par lettres du 7 mai 1695.

7

En 1772, Honorat, comte de Baraudin, remplissait les fonctions de gouverneur de Loches et de Beaulieu.

D'azur, à deux bandes d'or (aliàs d'argent), accompagnées de trois étoiles de même mises en pal. — Cimier : une tête de léopard d'or, posée au milieu d'un vol de même ; — Supports : deux lions.

BARBANÇOIS (de), Chev., marquis de Barbançois, de Sarzai, de Villegongis, comte des Roches, Sgrs de Charon, Corbilly, des Chezaux, etc.; — famille originaire de la Marche et transplantée en Berri vers le xiiie siècle. Guillaume de Barbançois figure dans une charte de la fin du xie siècle, relative à l'abbaye de Notre-Dame du Pré-Benoit.

Cette maison s'est toujours distinguée dans la carrière des armes. Elle a fourni des chevaliers de l'ordre du roi, un capitaine du ban et de l'arrière-ban, des maréchaux de camp, un capitaine-colonel d'infanterie, des capitaines-gouverneurs d'Issoudun, des chevaliers de Malte, etc... Parmi les familles auxquelles elle s'est alliée on remarque celles de la Châtre, du Plessis-Richelieu, de Lezay-de-Lusignan, de Wissel, Lignaud de Lussac, de Neuchèze, Chaspoux de Verneuil, de Bridiers, de Maussabré, de Bourges, de Chamborant, de Rieux, etc.

Par lettres de mars 1767, la terre de Villegongis, en Berri, et lieux en dépendant, furent érigés en marquisat sous le nom de Barbançois-Villegongis, en faveur de Léon-François de Barbançois, chevalier, capitaine avec brevet et rang de colonel d'infanterie au régiment des gardes françaises, chevalier de Saint-Louis. Ces lettres furent enregistrées au parlement de Paris le 18 mai 1768.

Une branche de cette maison réside à Tours (1866).

De sable, à trois têtes de léopard d'or, arrachées et lampassées de gueules, 2, 1. — Supports : deux licornes d'argent ; — Cimier : une licorne naissante de même ; — Couronne de marquis.

A la fin du xviiie siècle la branche ainée portait :

Un écartelé du Plessis-Richelieu, de Lezay-de-Lusignan, de Rieux et de Neuchèze, et sur le tout de Barbançois.

BARBE, Ec., Sgrs d'Avrilly, de Faverolles et de la Forterie (du xvie au xviiie siècle).

Jacques Barbe d'Avrilly exerça les fonctions de gouverneur-lieutenant-général de Touraine de 1583 à 1586. — Jacques Barbe d'Avrilly fut abbé de Marmoutier en 1583-1584. — N. d'Avrilly était abbé de Fontaines-les-Blanches en 1600. — En 1630, Claude Barbe remplissait à Tours les fonctions de conseiller du roi, trésorier de France. — Un autre Claude Barbe possédait la même charge en 1700, ainsi que celle de grand prévôt de Touraine.

D'or, à une tête de bouc, coupé de sable.

BARBERIN (de), Chev., marquis de Reignac, Sgrs de Chanceaux, de Fontenay, de l'Epinay, d'Armançay (xviie siècle). — Famille originaire de Saintonge.

Par lettres patentes de mars 1710 les terre et baronnie du Fau furent érigées en marquisat, sous le nom de Reignac, en faveur de Louis de Barberin, comte de Reignac-sur-Indre, maréchal des camps et armées du roi. Louis de Barberin fut pourvu, en 1713, de la charge de lieutenant du roi dans les bailliages de Loches et de Chinon.

D'azur, à trois abeilles d'or, 2, 1.

BARBES, Ec., Sgrs de la Charpraye et de Vauraoul, ou Vauroux (xive et xve siècles).

D'azur, au porc-épic d'argent.

BARBET, — famille originaire de Tours (xviiie siècle).

D'argent, au chien barbet de..., accompagné de trois croissants de... 2, 1.

BARBIN, Ec, Sgrs de Pons, relevant de Loches, — du Fief-Bruneau, relevant de la Haye, — de la Tour-Sibylle, — de la Grange-Hocquet (par don de Marguerite de Craon, dame de Montbazon, à Jean Barbin, le 29 mars 1429), de la Gibeaudière, de Chantereine, de la Coussaie, du Plessis (xive et xve siècles).

D'argent, au chevron d'azur accompagné de trois tourteaux de même.

BARBIN, Chev., barons de Broyes et d'Autry, — Sgrs de Morand et d'Autrèche (xviiie siècle). = Famille originaire de

Champagne et dont la filiation remonte à 1360. Elle a été confirmée dans sa noblesse en 1593, 1598 et 1667.

D'azur, au chevron d'or, accompagné de deux roses d'argent, en chef, et d'un lion d'or, en pointe.

BARBOTIN, à Tours (xviie siècle).

D'argent, à trois grenades de gueules, tigées et feuillées de sinople, 2, 1.

BARBOTTIN (Jacques), marchand-bourgeois, à Tours (fin du xviiie siècle).

D'argent, à trois canards de sable, nageant et rangés sur une rivière d'azur.

BARBOU (Renault), bailli de Touraine (1285-89), mourut vers 1330. Son père, Renault Barbou, avait été bailli de Rouen en 1270.

De... à dix fleurs de lis de..., 4, 3, 2, 1.

BARDE (de la), Ec., Sgrs du Puy et de la Voisinière (paroisse de Maillé-Lailler), relevant de Ste Maure (xve siècle).

D'or, à trois coquilles de sable, 2, 1 ; au chef d'azur chargé d'une molette d'éperon d'or.

BARDIN (Gautier de), bailli de Touraine (1265).

D'argent, à l'aigle éployée de sable.

BARDON (François), chanoine et chantre de la Ste. Chapelle royale du Plessis-lès-Tours (fin du xviie siècle).

D'argent, au bourdon de sable en pal, accosté de deux aigles de même, couronnées d'or.

BARDONIN DE SANSAC, Chev., comtes de Sansac, Sgrs de Bois-Buchet. — Cette famille a été maintenue dans sa noblesse le 27 décembre 1698.

D'argent, au chevron de gueules, accompagné de trois hures de sanglier, arrachées, de sable, défendues d'argent. (D'après Lainé. *Nobil. de la Rochelle*).

BARDOU, BARDOUX, ou BARDOUL, Ec., Sgrs de la Lévrie et de Milliers, en Touraine (xviie siècle), = famille originaire de Bretagne.

D'après l'*Armorial général* de d'Hozier, Michel Bardoux, écuyer, vivant en 1700, portait :

D'argent, à un chien limier, passant, la gueule ouverte, de sable, accompagné de trois molettes de gueules, 2, 1.

Suivant l'abbé Goyet, cité par M. Lambron de Lignim, la famille Bardou portait :

D'argent, à un limier de sable, accompagné de trois molettes d'éperon de gueules; à la bordure de même. — Cimier : un limier naissant, de sable; — Supports : deux lévriers d'argent.

BARDOUILLE ou **BARDOUL** de la LANDE, Ec., Sgrs de la Lande et de Pevensé, en Normandie. Une branche de cette maison, établie à Preuilly, en Touraine, vers le milieu du XVIIIᵉ siècle, a fourni un conseiller du roi, receveur au grenier à sel de Preuilly, Pierre Bardouille de la Lande (1768), = un procureur du roi au grenier à sel de la même ville, Pierre-René Bardouille de la Lande (1780); — et un maire de Preuilly (1785-89).

D'or, à trois écrevisses de sable, 2, 1.

BARENTIN, — famille résidant en Touraine aux XVIᵉ et XVIIᵉ siècles.

Claude Barentin fut chanoine, puis grand-archiprêtre de l'église de Tours en 1601-11,

D'azur, semé de fleurs de lis d'argent.

BARENTIN, Chev., Sgrs des Belles-Ruries, des Gats, des Minières (XVIIᵉ et XVIIIᵉ siècles); — Famille originaire de Picardie. En 1723, elle prouva sa noblesse depuis Pierre Barentin, commissaire des guerres, vivant en 1589. Elle a fourni des maîtres des requêtes, neuf conseillers au parlement, des présidents au Grand-Conseil et à la chambre des comptes, et des conseillers d'Etat.

D'azur, à trois fasces, la première d'or, les deux autres ondées, d'argent, la première surmontée de trois étoiles de même.

BARESME, = famille originaire de Touraine. Elle s'est fixée à Paris au XVIIIᵉ siècle.

D'azur, à deux triangles vides et entrelacés, d'or, accompagnés de deux étoiles d'argent en chef et d'un croissant de même en pointe.

BARET DE ROUVRAY, Chev., Sgrs de Rouvray, paroisse de Chambon, de Grandmont, de Bois-Luneau, de Cussy, du Coudray (du XVᵉ au XVIIIᵉ siècle). — Famille d'origine nor-

mande. Plusieurs Baret furent au nombre des seigneurs
normands qui accompagnèrent Guillaume-le-Conquérant dans
son expédition en Angleterre. Marguerite-Jeanne Baret, née
en Ecosse, y mourut en odeur de sainteté en 1147. — Vers le
milieu du xv⁰ siècle, une branche de la maison Baret vint
se fixer, d'abord en Poitou, et ensuite en Touraine.

Jean Baret comparut au ban de la noblesse, à Poitiers,
en 1467. En 1491, Jean-Guillaume Baret, Sgr de Bois-Luneau,
faisait partie de la garnison de Tiffauges.

Jean Baret devint Sgr de Rouvray, paroisse de Chambon,
par suite de son mariage avec N. de Cheminon, héritière de
N. de Cheminon, son frère, abbé-chanoine du Palais et de la
Ste-Chapelle (1530).

La famille Baret a été confirmée dans sa noblesse en 1635
et en 1786. Elle a fourni à l'armée, à la magistrature et à
l'église des sujets distingués, parmi lesquels on remarque :
Nicolas Baret de Rouvray, capitaine-gouverneur du château
de Preuilly (1562); — Jean Baret, conseiller au présidial de
Tours, puis lieutenant-général à Loches, décédé en 1580;
Jacob Baret de Rouvray, maréchal de camp, chevalier de
l'ordre de St-Michel, attaché à la maison du roi Henri IV; —
René Baret de Rouvray, conseiller du roi, doyen des maîtres
d'hôtel de Henri IV, chevalier de l'ordre de St-Michel
(2 février 1625); — Jean Baret, écuyer, Sgr du Coudray, lieutenant-général à Loches (1609); — Charles Baret, capitaine
dans le régiment de Vassan, général de l'intendance de Tours,
chevalier de St-Louis (1723); — François-Charles Baret de
Rouvray, chevalier de St-Louis (1723); — Nicolas-Hubert
Baret de Rouvray, né en 1740, capitaine au régiment provincial de Tours (1773), chevalier de St-Louis (1788); — Louis
Baret de Rouvray, chanoine de Candes (1771-89); — Louis
Baret de Rouvray, lieutenant-colonel de régiment d'Austrasie
(1719).

François-Charles Baret de Rouvray, chevalier, comparut
en 1789, à l'assemblée électorale de la noblesse de Touraine.

A la même époque, Nicolas-Hubert Baret de Rouvray, chevalier, comparut à l'assemblée électorale de la noblesse du
Poitou.

La maison Baret de Rouvray a aujourd'hui (1866) pour chef
de nom et d'armes : Charles-Eugène Baret de Rouvray, général de brigade, commandeur de la Légion-d'Honneur et de
l'ordre du Mérite militaire de Savoie, membre du Conseil
général d'Indre-et-Loire ; ses enfants sont : Marguerite Baret
de Rouvray, mariée le 12 juin 1865, au vicomte Elzéar de
Tristan ; — Antoinette et Anne Baret de Rouvray.

D'azur, à trois barbeaux d'or, celui du milieu contourné. — Ornements
extérieurs : Collier de l'ordre de St-Michel ; Couronne de comte. — Devise :
Tout à Dieu et au roi.

BARGEDÉ (Édouard), abbé de Beaulieu et de St-Cyran,
évêque de Nevers, décédé le 20 juillet 1719.

De gueules, à une bande d'or chargée d'un lion de sable, et accompagnée de
trois croisettes du second émail, 2, 1.

BARGUIN, Ec., Sgrs de la Millardière. — Famille originaire de Bretagne. Une branche a résidé en Touraine aux xvi^e
et xviie siècles.

Nicolas Barguin, chanoine de St-Martin de Tours et curé
de St-Pierre-du-Boille, mourut le 22 novembre 1576.

D'argent, à la croix de gueules, chargée de neuf macles d'or, et accompagnée de quatre hermines de sable.

BARILLON, Chev., Sgrs engagistes de Châtillon-sur-Indre
(xviie siècle). — Famille originaire d'Auvergne.

D'azur, au chevron accompagné de deux coquilles en chef et d'une rose en
pointe, le tout d'or. — *Alias :* de gueules, à trois barillets d'or, cerclés de
sable.

BARJOT (de), Chev., comtes et marquis de Roncée, Sgrs de
l'Islette, de Moussy, de Coulaine, de la Bournais, de Panzoult, de Crouzilles, du Buisson, de Lugaisse, de la Guesti-
nière, du Montel, du Pressoir, de Chezelles (du xvie au xviii^e
siècle). — Famille originaire de Bourgogne. Son principal
nom paraît avoir été autrefois DE LA PALLU DE LA COMBE.

Elle devint propriétaire de la terre de Roncée, par suite du mariage de Claude III de Barjot avec Anne d'Avayolles (1561).

D'azur, au griffon d'or, le franc-canton rempli d'une étoile de même. — Cimier : une tête de licorne d'argent. — Supports : deux licornes de même. — Devise : *L'haurœ, non l'haure.*

BARON (Georges), marchand-bourgeois, à Tours (vers 1700).

D'or, à trois trèfles de sinople.

BARON (Jacques et Etienne), frères, marchands-bourgeois, à Tours (vers 1700).

D'or, à trois fasces de sinople, 2, 1.

BARON, — Famille originaire de Paris et établie en Touraine en 1838, époque à laquelle M. Baron (Christophe) a sauvé de la destruction et restauré le remarquable château de Langeais.

Emule de du Sommerard, à qui l'on doit le musée de Cluny, M. Baron a enrichi le château de Langeais d'un magnifique ameublement, de précieuses antiquités, savamment appropriés au style de l'édifice. Il a légué la conservation et la continuation de son œuvre à son fils, M. Charles-Christophe Baron, qui ne cesse, par ses soins et avec le goût le plus éclairé, d'en augmenter la valeur artistique.

Cette famille a fourni des magistrats, des notaires royaux, des membres du barreau, des gardes du corps du roi, etc. La première de ses alliances dont il soit fait mention est celle de Marie Baron (1617) (tante d'André Baron), avec François de Pommereu de la Bretèche. Elle a des liens de parenté avec les familles de Buci (ou Bussi) et de Billy.

La famille Baron est actuellement représentée par M. Charles-Christophe Baron, propriétaire du château de Langeais, marié le 20 avril 1858, à D^elle Marie-Françoise-Romaine de Grandchamp, d'une ancienne maison de Bretagne.

D'azur, à un arbre arraché, d'or. — Hubert, dans une généalogie manuscrite ajoute à ces armes : deux épis de blé d'or, accostant l'arbre, le tout mouvant d'une terrasse aussi d'or.

D'après la déclaration de Marguerite Bruneau, veuve de Charles-Christophe Baron, les armes de la famille se blasonneraient ainsi :

D'azur, au chêne d'or. (*Armorial de France*, manuscrit de la biblioth. impér. t. II, p. 871).

BARON, en Touraine (xviiie siècle).

D'azur, au chevron d'or, accompagné de trois étoiles de même, 2 en chef et 1 en pointe.

BARRAL (Louis-Mathias de), archevêque de Tours (1805), mourut le 7 juin 1816.

De gueules, à trois bandes d'or. — *Alias* (d'après l'*Armorial de l'Empire* : Écartelé; au 1 de comte-sénateur, qui est de gueules à un serpent d'argent entortillé autour d'un miroir; une croix pattée d'or, au premier quartier; au 2 d'or, à trois cloches d'azur rangées en fasce; au 3 d'argent, à trois bandes de gueules; au 4 de sinople, à la croix pattée d'or.

BARRAS (Jean de), abbé de Villeloin, mort le 31 mai 1495, Fascé d'or et d'azur de six pièces.

BARRAULT, Ec., Sgrs de la Poussardière et du Pin, relevant de Ste-Maure (xve siècle).

D'or, à la croix de sable chargée de cinq coquilles d'argent.

BARRE (de la), Chev., comtes d'Etampes, vicomtes de Bridiers, barons de Véretz et Sgrs du Plessis-les-Tours (xvie siècle).

D'argent, au chevron de gueules, accompagné de trois molettes de sable, 2, 1.

BARRE (Antoine de la), doyen de St-Martin de Tours, puis archevêque de Tours (1528), appartenait à la famille précédente. Il portait :

D'argent, à un chevron de gueules accompagné de trois étoiles de sable; au chef d'azur; à une bordure engrelée de sable.

BARRE (de la), Ec., Sgrs de Saulnay, de la Doinetrie, de Vou, de Fontenay, de la Beausseraye, barons de Nouans. — Famille originaire de Bretagne. Elle a donné les fonctionnaires et un commandeur de l'ordre de Malte dont les noms suivent :

Jean de la Barre, lieutenant-général à Chinon (1600); — Jean de la Barre, conseiller du roi, trésorier de France au bureau des finances de Tours (vers 1640); — Eléonore de la

Barre de Saulnay, chevalier de Malte, commmandeur de Ballan (1641-97); — François de la Barre, conseiller au bailliage et siége présidial de Tours, maire de cette ville en 1677; — François de la Barre, lieutenant particulier du roi au siége de Chinon, vers 1696.

D'azur, à la bande d'or accostée de deux croissants montants, de même.

BARRE (de la), famille de Touraine anoblie par lettres du 10 novembre 1609, en la personne de Charles de la Barre, commissaire des guerres.

D'azur, à sept croissants d'or, 4, 2, 1.

BARRE (de la), Ec., Sgrs de Villiers et de Ste-Radégonde. — Au xviiie siècle, cette famille résidait dans la paroisse de la Celle-St-Avant.

D'argent, à trois barres de sable.

BARRE (de la), Ec., Sgrs de la Baraudière, de Contray, de Mons, de la Maison-Blanche (du xve au xviiie siècle). — Cette famille à été maintenue dans sa noblesse le 30 août 1666 et le 21 juillet 1700.

D'or, à six croissants de sable, 3, 2, 1. — Cimier : un lion naissant d'or, — Supports : deux lions de même.

BARRE (de la), Ec., Sgrs de Haute-Pierre, paroisse de Villiers-au-Bouin, — et de Brillaudin (xviiie siècle). — Famille originaire de Lagny, près Paris.

Écartelé; aux 1 et 4 d'azur, à trois fusées d'or, 2, 1; aux 2 et 3 d'azur, à trois fasces d'or.

BARRE (de la). — Une branche de cette famille résidait au xviie siècle dans la paroisse de Veigné.

D'argent, à trois lions de sable, couronnés, lampassés et armés d'or. — Cimier : un lion de sable issant, — Supports : deux lions de même.

BARRE (N. de la), chanoine de St-Gatien de Tours (vers 1700).

D'or, à une barre d'azur.

BARRÉ, Ec., Sgrs du Cousteau (xvie et xviie siècles).

Antoine Barré, bourgeois et échevin de Tours, fut maire de cette ville en 1602.

Jacques Barré fut pourvu de la charge de procureur du roi en l'élection et grenier à sel de Tours en 1686.

De gueules, à trois bandes d'or; au chef d'argent chargé de trois hures de sanglier de sable.

BARRÉ (N.), lieutenant de la prévôté, à Tours (xviie siècle).

D'or, à trois fasces de sinople.

BARRIÈRE (Guillaume), chanoine et chancelier de l'église de Tours (1398).

D'or, à une fasce de gueules, accompagnée de six fleurs de lis d'azur.

BARRIÈRE (Girard), chanoine et archidiacre d'Outre-Vienne, en l'église de Tours (1406-42).

De... à l'aigle à deux têtes, éployée, de...

BARRIN DE LA GALISSONNIÈRE, Chev., marquis de la Galissonnière, Sgrs de Rezé. — Famille originaire de l'Ile-de-France, et dont une branche résidait en Touraine vers le milieu du xviie siècle. Elle a fourni un chanoine prévôt de l'église de St-Martin de Tours.

Par lettres du mois d'août 1701, la terre de la Grande-Guerche, en Bretagne, fut érigée en marquisat, en faveur de Jacques-François Barrin de la Galissonnière.

Auguste-Félicité-Élisabeth, comte de la Galissonnière, comparut à l'assemblée électorale de la noblesse du Maine, en 1789.

D'azur, à trois papillons d'or, 2, 1.

BARRON DE CHAMPNOIR, Chev., Sgrs de Champnoir, de Brouillard, du Pally, de la Rivière (xviiie siècle). — Cette famille a été maintenue dans sa noblesse le 10 novembre 1714.

Philippe Barron de Champnoir, chevalier, comparut par fondé de pouvoir, à l'assemblée électorale de la noblesse de Touraine, en 1789.

D'azur, à deux rateaux de... posés en fasce. — Couronne de comte.

BARTET, Ec., Sgrs du marquisat de Mézières-en-Brenne, (fin du xviie siècle).

D'azur, à trois petits poissons barbeaux d'argent, rangés en barre.

BARVILLE (de), Chev., Sgrs de Nots-Maraffin et de Boislandry. — Cette famille, répandue dans le Maine, la Normandie et la Touraine, a été maintenue dans sa noblesse les 15 mars 1574, 14 mars 1624, 3 juillet 1640, en 1666 et le 11 mars 1701.

D'argent, à deux bandes de gueules.

BAS (le), famille résidant en Touraine au XVIIe siècle.

D'azur, à un chevron d'argent, accompagné de trois coquilles d'or.

BASCLE (le), Chev., marquis d'Argenteuil, Sgrs de la Crouzille, de la Salle-d'Avon, de la Cour-d'Avon, de Varennes, de la Boussaye, la Martinière, la Loutière, du Bunot-Montel, de Chezelles, de Nays, de la Rivière, de Rochecot, Puy-Bascle, du Pin, de St-Louans, (du XVIe au XVIIIe siècle).

La filiation de cette famille commence par Guillaume Le Bascle, grand sénéchal de Guienne, vivant en 1240. Henri le Bascle, chevalier de l'hôtel du roi, accompagna saint Louis à son voyage en Terre-Sainte, en 1270.

Jehan Le Bascle remplissait les fonctions de lieutenant-général du gouverneur de Touraine au bailliage de Loches, en 1387.

François Le Bascle, Sgr de Varennes, était gouverneur de l'Ile-Bouchard en 1492-98.

Louis le Bascle, vivant au commencement du XVIIe siècle, fut capitaine-gouverneur de Chinon, de Faye-la-Vineuse, de Loudun et de Mirebeau.

Jean-Louis-Marie Le Bascle, comte d'Argenteuil, comparut, en 1789, à l'assemblée électorale de la noblesse de Touraine.

De gueules, à trois macles d'argent, 2, 1. — Cimier : un léopard assis tenant de ses deux pattes de devant deux macles des émaux de l'écu ; — Supports : deux lions léopardés, d'or. — Devise : *Sine macula macla.*

Au XVIIIe siècle, la famille Le Bascle posait ses armes sur l'écartelé suivant :

Au 1 de gueules, à trois fasces entées en ondes d'argent, qui est de Rochechouart ; aux 2 et 3 d'Anjou-Mézières ; au 4 de Rohan.

BASSELIER, Ec., Sgrs de Chalais, paroisse du Serrain (XVIIe siècle). — Famille originaire de l'Artois.

D'azur, à trois cigognes d'argent, 2, 1, membrées et becquées de gueules; écartelé d'argent, à trois tourteaux de gueules, qui est de Miraumont.

BASSIER (N.), chanoine de St-Martin de Tours (1700).

D'argent, à une fasce d'azur, accompagnée de trois tourteaux de même.

BASTARD (Le), voyez LE BASTARD.

BASTARD DE LA CRESSONNIÈRE, Ec., Sgrs de la Cressonnière. — Famille originaire du Bas-Poitou. Un de ses membres résidait à la Baudonnière, en Touraine, vers la fin du xvie siècle.

D'argent, à une aigle de sable, becquée et membrée de gueules.

BASTARNAY (de), Chev., comtes du Bouchage, Sgrs de Montrésor, du Bridoré, de St-Michel-des-Landes, de Rillé, de Ferrières, de Beaumont-en-Véron, de Velors, du Rouvray, paroisse de St-Jean-sur-Indre, près Loches. — En 1550, René de Bastarnay, comte du Bouchage, acheta la terre de Velors de Jehanne de Chantemerle; vers la même époque, il vendit la terre du Rouvray, à Diane de Poitiers.

Écartelé d'or et d'azur.

René de Bastarnay portait :

Écartelé; aux 1 et 4 d'or et d'azur, qui est de Bueil; au 2 de gueules, à la croix d'argent, qui est de Savoie; au 3 écartelé; aux 1 et 4 de gueules, à l'aigle double, d'or, qui est de Lascaris; aux 2 et 3 de gueules, qui est de Tende.

BASTEL DE CRUSSOL (Gérard), archevêque de Tours (1467) passa dans la même année au siége de Valence.

Fascé d'or et de sinople de six pièces.

BASTONNEAU, Chev., Sgrs d'Azay-sur-Indre (xviie et xviiie siècles.

D'azur, au chevron d'or, accompagné en chef de deux quintefeuilles, et en pointe, d'un écot ou bâton, le tout d'or.

BAUCHERON, Chev., Sgrs de Boissoudy, de Pellegrue, de Lescherolles, etc...—Famille originaire de la Châtre, en Berry, où elle est connue dès la dernière moitié du xvie siècle. Elle s'est divisée en plusieurs branches, dites de Boissoudy, de la Vauverte, de Pellegrue, de Lescherolles, de Rivarennes, d'Auzans, de Paraçay, de Villefavant, etc. Plusieurs de ces branches ont été anoblies par les offices de secrétaire du roi et de trésorier de France. Celle d'Auzans était en possession de sa noblesse en 1642.

Plusieurs membres de la famille ont comparu à l'assemblée électorale de la noblesse du Berry, en 1789.

D'or, au chevron d'azur, accompagné de trois étoiles de même.

BAUDÉAN DE PARABÈRE (César de) camérier du cardinal Mazarin, abbé de Noyers, mourut en 1678.

Écartelé; aux 1 et 4 d'or, à l'arbre de sinople, qui est de Baudéan; aux 2 et 3 d'argent à deux ours en pied, de sable, qui est de Parabère.

BAUDET DE LA MARCHE, voyez BODET.

BAUDET, Ec., Sgr des Cormiers, paroisse d'Ambillou, (xviie siècle).

D'azur, à trois ains d'or, 2, 1.

BAUDET DU PUY.

D'azur, à trois chandeliers d'église, d'or, 2, 1, et une molette d'éperon aussi d'or, en cœur.

BAUDICHON, à Tours (xviie et xviiie siècles).

D'argent, au chevron de gueules accompagné de trois tourteaux de sable.

BAUDOYN ou BAUDOIN. — Cette famille paraît être originaire du Poitou.

Michelle Baudoyn fut prieure de Rives, en Touraine, en 1501.

— Denis Baudoyn était chanoine et chantre en dignité de l'église de Tours en 1585.

D'argent, au chevron brisé, de gueules, accompagné de trois hures de sanglier, mirées d'argent.

BAUDRY, Sgrs de la Blandinière et de la Mothe, paroisse de Faverolles (xviiie siècle).

D'azur, à un chevron d'or, accompagné de trois molettes de même.

BAUGÉ, Ec., Sgr des Touches et de la Choupesse.

D'azur, à la croix engrelée d'argent.

BAULT DE BEAUMONT (Charles), abbé de la Clarté-Dieu (1633).

D'azur, à une branche de palmier et une épée d'or posées en pal de chaque côté de l'écu, et un croissant de même en cœur.

BAUME LE BLANC (de la), voyez LA BAUME LE BLANC.

BAUME DE LA SUZE (de la), voyez LA BAUME DE LA SUZE.

BAUTRU (Guillaume), comte de Serrent, intendant de Touraine (1744), et Nicolas-Guillaume Bautru de Vaubrun, abbé de Cormery (1680-1746), portaient :

D'azur, au chevron d'argent, accompagné en chef de deux roses de même ; et en pointe d'une tête de loup arrachée, aussi d'argent.

BAVIÈRE (Anne de), princesse de Condé, dame de Chenonceau, de 1718 à 1720, femme de Henri-Jules de Bourbon III, prince de Condé, née le 13 mars 1648, mourut le 23 février 1723. Elle était fille d'Edouard de Bavière, prince palatin du Rhin et d'Anne de Gonzague-Clèves.

En 1720, Anne de Bavière vendit au duc de Bourbon la terre de Chenonceau, qu'elle tenait par héritage de sa fille Marie-Anne de Bourbon-Condé, femme de Louis-Joseph, duc de Vendôme.

Écartelé ; aux 1 et 4 de sable, au lion couronné d'or ; aux 2 et 3 losangé d'argent et d'azur en bande.

BAYGNAN (de), ou BAIGNANT, Ec., Sgrs de la Joumeraie, du Puy-de-Sepmes, de la Cataudière, de la Briennerie, de Chancelée, paroisse de Ligré, de Blanchépine (xvie siècle). — Famille originaire d'Ecosse. Elle s'est établie en France sous le règne de Charles VII.

D'argent, à un chevron de sable, accompagné de trois roitelets de même, becqués et membrés de gueules.

BAYLENS DE POYANNE, Chev., marquis de Poyanne, Sgrs de la Colinière, de la Rouauldière, de la Charpenterie, paroisse d'Epcigné (xviiie siècle). — Famille originaire du Béarn, illustrée par cinq chevaliers des ordres du roi, et alliée aux meilleures maisons de France.

Charles de Baylens, marquis de Poyanne, fut grand-bailli de Touraine en 1742-50.

Écartelé ; aux 1 et 4 d'or, au lévrier rampant de gueules, colleté d'argent ; aux 2 et 3 d'azur à trois cannettes d'argent.

BAZOGE (de), Ec., Sgrs de Bazoge et de Boismaître (xvᵉ et xvɪᵉ siècles).

Richard, dit de Bazoge, fut anobli en décembre 1496.

Mathieu Richard, dit Bazoge ou Bazoche, était prévôt de Tours en 1507.

D'azur, au lion d'argent, armé et lampassé de gueules.

BEAU DE LA VÉNERIE (le), voyez LE BEAU.

BEAUÇAY (de), Chev., Sgrs de Saint-Michel-sur-Loire, Champigny-sur-Veude, Benais, Beauçay, Saint-Marsolle, de Loudun, (du xɪᵉ au xɪvᵉ siècle). — Famille illustre, originaire du Poitou, et qui a pour auteur Hugues de Beauçay, seigneur de Loudun, vivant en 1060. Elle a fourni deux chevaliers croisés, Guy de Beauçay et Hugues de Beauçay IV (1269-70); — Un chevalier-banneret, Hugues de Beauçay III, chevalier-banneret (1209), — et une prieure de Rives, en Touraine, Ameline de Beauçay (1290).

De gueules, à la croix ancrée d'or.

BEAUCORPS (de), Chev., comtes et marquis de Beaucorps, Sgr de Doulces, paroisse de Pouzay, relevant de Nouâtre, — de Perey, près Yzeures, — de la Vastière (xvɪɪɪᵉ siècle). — Famille originaire de Bretagne où elle est connue dès 1354.

Pierre-Louis, comte de Beaucorps, capitaine de dragons, comparut en 1789 à l'assemblée électorale de la noblesse de Touraine.

Par lettres patentes du 11 octobre 1815, Auguste-Ferdinand, comte de Beaucorps, a été autorisé à porter le nom et les armes de la maison de Créquy.

D'azur, à deux fasces d'or.

La branche aînée écartèle :

D'or, au créquier de gueules, qui est de Créquy.

La famille a adopté la couronne des Créquy, leur cri de guerre : « *Créquy, haut baron; créquier, haut renom.* » — et leur devise : « *Nul s'y frotte.* »

BEAUCOUSIN (de), en Touraine, au XVIIIe siècle.

D'or, à un cœur de gueules supportant un œillet de même, tigé et feuillé de sinople.

BEAUDIMENT (de). — Famille originaire d'Anjou et qui a résidé en Touraine.

D'argent, à la croix nillée d'azur, écartelé de sable, parti, emmanché d'argent.

BEAUFILS, Ec., Sgrs de Rezay, paroisse de Louestault, (XVIe siècle). — Jean Beaufils était chanoine et chantre en dignité de l'église de Tours, en 1504.

D'azur, à trois étoiles d'or, 2, 1.

BEAUFFREMONT (Claude de), évêque de Troyes, trésorier de Saint-Martin de Tours, mourut le 24 septembre 1593.

Vairé d'or et de gueules.

BEAUFORT (Nicolas-Roger de), chanoine et chancelier de l'église de Tours (1354).

D'argent, à la bande d'azur, accompagnée de six roses de gueules mises en orle.

BEAUGENCY (de), Chev., Sgrs de Sonzay (XIIIe siècle).

Échiqueté d'or et d'azur, à la fasce de gueules.

BEAUGERAIS (Abbaye de Sainte-Marie de), *de Beaugereyo seu Beaugesiaco*, de l'ordre de Cîteaux. Elle fut fondée vers l'an 1146.

D'azur, à trois fleurs de lis d'or, 2, 1.

BEAUJEU (de), — Au XVIIe siècle, cette famille était divisée en plusieurs branches résidant en Touraine, en Anjou et autres provinces.

D'or, au lion de sable (Les puînés brisaient ces armes d'un lambel de gueules).

BEAUJOUAN, Ec., Sgrs de la Rousselière (XVIIe et XVIIIe siècles). — Jean Beaujouan fut pourvu de la charge de conseiller procureur du roi au grenier à sel de Preuilly, le 14 mars 1696.

D'or, à un belvéder de sinople, sur une terrasse de même; au chef ondé d'azur chargé de trois larmes d'argent.

BEAULIEU (Simon de), chanoine de Saint-Martin de Tours, puis archevêque de Bourges (1282), et cardinal, était originaire de la Brie. Il portait :

D'azur, à sept besants d'or, 3, 3, 1; au chef d'or, chargé d'un lion coupé, de gueules.

BEAULIEU (de), Ec., Sgrs de Beaulieu, — Famille résidant à Tours au xvıe siècle.

D'azur, billeté d'or, au lion d'argent brochant sur le tout.

BEAULIEU (de), — Famille résidant à Langeais au xvııe siècle.

D'argent, au chevron d'azur accompagné en chef, à dextre, d'une rose de gueules, à sénestre, d'une tour maçonnée de sable, et en pointe d'un croissant d'azur surmonté de deux étoiles du même.

BEAULIEU, (Ville de) près Loches.

D'argent à une fleur de lis de gueules; au chef d'azur chargé de trois étoiles d'argent.

BEAULIEU (Abbaye de la Sainte-Trinité de), *Sancta Trinitas de Belloloco*, de l'ordre de Saint-Benoît. Elle fut fondée en 1007, d'après Mabillon, en 1010, d'après Marca, en 1012 d'après d'autres historiens. La première de ces dates est considérée comme la plus certaine.

D'azur, à un sépulcre d'or accompagné de trois fleurs de lis de même.

BEAULIEU (Couvent des Filles de la MÈRE DE DIEU, à), chanoinesses de Saint-Augustin.

D'azur, à une Notre-Dame tenant sur son bras dextre un petit Enfant Jésus d'argent.

BEAULOIRE (de), Ec., Sgrs de l'Estang. — A la fin du xvııe siècle une branche de cette famille résidait à Villiers-au-Bouin.

D'azur, à trois barbeaux d'argent, 2, 1.

BEAUMANOIR (de), Chev., Sgrs de Maillé, de Coulaines, de La Roche-Petit, de Rougemont, de Vaumorin, de Sourches (xvııe siècle).

Philippe de Beaumanoir était bailli de Touraine en 1292.

D'azur, à 11 billettes d'argent, 4, 3, 4. — Devise : *Bois ton sang, Beaumanoir*.

BEAUMONT (de), Chev., vicomtes de Beaumont, Sgrs d'Amboise, de Montrichard, de Chaumont (xıııe siècle), de la

Guerche (1300), de Champigny-sur-Veude (vers 1310), barons de La Haye, de Montcontour et de Bressuire (xvᵉ siècle). — Maison très-ancienne et très-illustre, originaire du Poitou.

On remarque dans sa généalogie les noms suivants :

Richard de Beaumont, chevalier croisé (1140);

Guillaume de Beaumont, maréchal de France et chevalier croisé (1250);

Jean de Beaumont, maître des eaux et forêts de Touraine (1407);

Jacques de Beaumont, conseiller et chambellan du roi, gouverneur de Thouars, lieutenant-général au gouvernement de Touraine (1479).

De gueules, à l'aigle d'or, à l'orle de neuf fers de lance d'argent.

BEAUMONT (Isabeau de), prieure de Rives (1506).

D'argent, à quatre lions de gueules, armés, couronnés et lampassés d'azur.

BEAUMONT DE JUNIES (Pierre de), chanoine de Saint-Martin de Tours (1390) et Jean-Antoine de BEAUMONT DE JUNIES, chanoine de l'église de Tours, archidiacre d'Outre-Loire, puis d'Outre-Vienne, grand-archidiacre, vicaire-général du diocèse de Tours, et enfin évêque de Rennes en 1759, portaient :

D'azur, à deux bœufs d'or passants.

BEAUMONT DE LA BONNINIÈRE (de), voyez BONIN DE LA BONNINIÈRE DE BEAUMONT.

BEAUMONT-LES-TOURS, de Bello-Monte (Abbaye de), de l'ordre de Saint-Benoît, fondée en 1002, par Henri, trésorier de Saint-Martin de Tours, et achevée en 1007.

Fascé, ondé, enté de six pièces d'argent et de gueules; au chef de gueules chargé d'un gonfanon d'église posé en pal, d'argent, et de deux clefs adossées et passées en sautoir, de même.

BEAUNE (de), Chev., vicomtes de Tours, barons de Semblançay, Sgrs de Neuvy, des Ponts-de-Tours, de la Tour-d'Argy, des Rochers-Neufs, de la Carte, de la Crouzillière, de Charentais, de la Charmoye (xviᵉ siècle). — Cette famille porta primitivement le nom de FOURNIER. Elle a donné les dignitaires ecclésiastiques et les fonctionnaires dont les noms suivent :

Jean de Beaune, marchand-bourgeois de Tours, maire de cette ville en 1471 ; — Jean de Beaune, argentier des rois Louis XI et Charles VIII, bailli-gouverneur de Touraine, mort en 1490 ; — Guillaume de Beaune, conseiller du roi, receveur-général du Poitou, maire de Tours en 1501 ; — Jacques de Beaune, baron de Semblançay, maire de Tours (1498), bailli et gouverneur de Touraine (1516), mort le 12 août 1527 ; — Jacques de Beaune, prieur de Notre-Dame-de-Bois-Rahier (Grandmont), doyen de l'église de Tours, puis évêque de Vannes (1504) ; — Guillaume de Beaune, baron de Semblançay, maire de Tours (1517-18), bailli-gouverneur de Touraine (1522) ; — Martin de Beaune, doyen de l'église de Tours (1513), puis archevêque de Tours (1520), mort le 2 juillet 1527; — Renaud de Beaune, prieur de Grandmont-lez-Tours, chanoine de Saint-Martin et prévôt d'Oë (1559).

De gueules, au chevron d'argent, accompagné de trois besants d'or.

BEAUPOIL DE SAINT-AULAIRE (N., comte de), sous-préfet de Loches (1865), puis secrétaire-général de la préfecture du Cher (janvier 1866).

De gueules, à trois couples de chiens, d'argent, posés en pal, 2, 1; les liens d'azur, tournés en fasce.

BEAUREGARD (de), Chev., Sgrs du Fresne, de Mépieds, de la Thiberdière, de Maisonneuve, de la Championnière (XVIIᵉ siècle).

Mathurin de Beauregard était chanoine de l'église de Tours et abbé de Saint-Genoulph en 1434.

Jean-Pierre de Beauregard, chevalier de Saint-Louis, comparut, en 1789, à l'assemblée électorale de la noblesse de Touraine.

D'argent, à un chevron de sable bordé d'azur, accompagné en chef de deux lions de gueules affrontés.

BEAUREGARD (de), Ec., Sgrs de la Poquetière, de Champ-noir, d'Orches, de la Durandière ; — famille originaire du Poitou. Elle a été maintenue dans sa noblesse en 1667, le 13 septembre 1669 et le 22 février 1698.

La branche d'Orches portait :

D'argent, au chevron d'azur, accompagné de trois roses de gueules, 2, 1.

La branche de Champnoir :

De sable, au chevron d'or, accompagné de trois têtes de lamproies de même, 2, 1.

Une autre branche :

D'or, à la bande d'azur accompagnée de trois lamproies naissantes de sable.

BEAUVAIS (de), Ec., Sgrs de Beauvais, près Amboise, (xviie siècle) ; — de Launay, de Vautourneux ou Vautournon (xviiie siècle).

Anne-Adelaïde de Beauvais de Launay, comparut par fondé de pouvoir, en 1789, à l'assemblée électorale de la noblesse de Touraine.

D'argent, à la croix de sable chargée de cinq coquilles d'or, en croix.

BEAUVAIS (de), Ec., Sgrs de Faverolles (xviiie siècle).

D'azur, à une croix d'or chargée de cinq roses de gueules.

BEAUVAIS (de), Ec., Sgrs de Pierre-Fitte, paroisse de Cléré-du-Bois (xviie siècle,) de la Cossonnière, Grandfons (xviiie siècle).

D'argent, à trois pals de gueules.

BEAUVAIS (de), en Touraine et au Maine (xviie siècle).

D'azur, à trois fasces d'or.

BEAUVAL (de), Ec., Sgrs des Courtils, de Soulangé (xvie siècle).

De gueules, à la fasce d'argent, chargée d'un lion léopardé de sable.

BEAUVAU (de), Chev., marquis du Rivau et de Montgoger, barons du Grand-Pressigny, Sgrs de Champigny-sur-Veude, de Rivarennes, de Courcoué, de Ferrières-Larçon, de Ternay, de Tigné (ou Tigny), des Forges, paroisse de Saint-Benoît, —

des Hautes-Bretignolles (du xvᵉ au xviiiᵉ siècle). — Famille
des plus anciennes et des plus illustres de France. Elle a tiré
son nom de la terre de Beauvau, en Anjou. Sept de ses
membres ont occupé la charge de sénéchal de l'Anjou, de la
Touraine et du Maine : Macé de Beauvau (1398) ; Jean (1400) ;
Guillaume (1410) ; Pierre (1420) ; Louis (1454) ; Jean (1461) ;
Bertrand (1466).

Les fonctionnaires et dignitaires ecclésiastiques dont les
noms suivent appartiennent également à cette maison :

Bertrand de Beauvau, conseiller du roi, capitaine des châteaux de Tours et d'Angers, bailli de Touraine(1446-50),décédé
à Angers le 30 septembre 1474 ;

Gabriel de Beauvau, abbé de Turpenay (1609-68) ;

Pierre-François de Beauvau du Rivau, abbé du même
monastère (1668-88), puis évêque de Sarlat, mort le 22 octobre
1704 ;

René-François de Beauvau du Rivau, prieur de Pommiers-
Aigres, en Touraine, archevêque de Narbonne.

D'argent, à quatre lions de gueules, cantonnés, armés, lampassés et couronnés d'or. — Cimier : une hure de sanglier au naturel ; — Supports: deux
sauvages de même.

La branche du Rivau brisait ses armes *d'un bâton noueux
d'azur, mis en abîme.*

BEAUVILLIERS (de), Chev., ducs de Saint-Aignan, comtes
de Buzançais, de Montrésor, de Palluau, de Chaumont, barons
du Fau (Reignac), Sgrs du Fresne, de la Lardière, près Montrésor, du Liége, etc. — Maison illustre, originaire du pays
Chartrain. La terre de Saint-Aignan, déjà érigée en comté, pour
cette famille, en avril 1537, fut érigée en duché-pairie, en
décembre 1663, en faveur de François VII, comte de Saint-
Aignan.

Marie de Beauvilliers fut abbesse de Beaumont-les-Tours
en 1614-15;

Par actes des 30 avril et 21 mai 1661, François VII, duc de
Saint-Aignan, gouverneur de Loches et de Beaulieu, acheta

les charges de gouverneur de Touraine et de Tours, au prix de 150.000 livres. Dans la même année il céda ces gouvernements au marquis de Dangeau.

Paul de Beauvilliers, duc de Saint-Aignan, comte de Buzançais, gouverneur de Loches et de Beaulieu (20 juin 1687), mourut le 31 août 1714. Dans la même année, son fils, Paul-Philippe, fut pourvu de ces mêmes gouvernements de Loches et de Beaulieu.

En 1789, Paul-Marie-Victorin de Beauvilliers, duc de Saint-Aignan, et Charles-Paul de Beauvilliers, comte de Buzançais, comparurent par fondé de pouvoir à l'assemblée électorale de la noblesse de Touraine.

Fascé d'argent et de sinople de six pièces, les fasces d'argent chargées de six merlettes de gueules, 3, 2, 1. — Devise : *Il vigore tutto nel cuore*.

François VII, duc de Saint-Aignan, baron du Fau et Sgr du Fresne, gouverneur lieutenant-général de Touraine, portait :

Parti de 3, coupé d'un, qui font 8 quartiers, au 1 du chef burelé d'argent et de gueules, au lion de sable brochant sur le tout, armé, lampassé et couronné d'or, qui est d'Estouteville; au 2 d'azur, à six annelets d'or qui est d'Husson; au 3 de la Trémoille ; au 4 de Bourbon; au 5 et 1 de la pointe de Châlons; au 6 de Bourgogne-ancien; au 7 de Savoie; au 8 de gueules à deux clefs d'argent passées en sautoir, qui est de Clermont-Tonnerre; sur le tout, de Beauvilliers, qui est fascé d'argent et de sinople de six pièces, les fasces d'argent chargées de six merlettes de gueules, 3, 2, 1.

BEAUVOLLIER (de), Chev., comtes de Beauvollier, Sgrs du Mur-du-Val, de la Richardière (paroisse de Saint-Branchs), des Malardières, de Marigny, du Grand-Cessigny (du xv.e au xviiie siècle), de Saint-Marsolle (xviiie siècle).

D'après l'Hermite-Souliers, cette famille aurait pris son nom de l'ancien château de Beauvollier, situé dans la paroisse de Sainte-Julitte. Sa filiation suivie commence par Girard de Beauvollier, écuyer, vivant en 1390.

Jean de Beauvollier était capitaine du château de Berrie en 1484.

De gueules, à deux fers de lance mornés et contrepointés d'argent, posés en pal; — Cimier: Un lion naissant; — Supports : deux lions.

BÉCASSEAU, Ec., Sgrs de la Chevallerie, de la Corbinière (xviie siècle).

Jean Bécasseau, remplissait les fonctions de receveur du grenier à sel de Neuvy, vers 1620.

Mathieu Bécasseau était greffier de l'officialité, dans la même ville, en 1645.

Mathieu Bécasseau exerçait la charge de conseiller du roi, lieutenant-particulier, élu, en l'élection de Tours, en 1665.

Jean-François Bécasseau, chanoine de l'église de Tours, (vers 1700), portait, d'après l'*Armorial général* de d'Hozier,

D'argent, à trois bécasses de sable posées en fasce.

BEC-DE-LIÈVRE (de), Chev., marquis de Bec-de-Lièvre, — Sgrs de la Lévrie, de Chavaignes, de Chenaille, de Sautonne, de Savoyé, de Sazilly, de Launay et de Vauthibault, en Touraine (xvie et xviie siècles). — Famille originaire de Bretagne. Elle a pour auteur Pierre de Bec-de-Lièvre, vivant en 1351.

Charles de Bec-de-Lièvre était élu à Chinon en 1492.

Renée de Bec-de-Lièvre, veuve de Martin Peguineau, est mentionnée avec la qualification de dame de la Villaumaire, en Touraine, dans un titre de 1530.

En février 1637, les terres de Bossac et de Guipry furent érigées en vicomté, sous le nom de Bouexic, en faveur de cette maison. Deux autres érections, avec titre de marquisat, eurent lieu pour elle, l'une en mai 1654, l'autre en février 1717.

De sable, à deux croix de calvaire tréflées, au pied fiché, d'argent, accompagnées d'une coquille oreillée, de même, en pointe. — Devise : *Hoc tegmine tutus*.

BEC-DE-VARDES (du), Chev., marquis de Vardes, Sgrs de la Brosse, en Touraine (xviie siècle). — Famille originaire de Normandie. Elle a été maintenue dans sa noblesse le 26 septembre 1669.

Philippe du Bec fut abbé de Beaugerais vers 1592.

Losangé d'argent et de gueules.

BÉCHAMEIL (Louis de), marquis de Nointel, intendant de Touraine (1680-89).

D'azur, au chevron d'or, accompagné de trois palmes de même.

BECQUET DE SONNAY, Ec., Sgrs de Sonnay, du Fief-aux-Nobles, paroisse de Cravant, en Touraine; — de Courchamps et de Rochemenier en Anjou (xviii° siècle).

En 1770, Jacques-Alexandre Becquet du Vivier, écuyer, lieutenant des maréchaux de France au département de Montpellier (par provisions du maréchal de Tonnerre du 20 juin 1770), acheta la terre et seigneurie de Sonnay (haute justice). Par lettres du 24 décembre 1771, du maréchal de Tonnerre, enregistrées au greffe de l'élection de Chinon, par ordonnance du 5 octobre 1780, il fut nommé conseiller rapporteur du point d'honneur aux bailliage, ville et ressort de Chinon. Il épousa en 1775, Jeanne-Baptiste-Françoise-Cécile de Galichon de Courchamps, dame des paroisses de Courchamps et Roche-menier, en Anjou, fille de Joseph-Claude-François de Galichon de Courchamps, écuyer, et de Françoise-Thérèse-Cécile de Jousselin des Roches.

Jacques-Alexandre Becquet de Sonnay, seigneur de Cour-champs, figura parmi les gentilshommes de l'Anjou et du pays Saumurois appelés à prendre part à l'assemblée électorale de la noblesse en 1789. — De son mariage avec Mlle de Cour-champs, sont issus :

1° Alexandre-Jules-Nestor, né le 29 juillet 1776 ; 2° Fanny-Hortense-Gilette, née le 20 janvier 1778 ; 3° Françoise-Louise-Cécile Thérése, née le 12 décembre 1779 ; 4° Emérence-Atha-lie, née le 23 avril 1782 ; 5° Sophie-Justine, née le 3 avril 1784.

Alexandre-Jules-Nestor Becquet de Sonnay, écuyer, entré au service en 1794, à l'école d'artillerie de Châlons-sur-Marne, chef de bataillon d'artillerie, mourut le 9 septembre 1813. Il avait épousé, le 15 août 1801, Anne-Claude-Aglaé de Simonet de Singly, fille de Antoine de Simonet, seigneur de Singly, chevalier de Saint-Louis et ancien capitaine commandant au régiment du maréchal de Turenne. De ce mariage sont issus :

1° Frédéric Becquet de Sonnay, mort en bas âge;

2° Olympe-Aglaë Becquet de Sonnay, mariée en 1828 à Édouard-Marie-Pierre Rozy de Boisd'hautfût, ancien officier supérieur de cavalerie. De ce mariage sont issus : Alix Rozy de Boisd'haufût, morte en bas âge; et Arthur Rozy de Boisd'hautfût, officier au 9e de cuirassiers;

3° Alexandre-Fanny-Gustave Becquet de Sonnay, ancien officier de cavalerie, marié en 1836 à Caroline Pécard. De ce mariage est né : Jean-Joseph-Gustave-Frédéric Becquet de Sonnay, marié le 29 avril 1863 à Xaverine-Louise Blouquier de Trélan, dont il a eu : Marie-Louise-Caroline Becquet de Sonnay;

4° Alfred-Alexandre-Cécile Becquet de Sonnay, colonel du 1er régiment de grenadiers de la garde impériale, commandeur de la Légion d'honneur, marié le 7 juin 1852 à Jeanne-Adèle-Marie Lefrançois. De ce mariage sont issus : Paul-Alfred-Louis Becquet de Sonnay et Marie-Marthe-Aglaë-Sophie Becquet de Sonnay.

De gueules, à trois chevrons d'argent. — Couronne de marquis.

BÉDACIER, Ec., Sgrs de la Fuye (XVIIe siècle).

Thomas Bédacier, conseiller du roi, trésorier des turcies et levées, fut maire de Tours en 1624-25.

Charles Bédacier était chanoine de l'église de Tours en 1642.

D'azur, à l'autruche d'or posée sur une faulx d'argent, tenant au bec un serpent de même.

BÉDÉ, Ec., Sgrs de l'Étang, paroisse de Bournan, — et des Aulnais (XVIIe siècle).

D'argent, à une licorne passante de sinople. — Cimier : une licorne issante; — Supports : deux licornes.

La branche des Aulnais portait :

D'azur, à une licorne passante, d'or, et un croissant de même placé sous le pied droit de devant de la licorne.

BÉGAUD ou BÉGAULT, Chev., Sgrs d'Esmé (paroisse de Courcoué), d'Angelles (élection de Richelieu), Baussais, Cherves, la Fromentellière, des Granges de la Croix (xviie et xviiie siècles).

Benjamin Begault, Ec., Sgr d'Esmé, fut confirmé dans sa noblesse le 6 juillet 1700.

De gueules, à six fleurs de lis d'or en pal, 3, 3 ; au franc-quartier de sable, et un lion d'or, couronné, lampassé et armé de gueules, brochant sur le tout.

BEGLIER (de). — Famille originaire de Tours et anoblie par lettres du 5 juillet 1523, en la personne de Jacques de Béglier.

De gueules, à neuf losanges d'argent, 3, 3, 3.

BÈGUE DE MAGNANVILLE (le), Ec., Sgrs de la Borde, de Bagneux et de la Bourdillière, en Touraine (xvie siècle).

Claude le Bègue de Magnanville était chanoine et prévôt de Saint-Martin de Tours en 1736.

Louis le Bègue de Magnanville était abbé de Noyers en Touraine, en 1749.

D'azur, au cep de vigne fruitté et entravaillé dans son échalas, le tout d'or, et surmonté d'une merlette d'argent, accostée de deux croissants de même émail.

BEINE (N. de), abbé de Gastines, en Touraine (1765-72).

D'argent, à un lion de sinople, lampassé et armé d'argent et surmonté d'un lambel de trois pendants de même, chargé de trois tourteaux de gueules.

BELIN (Pierre), doyen de l'église de Tours (1678).

De.. au mouton passant de... accompagné de trois étoiles de... 2, 1.

BELLANGER, Chev., barons de Vautourneux, Sgrs de la Ronde, en Touraine (xviie siècle). — A cette époque, une branche résidait dans la paroisse des Hermites.

Michel Bellanger fut chanoine, puis grand-archiprêtre de l'église de Tours en 1638-40.

François Bellanger a rempli, à Tours, les fonctions de trésorier de France au bureau des finances de la généralité.

De sable, à trois lions d'argent, armés, lampassés et couronnés d'or.

BELLANGER, — en Touraine, en Champagne et au Maine (xviiie siècle).

D'azur, à un chevron d'or, acompagné de deux croissants de même en chef et en pointe d'une étoile aussi d'or.

BELLAY (du), Chev., Sgrs d'Etableaux, de Gizeux, d'Avrillé, de Benais, du Puy de Serre (xive et xviie siècles), — Cette famille a fourni les dignitaires ecclésiastiques et un lieutenant-général du roi, dont les noms suivent :

René du Bellay, trésorier de Saint-Martin de Tours, puis évêque de Rheims (1083) ;

Jean du Bellay, abbé de Cormery (1536-45) ;

René du Bellay, baron de la Flotte, lieutenant-général pour le roi en Touraine (1550) ;

Eustache du Bellay, abbé de Noyers (1560-74) ;

N. du Bellay, vicaire-général du diocèse de Tours (1730).

D'argent, à la bande fuselée de gueules, accompagnée de six fleurs de lis d'azur, 3 en chef, 2, 1, et trois en pointe mises en bande.

BELLEGARDE (François), marchand-bourgeois, à Tours (vers 1700).

D'or, à trois chiens passants, de sable, 2, 1.

BELLEGARDE (de), DE BELLEGARDE DE LA PLAINE.

Famille ancienne, originaire de Tours. Elle a possédé en Touraine les fiefs de la Plaine, d'Izernay (paroisse de Chambray), de la Mazeraye, des Metiveries et du Petit-Fort (paroisse de Monts), des Bourdaisières (paroisse de Rochecorbon), de Trizay, du Chesne, etc. Elle a donné plusieurs échevins perpétuels à la ville de Tours, entre autres : François (1565), René de Bellegarde et René-Nicolas de Bellegarde.

François de Bellegarde fut pourvu de la charge de conseiller du roi, assesseur en l'hôtel-de-ville de Tours en 1702.

Pierre de Bellegarde du Chesne était chanoine de l'église de Tours en 1769.

Alexandre de Bellegarde de la Plaine, né le 17 décembre 1794, colonel, chef d'état-major de la 14ᵉ division militaire (5 juillet 1847), officier de la Légion-d'Honneur, chevalier de l'ordre de Saint-Ferdinand d'Espagne, de l'ordre de Charles III d'Espagne et de l'ordre de Léopold de Belgique, est décédé à Dijon, le 7 juin 1850.

La famille de Bellegarde de la Plaine est représentée actuellement (1866) par : Théodore de Bellegarde de la Plaine, inspecteur des contributions indirectes, à Moulins ; — Adèle de Bellegarde de la Plaine, mariée à Louis-Alexis Dallay, de Latillé, docteur médecin de la Faculté de Paris, membre de plusieurs Sociétés savantes ; — Félicie de Bellegarde de la Plaine.

De gueules, à une cloche d'argent, bataillée d'or. — Couronne de comte. — Supports : deux lions.

La branche cadette porte :

D'azur, au chevron d'argent, accompagné de trois cloches de même.

BELLEGARDE DE SAINT-GERMAIN (de), Sgrs de Saint-Germain (fin du xviiᵉ siècle). — Cette famille est une branche de la maison de Bellegarde de la Plaine.

Philippe de Bellegarde de Saint-Germain remplissait les fonctions de conseiller du roi, receveur des décimes du diocèse de Tours, vers 1696.

Un autre Philippe de Bellegarde de Saint-Germain et Ulysse de Bellegarde de Saint-Germain étaient chanoines de l'église de Tours en 1762.

D'azur, au pal d'or; écartelé d'argent, à la bande d'azur.

BELLÈRE (de), Ec., Sgrs de Chaligny (élection de Richelieu), de Cangey, près Amboise, du Tronchay, de la Ragotterie, de la Gaudetterie, de Nerbonne (xviiᵉ siècle).

Louise-Agnès de Bellère fut supérieure de la communauté de l'Union-chrétienne établie à Tours par le P. François Guillois, jésuite, en 1676.

D'or, à un porc-épic de sable.

BELLERIEN (de), Ec., Sgrs de Villaines (xviiᵉ siècle).

D'or, à deux jumelles d'azur; au chef cousu de gueules chargé de trois croix rangées, d'argent.

BELLEVILLE (Marie de), veuve de François de Balzac d'Entragues, dame engagiste, pour neuf années, de la châtellenie de Langeais (1604).

D'azur, au chevron d'or, accompagné de trois losanges d'argent, 2, 1.

BELLIN (Marguerite de), prieure de Rives, en Touraine (1378).

D'or, au lion de gueules; au chef d'azur chargé de trois étoiles d'or.

BELLIVIER DE PRINS, Chev., Sgrs de Prins, de la Genette, de la Forest, de Luché, de Fontmorte, de Pers, etc. — Famille noble et très-ancienne originaire du Poitou. En 1667, elle a été maintenue dans sa noblesse; elle a comparu à l'assemblée électorale de la noblesse du Poitou, en 1789. Elle s'est alliée aux familles Chevalier de la Frappinière, des Gittons, de Puyvert, de la Jaille, de Bellanger, de Lussay, Simon de la Morillonnière, de Lauzon, de Bosquevert, de la Cropte de Saint-Abre, de Brouillac, etc.

De gueules, à trois fers de lances, d'argent, 2, 1.

BELLOCERAYE (de la), Chev., Sgrs de Grillemont, la Chapelle-Blanche (xive et xve siècles), par suite du mariage de Perrenelle d'Amboise, veuve d'Olivier du Guesclin, avec Guillaume de la Belloceraye.

De... à un chevron de... accompagné de trois arbres de... — Cimier : un arbre au milieu d'un vol. — Supports : Un griffon, à dextre; un lion à sénestre.

BELLOCIER, Ec., Sgrs de Vallières (xviie et xviiie siècles).

René Bellocier était conseiller du roi, trésorier de France au bureau des finances de la généralité de Tours vers 1730.

De gueules à l'aigle essorante d'or accompagnée en chef de deux étoiles de même.

BELODEAU ou BELLAUDEAU, Ec., Sgrs de la Loge et de Cangé, en Touraine (xvie siècle).

Jean Belodeau fut élu maire de Tours le 31 octobre 1565.

De gueules à une fasce d'or chargée de deux roses de sable et accompagnées de trois ruches d'or.

BELON (de), Sgrs de Beaupuy, de Crouzilles, de la Brunatière, de Mauge (xviie siècle).

D'argent, au sautoir péris, de gueules, à cinq fusées d'argent.

BELOT (de), Chev.., Sgrs de Moulins, de Beauvais et de la Herpinière, paroisse d'Azay-sur-Cher, de Pezay, de Lalleu et de la Mothe, relevant du château de Montrichard, du Guai-Fagot ou Guai-Chevalier (xviie et xviiie siècles).

Cette famille, d'ancienne origine, a fourni deux abbés de Fontaines-les-Blanches, Claude Belot I, chanoine et prévôt de Saint-Martin de Tours (1589-1642) et Claude Belot II (1620).

Jacques Belot était échevin et prévôt de la Monnaie de la ville de Tours en 1675.

La famille Belot a été maintenue dans sa noblesse le 22 mai 1691 et le 1er janvier 1699.

Guillaume-Valentin Belot, Chev., Sgr de Lalleu, chevalier de Saint-Louis, comparut en 1789 à l'assemblée de la noblesse de Touraine, pour l'élection des députés aux Etats-Généraux.

M. Valentin de Belot de Lalleu, qui habite le château de Lalleu, près Pontlevoy, a épousé Mlle N. de Vachon. De ce mariage est né un fils, Edouard, marié à Mlle N. de Mars (aux environs du Puy, en Velay).

La branche cadette est représentée par les enfants de M. de Belot de Rocon, qui avait épousé Mlle N. Poillot de Marolles. Ce sont :

1° M. Théodat de Belot, marié à Mlle N. de Ribeyreys, dont il a : Pauline de Belot, mariée à M. Léopold de Bodard (au Maine) ; — Valentine, mariée à M. de Montproly. — M. Théodat de Belot réside au château des Bordes, près Pontlevoy.

2° M. Ludovic de Belot, marié à Mlle Eudoxie Moreau de Bellaing, dont il a eu un fils, Joseph de Belot. M. Ludovic de Belot réside au château de Bousseuil, commune de Cellettes, près Blois.

3° **M.** l'abbé de Belot, vicaire-général du diocèse de Blois, curé de la cathédrale de cette ville.

4° **M**^{lle} Clara de Belot, demeurant à Blois.

D'azur, à un lacs d'amour d'or surmonté d'une rose de même, accostée de deux étoiles aussi d'or.

BELOT, en Touraine.

D'azur, à la licorne d'argent passante et contournée.

BELLUOT, Ec., Sgrs de Grandlay (xviie et xviiie siècles).

D'or, à deux belettes affrontées et rampantes de sable et 3 bluettes d'azur ardentes de gueules, 2, 1.

BENAIS ou BENAYS ou BENAIST, Ec., Sgrs de la Fontaine, relevant de la Haye, de la Rivière, Chastres, Chargé, Brethes (xvie siècle).

Cette famille est originaire de Touraine ; une branche est allée s'établir en Champagne.

D'or, à l'aigle éployée de gueules.

BENAULT (Jean), marchand-bourgeois, à Tours (1698).

D'azur, à une tour d'argent surmontée d'une colombe de même, becquée et membrée de gueules.

BENGY-PUYVALLÉE (de), vicomtes des Porches. — Famille originaire du Berry et dont la filiation suivie commence par Jean Bengy, vivant en 1490.

Philippe-Jacques de Bengy-Puyvallée, chevalier, fut nommé député aux Etats-Généraux de 1789, par la noblesse du Berry.

Résidence en Touraine d'un des représentants de cette famille, au xixe siècle : Vaudenuit, commune de Vouvray.

D'azur, à trois étoiles d'argent. — Supports : deux lions. — Couronne de marquis. — Devise : *Bien faire et laisser dire.*

BENOIST, Ec., Sgrs de la Hussaudière, de Cavay, du Haut-Brizay, de Cherelles (xviiie siècle).

En 1789, René-François Benoist, chevalier de Saint-Louis, ancien capitaine d'infanterie, comparut à l'assemblée électorale de la noblesse de Touraine. La famille fut aussi représentée à l'assemblée électorale de la noblesse de l'Anjou.

Pierre-Vincent Benoist, Ec., Sgr de la Mothe-Baracé, né le 5 janvier 1758, conseiller d'État, directeur - général des contributions indirectes, puis ministre d'État sous Charles X, membre du Conseil privé, commandeur de la Légion d'honneur, reçut le titre de comte en 1828.

D'azur, au faucon d'or essorant et enserrant un rameau de laurier d'or. — Supports : deux faucons, chaperonnés et appareillés au naturel. — Devise : *Benefacientes benedicti.*

Pierre-Vincent Benoist portait :

Ecartelé ; aux 1 et 4 d'azur au faucon d'or essorant et enserrant une branche de laurier, de même ; aux 2 et 3 de gueules à quatre flèches d'argent empennées, mises en pal avec la pointe au chef et posées en fasce ; au chef alaisé, d'argent, chargé de trois étoiles de gueules, qui est d'Artus de Montcler. — Couronne de comte : — Supports ; deux faucons chaperonnés et appareillés au naturel ; — Devise : *Benefacientes benedicti.*

BENOIST, Ec., Sgrs de Genaut, de Ray, paroisse du Petit-Pressigny (xviiie siècle).

Cette famille a fourni un conseiller du roi, procureur au grenier à sel et assesseur en l'hôtel-de-ville de Loches, Claude Benoist (vers 1696), et un curé de Beaumont-Village (même époque).

D'or, à un cœur de gueules.

BENOIT DE LA GRANDIÈRE, Ec., Sgrs de la Grandière, de la Massière, de la Mothe-Guedon (xviiie siècle).

Louis Benoît, avocat au parlement, conseiller du roi, assesseur à la maréchaussée générale de Touraine, fut maire de Tours en 1768-71.

Etienne-Jacques-Christophe Benoit de la Grandière, conseiller du roi, maire de Tours en 1780-89, avait rempli précédemment les fonctions de procureur du roi en la maîtrise des eaux et forêts de Touraine, de conseiller du roi au bailliage et siége présidial de Tours, et d'assesseur à la maréchaussée générale de Touraine. Il comparut à l'assemblée électorale de la noblesse de cette province en 1789.

Un autre membre de cette famille, Louis-Jean-Jacques-

9

Joseph-Silvain-Marie-Augustin Benoît de la Grandière, fut chanoine de l'église de Tours.

D'azur, à la cloche d'argent, bataillée de sable, accostée de deux étoiles d'argent; au chef de sable.

Etienne-Jacques-Christophe Benoit de la Grandière portait :

D'azur, à la cloche d'argent, accompagnée de deux étoiles de même ; au chef de gueules chargé de trois tours crénelées et ajourées d'argent. — Devise : *Vir amator civitatis.*

BENOIT DE LA PRUNARÈDE (Guillaume - Gabriel de), docteur de Sorbonne, doyen de Saint-Martin de Tours, vicaire général de ce diocèse (1760-90), mourut à Montpellier le 17 décembre 1793.

D'azur, à trois bandes d'or. — Supports : deux lions. — Couronne de marquis. — Légende : *Voca me cum benedictis.*

BÉRARD, Chev., Sgrs de Bléré, de Chissay, de Borgne-Savary, de Brégerolles, de Moucherin, de Brouin, de la Coste, de la Mothe, Fombesche, la Croix de Bléré, des Roches-Saint-Georges, de Grateloup, de la Grillonnière, de Millerieux, de Gilbert, du Plessis-Limouzine, de la Pommeraie (xvᵉ, xviᵉ et xviiᵉ siècles).

Pierre Bérard était trésorier de l'église de Tours en 1377. — Un autre Pierre Bérard remplissait les fonctions de trésorier de France à Tours en 1465.

D'argent, à la fasce de gueules (d'azur, d'après l'Hermite-Souliers), chargée de 3 trèfles d'or et accompagnée de 3 sauterelles de sinople, 2, 1. — Cimier : Une fille en buste, vêtue à l'antique, tenant d'un bras une tour, et une palme de la main gauche. — Supports : deux aigles d'or.

BERAUDIÈRE (de la), Chev., marquis de l'Ile-Jourdain et du Rouhet, comte de la Beraudière, Sgrs du Plessis-Rideau, paroisse de Chouzé, de Beauvais, de Chantelou, de Milpied, de Beligné, de Meslay, d'Orval, de Basse-Rivière, d'Ambillou (du xvᵉ au xviiiᵉ siècle). — Famille originaire du Poitou. Elle a fourni un chevalier-croisé, Jean de la Beraudière (1194), un évêque de Perigueux, François de la Beraudière, mort en 1646; plusieurs chevaliers et commandeurs de l'ordre de Malte, des chevaliers de Saint-Louis. etc.

Philippe de la Beraudière, Chev., Sgr de la Coudre, fut
maintenu dans sa noblesse, le 18 avril 1667, par Voysin de la
Noiraie, intendant de Touraine. Jacques-Charles de la Beraudière, chevalier, Sgr de Maumusson, fut également maintenu
dans sa noblesse par l'intendant de Touraine le 28 septembre 1744.

Jacques-Marie-François, comte de la Beraudière, fut procureur-général syndic du clergé et de la noblesse des trois provinces de la généralité de Tours à l'assemblée provinciale
de 1787. Il comparut deux ans après à l'assemblée de la
noblesse de Touraine pour l'élection des députés aux États-
généraux.

Écartelé; aux 1 et 4 d'azur, à la croix fourchée, d'argent; aux 2 et 3 d'or,
à l'aigle éployée de gueules, armée, becquée et couronnée de sinople.

BERAUDIÈRE (Louis de la), Éc., curé des paroisses de
Loches, vers 1700, portait :

D'azur, à une bande d'or.

BERAUDIN (de), Éc., Sgrs de Puzay (élection de Richelieu),
et de la Bourrelière, relevant de la Haye (xve siècle). — Famille
dont l'origine remonte au xive siècle. Elle a été maintenue
dans sa noblesse les 5 février 1666, 10 décembre 1670 et
3 mai 1698.

D'azur, à trois fasces d'or, surmontées de trois besants rangés, de même.

BERAULT, Chev., Sgrs de Monchenin, de la Gaudière et
de Boisbuteau (xvie siècle). — Famille originaire du Bas-
Poitou.

De gueules, au loup-cervier d'argent, accompagné de trois croisettes de
même.

BERGERAT, famille résidant à Tours au xve siècle.

D'or, à un chevron d'azur, accompagné en chef de deux trèfles de
sinople, et en pointe d'une aigle éployée de sable.

BERGERON, Éc., Sgrs de la Goupillière (xviie et xviiie
siècles).

D'azur, à un lion d'or, accolé d'azur, à la bande bretessée et contre-
bretessée d'or.

BERINGHEN (de), Chev., Sgrs d'Azay-le-Rideau et de Martone (xviie et xviiie siècles). — Cette famille, originaire des Pays-Bas, s'est établie en France sous le règne de Henri III.

D'azur, à trois pals de gueules; au chef d'azur chargé de deux roses d'argent.

BERLAND (de), Chev., Sgrs de Neuvy (xive siècle), des Places (xve siècle), de la Louère, de la Carrelière (xvie siècle.— Famille originaire de Tours. Elle a été maintenue dans sa noblesse le 24 avril 1592 et le 1er juin 1658.

Anne-Marie de Berland, comtesse de Charitte, dame de la Louère et de Maulet, en Touraine, comparut par fondé de pouvoir à l'assemblée électorale de la noblesse en 1789.

De gueules, à deux dauphins (ou deux merlans), adossés, d'argent, cantonnés de 4 étoiles de même.

BERNARD (Jean), chanoine, puis archevêque de Tours (1445), mort le 24 avril 1464, et Guy Bernard, archidiacre de l'église de Tours, puis évêque de Langres (1453), décédé en 1481, portaient :

Ecartelé; aux 1 et 4 d'argent, au roc d'échiquier de sable; aux 2 et 3 de sable, au roc d'échiquier d'argent; sur le tout, un écu d'azur chargé d'une fleur de lis d'or.

BERNARD, à Tours (xve et xvie siècles). — Trois membres de cette famille ont été maires de Tours : en 1465, Jean Bernard, en même temps lieutenant général au bailliage de Touraine; en 1468, François Bernard; en 1494-95, Jean Bernard, frère du précédent, lieutenant du bailli de Touraine, (1490).

D'or, à une aigle éployée de sable, becquée et membrée de gueules; au chef d'hermine, dentelé d'azur.

BERNARD, Chev., Sgrs de la Mothe, du Fort-d'Artannes, de Bretignolles, d'Ecueillé (xve siècle), d'Ouches, d'Estiau, de Taffonneau, de la Herpinière, de Longué, de la Hussaudière, (xvie siècle).

André et Guillaume Bernard furent abbés de Beaulieu, le premier en 1412-26, le second en 1426-42.

Jean Bernard fut capitaine-gouverneur de Loches en 1446-47.

Antoine Bernard était archiprêtre de Loches et chanoine de l'église de Tours en 142... — et Liger Bernard, chanoine-chantre du Chapitre de Saint-Mexme de Chinon, vers la même époque.

En 1449, Jean Bernard, Sgr des Roullys, paroisse de Ligré, remplissait les fonctions de grènetier au grenier à sel de Chinon.

D'argent, à deux lions de sable, langués, onglés de gueules et passant l'un sur l'autre.

Etienne Bernard, dit Moreau, maintenu dans sa noblesse en 1438, obtint de porter dans ses armoiries une fleur de lis d'or sur un écusson d'azur.

BERNARD DE JAVERSAC. — Famille originaire de la Rochelle.

D'or, à trois huchets de gueules.

BERNARD DE SASSENAY. — Famille de Chalon-sur-Saône, établie en Touraine au xviii⁰ siècle. Elle a fourni plusieurs magistrats à la Cour de Dijon, des chevaliers de Malte et des chanoinesses du chapitre d'Alix.

D'azur, à une fasce d'or chargée d'une molette d'éperon d'azur et accompagnée en chef de deux coutelas d'argent garnis d'or et posés en sautoir; et en pointe d'un étendard d'argent posé en bande, la hampe et le fût d'or.

BERNARD DE VILLENEUVE, en Touraine; — famille issue des Bernard du Poitou, dont l'origine remonte au xi⁰ siècle.

De gueules, à un chevron abaissé d'or, accompagné en chef de deux palmes en sautoir de même, et en pointe d'une étoile aussi d'or.

BERNEZAY (de), Ec., Sgrs de Preval, paroisse de Chançay; de Bourdigalle (paroisse de Nouzilly), de Bois-le-Roy, de Beauregard, de Mettray, paroisse de Neuillé-Pont-Pierre.

Pierre et Henri de Bernezay sont mentionnés avec la qualification de chevalier-banneret de Touraine, dans un titre de 1272.

D'or, à la croix de gueules chargée de cinq besants d'or; au chef d'azur chargé d'une aigle d'or, membrée et becquée de gueules.

BERNIER (Geoffroi), bailli de Touraine (1249)
De... à trois aigles de... — Supports : deux griffons.

BERNIER (Jean) fut conseiller et maître des comptes du roi, bailli de Touraine (1359-61), garde de la prévôté de Paris (1366), puis général et souverain réformateur des eaux et forêts de France.
D'or, à la bande d'azur chargée de trois croix ancrées d'argent, coticées de gueules.

BERNIER, Ec., Sgrs de la Borde et du fief de Saint-Libert, près la Tour-feu-Hugon (xviiᵉ siècle).
D'azur, au chevron d'argent accompagné de trois étoiles de même.

BERNIN DE VALENTINAY, marquis d'Ussé, Sgrs de Rigny, de Rivarennes, de Bréhémont, de l'Olive, de Guéritaut, du Fief-Bonneau, de Bossay, près Preuilly, Puy-Champion, de Barge, de Saint-Julien, de Vouvray, de la Perraudière, du Bouchet (paroisse de Vouvray), de la Carte, etc... (xviiᵉ et xviiiᵉ siècles).

Par lettres d'avril 1672, Ussé fut érigé en marquisat en faveur de Louis Bernin, receveur-général des finances à Tours. Dans la même année, ces lettres, furent révoquées ; mais en septembre 1709, l'érection en marquisat fut maintenue au profit de Louis Bernin, fils du receveur-général.

Pierre Bernin était chanoine et prévôt de Saint-Martin de Tours, abbé d'Aiguevive, en 1693.

Pierre Bernin fut trésorier de Saint-Martin de Tours, et premier président au bailliage et siége présidial de Tours (1695).
D'azur, au croissant d'argent surmonté d'un oiseau d'or, chargé de trois étoiles de gueules.

BERRIE (de). — Originaire du Loudunois, cette famille s'est fondue au xiiiᵉ siècle dans celle d'Amboise dont elle a pris le nom et les armes. Elle a donné un chanoine de Saint-Martin de Tours, Guillaume de Berrie, vivant en 1449.

Avant l'adoption des armes d'Amboise les Berrie portaient :
De gueules à une bande d'or (Voyez d'AMBOISE).

BERRUYER, Chev., Sgrs de Saint-Germain-sur-Indre, de Bussy, de Rivière, de la Grand'-Court, des Brouillards, des Communes, de Bernesault, de l'Orfàvrie, Mareuil, La Cour-aux-Berruyers (paroisse de Chissé, relevant de Villaines), de la Chaume, près Montbazon, de Cothereau, Taffonneau, etc. (xvi⁰ et xvii⁰ siècles). — Les quatre dignitaires ecclésiastiques dont les noms suivent appartenaient à cette maison :

Philippe Berruyer, grand archidiacre de l'église de Tours (1221);

Raoul Berruyer, abbé de Bourgueil (1426);

Raoul Berruyer, abbé de Seuilly (1426-40);

Martin Berruyer, doyen de l'église de Tours (1439), puis évêque du Mans (1449).

D'azur, à trois coupes couvertes, d'or, 2, 1. — Supports : deux léopards; — Cimier : un sauvage issant; — Devise : *Meliora sequuntur.*

Les Berruyer de Bussy, établis en Champagne, brisaient ces armes d'*un lambel d'hermines en chef;* — les Berruyer de Bernesault, d'*un lion d'or en abîme.*

BERRY (Jean, duc de), duc d'Auvergne, comte de Mâcon, fils de Jean-le-Bon, roi de France, et de Bonne de Luxembourg, était lieutenant-général du roi, en Touraine, en août 1369. Il mourut le 15 juin 1416 et fut enterré dans le chœur de la Sainte-Chapelle de Bourges, qu'il avait fait bâtir.

Semé de France, à la bordure de gueules.

BERRY ou **BERY** (de), Ec., Sgrs de la Baudonnière (xvi⁰ siècle). — Cette famille est connue dès le xiii⁰ siècle. Elle a été maintenue dans sa noblesse le 28 octobre 1668.

D'argent, semé d'hermines de sable.

BERTAULT, Ec., Sgrs de la Bertaudière (xv⁰ siècle).

D'azur, à trois massacres de cerf d'or, 2, 1.

BERTET DE LA CLUE (Marc-Antoine), abbé de Cormery (1747-90).

D'or, à trois roses de gueules, 2, 1; au chef d'azur chargé d'une étoile d'or.

BERTHAULT (Blaise), abbé de Bois-Aubry (1677)).

D'or, à une bande de sable chargée de trois losanges d'argent et accompagnée de 6 annelets de gueules mis en orle.

BERTHÉ DE CHAILLY, Chev., Sgrs de Pontlong, la Carmelière, Beauvais, la Couarse, du Coudrai, de Mareuil, de la Joubardière (xviiie siècle).

Charles-Joseph Berthé de Chailly, chevalier, comparut en 1789 à l'assemblée de la noblesse de Touraine, convoquée pour l'élection des députés aux États-généraux.

D'argent, à trois merlettes de sable, 2, 1.

BERTHELOT, Chev., Sgrs d'Azay-le-Rideau (xive et xve siècles).

Les personnages dont les noms suivent appartenaient à cette maison :

Baudet Berthelot, lieutenant-général du bailli de Touraine, à Loches (1439) ;

Pierre Berthelot, abbé de Cormery (1452-76) ;

Gilles Berthelot, conseiller, notaire et secrétaire du roi, maître des comptes, maire de Tours (1509) ; Jean Berthelot, conseiller du roi, chanoine de Saint-Martin de Tours (15...)

D'azur, à une fasce bandée d'or et de gueules, de 7 pièces, surmontée d'une aigle naissante et éployée d'or.

BERTHELOT DE VILLENEUVE (de), Chev., Sgrs de Vauricher (xviiie siècle).

André de Berthelot de Villeneuve, chevalier, comparut en 1789 à l'assemblée électorale de la noblesse de Touraine. La famille fut également représentée à l'assemblée électorale de l'Anjou à la même époque.

D'azur, au chevron d'or accompagné de trois besants d'argent, 2, 1.

BERTRAND, Chev., marquis de Chaumont et de Tercillac, Sgrs de Marteau, de Clion (vers 1500). — Famille originaire de Bretagne et dont les diverses branches se sont répandues en Touraine (dès le xive siècle), en Poitou, en Berry et en Bourbonnais. Son existence est constatée dès 1160.

Losangé d'hermines et de gueules. — Casque taré de front ; — Cimier : un vol de sable, parti de l'écu : — Supports : deux lions armés et lampassés de gueules ; — Devise : *Potius mori quam fœdari.*

BERTRAND, Chev., barons du Grand-Pressigny, Sgrs de la Basinière, de Chanceaux , d'Etableaux, de Ferrières-Larçon et de Bessé, en Touraine (xviie siècle).

D'azur, au chevron d'argent, accompagné de trois roses d'or.

BERTRAND, Ec., Sgrs de Saint-Ouen, en Touraine (xviiie siècle).

Marthe-Élisabeth Magoulat de Maisoncelles, veuve de Jean-Joseph Bertrand, écuyer, Sgr de Saint-Ouen, comparut par fondé de pouvoir, en 1789, à l'assemblée électorale de la noblesse de Touraine.

D'azur, à un chevron d'or accompagné de trois étoiles d'argent, 2, 1.

BERULLE (Pierre , cardinal de), abbé de Marmoutier (9 avril 1629), mourut le 2 octobre de la même année.

De gueules, au chevron d'or, accompagné de trois molettes d'éperon de même.

BERZIAU (de), Chev., Sgrs des Hayes, de la Marcillière, de Saint-Val, de Grave, de Boigneville, de Champgismont et de Garau, paroisse de Fondettes.

Le 29 février 1648, Guillaume de Berziau vendit le fief de Garau à Jean Duvau, de Tours.

D'azur à trois trèfles d'or. — Cimier : Une licorne naissante d'argent. — Supports : deux lévriers aussi d'argent.

BESANÇON (Charles de), Chev., baron de Bazoches, Sgr de Chaligny et du Plessis, intendant de Touraine (1642-43).

D'or, à une tête de maure de sable tortillée d'argent, accompagnée de trois trèfles de sinople, 3, 2, 1.

BESDON (de), Ec., Sgrs d'Oiré (relevant de Preuilly), de Mousseaux, de Doué (du xve au xviiie siècle). — Très-ancienne famille, originaire des environs de Châtellerault. Elle a été maintenue dans sa noblesse le 29 août 1667.

D'argent, à deux fasces d'azur, accompagnées de 6 roses de gueules pointées de sinople.

BESGUIAUX (de).

D'argent, à la bande de gueules, accompagnée de six merlettes de même, 3 en chef et 3 mises en orle.

BESNARD, Ec., Sgrs de Rezay, paroisse de Louestault, et de Véretz (en partie, au xviie siècle).

D'azur, à deux fasces ondées d'argent; au chef de sable chargé de trois chevaliers d'échecs d'or.

Guillaume Besnard de Rezay, doyen de l'église de Tours (1646-76), portait le chef d'*or* et les chevaliers *de sable*.

BESNARD, famille de Tours, propriétaire du fief de la Chassetière, — et de Remestière, paroisse de Notre-Dame-d'Oé (xviie et xviiie siècles).

D'argent, à un chêne arraché, de sinople, accolé d'un serpent de sable grimpant.

BESNARD, Ec., Sgrs des Més (paroisse de Razines), de Pérouse, de la Mothe-d'Artannes, d'Anché, de Champeigné (xvie et xviie siècles).

D'azur, à l'ancre d'argent; au chef d'or, chargé de trois étoiles de...

BESNARD DE LA FONTAINERIE, Sgrs de la Fontainerie, en Touraine (xviie siècle).

René Besnard remplissait à Tours les fonctions de conseiller du roi au siége présidial en 1684.

D'argent, à un arbre de sinople posé sur une terrasse de même, le pied entortillé d'un serpent de sable; à deux étoiles d'azur posées en chef de l'écu.

BESSAS DE LA MÉGIE (comtes de), — en Touraine, eu Limousin et en Aquitaine.

Ecartelé; aux 1 et 4 de gueules à une fasce d'or accompagnée de trois béliers d'argent; aux 2 et 3 coupé d'azur et d'or à trois lionceaux, 2, 1, de l'un en l'autre. — Supports : deux lions. — Couronne de comte; — Devise : *Semper audax et tenax.*

BESSAY (Jacques de), commandeur d'Amboise (ordre de Malte), vers 1687.

De sable, à quatre fusées d'argent posées en bande. — Devise : *Fac quod debes et non timeas.*

BETHISY (de), **Chev.**, marquis de Mézières, comtes de Bethisy, Sgrs de la Trompaudière, relevant de Loches, de Coussay-les-Bois, du fief Barbe (xviiie siècle). — En 1747, N. de Bethisy vendit ces terres à Louis Chartier de Montléger, trésorier de France à Tours.

La maison de Bethisy, originaire de Picardie, est une des plus anciennes de France. Elle a fourni un grand nombre d'illustrations, entre autres un chancelier de France (1486).

D'azur, fretté d'or. — Supports : deux lions casqués, surmontés de deux pélicans qui se percent le sein. — Devise : *Et virtus et sanguis.*

BÉTHUNE (de), ducs de Béthune et de Sully, Sgrs de Neuvy-Roy, du Bois, Fontaine-Rouziers, Bourgrenier, la Thomaisière, la Bécassière, la Mauvissière (paroisse de Neuillé-Pont-Pierre), la Roche-Bourdeille, Verneuil, Moulinet, Marans, du Coudray, en Touraine (xviiie siècle).

Cette maison, connue dès le xie siècle, descend des anciens comtes souverains d'Artois dont un cadet eut la ville de Béthune en apanage. Parmi une foule de grands hommes qu'elle a fournis, on compte un maréchal de France, premier ministre d'Henri IV, et onze chevaliers du Saint-Esprit.

Elle a donné à la Touraine un abbé de Cormery, Henri de Béthune (1653-80), un abbé de Beaulieu, Louis de Béthune, (1677), et une abbesse de Beaumont-les-Tours, Anne-Berthe de Béthune (1689).

La terre de Béthune fut érigée en marquisat (août 1604), en faveur de Maximilien de Béthune. En 1606, ce personnage fut créé duc et pair de Sully, avec transmissibilité à ses hoirs mâles.

Maximilienne-Augustine-Henriette de Béthune-Sully comparut par fondé de pouvoir, en 1789, à l'assemblée électorale de la noblesse de Touraine.

D'argent, à la fasce de gueules. — Supports : deux sauvages tenant d'une main une massue, de l'autre une bannière aux armes de Béthune. — Cimier : Un paon gorgé de France, ailé de Bethune, — les lambrequins d'azur semés de fleur de lis d'or.

BETZ (de), Chev., Sgrs de Betz, de Relay (dès 1272); de la Roche-Ploquin et des Pinardières (xive siècle), de Chantepie (paroisse de Balesmes) (xve siècle); du Palais, de la Hartelloire, d'Ambillou (xviie siècle), etc...

Nicolas de Betz, chanoine de l'église de Tours, est mentionné en cette qualité dans un titre de 1595.

Henri de Betz de la Hartelloire était abbé de la Clarté-Dieu en 1723.

D'or, à deux fasces de sable, accompagnées de neuf merlettes de même, 4 en chef, 2 en fasce, et 3 en pointe.

BETZ (du), Ec., Sgrs des Grèves, paroisse de Saint-Pierre de Tournon (xvie siècle).

D'azur, au lion couronné d'or lampassé et armé de gueules.

BEUGNON, Sgrs de la Clarté, paroisse de Saint-Cyr-sur-Loire (xvie siècle).

D'azur à trois beignets d'or, 2. 1.

BEURNONVILLE (de). Voyez RIEL (de).

BEUZELET, Sgrs de la Moussardière, en Touraine.

D'or, à trois roses de gueules, 2, 1.

BIART ou BIARS (Guillaume) abbé de Fontaines-les-Blanches (1341-45).

D'argent, fretté de sable.

BIDÉ, Ec., Sgrs de Bascher (paroisse d'Assay), Pommeuse, de la Granville (xviie siècle).

En mars 1689, Henriette Bidé, femme de Louis de Ruzé, Chev., demeurant à Ligré, comparut pour le ban convoqué par lettres patentes du roi, du 26 février précédent.

D'argent, au lion de sable, armé et lampassé de gueules, accompagné en chef, au premier quartier, d'un croissant, au 2e et en pointe de deux étoiles, le tout de gueules.

BIDERON (de), en Touraine (xixe siècle). — Maison alliée aux familles Lorin de la Croix et Cormier de la Picardière.

De gueules, à trois tours d'or crenelées et pavillonnées de même, rangées en fasce; à la champagne d'or.

BIDOUX (de), Ec., Sgrs d'Usage, paroisse d'Huismes.

De gueules, à trois chevrons d'or.

BIDRAN (de), en Touraine.

De gueules, au château pavillonné de cinq pièces, d'argent, girouetté de même et maçonné de sable.

BIENASSIS (Jacques), chanoine et chantre en dignité de l'église de Tours (1538), abbé de Bois-Aubry (1566).

D'argent, à dix hermines de sable; au chef de gueules chargé de trois fleurs de lis d'or.

BIENCOURT (de), Chev., marquis de Biencourt, Sgrs d'Azay-le-Rideau, Masfame (xviiiᵉ siècle). — La filiation suivie de cette famille, qui est originaire de Picardie, remonte à Ancel de Biencourt, vivant au xiiᵉ siècle.

La famille de Biencourt tire son nom de la terre et seigneurie de Biencourt, au pays de Vimeu, qu'elle possédait encore au xviᵉ siècle. Elle a été maintenue dans sa noblesse le 17 juillet 1668.

Roger de Biencourt était archidiacre de Tours vers 1635.

Charles, marquis de Biencourt, comparut par fondé de pouvoir, en 1789, à l'assemblée électorale de la noblesse du Poitou.

De sable, au lion d'argent, couronné, armé et lampassé d'or.

BIGOT (Jean), bailli de Touraine (1338-47) fut anobli par lettres de février 1347.

D'or, à la croix de gueules.

BIGOT (de), Chev., marquis de la Touanne, Sgrs de Fontaines, de Morogues, du Puy de Sepmes, de la Seguinière, la Vollière, Pont-Rodin, Vaufouinard, de la Guignardière-Gittonnière. Le 7 juillet 1651, Claude de Bigot vendit ces trois dernières terres à Pierre Mauzereau, de Tours.

Cette famille, originaire du Berry, a été anoblie le 22 juin 1369, en la personne de Michel Bigot. Elle a été maintenue dans sa noblesse le 9 août 1667 et le 1ᵉʳ septembre 1769. Une branche résidait à Richelieu en 1776.

De sable, à trois têtes de léopard d'or, lampassées de gueules, 2, 1. — Cri de guerre : *Tout de par Dieu.*

BIGOT, Ec., Sgrs de la Baudonnière et de la Roussière (xviiᵉ et xviiiᵉ siècles).

Marin Bigot était chanoine de Saint-Martin de Tours en 1573.

Echiqueté d'argent et de gueules.

BIGOT, Sgrs des Fourneaux, en Touraine (vers le xviiᵉ siècle).

Parti de sable et d'argent, le sable chargé d'un lion d'argent tenant de sa patte sénestre trois flèches, une en pal, les deux autres en sautoir, les pointes en bas, d'or, — armé, lampassé et couronné aussi d'or, l'argent chargé de trois lézards de sinople.

BIGOT (le), Ec., Sgrs de la Mothe, paroisse de Courcelles (xviiᵉ siècle).

D'azur, à un chevron d'or accompagné de trois coquilles de même.

BIGOT, Ec., Sgrs du Bois-Saint-Martin (xviiᵉ siècle).

Charles Bigot, conseiller du roi, lieutenant-général criminel au bailliage et siége présidial de Tours, était maire de Tours en 1664.

Louis Bigot fut conseiller du roi, trésorier de France à Tours vers 1700.

D'argent, à un lion de sable, armé, lampassé et couronné de gueules, lançant de la patte dextre un foudre de même.

BIGRÈS (de), en Touraine et en Berri.

D'azur, au chevron d'or accompagné de deux molettes d'éperon de même en chef, et d'une rencontre de cerf aussi d'or, en pointe.

BILLARD. — Famille originaire d'Amboise.

Louis Billard, conseiller du roi, grènetier au grenier à sel d'Amboise, et échevin de cette ville (1741), mourut en ventôse an III.

Laurent Billard, né à Amboise le 16 mai 1744, religieux bénédictin à Marmoutier (1780), mourut également en l'an III.

Antoine Billard était, en 1789, chapelain de la chapelle Saint-Marc, à Chargé ; il mourut en 1793.

Antoine Billard, administrateur du district d'Amboise (1792), mourut à Chargé le 28 août 1805.

Louis Billard, ci-dessus nommé, portait :

D'argent aux lettres B et L entrelacées d'or, le B renfermant dans sa partie supérieure une clef aussi d'or, et dans sa partie inférieure un groupe de quatre grains de sel, de même. — Couronne se rapprochant par sa forme d'une couronne de comte, les fleurons remplacés par des grains de sel.

BILLARD, en Touraine (xvii⁰ siècle). — Famille originaire de Paris.

D'argent, au chevron d'azur chargé de trois étoiles d'or, et accompagné de trois tourteaux de gueules.

BILLART, Ec., Sgrs de Ballan-Maulévrier et de Bellefontaine (xvii⁰ siècle).

Michel Billart était échevin de Tours en 1655.

De gueules, à trois pals d'or; à la fasce d'azur brochant sur le tout, chargée de trois besans d'or.

BILLAULT, Ec., Sgrs du Couteau (xviii⁰ siècle).

François Billault était avocat du roi au bureau des finances de Tours vers 1700.

René Billault remplissait les fonctions de conseiller au siége présidial de Tours en 1778.

D'argent, au chevron de gueules, accompagné de trois trèfles de sinople, 2 en chef et 1 en pointe, surmontant un croissant de même.

BILLOART, en Touraine (xvii⁰ siècle). — Famille originaire de Bretagne.

D'or, à une croix alaisée d'azur, surmontée de deux molettes de même.

BILLY (de), Chev., Sgrs de la Tour-d'Oiré, relevant de Preuilly (xvii⁰ siècle). — Famille originaire du Poitou.

Jean de Billy, abbé de Ferrières, en Anjou, prieur de Tauxigny, en Touraine, mourut le 25 décembre 1581.

Vairé d'or et d'azur à trois (ou deux) fasces de gueules.

BINET, Chev., barons d'Andigny (paroisse de Cinq-Mars), Sgrs de Nitray, Pacy, Beauvais, Cessigny, Maisons, la Guérinière, Tourelles, Bois-Jolly, Montifray, Valmer, Vaumorin, Vaux, la Picardière, la Borde, des Grandes-Ortières, des Baudes, de Jasson (xv⁰ et xvi⁰ siècles). — Cette famille a donné : un capitaine du château de Tours, Jean Binet (1461); un abbé de Saint-Julien de Tours, Jean Binet (1515-30); — deux chanoines de l'église de Tours, Guillaume et Jean Binet (1520); et trois maires de Tours, Jean Binet (1524), Jean Binet (élu le 4 novembre 1543), et Jérôme Binet (1600).

De gueules, au chef d'or chargé de trois croix recroisetées, au pied fiché d'azur. — Cimier : Une femme en buste, vêtue à l'antique, posée au milieu d'un bois de daim qu'elle tient de ses deux mains. — Supports : deux anges ; — Devise : *Je le veuil,* ou *Ille vicit.*

Jérôme Binet, maire de Tours en 1600, portait :

De gueules, au chef d'or, chargé de trois croix recroisetées, au pied fiché, d'azur, et une étoile d'argent en cœur de l'écu.

BISEAU, Éc., Sgrs de la Guitière (xviie siècle).

D'azur, à la fasce d'or, accompagnée en chef de deux étoiles, et en pointe d'un croissant d'argent.

BIZOTON, Sgrs de la Tourvillière.

D'or, au dragon volant, de gueules.

BLANC (le), en Touraine (xviiie siècle).

D'or, à une aigle éployée de gueules et une bordure de même portant ces mots de sable : *Bellicæ virtutis prœmium.*

BLANC DE LA COMBE (le), à Tours (xixe siècle).

Félix le Blanc de la Combe, lieutenant-colonel de l'artillerie de la garde, a épousé, en 1824, Mathilde de Mons d'Orbigny, fille de Louis-Hector de Mons d'Orbigny et de Cécile-Victoire Basile. De ce mariage sont issus : Louis-Félix, Victor-Christophe, Cécile-Jeanne-Louise-Mathilde, Marie-Mathilde-Joséphine le Blanc de la Combe.

Écartelé ; aux 1 et 4 d'azur, au soleil d'or, cantonné de 4 roses d'argent ; aux 2 et 3 d'azur au demi-vol d'argent.

BLANC DE LA VALLIÈRE (le), voyez DE LA BAUME LE BLANC.

BLANCHARDON (Louis de), maître particulier des eaux et forêts de la généralité de Tours (1764).

D'azur, à un lion d'hermines armé d'une épée d'or.

BLANCHE (Philippe), chanoine official de Saint-Gatien, puis archevêque de Tours (1357), mourut en octobre 1363.

Blanche, en Normandie, portait :

D'azur, à trois têtes de lions arrachées, d'argent, lampassées de gueules.

On ne saurait affirmer que Philippe Blanche fût de cette maison.

BLANCHEFORT (de), Chev., Sgrs de Thuisseau et de Voyer, paroisse de Montlouis (xvie siècle). — Famille très-ancienne, originaire du Limousin.

D'or, à deux lions passants de gueules.

BLANCHIS (du), Ec., Sgrs de Rechillon, élection de Richelieu (xviie siècle).

D'or, au sautoir de sable traversé au milieu d'une lance posée en pal, et accompagné de deux lions de même, aux deux flancs.

BLANES (de), Chev., comtes de Blanes, Sgrs de Neuilly-le-Noble, de la Chatière, de la Bertaudière (xviiie siècle).

Ces terres de Neuilly-le-Noble, de la Chatière et de la Bertaudière passèrent dans la maison de Blanes, par suite du mariage de N. de la Rochefoucauld, avec Jean-Étienne, comte de Blanes, chevalier d'honneur héréditaire au Conseil supérieur du Roussillon (contrat de mariage du 1er oct. 1734).

La famille de Blanes, sortie du Roussillon, commence sa filiation suivie par Raymond de Blanes, vivant en 1001. La terre de Millas fut érigée pour elle en marquisat, par lettres du mois d'octobre 1719.

De gueules, à la croix d'argent.

BLANLUS, Ec., Sgrs de Boislégat, en Touraine (xvie siècle).

D'azur, au chevron brisé, d'argent, accompagné de trois étoiles de même.

Bléré, ville de Touraine.

D'azur, à trois chevrons d'or.

BLET (de), Chev., Sgrs de la Mancellière (paroisse de Razines), des Brosses, de Milly, de la Morinière, de Chargé, de Hauteclaire (xviie et xviiie siècles).

En 1788, Armand-Jean de Blet, capitaine-gouverneur de Richelieu, vendit les terres de Chargé, de Hauteclaire et de Milly, au sieur Piballeau.

Madeleine-Albert de Blet, veuve de René-Jacques du Trochet, comparut par fondé de pouvoir, en 1789, à l'Assemblée électorale de la noblesse de Touraine.

D'argent, à trois feuilles de bette, ou de laurier, de sinople.

10

BLETANS (de), en Touraine.

Coupé d'argent et d'azur; au chevron d'or sur le tout.

BLO (de), Chev., Sgrs de Champigny-sur-Veude (xiii⁰ siècle).

La terre de Champigny vint dans la maison de Blo, par le mariage d'une fille de Bernier de Champigny, avec Gosselin de Blo, au commencement du xii⁰ siècle.

Cette famille a fourni un sénéchal de Touraine, Robert de Blo (vers 1173), et un chevalier banneret de Touraine, Josselin de Blo (1219).

D'or, à trois bandes de gueules.

BLOIS (de), comtes de Blois et de Champagne. — Sgrs de Chinon et de Châteaurenault (x⁰ et xiii⁰ siècles).

Étienne, comte de Blois, mort en 1102, et Thibaud, comte de Blois et de Champagne, décédé en 1194, figurèrent parmi les chevaliers qui prirent part aux croisades de cette époque.

Robert de Blois, abbé de Marmoutier, mourut en 1176.

D'azur, à une bande d'argent, accompagnée de deux doubles cotices potencées et contre-potencées d'or, de 18 pièces.

BLOM (de), Ec., Sgrs de Crouzilles (xvii⁰ siècle).

Originaire des environs de Montmorillon, cette famille est connue dès 1302. Elle a été maintenue dans sa noblesse, le 4 novembre 1598, en 1634, le 25 février 1665, et en 1667.

François-Gabriel de Blom, chevalier, comparut, en 1789, à l'assemblée électorale de la noblesse du Poitou.

D'argent, au sautoir de gueules cantonné de quatre croisettes de même.

BLOSSET (de), Ec., Sgrs de la Croix, paroisse de Jaulnay, élection de Richelieu (xvii⁰ siècle).

Pallé d'or et d'azur de six pièces; au chef d'azur chargé d'une fasce vivrée d'argent.

BLOT (de).

D'argent, à cinq losanges de gueules mis en fasce; au lambel de quatre pendants de sable.

BLOUET de CAMILLY (François), doyen de Saint-Martin de Tours, puis évêque de Toul et archevêque de Tours (1721-1723).

D'azur, à un lion d'or armé et lampassé de gueules ; au chef de gueules chargé d'un cœur d'or accosté de deux croissants d'argent.

BLOY ou LE BLOI, Ec., Sgrs de Corbet, paroisse de Fléré-la-Rivière (xive siècle), de la Pornerye, de Beaune (xviie siècle).

Louis le Bloy de la Pornerie, lors de sa réception comme page de la reine, le 14 août 1725, prouva sa noblesse jusqu'à Antoine le Bloy, vivant en 1512.

Jacques-François Le Bloy, Sgr des Granges et du Gault, comparut, en 1789, à l'assemblée électorale de la noblesse de l'Anjou. La famille fut aussi représentée à l'assemblée de la noblesse de l'Orléanais.

D'azur, au lion d'or, rampant, langué de gueules.

BOCHARD, Chev., Sgrs de Verneuil, près Loches, de Champigny, de Noroy, de Poinci, etc., — famille originaire de la Bourgogne. Elle a donné un abbé de Cormery, évêque d'Avranches, Jean Bochard, mort le 28 novembre 1484, et un intendant de Touraine (1657-59), Jean Bochard, décédé le 19 août 1691.

Conrad-Alexandre Bochard, marquis de Champigny, comparut en 1789 à l'assemblée électorale de la noblesse de la vicomté de Paris.

D'azur, à un croissant montant d'argent surmonté d'une étoile d'or. (Quelques membres de la famille portaient un croissant d'or).

BODET, Chev , Sgrs de la Marche, en Touraine, de la Fenestre, de Chanteloup, de la Forêt-Montpensier (xve et xviie siècles. — Cette famille, originaire du Poitou, a été maintenue dans sa noblesse les 24 septembre 1667, et 11 mai 1715. Elle a fourni plusieurs chevaliers de l'ordre de Malte.

Charles-Adrien Bodet et Léonard-Louis-Charles Bodet, chevaliers, comparurent en 1789 à l'assemblée électorale de la noblesse du Poitou.

D'azur, à une épée d'argent posée en pal, et à la trangle de gueules en chef brochant sur le tout.

BODIN, Ec., Sgrs de Brizay (xvie et xviie siècles), des Joubardières (xviiie siècle).

D'azur, au chevron d'argent, accompagné de trois roses d'or.

La branche des Joubardières portait :

D'azur, au chevron d'or accompagné de trois roses de même; au chef d'argent chargé de trois merlettes d'azur.

BODIN, Ec., Sgrs de la Rollandière, des Chaumes, des Couteaux, etc... — Famille très-ancienne, originaire du Bas-Poitou. Elle avait le droit de collation d'une chapelle dans l'église de Brulon, près Richelieu. Ses maintenues de noblesse datent des 8 et 10 septembre et 9 août 1667, et 25 novembre 1699. Elle a été représentée à l'assemblée électorale de la noblesse du Poitou en 1789.

D'azur, à neuf besants d'or, posés 4, 4, en pal sur chaque flanc de l'écu et un en pointe.

BODIN (de), Chev., comtes de Vaux et de Galembert, Sgrs de Villers, de Boisrenard, de Chantecaille, du Chatellier, etc. — Famille originaire du Cambrésis, où elle est connue dès le XIIe siècle. Son nom se trouve souvent écrit BAUDIN ou LE BAUDIN, dans les anciens titres. Elle a fourni un conseiller, chambellan du duc de Bourgogne (1419), des capitaines-gouverneurs du château de Chambord, des chevaliers de Saint-Louis, etc. Des sentences des 26 mars 1660, et 27 juillet 1706, l'ont confirmée dans sa noblesse. Elle a comparu à l'assemblée électorale de la noblesse du Blésois en 1789.

Parmi ses alliances on remarque les familles de Haucourt, de Longueval, de Montmorency, d'Ongnies, de Neuville, Tascher de la Pagerie, de Breda, de la Taille, de Lamberty, de Tullières, de Vanssay, de Trimond, de Rivière, de Belloy, Berthemy, de Courcy, de Montaudouin, etc.

La famille de Bodin s'est divisée en trois branches : de Bodin de Boisrenard, de Bodin de Vaux, aujourd'hui éteinte, — et de Bodin de Galembert.

La branche de Bodin de Galembert est actuellement représentée par :

1° Louis-Marie-Charles de Bodin, comte de Galembert, membre de la Société archéologique de Touraine, résidant à Tours, marié le 25 août 1844, à Valentine Berthemy, dont il a eu : Charles-Marie Roger, né le 8 décembre 1845 ; Marie-Angélique-Geneviève, née le 21 mai 1849 ; Louis-Joseph-Marcel, né le 8 avril 1852 ; Paul-Marie-Edouard-Gabriel, né le 8 décembre 1853 ; Pierre-Tristan-Joseph, né le 17 février 1855 ; Henry-François-Gaspard, né le 1er janvier 1857 ; Pierre-Marie-Gustave, né le 31 janvier 1858 ; Marie-Louise-Octavie-Juliette, née le 11 janvier 1859 ; Marie-Jacqueline-Marthe, née le 25 novembre 1861.

2° François-Marie-Henri de Bodin, vicomte de Galembert, résidant au château de Vesly, près Gisors, marié le 18 avril 1844, à Armande de Belloy. De ce mariage sont issus douze enfants ; l'aîné, Ludovic-Marie-Henri de Bodin de Galembert s'est engagé aux Zouaves pontificaux en mai 1865.

3° Anne-Marie-Charles de Bodin, baron de Galembert, résidant au château d'Esteveaux, canton de Luzy (Nièvre), marié le 21 décembre 1852, à Louise de Rivière, dont il a eu six enfants.

D'azur, à un chevron d'or, accompagné de trois roses de même, deux en chef et une en pointe ; au chef d'argent chargé de trois merlettes d'azur.— Supports : deux lions ; — Couronne de comte.

BODINEAU, Ec., Sgrs des Bordes, en Touraine (XVIe siècle).

De sable, à l'aigle éployée d'argent, armée et becquée de gueules.

BODSON DE NOIRFONTAINE, en Touraine (XVIIIe siècle).

Camille-Louis-Gabriel Bodson de Noirfontaine, officier-général du génie, officier de la Légion d'honneur, chevalier de Saint-Louis, mourut à Lille le 26 mars 1809.

De gueules, à deux jumelles d'argent et une rose d'or en abîme.

BOEUF (le), Ec.. Sgrs de la Cottinière, paroisse d'Abilly, relevant du Chatellier (1459), — famille originaire du Poitou. — François le Bœuf fut maintenu dans sa noblesse en 1666, et Philippe le Bœuf, le 24 septembre 1667.

De gueules, à un bœuf d'or.

BOHIER, Chev., barons de St-Ciergue, Sgrs de Chenonceau, des Oudes, de Juchepie, de Colombiers, de Savonnières, d'Argy, Chapitre, du Delfaise, de Thoré, des Grands et Petits

Gats, de **Vrigny** (paroisse de Saint-Georges), de Pont (paroisse de Chisseaux), de Nazelles, de Saint-Martin-le-Beau, de Chesnais (paroisse d'Athée), de la Mesleraye, de la Chapelle-Bellouin, d'Angé, de Berrie, de la Rochette (relevant d'Amboise), de la Chapelle, du Plessis-Limousine, de la Mousinière, de la Pommerays (xvie siècle).

Cette famille, originaire d'Issoire, en Auvergne, où elle est connue depuis 1280, a donné à la Touraine les fonctionnaires et dignitaires ecclésiastiques dont les noms suivent :

Thomas Bohier, doyen de l'église de Tours (1524), puis évêque de Saint-Malo ;

Thomas Bohier, conseiller et chambellan du roi, maire de Tours (1497), mort le 24 mars 1523 ;

François Bohier, doyen de l'église de Tours (1524-35) ;

Henri Bohier, chevalier, conseiller du roi, receveur général des finances, maire de Tours (1506);

Antoine Bohier, conseiller du roi, lieutenant-général du pays et duché de Touraine (1546) ;

Guillaume Bohier, Éc., Sgr de Longue-Touche, en Vendômois, de Penchien, de Baudrys, maire de Tours en 1536, 1549, 1563 ;

Antoine Bohier, Éc., Sgr de la Chenaye et d'Angé, conseiller du roi, maire de Tours en 1545.

D'or, au lion d'azur, armé et lampassé de même, au chef de gueules. — Devise : *S'il vient à point, me souviendra.*

Guillaume Bohier, maire de Tours en 1536-49-53, portait : D'or, au lion d'azur; au chef de gueules chargé d'une rose d'or.

BOILEAU (Charles), abbé de Beaulieu (1693-1704). D'azur, au chevron d'or, chargé de trois feuilles de...

BOILEAU (Charles), conseiller du roi, receveur au grenier à sel de Montrichard (1698). D'azur, à trois cygnes d'argent, 2, 1.

BOILEAU DE **MAULAVILLE**, à Tours (xvi[c] et xvii[c] siècles).

N. Boileau de Maulaville fut nommé échevin de Tours le 3 mai 1597.

De gueules, au chevron d'or, accompagné de 3 trèfles de même.

BOINARD (Étienne), prêtre, curé de Cormery (fin du xviiᵉ siècle).

Ecartelé: au 1 d'azur, à un soleil d'or; aux 2 et 3 d'azur à trois chevrons d'or: au 4 d'azur à un chardon d'or tigé et feuillé de même.

BOIREAU (de), Sgrs de Cangy, du Plessis, de Chastres (xviiᵉ siècle).

Louis de Boireau remplissait les fonctions de commissaire des guerres, à Tours, en 1640.

D'azur, au lion d'or, armé et lampassé de gueules. — *Alias*, d'après l'*Armorial général de d'Hozier* : d'argent, au lion de gueules, lampassé et armé d'azur.

BOIS (du), Chev., marquis de Leuville, de Piennes et de Givry, Sgrs de Fontaine-Marans (paroisse de Rouziers), de Bourdeil (paroisse de Beaumont-la-Ronce), de Rouziers, du Plessis-Barbe (paroisse de Bueil), de Neuvy (Roi), de la Mauvissière, de Sonzay, de la Roche-Bourdeille, de Rouauldière, de Sepmes (xviᵉ, xviiᵉ, xviiiᵉ siècles). — Famille originaire de la Flandre et établie en Touraine dans le cours du xvᵉ siècle. Elle portait primitivement le nom de Fiennes.

Astremoine du Bois, Sgr de Fontaine-Marans et de Sonzay, fut maire de Tours, du 2 novembre 1564 au 24 octobre 1565.

Louis du Bois, marquis de Givry, lieutenant général des armées du roi, fut pourvu de la charge de grand-bailli de Touraine le 11 avril 1662. Il mourut en 1699.

Son fils, Louis-Thomas du Bois, dit Olivier, marquis de Leuville, lui succéda en 1699 dans la charge de grand-bailli de Touraine et mourut en 1742.

D'or, à trois clous de la Passion, de sable; au chef d'azur, chargé de trois aiglettes d'argent.

Plusieurs membres de la famille portaient :

Ecartelé: aux 1 et 4, du Bois (comme ci-dessus); aux 2 et 3 d'argent au lion de sable, sur le tout, écartelé : aux 1 et 4 d'azur à six besants d'or; au chef d'argent chargé d'un lion naissant, de sable; aux 2 et 3 d'or à trois bandes de gueules, celle du milieu chargée de trois étoiles d'argent. —Cimier : une aigle issante; — Supports : deux aigles; — Devise : *Loué soit Dieu.*

BOISARD ou BOIZARD, Éc., Sgrs de Brizay, du Breuil de Mons (xviii⁰ siècle).

En 1698, Louis Boisard remplissait les fonctions de lieu‑ tenant général du bailli de Touraine au bailliage particulier et ressort de Chinon. Précédemment il avait occupé la charge de lieutenant criminel, puis celle de président au même siége.

D'azur, à trois piliers d'or. — Cimier : un demi navire dans des flammes; — Supports : deux léopards d'or; — Devise : *Partout le Bois art.*

BOIS-BÉRANGER (du), Éc. Sgrs de la Charlottière, paroisse de Loché (xvii⁰ siècle).

Henri du Bois-Béranger fut l'un des chevaliers français qui se croisèrent en 1159.

Gilbert-Gabriel-Jean-Baptiste du Bois-Béranger, colonel d'infanterie; Jean-Baptiste-René du Bois-Béranger et Louise-Perrine-Jeanne du Bois-Béranger comparurent en 1789, le premier en personne, les deux autres par fondés de pouvoir, à l'assemblée électorale de la noblesse du Maine.

D'argent, à la bande de gueules.

BOIS DES ARPENTIS (du), Chev., Sgrs des Arpentis (1392), d'Autrèche (xvi⁰ siècle).

Issue de la maison du Bois des Cours, cette famille s'est éteinte à la fin du xvi⁰ siècle. Elle paraît avoir eu pour auteur Philippe du Bois, écuyer, seigneur des Arpentis, vivant en 1392.

Louis du Bois, chevalier des ordres du roi, fut lieutenant général au gouvernement de Touraine (par provisions du 17 janvier 1578), puis gouverneur lieutenant-général de cette province.

D'or, à 8 coquilles de sable posées en orle, et un écusson de gueules posé en cœur.

BOIS DES COURS (du), Chev., marquis de la Maisonfort, Sgrs de St-Cosme, Bresches, de la Motte, de l'Estang. —

Famille originaire du Perche, et dont la filiation suivie commence par Jean du Bois de Rouvray, vivant en 1384.

Elle a été maintenue dans sa noblesse les 1er février 1634, 22 mars 1641, en 1666, le 27 octobre 1668 et le 21 février 1670 (par Voysin de la Noiraie, intendant de Touraine).

Par lettres du 9 novembre 1743, enregistrées en 1745, la baronnie de la Maisonfort fut érigée en marquisat, en faveur d'Alexandre des Bois du Cours, capitaine de vaisseau.

Jacques-Marie-Etienne du Bois des Cours, chevalier, comparut en 1789 à l'assemblée de la noblesse de Touraine pour l'élection des députés aux États généraux.

Jacques-Marie-Étienne, comte du Bois des Cours, représentant la branche du Bois des Cours, de la Motte, de l'Estang, né le 14 juin 1750, lieutenant colonel d'artillerie, a épousé Angélique-Louise-Félicité-Marie-Perrine Belin de Langlotière, dont il a eu : Aglaë-Marie-Félicité, mariée le 27 janvier 1807 à Alexandre-Louis Lignaud, marquis de Lussac, — et Charlotte-Séraphine, mariée en 1809 à René-Louis-Ambroise de la Poëze.

Cette maison n'a plus aujourd'hui de représentants en France. Une branche réside en Angleterre.

D'argent, à cinq coquilles de gueules, mises en orle, 2, 2, 1. — Couronne de marquis. — Supports : deux lions.

BOIS DE COURCERIERS (du), Chev., Sgrs de Courceriers. — La filiation de cette famille remonte à 1250.

André du Bois de Courceriers comparut par fondé de pouvoir, en 1789, à l'assemblée électorale de la noblesse du Maine.

Emmanché d'argent et de sable du chef à la pointe.

BOIS DE BUSSIÈRES (du), en Touraine (xvie et xviie siècles).

D'or, à trois chevilles de sable, la pointe en bas; au chef d'azur chargé de trois aigles rangées d'argent.

BOISGAUTIER, en Touraine (xvie et xviie siècles).

Sigismond Boisgautier était chanoine de l'église de Tours en 1631.

D'or, à cinq arbres de sinople en bande.

BOISGELIN DE **CICÉ** (Jean-de-Dieu), archevêque de Tours (1802), mourut le 22 août 1804.

Ecartelé : aux 1 et 4 de gueules, à une molette d'éperon d'argent posée en cœur; aux 2 et 3 d'azur.

BOISJOURDAN (de), Chev., Sgrs d'Azay-le-Rideau et du Plessis-Alais (xv⁰ et xvi⁰ siècles).

Louis-Marie-François de Boisjourdan comparut par fondé de pouvoir à l'assemblée électorale de la noblesse du Maine en 1789. A la même époque il prit part à l'assemblée électorale de la noblesse de l'Anjou.

Louis-François-Séraphin de Boisjourdan, seigneur de Longuefuie et des Courants se fit représenter à cette dernière assemblée.

D'or, au chevron d'azur chargé d'un croissant d'argent en pointe.

BOISLÈVE (de), Ec., Sgrs de Perey, près Yzeures (xvi⁰ siècle). — Famille originaire de l'Anjou. Elle a été maintenue dans sa noblesse en 1668.

D'azur, au chevron d'argent accompagné de trois merlettes de même, 2, 1.

BOISLÈVE, Éc., Sgrs de Razilly, du Plantis, de la Brillarderie, de la Guérinière, de la Gillière (xvi⁰, xvii⁰ et xviii⁰ siècles).

Cette famille a fourni un évêque d'Avranches, Gabriel Boislève, mort avant 1684. Elle a été maintenue dans sa noblesse le 10 septembre 1716, par Chauvelin, commissaire départi dans la généralité de Tours.

D'azur, à trois sautoirs d'or, 2, 1.

BOISLINARDS (de), et anciennement de **BOULLINARDS**, Chev., Sgrs de la Chaise et de Durtal, près Martizay, de Beaupré, de la Pinolière, de la Raberie, des Mées, près Bossay, du Chatelet, de Terrières, de Boubon, etc. — Famille originaire du Berry. Dès l'an 1100, elle possédait le château de Boislinards, paroisse de Rancon. Un de ses membres, Jean-Alexis de Boislinards de Margou, fut grand-croix de l'ordre de St-Jean de Jérusalem, commandeur de Mouchamp, bailli de Lyon; il mourut le 28 octobre 1786, âgé de 101 ans.

Léonard de Boislinards, chevalier, comparut par fondé de pouvoir à l'assemblée électorale de la noblesse de Touraine, en 1789.

La famille de Boislinards a pris alliance avec celles de Vérines, de Béchillon, de Turpin de Crissé, de la Faire, de la Porte, de Murault, du Breuil, de la Garde, de Blom, de Montbel, de la Thuille, d'Auvergne, de Crémille, de Villemessant, etc...

Un des représentants de cette maison réside actuellement au Grand-Pressigny (Indre-et-Loire).

D'argent, au vergne (ou chêne) de sinople, à la bordure engrelée de gueules.

BOISMORIN (de) en Touraine et en Anjou.

D'azur, à trois merlettes d'or, 2, 1.

BOISNEAU DES BRUYÈRES. Voyez BOYNEAU.

BOISSARD (de), (en Anjou et en Touraine), comtes de Boissard, Sgrs de la Rigauderie, Launay, Gennes, la Chauvière, la Bouverie. — Famille originaire de l'Anjou, où son existence est constatée dès le xiie siècle. Elle a été maintenue dans sa noblesse en 1667, par Voisin de la Noiraie, intendant de Touraine.

De gueules, à trois faisceaux de flèches d'or, liés de même, 2, 1. — Cimier ; un buisson ardent; — Supports : deux aigles d'or ; — Devise : *Vert ou sec le Bois art.*

BOISSEAU, à Tours (xviie et xviiie siècles). Jean Boisseau fut juge, garde de la Monnaie de Tours (xviiie siècle).

D'azur, au soleil d'or en chef et une rivière ondée d'argent en pointe, chargée de trois poissons, de... 2, 1.

BOISSIÈRE

D'argent, au chêne de sinople, au saumon pendant après, au côté dextre, de gueules.

BOISSY (de), Ec., Sgrs de Cornillau, paroisse de Saint-Georges-sur-Cher (xviie siècle).

D'or, à la fasce de trois pièces, de sable.

BOISTEL (de), Ec., Sgrs d'Ambrières et de Launay.

D'azur, à une bande d'or chargée de trois merlettes de sable et accompagnée de deux lions d'or passants dans le sens de la bande, l'un en chef, l'autre en pointe.

BOISTELLY (Aleaume de), archevêque de Tours (1380), mourut en 1383.

De... à trois coquilles de...; au chef de... chargé d'un lion passant de...

BOISTENANT (de), Éc., Sgrs de Vou, fief relevant de Preuilly (xvie siècle).

D'argent, au chevron de gueules, accompagné de deux lions de même, affrontés.

BOISTENANT (de). — François de Boistenant, né en Touraine, fils naturel de M. de Rohan, fut légitimé et anobli en septembre 1634. Ses descendants obtinrent confirmation de leur noblesse en 1668 et 1717.

De gueules, à 9 mâcles d'or accolées et aboutées à une barre d'argent brochant sur le tout.

BOISVILLIERS (de), Éc., Sgrs du Breuil, des Pegués, de Meusnes et de la Houssière (xviie et xviiie siècles). — La filiation de cette maison remonte à Jean de Boisvilliers, Sgr du Marchais, vivant en 1393.

La famille de Boisvilliers a comparu à l'assemblée électorale de la noblesse de l'Orléanais en 1789.

D'azur, à une fasce d'or accompagnée de trois croissants d'argent, surmontés chacun d'une étoile d'or.

BOISVILLIERS (de), famille originaire de Touraine.

D'azur, à trois croissants d'or, 2, 1.

BOMBARDE, Éc., Sgrs de Beaulieu, en Touraine.

D'azur, au canon d'or, l'affût de gueules, surmonté d'une fleur de lis d'argent.

BOMBELLES (de), Chev., Sgrs du Rozer (xve siècle) et de Lavau, relevant du château d'Amboise (xvie siècle).

En 1789, une branche de cette famille résidait à Huismes

Écartelé: aux 1 et 4 d'or; aux 2 et 3 de gueules, à une molette d'éperon d'argent.

BONAMY, Éc., Sgrs de la Guignardière (xviie siècle).

Jacques Bonamy était lieutenant de la maréchaussée à Loches en 1629.

D'azur, à trois roses d'argent, 2, 1.

BONARD.

D'azur, à une tête de lion d'or au centre de l'écu, surmontée d'un écusson de même, à la rose de gueules, et soutenue d'un arc garni de sa flèche aussi d'or.

BONCHAMP (de), Chev., Sgrs de Pierrefitte, du Temple, de Cangé-Saint-Martin, des Clozeaux, de la Brosse, des Brettes, etc. (xviie siècle).

En 1674, François-Edeline de Bonchamp, chevalier, remplissait les fonctions de conseiller du roi, prévôt des maréchaux de France, en Touraine.

De gueules, à deux triangles d'or, entrelacés. — *Alias* : de gueules à un cipente ou deux triangles ou delta entrelacés, d'or.

BONENFANT (de), Sgrs de St-Georges-sur-Loire (1456).

D'argent, à la croix pattée de sable.

BONGARS, Ec., — famille originaire de l'Orléanais. Elle a résidé à Tours au xviie siècle, et a fourni un trésorier de France à Poitiers, Alexandre Bongars.

D'azur, à cinq besants d'or, en sautoir.

BONHALLE (de). — Cette famille tourangelle a fourni un chanoine-chancelier de l'église de Tours, Jean de Bonhalle (1414) ; — un autre chanoine de la même église, Jacques de Bonhalle (1470) ; — et un lieutenant-général du bailli de Touraine, Jean de Bonhalle (1482).

Echiqueté d'argent et d'azur; au franc-canton de gueules.

BONIGALE (de), Ec., Sgrs de Coqueau, paroisse de Dierre, relevant du château d'Amboise, — et de St-Georges-sur-Loire (xve et xvie siècles).

François de Bonigale était avocat à Tours en 1542.

D'argent, au palmier de sinople; au chef d'azur chargé d'un lion léopardé d'or.

BONIN DE LA BONNINIÈRE DE BEAUMONT, Chev., marquis et comtes de Beaumont-la-Ronce, marquis de la Chartre-

sur-Loir, seigneurs des Chasteliers, — Beauvais, Le Fresne-
Savary, Rezé, Rorthres, Fontenay, Chatillon, Saint-Vincent-la-
Madeleine, Ruillé, etc. — Cette maison a donné un chevalier
croisé, Hugues Bonin (1191), inscrit à la salle des Croisades
à Versailles; plusieurs chevaliers et commandeurs de différents ordres, entre autres, de celui de Saint Jean de Jérusalem,
etc.

Vers le milieu du xvᵉ siècle, Pierre Bonin prit le nom de la
Bonninière que la famille a conservé depuis cette époque.

Par lettres d'août 1757, les châtellenies de Beaumont-la-
Ronce, des Chastelliers et de Beauvais furent érigées en marquisat, en faveur de Jean-Claude de la Bonninière, officier au
régiment du roi.

Anne-Claude fut un des deux membres de l'ordre de la
noblesse dans l'assemblée provinciale de la Touraine,
nommés par lettres de Louis XVI du 20 juillet 1787.

Il eut de Marguerite de Gauville treize enfants, parmi lesquels nous remarquons : — André, marquis de Beaumont,
premier page de la reine Marie-Antoinette, officier supérieur
de la maison du roi, chambellan, puis chevalier d'honneur
de l'impératrice Joséphine. — Marc-Antoine, comte de Beaumont, premier page du roi Louis XVI, général de division,
sénateur et pair de France. — Charles, comte de Beaumont,
premier page de la reine Marie-Antoinette, colonel, gouverneur de l'école militaire. — Octave, comte de Beaumont, colonel; — Armand, comte de Beaumont, préfet; — Léopold,
tué dans la campagne de Russie, etc., etc.

Théodore, marquis de Beaumont, fils d'André, lieutenant-
colonel, décédé à Tours, le 26 mars 1865, avait été autorisé
(13 mai 1824) à joindre à son nom celui de Villemanzy, par
suite de l'obtention de l'hérédité de la pairie du comte de Villemanzy, son beau-père.

Gustave, comte de Beaumont, député, ancien ambassadeur
à Londres et à Vienne, membre de l'Institut, est décédé à
Tours, le 30 mars 1866.

La maison de Beaumont s'est alliée aux familles de Montplacé, de Savary, de Gallois, Odart, du Bois de Courceriers, de Claire, de Gauville, de Miroménil, Hurault de Saint-Denis, de Rancher, de Crochard, de Villemanzy. de Mondragon, etc.

Le chef de nom et d'armes est aujourd'hui André-Léopold-Jacques Bonin de la Bonninière, marquis de Beaumont, né le 21 septembre 1821, marié le 19 septembre 1849, à Louise de Gallet de Mondragon, dont quatre fils, Guillaume, Jean, Philippe et Pierre.

D'argent, à la fleur de lis de gueules. — Devise : *Virtute comite sanguine.*

BONISSANT (N. de), abbé de Bois-Aubry (1786).

D'argent, au cor de chasse de sable, lié de gueules, et accompagné de trois molettes d'éperon de même.

BONNAFAU (de), ou BANAFAUX, Chev., Sgrs de Foix, près Saint-Aignan (xvie siècle), des Roches, de Cigogné, de Bachau (élection de Loches) au xviie siècle.

Cette famille est connue depuis le xiiie siècle. Elle a comparu à l'assemblée électorale de la noblesse de Touraine en 1789.

Ecartelé: aux 1 et 4 d'azur, à la bande d'argent ; aux 2 et 3 de gueules, au besant d'argent, surmonté d'un lambel de même, de trois pendants. — — Supports : deux lions.

BONNARD (de), Chev., Sgrs de la Doulaye, du Marais-Bonnard, relevant de Nouâtre, — de Laubuge, d'Antoigny-le-Tillac, de la Bonnardière, du Mesnil, de la Roche-d'Enchailles (du xve au xviie siècle).

Martin Bonnard, de Tours, reçut des lettres de noblesse en avril 1444, mais ces lettres ne furent, à proprement parler, que des lettres de confirmation, car avant cette époque la famille Bonnard était en possession de la qualification d'*écuyer*. L'Hermite Souliers cite un acte du 8 juin 1419 où ce titre est mentionné.

La famille de Bonnard a donné un receveur des tailles du Loudunois, maire de Tours, Jean Bonnard (1466), et un chevalier de Malte, François de Bonnard du Marais (1520). Elle s'est alliée aux familles d'Ancelon, Gebert de Noyant, Janvre de la Bouchetière, de Fay, de Goret, de la Chétardie, Aymard, etc...

D'azur, à trois huchets ou cors de chasse d'or, liés de gueules (ou d'azur) et virolés d'argent. — Cimier : un cor de chasse, lié d'azur (ou d'or) pendant à une épée d'or, la garde en haut.

François de Bonnard du Marais, chevalier de Malte, portait, d'après Vertot :

D'argent, à la fasce de gueules, accompagnée de cinq glands renversés, de sinople.

BONNEAU, Ec., Sgrs de la Ronde-Montbrillais (xviie siècle) du Retail (xviiie siècle).

A cette dernière époque une branche de la famille Bonneau résidait à St-Germain sur-Vienne.

D'azur, à la fontaine d'argent, accompagnée de 2 étoiles de même posées en chef.

BONNEAU (de), Chev., comtes et Sgrs de Purnon, en Touraine (xviiie siècle).

D'azur, à trois trèfles d'or; au chef de même chargé d'une aigle issante, éployée de sable.

BONNEAU, Ec., Sgrs du Plessis, de Valmer, de la Goguerie du Garçois (xviie siècle).

Jean Bonneau, sénéchal de Saumur, fut anobli par lettres du 9 septembre 1587. Jean Bonneau et Michel Bonneau, de Tours, reçurent également des lettres d'anoblissement le 14 juin 1671.

Thomas Bonneau fut nommé maire de Tours le 1er novembre 1604.

D'azur, à trois grenades feuillées, d'or, ouvertes et grenées de gueules. — Cimier : une levrette d'or naissante. — Supports : deux levrettes d'or.

Michel Bonneau, ci-dessus nommé, ajoutait à ces armes *une bordure de gueules.*

BONNEFOND DE PRESQUE (de) en Touraine (xvie siècle).

D'azur, à la bande d'argent; écartelé de gueules, au besant d'argent surmonté d'un lambel d'or.

BONNES (Josse de) *Judocus de Bonnis*, bailli de Touraine (1240-49).

De gueules, au lion d'or ; au chef d'azur chargé de trois roses de gueules.

BONNET, Sgrs de la Chapelle et de Sanzay (xviiᵉ siècle). — Famille originaire du Poitou.

De sable, à trois besants d'or, 2, 1.

BONNETTE ou **BONNET**, Ec., Sgrs de la Grillonnière, de la Poterie (xviiᵉ siècle).

Antoine Bonnet, religieux bénédictin, était cellerier de Marmoutier en 17...

Un autre Antoine Bonnette fut pourvu de la charge de commissaire vérificateur-général du grenier à sel de Chinon, le 7 janvier 1703.

N. Bonnet était curé de Limeray en 1721.

D'azur, à deux épées d'argent passées en sautoir.

BONNEUIL (de), Sgrs de la Bretèche (xviiiᵉ siècle).

D'argent, à une croix d'azur.

BONNEVAL (Gilles de), doyen de l'église de Tours (1279).

D'azur, à un lion d'or, armé et lampassé de gueules. — Supports : deux griffons d'or.

BONNEVILLE (de), xviiiᵉ siècle.

D'argent, à deux lions léopardés de gueules.

BONNINIÈRE DE BEAUMONT (de la). Voyez BONIN DE LA BONNINIÈRE.

BONSENS DES EPINETS (Marie-Madeleine), abbesse de Moncé (1712-29).

D'or, à la fasce de gueules chargée de trois croisettes d'or et accompagnée de six merlettes de sable, trois en chef et trois en pointe.

BOR (François de), en Touraine (1288).

De... au lion armé de...

BORDEREL DE CAUMONT. — Cette famille a donné un conseiller du roi, trésorier de France au bureau des finances de la généralité de Tours, Auguste-Etienne Borderel de Caumont.

Parti; au 1 d'or, au lion de gueules; au 2 d'azur, à la montagne d'argent; au chef d'or chargé d'un croissant montant de gueules.

BOREL (du), en Touraine.

D'argent, à trois tiges de roseaux feuillées de sinople; au chef dentelé de gueules chargé de trois besants d'or.

BORNE-SAINT-ETIENNE DE SAINT-SERNIN (de), Chev., barons de Balague, comtes et marquis du Champ et de Serres, propriétaires du château de Verneuil, près Loches (xixᵉ siècle).

Cette famille est une des plus anciennes de Vivarais, dont elle est originaire. Sa filiation remonte à Guillaume de Borne Iᵉʳ, Sgr de Borne, en 1177.

Un membre de cette maison, Eustache-Louis-Achille-François de Borne-Saint-Etienne de Saint-Sernin, né le 27 octobre 1762, lieutenant-colonel et chevalier de Saint-Louis, a résidé au château de Verneuil, près Loches (depuis 1800). Il a épousé le 25 avril 1795, Aglaé-Louise-Charlotte d'Appelvoisin de la Roche du Maine, fille de Charles-Gabriel René d'Appelvoisin, marquis de la Roche du Maine et d'Adelaïde-Louise-Félicité Chaspoux de Verneuil. De ce mariage sont issus trois enfants : Gabriel-Achille, né le 22 août 1797, officier de dragons, seul représentant mâle et chef de la maison en 1830; Charlotte-Eliane, mariée le 9 juillet 1827 avec André-Hippolyte-Joseph-Charles-Chrisante de Raimond de Modène, maréchal des camps et armées du roi, chevalier de Saint-Louis et officier de la Légion d'honneur, — et Gabrielle-Louise, mariée le 8 novembre 1827, avec Joseph-Marie-Charles-Adrien, comte de Crozet.

D'or, à l'ours rampant de sable. — Couronne de marquis.

BORSTEL, en Touraine.

D'argent, à la bande de gueules chargée de trois brosses d'argent, emmanchées d'or.

BOSSU (le), Ec., Sgrs de la Chevallerie, la Chatière, Marcé et Bois du Chillou (élection de Chinon), (xviiᵉ siècle). — Famille originaire de Paris. Elle a été maintenue dans sa noblesse le 24 août 1667.

Claude le Bossu était abbé de Gastines en 1625.

D'or, à trois têtes de maure au naturel, bandées de gueules ; à la bordure de gueules.

BOTTEREAU ou **BOTTREAU** (de), Ec., Sgrs de la Fuye, paroisse de Saint-Mexme des Champs, à Chinon, — de Villiers, de Basse-Fontaine (xviie siècle).

D'argent, coupé de gueules, au lion de l'un en l'autre.

BOUAULT, Ec., Sgrs de Fontenailles et de la Quantinière (xviie siècle).

André Bouault était chanoine de l'église de Tours en 1712.

D'or, à l'écusson d'azur chargé d'un écusson d'argent, à un cipante de gueules, ou trois écussons l'un dans l'autre.

BOUAULT, à Tours (xviie et xviiie siècles).

Antoine Bouault fut pourvu de la charge de conseiller du roi, receveur-général de ses domaines, et de trésorier des ponts et chaussées, en 1702.

Alexandre Bouault était chanoine de Saint-Martin, en 1770.

D'or, à une lance de gueules posée en pal ; au chef d'azur chargé de trois étoiles d'argent.

BOUCHARD-DAIN, trésorier de l'église de Tours, puis archevêque de Tours (1285-90), portait :

De sable, à trois têtes de daim, d'or, 2, 1 ; à la bordure d'argent.

BOUCHARD DE LA POTERIE, Ec., Sgrs d'Athée, Chauvigny, Livré, du Coudray, la Chellardière (xviiie siècle).

Claude-Louis Bouchard de la Poterie, chevalier de Saint-Louis, comparut par fondé de pouvoir, en 1789, à l'assemblée électorale de la noblesse de l'Anjou.

Ecartelé ; aux 1 et 4 d'azur à trois léopards d'argent l'un sur l'autre, qui est de Bouchard ; aux 2 et 3 de gueules, à trois fleurs de lis d'azur, qui est de Rasilly.

BOUCHARDIÈRE (de la), Ec., Sgrs des Mées (paroisse de Bossay), de Vonnes (paroisse de Saint-Pierre de Tournon), de la Brosse, de la Grouais (xviie et xviiie siècles).

D'azur, à trois étoiles d'argent, 2, 1, accompagnées de trois grains d'orge, d'or, et d'un croissant de même en pointe.

BOUCHARDIÈRE (de la), **Chev.**, Sgrs de Valençay, de la Barbotinière (paroisse de Balesmes), de la Vienne (paroisse du Grand-Pressigny), du Cormier, de la Duretière (xviie et xviiie siècles).

D'argent, à trois hures de sanglier, de sable, les défenses d'argent.

BOUCHER DE FLOGNY (de), **Ec.**, Sgrs de Flogny, de Paslis, de Milly, de Roffey (xviiie siècle).

Eléonor-Elisabeth de Boucher de Flogny fut pourvu de la charge de lieutenant du roi à Loches, le 6 avril 1748.

D'argent à trois écrevisses, de gueules, 2, 1.

BOUCHER D'ORSAY, Chev., Sgrs d'Orsay, de Marolles, (xviiie siècle).

De gueules, semé de croisettes d'argent, au lion d'or brochant sur le tout, armé et lampassé de sable.

BOUCHERAT, Chev., Sgrs de Noyant. — Au xviie siècle, une branche de cette famille résidait dans la paroisse de Saint-Pierre de Tournon.

D'azur, au coq d'or, crêté et barbé de gueules. — Devise : *Par tout fidèle.*

BOUCHERIE (de la). — Cette famille résidait au xviie siècle dans la paroisse de Parçay.

Ecartelé ; aux 1 et 4 d'azur, au cerf passant d'or ; aux 2 et 3 de gueules à la fasce d'argent, à la bordure d'or, chargée de 8 fleurs de lis d'azur, en orle.

BOUCHERON, Ec., Sgrs de la Chauvignière, paroisse de la Croix (xviie siècle).

D'azur, à trois chevrons d'or.

BOUCHET (du), **Ec.**, Sgrs d'Ambillou, de la Thomassière (ou Thomasserie) relevant du château d'Amboise (xviie siècle).

D'or, au chevron d'azur accompagné de trois chardons de sable.

BOUCHET (du), en Touraine (xviie et xviiie siècles).

Louis-Philippe-Robert du Bouchet, chanoine de Saint-Martin de Tours, mourut le 16 décembre 1781.

D'or, à l'aigle éployée, de sable.

BOUCHET (du), **Ec.**, Sgrs de la Motte (paroisse de Noyant) et de la Forterie (xviie siècle).

D'argent, à trois annelets de sable.

BOUÈRE (de la), Ec., Sgrs de Cordon, de Mondion (du xve
au xviie siècle). — Cette famille a résidé en Touraine, en Anjou et en Poitou. Elle s'est éteinte au commencement du xviie
siècle.

De gueules, au lion d'argent, armé, lampassé et couronné d'or.

La branche de Cordon portait :

D'hermines à deux fasces de gueules.

BOUET, Ec., Sgrs de la Noue (près Tours), de Langebaudière, des Naudières (xve siècle), de Saint-Georges (xviiie
siècle). — Famille originaire de l'Anjou. Elle a formé plusieurs
branches qui se sont répandues en Touraine, en Poitou et en
Saintonge.

Charles Bouet conseiller du roi, trésorier de France à
Tours (1587), maire de cette ville en 1596, mourut en 1597.

Jacques Bouet, receveur général des décimes du diocèse
de Tours, fut nommé maire de Tours en 1645.

Charles Bouet était chanoine de l'église de Tours en
1682.

Claude-Henri Bouet de la Noue fut pourvu de la charge
de receveur alternatif des deniers de la généralité de Tours,
en 1703.

Vers la fin du xviiie siècle une branche de cette famille résidait dans la paroisse de Saint-Pierre-le-Puellier, à Tours.

D'azur, à un chevron d'or, accompagné de trois roses de même.

BOUEX DE VILLEMORT (du), Chev., marquis de Villemort, Sgrs de Méré-le-Gaullier (relevant de la Guerche), du
Coudray-Montpensier (xviiie siècle). — Originaire d'Angleterre, cette famille descend, suivant quelques auteurs, des
comtes de Richemond. Des sentences de 1599, du 17 février
1668 et du 6 avril 1746 l'ont confirmée dans sa noblesse. Elle
s'est alliée aux familles de Taillefer, de Saint-Maur-Lour-
doueix, de Bonneval, de Malesset de Chatelus, de Moussy-la-
Contour, de Poix, du Ligondès, d'Escoubleau, de Couhé de
Lusignan, Petit de la Guerche, de Carvoisin, de Lauzon, etc.

En 1789, Marie-Mesmin du Bouex, marquis de Villemort, comparut à l'assemblée électorale de la noblesse du Poitou.

D'argent, à deux fasces de gueules.

BOUFERRÉ (de), Ec., Sgrs de Bouferré, paroisse du Grand-Pressigny (xɪvᵉ siècle), et de la Vernoisière (xvᵉ siècle).

D'azur, à un bouc d'argent ferré, d'or, rampant contre un chêne englanté au naturel.

BOUFFLERS (Adrien de), chevalier, Sgr de Verneuil, près Loches, du chef de sa femme Louise d'Oiron, fille de Jean d'Oiron, Chev., Sgr de Verneuil, Beaugé, Mesmeau, Lorillon-nière, et d'Isabeau d'Estouteville. Il mourut en 1585.

La famille de Boufflers tire son nom de la terre de Boufflers, en Picardie, qu'elle possédait dès l'an 1200.

Le comté de Cagny fut érigé en duché (1699), puis en pairie (1708), en faveur de Louis-François de Boufflers, maréchal de France.

D'argent, à trois molettes à six rais, de gueules, 2, 1, accompagnées de neuf croisettes recroisettées de même, 3 en chef, 3 en fasce, 3 en pointe, posées 2, 1.

BOUGAINVILLE (de). — Une branche de cette famille, alliée aux de Baraudin, résidait à Loches, dans la seconde moitié du xvɪɪɪᵉ siècle.

D'argent, à l'aigle éployée de sable.

BOUILLÉ (Marie-Élisabeth de), abbesse de Moncé (1680-83).

De gueules, à la croix ancrée d'argent.

BOUIN DE NOIRÉ, Ec., Sgrs de Chezelles, de Savary, de Verneuil, de Nancré, de Bas-Chezelles, de Ferrières, de la Gaschetière (xvɪɪᵉ et xvɪɪɪᵉ siècles).

Louis Bouin de Noiré, écuyer, a rempli les fonctions de conseiller, secrétaire du roi, Maison, Couronne de France, président, lieutenant-général au bailliage et siége royal de Chinon.

Jean-Louis-François Bouin de Noiré, conseiller du roi, lieu-tenant-général au bailliage de Chinon, maire de cette ville (27 sept. 1765); lieutenant-général de Touraine et premier prési-

dent au présidial de Tours (1776), mourut le 19 novembre
1782.

N. Bouin de Noiré était chanoine de l'église collégiale de
Chinon en 1789.

Claude-Madeleine Moisand, veuve de Jean-Louis-François
Bouin de Noiré, dame de Chezelles, comparut par fondé de
pouvoir à l'assemblée électorale de la noblesse de Touraine,
en 1789.

Cette famille fut également représentée aux assemblées de
la noblesse du Poitou et de l'Anjou à la même époque.

D'azur, à une foi d'argent accompagnée de trois soleils d'or, 2, 1.

BOUJU, Ec., Sgrs de Ganjat, — famille originaire du Mans.
Elle s'est établie en Touraine au xive siècle.

D'or, à trois aigles de sable, membrées et becquées de gueules.

Bouju de la Chaussée et des Landes, portait :

D'or, à trois aiglettes de sable.

BOUL (du), Ec., Sgrs de Saintré, de la Sionnière, des
Janières (paroisse d'Hommes), et de Parçay (xviie et xviiie
siècles).

D'or, à la bande de gueules.

BOULAINVILLIERS (Charles de), comte de Roussillon,
Sgr du Coudray (Montpensier), à cause de sa femme Suzanne
de Bourbon, héritière de Louis, bâtard de Bourbon (1508).

Fascé d'argent et de gueules de huit pièces.

BOULANGER (le), Ec., Sgrs de Montigny, de Fontenay, de
la Sablonnière (xviiie siècle).

D'azur, à une fasce d'or, accompagnée en chef de trois étoiles de même
rangées en fasce, et de trois roses d'argent en pointe.

Boulay (Communauté des religieuses du). ORDRE DE
SAINT-BENOÎT (fin du xviie siècle).

D'argent, à une bande d'azur chargée d'un croissant d'argent et accostée de
deux tourteaux d'azur.

BOULENC DU VIGNEAU (Pierre-Charles-Auguste de), abbé
de Turpenay (1709-33).

D'azur, à la fasce d'or chargée de trois roses de gueules et accompagnée de trois épis de blé d'or.

BOULIN, à Tours.

D'azur, au chevron d'or accompagné en chef de trois roses mal ordonnées, d'argent, et en pointe d'un lis de jardin tigé et feuillé de même.

BOULLAY DE LA ROCHE, Sgrs de la Roche-St-Jean, élection de Loches, du Grand et du Petit-Lessay, paroisse de Fondettes (xvie et xviie siècles).

Jean Boullay était chanoine de l'église de Tours en 1670.

D'argent, à trois feuilles de houx de sinople, 2, 1.

BOULLIOUD.

D'azur, à un chevron d'or; au chef de gueules chargé de trois besants d'or.

BOULLON ou BOUILLON (de), Ec., Sgrs de Jallanges, de Villemereau (xvie siècle).

D'or, au chevron d'azur accompagné de trois molettes d'éperon de sable.

BOURASSÉ, Sgrs de Vançay,—Famille de Touraine aujourd'hui éteinte.

Jean Bourassé fut pourvu de la charge de conseiller au présidial de Tours, le 12 juillet 1700.

Antoine Bourassé était avocat du roi au bureau des finances de la même ville, en 1789.

De gueules, à une levrette courante d'argent sur une terrasse de sinople, surmontée de deux roses d'or.

BOURASSÉ, Ec., Sgrs de Venise et de la Rochère, paroisse de Noizay (xviie et xviiie siècles).

Toussaint Bourassé, commissaire général aux saisies réelles du bailliage de Tours, puis greffier en chef du grenier à sel de cette ville, Sgr de Venise et de la Rochère, est né en 1620; il mourut en 1696, laissant six enfants de son mariage avec Charlotte Mangeant (contrat du 4 octobre 1651) : 1° François, prêtre, doyen des chanoines du chapitre de Saint-Florentin d'Amboise, mort en 1740; 2° Pierre, Sgr de Venise, conseiller du roi, élu en l'élection d'Amboise (1733); 3° Gilles, commissaire aux saisies réelles et notaire royal à Tours; en 1740, il résidait à la Chaussée, paroisse de Saint-Germain, élection de Chinon ; 4° Marie, religieuse à Beaumont-lès-Tours, décédée en 1740 ; 5° et 6°, Anne et Françoise.

Louise Bourassé, appartenant à cette même famille, était religieuse à l'Hôtel-Dieu d'Amboise, en 1733.

D'or, à une aigle de gueules.

L'*Armorial général* attribue à Gilles Bourassé, commissaire aux saisies réelles les armes suivantes :

De gueules, à trois besants d'argent, 2, 1 ; au chef d'or chargé d'une rose de gueules.

BOURASSÉ. — A Luynes (1750).

D'argent, à trois têtes de chien de.... 2, 1. — Couronne de comte. — Supports ; deux levrettes.

BOURASSÉ (N.), bourgeois de la ville de Tours (vers 1700).

D'or, à une aigle de sable.

BOURBLANC D'APREVILLE (du), Chev., marquis d'Apreville, comte de Bourblanc d'Apreville, — Sgrs de la Roche-Musset, paroisse de Cinq-Mars (xviiiᵉ siècle). — Famille originaire de Bretagne.

De gueules, au château de trois créneaux d'or.

BOURBON (Charles de), chanoine de l'église de Tours et archidiacre d'Outre-Loire (1415).

D'azur, à trois fleurs de lis d'or, à la bande de gueules et une bordure de même.

BOURBON (Jean II de), comte de Vendôme, Sgr de Champigny-sur-Veude, du chef de sa femme Isabelle de Beauvau, mourut le 6 janvier 1477.

De France, à une bande de gueules chargée de trois lionceaux d'argent.

BOURBON (Louis I de), prince de la Roche-sur-Yon, Sgr de Champigny-sur-Veude, de la Forterie, de Cluys, d'Aigurande, second fils de Jean II de Bourbon, mourut vers 1520.

De Bourbon, au bâton de gueules en bande, chargé d'un croissant d'argent en chef.

BOURBON (Louis II de), duc de Montpensier, prince de la Roche-sur-Yon et de Luc, dauphin d'Auvergne, comte de

Mortain, baron de Beaujolais, Sgr de Champigny-sur-Veude, Gluys, Aigurande, Argenton, lieutenant-général des armées du roi, fut pourvu en 1560 des gouvernements de Touraine, Anjou, Maine, bailliage d'Amboise, comtés de Laval et de Blois, qu'il céda l'année suivante au duc de Bouillon, en échange du gouvernement de Normandie. Il mourut le 23 septembre 1582, et fut enterré dans l'église de Champigny-sur-Veude.

De Bourbon, au bâton de gueules en bande, chargé d'un croissant d'argent en chef (ou chargé d'un quartier d'or au dauphin d'argent).

Ces armes étaient aussi celles de Louis III, duc de Bourbon, Sgr engagiste de Chinon (1616).

BOURBON (François de), duc de Montpensier, prince de la Roche-sur-Yon, marquis de Mézières-en-Brenne, Sgr de Champigny-sur-Veude, mort le 4 juin 1592, — et Henri de Bourbon, son fils, aussi Sgr de Champigny, décédé le 27 février 1608, portaient :

De Bourbon, au bâton de gueules en bande, chargé d'un croissant d'argent en chef.

BOURBON (Louis, bâtard de), comte de Roussillon, Sgr du Coudray (Montpensier) et de la Roche-Clermault, en 1474, amiral de France, était fils de Charles I, duc de Bourbon. Il fut légitimé en septembre 1463. Décédé le 19 janvier 1486, il eut sa sépulture dans l'église de Saint-François de Valognes.

De France, au bâton noueux de gueules, mis en barre.

BOURBON (Jean, bâtard de), protonotaire du pape, abbé commendataire de Seuilly (1486), fils du précédent, mourut le 2 mai 1488. Il portait comme son père :

De France, au bâton noueux de gueules, mis en barre.

BOURBON (Louis de), comte de Soissons, de Clermont et de Dreux, pair et grand-maître de France, gouverneur, lieutenant-général de Touraine, mourut le 6 juillet 1641. Il était fils de Charles de Bourbon et de Anne de Montafié.

De France, au bâton de gueules en bande, à la bordure de gueules.

BOURBON (Henri II de), prince de Condé, premier prince du sang, pair et grand-maître de France, duc d'Enghien, gouverneur, lieutenant-général de Touraine (par lettres du 12 août 1634), mourut le 26 décembre 1646. Il était fils de Henri de Bourbon, prince de Condé et de Charlotte-Catherine de la Trémoille.

De France, au bâton de gueules péri en bande.

BOURBON (Jacques de), baron de Thury, fut doyen de Saint-Martin de Tours (1416), puis trésorier de la Sainte-Chapelle de Paris. En 1417, il abandonna ses bénéfices pour se marier. Il fut assassiné en 1423.

De France (d'azur à trois fleurs de lis d'or), à une bande de gueules, chargée de 3 lionceaux d'argent.

BOURBON-CONDÉ (Louis de), prince de Clermont, abbé de Marmoutier (1721), donna sa démission en 1739.

De Bourbon (semé de France à la bande de gueules), le bâton chargé d'une fleur de lis d'argent.

BOURBON (Jeanne, bâtarde de), dame du Fau, fille naturelle de Louis de Bourbon, comte de Roussillon, et femme de Jean, Sgr du Fau, en Touraine (fin du XVIe siècle)

D'argent, à une barre d'azur chargée de fleurs de lis d'or rangées 3, 3, entre une côtice de gueules en barre ; écartelé déchiqueté d'or et de sable.

BOURBON (Suzanne de), dame d'Ussé (1559), fille de Louis, prince de la Roche-sur-Yon, épousa, le 29 novembre 1529, Claude I, sire de Rieux. Elle mourut en 1570.

De Bourbon, au bâton de gueules en bande, chargé d'un croissant d'argent en chef.

BOURBON (Louis-Armand de), prince de Conti, pair de France, fut duc de la Vallière, par suite de son mariage (16 janvier 1680) avec Marie-Anne de Bourbon, fille de Louise-Françoise de la Baume le Blanc de la Vallière et du roi Louis XIV. Il mourut le 9 novembre 1685.

De France, à la bordure de gueules et au bâton de même en bande.

BOURBON (Marie-Anne de), duchesse de la Vallière, fille de Louise-Françoise de la Baume-le-Blanc de la Vallière et du roi Louis XIV, épousa, le 16 janvier 1680, Louis-Armand de Bourbon, prince de Conti.

De France, au bâton de gueules en barre.

BOURBON (Charles II de), cardinal, archevêque de Rouen, évêque de Beauvais, abbé de la Clarté-Dieu (15..), né le 22 décembre 1523, mourut le 9 mai 1590.

D'azur, à trois fleurs de lis d'or, à la bande de gueules.

BOURBON (Charles III de), cardinal de Bourbon, archevêque de Rouen, abbé de Bourgueil, né le 30 mars 1562, mourut le 30 juillet 1594. Il était fils de Louis de Bourbon, prince de Condé, et d'Éléonore de Roye.

Ecartelé ; aux 1 et 4 de France au bâton de gueules péri en bande, qui est de Bourbon ; aux 2 et 3 de France à la bordure de gueules, chargée de 8 besants d'argent, qui est d'Alençon.

BOURBON (Charles de), archevêque de Rouen, abbé de Marmoutier (1604), mourut à Rougemont, près Tours, le 15 juin 1610. Il était fils naturel d'Antoine de Bourbon, roi de Navarre, et de N. de Rouhet de la Béraudière.

De France, au bâton de gueules péri en bande, brochant sur le tout.

BOURBON (Charles de), comte de Charolais, pair de France, gouverneur-lieutenant-général de Touraine, par provisions du 9 septembre 1720, mourut en 1760.

De Bourbon, (semé de France à la bande de gueules), le bâton chargé d'une fleur de lis d'argent.

BOURBON (François de), prince de Conti, souverain de Châteaurenault, né le 19 août 1558, mort le 3 août 1614.

Ecartelé ; aux 1 et 4 de Bourbon, qui est semé de France à la bande de gueules ; aux 2 et 3 d'Alençon, qui est semé de France à la bordure de gueules, chargé de 8 besants d'argent.

BOURBON (Louis-Henri de), duc de Bourbon, prince de Condé, duc de Bourbonnais, de Châteauroux, de Guise, Sgr de Chenonceau, ministre d'État, né à Versailles le 18 août 1692. Il était fils de Louis III, duc de Bourbon et de Louise-Françoise de Bourbon.

De France, au bâton de gueules péri en bande.

BOURBON (Henriette-Louise-Marie-Françoise-Gabrielle de), née le 15 janvier 1703, abbesse de Beaumont-les-Tours (1733-72). Elle était fille de Louis III, duc de Bourbon, et de Louise-Françoise de Bourbon.

De France au bâton de gueules péri en bande.

BOURBON (Louis-Jean-Marie de), duc de Penthièvre, d'Amboise, de Château-Landon, d'Aumale, prince d'Anet, comte d'Eu (1785-89), comparut par fondé de pouvoir à l'assemblée de la noblesse de Touraine pour l'élection des députés aux États généraux (1789).

De France (d'azur, à trois fleurs de lis d'or) au bâton de gueules en abîme.

BOURBON-CONDÉ (Marie-Anne de), dame de Chenonceau (de 1712 à 1718), femme de Louis-Joseph, duc de Vendôme, qui lui donna Chenonceau par contrat de mariage, mourut le 11 août 1718. Elle était fille de Henri-Jules de Bourbon III, prince de Condé, et de Anne de Bavière.

De France au bâton de gueules péri en bande.

BOURBON-CONDÉ (Louise-Anne de), dame de Chanceaux (1740), née le 23 juin 1695, était fille de Louis III, duc de Bourbon, et de Louise-Françoise de Bourbon.

De France, au bâton de gueules péri en bande.

BOURCIER, — famille bourgeoise de Tours (1698).

D'or, à trois bourses de gueules, 2, 1.

BOURDAIN, Ec., Sgrs de Fleuré, paroisse de Villiers-au-Bouin (xviie siècle).

D'azur, au chevron d'argent, accompagné de trois têtes de daim, d'or, la première du chef contournée.

BOURDEAUX ou BORDEAUX (de), Ec., Sgrs de Moncontour, paroisse de Vouvray, du Bouchet, Plessis-Regnault, fief Augé, *alias* Vaumorin (xviie siècle).

D'or, au pal d'azur chargé de trois fleurs de lis d'or et accosté de deux lions de gueules affrontés.

BOURDEILLES (de), Chev., vicomtes de Bourdeilles, comtes de Montrésor, Sgrs de la Tour-Blanche (xviie siècle), — famille originaire de Guyenne, où elle est connue dès le xie siècle.

Hélie de Bourdeilles, cardinal, archevêque de Tours (1468), mourut le 15 juillet 1484.

Jean de Bourdeilles fut abbé de Beaulieu, en Touraine, de 1521 à 1534.

N. de Bourdeilles était abbé de Seuilly en 1786.

D'or, à deux pattes de griffon de gueules onglées d'azur, l'une sur l'autre en contrebande.

Bourdillière (Le couvent de la). — Ordre de Citeaux.

Cet établissement, d'abord simple prieuré, fut érigé en abbaye en 1668. Il avait été fondé en 1662 par Louis de Menou, seigneur de Boussay.

D'azur, à un soleil d'or en chef, à dextre; une aigle au vol abaissé d'argent à senestre, et trois aiglons posés, 2, 1.

BOURDIN, Chev., Sgrs de Villaines (xvie siècle).

Cette famille a fourni un contrôleur général des finances en Touraine, Jacques Bourdin, mort le 6 août 1534. Elle a été maintenue dans sa noblesse le 6 décembre 1717.

D'azur, à trois têtes de cerf, d'or, 2, 1.

BOUREAU, Ec., Sgrs de la Guesserie, de Dolbeau, de Portau-Marchais, de Grange-Millon, paroisse de Semblançay (xviie siècle). — Cette famille a donné un lieutenant de la maréchaussée de Touraine, N. Boureau. — un lieutenant de la maréchaussée à Langeais, Jacques Boureau, — un receveur-payeur des gages et droits des officiers du bureau des finances de Tours, Jean Boureau (1654), et un lieutenant-criminel à Tours, Mathurin Boureau (1743).

D'azur, au chevron d'argent, accompagné en chef d'une fleur de lis, accostée de deux mouchetures, et en pointe d'un lionceau, le tout de même.

BOURGAULT (Denis), Sgr de la Gauronnière, bourgeois de Tours (vers 1700).

D'azur, à deux tours d'or sur une terrasse de sable.

BOURGAULT (de), Ec., Sgrs du Portau, de Châtillon, élection de Loches (xvie siècle).

René de Bourgault remplissait les fonctions de juge et lieutenant-criminel à Tours en 1576.

D'azur, à une souche d'or, en fasce, écotée de trois pièces, une dessus, deux dessous, et accompagnée de trois coquilles de même.

BOURGOIN (de), barons de Bourgoin. — Famille originaire du Nivernais où elle est connue dès le xve siècle. — Catherine Bourgoin, prieure de Rives (1546), mourut en 1573.

Paul-Charles-Amable, baron de Bourgoin, ancien pair de France, ancien ministre plénipotentiaire de France à Munich, puis ambassadeur à Madrid, sénateur (31 décembre 1852), grand officier de la Légion-d'Honneur, est né le 11 décembre 1791.

Résidence en Touraine : Rochecorbon (xixe siècle).

D'azur, à la croix ancrée d'or.

BOURGOIN (René), avocat et greffier des insinuations ecclésiastiques à Tours (1698).

Coupé d'argent et de gueules à quatre roses de l'un en l'autre.

BOURGUEIL (Etienne de), archidiacre d'Outre-Loire et chanoine de l'église de Tours (1300), puis archevêque de Tours (1323), mourut le 10 mars 1335.

De gueules, à une croix pattée d'argent.

Bourgueil (Abbaye de St-Pierre de), *Sanctus Petrus de Burgolio.* Ordre de Saint-Benoît. Ce monastère dépendait de l'Anjou pour le spirituel, et de la Touraine pour le temporel. Il fut fondé vers l'an 990.

D'azur, à deux clés adossées, passées en sautoir, d'or, surmontées de fleurs de lis de même en chef.

BOURGUIGNEAUX, Ec., Sgrs de la Touche (xviie siècle).

D'argent, à un guignier de sinople fruité de gueules au haut de ses branches, et un bouc de sable passant au pied de l'arbre sur une terrasse de sinople.

BOURNAN (de), Chev., Sgrs du Coudray (Montpensier), de Champ-d'Oiseau, de Gennes, et de Souslepuy (xve siècle).

On trouve, vers l'an 1100, Gosfred de Bournan qui fut témoin, avec Gislebert de Loudun, d'une donation faite à l'abbaye de Fontevrault, par Gautier de Clisson.

Cette famille s'est alliée aux maisons de Vallée de Monte-jean, Frezeau de la Frezelière, de Loubes, de Bauché, de Chérité, etc.

De Bournan ancien ;

De.... à un lion de...

De Bournan moderne.

D'or, à la croix pattée et alaisée de gueules, cantonnée de 4 coquilles d'azur.

BOURNEAU (de), Ec., Sgrs de Melinay, paroisse de Beau-lieu-les-Loches (XVIIe siècle).

Écartelé ; aux 1 et 4 d'azur à trois glands d'or; aux 2 et 3 d'or au chevron de sable accompagné de trois aigles de même.

BOURNONVILLE (Martin de), Chev., Sgr de Châteaure-nault (avant 1550).

De sable, au lion d'argent, armé, lampassé et couronné d'or, la queue fourchée, nouée et passée en sautoir.

BOURRIE ou **BOURTHRIE** (de), Ec., Sgrs de Ronzay (ou Rozay), de Laleu, du Boulay (XVIe siècle).

D'azur, à trois gerbes d'or, liées d'argent.

BOURRU DE **TRIZAY**, Ec., Sgrs de Trizay, paroisse de Joué, relevant d'Armançay (XVIIe siècle).

René Bourru était conseiller du roi et juge au bailliage et siége présidial de Tours en 1616.

Hélie Bourru remplissait les mêmes fonctions en 1654.

Vers la même époque, Nicolas Bourru était trésorier des turcies et levées, à Tours.

D'azur, à un chevron d'or accompagné de trois roses de même.

BOURSAULT (de), Chev., marquis de Viantais, Sgrs du Bridoré et de Viantais (XVIIe et XVIIIe siècles). — Charles de Boursault acheta la terre du Bridoré, de Edme de la Châtre, le 18 avril 1641.

D'argent, à trois boursaults ou boutons de rose tigés et feuillés au naturel.

BOURU, — famille bourgeoise de Tours (XVIIe siècle).

De gueules, à un sautoir dentelé d'argent.

BOURU (Hélie), Ec., Sgrs de Richebourg (1698).

D'or, à un sautoir de gueules accompagné de quatre merlettes de même.

BOURU (N.), chanoine de St-Gatien, de Tours (1698).

D'argent, à trois bouteilles de sable, 2, 1.

BOUSSAY (de), Ec., Sgrs de Boussay et de la Bodinière, paroisse de Jaulnay (xviie et xviiie siècles). — Famille originaire des environs de Thouars.

Guillaume de Boussay prit la croix en 1191.

Pierre de Boussay de la Tour était commandeur de Fretay, en Touraine, en 1636.

La famille de Boussay a été maintenue dans sa noblesse en 1667.

De sable, au lion d'or, armé, lampassé et couronné de gueules.

BOUTAULT, Ec., Sgrs de l'Aubonnière, Beauregard (xve et xvie siècles).

Jacques Boutault était chanoine de l'église de Tours et archidiacre d'Outre-Vienne en 1440.

Jean Boutault, né à Tours en 1594, fut archidiacre de l'église de Tours, puis évêque d'Aire.

En 1686, Jean Boutault exerçait les fonctions de conseiller du roi, trésorier des turcies et levées des rivières de Loire et Allier.

Charles Boutault, Sgr de Beauregard, conseiller du roi, contrôleur général des finances à Tours, fut maire de cette ville en 1614-15.

Gilles Boutault était chanoine de l'église de Tours, archidiacre d'Outre-Loire en 1624.

D'azur, à trois chevrons d'or, accompagnés de trois triangles de même, deux en chef et un en pointe.

D'après l'*Armorial général* de d'Hozier, Jean Boutault, conseiller du roi et trésorier des turcies et levées, portait :

D'azur, à une hure de sanglier arrachée de sable, posée en pal, le boutoir en haut et accompagnée en chef de trois glands rangés de sinople.

12

BOUTEILLER DE CHATEAUFORT, en Touraine et au Maine (xixe siècle).

Henri-Louis-Charles Bouteiller de Chateaufort, officier de la Légion-d'Honneur, maire de la ville du Mans (1816), membre du conseil général de la Sarthe, et membre de la chambre des députés (1830) mourut à Jallanges, près Tours, le 4 octobre 1839.

D'argent, à trois coquilles de gueules, 2, 1.

BOUTENAY (de), Ec., Sgrs du Chatelier, paroisse de Saint-Florentin-d'Amboise (xviie siècle).

De gueules, à la bande d'argent chargée de trois étoiles de sable, et accompagnée de trois lis d'or, 2, 1. — Supports : deux lions ; — Cimier : un lion issant.

BOUTEROUE D'AUBIGNY, Ec., Sgrs de Chanteloup, près Amboise (xvie et xviie siècles), de Chargé (1698).

Vers 1700, Jean Bouteroue d'Aubigny remplissait les fonctions de grand-maître des eaux et forêts de France au département de Touraine, Anjou et Maine.

D'or, à la bande vairée d'argent et de sable.

BOUTET, Ec., Sgrs de Bellevue, de la Drouaudière et de la Borde, relevant du château de Montbazon (xviie siècle).

Étienne Boutet est qualifié de *noble homme* et de conseiller du roi au siége présidial de Tours, dans les actes de l'état-civil de St Saturnin de Tours (15 avril 1636). Son fils, Jacques Boutet fut aussi conseiller au bailliage et siége présidial de Tours, et devint maire de cette ville en 1656.

Claude Boutet fut promu à la charge de conseiller au siége présidial de Tours, le 19 novembre 1670.

D'azur, à trois chicots d'argent posés en bande.

BOUTET (Philippe), marchand-bourgeois, à Tours, vers 1698.

D'argent, à un lion de gueules.

BOUTET DE MARIVAST, Chev., barons des Ormes-St-Martin, Sgrs de Grouin, Bretignolles (xviiie siècle).

Ecartelé; aux 1 et 4 d'argent à la croix potencée d'or, cantonnée de quatre croisettes de même, qui est de Jérusalem; aux 2 et 3 de gueules, à un écusson d'azur chargé d'une feuille de houx de sinople; à la bordure d'or.

BOUTEVILLAIN (de), Ec., Sgrs de la Gilleberdière, d'Olivet (xviie siècle).

Coupé d'or et de sable, le premier chargé d'une aigle de gueules becquée et membrée d'azur; le second d'un lion d'argent.

BOUTHILLIER (de), Chev., comtes de Chavigny et de Buzançais, marquis de Beaujeu, — Sgrs de la Roche, près Neuillé-Pont-Pierre, des Bordes-Guenand (paroisse du Petit-Pressigny), de Petit-Thouars (paroisse de St-Germain), de Larçay, — Barons de Véretz (xviie et xviiie siècles). — Famille très-ancienne, originaire de Bretagne.

Armand-Jean le Bouthillier, abbé d'Aiguevive, archevêque de Tours (1641), mourut le 12 septembre 1670.

Armand-Jean le Bouthillier, chanoine de l'église de Tours, archidiacre d'Outre-Vienne (1654-55), mourut le 27 octobre 1700.

Denis-François de Bouthillier de Chavigny, chanoine de l'église de Tours, puis évêque de Troyes et archevêque de Sens, mourut le 9 novembre 1730.

D'azur, à trois fusées d'or, posées en fasce.

BOUTILLON (de), Chev., Sgrs de Nointeau, des Roches (paroisse de Loché), des Pegnés, de la Renardière (xviie et xviiie siècles).

René de Boutillon remplissait les fonctions de lieutenant du roi, des villes et châteaux de Loches et de Beaulieu, vers 1670.

Louis de Boutillon, chevalier, comparut à l'assemblée électorale de la noblesse de Touraine, en 1789.

D'azur, à un rocher d'or mouvant du flanc dextre de l'écu, surmonté d'un lion de même.

BOUTIN, Ec., Sgrs de Thilouze (xviie siècle).

D'azur, à une fasce d'or chargée de trois roses de gueules.

BOUTIN, Sgrs de Mesmeau, paroisse de Razines (xviie siècle).

D'argent, à trois chevrons de sable; au chef de gueules chargé de trois étoiles d'argent.

BOUTIN, Ec., Sgrs de Channay, du Mesnil. — Famille originaire de l'Anjou.

René Boutin était procureur au siége présidial de Tours en 1654.

D'azur, à deux épées d'argent passées en sautoir, la pointe en haut, les poignées d'or, cantonnées de quatre étoiles de même.

BOUVART, Ec., Sgrs du fief Gubert, paroisse de la Croix-de-Bléré, et relevant d'Amboise (1471).

D'azur, à trois fasces d'or, accompagnées en chef d'un croissant de même, et en pointe d'un croissant aussi d'or.

BOYAME (de), en Touraine et au Maine (xviie siècle).

De gueules, à l'escarboucle de huit rais, fleurencée ou pommetée d'argent.

BOYNEAU (de), ou BOISNEAU (de), Ec., Sgrs des Bruyères, des Clouzeaux, de Blanche-Fontaine et de la Touche. — Famille de Touraine, anoblie par lettres de mai 1619, en la personne de Gilles de Boyneau, maire d'Amboise. — Elle s'est alliée aux familles Denis de Mondomaine, du Chesneau, Rouer, Lhomme de la Pinsonnière, Rocherot, Daumont, Valadon, etc...

De gueules, à un lion d'argent; au chef d'azur chargé de trois étoiles d'or rangées. — *Alias*: d'argent, à une rivière en bande ondée d'azur, accostée de six arbres de sinople, trois dessus, trois dessous.

BOYNET de la FREMAUDIÈRE (de), Chev., Sgrs de la Fremaudière, du Pin, de la Voute, du Breuil et de la Touche-Frécinet, (paroisse de Marnay), des Basses-Vergnes.— Famille originaire de Poitiers, où elle est connue dès 1475. Elle a été maintenue dans sa noblesse en septembre 1667. Plusieurs de ses membres ont été admis dans l'ordre de Malte. Elle s'est alliée aux familles de Boylève, d'Elbène, Berland, de Bosquevert, de la Mire, Reveau de St-Varant, du Authier de Lambertye, Bouchet de Grandmay, de Brilhac de Nouzières, de Gourjault, etc...

Louis-Auguste de Boynet de la Fremaudière, chanoine de St-Hilaire de Poitiers et de l'église de Tours, puis vicaire-général au diocèse de Perpignan, mourut en 1785.

Pierre-Frédéric de Boynet de la Fremaudière, fils de Paul de Boynet, chevalier de la Fremaudière, et de Flore de la Lande, a épousé en septembre 1813, Jenny Bouchet de Grandmay. De ce mariage sont issus : Stephane, né en 1825 ; Jenny, née en 1827 ; Gabrielle-Radégonde, née en 1828.

D'argent, au chef d'azur ; au lion rampant de gueules entrant sur le chef.

BOYVIN, Chev., Sgrs de Monteil, paroisse de Savigny (xviie siècle).

Une branche de cette famille, représentée par Hilaire-René Boyvin, chevalier, Sgr de Monteil, résidait à la Tour-St-Gelin en 1727.

D'or, à deux chevrons de sable.

BRABANT (de), ducs d'Arschot, Sgrs de Rochecorbon et de Mézières-en-Brenne (xiiie siècle).

De sable, au lion d'or, armé et lampassé de gueules.

BRACHET. — Famille de Tours, anoblie par lettres du 13 mars 1514, enregistrées en la chambre des comptes de Paris le 27 juillet de la même année.

De gueules, à un chien braque assis, d'argent, sur une terrasse de sinople.

BRACHET, Chev., comtes de Palluau, Sgrs de l'Ile-Savary (xvie et xviie siècles).

Cette famille a comparu en 1789 à l'assemblée électorale de la noblesse de l'Orléanais.

D'azur, à deux chiens braques d'argent, passant l'un sur l'autre.

BRADASNE (de), en Touraine et en Anjou (xiiie siècle).

Gironné d'argent et de gueules.

BRAGELOGNE (de), Chev., marquis de Bragelogne. — C'est une des plus anciennes familles de France. Elle a fourni à la Touraine quatre dignitaires ecclésiastiques et un commissaire général :

Amaury de Bragelogne, chanoine, puis doyen de l'église de St-Martin de Tours (1618-23).

Aimery de Bragelogne, chanoine, doyen de St-Martin de Tours, puis évêque de Luçon, mort en 1645.

Martin de Bragelogne, chanoine, puis doyen de St-Martin de Tours (1649).

Jérôme de Bragelogne, commissaire général, député en Touraine pour le réglement des tailles (1635).

Thomas de Bragelogne, chanoine de Paris, abbé de Bois-Aubry (1699).

De gueules, à la fasce d'argent chargée d'une coquille de sable et accompagnée de 3 molettes d'éperon d'or, 2, 1.

BRAGUE, Chev., Sgrs de Preuilly (en partie) et de Denanvilliers (xve siècle).

D'azur, à une gerbe de blé d'or, liée de gueules.

BRANCAS (de), ducs de Brancas, de Lauraguais et de Céreste, Sgrs de Gizeux, de Robion, et de Mur-au-Prieur, paroisse de Gizeux (xviiie siècle). — Famille originaire du royaume de Naples, où elle est connue dès le xiie siècle. Elle a donné dix cardinaux, un maréchal et un amiral de France, des chevaliers du St-Esprit, des ambassadeurs, etc...

Louis-Paul de Brancas, duc de Céreste-Brancas, prince de Nezaire, grand d'Espagne de première classe, comparut à l'assemblée électorale de la noblesse de Touraine en 1789.

D'azur, au pal d'argent, chargé de trois tours de gueules, et accosté de quatre pattes de lion d'or, mouvant des deux côtés de l'écu.

BRAQUE (de), Chev., comtes engagistes de Loches, Sgrs de l'Ile, paroisse de Montlouis (xviie et xviiie siècles).

Cette famille a pour auteur Arnoul Braque, vivant en 1339.

En 1738, Paul-Émile de Braque remplissait les fonctions de lieutenant du roi en l'élection de Loches.

D'azur, à une gerbe d'or. — Supports : deux salamandres. — Cimier : une gerbe.

BREHANT, Ec., Sgrs du Val et de la Roche-de-Brehan.

De gueules, au léopard d'argent, armé, lampassé, et couronné d'or.

BREHIER, Sgrs de la Croix. — Famille bourgeoise de Touraine (xvie siècle).

James Brehier, échevin de Tours, fut élu maire de cette ville en 1521.

Brehier de Bretagne portait :

D'argent à trois olives de sinople, 2, 1.

BREMOND D'ARS, Chev., marquis de Bremond d'Ars, Sgrs du Châtelier, près Paulmy, de Luzay, de Ceré, de la Cacaudière, de la Moujatrie, de la Ronce, etc... — C'est une des plus anciennes familles de France. On constate son existence en Angoumois dès l'an 1019. Elle a été maintenue dans sa noblesse en 1667-98, et plusieurs de ses membres ont comparu aux assemblées des nobles, en 1789, pour les élections aux États-généraux. Un d'eux, Pierre-René-Auguste, marquis de Bremond d'Ars fut élu député de la noblesse de Saintonge à ces mêmes États.

La maison de Bremond d'Ars a fourni à nos armées un grand nombre de sujets distingués. Elle compte plusieurs chevaliers de Malte, entre autres Jacques de Bremond de Vernou, commandeur d'Amboise et d'Ensigny, décédé à Niort en 1792. Parmi les familles auxquelles elle s'est alliée on remarque celles de Vivonne, de Saint-Mauris, d'Albin de Valzergue de Ceré, de Bouchard d'Aubeterre, de la Rochefoucauld, de Green de St-Marsault, de Ste-Maure, de Pérusse des Cars, de Montgaillard, de Villedon, de Pont-Jarno, de Montalembert, de St-Brice, de Sartre, d'Abzac, etc...

Au xixe siècle on trouve la famille de Bremond d'Ars divisée en trois branches : Celle de Ceré et de Vernou, ayant pour chef Joseph-Adolphe-Alexandre-Théodule-Maurice, comte de Bremond, marié le 26 août 1828, à Marie-Aurélie de Pont-Jarno ; — Celle d'Orlac de Dompierre-sur-Charente, représentée par Jules-Alexis, vicomte de Bremond d'Ars, marié le 28 février 1845 à Marie-Eutrope-Mélanie de Sartre ; — Celle du Masgelier, ayant pour chef Gustave-

René-Antoine de Bremond d'Ars, marié le 1er juin 1813 à Anne d'Abzac.

D'azur, à l'aigle éployée d'or.

BREMONT, Ec., Sgrs de Bossée (xviie siècle).

D'argent,au chevron degueules, accompagné de trois têtes de coq arrachées, de même.

BRENNE (de), Chev , Sgrs de Rochecorbon, de Mézières-en-Brenne et de St-Paterne (xiie et xiiie siècles).

Robert de Brenne était un des chevaliers bannerets de Touraine en 1213.

Hugues de Rochecorbon, évêque de Langres, abbé de Marmoutier (1210) mourut en 1250.

De... à un lion rampant de... couronné de... (D'après un sceau de Geoffroy de Brenne, fils de Robert, chevalier-banneret). Le contre-sceau du même personnage offre *une biche contrepassante.*

BRÉON (de), Sgrs de la Guiardière, paroisse de Neuville (xviiie siècle).

D'argent, à la fasce fleurdelisée et contrefleurdelisée de gueules, de six pièces.

BRESLAY (Louis), chanoine de St-Martin de Tours (1558).

D'argent, au lion de gueules.

BRESSUIRE (de).

De gueules, à l'aigle d'or ; à l'orle de fers de lance d'argent.

BRETAGNE (Pierre II, duc de) comte de Montfort et de Richemond, Sgr de Courcelles et de Chouzé, céda ces deux dernières terres à Jean de Bueil, en 1455. Il mourut à Nantes le 22 septembre 1457.

D'hermines.

BRETAGNE (Artus III de), duc de Bretagne et de Touraine, baron de St-Christophe et de Semblançay (en 1425, par suite d'une donation de Charles de France, dauphin de Viennois), naquit le 25 août 1393. Il mourut le 25 décembre 1458.

D'hermines.

BRETAGNE (François II de), duc de Bretagne, comte de

Richemont, lieutenant-général au gouvernement de Touraine et grand-bailli de cette province (par commission du 4 janvier 1462), mourut le 9 septembre 1488. Il était fils de Richard de Bretagne et de Marguerite d'Orléans.

D'hermines.

BRETAGNE (Anne de), reine de France, femme de Charles VIII, dame de Châtillon-sur-Indre (1493), mourut le 20 janvier 1513.

D'hermines.

BRETAGNE (Richard de), comte d'Etampes et de Vertus, Sgr de Palluau, 4e fils de Jean V, duc de Bretagne, né en 1395, mourut le 2 juin 1438.

D'hermines, au lambel d'azur semé de fleurs de lis d'or.

BRETIGNIÈRES (de), Chev., vicomtes de Courteilles, Sgrs de St-Germain et de la Pertuisière (xviiie siècle).

D'or, à trois roses de gueules, 2, 1 ; au chef d'azur chargé d'un soleil d'or. — Couronne de comte. — Supports : deux lions.

BRETON (Charles), marchand bourgeois, à Tours (1698).

D'azur, à un chevron d'or chargé de trois tourteaux de sable.

BRETON DE VONNE (le), voir LE BRETON DE VONNE.

BRETONNEAU. — Pierre Bretonneau remplissait les fonctions de greffier en chef de l'élection de Loches, vers 1698. — Gilles Bretonneau fut pourvu de la charge de conseiller lieutenant-général civil et criminel, inspecteur et commissaire examinateur au siége de Langeais, vers 1654.

D'argent, à un saule de sinople sur une terrasse de même surmonté de trois étoiles d'azur rangées.

BRETONNEAU DE MOYDIER, en Touraine, en Orléanais, en Dauphiné, en Provence, à Paris, en Italie.

Ecartelé ; aux 1 et 4 d'argent, à un saule de sinople terrassé du même, surmonté de trois étoiles d'azur, rangées en chef ; aux 2 et 3 de gueules, à trois fasces d'argent, parti, aussi de gueules, à six olives croisetées d'argent, 1, 2, 2, 1. — Devise : *A naître, ou bien être ;* — Cri de guerre : *Cara fé m'e la vostra ;* — Supports : deux aigles éployées couronnées de la couronne de fer ; — Couronne de comte.

BRETONNIÈRE (de la) en Touraine (xviiie siècle).

De gueules, à cinq fusées d'or accolées et mises en bande.

BRETTE ou **BRÉTHE**, Ec. Sgrs d'Ouches, d'Estiau, Longué et de Boisvilliers (xve et xvie siècles). — Au commencement du xviiie siècle, une branche de cette famille, qui est originaire d'Anjou, résidait près de Montbazon, où elle possédait un fief.

Vers 1530, la terre d'Ouches passa dans la famille Bernard, par le mariage d'Anne Brette avec Jean Bernard. — Jean Brette était trésorier de l'église de Tours en 1491.

D'azur, à un sautoir d'argent cantonné de quatre roses de même.

BREUIL (Ameil du), chanoine et chantre en dignité de l'église de Tours, puis archevêque de Tours (1395-1414). — D'après dom Fonteneau, Ameil du Breuil serait mort en 1402.

Hugues du Breuil était grand-archidiacre de Tours en 1429.

D'argent, à la croix ancrée de gueules.

BREUIL (du), Ec., Sgr de la Courtaisière, (paroisse de Courcoué), Courceuil ou Courqueil, paroisse d'Ecueillé, — de Villenoir, et de Chevanne (xviie siècle). — Famille originaire de l'Anjou.

D'argent, à la fasce vivrée de gueules, accompagnée de deux jumelles de même, la fasce et les jumelles bordées de sable. — Cimier · une aigle naissante. — Supports : deux aigles de gueules.

BREUIL-HÉLION DE LA GUÉRONNIÈRE (du), — à Tours, à Paris et en Poitou (xixe siècle).

Cette famille commence sa filiation suivie par Jean du Breuil-Hélion, écuyer, Sgr de Combes, en Poitou, vivant en 1413. Elle a été maintenue dans sa noblesse les 7 décembre 1598, 6 juillet 1634, 7 décembre 1667, et le 22 juillet 1700. En 1789, elle a comparu à l'assemblée électorale de la noblesse du Poitou.

La maison du Breuil-Hélion a donné plusieurs chevaliers de Malte. Elle s'est alliée aux familles de Parthenay, d'Alloue, de Chastenet, de Chappes, de Valory, Irland de Bazoges, de Feydeau, Le François des Courtis, de Tessières de

Boisbertraud, de Brettes, de Vallier, d'Isnard, de Caseneuve, etc...

D'argent, au lion de sable, armé, lampassé et couronné d'or.

BREZÉ (Geoffroy de) fut pourvu de l'archidiaconé de Tours, par Clément VII, pape d'Avignon; il mourut en 1401.

D'azur, à l'écusson en cœur, d'argent, bordé d'or; à l'orle de 8 croisettes de même.

Ces armes étaient aussi celles de Pierre de Brezé de la Varenne, Sgr de Brissac, comte de Maulévrier, sénéchal de l'Anjou, de la Touraine et du Maine (1437).

BRICHANTEAU (Nicolas de), comte de Beauvais-Nangis enB rie), lieutenant-général au gouvernement de Touraine et capitaine de Tours (1562), mourut en 1564.

D'azur, à six besants d'argent, 3, 2, 1.

BRIÇONNET, Chev., marquis d'Oysonville, Sgrs de Chanfreau, de Fief-Gilbert, du Chesne, du Portau, du Bouchet, Aventiguy, Mettray, la Kaërie, Varennes, Praville, Cormes, Candé, Leuville, Plessis-Rideau, etc... (du xve au xviiie siècle).

Cette famille a donné quatre maires de Tours : Jean Briçonnet, l'aîné (1462); Jean Briçonnet, le jeune, frère du précédent (1469); Pierre Briçonnet (1496); François Briçonnet (1499); — un chanoine, prévôt de Saint-Martin de Tours, Martin Briçonnet (1486); — un doyen de Saint-Martin de Tours, puis archevêque de Reims, Robert Briçonnet (1493); — et un abbé de Cormery, Jean Briçonnet (1520-1535).

Par lettres de septembre 1660, registrées le 18 mars 1662, la terre d'Auteuil fut érigée en comté en faveur de François Briçonnet.

D'azur, à la bande componnée d'or et de gueules.

Jean Briçonnet, l'aîné, maire de Tours, portait :

D'azur, à la bande componnée d'or et de gueules, accompagnée d'une étoile d'or en chef et d'un croissant d'argent en pointe.

Les autres personnages mentionnés à la suite de Jean Briçonnet, l'aîné, portaient :

D'azur, à la bande componnée d'or et de gueules de 5 pièces, chargée sur le premier compon de gueules d'une étoile d'or, accompagnée d'une autre étoile de même posée en chef.

BRIDIERS (de), Chev., Sgrs de la Chaise, près Martizay, de l'Etang, de Serres, de Bussières, de Combles, du Plessis-Savary, relevant du château de Loches (XVII⁰ siècle). — Famille originaire du Berri.

D'or, à la bande de gueules.

BRIDIEU (de), Chev., marquis de Bridieu, Sgrs de Lignières, de Pocé, de Montreuil, de la Vallière, de St-Germain-sur-Indre, de Rouvray, de la Brosse, des Gardes, de l'Effougeard (paroisse d'Obterre), de Rosnay (paroisse de Négron), de Fourchette, de Chauffour, du Claveau (paroisse de Ponay), de Monbron, de Luchet, de la Baron (paroisse de Cheneché), en Poitou, etc...; — famille originaire de la Marche, et connue primitivement sous le nom de Jacmeton. Elle se fixa en Touraine en 1749. Sa filiation suivie commence au XV⁰ siècle.

La maison de Bridieu a donné un lieutenant-général des armées du roi, chevalier du St-Esprit, Louis de Bridieu, chevalier, marquis de Bridieu, — et trois capitaines-gouverneurs de Mézières-en-Brenne : Dieudonné de Bridieu (1584); Gabriel de Bridieu (1624), et Claude de Bridieu (1678). Elle s'est alliée aux familles de Montferrant, de Montfort, de Marolles (dont était l'abbé de Marolles); de Galard de Béarn, de Chasteignier, de la Goupillière, Le Boucher de Verdun, de Mallevaud de Marigny, Lignaud de Lussac, de Reviers de Mauny, des Courtis, de la Rochebrochard, etc... Le 16 août 1667, elle a été maintenue dans sa noblesse.

Marie-Catherine Le Boucher de Verdun, veuve de Charles-Marie-Marthe, marquis de Bridieu, comparut par fondé de pouvoir à l'assemblée électorale de la noblesse de Touraine, en 1789. A la même époque, Louis-Félicité de Bridieu, chevalier, Sgr des Grandes-Roches, comparut à l'assemblée électorale de la noblesse du Poitou. La famille fut également représentée à l'assemblée de la noblesse de l'Anjou.

Cyprien-Joseph-Louis, marquis de Bridieu, page de la duchesse d'Orléans, chevalier de Malte, a eu de son mariage (1803), avec Elisabeth de Mallevaud de Marigny, cinq enfants, dont les noms suivent :

I. François-Henri-Antoine, marquis de Bridieu, chef actuel du nom et d'armes de la famille, secrétaire général de la préfecture du Calvados, démissionnaire en 1830, membre du conseil général d'Indre-et-Loire depuis 1848, réside à Loches. — Il a épousé, le 22 juin 1829, Aglaé-Marie-Antoinette Lignaud de Lussac. De ce mariage sont issus : 1°— Louis-Marie-Alfred de Bridieu, né le 29 juillet 1843, marié le 18 octobre 1864 à Marie Lorando, dont il a eu une fille, Aglaé-Louise-Marie, née le 26 août 1865; 2° — Emma-Laurence-Marie, mariée en juillet 1859 au comte Alfred de la Rochebrochard ; 3° — Marie-Elisabeth-Louise, religieuse; 4° — Anne-Marie-Rachel de Bridieu.

II. Louis-Amédée, comte de Bridieu, ancien page du roi Louis XVIII, capitaine au 5ᵉ lanciers, retraité en 1856, a épousé Isabelle-Charlotte-Marie-Amélie de Reviers de Mauny, dont il a eu : Marie-Joseph-Louis-Henri de Bridieu, né le 29 juin 1849; Elisabeth-Jacqueline-Amélie-Marie, mariée le 8 juin 1864 au comte Marie-René des Courtis.

III. Louis-Marie-Frédéric, vicomte de Bridieu, sous-lieutenant d'infanterie, démissionnaire en 1837, a épousé Ernestine Chupeau. De ce mariage sont issus : Lyonel de Bridieu; Ernest de Bridieu, décédé en 1864; et Edgar de Bridieu.

IV. Alfred de Bridieu, décédé en 1826;

V. Marie-Charles, chevalier de Bridieu, ancien élève de l'école de St-Cyr.

D'azur, à une macle d'argent cramponnée doublement par le haut, et accompagnée de trois étoiles d'or, deux en chef, une en pointe.

BRIDONNEAU, Ec., Sgrs du Puy, en Touraine (xviiᵉ siècle).

Françojs Bridonneau fut pourvu de la charge de conseiller du roi, président en l'élection de Chinon, en 1690.

En 1700, Jacques-François Bridonneau remplissait les fonctions de conseiller du lieutenant particulier du roi, à Chinon.

Le 9 mai de la même année, Charles Bridonneau fut pourvu de la charge de garde-scel, au siége royal de Chinon.

D'or, à un chevron d'azur, accompagné en chef de deux roses de gueules, et en pointe d'un phénix de sable sur un bûcher enflammé, de gueules.

BRIE (de) Chev., Sgrs de Serrant, — et du Plessis-Macé, relevant du château de Chinon (xv⁰ siècle).

Jean-Baptiste-Etienne-Louis-Antoine de Brie-Serrant comparut, en 1789, à l'assemblée électorale de la noblesse de l'Anjou.

Fascé d'argent et d'azur de huit pièces; au lion de gueules brochant sur le tout

Brie de Serrant portait, d'après l'abbé Goyet :

De gueules, à trois têtes de lévrier d'argent, 2, 1.

BRIÈRES de **CHALABRE** (de).

D'argent, au lion de sable.

BRIFFAULT, marchand-bourgeois, à Tours (xvii⁰ siècle).

D'argent, à un massacre de cerf de sable.

BRIFFAULT DE LA CHARPRAIE, Ec., Sgrs de la Charpraie, élection de Loches.

D'azur, au chevron d'or accompagné de trois roses d'argent.

BRILHAC (de), Chev., Sgrs d'Argy et de Nouzières, en Touraine, et de Mons, en Loudunais. — Famille originaire du Poitou, où elle est connue dès l'an 1460.

Christophe de Brilhac, archevêque de Tours (1514), mourut en 1520.

Claude de Brilhac fut grand-archidiacre de l'église de Tours, de 1520 à 1547. Louis-Claude de Brilhac de Nouzières était commandeur de l'Ile-Bouchard en 1674.

François-Josias de Brilhac fut nommé commandeur de Ballan en 1674.

Jean de Brilhac, chevalier, comparut, en 1789, à l'assemblée électorale de la noblesse du Poitou.

D'azur, au chevron d'argent chargé de cinq roses de gueules boutonnées d'or, et trois molettes d'éperon d'or, posées deux en chef et une en pointe.

Une branche cadette écartelait ces armes :

D'azur, à trois fleurs de lis d'argent.

Un sceau d'un de Brilhac, vivant en 1324, porte :

Parti, à dextre un lion couronné ; à sénestre, 2 fleurs de lis, le tout environné d'une bordure.

BRILLET, Chev., Sgrs de Candé, de Loiré, de la Grée. — Famille originaire de l'Anjou ; elle a été maintenue dans sa noblesse les 18 février 1664, 6 février 1667, 6 septembre 1672, et 24 avril 1716. Sa filiation commence par N. Brillet, vivant au commencement du xve siècle.

Charles-Clovis Brillet, Sgr de Candé et de Chauveaux, Pierre-Clovis Brillet, Sgr de Loiré et Jacques-Prégent Brillet de Villemorges, chevalier de Saint-Louis, comparurent en 1789, le premier, en personne, les deux autres par fondé de pouvoir, à l'assemblée électorale de la noblesse de l'Anjou.

D'argent, à trois têtes de loup arrachées, de gueules.

BRILLON, marchand-bourgeois, à Tours (1698).

De sinople, à un chevron d'or accompagné de trois étoiles de même.

BRILLON, à Tours (xviie siècle).

D'argent, au chevron d'azur accompagné de deux merlettes de sable en chef et d'un arbre de sinople en pointe ; au chef de gueules chargé de trois étoiles d'argent.

BRILLOUET (de), Chev., Sgrs de Riparfonds et de Rivarennes (xvie siècle).

La terre de Rivarennes passa de la maison de Baraton dans celle de Brillouet, par le mariage de Guyonne Baraton avec Jacques de Brillouet (mars 1572).

De sable, au lion d'argent.

BRION, en Touraine (xiiie siècle).

Simon de Brion, chanoine et prévôt de Saint-Martin de Tours, puis pape sous le nom de Martin IV (1281), mourut le 25 mars 1285.

Coupé de gueules et de... au dextrochère d'argent orné d'une aumusse de..

BRION (de), famille de Touraine anoblie en la personne de Jean de Brion, avocat du roi à Tours, et qui fut sénéchal de Touraine en 1361-70.

D'azur, à un lion d'or ; au chef d'argent fretté de sable.

BRISACIER.

D'azur, à un lion d'or ; au chef de même chargé de trois trèfles d'azur.

BRISSAC (de), Ec., Sgrs des Loges (xviie et xviiie siècles.) — Famille originaire du Dauphiné. Elle a été maintenue dans sa noblesse le 28 novembre 1669, par M. de Maupeou, intendant du Poitou, et le 29 mai 1715, par Bernard Chauvelin, intendant de Touraine.

Au xviie siècle, une branche résidait à Preuilly.

Claude-Charles de Brissac, prêtre , remplissait les fonctions de conseiller du roi maire de La Haye, avant 1695. Son successeur dans ces fonctions fut Joseph Charcellay (provisions du 17 juin 1695).

D'azur, au sautoir d'argent, accompagné de 4 coquilles de sable et chargé d'un dauphin de même posé en abîme.

BRISSARD ou **BRISSART**, Ec., Sgrs de la Mouillère, de la Loge, près Betz (xviie siècle), des Petites-Granges (paroisse de la Celle-Guenand).

D'argent, à l'arbre de sinople posé sur une terrasse de même ; au cerf passant d'or brochant sur le fût de l'arbre.

BRISSAULT (Nicolas), prêtre, curé de St-Germain, élection de Loches (1698).

D'azur, à un chevron brisé, d'or, accompagné de trois saules de...

BRISSET, Ec., Sgrs du Sauvage, en Touraine (xviie siècle). Cette famille a donné un échevin à la ville de Tours.

D'argent, à trois trèfles de sinople, 2, 1.

BRISSON (Pierre), chevalier de Malte, commandeur de la Rivière, paroisse de la Haye (1403).

D'azur, à trois fusées d'argent posées en fasce.

BRISSON (de). — Cette famille est originaire du Nivernais. Elle résidait, au xviiie siècle, dans la paroisse de Charnizay.

D'azur, à la fasce d'or, au croissant montant d'argent posé en chef, surmonté d'une étoile d'or ; à la rose de même en pointe.

BRIVES (Jean de), trésorier de l'église de Tours (1535).

D'azur, au sautoir d'or accompagné en pointe d'une étoile de même ; au chef cousu de gueules chargé d'un croissant d'or accosté de deux étoiles de même.

BRIZAY (de) ou **BRISAY**, Chev., comtes et marquis de Brizay, de Denonville et d'Avesnes, vicomtes de Montbazillac, Sgrs de Brizay, de St-Germain-sur-Vienne, de Restigné, de Doussay, de la Roche-Brizay, d'Estilly, de la Mothe, d'Availles, de Vintueil, du Petit-Brizay, du Coudray (Montpensier), de Chiniers, fief mouvant de l'archevêché de Tours, de Bossay, de Remeneuil, de St-Antoine-de-Chaveignes, de la Tour de Brem, du Rivau, de Mons, du Bouchet (du xie au xviiie siècle).

La filiation de cette famille commence par Ernault de Brizay, vivant en 1045.

Joscelin de Brizay est qualifié de prévôt de Faye-la-Vineuse dans un titre de 1229.

Pierre de Brizay était chevalier-banneret en 1299.

La famille de Brizay a été maintenue dans sa noblesse le 3 octobre 1667.

Un des représentants de cette maison, Achille-Louis-François, comte de Brizay, né le 2 août 1771, épousa Suzanne-Agathe Sedaine, dont il eut : 1° René-Alexandre et Jules-Louis, jumeaux, nés le 10 novembre 1812; 3° Victorine.

Les armes de la maison de Brizay ont subi de nombreuses variations. Un sceau de 1232 offre *deux bandes*, et le contre-sceau *quatre jumelles ;* un sceau de 1224, *trois bandes ;* un autre de 1300, *une fusée de 8 pièces ;* une autre de 1345, *une fusée de 12 pièces,* etc.

En dernier lieu, les armes de la famille ont été et sont :

Fascé d'argent et de gueules de 8 pièces. — Couronne de marquis. — Supports et cimier : trois aigles.

BRIZAY DE **BEAUMONT** (de), Chev., Sgrs du Rivau, du Bouchet, du Petit-Brizay. — Famille issue de la maison de Brizay.

D'argent, à la bande engrelée d'azur. — Supports : deux licornes. — Cimier : une salamandre.

BROC (de), Chev., marquis de Broc, vicomtes de Foulletourte, barons de Cinq-Mars et de Chemiré, Sgrs de Meaulne, de Lézardière, du Bouchet, du Plessis-Buisson, des Perrays, de Grillemont, de Thaïs, de Lespinay, près Loches, de Cherves, Vernoil, de Parçay, des Caves-Fort de Broc, relevant de Châteaux (xve et xvie siècles),

Cette famille, originaire de l'Anjou, a fourni un chevalier croisé (1191). Elle a été maintenue dans sa noblesse par les intendants de Touraine, les 28 septembre 1668, 15 février 1669, 19 juillet 1715, 30 octobre 1716 et 28 octobre 1717. — Les terres des Perrays et de Foulletourte furent érigées en vicomté, en 1635, en faveur de Sébastien de Broc.

Charles-Eléonore, comte de Broc, Chev., Sgr des Perrays, lieutenant-colonel de cavalerie, comparut, en 1789, à l'assemblée électorale de la noblesse du Maine.

Guyon de Broc fut capitaine de Montils-les-Tours (1469-73).

De sable, à la bande fuselée d'argent. — Couronne de marquis. — Tenants : deux sauvages.

BROCHARD, Ec., Sgrs de la Coussaye, (relevant de Ste-Maure, et de Marigny (xvie et xviiie siècles). — Famille alliée à celle du célèbre Descartes, et originaire du Poitou. Elle a fourni un maire de Poitiers, conseiller d'Etat (1617).

D'or, au chevron d'azur, à trois fraises de gueules feuillées et tigées de sinople, 2, 1.

BROCHET, Ec., Sgrs des Grandes-Brosses, en Touraine, (xviiie siècle). — Famille originaire de l'Orléanais.

Claude Brochet des Jouvances, Ec., fut conseiller du roi et trésorier de France au bureau des finances de la généralité de Tours (1778).

D'azur, à un sautoir d'or accompagné d'une étoile de même en chef et d'un croissant d'argent en pointe. — *Alias, (d'après l'Armorial général de d'Hozier ; Généralité d'Orléans ;)* D'azur, au sautoir d'or, accompagné en chef d'une étoile de même.

BRODEAU DE CANDÉ, Chev., marquis de Chastres, Sgrs de Candé, paroisse de Monts, — de la Chassetière, paroisse de N.-Dame-d'Oé, de Vaugrigneuse (xvie et xviie siècles).

Barbe Brodeau était prieure de Rives en 1576. Victor Brodeau, secrétaire des commandements de Navarre, fut maire de Tours en 1594.

La terre de Chastres fut érigée en marquisat, en faveur de Jean Brodeau, chevalier, Sgr de Candé, grand-maître des eaux et forêts de France, et capitaine général des chasses de la province de Touraine (vers 1665).

D'azur, à la croix recroisetée d'or, au chef de même chargé de trois palmes de sinople. — Cimier : une aigle naissante. — Supports : deux lions de même.

BRODEAU (Julien-Simon), lieutenant-général à Tours (1702).

D'azur, au chevron d'or accompagné en chef de deux roses tigées et feuillées d'or, et en pointe, d'un croissant de même.

BROGLIE (de), princes de l'Empire, ducs de Broglie, — Sgrs du Bois-Preuilly (xviiie siècle). — Famille originaire du Piémont. Elle s'est établie en France en 1651.

La baronnie de Ferrières, en Normandie, fut érigée en duché, sous le nom de Broglie, en faveur de François-Marie, comte de Broglie, maréchal de France, en juin 1742. Victor-François, duc de Broglie, fut créé prince de l'Empire vers 1759,

Anne de Broglie était prieure de Rives, en Touraine, en 1593.

D'or, au sautoir ancré d'azur. — Cimier : un cygne d'argent chargé sur la poitrine du sautoir de l'écu, contourné d'une banderolle de gueules. — Supports : deux lions d'or, la queue fourchée.

BROSSARD (de), Ec., Sgrs de la Chevalerie, de la Roolle, paroisse de Bossay (xviie siècle).

Louis-Martin de Brossard était vicaire-général du diocèse de Tours, et abbé de Beaulieu en 1729.

Charles de Brossard, chevalier, comparut par fondé de pouvoir, en 1789, à l'assemblée électorale de la noblesse du Poitou.

A la même époque, François-Aimé de Brossard, seigneur des Écotais, comparut par fondé de pouvoir à l'assemblée électorale de la noblesse du Maine.

D'azur, à trois fleurs de lis d'or; à la bande d'argent brochant sur le tout.

BROSSE (le vicomte de), chevalier-banneret de Touraine 1213).

D'azur, à trois brosses d'or.

Ces armoiries sont également attribuées à Pierre de la Brosse, capitaine-gouverneur de Loches en 1345.

BROSSE (de), en Touraine et en Berry. — Sgrs de Palluau (xvie siècle).

D'après La Thaumassière, cette famille descendrait des sires de Limoges.

D'azur, à trois gerbes de blé d'or, liées de gueules, 2, 1.

BROSSES DU GOULET (des), Sgrs du Vau de Chavagne et des Brosses (xviiie siècle).

D'argent, au lion de sable, armé et langué de gueules.

BROSSET, Éc., Sgrs de la Porcherie, de la Chevalerie et de la Gondonnière, en Touraine (xvie et xviie siècles). — Cette famille a été maintenue dans sa noblesse le 12 août 1666.

De gueules, à trois chevrons d'argent accompagnés de trois merlettes de même.

BROSSIN DE MÉRÉ (de), Chev., comtes de Méré, vicomtes de Messars, barons de Seignerolles, Sgrs de Méré-le-Gaullier, de Rouziers, de Mouzay, du Plessis-Savary, de Sepmes, de Fresnay, du Petit-Pin, de la Renardière, des Places, de la Tour-St-Gelin, de Billy, de Fouchault, d'Ardilleux, de la Cigogne, de Beauregard, de la Thiberdière, de Mesme, de la Cour-Rolland, de Thaïs (paroisse de Sorigny), de la Loutière, etc. (du xve au xviiie siècle). — Famille d'origine chevaleresque et sortie de l'Anjou. Vers 1400, elle s'est établie en

Poitou et en Touraine. Depuis un siècle elle a quitté ces provinces pour aller se fixer dans le Soissonnais où elle réside actuellement. Sa filiation suivie commence par Pierre Brossin, 1er du nom, chevalier, qui servit dans les guerres du roi Charles V, contre les Anglais.

La maison de Brossin a fait des preuves pour l'ordre de Malte en 1539-94, et pour St-Cyr en 1700-40. Elle a été maintenue dans sa noblesse les 21 juin 1663, 22 mars 1666 et 2 mai 1669. Elle s'est alliée aux famille de Chastillon, d'Estavayé, de Laval, de Mauny, Cordouan de Langeais, de Bourdeilles-Mathas, de Montbel, de Montausier, de Rieux-Acérac, de Parthenay, de Maussabré, de la Rochefoucault, de Thaix, de Tudert, de Ravenel, Haincque de St-Senoch, Lallemant de Macqueline, Foacier de Ruzé, etc...

Françoise (ou Francie) de Brossin fut prieure de Rives, en Touraine, en 1567.

Louis de Brossin, capitaine-gouverneur de Loches, mourut en 1568.

Jacques de Brossin fut nommé député de la noblesse de Touraine, aux Etats tenus à Blois en 1588.

Alexis-Charles-Jean de Brossin, comte de Méré, né le 7 août 1773, page de Madame Adelaïde de France, épousa le 15 mai 1797, Marie-Josèphe-Albertine Foacier de Ruzé, dont il eut :

1° Alexis-Hippolyte-Xavier, qui suit ;

2° Auguste-Charles, dont nous parlerons après son frère ;

3° Clémentine-Antoinette-Josèphe de Brossin de Méré, mariée le 29 avril 1822 à Anne-Marie-Hippolyte de Vougny, comte de Boquestant, et décédée le 9 mars 1823.

Alexis-Hippolyte-Xavier de Brossin, comte de Méré, (résidant au château d'Ecuiry, près Soissons), né le 25 juillet 1798, a épousé le 21 novembre 1833 Clotilde-Thérèse Le Grand de Boislandry, fille de Damien-Orphée Le Grand, vicomte de Boislaudry, maréchal des camps et armées du roi, commandeur des ordres de St-Louis et de Hesse, et de Françoise Pollin du Moncel. De ce mariage sont issus :

1° Edmond-Christian-Aymar, né le 25 mars 1841, officier aux guides de la garde;

2° Alix-Josèphe, mariée au comte du Crozet, résidant au château de Cumignat, près Brioude ;

3° Marie-Thérèse ;

4° Berthe.

Auguste-Charles de Brossin, vicomte de Méré (résidant au château de Grozieulx, près Metz), né le 13 septembre 1801, a épousé Alix de Thémines. De ce mariage sont nés :

1° Maurice, né en avril 1841 ;

2° Marie.

D'argent, au chevron d'azur. — Cimier : un lion naissant d'or. — Supports : deux lions de même. — Couronne de marquis.

BROSSIN DE MESSARS (Jacques), chevalier de l'ordre de St-Jean de Jérusalem, commandeur de Fretay, en Touraine (1594-1630), portait :

D'argent, à trois fasces ondées de sable.

BROUE (de la), Chev., marquis de Vareilles, Sgrs d'Assay (XVIIᵉ et XVIIIᵉ siècles), — famille originaire du Languedoc. Sa filiation suivie commence par Jean de la Broue, vivant en 1420.

La maison de la Broue a donné un évêque de Gap, François-Henri de la Broue (1784), mort à Poitiers en 183...

Auguste-Jean-François de la Broue, et autres membres de la famille comparurent, en 1789, à l'assemblée électorale de la noblesse du Poitou.

Au XVᵉ siècle la famille de la Broue portait :

D'argent, à trois merlettes de sable, 2, 1.

Depuis 1680 elle porte :

D'azur, au chevron d'or, accompagné en chef de deux coquilles d'argent, et d'une main de même en pointe, posée en pal. — Devise : *In manibus domini sors mea.* — Cri d'armes : *Cum virtute nobilitas.*

BROUILLY (de), Chev., Sgrs de St-Germain-les-Candes XVIIᵉ siècle).

D'argent, au lion de sinople, armé, lampassé et couronné de gueules.

BROUSSE DE VEYRAZET (de la), Chev., marquis et barons de la Brousse, marquis de Verteillac, Sgrs de Veyrazet, de Lentils, de Rebuyrolles, de Bourienne, de St-Martin-des-Lais, — famille très-ancienne, originaire de Quercy, et répandue dans le Languedoc et le Bourbonnais. Elle a été confirmée dans sa noblesse en 1644, 1664-71-72 et 31 mars 1700, et a comparu, en 1789, à l'assemblée électorale de la noblesse du Bourbonnais.

Un des membres de cette famille, le baron de la Brousse de Veyrazet, réside actuellement à Civray-sur-Cher (Indre-et-Loire).

Écartelé ; aux 1 et 4 d'azur, au chêne d'or, soutenu d'un croissant d'argent; aux 2 et 3 d'azur à trois bandes d'or.

BRUC (de), Chev., comtes de Bruc, marquis de la Guerche, Sgrs de Cléret et de Beauvais (xviiie siècle). — Famille originaire de Bretagne, où elle possédait la terre de Bruc dès le xiie siècle. Un de ses membres prit part à la seconde croisade.

Julien-Pierre-Claude de Bruc comparut par fondé de pouvoir à l'assemblée électorale de la noblesse du Poitou en 1789.

D'argent, à la rose de gueules boutonnée d'or. — *Alias* : de gueules à six feuilles boutonnées d'or. — Supports : deux anges; — Cimier : l'image de la Sainte-Vierge. — Devise : *Flos florum, eques equitum.*

BRUCE (de), Chev., comtes de Bruce, Sgrs du Rivau, de Montbrard (paroisse d'Avrigny), de la Tour-Balan, des Vaux (xiiie siècle). Famille de très-ancienne et très-illustre extraction, originaire de l'Ecosse. Son nom s'est écrit aussi Brutz, Brus et Brusse.

Pierre-Louis de Bruce, Sgr de Montbrard et de Ballan, résidait à Tours avant 1789.

D'or, au sautoir de gueules ; au chef de gueules chargé d'une étoile d'or au canton dextre.—Cimier : un lion passant d'azur;—Supports : deux sauvages; — Devise : *Fuimus.* — Cri de guerre : *Bruce.*

BRUÈRE (Geoffroy), bailli de Touraine (1249-53).

D'argent, au chevron de gueules accompagné en pointe d'un porc-épic de sable.

BRULART, Chev.,marquis de Sillery,vicomtes de Puisieux, barons du Grand-Pressigny, Sgrs de la Borde, et de Ferrières-Larçon, en Touraine (xvie siècle). — Famille originaire de Reims. Elle a donné un chanoine à l'église de Tours, François Brulart, — et un intendant de Touraine, Pierre Brulart (1566-80).

De gueules, à la bande d'or chargée d'une trainée de cinq barillets de sable.

BRULEY, à Tours (xviiie et xixe siècles).

Originaire de Lorraine, où elle est connue dès le xve siècle, la famille Bruley tire son nom du lieu nommé *Bruley*, aux environs de St-Mihiel. Quelques membres de cette famille, à la suite d'une fâcheuse affaire avec deux gentilshommes leurs voisins, qu'ils tuèrent en duel, virent leurs biens confisqués et furent contraints de se réfugier à Paris, en 1514.

Un des représentants de la même maison, lieutenant-colonel du régiment de St-Aignan, mourut dans sa terre de Bruley, en 1695.

En 1773, un des descendants des Bruley de Lorraine vint s'établir à Tours, où il fut pourvu de la charge de conseiller du roi, président-trésorier de France, intendant général des finances de la généralité de Tours. Cette charge passa par droit héréditaire sur la tête de son fils, Jean-Prudent Bruley, en 1787. Celui-ci devint successivement conseiller au bailliage et siège présidial de Tours, maire de cette ville (27 novembre 1790), député d'Indre-et-Loire à l'Assemblée législative, président du Conseil général d'Indre-et-Loire, etc.

Prudent Bruley, fils du précédent, chevalier de la Légion-d'Honneur, a administré comme préfet plusieurs départements. Il mourut en 1849, laissant de son mariage avec Elisabeth des Varannes :

1° Georges-Prudent Bruley, procureur impérial à Mayenne (1866), marié à Aline Hubert dont il a un fils, Georges-Prudent Bruley.

2ᵉ Marie-Prudence Bruley, mariée le 17 juin 1846 à Jules-Prudent Derouet, juge au tribunal de première instance de Tours.

D'azur, au chevron d'or, accompagné de trois fers de lance d'argent, 2, 1. — Timbre : casque de profil.

Prudent-Jean Bruley, maire de Tours, portait :

D'argent, au chevron d'azur accompagné en chef de deux grenades de gueules, tigées et feuillées de sinople, et en pointe d'un fer de lance de gueules, fûté de sable. — Timbre : casque de chevalier posée de face.

BRUN DE ROSTAING (de), Chev., Sgrs de la Vaisse, co-seigneurs de la Canourge, de Basgesse, etc... — Famille originaire du Gévaudan.

Jean-Antoine-François de Brun de Rostaing, né le 22 août 1743, officier au régiment royal-Normandie-cavalerie, chevalier de St-Louis, officier-général de l'armée vendéenne, maréchal de camp (1814), laissa trois enfants de son mariage (14 avril 1787) avec Jeanne-Françoise Moreau : Eugène-Claude-Jean-Guillaume de Brun de Rostaing; Antoinette de Brun de Rostaing, chanoinesse, décédée à Tours en 1857; et Clotilde de Brun de Rostaing, mariée à Félix Navarre, receveur des contributions, à Tours.

Eugène-Claude-Jean-Guillaume de Brun de Rostaing, capitaine de dragons, chevalier de St-Louis et de la Légion-d'Honneur, a épousé, le 2 juillet 1834, Zoé-Julie-Elisabeth Souin de la Savinière (d'une ancienne famille du Poitou). De ce mariage sont issus : Antoine-Eugène-Maurice de Brun de Rostaing, né en août 1838 ; Jeanne-Victorine-Zoé, née en 1835, et Marie-Clémentine-Louise-Antoinette-Athanasie de Brun de Rostaing, née en 1845.

D'azur, à une fasce d'or posée en chef et surmontée de deux besants de même; la dite fasce soutenue d'un chevron d'or accompagné de deux lions de même, l'un à dextre, l'autre à sénestre, et d'une roue aussi d'or, en pointe. — Couronne de comte.

BRUNEAU, famille bourgeoise de Tours (xviiiᵉ siècle).

Gabriel Bruneau remplissait les fonctions de greffier en chef du consulat de Tours, vers 1615.

D'argent, à un lévrier rampant de gueules, accolé d'argent et cloué d'or.

BRUNEAU, à Tours (xviiie siècle).

D'or, à trois lauriers arrachés, de sinople, en fasce, celui du milieu appuyé sur un croissant montant, de gueules ; au chef d'azur chargé de trois étoiles d'argent.

BRUNEAU (Pierre-René-François), chanoine de St-Hilaire de Poitiers, dernier doyen de la Sainte chapelle de Champigny-sur-Veude (1790), mourut le 9 février 1814.

D'argent, à sept merlettes de sable, 3, 3, 1.

BRUNELOT ou BRUNETOT, — à Tours et à St-Domingue.

D'argent, à trois brunettes de sable, 2, 1. — Tenant : un sauvage.

BRUNET (N.), chanoine de St-Gatien de Tours (1698).

De sable, à un pal d'argent chargé en cœur d'un croissant de sable.

BRUNET, en Touraine (xviie et xviiie siècles).

Cette famille a donné un abbé de Beaugerais, Joseph Brunet (1692-1700) ; — un abbé de Villeloin, Gilles Brunet (1674-1709) ; — et un chanoine de l'église de Tours, archidiacre d'Outre-Vienne (1730-39).

Ecartelé ; aux 1 et 4 d'or, au lévrier rampant de gueules ; et une bordure crénelée de sable ; aux 2 et 3 d'argent à une tête de maure de sable, tortillée d'argent.

BRUNET DE MONTREUIL, BRUNET DE SÉRIGNÉ, DE TRYÉ, Ec., Sgrs de la Riallière, de Sérigné, de Montreuil, de la Soulière, de la Broue, de la Bobine, etc..., — famille originaire du Périgord. « Elle nous paraît, dit M. Beauchet-Filleau dans son *Dictionnaire des familles de l'ancien Poitou*, avoir été anoblie par le roi Philippe VI, à Senlis, en décembre 1338, en la personne d'Adhémar Brunet, habitant Bergerac, en Périgord.

La maison Brunet s'est divisée en plusieurs branches, dont une réside en Touraine. Elle a été confirmée dans sa noblesse, en 1667 ; en 17... (Arrêt du conseil d'Etat), et le 27 août 1755 (Arrêt de la cour des aides).

Jacques Brunet, Ec., Sgr de Montreuil et de la Socelière, reçut en février 1697, des lettres de noblesse qui furent enregistrées le 16 avril de la même année, en la chambre des Comptes, à Paris. Ces lettres d'anoblissement n'étaient, à proprement parler, que des lettres de confirmation, puisque la famille était déjà bien connue pour être noble. C'est, du reste, ce qui fut établi par un arrêt du conseil d'Etat, rendu en faveur de Jacques-François Brunet, Ec., fils de Jacques. Le conseil d'Etat, sans s'arrêter aux lettres d'anoblissement prises par Jacques Brunet, en février 1697, lesquelles d'ailleurs venaient d'être révoquées par l'édit du mois d'août 1715, confirma Jacques-François Brunet dans sa noblesse d'extraction.

Cette famille a comparu à l'assemblée électorale de la noblesse du Poitou, en 1789. Elle s'est alliée aux maisons de Lestang, Renard, Cambois de Chenusac, d'Aitz, de Mouillebert, Merlaud de la Guichardière, d'Andigné de Givès, Veillas de la Chauverie, de Terves, Denyort de Rongné, Guizol, etc...

D'azur, à une tour d'or posée en abîme, accompagnée de deux étoiles d'argent en chef et d'un croissant de même en pointe.

BRUNET, Ec., Sgrs de Moulin-Neuf (xviie siècle).

Cette famille paraît être originaire de Niort. Elle a été maintenue dans sa noblesse le 17 mars 1700.

D'azur, à une colombe d'argent tenant dans son bec un rameau de sinople et accompagnée de trois étoiles d'or, 2, 1.

BRUNET DE BEAUVILLE (de), Ec., Sgrs de Fontenailles (xviie siècle).

D'or, à une levrette rampante d'argent, accompagnée de dix losanges d'or, une en chef, l'autre en pointe et 4 de chaque côté de l'écu.

BRUNIER (de), Ec., Sgrs de Villesablon.

D'or, à une croix patriarcale de gueules.

BRUNIER D'ADHÉMAR (de).

D'or, à trois bandes d'azur.

BRUNIER (de) autrefois DE BRUNYER, famille noble, originaire du Dauphiné. Elle a pour auteur Jacques de Brunyer, chancelier de Humbert, dauphin de Viennois. Après avoir décidé ce prince à céder à la France des états qu'il ne pouvait plus gouverner, Jacques de Brunyer vint s'établir à Paris, où Philippe de Valois le mit au nombre de ses conseillers. Dans la suite, ses descendants allèrent se fixer en Vendômois et en Touraine. Les titres de la famille ayant été détruits pendant les guerres de Religion, Abel de Brunyer, arrière petit-fils du chancelier, reçut le 23 août 1663, de Louis XIV, de nouvelles lettres de noblesse conçues dans les termes les plus honorables.

Abel-Philippe de Brunier, Sgr de Chichery, chevalier de St-Louis, comparut par fondé de pouvoir à l'Assemblée électorale de la noblesse de l'Orléanais, en 1789.

Le chef actuel de nom et d'armes, Abel de Brunier, réside dans le Vendômois. Un frère cadet, Henri de Brunier, ancien magistrat, vint habiter la Touraine vers 1848. Il épousa en 1832, Armande Bonin de la Bonninière de Beaumont, fille du comte Armand de Beaumont, préfet. De ce mariage est né, le 20 novembre 1833, Edouard de Brunier, marié le 25 février 1862 à Pauline Morry, issue d'une famille de magistrature de l'Anjou, originaire d'Ecosse et venue en France à la suite de Jacques Stuart.

Edouard de Brunier, réside actuellement à Tours.

Jacques de Brunyer, chancelier de Humbert, dauphin de Viennois, portait :

D'azur, à un triangle d'argent chargé d'une étoile d'or. — Devise : *Qui stat, videat, ne cadat.*

Abel de Brunyer, arrière petit-fils de Jacques de Brunyer, qui reçut de nouvelles lettres de noblesse en 1663, fut autorisé en même temps à prendre d'autres armes. Marguerite de Lorraine, veuve de Gaston de France, fils de Henri IV, à laquelle Abel de Brunier avait toujours été très-attaché, voulut qu'il prît les armes suivantes, qui depuis cette époque ont été conservées par la famille :

D'or, à la croix double de Lorraine, qui est de gueules.

BRUSSY (de), Ec., Sgrs de la Hardouinière et de la Guillonnière (xvii° siècle).

En 1632, Jacques de Brussy remplissait à Tours les fonctions de conseiller du roi au siége présidial. Il était fils de Jacques de Brussy, conseiller du roi, élu en l'élection d'Amboise, et de Marie Gaillard.

Pierre de Brussy, chanoine de St-Martin de Tours (1688), mourut le 9 septembre 1703.

Ecartelé d'argent et d'azur (ou fascé d'or et d'azur de quatre pièces) au franc-canton d'argent chargé d'une clef de gueules posée en fasce. — *Alias* (*d'après l'Armorial général* sté *de Paris*) : Pallé d'or et d'azur de quatre pièces ; au franc-quartier d'argent chargé d'une clef de sable.

BRUYÈRES DE CHALABRE (de), Chev., marquis de Chalabre, Sgrs d'Ussé (xviiiᵉ siècle).

Jean-Antoine de Bruyères de Chalabre, archevêque de Toulouse, abbé de Villeloin (1585-97) et de Fontaines-les-Blanches (1591), mourut le 29 juin 1606.

D'or, au lion de sable, la queue fourchée, nouée et passée en sautoir.

BRYAS (de), Chev., marquis de Bryas,—à Tours (xixᵉ siècle). — Famille originaire de l'Artois.

La terre de Molinghen fut érigée en marquisat pour Gislain de Bryas, le 20 juin 1645.

Par lettres du 31 mars 1649, les terres de Bristel, de Troisvaux et autres, furent érigées en comté en faveur de Charles de Bryas.

En avril 1692, la terre de Royon fut érigée en marquisat pour Louis-Joseph de Bryas.

N. de Bryas était vicaire-général du diocèse de Tours, en 1774.

Le marquis de Bryas, résidant au Taillan (Gironde), est membre de la Société d'agriculture, sciences, arts et belles-lettres du département d'Indre-et-Loire (1866).

D'or, à la fasce de sable surmontée de trois cormorans de même, becqués et membrés de gueules. — Supports : deux licornes. — Couronne de marquis.

BUADE (de), Chev., comtes de Fontenac, de Palluau, Sgrs de l'Ile-Savary (xviᵉ et xviiᵉ siècles). — Famille originaire de la Biscaye.

Eustache de Buade, veuve de Charles Le Sesne, était propriétaire de la terre du Rivau, relevant de Chinon, en 1707.

D'azur à trois membres de griffon d'or. — Supports : deux griffons d'or. — Cimier : un griffon naissant de même.

BUCHEPOT (de), Chev., marquis de Fougerolles (du XVIe au XVIIIe siècle). — Famille originaire du Berri, où elle est connue dès 1212. En 1789, elle a comparu à l'assemblée électorale de la noblesse de cette province.

D'azur, à une fasce d'or accompagnée de trois étoiles de même.

BUEIL (de), Chev., barons de Châteaux et de St-Christophe, Sgrs de la Marchère, Chemillé, Epeigné, Beaulieu, Courcelles, l'Ile-Bouchard, Rivarennes, Assigny, Vouvray, Marçon, Vauxjours, Faye-la-Vineuse, Azay-le-Rideau, Montrésor, Valère, du Bois, Clinchamps, Ste-Julitte, St-Michel-sur-Loire, Racan, Fontaine-Guérin, Pocé, Château-Fromont, Fontaines, la Motte-Sonzay, Marmande, St-Michel-des-Landes, etc... (du XIIe au XVIIIe siècle).

Cette famille de Touraine a fourni un grand nombre d'illustrations, parmi lesquelles on remarque :

G. de Bueil, chevalier croisé (1190;

Guillaume de Bueil, maître des eaux et forêts de Touraine (1387);

Jean III de Bueil, lieutenant-général au gouvernement de Touraine (1369), décédé vers 1390;

Pierre de Bueil, seigneur du Bois, bailli de Touraine (1390), mort en 1414;

Jean IV de Bueil, fils de Jean III, grand-maître des arbalétriers de France, lieutenant-général de Touraine, capitaine-gouverneur de Loches, mort en 1415;

Jean de Bueil, bailli des ressorts et exemptions de Touraine (1391-1416);

Jean V de Bueil, comte de Sancerre, lieutenant du roi, en Touraine, capitaine-gouverneur de Tours (1428);

Honorat de Bueil, Sgr de Fontaines, vice-amiral de France, lieutenant du roi, en Touraine (1560);

Louis de Bueil, comte de Sancerre, grand-échanson de France, gouverneur, lieutenant-général des provinces de Touraine, Anjou et Maine (1562-63).

D'azur, au croissant montant, d'argent, accompagné de six croix recroisetées, au pied fiché d'or.

Jean IV de Bueil portait :

Écartelé; aux 1 et 4 de Bueil; aux 2 et 3 de gueules, à la croix ancrée d'or, qui est d'Avoir.

Jean V de Bueil et Louis de Bueil, comtes de Sancerre, portaient :

Écartelé ; aux 1 et 4 d'azur, au croissant montant d'argent, accompagné de six croix recroisetées, au pied fiché d'or, qui est de Bueil; aux 2 et 3 de gueules, à la croix ancrée d'or, qui est d'Avoir; et sur le tout : écartelé, aux 1 et 4 de Dauphiné; aux 2 et 3 de Champagne. — Cimier : un casque surmonté d'une tête de cygne. — Supports : deux léopards. — Devise : *St-Jehan de Bueil.*

Bueil (Chapitre de l'église des Saints-Innocents de).

De gueules, à un croissant d'argent, accompagné de six croix recroisetées de même, 3, en chef; 3, en pointe; écartelé d'azur à une croix ancrée d'or.

BUGAREL. — Cette famille a donné un trésorier de France à la généralité de Tours, Jean-Baptiste Bugarel.

D'azur, au chevron d'or, accompagné de deux étoiles de même en chef et d'une rose aussi d'or, en pointe.

BUIGNON.

D'azur, à trois beugnets d'or, 2, 1.

BUISSON (du), Sgrs du Buisson, paroisse de St-Michel sur-Loire (xviie siècle).

D'argent, fretté de gueules, à la bordure de sable.

BUISSON (Paul), marchand bourgeois, à Tours (1698).

D'azur, à trois bandes d'or.

BUISSON, Éc., Sgrs de la Palle, élection de Loches — et de Mauny, paroisse d'Azay-sur-Cher (xviie siècle).

Jean Buisson, était commissaire aux revues et logements des gens de guerre, à Loches en 16..

François Buisson, prieur de l'abbaye de Cormery, mourut le 18 juillet 1640.

En 1650, Gilles Buisson, conseiller du roi, remplissait les fonctions d'assesseur et de premier élu en l'élection de Tours.

D'argent, à un buisson ardent de gueules.

BUNAULT de MONBRUN, BUNAULT de RIGNY (de), Chev., marquis de Monbrun, Sgrs de Rigny, de la Grande-Maison, de Touchebarré, de Belleville, de Puyraveau et de Couzières, en Touraine (xviii⁰ siècle). — Cette famille, originaire du Roussillon, s'est établie en Touraine vers 1716. A cette époque eut lieu le mariage de François de Bunault avec Marie-Nicole-Charlotte Aubineau, fille unique de Charles Aubineau, seigneur de Monbrun, Rigny, Puyraveau, à condition que François de Bunault porterait et ajouterait à son nom celui de Monbrun.

Nicolas Bunault, chevalier de Rigny, chevalier de St-Louis, comparut en 1789 à l'assemblée électorale de la noblesse de Touraine. A la même époque, Charles-Louis de Bunault de Monbrun comparut à l'assemblée électorale de la noblesse du Poitou.

Alexandre-Nicolas Bunault de Monbrun, comte de Monbrun, sous-intendant militaire de 1ʳᵉ classe, officier de la Légion d'honneur, a épousé le 24 septembre 1846, Henriette-Charlotte de Contades, dont il a eu : Charles-Amédée, né le 28 novembre 1823, et Anne-Charlotte-Victoire, mariée le 30 octobre 1843 à Amédée-Joseph Lechat de St-Henys.

D'azur, au chevron d'or, accompagné en chef de deux aiglettes éployées d'or, et en pointe d'un lion grimpant, aussi d'or.

BUNON (Gilles), marchand bourgeois, à Tours. (1698).

D'argent, à un faucon de sable.

BURDELOT, Éc., Sgrs de Montferrand (xv⁰ et xvi⁰ siècles).

Pierre Burdelot fut conseiller du roi, maire de Tours en 1485-86.

Jean Burdelot était procureur-général du roi, à Tours, en 1507.

De sinople, à une fasce d'or, accompagnée de trois étoiles d'argent, 1, 2.

Quelques membres de la famille portaient :

D'azur, au lion de sinople.

BURES (de).

D'or, à six annelets de gueules, 3, 2, 1.

BURGENSIS, Chev., Sgrs de Montgauger, de St-Épain, Bois-Durant, de Savonneau, de la Proutière (autrefois de la Provostière), de la Crouzillière, etc. (xvᵉ et xviᵉ siècles).

Jacqueline-Catherine Burgensis, était prieure de Rives en 1543.

D'azur, à 3 lions d'or, les 2 du chefs affrontés, tenant une fleur de lis aussi d'or. — *Alias :* de gueules à 9 croix d'hermines pommetées. (D'après les *Mém. de Tour*).

BURGES (de), Éc., Sgrs des Forges (xviiᵉ siècle.)

Barthélemy de Burges était conseiller au siége présidial de Tours et maire de cette ville en 1648.

D'azur, à un chevron d'or, accompagné de deux coquilles d'argent en chef, et en pointe d'une grue de même portant au bec un serpent de sinople.

BUSSIÈRE (de la), Chev., Sgrs de la Roberderie et de Jutreau (xviiᵉ et xviiiᵉ siècles). — Famille originaire d'Angles, en Poitou, et dont la filiation remonte à l'an 1300. Elle a été maintenue dans sa noblesse les 3 juillet 1634, 25 mars 1665, 27 septembre 1667, 10 octobre 1668 et 6 janvier 1716.

Jean-René de la Bussière de Jutreau et autres membres de la famille comparurent, en 1789, à l'assemblée électorale de la noblesse du Poitou.

D'azur, à la bande d'argent, accompagnée de deux vols d'épervier de même, en barre, et de deux molettes d'éperon d'or, en pal.

BUSSON (N. de), abbé de Seuilly (1707).

D'argent, au lion de sable, armé, lampassé et couronné d'or.

BUSSY (de), Chev., comtes de Bussy, Sgrs de Bizay, de Bardonneau, de St-Georges, d'Épieds, de la Fuye, de la Vauguion, de Chasseignes, d'Arçay (xviiᵉ et xviiiᵉ siècles).

François-Louis, comte de Bussy, chevalier, capitaine au régiment de Bourgogne-Cavalerie, comparut par fondé de pouvoir, en 1789, à l'assemblée électorale de la noblesse du Poitou.

14

D'azur, à trois chevrons d'or, le premier brisé. — *Alias* : de sable, à l'aigle éployée d'or.

BUTEL DE **SAINTEVILLE**, Éc., Sgrs des Brosses, de Nuisement, au comté de Blois. — Famille noble et ancienne originaire du Blaisois. Arnoul Butel (fils de François Butel, qualifié *écuyer*, seigneur des Brosses, et de N. Meignan) fut baptisé en 1553 dans l'église Saint-Honoré de Blois.

Cette maison a fourni : — Quatre prieurs commendataires de St-Étienne-St-Sépulcre de Beaugency : Louis Butel, aussi doyen du Chapitre de St-Sauveur du château de Blois (12 mai 1607); — François Butel (1637); — François Butel, né en 1639, décédé le 22 février 1695; — François Butel, né à Blois le 8 août 1662, mort en 1737; — Une abbesse de la Guiche, près Blois, Marguerite Butel, née le 30 janvier 1637, décédée le 12 mai 1714; — Cinq conseillers du roi, maîtres à la chambre des comptes, à Blois : Nicolas Butel (1605-13), précédemment receveur des aides, tailles et taillons à Châteauroux; — Louis Butel (1620-54); — Louis Butel (1654-74); — Louis Butel (1693-95), et aussi garde-marteau des eaux et forêts du comté de Blois; — Louis-François Butel, né à Beaugency en 1692, mort à Blois, le 23 février 1746.

On remarque encore dans la généalogie de cette famille les personnages dont les noms suivent :

Pierre Butel, né le 6 avril 1665, lieutenant-colonel du régiment de Noailles (cavalerie), décédé en 1735; — Louis-François Butel, écuyer, chevalier de St-Louis, capitaine-commandant les grenadiers du régiment Royal-Roussillon (infanterie). Il fut convoqué à Blois, le 30 mars 1789, avec les autres membres de la noblesse du bailliage de Blois et de Romorantin, pour la nomination des députés de ce bailliage aux États généraux; — Jean Butel, né à Blois en 1631, conseiller du roi au conseil supérieur de l'île de la Guadeloupe et dépendances (16 décembre 1713), mort à la Guadeloupe en 1718; — Pierre Butel, frère du précédent, né à Blois en 1642, fermier et receveur des domaines du roi, greffier en chef du conseil supérieur de la Guadeloupe, capitaine-commandant les milices de la Pinte-d'Antigues (1730), mort en 1734, à la Guadeloupe, où ses descendants ont résidé jusqu'en 1818 ; — Georges-Marie Butel du Mont, né à Paris le 28 octobre 1725, secrétaire d'ambassade à St-Pétersbourg, trésorier de France au bureau des finances de la généralité de Bourges, mort en 1788 ; — Louis Butel de Montgai, président du conseil supérieur de la Guadeloupe (1812), chevalier de la Légion d'honneur (1814); — Pierre-François Butel de Sainteville, chevalier de St-Louis, commandant les milices du quartier du Gosier, à la Guadeloupe (1788); — Et Charles-Joachim Butel de Sainteville, chevalier de St-Louis, mousquetaire du roi dans la seconde compagnie, major des mousquetaires de la Guadeloupe, jusqu'à la réforme de cette compagnie en 1784.

Résidences actuelles de la famille : Les Arpentis, près Amboise (Indre-et-Loire); — Fontenay, près Ecueillé (Indre),

D'azur, au chevron d'argent, accompagné de trois étoiles de même, deux en chef, une en pointe, celle-ci soutenue d'un croissant aussi d'argent. — Supports : deux lions. — Couronne de comte.

BUTET, Éc., Sgrs de Saché, de Nouans (xviiie siècle).

La filiation suivie de cette famille commence par François Butet, vivant en 1630.

Jean-François Butet, secrétaire, conseiller du roi, Maison, Couronne de France, à Tours, mourut le 20 août 1789.

Jean Butet, écuyer, comparut en 1789, à l'assemblée électorale de la noblesse de Touraine.

La famille Butet s'est alliée à celles de Pinceloup, de Rocherot, Piherry de la Planche, Salmon de Maison-Rouge, Regnault, Barat, de Margonne, de Savary, etc...

D'argent, au chevron de gueules, accompagné de trois lions de même, 2, 1. — Couronne de comte. — Supports : Deux levrettes.

BUTET (N.), Enseigne de la ville de Tours (1698).
D'azur, à un sautoir alaisé d'or.

BUTIN, en Touraine (xviie siècle).

Louis Butin était trésorier de France au bureau des finances de la généralité de Tours, en 1680.

D'azur, à trois annelets d'or, 2, 1.

BUZANÇAIS (de), Chev., Sgrs de Buzançais (du xᵉ au xiiiᵉ siècle).

Deux membres de cette famille ont pris part aux croisades : Robert de Buzançais, avant 1125 ; Robert IV de Buzançais en 1223.

Le premier portait :

L'écu en bannière, de... à la croix pattée de sable.

Le second :

De... à une aigle éployée de..

BUZELET (de), Éc., Sgrs de la Forterie (xviiᵉ siècle).

De gueules, à trois roses d'argent, au croissant d'or posé en cœur.

CABANEL D'ANGLURE (Jean-Baptiste de), grand-maître des eaux et forêts au département de Touraine, Anjou et Maine (1782), mourut en septembre 1783.

D'azur, à l'agneau pascal d'or tenant sa banderolle de même, surmonté d'une main droite d'argent tenant une plume d'or.

CABARET, Éc., Sgrs de Luché et de Champ-Dalon, près Marnay, du Puy, paroisse de Courcoué (xviiᵉ et xviiiᵉ siècles).

D'azur, au chevron d'or accompagné de trois roses de même.

CADOR, Éc., Sgrs de Petit-Vau (xviiiᵉ siècle). Cette famille, originaire de Basse-Bretagne, a résidé à Chançay et à Savigné.

René Cador était chanoine de l'église de Tours en 1580.

D'or, à un ours de sable rampant bridé de même, la bride clouée et embellie d'argent.

Cador de Belle-Touche portait :

De sinople à un olivier d'or.

CAILLAULT, en Touraine et en Berri.

D'azur, à trois cailles d'argent, 2, 1, les deux du chef affrontées et becquetant dans un sac d'argent péri en pal, et la troisième becquetant le dit sac, le bec en haut.

CAILLON DES ÉTANGS, Sgrs des Jouberdières, paroisse de

Vouvray (xviii° siècle) — Famille originaire de Tours.

De... au chevron de..., accompagné de trois rats (ou trois poissons) en fasce. — Casque taré de front.

CAILLOT, Sgrs des Mallonnières, près Langeais (xvii° siècle).

De gueules, au chevron d'argent accompagné de trois paquets de coquerelles, de même.

CALTADE (de), Éc., Sgrs de la Jauneraye, paroisse de St-Épain (xvii° siècle).

D'argent, au chevron de gueules, accompagné de trois têtes de loup de gueules en chef et de deux lions léopardés de même en pointe.

CAM (de), Chev., Sgrs de Vaumore, de Rouillardière, du Pavillon, de Breviande (xvii° et xviii° siècles).

D'après la tradition, cette famille serait originaire d'Écosse, et son auteur aurait passé en France à la suite de Marie Stuart. Elle a été maintenue dans sa noblesse le 22 mai 1641, par les commissaires royaux chargés de l'exécution de l'édit de novembre 1640.

La famille de Cam a fourni trois chevaliers de St-Louis, — un premier maréchal des logis des gens d'armes de la garde, mestre de camp de cavalerie, — un conseiller du roi, élu en l'élection d'Amboise, Philippe-François de Cam (28 mai 1753). — un lieutenant-colonel d'infanterie, mort en 1754, — et un vice-président du tribunal civil de Tours, Denis-Louis de Cam.

Résidence actuelle de la famille : Amboise.

D'après le réglement qui en fut fait par les commissaires généraux, en 1696, les armes de la famille de Cam sont :

D'azur, à un chevron d'or accompagné en chef de deux moutons d'argent et en pointe d'un lion d'or; au chef de gueules chargé d'un croissant d'argent accosté de deux étoiles d'or.

D'après l'*Armorial général* de d'Hozier, François de Cam, écuyer, fourrier des logis du roi, ancien capitaine au régiment de Charolais, portait :

D'or, au lion passant de sable; au chef d'azur chargé d'un croissant d'argent accosté de deux étoiles d'or.

CAMPET (de), Chev., comtes de Saujon, Sgrs (en partie) de

Reignac, d'Armençay et de Fontenay, en Touraine (1729).

D'azur, à la fasce d'argent, accompagnée en chef d'un croissant, et en pointe d'une coquille, le tout de même.

CAMPRONT (de), famille originaire de Normandie. Elle a fourni un chevalier banneret, Enguerrand de Campront, qui prit part à la première croisade (1096).

Roger de Campront, prêtre du diocèse de Tours, fils de Roger de Campront, écuyer, vivait au milieu du xve siècle.

D'argent, à la quintefeuille de gueules.

CAMUS (le), Sgrs des Aunais.

François le Camus était chanoine et chancelier de l'église Tours en 1662.

D'azur, à trois croissants d'argent, 2, 1.

CAMUS DE PONTCARRÉ.—Famille originaire d'Auxonne, en Lyonnais. Elle a donné un évêque de Belley, Jean-Pierre Camus (1699); un évêque de Séez, Jacques Camus de Pont-carré, mort le 4 novembre 1650; des premiers présidents au parlement de Rouen, un conseiller d'Etat, etc.

Résidence en Touraine (1866) : château de la Tour, par Vouvray.

D'azur, à une étoile d'or, en cœur, accompagnée de trois croissants montants d'argent, 2, 1.

CANAYS, Sgrs de Palneau et de Grandfonds, paroisse de St-Marsolle, — des Roches, de Fresnes (xviie et xviiie siècles).

D'azur, au chevron d'argent, accompagné de trois étoiles d'or rangées en chef; et en pointe, d'une rose feuillée et tigée de même.

CANDÉ (Guillaume de), chevalier tourangeau, est mentionné dans un titre de 1282.

De.... à un léopard de...

CANDES (Philippe de), archiprêtre de Loches, puis arche-vêque de Tours (1291).

De ... au léopard de...

Candes (Chapitre de l'église collégiale de St-Martin de).

D'azur, à un St-Martin à cheval, suivi du diable, en forme de pauvre, auquel il donne son manteau, le tout d'or et autour ces mots : *Sancte Martine*.

Candes (ville de).

De gueules, à un château de trois tours d'or, pavillonnés et girouettées de même.

CANE, esquire (1). — Famille noble et ancienne, originaire d'Irlande et alliée aux plus grandes familles de ce pays. Une branche s'est établie en Touraine en 1777, en la personne de William Cane, décédé à Tours, le 30 avril 1848.

James Cane, frère de William, était membre du parlement d'Irlande (pour Ratowh, comté de Meath). — Un autre membre de la famille (oncle de William Cane), fut membre du même parlement pour Tallaght (comté de Dublin).

La famille Cane forme aujourd'hui deux branches : l'une résidant en Irlande, l'autre en Touraine.

Les représentants de la première sont :

Édouard Cane, trésorier de l'armée à Dublin ;

Richard Cane ;

Maurice Cane, directeur de la banque d'Irlande.

James Cane, seul représentant de la seconde branche, réside à Tours.

Tiercé en fasce ; au 1 de gueules à un croissant montant, surmonté d'une main ouverte, le pouce aussi ouvert ; le dit croissant accosté d'un tigre grimpant à sénestre et d'une licorne saillante à dextre, accompagné en chef de trois étoiles rangées en fasce, le tout d'argent ; au 2 d'or, à un arbre de sinople à sénestre et trois lézards de même posés en barre à dextre ; au 3 d'azur, chargé d'un poisson d'argent.

CANTINEAU DE COMMACRE, Chev., comtes de Commacre, Sgrs de la Selle-Guenant, la Jugeraie, du Fayet, du Verger, Bois-Girard, du Retail, Boisdurant (*alias* Bez), la Porcillière, Sainte-Catherine-de-Fierbois, Anzay, du Marais, la Marraudière, de la Cantinière (paroisse de Razines), de la Valinière, de Velangier, de la Besnardière (paroisse de Rillé), de la Chataigneraie, de la Guéronnière, de Vontes, de la Barre, la Villette, la Brosse, la Quiertière, de Thaix (paroisse d'Yzeures, etc. (du XVIe au XVIIe siècle).

(1) Cette qualification noble, en usage dans l'Irlande et en Angleterre, répond aux expressions françaises de *Chevalier* et d'*Écuyer*.

Cette famille, originaire du Bas-Poitou, et dont la filiation suivie remonte à Nicolas Cantineau, vivant en 1327, s'est établie à Parçay, en Touraine, au commencement du xvıe siècle, A cette époque, elle a donné le nom de la Cantinière à un fief qu'elle possédait dans la paroisse de Razines.

Les Cantineau de Commacre ont été maintenus dans leur noblesse les 20 juin 1634, 30 mars 1635, 18 avril 1641, et 15 février 1715.

Antoine Cantineau était conseiller du roi, trésorier de France au bureau des finances de la généralité de Tours vers 1650.

François Cantineau, Ec., Sgr de Redesse, demeurant dans la paroisse de Lièze, comparut le 1er avril 1689 au ban convoqué par lettres patentes du 26 février de la même année.

Jean-Félix Cantineau, comte de Commacre, remplissait les fonctions de lieutenant des maréchaux de France, à Tours, en 1750.

Félix-Auguste Cantineau de Commacre, ancien capitaine de cavalerie, chevalier de Saint-Louis, et Louis-François-Alexandre Cantineau de Commacre, chevalier, comparurent, le premier en personne, le second par fondé de pouvoir, à l'assemblée électorale de la noblesse de Touraine, en 1789.

D'argent, à trois molettes d'éperon de sable 2, 1.

CARBONNIÈRES (de), Chev., marquis de Carbonnières, comtes de St-Brice. — Famille originaire du Périgord. Hugues de Carbonnières, chevalier-banneret, prit part à la croisade de 1248. Deux terres ont été érigées en marquisats en faveur de cette maison.

La famille de Carbonnières a comparu à l'assemblée électorale de la noblesse du Poitou en 1789.

Aimé-Marie-Louis-Ernest, marquis de Carbonnières-St-Brice, a épousé Marie-Jacqueline-Constance de Foucault, fille du vicomte Jacques-Jean de Foucault, gentilhomme de la chambre du roi Charles X, et de Marie-Françoise de

Jouffroy. De ce mariage est née Marie-Henriette-Edith de Carbonnières, mariée au comte de Marcé, demeurant au château des Fontenils, près Chinon.

D'argent, à trois bandes d'azur, accompagnées de huit charbous de sable, allumés de gueules, posés 1, 3, 3, 1, entre les bandes.

CARETTO (Charles-Dominique), dit le cardinal de Final, archevêque de Tours (1509-1512).

Ecartelé, aux 1 et 4 de gueules, à la croix d'argent; aux 2 et 3 de gueules à cinq fasces d'or.

CARION, Chev., Sgr de Langeais, de Gizeux, (fin du XIIIe siècle).

La famille Carion devint propriétaire de ces deux terres par suite du mariage de Louis Carion avec Jeanne du Bellay. Elle est originaire du Poitou.

D'or, à trois bandes d'azur; au chef d'hermines.

CARLES (de), en Touraine et en Poitou.

D'argent, à la bande d'azur chargée de trois merlettes d'argent.

CARLET DE LA ROZIÈRE, comtes de la Rozière.

D'argent, à un arbre de sinople, sur une terrasse de même; à deux épées de gueules passées en sautoir derrière le fût de l'arbre, les pointes en haut accompagnées de deux étoiles d'azur en chef et de deux fleurs de lis de même une à chaque côté de l'arbre.

CARNAYE (de la), Ec., Sgrs de Charmont, paroisse de Draché (XVIIe siècle).

D'argent, à trois bandes de gueules, à la fasce d'or brochant sur le tout, chargée d'un lion léopardé de gueules.

CARNÉ DE TRUESSON (Gilette-Françoise-Marie-Céleste de), dame du Mortier, de la Fresnaye, de Bois-le-Roi et des Fosses-Rouges, veuve de Charles-Augustin-François, comte du Plessis de Grenedan, comparut en 1789 à l'assemblée électorale de la noblesse de Touraine.

D'or, à deux fasces de gueules. — Devise : *Plutôt rompre que plier.*

CARON.

De gueules, à la croix ancrée d'argent.

CARRÉ, Ec., Sgrs de la Barre, paroisse de Mazières (XVIIe siècle).

Michel Carré était conseiller du roi, grenetier au grenier à sel de Tours, en 1654.

Bernard Carré fut conseiller au siége présidial de Tours (vers 1696).

René-Robert Carré fut pourvu de la charge de conseiller au présidial de Tours, le 12 août 1702.

De gueules, à trois losanges d'argent, 2, 1.

CARRÉ (François), officier de la Monnaie de Tours (1698.)

D'azur, à une fasce d'argent, chargée de trois carreaux de gueules, et accompagnée de trois besants d'or, 2, 1.

CARRÉ DE BUSSEROLLE, Chev., Sgrs de Buxerolles, près Poitiers, — de Buxerolles, fief situé dans le bourg de Vouneuil-sur-Vienne, — de Laubière, de la Pinotière, de Saint-Marc, de Châtaigner, de Bissy, de Bassimonon, etc. (du xvie au xviiie siècle). — Famille originaire du Poitou. Jusqu'au commencement du xviie siècle, elle a écrit son nom BUXEROLLES. Presque tous ses membres ont suivi la carrière militaire. Elle a donné un capitaine-gouverneur de Poitiers, maire de cette ville en 1636, François Carré, écuyer, décédé en 1663. François Carré avait comparu à l'assemblée de la noblesse du Poitou, tenue à Poitiers en 1651, pour nommer des députés au États de Tours.

Louis-Charles Carré, Chev., Sgr de Busserolle, fit partie du 2e escadron du ban des nobles du Poitou, convoqué en 1703. Son fils, René-Sylvain Carré, Chev., Sgr de Busserolle, était au ban des nobles de la même province en 1758, et y servit dans la 1re brigade de l'escadron de Boisragon.

Louis-Sylvain Carré, Chev., Sgr de Busserolle, officier au régiment de Vivarais, puis garde du corps du comte d'Artois, comparut, en 1789, à l'assemblée électorale de la noblesse du Poitou. Il émigra en 1791; on présume qu'il fut une des victimes du massacre de Quiberon. Sa femme, Marie-Anne de Château-Châlons, arrêtée comme femme d'émigré, en 1793, périt dans les prisons de Châtellerault.

La famille Carré de Busserolle s'est alliée à celles de

Charlet de la Poupardière, d'Aux, de Chessé, de Marconnay de Cors, Thiellemant, de Sanzay, de la Ferrière, Berland du Plessis, Drouault, de Marans de Varennes de St-Marc, de Château-Châlons, du Breuil, Aubry, de Saint-Cher, etc. Elle forme aujourd'hui trois branches.

La branche aînée a pour chef de nom et d'armes Jean-Sylvain Carré de Busserolle, né le 10 juillet 1784, officier supérieur en retraite, officier de la Légion-d'honneur, chevalier de Saint-Louis, marié le 18 octobre 1814 à Idalie-Rosalie Dupont, fille de Guy-Jean-Baptiste Dupont, lieutenant-colonel au 15e régiment de ligne, officier de la Légion-d'honneur, et de Catherine-Louise Morieux. De ce mariage sont issus :

1° Gustave-Louis-Sylvain Carré de Busserolle, né le 7 octobre 1819, lieutenant au 71e de ligne, décédé le 23 juin 1858;

2° Amand-Louis-Henri Carré de Busserolle, né le 8 décembre 1823, major au 63e de ligne, chevalier de la Légion-d'honneur, marié le 10 janvier 1854 à Marie-Célestine Borgnet, dont il a eu : Ferdinand-Sylvain-Amand-Martin, et Marie-Eudoxie-Caroline-Rosalie ;

3° Idalie-Louise-Marie Carré de Busserolle, née le 1er février 1816, mariée le 30 janvier 1840 à Jacques-François-Napoléon Hamel, chef de bataillon, commandant de place, chevalier de la Légion-d'honneur, décédé le 26 octobre 1858;

4° Marie-Victorine Carré de Busserolle, née le 8 mai 1829, mariée le 30 octobre 1854 à Gustave-Augustin-Gervais de Saint-Cher;

5° Louise-Estelle Carré de Busserolle, (en religion Marie de Sainte-Cécile), religieuse de l'Ordre de Marie-Réparatrice, née le 13 juillet 1831.

La seconde branche a pour chef Louis-Xavier Carré de Busserolle, né le 12 août 1786, marié le 5 novembre 1816 à Sophie Champigny ; de ce mariage sont issus :

1° Louis-Léopold, mort en bas âge;

2° Louis-Lucien-Amédée Carré de Busserolle, né le 17 novembre 1820, marié le 23 avril 1850 à Elie-Joséphine Carré, dont il a eu : Sophie-Anne-Louise-Gabrielle, née le 22 février 1851, et Raoul-Louis-Joseph-Auguste, né le 20 janvier 1859.

3° Jacques-Xavier Carré de Busserolle, né le 14 juin 1823, marié le 6 septembre 1852, à Euphémie-Victorine Grouvel, dont il a eu Louis-Sylvain-Adrien-René-Xavier, né le 28 juillet 1853;

4° Silvain-Henri, mort en bas âge;

5° Léon-Marie-Joseph, né le 11 avril 1832, sous-officier au 70° de ligne, tué en Kabylie en 1858.

La troisième branche est actuellement représentée par :

1° Emile-Louis-Félix Carré de Busserolle, né le 8 décembre 1817, résidant à Nogent-sur-Seine;

2° Louis-Georges-Amédée Carré de Busserolle, né le 1er janvier 1820, curé de Dun-le-Roi (Cher);

3° Xavier-Alphonse Carré de Busserolle, né le 29 janvier 1825, officier au 3° régiment des tirailleurs algériens, chevalier de la Légion-d'honneur;

4° Marie-François Carré de Busserolle, né le 15 mars 1830, prêtre, résidant dans le diocèse de Bourges.

D'azur, à deux étoiles d'or en chef et une rose de même en pointe. — Supports : deux lions; — Couronne de comte. — Devise : *Superis gratum spirabit odorem.*

Les armes de cette famille ont été enregistrées en 1696 dans l'*Armorial général de France*, page 279, (*Armorial de Poitiers*), sous le nom de Jean Carré, écuyer, Sgr de Busserolle.

CARRÉ DE LA MOTHE, Ec., Sgrs de la Mothe. — Cette famille, originaire du Poitou, a été maintenue dans sa noblesse le 26 septembre 1667. Elle résidait à cette époque dans la paroisse de Jaulnay.

D'argent, à une bande de sable chargée de trois roses d'argent.

CARRÉ DE VILLEBON, Chev., Sgrs de la Thiberdière, relevant de Ste-Maure (xvii° siècle). — Cette famille s'est alliée à celles du Mesnil, de Constantin de la Grossinière, L'Huillier de la Noue, Robineau, Blanchard, Le Saché de la

Neuville, etc. Elle a comparu, en 1789, à l'assemblée électorale de la noblesse de l'Orléanais.

Echiqueté de gueules et d'argent. — Ou : d'azur, à la bande d'or, accostée de deux étoiles d'argent ; au chef du second émail, chargé de trois billettes de gueules.

CARREAU, Sgrs de Launay et de la Barrelière (xviie siècle).

D'argent, au lion de sable, armé, lampassé et couronné d'or.

CARREY DE **BELLEMARE** (de), Ec., Sgrs de Bellemare, paroisse de Méré, et de la Bretèche (xviiie siècle). — Famille originaire d'Irlande, où elle est connue dès le xie siècle. Pierre de Carrey, milord, passa en France sous le règne de Henri II.

Ceite maison a été déclarée noble d'ancienne race, par lettres de Henri III (1588), ce qui fut confirmé par d'autres lettres de 1598.

D'azur, à la bande d'or, chargée de trois carreaux bordés de sable et accompagnée de deux étoiles d'or.

CARRIERE (de la), Ec., Sgrs de la Plesse, paroisse d'Avrillé (xviie siècle).

D'azur, à un chevron d'or accompagné en chef de deux têtes de héron, colletées d'argent : et en pointe, d'une étoile de même.

CARTIER (Louis), abbé de Gastines (1582).

Ecartelé d'argent et d'azur à 6 fleurs de lis de...

CARTIER-DOUCET.

D'azur, au chevron d'argent accompagné de trois têtes de paons arrachées, d'or.

CARVOISIN (de), Chev., comtes de Carvoisin, barons de la Mothe-St-Héraye, Sgrs des Courtils, paroisse de Barrou, (xviiie siècle). — Famille originaire du duché de Milan. Vespasien de Carvoisin, chevalier, premier écuyer de François Ier, obtint, en 1539, des lettres de naturalisation.

La maison de Carvoisin a été maintenue dans sa noblesse le 27 novembre 1669.

Antoine-Charles-Vincent de Carvoisin, comte de Carvoisin, chanoine de l'église de Tours, comparut par fondé de pouvoir,

En 1789, à l'assemblée électorale de la noblesse de Touraine, et en personne à l'assemblée de la noblesse du Poitou.

D'or, à la bande de gueules; au chef d'azur. — Supports : deux lions de gueules. -

CASAUX ou CASEAUX (de).

Echiqueté d'argent et de gueules ; au chef d'azur chargé de trois étoiles d'or ; accolé d'argent, à 3 quintefeuilles de sable, 2, 1, à la bordure componnée d'argent et de sable.

CASENOVE (de), au Grand-Pressigny, en Touraine (XVIIe siècle).

D'azur, au lion d'or naissant d'une tour de même, tenant une clef d'argent et soutenu des pattes de devant d'un lion d'or.

CASSAIGNES (de), en Touraine. — Famille originaire de Guienne. Elle a fourni un chevalier croisé (1248).

D'azur, au lion d'or armé et lampassé de gueules; à une cotice de gueules brochant sur le tout.

CASSARD (François), archevêque de Tours (1228-29), cardinal de St-Martin, mourut le 5 août 1237.

D'azur, à une licorne passante d'argent.

CASSIN, CASSIN DE LA NOUE, CASSIN DE LA LOGE, CASSIN DE KAINLIS, Ec., Sgrs de la Groye, de la Loge, de la Roussière, du Tronchay, de l'Isle, de la Gagelière, de la Noue, et de la Sansonnière (XVIIe et XVIIIe siècles). — Famille originaire de l'Anjou.

Le manuscrit n° 982 de la bibliothèque d'Angers fait mention de Jehan Cassin, qui comparut en armes, le 17 décembre 1470, et le 24 septembre 1471, au ban de la noblesse du ressort d'Angers.

La filiation suivie de cette maison commence par Pierre Cassin, vivant vers 1580.

La famille Cassin a donné trois présidents trésoriers de France au bureau des finances de la généralité de Tours : René-Alexis Cassin, écuyer, né le 7 janvier 1717, mort le 18 décembre 1782 ; René-Pierre Cassin de la Loge, écuyer, né le 6 janvier 1756, décédé le 11 août 1825 ; Etienne-Marie Cassin de la Noue, écuyer, né le 30 juillet 1749, maire de

Tours (du 22 mai 1800 au 4 mars 1801), conseiller de préfecture (1801), mort le 30 mai de cette même année.

Françoise Cassin, veuve de Gabriel-François Amy du Ponceau, comparut par fondé de pouvoir à l'assemblée électorale de la noblesse de l'Anjou en 1789.

Par lettres patentes du 18 mars 1825, Alphonse Cassin fut créé baron, avec majorat.

Une ordonnance royale du 27 avril de la même année autorisa Auguste-Raoul Cassin, à ajouter à son nom celui de *Kainlis*, qui est un des'noms de sa femme (Mme Mac-Curtain de Kainlis.

Etienne-Marie Cassin de la Noue laissa trois enfants de son mariage avec Adélaïde Pregent du Breuil :

1° Alphonse, baron de Cassin, ancien capitaine au régiment de la garde royale, chevalier de la Légion-d'honneur, marié le 27 décembre 1831, à Louise-Stéphanie Fournier de Boisayrault d'Oyron, dont il a eu : 1° Léonce-Pierre, baron de Cassin, né le 2 novembre 1832; 2° Marie, née le 30 mai 1840, mariée le 27 janvier 1863, à Ludovic de la Poëze, marquis d'Harambure; 3° Cécile, née le 20 octobre 1841, mariée le 12 juin 1865 au comte René de la Chapelle.

2° Auguste-Raoul Cassin de Kainlis, marié le 7 octobre 1823 à Sidonie Mac-Curtain de Kainlis, dont il a eu : 1° Alfred-Marie Cassin de Kainlis, capitaine d'état-major, mort le 4 août 1853; 2° René-Gustave Cassin de Kainlis, marié le 7 juillet 1855 à Berthe de Lassus-Bisous; 3° Louis-Oscar Cassin de Kainlis, marié le 18 juin 1861 à Pauline du Temple de Chevrigny.

3° Amédée Cassin, ancien officier aux chasseurs de la garde royale, chevalier de la Légion d'honneur, marié le 27 septembre 1844 à Sidonie Mac-Curtain de Kainlis.

Félix Cassin de la Loge a épousé le 17 avril 1830 Rosalie Joséphine-Augusta Richard de Beauchamp, dont il a eu René-Auguste-Ferdinand Cassin de la Loge, marié le 24 avril 1857 à Thérèse-Marie du Mas. De ce mariage sont issus: Marie-

Félix-René; Marie-Augusta-Louise; Marie-Pierre-Maurice et Adrienne-Françoise-Marie Cassin de la Loge.

D'azur, à trois bandes d'or. — Couronne de baron

Cassin de Kainlis porte :

Ecartelé, aux 1 et 4 d'azur, à trois bandes d'or, qui est de Cassin; aux 2 et 3 d'or, au cerf passant de gueules, ramé de sinople, au croissant de même en chef, qui est de Kainlis. — Devise : *Manu merui mortem.*

CASTANIER (de), Chev., Sgrs de Bonroy (xviiie siècle).

Catherine-Françoise de Castanier de Conffoulens, veuve de Louis-Marie de Poulpry, comparut par fondé de pouvoir, en 1789, à l'assemblée électorale de la noblesse de Touraine.

D'argent, au châteigner de sinople fruitté d'or, sur une terrasse de sinople; au chef d'azur chargé d'un croissant accosté de deux étoiles d'argent.

CASTELLANE (de), Chev., marquis de Castellane, Sgrs de Villandry et du Rivau, de Savonnières, de Ranton, etc. (xviiie siècle). — Cette maison, une des plus illustres et des plus anciennes de la Provence, est issue des comtes de Castille. Elle a donné des archevêques, des évêques, un maréchal de France, des lieutenants généraux, des maréchaux-de-camp, un grand nombre de chevaliers de Malte, etc.

Par lettres de mars 1758, la terre de Colombiers fut érigée en comté en faveur de Michel-Ange de Castellane.

Esprit-François-Henri, marquis de Castellane, comparut par fondé de pouvoir à l'assemblée électorale de la noblesse de Touraine, en 1789.

La famille de Castellane réside actuellement au château de Rochecotte (Indre-et-Loire).

De gueules, au château de trois tours d'or, maçonnées de sable, celle du milieu supérieure.

N. de Castellane, maître des requêtes, conseiller d'Etat, général de brigade, préfet des Basses-Pyrénées, comte de l'Empire, portait :

Parti; au 1 de comte pris dans le conseil d'Etat; au 2 d'or, à trois chabots de gueules, en pal, 2, 1 ; coupé de gueules, à la tour donjonnée de trois tourelles d'or, ouvertes, ajourées et maçonnées de sable.

CASTELNAU (de), Chev., Sgrs de la Princerie, des Coudreaux, près Champigny, de la Mauvissière, du Rouvre, de la Haye, de la Fosse, de Bois-Joly (xvᵉ, xvıᵉ et xvııᵉ siècles).— Famille originaire du Bigorre. Sa filiation commence par Jean-Bernard de Castelnau, vivant en 1260.

Avant le xvııᵉ siècle :

D'azur, au château ouvert d'argent, maçonné de sable, crénelé et sommé de de 3 donjons pavillonnés, avec leurs girouettes.

Au xvııᵉ siècle :

D'azur, au château ouvert d'argent maçonné de sable, crénelé et sommé de trois donjons pavillonnés, avec leurs girouettes, qui est de Castelnau ; écartelé d'or, à deux loups passants de sable, qui est de la Loubère.

La branche de la Mauvissière brisait les armes de Castelnau de l'écu de Levis, qui est *d'or à trois chevrons de sable*, à cause d'Alpaïs de Levis de laquelle elle est issue. Elle avait pour cimier *une tête de loup d'or*, et pour supports *deux lions de même.*

CASTERET (de).

D'azur, à une croix d'argent; au chef d'or, chargé d'une levrette passante de sable.

CATINAT, Chev., Sgrs de St-Mars et de la Fauconnerie (xvııᵉ siècle). — Cette famille, une des plus illustres de France, est originaire de Mortagne, au Perche. Elle a donné à la Touraine les fonctionnaires et les dignitaires ecclésiastiques dont les noms suivent :

Georges Catinat, conseiller du roi, juge et lieutenant-général au siége présidial de Tours (1630), maire de Tours (1632-33);

Georges Catinat, aumônier du roi, lieutenant-général de Touraine et abbé de St-Julien de Tours (1652), mort le 29 décembre de cette année ;

Pierre Catinat, abbé commendataire de St-Julien de Tours (1676);

Clément Catinat, abbé du même monastère (1677-85);

15

Louis Catinat, aussi abbé de St-Julien de Tours (1685-1714).

D'argent, à la croix de gueules chargée de neuf coquilles d'or.

CAULAINCOURT (René de), abbé de Fontaines-les-Blanches (1770-72).

De sable, au chef d'or, à la bordure de gueules.

CAULET (N.), abbé de Fontaines-les-Blanches (1765-70).

De gueules, au lion d'or, à une fasce d'azur chargée de trois étoiles du second, la dite fasce brochant sur le tout.

CAUMONT DE **LAUZUN** (Nompar de), duc de Lauzun, Sgr de Champigny-sur-Veude (du chef de sa femme Anne-Marie-Louise d'Orléans), avant 1692.

Tiercé en bande, d'or, de gueules et d'azur.

CAUX (de), Éc., Sgrs de Chassé et de St-Etienne (bailliage de Chinon).

Marc-Antoine de Caux de Chassé, capitaine au régiment de Clermont-Bertillac (cavalerie), ancien lieutenant des maréchaux de France à Richelieu, mourut en 1745. Son fils, Marc-Antoine-Henri de Caux de Chassé, fut pourvu de cette même charge de lieutenant des maréchaux de France, à Richelieu, le 20 juin 1744.

René-Henri de Caux comparut, en 1789, à l'Assemblée électorale de la noblesse de l'Anjou.

D'azur, à trois lions d'or, 2, 1.

CAVÉ D'HAUDICOURT DE **TARTIGNY**, en Touraine et dans l'Ile-de-France.

De gueules à trois étoiles d'or, 2, 1.

CAYLAR (Jacques du), Chev., Sgr de Spondillan, gouverneur de Champigny-sur-Veude (avant 1599).

D'or, à trois bandes de gueules ; au chef chargé d'un lion naissant de sable soutenu d'une devise cousue d'or, chargée de trois trèfles de sable.

CAZET, Éc., Sgrs d'Aligny, de Ranson, de Vaux (xviiᵉ siècle).

D'azur, à trois aigles éployées d'or, 2, 1.

CAZET (René), conseiller du roi, trésorier de France au bureau des Finances de la généralité de Tours, fut maire de cette ville en 1658.

D'azur, au chevron d'argent, accompagné en chef de deux aigles au vol abaissé, d'or, et en pointe d'une pomme de pin de même, la tige en haut.

CEILHES DE ROSSET DE FLEURY (Henri-Marie de), archevêque de Tours (1750), passa au siége de Cambrai en 1774.

Ecartelé ; au 1 d'argent à un bouquet de trois roses de gueules, tigé et feuillé de sinople ; au 2 de gueules, au lion d'or ; au 3 écartelé d'argent et de sable ; au 4 d'azur, à trois rocs d'échiquier d'argent ; et sur le tout ; d'azur, à trois roses d'or.

CELLE (de la), Chev., Sgrs de Chambon, près Preuilly, de la Celle-Draon, relevant de la châtellenie des Bordes, — de la Chatière, de la Chevalerie, de Giveigne, du Puy, (paroisse de Barrou), de l'Étang, paroisse de Betz (du XIIIe au XVe siècle).

Cette maison est originaire de la Marche. Elle paraît avoir pour auteur Hugues de la Celle, cité dans un traité fait vers 1040, entre Guillaume, comte de Poitiers, et Jourdain de Laron, évêque de Limoges.

Les terres possédées par la branche des seigneurs de la Celle-Draon, passèrent dans la maison d'Azay, par le mariage de Jéhanne de la Celle, fille de Geoffroy de la Celle, chevalier-bachelier, avec N. d'Azay, chevalier. Ce Geoffroy de la Celle est cité dans un acte de 1367 ; il commandait une compagnie composée d'un autre chevalier-bachelier et de dix-huit écuyers. Le 16 juillet 1371, il comparut avec son frère, Regnault, à la revue de la compagnie de Guillaume des Bordes, passée à Mirebeau.

D'argent, à l'aigle de sable, becquée et membrée d'or.

Une branche, dont le chef, en 1212, était Hugues de la Celle, sénéchal de Poitou, portait :

De.... à une fasce accompagnée de 7 billettes, et d'une croix brochant sur le tout.

CÉLORON (de), Ec., Sgrs de la Gagnerie et de Blainville. Cette famille a fourni un secrétaire du roi, Claude Céloron (11 août 1637).

Elisabeth-Marguerite-Magloire Abraham, femme de Pierre-Joseph Céloron, fut déchargée du droit de franc-fief, pour la terre de la Gagnerie, par sentence de l'intendant de Tours du 19 mai 1787, « attendu, dit cette sentence, la noblesse d'extraction du dit sieur Céloron » (xviie et xviiie siècles).

Pierre-Joseph de Céloron, chevalier, major d'infanterie, chevalier de St-Louis, comparut en 1789 à l'Assemblée électorale de la noblesse de Touraine.

D'argent, au chevron de gueules accompagné de trois cigales de sinople, 2. 1.

CÉLORON (de).

D'azur, à trois croissants d'argent et une étoile d'or en cœur.

CENAMI, en Touraine (xvie et xviie siècles). — Famille originaire de Lucques, en Italie.

D'or, au lion de gueules.

CÉRIS (de), Chev., Sgrs d'Orfons et de Varennes, près Loches (xive siècle). — Famille d'ancienne chevalerie, répandue en Berri, en Touraine et en Poitou.

Regnaud de Céris comparut comme témoin, en 1149, dans une donation faite à l'abbaye de Marmoutier par Simon de Beaugency.

La maison de Céris a été maintenue dans sa noblesse en 1667, le 7 août 1668 et le 1er février 1700. En 1789, elle a comparu à l'Assemblée électorale de la noblesse du Poitou. Elle s'est alliée aux familles de Sully, de Barbançois, de St-Gelais, de Puyvert des Guittons, de St-Martin, de St-Georges de Vérac, d'Anché, de la Broue de Vareilles d'Hust, de Savatte de Genouillé, de Beaupoil de St-Aulaire, de Fouqueau, etc.

D'azur, à la croix alaisée d'argent.

CERISAY (de), Ec., Sgrs de Bastereau (xvie siècle).

Cette famille est originaire de l'Anjou, où elle a possédé la terre du Bois-d'Allonnes.

D'azur, à trois croissants d'or, 2, 1.

CERISIER, à Loches (xviiᵉ siècle).

D'argent, à trois cerisiers arrachés, de sinople, fruittés de gueules.

CERISIERS (de), Ec., Sgrs de la Roche-Vernay. — Pierre de Cerisiers fut anobli par lettres de novembre 1638.

D'or, à un cerisier de sinople fruitté de gueules (d'après les lettres d'anoblissement). *Alias :* — De gueules, à un cerisier d'or fruitté de gueules et surmonté de deux étoiles d'argent.

CESNEAU, à Tours.

D'argent, à une croix dentelée de sable cantonnée en chef de deux étoiles d'azur et en pointe de deux roses de gueules.

CHABAN (de), Chev., Sgrs d'Orfons, près Loches, de Valmer, de Chançay et de la Coste (xviiiᵉ siècle).

Cette famille acquit la terre d'Orfons en 1723, de François Lothier, Chev., Sgr de St-Genou. — Par acte du 5 juin 1746, Nicolas Chaban, écuyer, acheta la terre de Valmer, de Pierre de Valmer et de Marie Marladé, sa femme.

D'azur, à l'aigle volante, d'or, vis-à-vis d'un soleil posé à dextre, aussi d'or.

CHABAN (MOUCHARD de), Chev., Sgrs de Chaban, paroisse de Landrais, en Aunis (xviiᵉ et xviiiᵉ siècles), comtes Mouchard de Chaban (xixᵉ siècle).

La famille Mouchard, autrefois Mouschart, est originaire de La Rochelle. Elle a pris le nom du fief de Chaban vers 1695. Depuis le règne de Louis XIV, elle a fourni plusieurs officiers à l'armée, entre autres : Jean Mouchard de Chaban, écuyer, capitaine au régiment de la Tour-cavalerie (1714); — François-Philippe-Amédée Mouchard de Chaban, chevalier, capitaine aux gardes-françaises, chevalier de St-Louis (1740-1773); — François-Louis-René Mouchard de Chaban, lieutenant au même régiment (1773-89), puis préfet et conseiller d'État sous l'Empire; — Charles-Marie-Louis, comte Mouchard de Chaban, page de l'Empereur, lieutenant au 1ᵉʳ régiment de carabiniers (1809-14); Anne-Marie-Adrien Mouchard de Chaban, sous-lieutenant au 2ᵉ régiment de carabiniers, mort à la retraite de Russie.

François-Louis-René Mouchard de Chaban, préfet et

conseiller d'Etat, ci-dessus nommé, fut créé comte héréditaire par décret et lettres-patentes des 15 août et 9 décembre 1809.

Le chef actuel de nom et d'armes de cette famille, Charles-Louis-Marie, comte Mouchard de Chaban, né à Vendôme le 23 octobre 1815, est aujourd'hui (1867) conseiller de préfecture du département d'Indre-et-Loire; il a épousé, le 30 mai 1842, Louise-Palmyre Séguin de la Salle. De ce mariage sont issus : 1° Anne-Marie-Louise-Renée, religieuse aux Dames de la Retraite, née à Vendôme le 20 mars 1843 ; 2° François-Louis-Amédée, sous-lieutenant au 1er de spahis, né à Vendôme le 23 mai 1844 ; Jeanne-Marie-Charlotte, née au château de Ruan (Loir-et-Cher) le 25 novembre 1846.

D'azur, au chevron d'or, accompagné de trois mouches, ou abeilles de même.

Ces armoiries, inscrites à l'Armorial général de la généralité de Paris (1696) au nom d'Isaac Mouchard, écuyer, Sgr de Chaban, secrétaire du roi, maison, couronne de France, ont été modifiées ainsi qu'il suit par l'empereur Napoléon Ier :

D'azur, au chevron d'or, accompagné de trois scarabées de même ; à la champagne de gueules chargée du signe de chevalier de la Légion d'honneur; franc-quartier de comte, conseiller d'Etat.

CHABANES (Joseph-Gaspard de), abbé de Valricher, vicaire-général du diocèse de Tours (1723), puis évêque d'Agen (1725).

De gueules, au lion d'hermines, couronné, armé et lampassé d'or.

CHABERT (André), marchand bourgeois, à Tours (1696).

De gueules, à un chevron d'argent.

CHABERT de la **CHARRIÈRE**, **CHABERT** de **PRAILLE**. — Cette famille, d'après la tradition, aurait une origine commune avec les Chabert du Pouzin, du Vivarais ; elle paraît s'être fixée dans le Dauphiné, il y a plus de cinq siècles, dit M. Borel d'Hauterive dans son Annuaire de la noblesse de France (1866, p. 158). Une branche s'est établie en Hollande, l'autre en Touraine.

Celle de Touraine commence sa filiation suivie par Michel Chabert, élu échevin perpétuel de Tours le 22 décembre 1634, et dont le fils aîné, Sébastien Chabert de Praille et de la Char-rière, fut aussi échevin perpétuel de Tours (élection du 29 novembre 1672).

Hilaire-François Chabert de la Charrière, écuyer, conseiller à la cour de la Guadeloupe, fut nommé député de cette co-lonie à l'assemblée constituante, et mourut aux Etats-Unis le 19 prairial, an VIII.

Louis-François Chabert de Praille fut conseiller du roi et trésorier de France au bureau des finances de Tours, vers 1770.

André-Sébastien Chabert de la Charrière est aujourd'hui l'unique rejeton mâle de la branche des Chabert de la Guade-loupe.

De azur, à la bande d'argent, chargée de trois rocs d'échiquier de sable, et accompagnée de taus de même semés en orle.

André Chabert de la Charrière, bourgeois de Tours, reçut d'office, de d'Hozier, les armes suivantes :

De gueules, au chevron d'argent.

CHABOT, ROHAN-CHABOT (de), Chev., comtes de Buzan-çais, Sgrs de la Grève, Moncontour, Marnes, Montsoreau, Colombiers, Vaujours, Savonnières, la Coustannière, la Car-rée, Villantrays, de la Mothe-Coupereau, d'Ecueillé, du Grand-Pressigny, Verneuil, près Loches, de Ferrières-Larçon (xve et xvie siècles). — Cette famille, originaire du Poitou, est une des plus anciennes et des plus illustres de France. Sa filiation suivie commence par Guillaume Chabot, vivant en 1040 et dont un des fils, Ithier, fut évêque de Limoges. Sebran Chabot accompagna le roi Louis-le-Jeune à la croisade, en 1147.

En 1533, la terre de Buzançais fut érigée en comté, avec union des fiefs d'Ecueillé et de Nion, en faveur de Philippe Chabot, comte de Charny, grand-amiral de France.

Pierre Chabot fut abbé de Beaugerais de 1486 à 1503.

D'or, à trois chabots de gueules posés en pal.

CHABOT, Ec., Sgrs de Turageau, élection de Richelieu (xviiᵉ siècle).

De.... à un cerf-volant de...

CHAILLOU (Jean), abbé de Fontaines-les-Blanches (1427-1455).

Jean Chaillou, était chanoine de l'église de Tours en 1664.

D'azur, au chevron d'or accompagné en chef de deux mouches de même, et en pointe d'un lion aussi d'or.

CHAILLY, en Touraine (xviᵉ et xviiᵉ siècles).

Sébastien Chailly fut chanoine, puis grand-archiprêtre de l'église de Tours (1611-30).

Vairé d'argent et de sable.

CHAINE (Ebbes de la), chevalier tourangeau (1259).

De... à un lion de... à tête d'aigle contrepassante ; armé, la queue fourchée et passée en sautoir.

CHALINÉ ou **CHALINET,** à Tours (xviᵉ et xviiᵉ siècles).

François Chalinet était conseiller au siége présidial de Tours en 1592.

D'azur, au chevron d'argent, accompagné en chef de deux croix de Jérusalem de même, et en pointe d'une feuille de chêne aussi d'argent.

CHALON (Thibault de), abbé de Cormery (1296-1332).

De.... à la bande de.... accompagnée de deux étoiles de.... l'une en chef l'autre en pointe.

CHALONS (Hugues de), comte de Tonnerre, puis seigneur de l'Ile-Bouchard, du chef de sa femme Catherine de l'Ile, mourut en 1424. Il était fils de Louis de Chalons I, comte de Tonnerre, et de Marie de Parthenay..

De gueules à la bande d'or.

CHALOPIN, Ec., Sgrs de Bonrepos (paroisse de Ballan), de la Borderie, du Bois-au-Chantre, de la Ripaudière, de Véretz (en partie), de Canouville (xviiᵉ et xviiiᵉ siècles).

Guillaume Chalopin était chanoine de Tours et doyen du chapitre de Bueil en 1627.

Julien Chalopin fut conseiller et secrétaire du roi, receveur des tailles, à Tours, maire de cette ville (1585), puis contrôleur général des finances dans la généralité de Tours (1637).

Pierre Chalopin de la Borderie, chanoine de St-Martin de Tours, mourut le 26 mai 1704.

François Chalopin de Bonrepos, chanoine de la même église, mourut le 12 juin 1747.

D'azur, à un cœur d'or posé en abîme et accompagné de trois pommes de pin de même, 2, 1.

Chalopin de Vauberger et de Chevigné (en Anjou), porte :
D'argent (ou d'or), à trois roses de gueules, 2, 1.

CHALUS (Aimery de), archidiacre de l'église de Tours, puis évêque de Chartres et cardinal, (1332).
D'argent, à la croix de gueules.

CHAMAILLART, Chev. — Cette famille, répandue en Touraine et dans le Maine, du xie au xive siècle, recueillit dès 1260 tous les biens de la branche aînée des d'Anthenaise. Elle a fourni trois chevaliers-croisés : Guillaume (1096), Rolland (1147), et Raoul (1191), — et un doyen de St-Martin de Tours, Maurice Chamaillart (1335-52).

Avant 1260, cette maison portait *trois annelets* dans ses armes. A la suite de la prise de possession des biens des d'Anthenaise, elle eut son sceau tantôt *vairé*, tantôt *fascé*, *nébulé de six pièces*, le contre-sceau offrant *trois annelets*. En 1350, Guillaume Chamaillart, sire d'Anthenaise, ayant épousé l'héritière des vicomtes de Beaumont, au Maine, il adopta les armes de cette famille, et ces armes furent conservées par ses descendants. Elles sont :
Chevronné d'or et de gueules de huit pièces.

CHAMBELLAIN (de), Ec., barons des Ormes St-Martin, Sgrs de la Motte-Grouin (1704).— Famille originaire de Champagne. Elle s'est alliée aux maisons de Morguival, Rubin de Neuvialle, de Ferrières, Blondé de Bourneuf, de Chasteigner, Moreau de la Bonnetière, de Marans, Dajot, etc...

D'après Clabault (*Hist. des Chasteignier*), les de Chambellain portaient :
D'azur, à une branche de trois lis d'argent naissante de la pointe de l'écu, et en chef un soleil d'or.

Thomas Chambellain, vivant en 1696, portait, d'après l'*Armorial de la Généralité de Poitiers* :

D'azur, à trois lis d'argent, grenés et tigés d'or, rangés sur une terrasse de même, et trois étoiles d'or rangées en chef.

CHAMBELLAN, Ec., Sgrs d'Avisé, paroisse de Limeray, — des Ormeaux, de la Thomasserie, paroisse de Vallières, relevant d'Amboise (du xvie au xviiie siècle).

C'est une des plus anciennes familles d'Amboise.

Jacques Chambellan fut prieur de St-Jean-du-Grez, grand-archiprêtre de l'église de Tours, en 1505-34.

Henri Chambellan, Sgr d'Avisé, conseiller du roi, avocat au siége d'Amboise et élu de cette ville, est mentionné dans un acte de 1701.

Pierre Chambellan, conseiller du roi et lieutenant-général au bailliage d'Amboise, mourut le 22 septembre 1730.

A cette même époque vivait Charles Chambellan des Ormeaux, élu d'Amboise.

Ambroise Chambellan, né à Amboise le 25 janvier 1643, curé de St-Denis-hors, mourut le 5 janvier 1749.

Pierre Chambellan, chanoine du chapitre royal d'Amboise, vivait en 1740.

Charles-Pierre-Louis Chambellan de la Thomasserie fut fut pourvu de la charge de conseiller du roi, élu en l'élection d'Amboise en 1764.

Parti d'or et d'azur, à la bande de gueules brochant sur le tout.

Pierre Chambellan, conseiller du roi, ci-dessus mentionné, marié à Anne Bourassé, fille de Constant Bourassé-Mangeant, portait, d'après l'*Armorial général* :

D'azur, à un chameau d'or accompagné de deux épées d'argent. — *Alias* : de gueules à un âne d'or.

CHAMBES (de), Chev., Sgrs de la Guerche et de Chédigny, en Touraine (xve siècle).

Gabriel de Chambes, chevalier de Malte, fut commandeur de Ballan, du Blison et de Villejésus (1626), et de l'Ile-Bouchard (1638).

D'azur, semé de fleurs de lis d'argent ; au lion de même brochant sur le tout.

CHAMBGE (du), Chev., barons du Chambge, de Noyelles et de Liessart, — famille originaire de Flandre. Sa filiation commence par Pierre du Chambge, vivant en 1462. Le 6 octobre 1662, le roi d'Espagne donna des lettres de chevalerie à Séraphin du Chambge; ces lettres furent confirmées par Louis XIV, le 29 octobre 1673. Ce dernier, dans la même année, décora Séraphin du Chambge du titre d'écuyer, et lui permit, en outre, de porter les anciennes armoiries de la famille et d'y ajouter deux lions pour supports.

D'argent, au chevron de gueules accompagné en chef de deux merlettes de sable, et en pointe d'un trèfle de sinople. — Couronne de baron. — Cimier : un lion issant de sinople, lampassé et armé de gueules, tenant dans sa patte une merlette de sable. — Supports : deux lions de sinople lampassés de gueules armés et couronnés d'argent, les deux têtes contournées, et tenant chacun une banderolle aux armes de l'écu. — Devise : *Pour un mieulx du Chambge.*

CHAMBON (de), Chev., Sgrs de Chambon, près Preuilly (xive siècle).

Eustache de Chambon était prieure de Rives en 1211.

D'azur, à une tour d'argent maçonnée de sable.

CHAMBORANT (de), Chev., Sgrs d'Azay-le-Féron, de la Clavière, de Chaume, de la Bretaudière, de Plaix, de Reignier, de Droux, d'Orsenne, de Lavis, d'Eguzon (xviie et xviiie siècles).

Cette famille, dont l'origine remonte au xie siècle, a pris son nom du bourg de Chamborant, situé en Poitou. Elle a été maintenue plusieurs fois dans sa noblesse, notamment en 1667.

Christophe de Chamborant était chanoine du Dorat et prieur de Chinon en 1530, — et Claude de Chamborant, prieur de Notre-Dame-d'Yzeures, vers la fin du xviie siècle.

D'or, à un lion de sable armé et lampassé de gueules. — Cimier : un dragon issant d'or; Supports : deux dragons de même. — Devise : *Onque ne failli.*

CHAMBRAY (de), Chev., comtes de Chambray, Sgrs de Hautbert, de Ronnay, du Plessis-Savary, de la Guifaudière, de la Charpraye et de la Boutellerie, paroisse de St-Senoch (xviiie siècle).

Cette maison, originaire de Normandie, fait remonter sa filiation à Richard, seigneur de la Ferté-Fresnel, vivant au xie siècle. Elle a été maintenue dans sa noblesse le 16 février 1668.

Bernard, comte de Chambray, chevalier, comparut par fondé de pouvoir, en 1789, à l'assemblée électorale de la noblesse de Touraine.

D'hermines, à trois tourteaux de gueules, 2, 1. — Couronne de marquis. — Devise : *Regit nidum majoribus alis.*

CHAMPAGNE. — L'origine de cette maison, une des plus illustres de France, remonte à Hubert, vivant en 980. Elle a possédé longtemps les terres de Mathefelon et de Villaines, en Touraine ; plusieurs de ses membres sont désignés dans nos annales sous le nom de Mathefelon.

Foulques, baron de Mathefelon, prit part à la première croisade.

Foulques, Ier du nom, sire de Champagne, prit aussi la croix (1246).

Jean II de Champagne, chevalier-banneret, fut tué à la bataille de Cocherel, en 1364.

D'azur, à la bande d'argent cotoyée de deux cotices potencées et contrepotencées d'or de treize pièces.

Champagne de la Mothe-Ferchault portait :

D'argent, à six fermaux de sable.

CHAMPAGNE (de), Chev., comtes de Blois, Sgrs de Châteaurenault (xiie siècle), de Parçay, de la Bourdaisière, de Tucé, de Ste-Julitte, de St-Michel-des-Landes (du xiiie au xve siècle).

Jean de Champagne, Chevalier, Sgr de Parçay, lieutenant-général au gouvernement de Touraine, mourut le 23 mai 1364.

Beaudouin de Champagne de Tucé fut grand-bailli-gouverneur de Touraine (par provisions de 1426), et capitaine-gouverneur de Tours (1431-40).

Jean de Champagne, chevalier, était lieutenant-général de Touraine, en 1542.

De sable, fretté d'argent, au chef de même chargé d'un lion issant de gueules.

· CHAMPAIGNÉ (de).

D'hermines, au chef de gueules.

CHAMPCHÉVRIER (de). — Deux membres de cette famille tourangelle ont pris part aux croisades : — Geoffroy, en 1096 ; et Jean, en 1191.

Josselin de Champchévrier était chevalier banneret de Touraine en 1324.

D'or, à l'aigle à deux têtes, éployée de gueules.

Au XVIIᵉ siècle, une branche de cette famille résidait à Morannes, élection de la Flèche ; elle portait :

D'argent, à l'aigle éployée de gueules, membrée, becquée et couronnée de sable. — Supports : deux aigles de sable, membrées, becquées et couronnées de gueules, portant chacune un collier de perles.— Cimier: un chien passant de sable. — Cri de guerre : *Champchévrier.*

CHAMPCHÉVRIER (DE LA RUE DU CAN DE), Voyez LA RUE DU CAN (de).

. **Champigny.** — (CHAPITRE DE LA STE-CHAPELLE de).

D'azur, semé de fleurs de lis d'or, à un St-Louis de même.

CHAMPIN, Chev., barons de Verrières (XVIIᵉ et XVIIIᵉ siècles).— Cette famille a été maintenue dans sa noblesse le 18 janvier 1667.

D'argent, à trois hures de sanglier contournées, de sable, 2, 1.

CHAMPOISEAU. — Famille originaire de l'Orléanais, et établie à Tours en 1721, en la personne de Pierre Champoiseau, administrateur de l'hospice de cette ville.

En 1785, Pierre-Étienne Champoiseau, conseiller du roi, remplissait à Tours les fonctions de procureur au grenier à sel.

Noël Champoiseau, chevalier de la légion d'honneur, président de la Société archéologique de Touraine, fut nommé maire de Tours le 8 novembre 1834 et donna sa démission le 20 du même mois.

Tiercé en bande d'azur et de gueules. — Devise : *Prodesse.*

CHAMPS (des).

D'azur, à deux léopards d'or lampassés et couronnés de gueules.

CHANCEL DE LA GRANGE, en Touraine (xviiie siècle). — Famille originaire du Périgord. Elle a été maintenue dans sa noblesse en 1668.

D'argent, à un arbre de sinople soutenu d'un croissant de gueules montant au chef d'azur chargé de trois étoiles d'or. — Couronne de marquis. — Devise : *Chancel ne chancelle mie.*

CHANDION (de), Chev., Sgrs d'Azay-sur-Cher. Par lettres de juin 1586, enregistrées le 20 juin 1588, cette terre fut érigée en vicomté, en faveur d'Amblard de Chandion, gentilhomme de la chambre du roi, et capitaine des gardes du corps de la Reine.

D'hermines, à une fasce de gueules.

CHANGY (de), Éc., Sgrs de Châtillon (bailliage de Loches), xviie siècle.

Écartelé, aux 1 et 4 écartelé d'or et de gueules ; aux 2 et 3 d'azur à la croix d'or cantonnée de 20 croisettes de même posées par cinq en sautoir à chaque canton.

CHANNAY (de), Éc., Sgrs de Launay (xviie siècle).

Parti d'or et d'azur, au lion parti de même de l'un en l'autre, armé, lampassé et couronné de gueules.

CHANTEMERLE (de), Chev., Sgrs de Velort, relevant de Beaumont-en-Véron (xvie siècle). — Noble et très-ancienne maison originaire du Poitou.

Pierre, Guy et Aimery de Chantemerle, frères, sont mentionnés dans une donation faite à l'abbaye de l'Absie, en 1160.

En 1550, Jean de Chantemerle vendit la seigneurie de Velort à René de Bastarnay, comte du Bouchage, Sgr de Beaumont-en-Véron.

D'or, à deux fasces de gueules accompagnées de 9 merlettes de même en chef, 2 en fasce et deux en pointe, posées en orle ; écartelé d'argent, au sautoir d'azur.

On attribue à la même famille les armes suivantes :

D'azur, à une bande d'argent chargée de cinq annelets (ou 5 coquilles) de gueules.

CHANTREAU, Sgrs de Vayalle, élection de Richelieu, (xviie siècle).

D'azur, à trois tourterelles de gueules 2, 1, surmontées de trois étoiles rangées.

CHAPELAIN, Éc., Sgrs de Perdandale (xviie siècle).

D'azur, au chevron d'argent chargé de deux levrettes affrontées de sable.

Chapelain de la Tremblaye, en Anjou, portait :

D'or, à trois écussons de gueules.

CHAPELAIS, Chev., marquis de Courcelles (xviie siècle).

D'argent, à trois fasces de gueules, accompagnées en chef de trois aiglettes de sable.

CHAPELLE (de la), Chev., Sgrs de Grillemont et de Poysieux, relevant de Châteaux (xve siècle). La terre de Grillemont passa dans la maison de Lescouet par le mariage de Charlotte de la Chapelle avec Roland de Lescouet, vers 1480.

D'or, à la croix de sable.

CHAPELOT, Éc., Sgrs du Petit-Bois (xviie et xviiie siècles). — Vers 1700, Jacques Chapelot du Petit-Bois remplissait les fonctions de conseiller du roi, trésorier de France au bureau des finances de la généralité de Tours.

D'argent, au chat debout passant la tête en fasce, tenant dans la patte dextre une raquette, et dans la sénestre une pelotte ; la queue passée et contournée entre les pattes de derrière, le tout au naturel.

CHAPERON ou CHAPPRON, Éc., Sgrs de Bourneuf, Morton, des Gedeaux (xviie siècle). — Cette famille s'est éteinte à la fin du xve siècle ou au commencement du xvie, dans les maisons de Mauléon et de Brizay.

D'argent, à trois chaperons de gueules, 2, 1.

CHAPPEDELAINE (de), Chev., Sgrs de l'Isle et de Launay (xviie et xviiie siècles).

La filiation de cette famille originaire de Normandie et établie au Maine et en Touraine au xviie siècle, commence par Jehan de Chappedelaine, écuyer, Sgr du Rocher, en 1340. La branche fixée en Touraine a été maintenue dans sa noblesse en 1667, par Voisin de la Noiraie, intendant de Tours, et en

1714 par Chauvelin de Beauséjour, intendant de la même généralité.

De sable, à l'épée d'argent mise en bande et accompagnée de six fleurs de lis de même. — Supports : à dextre, un léopard ; à sénestre, un lion. — Couronne de comte.

CHAPPES (Pierre de), chanoine et prévôt de St-Martin de Tours (1326), chancelier de France et évêque de Chartres.

D'azur, à une croix fleurdelisée d'or.

CHAPT DE RASTIGNAC (Louis-Jacques), doyen de St-Martin de Tours, évêque de Tulle, archevêque de Tours (1729), mourut le 5 novembre 1723.

Pierre-Jean Chapt de Rastignac, né le 16 janvier 1716, était vicaire-général du diocèse de Tours en 1740.

Armand-Anne-Auguste-Antoine Sicaire Chapt de Rastignac, prêtre du diocèse de Périgueux, grand-vicaire d'Arles, fut chanoine de St-Martin de Tours et prévôt de Restigné, dans la même église (1750-65). En sa qualité de prévôt de Restigné, il était seigneur de Restigné et de la Chapelle-Blanche (aujourd'hui la Chapelle-sur-Loire).

D'azur, au lion d'argent, armé ; lampassé et couronné d'or.

CHAPTAL (Jean-Antoine), comte de Chanteloup, par lettres patentes de 1810, né le 5 juin 1756, pair de France (5 mars 1819), membre de l'Institut (1798), baron-pair (1822), mourut en 1832.

De gueules, à la tour d'or maçonnée, ouverte et ajourée de sable, cantonnée de quatre étoiles d'argent. — Supports : deux lévriers. — Couronne de marquis.

CHAPUIS, à Amboise (xvie siècle).

D'azur, à une fasce d'argent accompagnée de deux roses d'or en chef et d'une étoile aussi d'or, en pointe.

CHAPUISET (de), Chev., Sgrs des Granges, de Montreuil, de la Roche-Coisnon, de la Richardière, Doulcet, la Vallée, de Cray, de Pintray, de l'Isle-Bourgeon, paroisse de Villedomer (du xvie au xviiie siècle). — Famille originaire du Vendômois. Elle s'est alliée aux familles de Juglart, Regnier, de Vigny, Haren, Legendre, de Champfleury, de la Borderie, etc.

En 1789, René de Chapuiset, chevalier, comparut à l'assemblée électorale de la noblesse du Maine.

Jean-Baptiste de Chapuiset, Ecuyer, Sgr de la Vallée et de l'Isle-Bourgeon, épousa en premières noces N. du Juglart, et en secondes, Charlotte de Vigny. De ce second mariage sont issus : 1° Fulgence de Chapuiset, capitaine en retraite, officier de la Légion d'honneur; 2° Charlotte, mariée à M. de Champfleury, résidant à Bizay (Maine-et-Loire); 3° Anatole de Chapuiset, intendant-général du duc de Luynes, marié à N. de la Borderie; 4° Aubin de Chapuiset, employé dans la compagnie des chemins de fer d'Orléans.

D'azur, à l'écusson de sable, chargé d'une étoile d'or en abîme, et accompagnée de trois quintefeuilles d'argent, 2, 1. — Couronne de marquis.

CHARRON, Éc., Sgrs de la Morellerie, paroisse d'Avrillé (xvıı^e siècle).

De gueules, à trois coquilles d'or, 2, 1, et une molette d'éperon d'argent posée en cœur.

CHARBONNEAU de **FORTECUYÈRE** (Charles), commandeur d'Amboise (1697).

D'azur, à dix fleurs de lis d'or, 4, 3, 2, 1, et trois écussons d'argent.

CHARCELLAY de **BORS**, Éc., Sgrs de Bors, paroisse d'Yzeures, — de la Brosse, paroisse de Lureuil, — de Piétertault, paroisse de Bossay (xvıı^e et xvııı^e siècles). — Famille originaire de Preuilly.

Pierre Charcellay, Sgr de Piétertault, fut pourvu de la charge de conseiller du roi, élu en l'élection de Loches, par lettres du 5 mai 1734.

Pierre Charcellay de Bors, bailli de la baronnie de Preuilly, puis subdélégué de l'Intendant de la généralité de Tours, mourut le 29 décembre 1763.

En 1767, Auguste-Joseph Charcellay de Bors, écuyer, remplissait les fonctions de lieutenant des maréchaux de France de la sénéchaussée de Châtellerault, rapporteur du point d'honneur. Son frère, Pierre Charcellay de Bors, était à la même époque conseiller du roi et son procureur au bailliage

16

et siége royal de Loches, charge qu'il occupa jusqu'en 1789.

La famille Charcellay de Bors s'est alliée à celles de Le Royer de Rasilly, Roffay des Palus, Michelet, Mestivier des Minières, des marquis de Rochefort, de Verton, du Valdailly, de Marsay, Creuzé des Chastelliers, de Boislinards; etc.

Le chef actuel de nom et d'armes de la famille, Paul-Augustin Charcellay de Bors, fils de Pierre-Augustin Charcellay de Bors, membre du conseil général de l'Indre (pendant 20 années) et d'Adelaïde-Victoire de Marsay, né à Preuilly le 30 juillet 1799, réside au château de la Brosse, commune de Lureuil Indre). Il a épousé Noëmi-Joséphine Picquenon, née à Paris en 1810, fille d'Ange Picquenon et de Noëmi-Félicité Lafaire. De ce mariage est issu un fils : Auguste-Aimé Charcellay de Bors, né à Lureuil le 7 mai 1840.

D'argent, à deux poissons d'azur nageant dans une mer de même, en pointe de l'écu; au chef de gueules chargé de trois étoiles d'argent.

Pierre Charcellay, Sgr de Piétertault, (1698) portait, d'après l'*Armorial général* :

D'argent, au chevron de sable chargé d'une vivre d'or, accompagnée de trois têtes de coq arrachées, de sable, 2, 1.

CHARDON DE BEAUVAIS-CHÊNEMOIREAU, Ec., Sgrs de (Chênemoireau et de Saran, — en Orléanais et en Blaisois XVIIe et XVIIIe siècles).

Cette maison a donné deux conseillers du roi en l'élection de Romorantin, Claude et Philippe Chardon de Beauvais, — et un lieutenant-général de police à Romorantin, Claude Chardon de Beauvais (1700). Elle s'est alliée aux familles de Glestrais de Grigny, Mathonnet, de Loynes de la Royauté de la Mothe-Saran, Jeuslin de Villiers, Baranger, de Sachy de Marcellet, etc...

Le chef actuel de nom et d'armes de la famille, Victor-Parfait-Roch Chardon de Beauvais-Chênemoireau, né à Romorantin le 16 août 1804, juge au tribunal de première instance de Tours, fils de Victor-Etienne Chardon de Beauvais-Chênemoireau et de Anne-Catherine Baranger, a épousé en 1842,

Marie-Henriette-Elizabeth-Augustine de Sachy de Marcellet, dont le père, ancien officier supérieur de la garde royale, réside aujourd'hui (1866) à Vendôme. De ce mariage sont issus trois enfants, dont l'aîné, René-Philippe-Victor, né en mars 1843, à Vendôme, est actuellement sous-lieutenant d'infanterie.

D'azur, à trois chardons fleuris d'or, tigés et feuillés de même, posés deux en chef et un en pointe.

CHARETIER ou CHARTIER. — Un des membres de cette famille, Nicolas Charetier, fut conseiller et secrétaire du roi, maire de Tours en 1491-92.

D'argent, à un bâton noueux chargé de deux perdrix en chef, et trois roseaux en pointe, le tout au naturel.

CHARITTE (de), Chev., comtes de Charitte, Sgrs de la Louère, paroisse de Marcé, — de Maulet (xvIIIe siècle).

Charles, comte de Charitte, chef d'escadre, comparut en 1789 à l'assemblée électorale de la noblesse de Touraine.

D'azur, à trois épées d'or en pal aboutées d'un trèfle de même, celle du milieu appointée vers le chef, les deux autres vers la pointe.

CHARLES (Michel), bourgeois de Tours (fin du xvIIe siècle),
D'azur, à trois coquilles d'or, 2, 1.

CHARLET, Ec., Sgrs du Chasteau, de la Chaussée, de la Poupardière et de Ports (xvIe siecle). — Famille noble et ancienne, originaire du Poitou. En 1667, elle a été maintenue dans sa noblesse. Elle s'est alliée aux familles Forget, Boislève, Lecomte du Rivau, Divé de la Maison-Neuve, Thibault de Neuchèze, Dutives de Persiez, de May du Taillis, Carré de Busscrolle, de Guillot, de la Coussaye, etc., etc.

D'or, à une aigle de sable, le vol abaissé.

CHARLOT (Pierre), trésorier de St-Martin de Tours, puis évêque de Noyon, mourut le 13 octobre 1249. Il était fils naturel de Philippe-Auguste.

Semé de France, à la barre d'argent.

CHARPENTIER, Ec., Sgrs de la Fosse-Morin et de St-

Georges-sur-Loire (xviie siècle). En 1625, Robert Charpentier
vendit cette dernière terre à Pierre Boilleau.

Cette famille a donné un conseiller du roi, trésorier de
France à Tours, Denis Charpentier, — et un chanoine de
St-Martin de Tours, Armand Charpentier (1678).

D'azur, à trois lis de jardin, d'argent, tigés et feuillés de sinople, mouvants
de la pointe de l'écu; au chef de sable, soùtenu d'or, et chargé de deux
larmes d'argent.

CHARRON, Ec., Sgrs de Bois-Corbon, de Villesablon
(xviie et xviiie siècles).

Cette famille tourangelle a été anoblie en 1652, en la personne de Jacques Charron, intendant des turcies et levées, à
Tours.

Guillaume Charron fut pourvu de la charge de conseiller
du roi, trésorier de France au bureau des finances de la généralité de Tours, et grand-voyer de la même généralité, en
1688.

Jacques Charron remplit les mêmes fonctions.

D'azur, à un chevron d'or accompagné de trois étoiles de même.

CHARRY des GOUTTES, Chev., marquis des Gouttes, Sgrs
de Charnizay, Obterre, St-Michel-des-Landes, Terre-Fronte,
Beauvollier, Jauget, Rouanceau, Gireuil, la Louchère, etc.,
par suite du mariage de Charlotte-Françoise de Menou, héritière de ces terres, avec Jean-Antoine Charry des Gouttes,
chef d'escadre. En 1789, ce dernier comparut par fondé de
pouvoir à l'assemblée électorale de la noblesse de Touraine.

D'azur, à une croix ancrée d'argent.

CHARTIER, Chev., Sgrs de Coussay-les-Bois, de Ris (Paroisse de Bossay), de Chambon, de la Vervollière, de la Trompaudière, de la Jaille, de Montléger (xviiie siècle),—barons de
l'Empire.

Louis Chartier de Montléger était conseiller du roi, trésorier de France au bureau des finances de la généralité de
Tours, en 1737.

Louis-François-Claude Chartier de Montléger remplissait les mêmes fonctions en 1773.

Frédéric-Louis-Melchior Chartier de Coussay fut créé baron, avec majorat, le 23 décembre 1810.

D'argent, au chevron d'azur chargé de 5 besants d'argent et accompagné de deux demi-vols de sable en chef, et d'un hérisson de même en pointe; franc-quartier de baron propriétaire brochant sur l'un des demi-vols.

CHARTON (Etienne), chanoine et chancelier de Tours (1509).

De gueules, à un lion d'or accompagné d'un croissant d'argent posé à l'angle dextre du chef de l'écu.

CHASPOUX, Chev., marquis de Verneuil, comtes de Loches, vicomtes de Betz, Sgrs de Ste-Julitte, du Roulet, de Chaumussay, de St-Flovier, Etang-les-Betz, Lauvernière, de la Celle, de la Fillonnière, paroisse de Ste-Geneviève de Luynes (du xvie au xviiie siècle).

Par lettres d'avril 1746, la terre de Verneuil, près Loches, fut érigée en marquisat en faveur d'Eusèbe-Jacques Chaspoux, doyen des secrétaires du roi et introducteur des ambassadeurs.

Jacques Chaspoux remplissait les fonctions de conseiller du roi, trésorier de France, à Tours, grand-bailli d'épée de Châtillon-sur-Indre, grand-voyer au bureau des finances de la généralité de Tours, en 1630.

En 1700, Jean-Jacques Chaspoux était conseiller du roi, président, lieutenant-général au bailliage de Loches.

Jacques Chaspoux, Sgr de Verneuil, occupait la charge de trésorier de France, à Tours, en 1718.

Eusèbe-Félix Chaspoux, marquis de Verneuil, comte de Loches, grand-échanson de France, comparut à l'assemblée électorale de la noblesse de Touraine, en 1789.

D'azur, au phénix d'or dans son aire; au chef cousu de gueules, chargé de trois croissants d'argent.

CHASSÉ (de), en Touraine et en Anjou.

De gueules, à six alérions d'argent, 3, 2, 1.

CHASSEBRAS (de), en Touraine (xvIII^e siècle).

Coupé d'or et de gueules, à deux soleils et une ombre de soleil de l'un ou l'autre.

CHASSEPOT DE BEAUMONT.

Ecartelé, aux 1 et 4 d'azur, à une fasce ondée d'or, accompagnée de 3 roses de même; aux 2 et 3 d'azur, au chevron d'or accompagné en chef de deux étoiles d'or et en pointe d'un croissant d'argent surmonté d'une tête de chérubin de même.

CHASTEAUBRIAND DES **ROCHES-BARITAULT** (de), Chev., Sgrs de l'Islette et de la Guéritaude (xIV^e siècle), de Colombiers et de la Rochebehuard, en Touraine(xve siècle).—Théaude de Chasteaubriand, baron du Lion-d'Angers, comte de Casan, au royaume de Naples, devint seigneur de Colombiers, par son mariage avec Françoise Odart, dame de Colombiers et baronne de Loigny, au Perche (contrat du 6 août 1438).

Les Chasteaubriand des Roches-Baritault, formaient une branche de l'illustre famille de Châteaubriand, de Bretagne.

On trouve, en 1502, Françoise de Chasteaubriand, veuve de Léonard de Dicastello, dame de Mathefelon et de la moitié du fief Morin, relevant de Monsigon, en Touraine

De gueules, semé de fleurs de lis d'or.

CHASTEIGNER (de), Chev., marquis, comtes, vicomtes et barons de Chasteigner, marquis de la Roche-Posay, de Saint-Georges de Rexe, de Sainte-Foy et de Tennesue, comtes de Chinssé, barons de Preuilly, de Malval, du Lindoys et des Etangs.

Cette maison, connue dès 1060, comme étant une des plus puissantes du Poitou, prouve par titres sa filiation, non interrompue, depuis cette époque jusqu'à nos jours. Elle a possédé en Touraine les terres d'Arçay, des Baudiments, des Besnatonières, de Bléré, de la Boursaudière, du Breuil (près la Rochepozay), de la Brosse-d'Yzeures, de Champ-d'Oiseau (paroisse de St-Cyr-du-Gault), de l'Effougeart (paroisse d'Obterre), de l'Etang-Rigolle et de l'Etourneau (paroisse d'Yzeures), de la Gabillière, des Granges (aujourd'hui Harembure, paroisse d'Yzeures), de la Groüe, de Jauget (paroisse de Charnizay),

de la Lardière, de Luché, de Marigny (paroisse d'Yzeures),
de Mollante, du Plessis-Maugarny, de Preuilly (baronnie), de
Puy-Girault, de la Ralière, de la Rochepozay, de la Ronde,
de la Sarrazinière (paroisse de Cléré-du-Bois), de Thou (paroisse d'Yzeures), des Touches-Gabillière et d'Yzeures.

Parmi ses illustrations, la maison de Chasteigner compte
trois chevaliers croisés : Hugues (1191), Gilbert et Thibault
(1249); — un chevalier-banneret de Touraine, Jean Chastei-
teigner (1213); — un échanson des rois Louis XI et Charles VIII;
— des chambellans des rois François Ier, Henri II, François II
et Charles IX ; — des conseillers d'Etat; — un chevalier de
l'ordre du St-Esprit; — un évêque de Poitiers et un évêque
de Saintes, abbé de Bourgueil; — un gouverneur de la Marche, etc... Elle a fourni des chevaliers aux ordres du Temple
et de Malte, des abbés commendataires, entre autres Louis
et Charles Chasteigner, abbés de Preuilly, en Touraine, le
premier, de 1626 à 1637; le second en 1638; — et un capitaine maître des eaux et forêts de Châteaurenault (1566).

Jean-René-Henri, comte de Chasteigner, Roch, vicomte de
Chasteigner, maréchal de camp, et autres membres de la famille, comparurent en 1789, soit en personne, soit par fondé
de pouvoir à l'assemblée électorale de la noblesse du Poitou.

La famille de Chasteigner forme actuellement trois branches :

La branche du Lindoys a aujourd'hui pour chef (1866),
le baron Eutrope-Alexis, baron de Chasteigner, ancien
officier de cavalerie, ancien maire d'Angoulême, membre
de la Légion-d'Honneur, veuf de Anne-Marie du Chey-
ron. Le baron de Chasteigner a deux fils : 1° Le comte
Alphonse de Chasteigner, marié à Victoire de Roquefeuil,
dont il a eu Xavier, Henri, Louis et Marie de Chasteigner;
2° Charles de Chasteigner, veuf de Marie-Pauline de Galard-
Béarn, dont il a eu André de Chasteigner; 3° Valérie de
Chasteigner, non mariée.

Le vicomte François-Casimir de Chasteigner, frère du

baron Eutrope-Alexis de Chasteigner, ancien officier supérieur de la garde royale, chevalier de St-Louis et de la Légion-d'Honneur, a épousé Éléonore de Béchade, fille du baron de Béchade, ancien conseiller à la cour des aides de Guienne, puis conseiller à la cour royale de Bordeaux. De ce mariage sont issus : 1° Le comte Alexis de Chasteigner, ancien officier des haras impériaux, marié à Clémentine d'Espinay St-Luc, dont il a eu deux filles, Jeanne et Marthe de Chasteigner; 2° Octavie, mariée à M. de Béchade, décédée le 3 juin 1865: 3° le vicomte Paul de Chasteigner, sous-directeur de la Monnaie de Bordeaux; 4° le baron Henri de Chasteigner; 5°, 6°, 7°, 8°. Anna, Marie, Caroline et Gabrielle de Chasteigner.

La branche de Chasteigner du Rouvre est représentée par le marquis Alexandre de Chasteigner, ancien chef d'escadron, ancien officier d'ordonnance de l'empereur Napoléon Ier, veuf en premières noces de Charlotte de Roideville. Son fils, le comte Thibault de Chasteigner, ancien attaché à l'ambassade de France à Naples, ancien chef de cabinet du ministre de la marine, duc de Montebello, marié à Denyse de Godefroy de Ménilglaise, est décédé le 27 août 1865.

Une troisième branche de la famille Chasteigner, qui a successivement porté les noms de Chasteigner du Verger, de la Gabillière, d'Andonville et du Paradis, est passée depuis longtemps aux colonies; ses principaux membres habitent actuellement l'Ile-Maurice.

Le baron Eutrope-Alexis de Chasteigner, réside au château des Deffends, en Angoumois; — Le vicomte François-Casimir de Chasteigner, à Bordeaux et au château de Falfas, près Bourg (Gironde); — Le comte Alphonse de Chasteigner, au château de Rouillon, près le Mans; — Charles de Chasteigner, en Angoumois ; — Le comte Alexis de Chasteigner, à Bordeaux, et au château de la Custière, commune de Chambon (Indre-et-Loire);

D'or, au lion de sinople passant ou posé, armé et lampassé de gueules. —

Supports : deux sauvages de carnation, ceints de feuillage de sinople, tenant d'une main l'écu, et de l'autre une massue élevée sur l'épaule. — Couronne de marquis (ou un casque taré de front). — Cimier : un lion issant.

Louis et Charles de Chasteigner, abbés de St-Pierre-de-Preuilly, brisaient leurs armes d'*un lambel de gueules*.

CHASTEIGNERAYE DE FOURNY (de la), Chev., Sgrs de Fontenailles (xvi⁰ siècle).

N. de la Chasteigneraye fut abbé de Beaugerais, de 1700 à 1724.

D'argent, au lion d'azur semé de fleurs de lis d'or.

CHASTEL (Gauchier du), maître des eaux et forêts de Touraine (1407).

Fascé d'or et de gueules de six pièces.

CHASTEL (Tanneguy du), vicomte de la Bellière, Sgr de Châtillon-sur-Indre (1472), grand-écuyer de France, mourut le 29 mai 1477. Il avait épousé Jeanne de Raguenel.

Fascé d'or et de gueules de six pièces, bordé de... — Supports : deux léopards.

CHASTELAIN.

D'argent à un cœur de gueules d'où sortent une palme et un épi entrelacés, de sinople, accompagné de trois étoiles d'azur, 2 en flanc et une en chef.

CHASTELAIN, en Touraine et en Berri.

De gueules, à une croix alaisée d'or.

CHASTENET (de), Ec., Sgrs de Rotigny et du Feuillet, relevant d'Amboise (xvi⁰ et xvii⁰ siècles).

Cette famille, originaire de Tours, fut anoblie par lettres du 16 avril 1578, en la personne de Guy de Chastenet.

D'argent, à un coq de sinople, crêté et membré de gueules.

CHASTENET DE PUYSÉGUR (de), Chev., marquis de Puységur; — famille connue filiativement depuis Pierre Iᵉʳ du nom, Sgr de Chastenet, en Bas-Armagnac, vivant en 1186. Elle a donné un échanson du roi Philippe-le-Bel, un maréchal de France, des lieutenants-généraux, des maréchaux de camp, des gouverneurs de provinces, des gentilshommes de la chambre du roi, etc...

Armand-Marie-Jacques de Chastenet de Puységur, fut créé marquis, avec majorat, le 30 avril 1822.

Pierre-Gaspard-Hercule de Chastenet, comte de Puységur, fut créé baron et pair le 28 mai 1824.

D'azur, au chevron d'or accompagné en pointe d'un lion de même ; au chef aussi d'or.

La Chesnaye-des-Bois indique comme étant d'argent le chevron et le lion.

CHATILLON (de), ducs de Chatillon, Sgrs de Châteaurenault (XIII° siècle), de Millançay (XIV° siècle), Chanceaux, Moncontour (XVI° siècle), de la Vallière (XVIII° siècle).

Cette maison est originaire de la ville de Chatillon-sur-Marne. Deux de ses membres ont pris part aux croisades : Guy IV (1288), et N. de Chatillon (1307).

En 1736, la baronnie de Mauléon fut érigée en duché-pairie, en faveur de Alexis-Madeleine-Rosalie de Chatillon.

Louis Gaucher de Chatillon, duc de Chatillon, fut aussi duc de la Vallière, par suite de son mariage, vers 1750, avec Adrienne-Émilie-Élisabeth-Félicité de la Baume le Blanc de la Vallière, fille unique de Louis-César de la Baume le Blanc. — Il était pair et grand-aumônier de France, grand-bailli d'Haguenau et lieutenant-général de la Haute et Basse-Bretagne. Une de ses filles, Amable-Émilie, fut mariée le 8 avril 1777 avec Marie-François de Crussol d'Uzès, duc de Crussol. Séparée de biens avec son mari, elle posséda jusqu'à la Révolution le duché de Château-la-Vallière et les terres de Haute-Roche et du Grand-Fleuret, paroisse de Villiers-au-Bouin. Elle mourut eu 1840.

De gueules, à trois pals de vair, au chef d'or.

CHAT (le), Sgrs de Bois-Corbon, en Touraine.

Pierre le Chat était conseiller du roi, trésorier de France au bureau des finances de la généralité de Tours, vers 1700.

D'argent, à trois têtes de léopard de gueules, 2, 1.

CHATEAU-CHALONS (de). — La maison de Château-Chalons, une des plus anciennes de France, est originaire de la

Franche-Comté, où se trouve le fief dont elle prit le nom, fief qui est ainsi désigné dans les anciens titres : *Chastel Challons, Castellum-Raanones, Castellum Rennonis.* Suivant L'Hermite-Souliers, elle est issue des comtes de Champagne et de Bourgogne, et paraît avoir eu pour souche Hugues de Bourgogne, seigneur de Château-Chalons, dont une fille, Sybille, épousa, vers l'an 1168, Anseric III, seigneur de Montréal. Il ne sera pas permis de douter de sa haute et puissante origine lorsqu'on saura qu'un de ses membres, regardé comme fondateur du monastère de Château-Chalons, portait le titre de prince (*princeps*) au treizième siècle.

De la Franche-Comté, cette famille alla s'établir en Sologne, au commencement du xive siècle, puis en Poitou et en Touraine. Dans cette dernière province, elle a possédé les fiefs de Bergeresse (paroisse d'Azay-sur-Indre), du Breuil, Brooc, la Brosse, Château-Vert, la Chatière (paroisse d'Abilly), la Chatellerie, Cléré-du-Bois, les Effes, la Folie, la Janière (paroisse de Ligueil), Lajon (paroisse d'Abilly), Launay-sur-Fourche (paroisse de Bossay), la Lévrie, les Loges, Ménars (paroisse de Nancré), la Normandière (paroisse de Neuilly-le-Noble), le Plessis, Quindray, la Roche, Salvert, St-Saturnin, paroisse de Cléré-du-Bois (du xve au xviiie siècle).

La famille de Château-Chalons a été maintenue dans sa noblesse le 30 juin 1630. Elle s'est alliée aux familles de Crevant, ducs d'Humières, du Puy, de Rillé, de Marolles, d'Aloigny, de Menou, de Beauregard, de Commacre, de Marsay, de Varie, de l'Ile-Savary, Alès de Corbet, de Saintré, de Gréaulme, Carré de Busserolle, de Fougères, de Salvert, de Gain, de Malescot, etc...

Pierre de Château-Chalons fut doyen de l'église de Tours, de 1337 à 1349.

Jacques de Château-Chalons, chevalier des ordres du roi et gentilhomme ordinaire de sa chambre, fut député par la noblesse de Touraine, pour assister aux États de Blois, en 1588.

Jean de Château-Chalons, chevalier, ancien lieutenant du bataillon de Tours, et Louis-Jean de Château-Châlons, écuyer, comparurent en 1789 à l'assemblée électorale de la noblesse de Touraine.

D'argent, à la bande d'azur chargée de trois châteaux d'or. — Cimier : une comète à seize rais, d'argent, et au milieu un bois de cerf. — Supports : deux lions d'or. — Couronne de comte. — Devise : *Selon le lieu.*

CHATEAUDUN (Hugues Ier de), doyen de la cathédrale de Tours, puis archevêque de Tours (1007), mourut le 12 mai 1023.

Losangé d'or et de gueules, au bâton d'argent posé en bande.

CHATEAUDUN (Arnould II de), archevêque de Tours (25 novembre 1023), décédé en 1052, portait les mêmes armes que le précédent.

CHATEAUDUN (Geoffroy III de), vicomte de Châteaudun et de la Guerche (xiiie siècle).

De.... au chef de...

CHATEAU-FROMONT (de), en Touraine et en Anjou.

De gueules, à une croix ancrée d'or.

CHATEAUGIRON (Patry de), Chev., Sgr de la Guerche (1415-26), premier et grand-chambellan du duc de Bretagne, portait :

D'or, au chef d'azur.

CHATEAU-MEILLANT (N. de), Chevalier-banneret de Touraine (1243), appartenait à l'illustre maison de Déols.

D'argent, à trois fasces de gueules.

CHATEAUNEUF (de), Chev., Sgrs du Bridoré et de Beaumortier (xve siècle).

De gueules, à trois tours d'or, 2, 1.

Châteaurenault (La ville de), en Touraine.

De gueules, à un château d'argent.

CHATEAU-THIERRY (de), Éc., Sgrs de la Dépenserie (xviiie siècle).

Germain-Auguste-François de Château-Thierry, écuyer, comparut en 1789 à l'assemblée électorale de la noblesse de Touraine.

D'azur, au faucon armé de sonnettes d'or, posé sur un bâton de même.

CHATEIGNER (de), Ec., Sgrs de Puy-Girault. — Maison issue des Chateigner-la-Roche-Pozay.

D'or, au lion de sinople, lampassé de gueules, parti d'argent, à l'aigle éployée de sable, becquée et onglée de gueules.

CHATILLON (de). — Jean de Chatillon épousa, le 10 octobre 1402, Isabeau de Préaux, qui reçut en dot un hôtel situé paroisse de Courçay, et relevant de Loches.

De gueules, à l'aigle éployée d'argent.

Châtillon-sur-Indre (LA VILLE DE).

Parti d'une tour sur une terrasse, et d'une demi-fleur de lis (D'après M. Lambron de Lignim).

CHATRE (de la), Chev., comtes et barons de la Châtre, Sgrs de Paray, de Piégu, de la Touche (près St-Christophe), de la Buffarderie, de Sassay-lès-Roullys, de Basse-Chancelée, paroisse de Ligré (du xvᵉ au xviiiᵉ siècle) ; — famille originaire du Berri et des plus anciennes de France. Elle a donné un cardinal, des évêques, deux maréchaux de France, des lieutenants-généraux, des ambassadeurs, des chevaliers de l'ordre du roi, etc... Sa noblesse a été plusieurs fois confirmée, notamment le 15 décembre 1715. Parmi ses alliances, on remarque les familles de Muzard, de Grellet, de la Barre, de Wissel, de Lauzon, de Thianges, de Mauvise, de Fougières, Bonamy de la Princerie, de Laâge, de Turpin, de Montmorency, etc...

Joachim de la Châtre, Sgr de Nancey, et Claude de la Châtre, comte de Nançey, remplire n tl charge de capitaine-gouverneur de Loches, le premier en 1524, le second en 1566.

Claude III de la Châtre, baron de la Maisonfort, lieutenant-général au gouvernement de Touraine (1591), mourut le 18 décembre 1614.

Claude de la Châtre était vicaire-général du diocèse de Tours, en 1717. Depuis, il fut archevêque d'Agde.

De gueules, à la croix ancrée de vair. — Supports : deux lions. — Couronne fermée. — Cimier : le lion royal d'Angleterre, qui est d'or, ayant le poitrail ceint d'une couronne de laurier de sinople, et portant l'étendard du régiment Loyal-Emigrant où sont écrits ces mots : *L. E. Fac et espera.* — Devise : *At avis et armis.*

La branche de Paray brisait ses armes d'un *lambel d'argent.*

CHAUDENAY, Sgrs de St-Mars.

D'argent, à quatre fusées d'azur.

CHAUFFOURNEAU ou CHANFOURNAU, Ec., Sgrs de Valmer et de Pocé (xviie et xviiie siècles).

D'azur, au chevron d'or accompagné d'un agneau pascal d'argent, en pointe; au chef d'or, chargé de trois trèfles de sable.

CHAUFOUR (Anne-Marie), femme d'Abraham Picault, écuyer, Sgr de la Ferraudière, fourrier des logis du roi (vers 1700).

D'azur, à une tour d'or.

CHAUME (de la) à Cheillé (xviiie siècle).

De.... au chevron de.... accompagné de deux étoiles en chef et d'une molette en pointe de.... — Couronne de comte.

CHAUMEJAN (de), Chev., marquis de Fourilles, Sgrs de Fouchault, paroisse de Vallères, — et de Montreuil, en Touraine (xviie siècle). — Famille originaire du Bourbonnais.

Michel de Chaumejan, marquis de Fourilles, conseiller d'état, gouverneur lieutenant-général de Touraine, mourut en 1644.

D'or, à la croix ancrée de gueules. — Cimier : un lion issant d'or. — Supports : deux lions de même.

CHAUMONT (de), Chev., Sgrs de Boismortier, paroisse de Nouans (xviiie siècle).

D'Amboise (qui est pallé d'or et de gueules de 6 pièces) à la bande en filet d'azur.

CHAUMONT DE QUITRY (Louis de), Chev., Sgr de Boissy et de Bois-Garnier, trésorier de St-Martin de Tours, mourut en 1462.

D'argent à quatre fasces de gueules.

CHAUSSADE, Ec., Sgrs du Closet.

Guillaume Chaussade, conseiller du roi, lieutenant-général au siége de Langeais, maître des eaux et forêts de Touraine, était maire de Tours en 1537.

D'argent, à trois chevrons d'azur et une aigle éployée de gueules brochant sur le tout; au chef de gueules chargé d'un croissant montant d'argent.

CHAUSSAY (André), marchand bourgeois à Tours (1696).

D'azur, à trois pals d'or.

CHAUSSÉ (N.), prieur de St-Vincent, à Tours (1780).

D'azur, chaussé d'or. — Couronne de comte.

CHAUSSÉE (Marguerite de la), veuve de Pierre de Bueil, dame de la Mothe-Sonzay et de Neuvy (vers 1444).

L'écu en bannière, écartelé de sable et d'argent.

CHAUVEAU, en Touraine (xviie et xviiie siècles).

Louis Chauveau était conseiller du roi, trésorier de France au bureau des finances de la généralité de Tours en 1698.

D'argent, au chevron de gueules accompagné de trois sautoirs de sinople.

CHAUVEL, Ec., Sgrs de la Chauvelière, de Chenu, de la Pigeonnière, de la Martinière (xive siècle).

Jehan Chauvel, était receveur général d'Anjou, Touraine et Maine en 1356.

Parti, au 1 de sable, à la croix échiquetée d'or et de gueules cantonnée de quatre têtes d'enfant d'argent; au 2 d'or, à l'arbre de sinople soutenu d'un vol de sable, accosté de deux croissants de gueules.

CHAUVELIN (de), Chev., marquis de Chauvelin, Sgrs de Beauséjour, de Vallières, de Rosnay, du Bouvot, en Touraine (xviiie siècle). — Famille distinguée par ses alliances et honorée par les charges de Garde des sceaux de France, de conseiller d'état, de lieutenant général, d'ambassadeur, etc.

Bernard de Chauvelin remplit les fonctions d'intendant de Touraine, de 1711 à 1717.

Maurice-Jacques de Chauvelin, chevalier, capitaine de remplacement au régiment des chasseurs de Normandie, comparut par fondé de pouvoir à l'assemblée électorale de la noblesse de Touraine en 1789. La famille fut aussi représentée à l'assemblée électorale de la noblesse du Poitou.

D'argent, à la tige de chou arrachée, de sinople; au serpent d'or tortillé à l'entour, la tête en haut.

CHAUVEREAU, Ec., Sgrs de Poillé. — Famille originaire de Blois.

Nicolas Chauvereau, conseiller du roi, trésorier des turcies et levées, en Touraine, fut maire de Tours en 1669-70-72.

Un autre Nicolas Chauvereau fut pourvu de la charge de procureur du roi en la maréchaussée générale de Touraine en 1684.

Joseph-Louis Chauvereau est mentionné dans un acte de 1730 avec la qualité de conseiller au présidial de Tours.

Antoine-Joseph Chauvereau, conseiller du roi, trésorier de France au bureau des finances de la généralité de Tours, fut nommé chevalier d'honneur au même bureau le 18 février 1703.

D'argent, au chevron de gueules accompagné de trois sauterelles de sinople.

CHAUVERON (de), Chev., Sgrs de Ris, paroisse de Bossay (xv° siècle), de la Mothe-sur-Indre, du Puy, du Puy-Doré, Ville-Bernin, des Augers (xvii° siècle). — Famille originaire du Limousin. Sa filiation commence par Odouin Chauveron, vivant en 1381, qui acheta la terre de la Mothe-sur-Indre, en Touraine, de Jean de Chateaurenault, chevalier.

Georges I de Chauveron et Georges II, furent abbés de St-Pierre de Preuilly, le premier en 1405, le second de 1507 à 1513.

Vers 1680, Jean-Louis de Chauveron, marquis de la Mothe-Chauveron, remplissait les fonctions de subdélégué des maréchaux de France, en Touraine.

D'argent, au pal bandé d'or et de sable.

Au XVIIe siècle, cette famille portait :

Ecartelé; aux 1 et 4 de Chauveron; au 2 de France-Courtenay; au 3 d'Aubusson de la Feuillade. — Cimier : un cygne issant, d'or. — Supports : deux lions de même.

CHAUVET, Éc., Sgrs de la Perrière, de la Planche (XVIe et XVIIe siècles).

René Chauvet, conseiller du roi, trésorier général des finances à Tours, fut maire de cette ville en 1634-35.

D'argent, au sautoir d'azur, cantonné de quatre roses de sable.

CHAUVET, (Jacques) abbé de Beaugerais (1433-55).

D'or, à trois têtes de maure, de sable, tortillées de gueules.

CHAUVIGNY (de), Chev., Sgrs de Montrésor, barons de Châteauroux (XIIe et XIIIe siècles).

Cette famille a donné son nom à la ville de Chauvigny-sur-Vienne, dont elle possédait le château au Xe siècle. — Deux de ses membres ont pris part aux croisades : André de Chauvigny (XIe siècle) et Guillaume de Chauvigny, chevalier-banneret de Touraine (1249).

Guillaume de Chauvigny fut abbé de Turpenay de 1437 à 1441 ; — Un autre Guillaume de Chauvigny, fut abbé de de Noyers de 1443 à 1458.

D'argent, à cinq fusées de gueules posées en fasce; au lambel de sable de six pendants. — Cri de guerre : *Chevaliers pleuvent.*

CHAUVIN, Chev., Sgrs de Pocé (XVe et XVIe siècles), de la Remonerie, paroisse de Courçay (XVIIe siècle).

Nicolas Chauvin était abbé de Fontaines-les-Blanches en 1550.

Jean Chauvin fut conseiller du roi, trésorier de France au bureau des finances de Tours, en 1612-21.

D'argent, à l'aigle d'azur, écartelé d'un burelé d'azur et d'argent.

CHAVANNE, Sgrs de la Barre (XVIIe siècle).

17

François Chavanne remplissait les fonctions de conseiller au présidial de Tours en 1695.

D'après Dubuisson, Chavanne porte :

De gueules, à trois têtes de levrettes d'argent colletées de sinople.

CHAVIGNY (de), Éc., Sgrs de la Goujonnière, élection de Chinon (xviie siècle).

D'argent, à deux lions en chef, de gueules, et un autre lion de sable en pointe, tous trois armés, lampassés et couronnés d'or.

CHAVIGNY (Guillaume de), abbé de Noyers (1450).

D'argent, à cinq fusées de gueules, en fasce.

CHAZAL (Pierre-Esprit de), abbé de Beaulieu, en Touraine (1767-69).

D'azur, à une étoile d'argent posée en chef, un cœur de même, en abîme, — et un croissant d'or en pointe.

CHEBROU DE **LESPINATZ** à Tours (xixe siècle). — Famille originaire de Niort. Elle a possédé en Poitou les terres du Petit-Château, de la Roullière, de Lespinatz, des Loges, du Bourgneuf, etc. Jean-Madeleine Chebrou, Sgr du Petit-Château, et son frère Jean-Victor Chebrou, Sgr de la Roullière, furent anoblis par lettres patentes de mai 1736.

La famille Chebrou s'est alliée à celles de Simonnault de Monzay, de la Laurencie de l'Efort, Boscal de Réals, de Beaucorps, Pastours de Neuville, de Forestier, d'Aviau de Piolant, de Rocques, Bourasseau de la Renollière, etc. Elle s'est divisée en trois branches : Chebrou du Petit-Château, Chebrou de la Roullière et Chebrou de Lespinatz.

D'azur, à un cerf grimpant, d'argent.

CHEMILLÉ (de), en Touraine et en Anjou (xvie siècle).

D'or, au franc-canton de gueules ; à l'orle de neuf merlettes de même.

CHEMIRÉ (de), Éc., Sgrs de Gastines (xviie siècle).

D'argent, à une fasce de sable accompagnée de sept merlettes de même, 4 en chef, 3 en pointe.

CHENAYE (Silvain), prêtre, curé de Chemillé-sur-Indrois (1696).

D'argent, à trois chênes rangés en pointe sur une terrasse de même et sommés chacun d'une croix haussée de gueules.

CHENU, Éc., Sgrs du Roulet, de St-Flovier (xvie siècle). Ces terres vinrent en la possession de la maison Chenu par le mariage d'Antoinette d'Eschelles avec Jean Chenu, vers 1500.

D'azur, au chevron d'argent accompagné de trois hures de sanglier de même.

CHENU BAS-PLESSIS (Charles), chevalier de Malte, commandeur d'Amboise (1628).

D'hermines, au chef losangé d'or et de gueules.

CHER (du), Éc., Sgrs de la Forêt et de Launay-sur-Fourche, paroisse de Bossay, de la Brosse, de la Rochette, du Gué de Vegons, paroisse de Martizay (xvie siècle). — Famille originaire du Berry. Sa filiation suivie, commence par Bernard du Cher, gouverneur de Montmorillon en 1375.

D'argent, à trois bandes de gueules.

CHERBOYE, où **CHERBAYE**, ou **CHERBÉE**, Éc., Sgrs de la Perrée et de St-Ouen, relevant d'Amboise — et de la Mourerie (xvie siècle). — Famille originaire de l'Anjou.

De gueules à six têtes de lion arrachées, d'argent, couronnées d'or.

CHERBONNEAU, Éc., Sgrs du Bouchet.

Guillaume Cherbonneau a été maire de Tours en 1576-77.

De sable, au pigeon d'or; au chef de gueules chargé de trois étoiles d'or.

CHERBONNIER, Éc., Sgrs de Louzays, paroisse de Thizay, de la Georgerie, de Beauchêne (xviie siècle).

Pierre Cherbonnier était procureur du roi en l'élection de Tours en 1639.

D'argent, à trois chevrons d'azur.

CHERGÉ (de), Chev., Sgrs de Buxeuil, relevant de la Guerche (xve siècle), du Ruau-Persil, Villiers, la Baudouainière, paroisse de Luzay, la Martinière, la Brochetière, la Naudière, paroisse de Pouzay, la Noraye, Mornac, Fleuré, Hauteclaire, la Duochetière, paroisse de Luzé, la Chenaye, Launay, la Manselière, des Places. — Famille originaire des confins du

Loudunois, de la Touraine et de l'Anjou. Un titre de l'abbaye de Noyers en fait mention en 1098.

René de Chergé, Éc., Sgr de la Brochetière, de la Martinière et de la Chesnaye, fut confirmé dans sa noblesse par Voisin de la Noiraie, intendant de Touraine, le 1er septembre 1666. — Jean-Baptiste de Chergé, Éc., Sgr de la Brochetière et de la Martinière, fut également confirmé dans sa noblesse le 30 septembre 1715, par Bernard Chauvelin, intendant de la généralité de Touraine.

Les autres branches de la maison de Chergé ont aussi obtenu des maintenues de noblesse à diverses époques.

Un des membres de cette famille a fait ses preuves de noblesse, pour le service militaire, devant Berthier (Edmond-Joseph), commis du cabinet des ordres du roi, le 30 juillet 1758.

François de Chergé de Villognon et Pierre-Hilaire de Chergé comparurent par fondé de pouvoir, en 1789, à l'assemblée électorale de la noblesse du Poitou. D'autres membres de la famille ont comparu à la même époque à l'assemblée électorale de la noblesse de l'Angoumois.

La maison de Chergé compte parmi ses alliances les familles d'Aloigny, de Boislève, de Couhé de Lusignan, de la Jaille, de Fougères, Garnier de Maurivet, du Fresnay, de Sanglier, de Sazilly, de Gombault, de Lomeron, de Tudert, de Rigné, de Vonnes, de Gréaülme, de Bellère, de Montalembert, Tison, Dexmier, de Fleury, d'Angély, de Lauzon de la Poupardière, de Beaupoil de Saint-Aulaire, de Brilhac, de Manny, de Villedon, Fouquet, de Goret, de la Porte du Theil, de l'Admirault, Malafosse de Couffour, Bouthet du Rivault, de Juglart de St-Georges, etc.

Les de Chergé de la Martinière portaient :
D'argent, au chef d'azur.

De Chergé de la Noraie :
D'argent, au chef de sinople chargé de trois étoiles d'or.

De Chergé de Mornac (Angoumois et Poitou).

D'azur à la fasce d'argent chargée de trois étoiles de gueules.

CHÉRITÉ (de), Éc., Sgrs de la Verdrie, — de la Chevrière, paroisse de Saché, — de Voisin, de Beauvais (xviie siècle).

D'azur, au sautoir d'or cantonné de quatre croix pattées, de même.

CHÉRITÉ (de).

D'azur, à la bande d'or chargée de trois coquilles de gueules.

CHEROUVRIER des GRASSIÈRES, Éc., Sgrs de Pierrefite (xviie et xviiie siècles).

Guillaume Cherouvrier était chanoine et prévôt de St-Martin de Tours en 1574.

D'azur, à une palme d'or en barre, et un rameau d'olivier de même en bande, brochant sur la palme et passé en sautoir, accompagné en chef d'une étoile d'or, et en pointe d'un croissant d'argent.

CHERREAU, à Tours (xviie siècle).

D'argent, à un olivier de sinople sur une terrasse de même. — Devise : *Hos oleaster edidit fructus.*

CHERREAU de la BOUILLOIRE, à Tours (xviiie siècle).

Louis Cherreau de la Bouilloire était trésorier de France au bureau des finances de la généralité de Tours en 1777.

D'argent, à une palme de sinople accostée de deux fauvettes au naturel.

CHESNAYE. — Famille originaire de l'Anjou. Elle a donné un échevin à la ville de Tours, et un conseiller au siége présidial de cette ville.

D'argent, à une aigle de gueules, becquée et membrée d'azur, accompagnée en chef de deux étoiles d'azur, et en pointe d'un croissant de même,

CHESNAYE des PINS (de la), Chev., Sgrs des Pins, de Morand et de la Charmoise (xvie siècle), la Roche-des-Pins, du Boulay, (élection de Chinon), — du Gué, (paroisse de Varennes), la Chatière, la Ripaudière, des Vieux, du Cluseau (xviiie siècle).

Cette famille est originaire de l'Anjou ; ses maintenues de noblesse datent des 15 juin et 14 juillet 1634, 20 juillet 1666, et 21 mai 1669.

En 1559, Jean de la Chesnaye était général des finances en Touraine.

Louis Charles de la Chesnaye des Pins, écuyer, chevalier de Saint-Louis, Sgr de la Chatière, comparut en 1789 à l'assemblée électorale de la noblesse de Touraine et se fit représenter à celle du Poitou.

D'argent, à trois chevrons de sable.

CHESNE (Aimé du), commandeur de l'Ile-Bouchard (1594-1614).

De gueules, à deux renards courant en fasce, d'or, celui de la pointe contourné.

CHESNE (du), Éc., Sgrs de la Durdelière (paroisse de Restigné), de la Sansonnière, de Préaux (xvie et xviie siècles). — L'origine de cette famille, à laquelle appartiennent André et François du Chesne, historiographes de France, remonte à 1260.

Jean du Chesne était capitaine du Plessis-lès-Tours en 1480. Vers la même époque Edme du Chesne remplissait les fonctions de gouverneur de l'Ile-Bouchard.

Bertrand du Chesne était gouverneur des ville et château de Chinon en 1622.

D'argent, à deux écureuils passants, de gueules, ombrés (couverts de leur queue), le second contourné. — L'écu timbré d'un casque taré de front et surmonté d'une couronne de baron supportant un lion issant.

CHESNE du PLESSIS (du), Éc., Sgrs du Chesne, paroisse de Ferrière-Larçon, du Plessis, paroisse de Chemillé-sur-Indrois, du Bois-aux-Prêtres, paroisse de Nouans, du Petit-Breuil, de Chemillé-sur-Indrois, de la Roche, de la Garenne, (paroisse d'Azay-sur-Indre), de la Louatière, paroisse d'Athée (du xvie au xviiie siècle).

Guy du Chesne, qualifié *noble homme*, épousa, vers 1450, Antoinette de Menou, fille de Louis de Menou, Sgr du Mée, et de Jeanne de Thais.

La filiation suivie de la famille du Chesne, aujourd'hui éteinte, commence par Claude du Chesne, écuyer (1574). Ce gentilhomme fit construire, en 1580, une chapelle attenante à l'église de Chemillé-sur-Indrois, et où l'on voit un vitrail représentant le fondateur et sa femme, Antoinette de Bauldry.

Les du Chesne du Plessis ont pris alliances avec les familles de Menou, de Bauldry, de Quinemont, d'Alès de Corbet, de Bonneval, de Morel, de St-Clivier, Cottereau, Guesbin de Rassay, de Guenand, de Maussabré, Périllault de Chambeaudrie, d'Auvergne, etc.

D'azur, à deux fasces d'or. — Couronne de comte.

Ces armes ont été adoptées par la famille Périllault de Chambeaudrie, alliée en 1786 à celle du Chesne.

CHESNEAU (du), Ec., Sgrs de la Doussinière, du Parc, des Granges-d'Ambrault, de Pruneaux, Montery, Mareuil, la Rhée (XVIIᵉ siècle), — famille originaire de Bretagne.

Frédéric du Chesneau fut gouverneur de Chinon vers 1400, et François du Chesneau, gouverneur de la même place, vers 1450.

Henri du Chesneau était chanoine de St-Martin de Tours et prieur de St-Thomas d'Amboise, vers 1510.

François du Chesneau fut abbé de Noyers, en Touraine, de 1575 à 1578.

Jacques du Chesneau fut conseiller du roi, trésorier général de France, à Tours, et grand-voyer de la généralité de Tours (1626).

Jacques du Chesneau (fils ou frère du précédent), remplissait les mêmes fonctions en 1654.

D'azur, semé de besants d'argent, au chevron d'or, brochant sur le tout. — Cimier : un lion d'or. — Supports : deux lions de même.

CHESNEAU (du), Ec., Sgrs de Doussay, de la Croix (XVIIIᵉ siècle), de la Loge, paroisse de Lignières, élection de Richelieu (XVIIIᵉ siècle).

D'argent, au lion couronné de gueules. — Cimier : un chêne naissant, de sinople, englanté d'or. — Supports : deux lions d'argent armés, lampassés et couronnés de gueules, la queue nouée, fourchée et passée en sautoir.

CHESNEAU DE LA **VIEUVILLE** (du), en Touraine, (xviiie siècle).

Nicolas du Chesneau de la Vieuville, Écuyer, comparut à l'assemblée électorale de la noblesse de Touraine, en 1789.

D'argent à une fasce ondée d'azur accompagnée de trois lions d'or armés de sable, ceux du chef surmontés d'une croix ancrée, de gueules.

CHESNEL (René du), Chev., Sgr d'Auge, conseiller et chambellan du roi, bailli et gouverneur de Touraine (1510).

De sable, à la bande fuselée d'or.

CHESNEL DE **MEUX** (Arthus de), commandeur de Ballan (1644).

D'argent, à trois bâtons écotés de sinople en pal, 2. 1.

CHESNON, Éc., Sgrs de Cangé, paroisse de St-Martin-le-Beau, du Petit-Bois, des Vieilles-Cartes (paroisse de Civray) au xviiie siècle.

Jacques Chesnon, Sgr du Petit-Bois, était conseiller du roi, lieutenant à l'élection d'Amboise, en 1696.

Coupé d'azur et d'or, à un soleil de gueules de l'un en l'autre.

CHESNON, **CHESNON** DE **CHAMPMORIN**, Chev., Sgrs de Champmorin, de la Chatonnière, de Lionnière, de Varennes (du xvie au xviiie siècle).

En 1696, François Chesnon, Sgr de Champmorin, remplissait à Chinon les fonctions de conseiller du roi, élu en l'élection, et de procureur du roi au grenier à sel.

Urbain Chesnon fut pourvu de la charge de conseiller du roi, président au siége royal de Chinon, le 16 mai 1700.

Pierre Chesnon de Champmorin était conseiller du roi, président en l'élection de Tours, en 1737.

Un autre Pierre Chesnon occupait la charge de procureur du roi au bailliage de Chinon, en 1774.

Félix-Marie-Pierre Chesnon de Champmorin, chevalier de St-Louis, comparut en 1789 à l'Assemblée électorale de la noblesse de Touraine.

D'azur, au chevron d'or, accompagné en chef de deux étoiles, et en pointe d'un lion, armé, de même, soutenu d'un croissant aussi d'or.

CHÉTARDIE (de la), Chev., Sgr de Paviers, de Buxeuil-sur-Creuse et de la Celle-St-Avant (xviiᵉ siècle). — Famille originaire du Limousin.

De gueules, à deux chats passants d'argent, l'un sur l'autre.

CHEVALIER, en Touraine (xviiᵉ siècle).

Salomon Chevalier fut abbé de Noyers, de 1438 à 1440.

De gueules, à la licorne saillante d'argent.

CHEVALIER, Chev., Sgrs de la Voûte (élection de Richelieu), au xviiᵉ siècle.

Charles Chevalier, Chev., Sgr de Pilhouet, comparut, en 1789, à l'Assemblée électorale de la noblesse du Poitou.

D'azur, au chevron d'argent, accompagné de deux roses, aussi d'argent, en chef, et d'un croissant de même en pointe.

CHEVALIER, Chev., Sgrs d'Availles (dès le xviᵉ siècle, par suite d'une alliance avec la maison de Parthenay), de la Frappinière, de Nanteuil, etc. — Famille originaire des environs de St-Maixent, où elle est connue dès le xiiᵉ siècle. Elle a été maintenue dans sa noblesse le 10 décembre 1667, et a comparu à l'Assemblée électorale des nobles du Poitou, en 1789.

De gueules, à trois clefs d'or, 2, 1.

CHEVEREAU ou **CHEVREAU**, en Touraine, (xviiᵉ siècle).

De gueules, au chevron d'or accompagné de deux étoiles d'argent en chef et d'un chevreau de même en pointe.

CHEVREAU, Ec., Sgrs de la Cigogne, près Mur (xviiᵉ siècle).

Joseph Chevreau était conseiller du roi et son procureur à la Haye, en 1696.

De sable, accompagné en chef de deux cors de chasse de même, et en pointe d'un chevreau passant, aussi d'argent.

CHEVREUSE (de), Chev., Sgrs de Montils-les-Tours (xivᵉ siècle).

Nicolas de Chevreuse remplissait les fonctions de sous-bailli de Tours, en 1312.

De..., au sautoir de..., bordé de.., et accompagné de quatre roses de...— Cimier : une rose.

CHEZELLES (de), Ec., Sgrs de la Valinière, près l'Ile-Bou-chard (1500), de Nueil-sous-Faye, de la Loutière, de Salles, de la Noblaye (xvii⁰ siècle).

D'argent, à un lion de sable accompagné de trois molettes d'éperon de même, l'une posée sous la patte dextre de devant ; l'autre au bout de la sénestre ; la troisième au-dessous. — *Alias*, d'après les *Mém. de Touraine* : d'argent, au lion de sable, armé, lampassé et couronné d'or.

CHICOISNEAU (Christophe et Etienne), marchands-bour-geois, à Tours (1698).

De gueules, à trois chicots d'or posés en pal, 2, 1.

CHICOYNEAU, — Ancienne famille, originaire du midi de la France. Trois Chicoyneau ont précédé, aux xvi⁰ et xvii⁰ siècles, Nicolas Chicoyneau désigné ci-dessous, en qua-lité de juges et de chanceliers de l'Université de médecine de Montpellier ; leurs prénoms sont inconnus.

Michel Chicoyneau, fils du dernier, fut aussi chancelier et juge de l'Université de médecine de Montpellier, puis inten-dant du Jardin royal et conseiller à la cour des aides de cette ville. Il eut pour fils François Chicoyneau, né en 1672, con-seiller à la cour des comptes et des aides du Languedoc, membre de l'Académie royale de Montpellier, intendant du du Jardin du Roi, chancelier et juge de l'Université de mé-decine de la même ville, chevalier de l'ordre de St-Michel, premier médecin du roi et conseiller d'État en 1732. François Chicoyneau mourut à Versailles en 1752, âgé de quatre-vingts ans. La terre de Lavalette avait été érigée en baronnie en sa faveur. Il avait épousé la fille de Chirac, premier médecin du Roi. Envoyé à Marseille avec Chirac, lors de la peste qui affligea cette ville, il y rendit, en même temps que l'évèque Belzunce, d'éminents services. La population reconnaissante érigea trois statues, une pour François Chicoyneau, les deux autres pour Chirac et l'évèque Belzunce. Ces statues furent détruites en 1793.

François Chicoyneau laissa trois enfants : 1° Joseph-Fran-çois Chicoyneau, baron et seigneur de la Valette, né le

28 janvier 1720, conseiller au Parlement de Paris et commissaire à la chambre des requêtes, marié à Michelle Jogues de Martainville, 2° Une fille, mariée à N. du Bois des Cours de la Maisonfort, capitaine de vaisseau; 3° Une autre fille, mariée le 11 décembre 1738, à Auguste de Fertisson, Sgr de Cézales, aide-major de brigade de chevau-légers du roi, mestre-de-camp de cavalerie.

Jean-Baptiste Chicoyneau, baron de Lavalette, né à Paris le 13 mai 1732, fermier général (10 janvier 1789), fils de Jean-Joseph-François Chicoyneau, fut jeté en prison à l'époque de la Révolution. Il échappa au massacre des fermiers généraux, en 1793. De son mariage avec Angélique Payan, fille de Jean-Baptiste Payan, conseiller, secrétaire honoraire du roi, et de Joséphine-Elvire-Marie de Verduc, il laissa cinq enfants :

1° Jean-Baptiste Chicoyneau, baron de Lavalette, chef d'escadron d'artillerie, officier de la Légion d'honneur, marié en 1830, à Camille-Eugénie Dubois de Villiers, dont il a eu : Joseph-Octave Chicoyneau de Lavalette, né le 14 février 1834, capitaine, commandant d'artillerie à cheval de la garde impériale, chevalier de la Légion d'honneur, de l'ordre de Guadalupe et de la Valeur militaire de Sardaigne; Marie, Emilie et Louise de Lavalette;

2° Joseph-Octave Chicoyneau de Lavalette, maire de Neuillé-Pont-Pierre, marié, le 8 avril 1834, à Hectorine Lebreton du Plessis, fille de Charles-Hector Lebreton, vicomte du Plessis, chevalier de St-Louis, et de Christiane-Henriette de Vigny. De ce mariage sont issus : Alphonse Chicoyneau de Lavalette, marié à Adèle de Trébons ; Paul-Emile Chicoyneau de Lavalette, marié à Berthe de Trébons; Joseph Chicoyneau de Lavalette, Marie-Octavie Chicoyneau de Lavalette, mariée à Eugène Grandin de l'Eprevier.

3° Charles-Emile Chicoyneau de Lavalette, résidant aujourd'hui à Luynes, marié à Anne de Lugré, dont il a eu : Armand, Albert, Casimir et Marie Chicoyneau de Lavalette.

4° — 5° Marie-Elvire et Henriette Chicoyneau de Lavalette.

D'azur, à la bande d'argent, chargée de deux croissants et d'une étoile du champ, cette dernière placée entre les deux croissants. — Couronne de baron.

CHILLEAU (du) Chev., Sgrs du Vigneau, du Grand-Velours, de la Tour-Savary, de la Tour-St-Gelin (XVIIe et XVIIIe siècles). Famille originaire du Poitou. Sa filiation suivie remonte à Pierre du Chilleau, vivant en 1359.

Cette maison a donné un chevalier de Malte, commandeur d'Amboise, Louis du Chilleau (1523), — et un archevèque de Tours, Jean-Baptiste du Chilleau, né le 7 décembre 1735, décédé le 26 novembre 1824.

Gabriel-Jean-Charles-Marie, baron du Chilleau, capitaine de dragons, Sgr de la Tour-St-Gelin, comparut à l'Assemblée électorale de la noblesse de Touraine, en 1789.

De sable, à trois moutons paissants, d'argent.

Chinon (LA VILLE DE).

De gueules, à trois châteaux pavillonnés, girouettés d'or, 2, 1, accompagnés de trois fleurs de lis d'or, 1, 2.

Ces armes étaient aussi celles du collége de Chinon, avant 1789.

Le sceau à contrats de la ville de Chinon, en 1280, portait *trois tours posées* 2, 1, *et surmontées de deux fleurs de lis.* En 1365, il se composait des mêmes pièces.

Chinon (LE COUVENT DES AUGUSTINS DE), à la fin du XVIIe siècle.

D'azur, à un saint Augustin vêtu pontificalement, tenant sa crosse de la main dextre, le tout d'or, dans une niche à l'antique de même.

Chinon (LE COUVENT DES RELIGIEUSES DU CALVAIRE DE), ordre de St-Benoist (1698).

D'azur, à une vierge d'or, debout, les mains jointes et appuyée contre une croix de calvaire d'argent sur une terrasse de même.

Chinon (couvent des religieuses Ursulines, à).

D'azur, à trois lis sur une même tige au naturel, entourée d'une couronne d'épines d'or.

Chinon (NOTAIRES DE).

De sable, à trois mains d'argent posées, 2, 1, et tenant chacun une plume d'or.

Chinon (LA MARÉCHAUSSÉE DE), à la fin du XVIIe siècle.

D'azur, à trois fleurs de lis d'or, 2, 1.

Chinon (LES OFFICIERS DE LA MAITRISE DES EAUX ET FORÊTS DE).

D'argent, à deux saumons adossés, de sinople, surmontés d'un cerf passant de sable.

Chinon (LES TANNEURS DE).

De sable, à deux doloires de corroyeur, en sautoir, d'argent.

Chinon (COMMUNAUTÉ DES BOULANGERS DE).

De gueules, à une pelle à enfourner, d'argent, posée en pal, la palette en haut chargée de trois pains de gueules.

CHIOCHE, Ec., Sgrs de la Marne, paroisse de Bossay (XVIIe siècle). — Famille originaire du Limousin.

D'or, à trois roses de gueules, 2, 1.

CHOART DE BUZENVAL (N.), prieur de Grandmont-lez-Tours (1727).

D'or, au chevron d'azur, accompagné de trois merlettes de sable.

CHOISEUL (de), Chev., ducs de Praslin, de Choiseul-Amboise, comtes de Crissé, Sgrs de Montgauger, de Marsolle, la Porcheresse, Vanteau, Rivarennes, Nueil, des Roches-Tranchelion, Ogné, la Fontaine-Benon, Laleu, la Tour-d'Avon, Bourchevreau, le Savaringe, la Ballière, la Fondrière, etc... (du XVIe au XVIIe siècle). — Maison des plus anciennes et des plus illustres de Champagne. Sa filiation est authentiquement établie depuis le XIe siècle.

Par lettres patentes de novembre 1762, Montgauger fut érigé en duché-pairie, sous le nom de Praslin, en faveur de César-Gabriel, comte de Choiseul-Chevigny. En août 1764, le titre ducal fut transporté sur la terre de Villars, près Melun.

Étienne-François de Choiseul, duc de Choiseul-Amboise, gouverneur-lieutenant-général de Touraine (1760), ministre des affaires étrangères (1768), mourut en 1785 et fut enterré à Chanteloup, près Amboise.

César-Louis de Choiseul, duc de Praslin, pair de France, marquis de Montgauger, comte de Crissé, comparut par fondé de pouvoir en 1789, à l'assemblée de la noblesse de Touraine, pour l'élection des députés aux États généraux.

D'azur, à la croix d'or cantonnée de 18 billettes de même, cinq placées dans chaque canton du chef et quatre, posées en carré dans chaque canton de la pointe.

La branche de Chevigny portait :

Ecartelé, aux 1 et 4 de Choiseul, aux 2 et 3 de gueules, au lion couronné d'or, qui est d'Aigremont.

CHOISY (de), Ec., Sgrs de Montubois (xvie siècle).

D'azur, au chef emmanché de quatre pointes de deux demies d'or.

CHOLÉ (de), Chev., Sgrs de la Joubardière, de Rançay (du xive au xviiie siècle). — Famille issue des barons de Cholé, en Anjou. Sa filiation commence par Roger de Cholé, vivant vers 1300.

François-Hyacinthe de Cholé, chevalier, comparut par fondé de pouvoir à l'assemblée électorale de la noblesse de Touraine, en 1789.

De gueules, à deux fasces d'argent, au chef d'argent, chargé de trois roses d'azur boutonnées d'or. — Cimier : une tête de cygne d'argent. — Supports : deux griffons d'or.

Au xviie siècle, la famille de Cholé écartelait ses armes de celles de St-Severin.

CHOLLIERE (Jean), marchand-bourgeois, à Tours (fin du xviie siècle).

D'or à une bande de gueules.

CHOMALUS, Ec., Sgrs de Neverie et de la Ripaudière, paroisse de Savigny (xvie et xviie siècles).

Gaspart Chomalus était procureur du roi en la prévôté de Tours, en 1640.

D'azur, au chevron d'argent accompagné de trois molettes d'éperon de même.

CHOPIN, Ec., Sgrs de la Noue.

D'azur, à une pique d'argent fûtée d'or, surmontée d'un cerf ailé de même, volant sur la pique.

CHOPIN, Ec., Sgrs de Moulin-Fermé, paroisse d'Azay-le-Rideau (xviiᵉ siècle).

D'azur, à onze étoiles d'argent, 4, 3, 4.

CHOTARD, Ec., Sgrs du Hardaz, en Touraine (xviiᵉ siècle).
Jean Chotard, chanoine et prieur de St-Martin de Tours, mourut le 23 janvier 1649.

De..., à trois fasces de...

Chotard des Chateliers, en Anjou, portait :

D'azur, au chevron d'or, accompagné de trois croissants d'argent, au chef d'or chargé de trois trèfles rangés, d'azur.

CHOTARD (Jacques), marchand-bourgeois, à Tours (fin du xviiᵉ siècle).

De gueules, à une croix fleuronnée d'or.

CHOUANNE (Claude), bourgeois de Tours (1696).

D'azur, à trois bandes d'argent.

CHOUET, Ec., Sgrs de la Cicoyre (xviiᵉ siècle).
Guillaume Chouet, conseiller du roi, président-trésorier de France au bureau des finances, à Tours (1628), maire de cette ville en 1664, mourut le 1ᵉʳ décembre 1670.

Fascé d'or et d'azur de six pièces, à un lion morné de gueules, brochant sur le tout.

Pierre Chouet, Sgr de Généreau, conseiller au parlement de Bretagne, demeurant à Fontenay, élection de Mayenne, portait :

D'argent, au lion de gueules. — *Alias* : de gueules, au lion d'argent.

CHOUPPES (de), Chev., barons du Fau (Reignac), Sgrs de Beaudeau, du Bois-de-Chouppes (xviiᵉ siècle).
Cette famille est originaire du Mirabelais. Sa filiation remonte à Pierre de Chouppes, vivant en 1120.
Lancelot de Chouppes était commandeur du Blison, de Ville-jésus et de la Guierche, en 1666.

D'azur, à trois croisettes d'argent, 2, 1. — Cimier : une aigle naissante d'argent. — Supports : deux licornes de même.

CHAOURSES (de), Chev., Sgrs de Faye-la-Vineuse, de Beauregard (xvᵉ et xviiᵉ siècles). — Famille issue des de Brisay. Son nom s'est écrit CHOURCES, CHAOURCES, CHAOURCHES, CHOURSES.

Trois membres de cette maison ont pris part aux croisades : Patry (1096); — Payen (xiiᵉ siècle); — G. de Chaourses (1191).

Patrice de Chaourses était au nombre des chevaliers-bannerets de Touraine, en 1213.

Louis-Jacques-Emmanuel de Chaourses, chevalier, et René-Louis-Marie de Chaourses, comparurent, le premier, en personne, le second, par fondé de pouvoir, à l'assemblée électorale de la noblesse du Maine, en 1789.

Armes de la famille, jusqu'au xviᵉ siècle :

Fascé d'argent et de gueules de huit pièces, et une orle de dix merlettes de gueules.

Depuis le xviᵉ siècle :

D'argent, à cinq fasces de gueules.

CHRÉTIEN, en Touraine (xiiiᵉ siècle).

De sinople, à la fasce d'or accompagnée de trois pommes de même.

CHRISTIN, Chev. et barons de l'Empire.

D'azur, à la fasce de gueules du tiers de l'écu, au signe de chevalier, accompagnée en chef et à dextre d'une épée haute en pal, et à sénestre d'un palmier, le tout d'or, et en pointe de 3 tours, 2, 1, d'argent.

CHUPEAU, Ec., Sgrs de la Bourdillière, des Fous, de Langotie (xviᵉ siècle).

De gueules, au lion d'argent accompagné de trois étoiles de même.

CIBOURG, voyez SIBOUR.

CIGNORI ou **SIGNORI** ou **SIGNORET**, à Tours (xivᵉ siècle), et Beaulieu, près Loches (xvᵉ siècle).

Pierre Signoret fut doyen de l'église de Tours, en 1364-65.

D'azur, à un griffon d'or rampant, accompagné d'une étoile de même placée au franc-canton de l'écu.

CIGOGNÉ (de), voyez SIGOGNÉ.

CINGÉ (de), Chev., Sgrs de Cingé, paroisse de Bossay, et de la Rolle (xii° siècle).

Gironné d'argent et de gueules.

CITOYS, famille noble, originaire du Poitou, et aujourd'hui éteinte. Elle a fourni plusieurs sujets distingués dans la robe et dans la médecine.

Renée Gordien, veuve de Pierre Citoys, Ec., Sgr de la Touche-au-Blanc, fut maintenue dans sa noblesse en 1668. Charles, François, Catherine et Jeanne Citoys, enfants de Pierre Citoys et de Catherine du Breuil, obtinrent également une confirmation de noblesse, le 27 novembre 1699.

En 1635, Antoine Citoys remplissait les fonctions de premier sénéchal du duché-pairie de Richelieu.

D'argent, à un chevron de gueules, accompagné de 3 pommes de pin d'azur, 2, 1.

CLAIRAMBAULT DE VAUDEUIL (de).

De gueules, au chef cousu d'azur, chargé d'un lion issant d'or.

Clarté-Dieu, en Touraine (les prieurs et religieux de la).

D'azur, à une fleur de lis d'or; parti d'argent, à un lion de gueules, couronné de sable.

D'après d'Hozier (1700) ;

D'or, à une croix d'argent cantonnée de quatre soleils de même.

CLAVEURIER, Ec., Sgrs de la Tour-Savary, du Thillou, de la Rousselière (xvii° siècle), — famille très-ancienne, originaire du Poitou, et aujourd'hui éteinte. Elle a fourni un conseiller du duc de Berri, comte de Poitou (1411), plusieurs maires à la ville de Poitiers, un chevalier de Malte et un lieutenant-général de la sénéchaussée du Poitou. Le 31 décembre 1667, elle a été maintenue dans sa noblesse.

La maison Claveurier s'est alliée aux familles Legier de la Sauvagière, Royrand, du Moustier, Boislève, Turpin de Jouhé, de Pierres, de Liniers, de Bosquevert, Courtinier, de la Fontenelle de Vaudoré, Brachien de la Garde-Alonne, Tusseau de Maisontiers, etc.

D'azur, au clavier d'or de quatre clefs posées en croix.

18

CLAVIER, Ec., Sgrs de Leugny, paroisse d'Azay-sur-Cher (xviiᵉ et xviiiᵉ siècles).

Pierre Clavier, chanoine de St-Martin de Tours, mourut en 1648,

D'argent, au chevron de..., accompagné de deux étoiles de... en chef, et d'un chien assis de..., en pointe.

CLAVIÈRES (Jean de), grand-archidiacre de l'église de Tours (1368).

De gueules, à la main d'argent tenant deux faucons d'or longés de sable.

CLAYE (Jean de la), prêtre, curé de N.-D. de La Riche (1696).

D'argent, fretté de sable, au chef d'azur chargé de trois étoiles d'or.

CLÉMENT, Chev., Sgrs du Mez (xiiᵉ siècle). — Illustre maison originaire du Gatinais, et qui s'est éteinte vers le milieu du xiiiᵉ siècle. Elle a donné un maréchal de France, des ministres d'Etat, un archevêque de Rouen, un évêque d'Auxerre, etc.

Odon Clément, archevêque de Rouen, mort le 5 mai 1241, portait :

De..., à la croix ancrée, de...

Albéric Clément, maréchal de France, fut du nombre des chevaliers de Touraine qui prirent la croix en 1191.

D'or, à la bande de gueules.

CLÉMENT DE LA RONCIÈRE, comtes et barons de l'Empire.

Ecartelé, aux 1 et 4 d'azur, au chevron d'or, accompagné en chef de 2 étoiles d'argent, et en pointe d'une colombe d'argent portant au bec une branche d'olivier de sinople : au 2 de baron militaire ; au 3 de gueules, au casque de dragon d'or, surmonté d'une crinière de sable.

CLÉMENT DE RIS, Sgrs de Beauvais, en Touraine (xviiiᵉ siècle), comtes de Mauny.

Le 24 novembre 1810, le titre de comte de Mauny fut accordé à Dominique Clément de Ris, ancien administrateur du département d'Indre-et-Loire. Dominique Clément de Ris, né à Paris en 1750, avait acheté en 1787 une charge de maître d'hôtel de la Reine. Sénateur le 24 décembre 1799, grand-officier de la Légion-d'Honneur (30 juin 1811), il fut nommé pair de France le 4 juin 1814, — 24 mars 1819. Il mourut au château de Beauvais (Indre-et-Loire), le 22 octobre 1827.

D'azur, au chevron d'argent accompagné en chef de deux étoiles, et en pointe d'une colombe de même, portant dans son bec un rameau d'olivier de sinople.

CLÉRAMBAULT (de), Chev., Sgrs de Fondettes, de Richelieu, Beçay (xvᵉ siècle).

Par testament du 13 décembre 1488, Louis de Clérembault légua les terres de Richelieu et de Beçay à son neveu François du Plessis.

Burelé d'argent et de sable.

Jules de Clérembault de Palluau, membre de l'Académie française, mort le 17 août 1714, portait :

Coupé, au 1 burelé d'argent et de sable, à la bande de gueules brochant sur le tout; au 2 d'argent à l'arbre de sinople.

CLÉRET, Chev., Sgrs de Méré, de Fontaines, de Plessis-Savary, de la Rigaudière, de Maugé, d'Ardilleux (xivᵉ et xvᵉ siècles).

D'or, à deux fasces ondées de sable.

CLÉRIC (de), maison originaire de Côme. Elle fut anoblie et investie des droits de bourgeoisie de cette cité, en 1357, par Galéas, duc du Milanais, dans la personne du chef de la famille et de ses trois fils. Les mêmes gentilshommes furent confirmés dans leur titre de noblesse par l'empereur Charles IV, en 1358, et élevés en même temps à la dignité de comtes palatins. En 1369, le même empereur, en faveur de leurs services, leur conféra un nouveau titre de noblesse, institué sous la dénomination de *Nobiles Cataneos*.

En 1548, l'empereur Charles-Quint confirma de nouveau, d'une manière authentique, les titres de noblesse et privilèges accordés à la famille de Cléric.

La branche représentée aujourd'hui par Alfred-Philippe-Louis de Cléric vint s'établir en France, aux environs de Montbéliard, vers 1740. Le bisaïeul et l'aïeul d'Alfred-Philippe-Louis de Cléric étaient chevaliers de Saint-Louis.

Alfred-Philippe-Louis de Cléric, officier supérieur en retraite, officier de la Légion-d'Honneur, a épousé, en 1840, Jeanne-Théonie-Emiliane Scourion de Beaufort; de ce mariage sont issus :

1° Edgard de Cléric, élève de l'École militaire de Saint-Cyr, sous-lieutenant au 2ᵉ régiment de lanciers;

2° Marie de Cléric, mariée à Fernand Dividis de la Noue, à Vendôme;

3° Alfred de Cléric, élève à l'École militaire de Saint-Cyr.

Résidence en Touraine (1866) : Les Sablons, près St-Martin-le-Beau.

D'or, à la divise de sable supportant une aigle éployée de même, et soutenue d'un chevron écimé, aussi de sable. — L'écu timbré d'un casque taré de front. — Cimier : une aigle essorante, éployée de sable, couronnée d'or.

CLERMONT (Berault II, comte de), dauphin d'Auvergne, Sgr de Marmande, La Haye, Cravant, Saint-Michel-sur-Loire, la Vaudoire, Chezelles, Faye-la-Vineuse, Azay-sur-Indre, du chef de sa femme Marguerite, comtesse de Sancerre, mourut le 17 janvier 1399.

D'or, au dauphin pâmé d'azur, au lambel de gueules de trois pièces en chef.

CLERMONT D'AMBOISE (Jacques de), Chev., Sgr de Bussi et de Saxe-Fontaine, gouverneur-lieutenant-général de Touraine (1351-43).

Louis III de Clermont d'Amboise, abbé de Bourgueil, mourut le 19 août 1579.

Ecartelé, aux 1 et 4 d'azur, à trois chevrons d'or, aux 2 et 3 pallé d'or et de gueules, qui est d'Amboise.

En acceptant une donation du cardinal d'Amboise, Jacques de Clermont avait pris l'engagement de porter le nom et les armes d'Amboise.

CLERMONT D'ANJOU (Louis de), baron de Preuilly (1529-36), Sgr d'Azay-le-Féron, Bouchardy, Lorchère, marquis de Gallerande, conseiller et maître d'hôtel ordinaire du roi, mourut vers 1536.

Les terres de Clermont, de Mareil, de Pringé et autres furent
érigées en marquisat, en août 1576, en faveur de Georges Ier,
Sgr de Clermont d'Anjou et de Gallerande.

Les Clermont-Reynel ou d'Amboise, forment une branche
de la famille de Clermont d'Anjou.

D'azur, à trois chevrons d'or.

CLERMONT DE NESLE (Jean de), vicomte d'Aunai, Sgr de
Thorigny et de Chantilly, maréchal de France, lieutenant-
général pour le roi en Touraine, fut tué à la bataille de Poitiers, le 19 septembre 1356. Il était fils de Raoul de Clermont
II et de Jeanne de Chambly.

De gueules, semé de trèfles d'or, à deux bars adossés de même, au lambel
de trois pendants d'argent.

CLERMONT-TONNERRE (de), Chev., ducs de Clermont-
Tonnerre (1775), princes du Saint-Empire (1823). — Famille
originaire du Dauphiné. Sa filiation remonte à Siboud de
Clermont, vivant en 1080.

Cette maison a donné un maréchal de France, un cardinal,
un grand maître de l'ordre de Malte, des chevaliers des ordres
du Roi, etc.

Amédée-Théodore-Armand-Henri-Gedéon, comte de Clermont-Tonnerre, né le 22 avril 1824, demeurant à Tours (1854),
a épousé N. de Rigaud de Vaudreuil.

De gueules, à deux clefs d'argent passées en sautoir.

CLERVAUX (de), Chev., Sgrs de Mathefelon, de Villaines
(XIIe siècle). — Famille originaire du Poitou. Elle a été maintenue dans sa noblesse en 1667. Parmi les maisons auxquelles
elle s'est alliée, on remarque celles de Lespinay, de Fronde-
baut, de Machecoult, Adam de Puyravault, d'Auzy, Aymer de
la Chevallerie, de Cuvilliers, de la Sayette, de Saint-Martin,
Moré du Rail, de Falloux du Lys, etc...

La famille de Clervaux a fourni des chevaliers de Malte
et des chevaliers de l'ordre royal et militaire de Saint-Louis.
Un de ses membres, N. de Clervaux de Saint-Christophe a fait
ses preuves de noblesse, pour le service militaire, devant

Chérin, généalogiste et historiographe des Ordres du roi, le 10 mars 1785. Elle a comparu, en 1789, à l'assemblée électorale de la noblesse du Poitou.

Auguste-Benjamin-Jules de Clervaux, chef de nom et d'armes de la branche de Châteauneuf, né le 21 mars 1816, a épousé, à Tours, le 6 juillet 1852, Amélie de Voyer d'Argenson.

De gueules, à la croix pattée et alaisée de vair.

CLISSON (Amaury de), sénéchal de l'Anjou, de la Touraine et du Maine (1385).

De gueules, au lion d'argent, armé, lampassé et couronné d'or.

CLINCHAMP (de), Chev., Sgrs de la Buzardière, de Saint-Marceau, de Teilley, etc...

D'argent, à la bande ondée de gueules, bordée de sable, accompagnée de six merlettes de sable, 2, 1. — *Alias* : d'argent, à six pigeons de gueules.— Ou : d'argent, à six merlettes de gueules. — D'autres disent huit merlettes.

CLOPIN (de).

D'or, au pin de sinople ; au chef d'azur, chargé de trois étoiles d'argent.

CLOUSEAUX (des).

De gueules, à trois fers de lance d'argent, 2. 1.

CLUGNY ou **CLUNY** DE CONFORGIEN (Guillaume de), chanoine de Saint-Gatien et de Saint-Martin de Tours (1478), abbé de Bourgueil, puis évêque de Poitiers (1179), mourut à Tours en 1481.

D'azur, à deux clefs d'or adossées en pal, attachées par des anneaux losangés.

CLUYS (de), Chev., Sgrs de Nouzerines, de Briantes et de Tournon-sur-Creuse (xive et xve siècles). — Cette famille, originaire du Berry, a fourni un chevalier-banneret (1243).

Bertrand de Cluys, chevalier de Malte, était commandeur de Fretay, en Touraine, en 1443.

D'argent, à un lion d'azur, armé et lampassé de gueules.

COAGNE (de). Voyez COIGNE.

COCHEFILET (Marie-Anne de) abbesse de Beaumont-lèz-Tours (1647-69).

D'argent, à deux léopards de gueules, armés, lampassés et couronnés d'or.

COCHEREL (de), en Touraine (xviii° siècle). — Famille originaire de Normandie. Elle a fourni un lieutenant des maréchaux de France à Tours, Nicolas de Cocherel (nommé par lettres du 20 avril 1785).

Coupé, au 1 d'or, à trois fasces de gueules, au 2 d'argent, à trois chevrons de pourpre.

COCHON DE LAPPARENT, comtes de Lapparent (comtes de l'Empire), (à Tours, en Poitou et en Berry).

Cette famille est originaire de la Rochelle. Sa filiation suivie remonte à François Cochon, vivant en 1532.

Charles Cochon, né en janvier 1750, dans le département de la Vendée, député du Tiers-État du Poitou aux États-généraux (1789), membre de la Convention nationale où il vota la mort de Louis XVI, sans appel au peuple ni sursis, préfet de la Vienne en 1803, puis des Deux-Sèvres en 1805, fut nommé le 18 mars 1809, membre du Sénat conservateur, avec le titre de comte. Il mourut à Poitiers, le 17 juillet 1825.

Son fils, Emmanuel Cochon, comte de Lapparent, préfet de l'Hérault, à l'époque de la seconde Restauration, fut nommé préfet du Cher, sous le règne de Louis-Philippe. Il résidait à Tours en 1820. Une de ses filles, Marie-Clémence, a épousé à Tours, Jules Bucheron.

La maison Cochon de Lapparent a reçu, en 1862, confirmation du titre de comte.

D'or, au chevron de gueules, accompagné de trois hures de sanglier de sable.

Charles Cochon, comte de Lapparent, ajoutait à ces armes, en sa qualité de grand dignitaire de l'Empire :

Une croix de la Légion-d'honneur au sommet du chevron, et à dextre le franc-quartier de comte-sénateur de l'Empire : d'azur, au miroir d'or en pal autour duquel se tortille et dans lequel se mire un serpent d'argent.

COCQUEBORNE (de), Ec., Sgr du Puy-de-Mons (xvi° siècle), de la Boitière, — de Perugne, paroisse de Tauxigny (xvi° siècle).

De gueules, à trois coqs d'or, 2, 1 ; et un cœur d'argent au centre de l'écu.

CODIER, marchands à Tours (fin du xviiie siècle).
D'argent, à deux étoiles de gueules en chef, et un cœur de même en pointe.

COÉ DE LUSIGNAN. — Voyez COUHÉ.

COEFFIER (Gilbert), Chev., Sgr de la Bussière, de Chezelles, en Touraine, maire de Tours en 1550.
D'azur, à trois coquilles d'or, 2, 1.

COEFFIER (Antoine), dit RUZÉ, marquis d'Effiat, maréchal de France, grand-bailli-gouverneur et lieutenant-général de Touraine (par provisions du 27 juillet 1629), mourut le 27 juillet 1632. Son oncle, Martin Ruzé, l'avait institué son légataire universel, à la condition de porter son nom et ses armes.

Henri Coeffier, dit Ruzé-d'Effiat, marquis de Cinq-Mars, grand-écuyer de France, lieutenant-général du roi en Touraine (1628), eut la tête tranchée le 12 septembre 1642.
De gueules, au chevron ondé d'argent et d'azur de six pièces, accompagné de trois lionceaux d'or.

COESMES (de), en Touraine et en Anjou.
D'or, au lion d'azur, lampassé, armé et couronné de gueules.

COETIVY (Louis de), lieutenant-général au gouvernement de Touraine (1369).
Fascé d'or et de sable de six pièces.

COHEU, Ec., Sgrs de Trizay.
Pierre Coheu fut conseiller du roi, maire de Tours en 1583-84.
D'azur, au chevron d'or accompagné de trois croissants d'argent, au chef d'or chargé de trois croisettes de sable, en fasce.

Pierre Coheu, maire de Tours, portait :
De gueules, au chevron d'or accompagné de trois croissants de même, au chef d'or chargé de trois croix de sable.

COIGNE, Ec., Sgrs de Marteau, de Luché, de la Roche-Coigne, de la Roche-Alardin, de Marfournier (xvie et xviie siècles. — Cette famille, originaire de Portugal, commence sa filiation par Jean Coigne, vivant en 1508. Elle a fourni un chevalier de Malte, Jacques Coigne de Marteau (1608).

D'hermines. — Cimier : une tête de cygne d'argent. — Supports : deux griffons d'or.

COIGNEUX (le). — Voyez LE COIGNEUX.

COLAS DES **FRANCS**, — **COLAS** DE LA **NOUE**, — **COLAS** DE **BROUVILLE**, — **COLAS** DE **BROUVILLE-MALMUSSE**, Chev., comtes de la Fère, de Marle et de Rocheplate, Sgrs des Francs, de la Noue, de Malmusse, des Ormeaux, de Menainville, de Jouy, de la Borde, etc...

Originaire de Paris, la famille Colas s'est établie à Orléans en 1360, et en Touraine depuis la fin du xviiie siècle. Elle a pour auteur Nicolas Colas, conseiller de Philippe de France, duc d'Orléans, charge dont fut également pourvu son fils, Jean Colas, vivant en 1389. Parmi les illustrations qu'elle a fournies, on remarque Colin Colas des Francs, qui seconda son beau-frère, Hervé Laurens, dans la résistance héroïque que celui-ci, sous la bannière de Jeanne Darc, opposa aux Anglais lors du siége d'Orléans, en 1429. — Six maires d'Orléans : François Colas (1575-83 ; Jacques Colas (1622-23); Jacques Colas (1695-96); Charles Colas (1739-44) ; Colas de Monduc (1745-47) ; Colas des Francs (1760-62). — Jacques Colas, comte de la Fère et de Marle, grand-prévôt de France, vice-sénéchal de Montélimard, député du Dauphiné aux États de Blois, gentilhomme d'honneur de l'archiduc Albert (1600) ;— Pierre Colas de Marolles, comte de Rocheplatte, chevalier de Saint-Louis, brigadier des armées du Roi ; — Thomas Colas de Marolles, député de la noblesse d'Orléans aux États-géné-raux de Tours (1651); — Jacques Colas de la Noue, président de chambre à la Cour royale d'Orléans (1829), auteur d'un ouvrage très-estimé sur la jurisprudence de cette Cour.

Sept arrêts du Conseil d'État, le dernier daté du 23 juillet 1773, ont maintenu la famille Colas dans sa noblesse. Huit membres de la même maison, ont comparu à l'assemblée de la noblesse de l'Orléanais, en 1789, pour l'élection des députés aux États-généraux.

La famille Colas forme aujourd'hui quatre branches : Colas des Francs, Colas de la Noue, Colas de Brouville et Colas de Brouville-Malmusse. Les deux premières résident en Touraine (1866).

Branche Colas des Francs.

Cette branche a pour chef Gabriel Colas des Francs, président du tribunal de première instance de Tours, chevalier de la Légion-d'Honneur, né à Orléans le 31 juillet 1805, marié le 3 juillet 1851 à Julienne-Marie-Ubaldine Budan de Russé, fille de César Budan de Russé, général de brigade, commandeur de la Légion-d'Honneur, chevalier de Saint-Louis, et de Augustine-Hélène-Marie de Quinemont. De ce mariage sont issus : 1° César-Marie-Lionel Colas des Francs, né le 13 novembre 1853 ; 2° Anne-Caroline-Marie Colas des Francs, née le 13 août 1856.

Branche Colas de la Noue.

Cette branche est représentée en Touraine par Louis-Ernest Colas de la Noue, demeurant au château de Beaulieu, commune de Joué-lèz-Tours, maire de cette commune, né le 26 septembre 1814, marié le 5 février 1839 à Marie-Anaïs Vallée (décédée le 4 septembre 1841), fille de Philippe-François-Antoine Vallée, officier supérieur dans l'arme du génie, chevalier de Saint-Louis et de la Légion-d'Honneur, et de Angélique-Anne-Eulalie de Lamandé. De ce mariage est issu Jacques-Édouard Colas de la Noue, substitut du procureur impérial de Sarlat, né le 31 juillet 1841.

Louis-Ernest Colas de la Noue a pour frères :

1° François-Henri Colas de la Noue, conseiller d'État, secrétaire-général du Conseil d'État, membre du Conseil supérieur de l'Asile du Prince Impérial, chevalier de la Légion-d'Honneur, né le 28 décembre 1828, marié le 29 juillet 1855, à Marie Billault, fille de Adolphe-Augustin-Marie Billault, sénateur, ministre de l'Intérieur ;

2° Jean-Antoine Colas de la Noue, attaché au ministère d'État, né le 1er mai 1842.

Colas des Francs, de la Noue, de Brouville, de Brouville-Malmusse, porte :

D'azur, au chêne de sinople, terrassé de même, au sanglier passant de sable brochant sur le fût de l'arbre. — L'écu timbré d'un casque taré de front orné de ses lambrequins. — Couronne de comte. — Cimier : un sanglier issant de sable. — Supports : deux levrettes. — Devise : *Ulterius ardet.*

COLBERT, Chev., marquis de Chabannais, de Croissy, de Seignelay, de Torcy, Sgrs de Montrichard, de Chissay, de la Tour-de-Bléré, de Bergeresse, paroisse de Chissay (xviiie siècle). — Famille originaire d'Écosse et dont la filiation remonte à l'an 1300. Elle a fourni un grand nombre d'illustrations, entre autres, quatre ministres, cinq ambassadeurs, vingt-un officiers-généraux et deux archevêques.

Charles Colbert, marquis de Croissy et de Torcy, intendant de Touraine (1663-66), puis ministre d'État, mourut le 28 juillet 1699.

Jean-Baptiste Colbert, marquis de Sablé, comparut à l'assemblée électorale de la noblesse du Maine, en 1789.

D'or, à une couleuvre d'azur tortillée et posée en pal. — Supports : deux icornes. — Cimier : une main tenant une branche d'olivier. — Couronne de marquis. — Devise : *Perite et recte.*

COLLIN, Ec., Sgrs des Ormeaux, la Touche (xvie siècle). — Famille originaire du Bourbonnais. Diverses branches se sont établies en Touraine, en Barrois, en Poitou et en Champagne.

Raymond Collin était juge et prévôt de la ville de Tours, en 1550.

Robert Collin de la Touche était capitaine et chef de la même ville, en 1579.

Michel-Emmanuel Collin, fut chanoine et prévôt de Saint-Martin de Tours, conseiller du Roi, trésorier de France à Poitiers (1694).

Dans cette même année mourut Michel Collin, secrétaire du roi, Maison couronne de France, échevin de Tours.

Tiercé en fasce; au 1 de sinople à l'aigle d'or accompagnée en pointe d'un croissant montant d'argent; au 2 d'argent à l'écusson d'azur, chargé d'une rose d'argent tigée et feuillée de même, boutonnée de gueules et liée d'un lacs d'or, au chef papelonné de trois pièces d'argent; au 3 de sable, au lion léopardé, d'or. — Supports : deux lions. — Couronne de comte.

COLLIN (Jean-Baptiste), Ec., Sgr de Nemant, conseiller du roi, contrôleur ordinaire des guerres (août 1696).

D'argent, à un chevron d'azur, accompagné en chef de deux étoiles de sable, et en pointe d'un coq de même, crêté et barbillonné de gueules.

COLLIN, Ec., Sgrs du Chesne et des Huaux, paroisse de la Croix-de-Bléré (XVIIᵉ siècle). — Charles Collin, de Tours, acheta ces deux fiefs, le 8 décembre 1649, de Charles du Rozel, Chev., Sgr du Vau-de-Valère.

Cette famille a donné un échevin à la ville de Tours.

D'or, à une fasce de gueules accompagnée en chef d'une aigle à deux têtes de sable et en pointe d'un lion de gueules.

COLOMBEL (Nicolas), chanoine et chancelier de l'Église de Tours (1583-86).

D'azur, à trois colombes d'argent, 2, 1.

COMBOURG (Guillaume de), abbé de Marmoutier, mort le 23 mai 1124.

Écartelé d'argent et de gueules.

COMMACRE (de), Sgr du Portail, paroisse de Sepmes.

De..., à une croix ancrée de...

COMMIERS (Catherine de), prieure de Moncé, puis abbesse de Beaumont-lèz-Tours (1470-90).

D'argent, au sautoir d'azur cantonné de quatre roses de gueules.

COMINES (Philippe de). — Voyez COMYNE.

COMMINGES (de).

De gueules, à quatre otelles adossées et mises en sautoir.

COMNÈNE (de). — Voyez STEPHANOPOLI.

COMPAIN (Gabriel), conseiller au bailliage et siége présidial de Tours (1665-98), maire de cette ville en 1665.

D'azur, à une tête de léopard arrachée d'or, soutenue d'un massacre de cer aussi d'or.

COMPAING, Ec., Sgrs de la Tour-Girard. — Famille originaire du Poitou. Elle a été maintenue dans sa noblesse le 31 décembre 1667. A cette époque un de ses membres résidait dans la paroisse d'Antoigné.

D'azur, à trois fasces d'or, la première surmontée de deux étoiles cantonnées, de même ; la deuxième, d'un cœur de gueules navré d'une flèche de sable, et la troisième, d'une étoile d'or, au centre.

COMYNE ou COMMINES (Philippe de), Chev., Sgr de Berrie (1472), gouverneur de Chinon, chambellan de Louis XI, sénéchal du Poitou, naquit en 1445 au château de Comyne, en Flandre. Après la mort de Louis XI, il fut poursuivi comme rebelle et enfermé pendant huit mois dans une cage de fer, au château de Loches. Exilé ensuite dans son château d'Argenton, il occupa ses loisirs à la continuation de ses *Mémoires sur Louis XI*. Il mourut dans ce château, le 17 octobre 1509.

D'or, à l'écusson de gueules chargé d'une croix de vair.

CONFLANS D'ARMENTIÈRES (de), Chev., Sgrs de la Touche-d'Artigny, paroisse de Souvigny (XVIII° siècle).

Cette famille a été maintenue dans sa noblesse le 27 septembre 1667.

D'azur, semé de billettes d'or, au lion de même brochant sur le tout.

CONINGHAM ou CONYGHAM (de), Chev., Sgrs de Cangé (par acquest du 4 juin 1489), de Rechaussé, de Chartemeau, de Rodon, la Clartière, la Rousselière, la Mothe-Fresneau, Cramail, Notz-Maraffin, la Marbellière (XV° et XVI° siècles). — Famille originaire d'Écosse et qui s'est établie en France vers 1450.

Pierre de Coningham était capitaine-gouverneur de Tours vers 1570.

Antoine de Coningham fut nommé commandant de l'arrière-ban de Touraine en 1635.

Vers la même époque, Pierre de Coningham était prieur de Saint-Jean-des-Grez.

D'argent, au pairle de sable, écartelé d'azur, à trois fermeaux d'or. — Cimier : une licorne issante d'argent. — Supports : deux licornes de même.

Une branche de cette famille, restée en Ecosse, porte :

D'argent, au pairle de sable.

CONSEIL (Jean), abbé de Cormery (1483-90).

D'azur, à une crosse d'argent posée en pal, accostée de deux étoiles de même.

CONSTANT (de), Chev., Sgrs de la Charpraye et de Foullange, paroisse de Perusson (xviie siècle).

D'argent, au palmier de sinople en pal, sur une terrasse de même.

CONSTANTIN, Ec., Sgrs de Jeu-Maloches et de la Gachonière.

Bandé d'or et d'azur, au chef d'or chargé d'une aigle éployée de sable, languée de gueules.

CONSTANTIN (Gabriel-Félix), Ec., Sgr de Lorie, fut commissaire inspecteur des haras du roi dans les provinces de Touraine, Anjou et Maine (provisions du 18 juillet 1717), prévôt de la maréchaussée générale de la Généralité de Tours (par commission du 14 décembre 1723).

Cette dernière charge fut également occupée (après 1724) par Jules Constantin, écuyer, Sgr de la Lorie.

François Constantin, prêtre, chanoine de l'église de Tours, archidiacre d'Outre-Loire (1630-31) appartenait à cette famille.

D'azur, à un rocher d'or mouvant d'une mer d'argent. — Devise : *Mediis immota periclis.*

CONTADES (de), Chev., marquis de Contades-Gizeux, Sgrs de Gizeux, d'Avrillé, de Vernes, de Raguin, etc. — Famille originaire de Narbonne. Elle a fourni un maréchal de France (1758), plusieurs lieutenants-généraux et plusieurs grand-croix de Saint-Louis.

Charles-Jules-Gaspard de Contades, Georges-Gaspard-François-Augustin de Contades, Sgr du Planty, et Louis-Georges-Erasme de Contades, comparurent, en 1789, les deux premiers en personne, le troisième par fondé de pouvoir, à l'assemblée électorale de la noblesse de l'Anjou.

Camille-Auguste, marquis de Contades-Gizeux, mourut à Gizeux, le 6 juillet 1861, laissant cinq enfants : Elise, mariée en juin 1829, à Bonaventure du Fou ; Arthur-Louis, marquis de Contades-Gizeux, marié à Marie Feuillant ; — André-Charles ; — Arnold - Gaspard , et Isabelle - Sidonie , mariée en 1854, à Louis-Félix-Victor Leblanc de la Combe.

D'or, à une aigle d'azur au vol abaissé, membrée, becquée et languée de gueules.

Erasme-Gaspard de Contades-Gizeux, comte de l'Empire, (lettres du 28 mai 1809), membre du collége électoral et du Conseil général du département d'Indre-et-Loire, maire de Gizeux, portait :

D'or, à l'alérion d'azur ; franc-quartier de comte, membre du Collége électoral, brochant au neuvième sur l'écu.

CONTY (de), Chev., marquis d'Argicourt, Sgrs de Méré, en Touraine, de Crémeaux, de Travarzay, etc. (xviiie siècle).

D'or, au lion de gueules.

CONVERS (Hélie), doyen de l'Église de Tours (1606).

D'hermine, à une fasce de gueules chargée de trois boucles d'or.

CONYGHAM (de). — Voyez CONINGHAM.

CONZIÉ (Joachim-Mamert-François de), évêque de Saint-Omer, puis archevêque de Tours (1774-91).

D'azur, au chef d'or chargé d'un lion issant de gueules.

COOLS (de) barons de Cools, — à Tours et au château de la Noue, commune de Villedomer (xixe siècle).

Amédée, baron de Cools, officier supérieur d'état-major, officier de la Légion-d'Honneur, chevalier de St-Louis et de St-Ferdinand d'Espagne, est mort à Tours le 28 février 1861.

D'azur, au lion armé et couronné d'argent.

COP (de) Ec., Sgrs de Pocé et de Saugé (xviie et xviiie siècles).

Cette famille a donné trois conseillers du Roi, trésoriers de France au bureau des finances de la Généralité de Tours : René de Cop (vers 1650 ; — Pierre de Cop (1734) ; — Jean de Cop, maire de Tours (1765-68).

Martin de Cop de Saugé, élu en l'élection de Tours, et Mathieu de Cop, conseiller au présidial de la même ville, sont mentionnés dans un acte de 1725.

D'azur, au chevron d'or, accompagné en chef de deux étoiles d'argent, et en pointe d'un coq aussi d'argent.

Une branche de cette famille portait :

De gueules, à un coq d'argent, crêté, becqué, barbillonné et membré d'or; au chef d'azur chargé de trois étoiles d'or.

Jean de Cop, maire de Tours, portait :

D'argent, au chevron de gueules accompagné en chef de deux étoiles d'azur, et en pointe d'un coq de sable.

COP (D^elle N. de), résidant à Tours (1698).

D'or, à un chef d'azur chargé de trois coqs d'argent.

COP (François de) Sgr de la Gagnerie, bourgeois de Tours (1696).

D'argent, à une croix de gueules.

COP (Marguerite de) veuve de N. Clavier, Sgr de Leugny.

D'or, à trois aigles de sable, 2, 1.

COPPIN, en Touraine et en Berry.

De sable, à un pin d'or; au chef de gueules, chargé de trois croix d'argent.

CORAL (de) Ec., Sgrs de la Tour et du Bois-Pateau, près Bléré. — Famille originaire du Limousin.

D'argent, à une croix ancrée, de gueules, chargée en barre d'une branche de corail de même.

De Coral, en Poitou, portait :

De gueules, à la croix pattée d'or, chargée d'un bâton péri d'azur, soutenue par deux lions rampants, affrontés, d'or.

CORAL (de) Ec., Sgrs de Villiers, paroisse de St-Julien de Chédon (élection d'Amboise).

D'argent, à trois branches de corail de gueules en pal.

CORBEIL (de).

D'or, au dragon volant de sinople lampassé de gueules.

CORBIN (de) Ec., Sgrs de Bois-Bonnard et de la Chesnaye (xvie siècle).

D'argent, à trois corbeaux de sable, un tourteau de gueules au-dessous de chaque corbeau.

CORDIER Chev., Sgrs de Launay, de Montreuil (xviie siècle). Claude-René Cordier de Launay de Montreuil, chevalier, président honoraire de la cour des aides de Paris, comparut en 1789 à l'assemblée électorale de la noblesse de la vicomté de Paris.

D'azur, au chevron d'or accompagné de trois croissants d'argent.

CORDON (de) en Touraine et en Anjou (xvie siècle).

D'azur, au lion d'or.

Une autre famille Cordon portait, d'après M. Lambron de Lignim :

D'hermines, à deux fasces de gueules.

CORMERY (de) en Touraine (xviiie siècle).

De gueules, à une croix d'argent cantonnée au premier canton d'une fleur de lis de même.

Cormery (ABBAYE DE ST-PAUL DE) *Sanctus Paulus de Cormeriaco, seu cœnobium Cormaricense* (de l'ordre de St-Benoît).

Cette abbaye entra dans la congrégation de St-Maur en 1662.

D'or, à l'aigle à deux têtes couronnée de sable ; mi-parti, à une fleur de lis d'or et une demi-fleur de lis de même, mouvante du parti, l'une et l'autre sur un champ d'azur ; et sur le tout, une épée d'argent, la poignée d'or, posée en pal, la pointe en bas.

Cormery (VILLE DE), — à la fin du xviie siècle.

De sable, à un cormier d'or.

CORMIER DE LA PICARDIÈRE, Sgrs des Ouches, de la Cantinerie, de la Sarrière, de St-Martin-le-Beau, du Coteau, des Hôtels, du Plessis, de la Fontaine-du-Saule (xviie et xviiie siècles).

19

C'est une des plus anciennes familles d'Amboise. Sa filiation suivie et établie d'après les registres de l'état-civil remonte à Jean Cormier, résidant à Chargé, vers le milieu du xv⁰ siècle.

La famille Cormier de la Picardière a donné à la Touraine les fonctionnaires dont les noms suivent :

Jérôme Cormier, chef de fruiterie de la maison du Roi, procureur du roi aux eaux et forêts d'Amboise et de Montrichard, puis bailli d'épée et de robe longue, à Amboise, décédé le 27 janvier 1725.

Jérôme Cormier de la Sarrière, bailli d'épée et de robe longue de la ville d'Amboise, président, premier juge civil et criminel au siége royal de cette ville, mort le 29 janvier 1760 ;

Jacques Cormier de la Picardière, conseiller du roi, et son procureur aux eaux et forêts d'Amboise et de Montrichard, puis président-trésorier de France à Poitiers, décédé à Amboise le 26 novembre 1750 ;

Jacques Cormier de la Picardière, conseiller du roi, lieutenant-général au bailliage et siége présidial de Tours, maire de cette ville en 1763-64-65, mort en 1780 ;

Jacques-Jérôme Cormier, Sgr de la Brosse, conseiller du roi au bailliage et siége royal de Touraine, contrôleur-général des domaines, bois et finances de la Généralité de Tours (1789), juge de paix d'Amboise, décédé le 25 pluviose, an II ;

Jean-Baptiste-Louis-René Cormier de la Picardière, avocat au parlement, lieutenant particulier des eaux et forêts d'Amboise et de Montrichard, conseiller du roi, bailli de Chenonceau (1789), maire d'Amboise (1793), président du conseil général du 1ᵉʳ arrondissement de Tours, sous le Consulat, puis juge d'instruction au tribunal criminel de Tours (16 août 1811), mort à Amboise le 19 février 1843.

Un membre de la même famille, Joseph Cormier, prêtre, était chanoine du chapitre royal d'Amboise en 17....

La famille Cormier de la Picardière est représentée aujourd'hui par : — Jules-Étienne Cormier, né à Chargé le 31 juillet 1816, sous-chef dans l'administration des postes, à Paris. — Hilaire Cormier, notaire à Rochecorbon, né à Chargé le 29 janvier 1819, marié le 14 mai 1850 à Marie Mallet du Bourg, fille de N. Mallet du Bourg, ancien inspecteur des eaux et forêts, et de Mme N. Amaury.

Hilaire Cormier a quatre enfants, 1° Marie-Thérèse Clémence, née le 15 mars 1851 ; 2° Louis-Marie, né le 18 juin 1853; 3° Marie-Marguerite-Hélène, née le 18 janvier 1857 ; 4° Marie-Madeleine-Pauline, née le 30 juillet 1860.

D'argent, à une fasce d'azur supportant un pélican de même et accompagnée en pointe d'un cœur aussi d'azur. — Supports : deux griffons à demi couchés sous l'écusson. — Couronne de comte.

CORNAC (Gaillard de), abbé de Villeloin, mourut le 10 décembre 1625.

D'azur, au chevron d'or, accompagné à la pointe de l'écu d'une licorne passante d'argent, au chef de gueules, chargé de trois étoiles d'or rangées.

CORNE DE CHAPT (François-Josué de la), chevalier, ancien capitaine des vaisseaux du roi, chevalier de St-Louis, comparut en 1789 à l'assemblée électorale de la noblesse de Touraine.

De gueules, au lion armé de... contrepassant, soutenant une rose de..., au canton sénestre.

CORNEILLE (Pierre de), abbé d'Aiguevive (1680-96).

De gueules, à deux fasces d'or, au chef d'argent chargé de trois corneilles de sable.

Ces armes étaient aussi celles de Thomas de Corneille, abbé d'Aiguevive après Pierre, et décédé le 8 décembre 1709.

CORNU, Ec., Sgrs de Sourches, de la Barbotière et de la Courbe (xve et xvie siècles — Famille originaire de l'Anjou.

D'argent, au massacre de gueules surmonté d'une aigle de sable.

COSSARD.

D'or, au chevron d'azur accompagné en chef de deux concombres de sinople, tigés, feuillés de même, et en pointe d'une tête de Maure de sable, tortillée de même.

COSSÉ (de), Chev., Sgrs d'Azay-le-Rideau (XIIIe siècle), de Gonnor, de Brissac, et de Thouarcé. — Famille originaire de l'Anjou. Elle a produit trois maréchaux de France (en 1507, 1550, 1594), un grand-maître de l'artillerie, sept ducs et pairs, un grand aumônier, neuf grands pannetiers et quatre grands fauconniers de France, quatre chevaliers des ordres du Roi. La terre de Cossé-Brissac, en Anjou, fut érigée en comté en 1560, en faveur de cette maison, et en duché-pairie, en 1611.

Artus de Cossé, comte de Secondigny, maréchal de France, gouverneur-lieutenant général de Touraine (1570-76), mourut le 15 janvier 1582.

Charles de Cossé était abbé de Noyers en 1586.

De sable, à trois fasces d'or dentelées par le bas.

Artus de Cossé portait :

Ecartelé, aux 1 et 4 de sable à trois fasces d'or dentelées par le bas, au 2 de sable, au lion armé et couronné d'argent, au 3 d'or, à trois jumelles de sable, et sur le tout, d'or à la croix de gueules cantonnée de 18 alérions de sable.

COSSETTE (de) Chev., comtes de Cossette. — Famille originaire de Normandie, maintenue dans sa noblesse les 18 août 1668 et 7 décembre 1716.

D'or, à la croix échiquetée de gueules et d'argent. — Supports et cimier: trois lions.

COSSIN, Chev., Sgrs de Maurivet, de Chourses, de Bordevère, de la Guérivière, et de Villaudron, en Touraine (XVIIe et XVIIIe siècles). — Famille originaire du Poitou, où elle est connue dès le commencement du XIVe siècle. Elle a été maintenue dans sa noblesse les 23 mai 1666 et 17 novembre 1696. Parmi les familles auxquelles elle s'est alliée, on remarque celles de Pidoux, de Launay, de Fontenay, Pallu de Villaudron, Dolbeau, Brée de la Touche, Torterue de

Sazilly, Louveau de Ligny, Rocquet de Montours, de Menou du Mée, etc.

En 1759, Félix-Mathias Cossin, Sgr de Chourses, avocat au parlement, remplissait les fonctions de contrôleur des guerres et de subdélégué de l'Intendance de Touraine, à l'Ile-Bouchard. Il mourut à Villaudron le 26 mai 1784.

D'or, à trois têtes de milan arrachées, de gueules.

COSTA DE BEAUREGARD, marquis Costa de Beauregard, comtes de Villars, résidant à Champigny-sur-Veude (xixᵉ siècle).

Cette famille est originaire de Gênes. Sa filiation remonte au xiiᵉ siècle.

En 1428, Charles VII permit à la maison Costa de Beauregard de placer au chef de ses armoiries deux fleurs de lis d'or accostant une étoile de même. Louis XIV, en 1654, autorisa Jean-Baptiste Costa à remplacer l'étoile par une fleur de lis.

D'azur, à trois bandes d'or ; au chef cousu d'azur chargé de trois fleurs de lis d'or.

COSTE (de la) Ec., Sgrs de Pontloung, paroisse de Larçay (xviiᵉ siècle).

D'argent, à quatre fleurs de lis de gueules, 2, 2,

COSTE DE CHAMPÉRON, Chev., comtes de Champéron et de Druy, Sgrs de Meilly, Rouvre, Chaudenay, Fluis, Tilly, etc... — Famille originaire de Touraine. Sa filiation, d'après des preuves de noblesse faites devant Cherin père, en 1784, s'établit depuis Jean Coste, Sgr de Champéron, conseiller secrétaire du roi, maison, couronne de France, vivant en 1684.

Cette maison s'est alliée aux familles de Guillemin de Courchamp, de Varin, du Chesne, de Joubert de la Bastide, marquis de Châteaumorand, de Soudeil, Marquette de Flavigny, de Fortisson, Chiquet de la Perrière, des Prés, Syriès de Campredon, etc.

D'azur, au lion d'or ; au chef de même chargé de trois roses de gueules. — Couronne de comte. — Supports : deux lions,

COSTE DE GRANDMAISON, en Touraine, (xviie et xviiie siècles).

Pierre-Martin Coste de Grandmaison était conseiller du roi, trésorier de France au bureau des finances de la généralité de Tours vers 1690.

Charles Coste de Grandmaison était chanoine de St-Martin de Tours en 1695.

D'azur, à un lion d'or, au chef d'argent chargé de trois roses de gueules.

COSTIÈRE (de la).

D'argent, à trois larmes renversées, de sable, posées en pal.

COTEREAU, voyez COTTEREAU.

COTHEREAU DE GRANDCHAMP, Ec., Sgrs de Grand-champ, d'Anché.

De gueules, à un lion naissant d'or, coupé d'azur.

COTIGNON, Chev., Sgrs du Breil, paroisse de St-Paterne, Chauvry (1575).

D'azur, au sautoir d'or, accompagné en chef d'une molette de même.

COTTEBRUNE (de) à Tours, (xve siècle). — Famille originaire de Bourgogne.

De gueules, au sautoir d'argent.

COTTEREAU, ou COTEREAU, Ec., Sgrs de la Bedouère (paroisse de Cerelles), de Champart, de Courcelles, de la Cussardière, la Chaussonnière, de Cueille, du Clouseau, de Montcontour, de Montdésir, de la Planche, de la Possonnière, la Touche, la Pigeonnière, Lorillonnière, la Roche, St-Antoine-du-Rocher, du Vivier-des-Landes (du xve au xviiie siècle).

Cette famille, originaire de Touraine, a donné les fonctionnaires et les dignitaires ecclésiastiques dont les noms suivent :

Guillaume Cottereau, maire de Tours (1525);

Claude Cottereau, chanoine et archiprêtre de l'église de Tours (1534);

Claude Cottereau, conseiller du roi, trésorier général de France, à Tours, maire de cette ville (1569-90-91);

César Cottereau, conseiller du roi, président au bailliage et siége présidial de Tours, maire de cette ville (1627-28).

François-Jacques et Michel Cottereau, chanoines de l'église de Tours (1642-50);

Charles Cottereau, chanoine de St-Martin de Tours (1665);

César Cottereau, prieur d'Azay-sur-Indre (1665);

Gilles Cottereau, conseiller du roi, président au bailliage et siége présidial de Tours, maire de cette ville (1671);

Gilles-Bertrand Cottereau, conseiller du roi, premier président aux mêmes bailliage et siége, maire de Tours, décédé le 5 mai 1789.

La famille Cottereau a comparu à l'assemblée électorale de la noblesse du Poitou, en 1789.

D'argent, à trois lézards grimpants de sinople, 2, 1. — Cimier : un buste humain, de carnation, armé d'une massue d'argent. — Supports : deux lézards volants, de sinople.

Guillaume Cottereau, Sgr du Vivier, maire de Tours (1525), brisait ces armes d'une *étoile de gueules, en chef.*

César Cottereau, aussi maire de Tours (1627-28), les brisait d'un *lambel à trois pendants de gueules.*

Gilles Cottereau, vivant en 1670, y ajoutait *une bordure de gueules.*

COTTIN, Ec., Sgrs de la Bellangerie, la Roche-Mainbœuf (xviiie siècle). — Famille anoblie en juillet 1764, en la personne de Jean Cottin.

D'azur, à deux chevrons d'argent accompagnés de trois hures de sanglier d'or, 2, 1.

COUCY (Simon de), abbé de Villeloin (1439-62).

Fascé de vair et de gueules de six pièces. — *Alias* : d'argent à une bande engrelée de gueules.

COUDRAY. — Au xve siècle, cette famille, alliée aux de Préaux et dont les membres étaient qualifiés d'écuyers, résidait dans la châtellenie de Loches.

D'argent, au lion léopardé de sable.

COUDRAY (du) Ec., Sgrs de Parçay (ou Parcé).

D'azur, à une fasce d'or accompagnée en chef d'un croissant accosté de deux étoiles, le tout de même, et en pointe de trois roses d'argent boutonnées d'or, 2, 1.

COUDRAY (du), à Loches (xviie siècle).

En 1686, François du Coudray, conseiller du roi, remplissait à Loches les fonctions de lieutenant particulier au bailliage.

D'argent, au chevron de gueules accompagné de trois roses de même tigées et feuillées de sinople.

COUDRAY-MONTIGNY (du), Ec., Sgrs de Beauchesne. — Famille résidant à Amboise au xviiie siècle.

De gueules, à deux fasces d'or accompagnées de six besants d'argent, 3 en chef, 2 en fasce, 1 en pointe.

COUDREAU, ou du COUDREAU, Ec., Sgrs de Planchoury, du Pallais et de la Gangnerie, en Touraine. — Cette famille a donné les fonctionnaires dont les noms suivent :

André Coudreau, conseiller du roi, trésorier général de France, à Tours, maire de cette ville (1650-54);

Urbain Coudreau, receveur des tailles, à Tours (1673);

André Coudreau, conseiller du roi, trésorier général de France, à Tours, grand prévôt de Touraine, Loudunais et Maine, lieutenant de l'artillerie de Touraine, maire de Tours (1675-76);

Mathurin Coudreau, conseiller du roi, receveur alternatif des bois au département de Touraine (1677) ;

André-Thomas Coudreau, lieutenant-criminel de robe courte au bailliage de Tours (1700) ;

N. du Coudreau, Ec., chevalier de St-Louis, comparut à l'assemblée électorale de la noblesse de Touraine en 1789.

D'argent, au chevron de gueules, accompagné en chef de deux maillets de sable, et en pointe d'une grenade de guerre, de sable, enflammée de gueules.

COUDREAU (de) Ec., Sgr de Bois-Larcher (XVIIᵉ siècle).

De gueules, au chevron d'or.

COUDREAU (François), chanoine et prévôt de la Varenne en l'église St-Martin de Tours (1698), mourut le 20 octobre 1706.

D'argent, à un chevron de sable accompagné en chef de deux coquilles de même, et en pointe d'un lion de gueules.

COUÉ DE LUSIGNAN, voyez COUHÉ.

COUGNY (de), Chev., Sgrs de Vorlay, du Parc, du Breuil, de Moulin-Neuf, de Bordebure, de Marandé, de la Pingaudière, de la Presle, vicomtes du Perron, en Berry (du XVᵉ au XVIIIᵉ siècle).

Cette famille tire son nom de la seigneurie de Cougny (Alias Cogny), en Berry. Pierre, Sgr de Cougny, est compris au rôle de la paroisse de St-Amand en 1401. En 1680, Joseph de Cougny et son frère firent l'aveu et dénombrement de la vicomté du Perron. (Chambre des comptes, reg. 445, C. 329.)

Edme de Cougny, chef d'une branche établie en Normandie, fut maintenu dans sa noblesse le 5 juillet 1667. Sa fille épousa Guillaume de Pillavoine, de l'ancienne maison de Trie, qui a donné un maréchal de France.

Un rameau de la branche du Berry s'établit en Touraine vers le milieu du XVIIᵉ siècle. Antoine-Pierre de Cougny du Parc, conseiller du roi à Chinon, épousa Françoise Menard d'Izernay, petite-fille d'un maire de Tours.

Antoine de Cougny du Breuil remplit comme le précédent les fonctions de conseiller du roi, à Chinon, en 17...

La famille de Cougny a été représentée à l'assemblée de la noblesse de Touraine, en 1789, par François de Cougny, Chev., capitaine au régiment de la Roche-Aymon. Deux de ses membres ont servi dans l'armée de Condé. Elle a donné deux chevaliers de Saint-Louis.

Jacques-Léon-Ernest de Cougny, né en 1844, réside à la Pingaudière, près Châteauroux (Indre).

Jean-Gustave de Cougny, né le 8 octobre 1815, membre de la Société archéologique de Touraine, réside au château de la Grille, près Chinon.

Hippolyte-Louis de Cougny, né le 17 décembre 1817, réside à Tours.

Emile de Cougny, né le 19 décembre 1831, et Armand de Cougny, né en avril 1832, résident, le premier, au château de Savigny, le second au château de Remeneuil (Vienne).

D'azur, à trois aigles d'argent, becquées et membrées de gueules. — Couronne de marquis. — Supports : deux griffons. — Devise : *Non inferiora sequuntur.*

COUHÉ ou COUÉ ou COÉ DE LUSIGNAN (de), Chev., Sgrs de Faye-la-Vineuse (xiiie siècle), de Betz, des Roches de Betz, la Courtinais, Fontenailles, la Menardière, la Roche-Aquet, la Bergerais, Chargé, de Ray, paroisse du Petit-Pressigny, de la Giraudière, de Touvault, des Effes, de Cléré-du-Bois, de St-Saturnin, de la Guitière, de la Tour-Légat, de Fontenailles, des Roches, de Boistifray (du xive au xviiie siècle).

Cette famille, issue de l'illustre maison de Lusignan, a été maintenue dans sa noblesse le 21 avril 1599, par De Heere intendant de Touraine, et le 5 juillet 1668 par Voisin de la Noiraie, intendant de la même province. — Elle a donné un chevalier-banneret de Touraine, Rogon de Couhé (1213).

Pothon de Coué fut abbé de Gastines de 1474 à 1490.

Mery de Coué était capitaine-gouverneur d'Amboise en 1470.

Ecartelé d'or et d'azur, à quatre merlettes de l'un en l'autre. Cimier : une Mélusine. — Supports : deux lions d'or.

Couhé de Loubressay porte :

D'azur, à 3 gerbes d'or liées de gueules. — Cimier : une licorne issante d'argent. — Supports : deux sauvages de carnation.

COULAINES (de), Sgrs de la Possonnière (xviie siècle).

D'argent, à la croix dentelée de sable, cantonnée de quatre aiglons de même, membrés et becqués de gueules.

COULAISSEAU, Ec., Sgrs de Noyant, de Grandine (xviiᵉ siècle).

D'argent, à trois molettes d'éperon de sable et une rose de gueules bordée de sable, posée en cœur.

COULON, en Touraine (xviiᵉ siècle).

D'or, à 3 fasces de gueules.

COUR (de la), Ec., Sgrs de Villaines (xviiiᵉ siècle).

D'argent, à trois molettes d'éperon de gueules ; au chef de même chargé de trois molettes d'éperon d'argent.

COUR D'AUBERGENVILLE (Jean de la), doyen de St-Martin de Tours, évêque d'Évreux (1224), chancelier de France, mourut le 1ᵉʳ juin 1256.

D'argent, à trois chevrons de gueules.

COURAUD ou COURAULT, Chev., Sgrs de Bonneuil, du Breuil, Montlouis, la Lande, Rochevreuse, St-Michel (élection de Loches), Granges (aujourd'hui Harembure, près Yzeures), St-Martin-le-Beau, (xviᵉ et xviiᵉ siècles), Chemilly, Launay, Vernou (xviiiᵉ siècle).

César Courault de Bonneuil, chevalier, comparut par fondé de pouvoir à l'assemblée électorale de la noblesse de Touraine en 1789.

De sable, à une croix d'argent et une bordure de gueules. — Cimier : un demi-sauvage de carnation portant sur l'épaule une massue de gueules. — Supports : deux sauvages appuyés sur des massues, de même.

COURBIER (de), à Tours (xviiiᵉ siècle).

D'azur, à l'épée de..., la pointe haute, soutenant une couronne de..., accostée de deux fleurs de lis. — Couronne de comte. (D'après une empreinte de cachet ; hôtel de ville de Tours, liasse 61.)

COURBON (de), Chev., Sgrs de Roche-Corbon (xiiiᵉ siècle).

Hugues de Courbon, évêque et duc de Langres, mourut à Damiette en 1250.

D'azur, à trois boucles ou fermeaux d'or, l'ardillon en pal.

COURBOULLAY (de), en Touraine (xviiᵉ siècle).

D'azur, à trois épis d'or, 2, 1.

COURCELLES (de), en Touraine (xvie siècle).

Echiqueté d'or et de gueules.

COURCILLON (de), Chev., marquis de Dangeau, comtes de Merle et de Civray, vicomtes de Saintré, Sgrs des Etaugs-l'Archevêque et de Marolles, en Touraine (xive et xve siècles), de la Bourdaisière, Lucé, la Chausseraie (xviie et xviiie siècles).

Philippe de Courcillon, marquis de Dangeau, membre de l'Académie française, gouverneur lieutenant général de Touraine (par lettres du 4 mars 1664), mourut à Paris le 13 mai 1720. Le 12 septembre 1712, il avait donné sa démission du gouvernement de Touraine, en faveur de son fils Philippe-Eugène de Courcillon. Ce dernier mourut le 29 septembre 1719.

D'argent, à la bande fuselée de gueules; au lion d'azur, en chef, à sénestre. (D'après Dubuisson).

D'argent, à la bande losangée de gueules, au lion de sable en chef, (D'après l'abbé Goyet, cité par M. Lambron de Lignim).

COURSEULLE (Jean de), Chev., Sgr de Rouvray, capitaine du château de Tours (1594).

Ecartelé d'argent et d'azur.

COURT (Henri le), essayeur de la monnaie de Tours (1696).

D'azur, à trois croissants d'argent, 2, 1, accompagnés en cœur d'un besant d'or.

COURTARVEL (de), Chev., marquis de Courtarvel, de Pezé et de Mézières en Brenne (1732), Sgrs de Baillon, de la Quantinière, du Boulay, de Valesnes, etc. — Famille originaire du Maine. Sa filiation remonte à Eudes de Courtarvel I, né vers 1090, chevalier-croisé (1147). Geoffroy I de Courtarvel prit part à la croisade de 1248, et Geoffroy de Courtarvel II fut chevalier banueret en 1278.

La terre de Pezé fut érigée en marquisat, par lettres d'avril 1656, enregistrées le 3 août 1669, en faveur de René de Courtarvel II. En 1789 cette famille a comparu à l'assemblée électorale de la noblesse de l'Orléanais. Parmi ses illustrations elle compte un pair de France, lieutenant général des armées.

du roi, grand-croix de saint Louis, Louis-René-François, marquis de Courtarvel, mort le 27 juin 1844.

La seule branche aujourd'hui existante est celle de Boursay.

Claude-René-César, marquis de Courtarvel, baron-pair (1824), né le 1er août 1761, a épousé en premières noces Anne-Marguerite de Lubersac; en secondes, le 4 août 1828, Aliénor-Louise-Calixte-Marie-Juliette-Mathilde de Becdelièvre. De ce dernier mariage sont issus : René, né le 14 août 1830; Ludovic, né le 4 mars 1832; Aliénor, née le 9 août 1834 ; Alix, née le 12 décembre 1837.

D'azur, au sautoir d'or cantonné de 16 losanges de même posées droites, 4 en croix et 12 en orle. — Supports : Deux lions. — L'écu environné du manteau de pair de France, sommé de la couronne de marquis.

COURTEMANCHE (de). Voyez LEMAIRE DE COURTEMANCHE.

COURTENAY (de), Chev., Sgrs de Vierzon, puis de Rochecorbon, par suite du mariage de Henri III de Courtenay avec Jeanne, dame de Mézières en Brenne et de Rochecorbon. Henri III mourut en 1270.

Cette famille a aussi possédé en Touraine la terre de Véretz (xvie siècle) par suite du mariage de Marguerite de la Barre avec François de Courtenay (10 mai 1527).

D'or, à trois tourteaux de gueules, 2, 1.

COURTHARDI (de), Sgrs de Belle-Fille, de Bruslon.

De sable, à deux épées d'argent en sautoir, les pointes en bas.

COURTIN (de), Chev., Sgrs de Pocé, Cissé, la Forêt, Rozay, la Giraudière, Boisclair, la Hunaudière, la Grange-Rouge, Nanteuil (du xive au xviiie siècle). — Famille originaire du Maine. Elle a donné un chanoine de Saint-Martin de Tours, François Courtin, — et deux abbés de Gastines, André Courtin (1652) et Ambroise Courtin (165...).

D'azur, à trois croissants d'or. — Cimier : un lion issant d'or. — Supports : deux lions d'or.

Les branches de Grange-Rouge et de Nanteuil portaient :

De gueules, au lion d'or issant d'une fusée ondée d'argent, accompagnée en chef de deux fleurs de lis de même, et en pointe de trois trèfles aussi d'argent.

COURTINIER (de), Ec., Sgrs du Vivier, de Valençay, paroisse du Seuilly (xviiie siècle).

Cette famille, originaire du Poitou, s'est éteinte en 1818, en la personne de François-Augustin de Courtinier. Elle avait été maintenue dans sa noblesse en 1667.

François de Courtinier de la Millianchère et François-Auguste de Courtinier comparurent en 1789 à l'assemblée électorale de la noblesse du Poitou.

De gueules, à trois fers de lance d'argent en pal, la pointe en bas, 2, 1 ; entrelacés de six annelets de même, 3, 2, 1.

Des membres de la famille ajoutaient à ces armes un chef d'argent.

COURTOUX (de), Chev., Sgrs de Courtoux, barons de la Charte, paroisse d'Hommes (xviie et xviiie siècles).

Anne-Nicolas-Robert de Courtoux remplissait les fonctions d'intendant des turcies et levées de la Loire, en 1702.

D'argent, à la fasce dentelée de sable, chargée d'une autre fasce d'or accompagnée de trois roses de gueules, 2, 1.

COUSSAYE (de la), Ec., Sgrs des Effes, du Vivier (xviie siècle). — Famille originaire du diocèse de Luçon. Elle a été maintenue dans sa noblesse le 9 septembre 1667.

De gueules, au lion d'or ; au chef d'argent chargé de trois étoiles d'azur. — Devise : *Patriæ subsidient astra leonis.*

COUSSILLAN, Sgrs d'Izernay, paroisse de Chambray, et de la Bouchardière, paroisse de Joué (xviiie siècle).

Cette famille est originaire de Saint-Domingue.

Par lettres datées de Compiègne le 25 août 1767, et enregistrées le 25 septembre de la même année, Bernard Coussillan fut pourvu de la charge de conseiller du roi, contrôleur ordinaire des guerres à Tours.

Pierre-Bernard Coussillan, chevalier de la Légion d'Honneur, marié à Antoinette-Henriette-Charlotte Tardif de Chéniers est décédé à Paris, le 9 mai 1846.

D'or, à la bande de pourpre, chargée d'une autre bande d'argent portant deux flèches de sable en sautoir dans le sens de la bande. — L'écu timbré d'un casque de chevalier, de face.— Cimier : un faisceau de trois flèches, les pointes en bas. — Couronne de marquis.

COUSTELLIER (le). Voyez LE COUSTELLIER.

COUSTELY, Ec. Sgrs de Valmer, Charanguy, paroisse de Chançay, — de Beauregard (xviᵉ et xviiᵉ siècles).

Jean Coustely, président de la chambre des comptes à Tours fut maire de cette ville en 1562-63.

De sable, au dragon volant d'argent.

COUSTIS DE LA **RIVIÈRE**, Sgrs de la baronnie de la Rivière, de Saint-Médard, de la Haye, — Famille originaire de l'Anjou et établie en Touraine depuis 1801. Sa filiation suivie commence par Charles Coustis, né le 11 janvier 1598, conseiller en la prévôté de Saumur et échevin de cette ville. Hilaire Coustis et Charles Coustis, fils et petits-fils du précédent, remplirent comme lui les fonctions de conseiller en la prévôté et d'échevin, le premier en 1666, le second en 1691.

Clément-Charles Coustis, procureur du roi à Saumur (1755-72), conservateur des chasses de Monsieur, frère du roi, dans son apanage d'Anjou, puis contrôleur ordinaire des guerres, fils de Jean-Claude Coustis, procureur du roi en l'élection de Saumur, et de Marthe Valette de la Varanne, épousa, le 7 août 1758, Louise-Marie Lenée, fille de Pierre Lenée, conseiller du roi, grenetier au grenier à sel de Chinon. De ce mariage sont issus : Clément Coustis de la Rivière, chevau-léger de la garde du roi, chevalier de Saint-Louis, mort le 26 septembre 1834; — Charles Coustis, lieutenant général de police à Saumur, puis président du tribunal de première instance de la même ville (1815); — et Hilaire Coustis, aide de camp du prince de Talmont, pendant la guerre de Vendée, tué à la bataille du Mans, (1793).

La famille Coustis de la Rivière s'est alliée à celles de l'Hôpitau, de Torpane, de Nuchèze, de Laistre, de Thiennes, de Rocreuse, de Chailly, de Vigny, de Tudert, des Mazis, de Montlivault, de Chapuiset, etc... Les représentants des branches actuellement existantes sont :

1° Clément-Hippolyte Coustis de la Rivière, ancien officier au 4ᵉ de hussards, marié en décembre 1835 à Angélique Guillot de la Poterie. — De ce mariage sont nés : Marie Coustis de la Rivière ; — Gaëtan, employé au commissariat de la marine impériale ; — Clémentine, morte en bas âge ; — Paul, officier au 34ᵉ de ligne, — et Hilaire Coustis de la Rivière ;

2° Charles Coustis de la Rivière, ancien officier de la marine royale, capitaine au long cours, décoré d'une médaille d'honneur en argent de 1ʳᵉ classe, pour son dévouement pendant les inondations de 1856, marié le 6 mai 1835 à Athénaïs Gatian de Clérembault. — De ce mariage sont issus : Marie-Louise, morte en bas âge, — Georges, sous-officier au 39ᵉ de ligne, — Noémi Coustis de la Rivière.

3° Edmond Coustis de la Rivière, chef des gares, à Tours, marié en 1853, à Albertine de Vandel, dont il a eu : 1° Christian Coustis de la Rivière ; 2° Xavier Coustis de la Rivière.

4° Auguste Coustis de la Rivière, employé à la gare du chemin de fer d'Orléans, à Paris.

D'après l'*Armorial général de France* (Manuscrit de la Biblioth. imp. n° 33), Charles Coustis, conseiller du roi en la prévôté de Saumur (1700), portait :

D'azur, à trois roses d'argent, deux en chef et une en pointe, et un besant de même posé en abîme.

COUTANCES (de), Chev., Sgrs de Baillon, Négron (xviᵉ siècle), la Richardière, la Celle-Draon, la Celle-Guenand, Saint-Antoine-du-Rocher, la Fortinière, Belair (paroisse de Semblançay), — de la Bernardière (paroisse de Continvoir), de Valesnes, de Barfey, de la Quantinière, de la Bouvardière, de Saint-Antoine-du-Rocher, de l'Esclancherie, de Pouillé, la Curée, Saint-Libert, à Tours (du xviᵉ au xviiiᵉ siècle). —

Cette famille est connue en Touraine dès l'an 1230, époque à laquelle vivait Hardouin de Coutances.

Jean de Coutances était maire de Tours en 1479.

D'azur, à deux fasces d'argent bordées de sable et accompagnées de trois besants d'or, 2, 1. — Cimier : un buste de pucelle habillée et coiffée à l'antique. — Supports : deux dragons de sinople. — Devise : *Constantia, justitia et fidelitate.*

COUTEL, Chev., (xviii° siècle).

D'or, à trois lions passants de sable, celui du milieu contourné; accolé d'azur, au lion d'or, au chef d'argent chargé de huit pals de gueules.

CRAON (de), Chev.,

vicomtes de Châteaudun, seigneurs de Sainte-Maure, Nouàtre, Pressiguy, Verneuil, Montbazon, Colombiers, Ferrières-l'Arçon, du Brandon, Coulaines, Montcontour, la Grange-Hocquet, Savonnières, Langeais, Étableaux, Ingrandes, Rochecorbon, la Provostière, Sainte-Julitte, Chaumussay, (du xiii° au xvi° siècle)

Cette maison a donné six sénéchaux héréditaires de Touraine : Amaury I, décédé le 12 mai 1222 ; — Maurice IV (1236) ; — Amaury II, mort en 1268 ; — Maurice V, mort en 1282 ; — Maurice VI, mort en 1292 ; — et Amaury III, (1323).

Guillaume de Craon, vicomte de Châteaudun, lieutenant-général au gouvernement de Touraine, mourut vers 1384.

Amaury IV de Craon, lieutenant général du roi en Touraine, Anjou et Maine (1374), mourut le 30 mai de cette même année.

Olivier de Craon fut archevêque de Tours en 1285.

Nicolas de Craon était archidiacre de la même église en 1241.

Jean de Craon, trésorier de St-Martin de Tours, fut évêque du Mans de 1347 à 1355.

Jean I de Craon, grand-échanson de France, bailli-gouverneur de Touraine, mourut en 1415.

Henri de Craon était capitaine gouverneur de l'Ile-Bouchard en 1557.

20

Pernelle de Craon fut prieure de Moncé en 1575, et Perrine de Craon sacriste de la même abbaye, en 1625.

Losangé d'or et de gueules.

Les de Craon, Sgrs de Sainte-Maure, portaient :

Parti de Ste-Maure et de Craon.

Olivier de Craon ajoutait une bordure d'argent aux armes de sa famille.

Jean de Craon, trésorier de Saint-Martin de Tours, et Jean I de Craon portaient :

Ecartelé ; aux 1 et 4 losangé d'or et de gueules, qui est de Craon ; aux 2 et 3 d'or, au lion de sable, armé et lampassé de gueules, qui est de Flandre.

CREIL (Augustin de), curé de Monnaie (vers 1696).

D'azur, au chevron d'or.

CREMIÈRE, à Tours (xviiie siècle).

Charles Cremière était chanoine de Saint-Martin de Tours en 1785.

D'argent, au chevron d'or accompagné de trois croissants d'argent ; au chef d'or.

CREMILLE (de), Chev., Sgrs de Grandfons, paroisse de Fléré-la-Rivière, — de la Cossonnière (paroisse de St-Flovier), — du Ruau, paroisse de St-Quentin, près Loches, — la Chevalerie, la Brosse, Luché, Gratin, Durtal, la Girardière, Puy-Morin, du Tertre, de la Bellodière (xviie et xviiie siècles).

Alexandre-Joseph de Cremille, Denis de Cremille, et Bernard de Cremille, chevaliers, comparurent, les deux premiers en personne, le troisième par fondé de pouvoir, en 1789, à l'assemblée électorale de la noblesse de Touraine.

De sable à la croix ancrée d'argent.

CRENON (de), Chev., Sgrs de Crenon et de Brouassin (xive siècle).

Beaudoin de Crenon était bailli de Touraine en 1380.

De gueules, semé de fleurs de lis d'or.

Une famille de Crenon, portait, d'après M. Lambron de Lignim :

De gueules, à six billettes d'argent, 3, 2, 1.

CRÉQUI (de), Chev., Sgrs des Bordes, paroisse du Petit-Pressigny (XVIᵉ siècle). — Famille originaire de l'Artois, connue dès le Xᵉ siècle, et qui a produit un grand nombre d'illustrations, entre autres, deux maréchaux de France.

Antoine de Créqui de Canaples, abbé de St-Julien de Tours (1559), évêque de Nantes, mourut le 20 juin 1574.

Anne-Madeleine-Françoise de Créqui, vicomtesse de Gençay, veuve d'André Milon de Mesme, comparut par fondé de pouvoir, en 1789, à l'assemblée électorale de la noblesse de Touraine.

D'or, au créquier de gueules.

CRESPIN DE BILLY, Chev., comtes de Billy, — en Touraine, en Orléanais, et en Anjou. Cette famille a comparu à l'assemblée électorale de la noblesse de l'Orléanais. Elle s'est alliée aux maisons de Poncher, de Baillou, de Sallioni, de la Porte, de Thiange, Neveu, Granger, etc.

D'azur, à un chevron d'or, accompagné de trois pommes de pin, de même. — Supports : deux sauvages. — Couronne de comte.

CRESTOT (Pierre de), lieutenant dans le gouvernement de Touraine (au département du bailliage de Tours) puis à Loches (1718).

D'azur, au chevron d'or, accompagné de trois étoiles d'argent, et à la pointe de l'écu un lion léopardé d'or.

CREVANT (de), ducs d'Humières, vicomtes de Brigueil, barons de Preuilly, Sgrs d'Azay-le-Féron, Cingé, la Poissonnière, du Guéret, Foncelives, Bauché (dès 1300), la Mothe-sous-Nouâtre et du Rocher (XVᵉ siècle), Beauvois, paroisse de Draché (XVᵉ siècle), Launay-sur-Fourche, paroisse de Bossay, Beauregard, Puy-Girault, Massué, paroisse de Bossay (XVIᵉ siècle), des Baronnières et Puy-de-Vilaine (du XVIᵉ au XVIIIᵉ siècle).

L'origine de cette famille remonte à 1069. Un de ses membres prit part à la croisade de 1096.

Antoine I de Crevant de Cingé était abbé de Bois-Aubry en 1514.

Antoine II de Crevant fut abbé du même monastère de 1514 à 1531.

Jacques de Crevant d'Humières, abbé de Saint-Pierre-de-Preuilly (1644), mourut en 1675.

Balthazar de Crevant d'Humières, chevalier de Malte, commandeur de Villiers-aux-Liéges, abbé de Saint-Pierre-de-Preuilly (1663), mourut le 20 septembre 1684.

Crevant porte :

Écartelé d'argent et d'azur.

La branche d'Humières portait :

Écartelé; aux 1 et 4 de Crevant; aux 2 et 3 d'argent fretté de sable, qui est d'Humières.

Balthazar de Crevant ajoutait à ces armes un chef de Saint-Jean de Jérusalem.

CREVECŒUR (Alexandre de), bailli de Touraine (1336-38), garde de la prévôté de Paris (1354), maître des comptes (1355).

De gueules, au chevron d'or de trois pièces.

CROCHARD (de), Éc., Sgrs de la Crochardière, des Forges, du Sablonnier, Fontaine-Milon.

Cette famille, très-ancienne, est originaire de l'Anjou. Elle a été maintenue dans sa noblesse le 27 août 1667, par Voysin de la Noiraie, intendant de Touraine, et le 22 mai 1716 par Chauvelin de Beauséjour, intendant de la même province.

Armand-René de Crochard de la Crochardière, gouverneur de Baugé, chevalier de Saint-Louis, comparut, en 1789, à l'assemblée électorale de la noblesse de l'Anjou.

D'argent, à trois trèfles de sable, 2, 1.

CROISSET D'ESTIAUX.

D'azur, à la fasce d'or accompagnée de trois croisettes potencées de même en chef, et d'une canette d'argent en pointe.

CROIX (de la), Chev., Sgr de la Huchonnière, paroisse de Luzillé, relevant du château d'Amboise (xviiᵉ siècle).

Jean de la Croix et Lucien de la Croix furent capitaines-gouverneurs de Châteaurenault, le premier en 1415, le second en 1420.

Marc de la Croix était chanoine et chantre en dignité de l'église de Tours en 1616.

De gueules, à neuf besants d'or, 3, 3, 3.

CROIX (de la), Ec., Sgrs de Vallières, de la Haye de Gastines, de la Brouillère (xviie siècle).

De sable, à la croix d'argent.

CROIX (François de la), marchand-bourgeois à Tours (1696).

D'argent, à une croix d'azur cantonnée de quatre quintefeuilles de même.

CROIX (Madeleine de la), femme de Louis Souard, Ec., conseiller et secrétaire du roi (1696).

D'azur, à une croix d'or cantonnée de quatre coquilles de même.

CROIX (Léonard de la), abbé de St-Julien de Tours, vicaire général de ce diocèse, mourut en mai 1734.

D'azur, à la croix tréflée d'or accompagnée de quatre têtes de lion arrachées d'argent et affrontées. — Couronne de baron. — Supports : deux lions.

CROIX (des), Chev., Sgrs de St-Antoine-du-Rocher (xve siècle).

D'argent, au lion de sable.

CROIX DE BEAUREPOS (de la), Ec., Sgrs de Beaurepos (xviie siècle).

Jean-François de la Croix, comte de Beaurepos, comparut par fondé de pouvoir, en 1789, à l'assemblée électorale de la noblesse du Maine.

D'or, à trois fasces, ondées, d'azur, surmontées d'un lion naissant de gueules.

CROIX DE CASTRIES (Armand-Pierre de la), doyen de St-Martin de Tours, puis archevêque de Tours (1717), passa à l'archevêché d'Alby en 1719.

D'azur, à la croix d'or.

CROIZET, en Touraine.

Honorat Croizet, prieur de Notre-Dame-la-Riche, fut chanoine, puis grand archiprêtre de l'église de Tours (1640).

D'azur, à la fasce d'or accompagnée de trois croix, de même en chef, et en pointe d'un cygne d'argent.

CROUZILLES (de), Chev., Sgr de Crissé (xiiie siècle).

Aimery de Crouzilles est mentionné avec la qualification de chevalier banneret, dans un titre de 1213.

Burelé de..., et de seize pièces de...

CROUZILLES ou CROIZILLES (de), Ec., Sgrs de Chausseroux et des Bordelles, fiefs relevant de la Haye (xvie siècle.

Guillaume de Croizilles fut abbé de Fontaines-les-Blanches, de 1626 à 1632.

De sable, à trois croix recroisettées d'or.

CROY-CHANEL de HONGRIE (de). — Cette famille descend de la maison royale de Hongrie, de la dynastie de St-Etienne. Sa filiation commence par André II, roi de Hongrie, mort le 7 mars 1235, fils de Bela III, roi de Hongrie, et de Marguerite de France, fille de Louis VII, roi de France.

En 1787, la maison de Croy-Chanel soumit à la chambre des Comptes du Dauphiné les titres prouvant son origine et sa filiation. Un arrêt rendu par cette chambre, en faveur de François-Nicolas et de Jean-Claude de Croy-Chanel, auteurs des exposants, porte : « Que l'origine de leur famille et sa des-« cendance en ligne directe et masculine de Félix, prince « royal de Hongrie , dit de Croy-Chanel, fils d'André III, dit « le Vénitien, petit-fils d'Etienne, dit le Posthume, et arrière « petit-fils d'André II, roi de Hongrie, dont il est question en « l'acte du 1er mars 1279, et au traité de partage du 9 février « 1282, sont suffisamment prouvées, et ordonne que les titres « produits soient enregistrés, à l'effet de constater leur ori-« gine et descendance, et de jouir, par eux et leurs descen-« dants en ligne directe, des droits, honneurs et priviléges « de noblesse et armoiries et autres, résultant des dits titres et « actes, suivant et conformément aux lois du royaume. »

D'autres décisions judiciaires sont venues confirmer cet état nobiliaire de la maison de Croy-Chanel.

Par bulle du 30 mars 1816, cette maison a été maintenue dans le droit héréditaire de porter la décoration de St-Jean-de Jérusalem.

Parmi ses alliances elle compte les familles de Courtenay, d'Autriche, de Pons, de Bergerac, de Guiffrey du Freney, de Grisac, Pison de Maupas, de la Croix-de-Roussillon, d'Aguesseau, Rémond de Montmort, de Bagel d'Urfé, Roussel de Belloy, de Voyer d'Argenson, de Trémont, de Sarrazin, etc.

Claude-François de Croy-Chanel, né le 12 juillet 1774, chevalier de la Légion-d'Honneur et de la Couronne de fer, fut nommé chambellan de Napoléon Ier en 1804, et reçut en 1810 des lettres patentes du titre de comte qu'il avait obtenu par décret du 3 décembre 1809.

Françoi -Nicolas-Jean-Henri, comte de Croy-Chanel, fixé en Hongrie, a obtenu le titre de magnat hongrois, par décision des députés de la Hongrie du 27 octobre 1844.

François-Claude-Auguste, prince de Croy-Chanel, de Hongrie, obtint des lettres de naturalisation de prince romain, par bref du pape Pie IX, du 28 janvier 1848.

Claude-Henri de Croy-Chanel de Hongrie, né le 15 juillet 1764, chevalier héréditaire de Malte, fut autorisé, par décret du 6 novembre 1809, à instituer dans sa famille un majorat auquel serait attaché le titre de comte. Son fils, André-Raoul-Claude-François-Siméon, comte de Croy-Chanel de Hongrie, né le 18 février 1802, chevalier héréditaire de l'Ordre de Malte, membre du Conseil général d'Indre-et-Loire, membre de la Société d'Agriculture, Sciences, Arts et Belles-Lettres de ce département, et de plusieurs autres Sociétés savantes, a épousé, le 9 janvier 1825, Victorine de Voyer d'Argenson, fille de Marc-René de Voyer, marquis d'Argenson, et de Sophie de Rosen-Kleinroop, veuve du prince de Broglie. De ce mariage sont issus :

1º Marc-Henry de Croy-Chanel, né le 1er janvier 1827, marié, le 22 avril 1849, à Isabelle Luce de Trémont ;

2° Pierre-René de Croy-Chanel, né le 24 juillet 1828, secrétaire d'ambassade, officier de l'Ordre du Medjidié, chevalier de St-Olaf de Norwége, etc.;

3° Eugène-Claude-Victor de Croy-Chanel, né le 17 avril 1837, sous-lieutenant au 10° de cuirassiers ;

4° Claire-Marie-Gabrielle de Croy-Chanel, née le 17 juillet 1830, mariée, le 2 juillet 1850, à Allyre-Charles-Augustin, comte de Sarrazin.

Ecartelé; au 1 de France ; au 2 de Sassenage qui est burelé d'argent et d'azur, de 10 pièces; au lion de gueules, armé, lampassé et couronné d'or; au 3 de Voyer de Paulmy d'Argenson, qui est d'azur, à deux lions léopardés d'or, couronnés de même, armés et lampassés de gueules ; au 4 de Pons, qui est d'argent, à la fasce bandée d'or et de gueules de six pièces; — et brochant sur le tout, de Hongrie, qui est de Croy, qui porte fascé d'argent et de gueules de 8 pièces; le tout surmonté d'une couronne d'or, antique, en forme de demi-globe, surmontée d'une petite croix terminée en fer de lance, d'or, la dite couronne ornée de chaines et de petites croix qui pendent sur le devant et sur les côtés de cette couronne qui est celle de St-Etienne, premier roi chrétien de Hongrie. — Supports : deux guerriers armés de toutes pièces — Cri de guerre : *Jérusalem!* — Première devise : *Sanguis regum Hungariæ.* — Seconde devise : *Crouy salve tretous.*

CROZÉ de CLESMES, en Touraine (xviii° siècle). — Famille originaire du Dauphiné.

D'azur, à deux chevrons d'argent et deux étoiles de même en chef, et un croissant de même en pointe.

CRUSSOL (de), Chev., comtes d'Uzès, Sgrs de Nouâtre, la Pierre-du-Faon, Aizié, Villiers, Cremille, la Liborlière, Maurevigne (1467), de Paulmy, Ciran-la-Latte, Relay, Plessis-Ciran (xvii° siècle).

Famille originaire du Vivarais où elle est connue dès le xi° siècle. Elle a produit neuf ducs et pairs. En 1565, elle fut décorée du titre de duc.

Anne-Emmanuel-François-Georges de Crussol d'Uzès, marquis d'Amboise, lieutenant-général des armées du roi, comparut par fondé de pouvoir, en 1789, à l'Assemblée électorale de la noblesse du Poitou

Fascé d'or et de sinople de six pièces.

François de Crussol, Sgr de Paulmy (xvii° siècle), portait :

Ecartelé; aux 1 et 4 fascé d'or et de sinople de six pièces, qui est de Crussol, aux 2 et 3 d'or à trois bandes de gueules. .

CRUX (de), Chev., marquis de Montaigu, Sgrs de Bois-Renaud, du Plessis, la Roche-Servière, etc. (xviie siècle).

Cette famille a été maintenue dans sa noblesse le 12 avril 1667.

D'azur, à deux cotices d'argent, accompagnées de sept coquilles de même.

CUEILLETTE, Ec., Sgrs de Freschines.

Jean Cueillette, conseiller et secrétaire du roi, fut élu maire de Tours le 29 octobre 1511.

D'azur, au chevron d'argent accompagné de trois gerbes de blé, d'or, liées d'argent.

CUGNAC (de), Chev., marquis de Cugnac. — Famille originaire de Guyenne où elle est connue dès le xiie siècle. En 1616, la terre de Cugnac fut érigée en marquisat en faveur d'Antoine IV de Cugnac.

Louis-Achille de Cugnac de Dampierre, né le 5 janvier 1709, était chanoine, chancelier de l'église de Tours, et grand-vicaire de ce diocèse en 1760.

Une branche de cette maison résidait en Touraine en 1789.

Gironné d'argent et de gueules de 8 pièces.

CUISNIER des BLINIÈRES, à Tours (xviiie siècle).

Pierre Cuisnier des Blinières fut pourvu de la charge de conseiller du roi, élu en l'élection de Tours, en 1746.

Coupé, au 1 d'azur au cep de vigne tigé et feuillé de..., au 2 de gueules à la butte d'argent, accompagnée d'une houppe ou gland de... en chef, du côté sénestre (D'après un cachet blasonné par M. Lambron de Lignim.

CUISSARD (de), Chev., Sgrs de Savonnières, de Bussy-Fontaine, de la Bruillère (xviie siècle). — Famille originaire de l'Anjou. Sa filiation suivie commence par Girard Cuissard, Éc., Sgr de la Richardière, vivant en 1466.

La famille de Cuissard s'est alliée à celles de Ville-Prouvée, de Quatre-Barbes, de Brye, du Sillas, de Bussy, Poitras, de Fay, Le Normand, Girard de Villars, de Buor, etc.

Claude-Louis-Rosalie Cuissard comparut, en 1789, à l'Assemblée électorale de la noblesse de l'Anjou.

D'or, au chef de sable chargé de trois croisettes d'argent.

CULLÈRE, à Amboise (xviiie siècle). — Cette famille a fourni un subdélégué de l'intendance à Amboise (1748).

De gueules, à trois têtes d'aigle de... couronnées de...

CULLON (de), Chev., Sgrs de Brandy, marquis de Lanconnière, en Touraine. — Cette famille devint propriétaire de la terre de Lanconnière par suite du mariage de Marguerite Sellier, dame de Lanconnière, avec Jean-Armand de Cullon (1698).

De gueules, au chef cousu d'azur, chargé de targes, ou boucliers antiques, d'argent.

CUMONT (de), Ec., Sgrs des Richardières, du Buisson, de Poislierre, de la Grue (xviie et xviiie siècles).

Louis-Hyacinthe-François de Cumont, Sgr de l'Epinay; Charles de Cumont, chevalier de St-Louis, et Jean-Charles de Cumont, Sgr de Pruina, comparurent en 1789 à l'Assemblée électorale de la noblesse de l'Anjou. La famille fut également représentée à l'Assemblée de la noblesse du Poitou.

D'azur, à trois croix pattées d'argent 2, 1.

De Cumont de la Barbotière portait :

De gueules, à la croix pattée d'argent.

CURZAY (de), Chev., vicomtes de Châteaurenault (1491), Sgrs de Parçay et de Bois-Breteau (xvie siècle).

Famille originaire du Poitou; sa filiation remonte à Arnould de Curzay, mentionné dans un titre de Saint-Cyprien, de Poitiers, en 1025.

Fascé d'argent et d'azur de 8 pièces, à la bande engrelée de gueules brochant sur le tout.

CYRET, Ec., Sgrs de Brou.

Ecartelé, aux 1 et 4 d'argent à un chevron de gueules accompagné de trois aigles à deux têtes de même, 2, 1: aux 2 et 3 d'azur à trois glands d'or, 2, 1, et sur le tout, d'argent à un chêne de sinople terrassé de même, accolé d'un serpent de gueules adextré d'un lion contourné de même et sénestré d'une colombe essorante, au naturel, becquée et membrée de gueules, tenant en son bec un rameau d'olivier de sinople, cette colombe posée sur un monticule aussi de sinople.

DABIN, Sgrs de Bessé, paroisse de Huismes (xviie siècle).

D'argent, à trois étoiles de gueules, 2, 1, celle de la pointe surmontant un croissant aussi de gueules.

DADE ou DADDE, Chev., Sgrs de Bescheron, près Azay-le-Rideau (xviie siècle).

Charles Dade, Chev., comparut, à Chinon, au ban convoqué par lettres du 26 février 1689.

Fascé, enté d'argent et de sable de six pièces.

Charles Dade, écuyer (1698), portait :

D'argent, à deux fasces ondées, de sable; au chef d'or chargé d'une aigle de sable, couronnée et becquée de gueules.

DAEN, Chev., Sgrs d'Athée, de la Roche-Daen, de Nitray, de Rys, de Champair (xviiie siècle).

Lucien-François Daen, chevalier, comparut en 1789 à l'assemblée électorale de la noblesse de Touraine.

D'argent, à trois têtes de daim de sable (d'après de Courcelles). — De sable à trois têtes de daim d'or, aux rames sommées de 4 cors de même, à la bordure d'argent (d'après Lhermite-Souliers et l'*Armorial général*).

DAGIER DES MARES (Thomas-Henri), chanoine de Saint-Martin de Tours, mourut le 9 août 1781.

Ecartelé, aux 1 et 4 d'azur, au lion d'argent; aux 2 et 3 d'azur, à l'aigle d'argent.

DAGUINDEAU, Ec., Sgrs d'Auvilliers, du Gros-Buisson, élection de Chinon (xviie et xviiie siècles).

Joseph Daguindeau fut conseiller-procureur du roi (1702), puis président au grenier à sel de Chinon.

Jean Daguindeau, fut conseiller du roi, prévôt des maréchaux de France dans la même ville.

Pierre Daguindeau fut pourvu de la charge de conseiller du roi au siége royal de Chinon, en 1699.

Un autre Pierre Daguindeau était conseiller au présidial, à Tours, en 1725.

D'azur, à deux flambeaux passés en sautoir, d'or, allumés de gueules, accompagnés en pointe d'une hure de sanglier, d'or, éclairée et défendue d'argent; au chef de gueules chargé d'un croissant d'argent.

DAGUINDEAU (Jean), Sgr du Petit-Bois, bourgeois de Tours (fin du xviie siècle).

De gueules, à un pigeon becqué et membré d'argent, volant en bande.

DAGUINDEAU (N.), chanoine de l'église de Tours (1696).

De sinople, à un puits d'argent.

DAILLON (de), Chev., comtes, puis ducs du Lude, barons du Sautray, Sgrs de Châteaurenault, de Vouvray, la Mothe-Sonzay, Fontaine-Guérin, des Roches-Behuard (xve siècle), de Champchévrier, de Beaumont - la - Ronce et de Rillé (xvie siècle).

Cette maison commence sa filiation suivie par Jean Daillon, chambellan du roi (1443). Elle compte parmi ses illustrations un grand maître de l'artillerie, duc et pair, Henri de Daillon, mort le 30 août 1681.

Jean de Daillon, comte de Domfront, Sgr du Lude, fut gouverneur-bailli de Touraine, en 1479.

René de Daillon était doyen de l'église de Tours en 1590.

D'azur, à la croix engrelée d'argent.

DAINE (Marius-Jean-Baptiste-Nicolas), conseiller du roi, intendant de Touraine (1783-89), mourut en 1804.

De gueules, au vaisseau garni de ses mâts, voiles et pavillons, et voguant sur une mer de sinople, surmonté de neuf besants d'or, 5 en fasce et en chef de deux de chaque côté. — Supports : deux lions. — Cimier : un vol d'azur chargé de deux étoiles d'argent. — Couronne de marquis.

DAIRIN, Ec., Sgrs des Couteaux, près Richelieu (xviie siècle).

D'or, à six besants de gueules, 3, 2, 1.

DALLONNEAU, Chev., Sgrs de Marray, de Puygibaut, de Chambourg, du Roulet (près Saint-Flovier), de Fontenay (paroisse d'Obterre), de la Bretonnière (paroisse de St-Senoch), de Bailli (xviie et xviiie siècles).

Antoine Dallonneau, chanoine de Saint-Martin de Tours, mourut le 16 janvier 1693.

Gabriel Dallonneau fut pourvu de la charge de conseiller du roi et lieutenant-général enquêteur au bailliage de Loches, en 1688.

D'azur, au lion rampant sur un rocher d'or, regardant une étoile de même posée au côté dextre de l'écu.

DALLONNEAU.

D'azur, à la croix potencés d'or, cantonnée de deux fleurs de lis et de deux hermines d'argent.

DAMARON.

D'azur, à un chevron d'or accompagné en chef de deux roses tigées et feuillées de même, et en pointe d'un cœur aussi d'or enfermé dans un D d'argent.

DAMBRAY, Chev., vicomtes Dambray, Sgrs de Breviandes, de Valmer, relevant de Boissay (xviie et xviiie siècles)

Cette famille est originaire de Normandie. Henri Dambray, receveur-général des finances à Rouen, fut anobli en 1582.

D'azur, à trois tours d'argent, au lionceau d'or en cœur.

DAMOURS, Ec., Sgrs du Serrain (xviie siècle).

D'argent, à trois clous de sable, 2, 1, surmontés d'un sanglier passant de même.

DAMPIERRE (de), Chev., Sgrs de Bruslon, en Touraine (xve et xvie siècles). — Famille originaire de Picardie.

D'azur, au chevron d'argent accompagné de trois soleils d'or.

DANGÉ D'ORSAY (de), Chev., Sgrs de Manthelan, de Grillemont, Civray-sur-Esves, Vou, du Fau, Mouzay, de Bagneux, Verger-de-Vou, Maulay, Puy-de-Sepmes, Tour-Sybille, Bournais, la Filonnière, Taffonneau, des Ferraux, des Aigremonts, Orbigny, la Pinotière, Grandes-Granges, la Triperie, Launay-Soguin, Petit-Alleu, la Grange-Hoquet, haut et bas Pichon, Bois-Chevé, la Houssaie, Varennes, Touche-Mari, Fresnes, les Grands-Barniers, Avon, Candé, Vaux, la Charpraie (xviiie siècle)·

René-François-Constance Dangé d'Orsay, maréchal des camps et armées du roi, était lieutenant du roi en la ville de Loches en 1785. Il comparut en 1789 à l'assemblée de la noblesse de

Touraine, convoquée pour l'élection des députés aux États généraux.

D'or, à trois feuilles de houx de sinople, 2, 1.

DANGU, en Touraine.

De gueules, au lion d'argent.

DANIAU, Ec., Sgrs de Rillay et de la Chèze, paroisse de Saint-Remy-sur-Creuse (xviie siècle).

D'azur, à la fasce d'or, accompagnée en chef de deux cœurs d'argent, et en pointe d'un croissant de même.

DANICAU, Ec., Sgrs de l'Epine (xviiie siècle).

D'azur, à un globe terrestre d'or, soutenu d'un vol et surmonté d'une étoile de même.

DANIEL, Ec., Sgrs de Boisdenemetz, Pernay, Vauguion. — Cette famille a été maintenue dans sa noblesse les 23 juillet 1667 et 4 juillet 1668.

De gueules, à la bande d'argent chargée de trois molettes d'éperon de sable et accompagnées de deux lionceaux d'or.

DARGENCE, Ec., Sgrs d'Oiré, relevant de Preuilly (xvie siècle.

Cette famille est originaire de la paroisse de Chenevelles en Poitou. Elle a été maintenue dans sa noblesse les 20 mai et 1er juillet 1624 et 21 juin 1667.

De gueules, à la fleur de lis d'argent.

DARRESSE, Ec., Sgrs du Plessis, paroisse de la Roche-Clermault (xviie siècle).

De gueules, à trois fasces d'argent accompagnées de six étoiles de même rangées entre les fasces.

DARROT, Ec., Sgrs de la Boutrochère et de Chezelles, en Touraine (xviiie siècle). — Famille originaire du Poitou ; sa filiation remonte à Michel Darrot, anobli en 1460.

La maison Darrot a été maintenue dans sa noblesse en 1621 et le 22 septembre 1667.

En 1569-73, Louis Darrot de la Poupelinière, était commandeur de l'Ile-Bouchard (ordre de Saint-Jean-de-Jérusalem).

De sable, à deux cygnes affrontés d'argent, ayant le col contourné, entrelacés l'un dans l'autre, membrés et becqués d'or, tenant un anneau de même dans leur bec.

DAUBIGNY. — Famille de Tours, anoblie en la personne de Jean Daubigny, par lettres du 19 février 1670, expédiées en la chambre des Comptes le 12 janvier suivant.

De gueules, au lion d'hermines.

DAUDIN, Ec., Sgrs de Moreau, la Cour-Neuve (paroisse de Huismes), (XVIIᵉ siècle).

De sable, au lion d'or, armé, lampassé et couronné d'or.

DAUPHIN, Ec., Sgrs de Bossay, Ris, Nerbonne, du Châtelier, Chavannes, Saint-Julien, de Barges, Meanne, Puy-Champion (XVIIIᵉ siècle).

Michel-Jacques Dauphin était chanoine de Saint-Martin de Tours, en 1660.

Louis-Philippe Dauphin, Sgr de Meanne, remplissait les fonctions de conseiller du roi, maître particulier des eaux et forêts à Loches, en 1748.

Louis Dauphin fut conseiller du roi, procureur au bureau des finances de Tours (1780).

Louis-Jérôme-Victor Dauphin, chevalier, ancien chevau-léger de la garde ordinaire du roi, comparut en 1789 à l'assemblée électorale de la noblesse de Touraine.

D'azur, au chevron d'or, accompagné de deux étoiles d'argent, en chef, et d'une gerbe d'or, en pointe.

DAUPHIN (N.), chanoine de Saint-Martin de Tours, en 1770.

D'argent, à la barre de gueules chargée au centre d'une étoile d'or.

DAVENEL, Ec., vicomtes de Préaux, Sgrs de Bonrepos.

Mathurin Davenel, conseiller et secrétaire du roi, fut maire de Tours en 1578-79.

Écartelé; aux 1 et 4 d'azur à trois lambels de trois pendants, d'or, 2, 1; aux 2 et 3 d'argent, au chevron d'azur, accompagné de trois roses de gueules.

DAVID DE SAINT-HILAIRE. — N. David de Saint-Hilaire, chevalier de Saint-Hilaire, capitaine au corps de carabiniers de Monsieur, comparut en 1789 à l'assemblée électorale de la noblesse de Touraine.

D'azur, à la harpe d'or, cordée de même (d'après la Chesnaye des Bois).

DAVY, Ec., Sgrs de la Bourdillière, de la Fautrière, de Cussé, de Chavigné (xviiie siècle).

D'azur, au chevron d'or, accompagné en chef de deux étoiles de même, et en pointe d'un épi de blé aussi d'or.

DEGUIN, voyez GAIN (de).

DEJALOUAINE, marchands bourgeois, à Tours (1698).

D'azur, à un cygne d'argent.

DEJEAN, comtes (par lettres patentes de 1810). — Famille originaire de Castelnaudary. Elle a donné un général de division, ministre de la guerre (1802-08), président à vie du collège électoral d'Indre-et-Loire, Jean-François-Aimé Dejean (créé baron avec majorat, le 27 octobre 1819), mort en 1824, — et un lieutenant-général, François-Marie-Auguste, comte Dejean, mort le 18 mai 1845.

D'argent, au griffon de sable; au chef d'azur, chargé d'un croissant d'or accosté de deux étoiles de même.

DELAUZON, voyez LAUZON (de).

DELAVAU, voyez LAVAU (de).

DENIS, Ec., Sgrs du Chatelier, de Mondomaine, de Grand-maison, de la Baraudière (paroisse de Savonnières), de la Guichetière (paroisse de Souvigny), de Molinherne (du xvie au xviiie siècle).

Pierre Denis fut nommé échevin perpétuel de Tours en 1589.

François-Nicolas Denis, écuyer, capitaine au régiment Royal-Comtois, infanterie, comparut en personne et comme fondé de pouvoir de Jean Denis, écuyer, Sgr de Mondomaine, chevalier de Saint-Louis, à l'assemblée électorale de la noblesse de Touraine, en 1789.

Denis du Chatelier, de Molinherne, la Guichetière, portait :

D'azur, à trois colonnes d'or en pal et rangées en fasce.

Denis de Mondomaine, fourrier des logis du roi, portait :

D'azur, à trois besants posés en pal l'un sur l'autre, à dextre, d'argent, et trois losanges de même à sénestre, en pal; parti d'argent, au chevron de sable accompagné en pointe d'un lion contourné de gueules, et un chef brochant sur le parti, de sinople, chargé de trois étoiles d'or.

D'après la Chesnaye des Bois, Denis de Mondomaine porte :

Parti, au 1 d'azur, au chevron d'or, accompagné en pointe d'un lion grimpant, aussi d'or; au 2 de gueules, à trois macles d'or posées en pal, cotoyées de trois annelets d'argent, aussi en pal; et un chef d'or, chargé de trois étoiles d'azur.

DEODEAU (ou DE ODEAU), Ec., Sgrs des Fourneaux et du Paradis. — Cette famille résidait à Amboise au XVIIe siècle.

Hélie Deodeau, maire d'Amboise en 1557, fut anobli par lettres de février 1582.

Jean Deodeau était prieur de l'abbaye de Cormery en 1674.

De gueules, au chevron d'argent, accompagné en chef de deux étoiles d'or, et en pointe d'un croissant d'argent.

Marie-Madeleine Deodeau, vivante en 1696, portait :

D'argent, au chevron de gueules, accompagné en chef de deux étoiles d'azur, et en pointe d'un croissant de même.

DÉOLS (Raoul de), Sgr de Château-Meillant, chevalier banneret de Touraine en 1215.

D'argent, à trois fasces de gueules.

DERAZES ou DE RAZES, Chev., Sgrs de Marsay, de la Bourdillière, de Verneuil, comtes d'Auzancés (du XVIe au XVIIIe siècle).

La filiation suivie de cette famille commence par Philippe Derazes, écuyer, conseiller au présidial de Poitiers, mort au milieu du XVIe siècle.

François Derazes, écuyer, fut exempté de se trouver au ban des nobles de la Basse-Marche, convoqué pour le 29 juillet 1577.

Charles Derazes, chevalier, Sgr de la Bourdillière, comparut par fondé de pouvoir, en 1789, à l'assemblée électorale de la noblesse du Poitou.

Pallé de six pièces d'or et d'azur; au chef d'argent, chargé de trois feuilles de fougère en pal.

21

DESCARTES, Ec., Sgrs de Châtillon, paroisse de Courçay.
— L'illustre philosophe René Descartes était de cette famille.
Gilles Descartes fut chanoine, puis trésorier de l'église de Tours (1514).

Gilles Descartes, maire de Tours, mourut le 7 décembre 1522.

D'argent, au sautoir de sable, cantonné de quatre palmes de sinople.

DESCHAMPS, Ec., Sgrs de Commacre et du Serrain (xviie siècle).

Charlotte-Marie-Anne Deschamps, dame de Commacre, comparut par fondé de pouvoir en 1689 au ban convoqué par lettres patentes du 29 février de cette année.

De gueules, à une aigle éployée d'argent, membrée d'or.

DESCOT, Sgrs de Chavigny; en Touraine.

D'argent, à la bande d'azur chargée de deux croissants d'argent et d'une étoile d'or.

DESCRIVIEUX, en Touraine et en Bresse (xive siècle).

D'argent, au chevron de gueules.

DESERTS (des). — Famille originaire de Touraine. Elle est allée s'établir dans l'Ile-de-France vers le xviie siècle.

Remond des Déserts était trésorier de France à Tours vers 1500.

D'argent, au chef denché de gueules, chargé de trois coquilles rangées d'or.

DESGAULT, à Loches (xviie et xviiie siècles).

N. Desgault remplissait les fonctions de conseiller du roi, juge au bailliage et siége royal de Loches en 1696.

Jean Desgault fut pourvu de la charge de conseiller du roi, garde-scel au bailliage de Loches en 1698.

D'argent, à un croissant de sable, accompagné de deux étoiles de gueules.

DESLANDES (Paul), maire de Tours (du 21 décembre 1803 au 14 septembre 1815), officier de la Légion d'honneur, fut créé baron de l'empire en 1814.

D'azur, à trois tiges coupées de lis au naturel, surmontées d'une taupe de sinople posée au second point en chef, et un franc-quartier des barons-maires, qui est de gueules, à muraille crénelée d'argent, brochant au 9e de l'écu.

DESLOGES, Ec., Sgrs de Vontes et de la Dorée.

François Desloges fut conseiller au bailliage et siége-présidial de Tours, maire de cette ville en 1694, et trésorier de France au bureau des finances de la même généralité.

Thomas Desloges était conseiller au présidial de Tours en 1725.

D'azur, à une tour d'argent, maçonnée de sable, soutenue d'un croissant de même.

DESMARETS, Chev., Sgrs de Maillebois, au Perche, barons de Châteauneuf.

Nicolas Desmarets, ministre et secrétaire d'État, eut plusieurs enfants de son mariage avec Madeleine de Béchameil, entre autres, Pierre, appelé l'*abbé Desmarets*, qui fut abbé de Saint-Bénigne de Dijon, et Jean-Baptiste-François Desmarets, colonel du régiment de Touraine, lieutenant-général, puis maréchal de France le 14 février 1744.

Françoise-Nicole et Marie-Louise, filles de Jean-Baptiste-François Desmarets, furent religieuses de l'Ordre du Calvaire, à Tours.

D'azur, à un dextrochère d'argent, tenant trois lis de jardin, de même.

DESMÉ, Chev., Sgrs de la Chesnaye (xviii⁰ siècle.

D'argent, au chevron de sable accompagné de trois merlettes de même.

DESMÉ DE CHAVIGNY, Chev., Sgrs de la Gaudrie, de la Rue, de Cessigny, de Mauffrais (xviiie siècle).

Auguste-Jean-Marie Desmé de Chavigny, chevalier, conseiller au parlement, comparut en 1789, par fondé de pouvoir, à l'assemblée électorale de la noblesse de Touraine.

La famille fut également représentée à l'assemblée de la noblesse de l'Anjou.

D'argent, au chevron de sable, accompagné de trois merlettes de même.

DESMIER, Ec., Sgrs de la Roderie, paroisse de Saunay, Cléret, l'Espinay (xviie siècle).

Cette famille a eu des représentants à l'assemblée électorale de la noblesse du Poitou en 1789.

De gueules, au lion d'argent, accompagné en chef d'un croissant de même, et percé en flanc d'un dard aussi d'argent hampé d'or.

DESNOTS, Sgrs de Saint-Pierre (xviie siècle).

D'argent, à trois roses de gueules; au chef d'azur chargé de trois étoiles d'or rangées en fasce.

DESPREZ, Sgrs de la Janière, paroisse de Savigny (xviie siècle).

D'argent, au chevron d'azur, accompagné de trois coquilles de gueules, 2, 1.

Etienne Desprez, Éc. (1698), portait :

D'azur, au chevron d'argent, accompagné de trois coquilles d'or.

DESPREZ, trésorier et chanoine de l'église de Tours (1696).

D'or, à trois trèfles de sinople, 2, 1.

DESTABENRATH, barons Destabenrath, à Tours, (xixe siècle).

Jean-Marie-Eléonore-Léopold Destabenrath a été créé baron sous le premier Empire.

D'azur, au chevron d'or accosté de deux lions contrepassants, de même; franc - quartier de baron-militaire, qui est de gueules, à l'épée haute en pal, d'argent.

DEVOSSEL (N), prêtre, curé de Sainte-Geneviève de Luynes (1696).

D'azur, à trois coquilles d'or, 2, 1.

DIANE DE POITIERS, voyez POITIERS DE SAINT-VALLIER (de).

DIBOINE-CORNASSON, bourgeois de la ville de Tours (fin du xviie siècle).

D'argent, à une tour de gueules, sommée d'un duc de même.

DICASTELLO (de), ou DI CASTELLO, Chev., Sgrs de Mathefelon, en Touraine (fin du xve siècle). — Cette terre passa dans la maison de Laval par le mariage d'Aliénor de Dicastello avec Louis de Laval.

D'or, à trois aigles éployées et couronnées de gueules.

DIGUES DE LA TOUCHE, à Tours (xixe siècle). — Famille noble irlandaise, issue d'une famille autrefois française et fixée en Irlande après la révocation de l'édit de Nantes.

D'argent, à une grenade de...; au chef de gueules chargé d'un annelet accosté de deux étoiles.

DODON (Jacques-Urbain), chanoine de Saint-Martin, de Tours (1698).

D'azur, à trois fasces d'or.

DOLDAIN (de) ou **DOLDIN**, Ec., Sgrs de la Cour-Neuve, (XVII⁰ siècle).

François de Doldin, Éc., comparut, à Chinon, au ban convoqué par lettres patentes du 26 février 1689. Il résidait dans la paroisse de Huismes.

De sable, au lion d'or couronné, armé et lampassé d'argent.

DOLU, à Tours (XVIe siècle).

D'azur, à deux poissons adossés, d'or; au chef de gueules.

DOMILLIERS DE **THÉSIGNY**, en Touraine (XVIIIᵉ siècle).

D'azur, au croissant montant d'argent surmonté d'un heaume d'or posé de face.

DONJON (Garnier de), chevalier banneret de Touraine (1213).

De... à une tour de...

DONNET (Ferdinand - François - Auguste), cardinal, archevêque de Bordeaux, sénateur, chanoine d'honneur de l'église métropolitaine de Tours, né le 16 novembre 1795.

D'azur, à une bande d'argent, accompagnée d'un carreau de même en pointe.

DORANGE, Sgrs de la Feuillée et d'Alexain. — Famille originaire du Maine. Une branche s'est établie en Bretagne, et une autre en Touraine. Cette dernière est représentée par Augustin-Jean Dorange, conservateur de la bibliothèque de Tours, né à Laval le 15 mai 1816, marié à Adrienne de Mey, née à Surinam (colonie hollandaise) le 15 septembre 1816. De ce mariage sont issus : Henri-William Dorange, né le 25 février 1839, — et Auguste-Charles-Edmond Dorange, né le 7 janvier 1844.

De sable, au chevron d'or, accompagné de trois billettes, couchées, de même.

DORAT (Madeleine), abbesse de Moncé (1684-94).

D'or, à un émérillon de gueules.

DORÉ, Ec., Sgrs du Puy-Doré (xvᵉ et xvıᵉ siècles). — Famille originaire du Berri.

D'après la Thaumassière elle porte :

De gueules, à trois annelets d'or, accompagnés d'une fasce de même, chargée en cœur d'une étoile de gueules.

D'après Lainé :

De gueules, à la fasce d'or chargée de trois étoiles de sable, et accompagnée de trois annelets d'or.

DORÉMUS (Charles), bourgeois de Tours (fin du xvııᵉ siècle).

De gueules, à un griffon d'or.

DORIE, en Touraine (xıvᵉ siècle).

D'azur, à trois gerbes d'or, 2, 1.

DORI-GALIGAÏ (Sébastien), abbé de Marmoutier (8 juillet 1610), archevêque de Tours (1617).

D'or, à une chaîne d'azur mise en sautoir.

DORION, Ec., Sgrs de Saint-Amand.

D'azur, à trois bandes d'or.

DOUAULT (de), Ec., Sgrs de Pancières (xvıᵉ siècle), du Bois-Douault, de la Grigotière, du Tillou, de Chaumousseau, du Rillon, de St-Bonnet, Celon, Tour de Rancé, Mondétour. — Famille connue en Touraine dès 1305.

Un des membres de cette famille figure sous le nom de Mathurin *Drouault*, seigneur de *Pouzières* dans le catalogue des nobles qui comparurent à la rédaction du procès-verbal de la coutume de Touraine, en 1559.

Léon-François de Douault d'Illiers, chevalier, Sgr d'Aulnay, fut seigneur usufruitier de la châtellenie de Chenonceau par donation du duc de Vendôme (1697-1722).

De gueules, à trois besants d'argent, 2, 1. — Cimier : Un lion naissant d'argent. — Supports : deux lions de même (d'après Bernier et les *Mémoires de Touraine*, et l'Hermite-Souliers).

DOUCHAMP (de), Ec., Sgrs de la Moinerie, paroisse de Benais (xvııᵉ siècle).

Une branche de cette famille a résidé à Restigné.

D'argent, à trois roses de gueules, 2, 1 ; au chef d'azur chargé de trois étoiles rangées d'or (ou d'argent).

DOUÉ (de), en Touraine et en Anjou.

D'argent, au sautoir de gueules.

DOUÉ (de), Chev., Sgrs de Gizeux et d'Avrillé (XIIIe et XIVe siècles).

Cette famille, issue des l'Ile - Bouchard , portait comme ceux-ci :

D'azur, semé de losanges d'or ; à un écusson d'argent bordé d'or, posé en cœur.

DOUGLAS (Archibald de), Chevalier écossais, comte de Douglas et Sgr de Chinon, capitaine des troupes envoyées en France au secours du roi Charles VII, fut mis en possession du duché de Touraine par lettres du 19 avril 1423. Ses enfants portèrent le titre purement honorifique de duc de Touraine, par suite d'une concession du roi de France.

Adam Douglas, cousin d'Archibald, fut pourvu de la charge de gouverneur du château de Tours, par lettres du 27 mars 1424.

D'argent, à un cœur sanglant surmonté d'une couronne royale ; au chef d'azur chargé de 2 étoiles d'argent.

DOUINEAU DE CHARENTAIS, barons de Charentais.

En 1735, Gilles Douineau remplissait à Tours les fonctions de conseiller du roi, président, trésorier de France, général des finances et grand-voyer de la généralité. — Michel Douineau, conseiller du roi, procureur au siége de la Monnaie de Tours, est mentionné dans des actes de 1750-80. — A la même époque vivait Michel Douineau, chanoine de l'église de Tours.

Un acte de 1780 fait mention de Pierre - Olivier - Martin Douineau, trésorier de France au bureau des finances de la généralité de Tours.

Pierre-Gilles Douineau de Charentais fut créé baron héréditaire par lettres patentes du 7 septembre 1826, enregistrées à la cour royale d'Orléans et au tribunal de première instance de Tours les 9 et 14 novembre de la même année. Des lettres

récognitives de noblesse lui avaient été délivrées le 2 décembre 1815. L'enregistrement de ces lettres à la cour d'Or,
léans eut lieu le 14 mars 1816.

D'or, à une fasce d'azur chargée d'un croissant d'or et acompagnée de deux
roses de gueules en chef, et d'une étoile d'azur en pointe. — Casque de profil
à trois panaches d'argent, surmontés d'une couronne de baron. — Devise :
Loyauté, franchise.

D'après M. Lambron de Lignim, Michel Douineau, procureur au siége de la Monnaie de Tours (1750-80), portait :

D'argent, au chevron de gueules, accompagné de deux roses de même,
en chef, et d'une étoile de... en pointe.

DOYEN (Olivier LE), chanoine de l'église de Tours, archidiacre d'Outre-Vienne (1546-60).

D'or, à trois têtes de maure, de sable, tortillées d'argent.

DREUX (de), Comtes de Dreux, Sgrs de Rochecorbon
(XIVe siècle), par héritage de Jeanne de Vierzon.

Echiqueté d'or et d'azur, à la bordure engrelée de gueules.

DREUX, en Touraine et en Poitou. — Cette famille a donné
un juge à la ville de Loudun, — et un maître particulier de la
maîtrise des eaux et forèts de Chinon, Pierre Dreux, Sgr de la
Pacraye (1710).

D'argent, au lion de gueules; au chef d'azur, chargé de trois tiges de lis au
naturel, d'argent.

DREUX DE NANCRÉ, marquis de Nancré et de la Flocel-
lière, barons du Grand-Pressigny et de Berrie, Sgrs de Ferrières-Larçon, Chanceaux, Étableaux, Bessay, la Rochette, la
Coussaye, la Bremotière, la Chancellerie, Rocheroux, (XVIIe
et XVIIIe siècles). Cette famille fait remonter sa filiation suivie
à Robert, comte de Dreux, vivant en 1137. Elle a été maintenue dans sa noblesse le 13 juin 1669.

René de Dreux était lieutenant du bailli de Touraine en 1472
et Michel de Dreux, marquis de Brezé, gouverneur de Loudun
en 1745.

D'azur, au chevron d'or, accompagné en chef de deux roses d'argent, et en
pointe d'un soleil, ou d'une ombre de soleil.

DROUET, Éc., Sgrs de la Croix, paroisse de Saix, de la Subellerie, Thiercé, (xviiie siècle).

De gueules, au lion d'argent.

DROUET d'AUBIGNY, en Touraine (xixe siècle). — Famille originaire du Maine.

D'azur, à un lion d'or, accompagné de trois soucis de sable, 2, 1.

DROÜIN, Éc., Sgrs de Champmorin, de Parçay, de Cour-coué, de la Brèche, de Boizé, Gareuil, la Mabillière, la Bellon-nière, Bel-Endroit (du xvie au xviiie siècle). — Famille très-ancienne et à laquelle appartenait Daniel Droüin, Sgr de Bel-Endroit, né à Loudun, vers 1550, auteur de plusieurs ouvrages estimés, entre autres, du *Miroir des Rebelles* et du *Revers de la fortune*, traitant de l'instabilité mondaine. Elle s'est alliée aux familles de Picot de Limoëlan, de Bouteiller, Budan de Russé, de Fadate de St-Georges, etc.

Guillaume Droüin était chanoine doyen de la Sainte cha-pelle de Champigny en 1765.

Charles Droüin, écuyer, remplissait en 1782 les fonctions de contrôleur ordinaire des guerres.

D'argent, au chevron d'azur, surmonté de deux larmes de gueules, et accompagné en pointe d'une gerbe de blé au naturel, liée de gueules.

DROUIN, Éc., Sgrs de l'Olive (xviiie siècle).

Charles Drouin fut promu à la charge de conseiller du roi, élu en l'élection de Chinon vers 1671.

François Drouin était conseiller au bailliage de Chinon en 1696.

D'azur, à trois gerbes d'or, liées de gueules, 2, 1.

DROUIN, Éc., Sgrs de la Couture, relevant du château de Loches (xviie siècle).

D'azur, au chevron d'argent, accompagné de cinq étoiles d'or, trois en chef, 2 en pointe.

DROUIN, Éc., Sgrs de Beauvais, de Langebaudière, de la Borde et du Gué-du-Pré (paroisse de Saint-Antoine-du-Rocher), de Villechaumont, en Blaisois (xviie siècle).

Charles Drouin était chanoine de Saint-Martin de Tours, en 1560.

Charles Drouin, conseiller du roi, trésorier général des finances, à Tours, fut maire de cette ville en 1657.

D'azur, à trois clous de la passion, appointés en pairle, d'or, accompagnés de trois étoiles d'argent, 1 en chef et 2 en pointe.

DUBANT (Henri), curé de la Riche, à Tours (1794).

Parti, au 1 d'argent, à une aigle éployée posée de profil, tenant un livre ouvert, d'azur; au 2 d'azur, à la croix d'or. — Couronne de comte.

DUBELLINEAU. — Cette famille a résidé à Tours, à Vendôme et à Château-Gonthier.

D'azur, au chevron d'argent accompagné de deux étoiles d'or en chef et d'un croissant de même en pointe.

DUBET, Éc., Sgrs de Ris, (paroisse de Bossay), de la Rongère (xviiᵉ et xviiiᵉ siècles). — Famille originaire du Berri.

Michel Dubet était bailli de Preuilly en 1717.

D'azur, à un duc d'or membré et becqué de sable, perché sur un bâton noueux d'argent, péri en bande; à une étoile du second mise en cornière dextre de l'écu.

DUBOIS, Éc., Sgrs de Montmoreau, des Coudrais (xviiᵉ et xviiiᵉ siècles).

Jacques Dubois fut conseiller au bailliage et au siège présidial de Tours, chanoine de St-Gatien de Tours et maire de cette ville en 1696-1700.

D'azur, à trois fusées d'or; au chef de même chargé de trois palmes de sinople péries en bande.

Henri Dubois de Montmoreau des Coudrais, chanoine de l'église de Tours (1692), portait :

Écartelé; aux 1 et 4 d'or, à trois palmes de sinople péries en bande; aux 2 et 3 d'azur à trois fusées accolées d'or.

DUBOIS, Éc., Sgrs du Morier, d'Ardée, de St-Antoine-du-Rocher (en partie), (xviiᵉ et xviiiᵉ siècles).

François Dubois était avocat au parlement, conseiller du roi et maire de Tours en 1713.

Julien Dubois, conseiller du roi, juge, lieutenant-criminel au bailliage et siège présidial de Tours, fut aussi maire de cette ville en 1747-51.

D'argent, au chevron de gueules, accompagné de trois grues de sable, 2, 1.

DUBOIS (Charlotte), veuve de Claude Rogier (ou Roger), Ec., Sgr de la Marbellière, conseiller et procureur du roi au bureau des finances de Tours (1696).

D'argent, à trois arbres arrachés, de sinople, 2, 1.

DUBOIS (Guillaume), cardinal, archevêque de Cambrai, abbé de Bourgueil (1719), mourut le 10 août 1723.

D'azur, à trois palmiers d'or, 2, 1 ; au chef cousu de gueules chargé de trois molettes d'éperon d'argent. — Couronne de marquis.

DUC (Le), à Tours (xviie siècle).

De... au chevron de... accompagné de trois étoiles de... en fasce, et d'un arbre de... en pointe.

DUC (Le), marchands-bourgeois, à Tours (1698).

D'argent, à un duc de gueules sur un écot de sable.

DUCASSE ou **DU CASSE**, en Touraine. — Cette famille, originaire de Bayonne, s'est éteinte en Touraine en 1789.

Dominique du Casse était conseiller du roi, procureur au bureau des Finances de Tours en 1720.

Ecartelé ; aux 1 et 4 d'azur à 2 épées posées en sautoir, d'argent, la pointe en bas, garnies d'or, accostées de trois étoiles d'argent, et accompagnées d'un croissant de même en pointe ; aux 2 et 3 d'or à la rencontre de cerf d'argent.

DUCHAMP de **NITRAY**, **DUCHAMP** de la **FRILLIÈRE**, Éc., Sgrs du Petit-Nitray (paroisse d'Athée), de la Frillière (paroisse de Vouvray), du Portau (xviie et xviiie siècles).

La filiation suivie de cette famille commence par Michel Du Champ, dont le fils Mathieu Du Champ était procureur du roi à la Monnaie de Tours, en 1634. Un des fils de Mathieu Du Champ, Michel, fut chevalier servant de l'Ordre de Malte et mourut dans l'île de Candie.

La famille Du Champ de Nitray et de la Frillière s'est alliée aux maisons de Moisy, Poithevin du Clos, d'Armagnac, du Rosel, Morier, Gilles de Fontenailles, de Bongard, Chicoisneau de la Motte, de la Mardelle, Le Gras de Sécheval, etc. Elle a donné à la Touraine les fonctionnaires et les dignitaires ecclésiastiques dont les noms suivent :

Mathieu Du Champ Iᵉʳ, ci-dessus nommé, Éc., procureur du roi à la Monnaie de Tours (1654) ;

Martin Du Champ, chanoine de Saint-Martin de Tours, (1674-96);

Jacques Du Champ, chanoine de la même église, décédé en 1732;

Mathieu Du Champ II, Éc., conseiller, juge-magistrat au bailliage de Tours (1728);

Jacques Du Champ, chanoine et grand-chantre de Saint-Martin, de Tours, mort le 9 février 1737;

Mathieu Du Champ III, Éc., conseiller du roi, juge-magistrat au bailliage et siége présidial de Tours, échevin perpétuel de cette ville;

Mathieu-Simon Du Champ, chanoine et prévôt de Saint-Martin, de Tours, décédé le 22 janvier 1756;

Jacques Du Champ de la Frillière, chanoine de la même collégiale, mort le 13 mai 1763;

François Du Champ du Coudray, chambrier, chanoine de la même collégiale;

Auguste-Louis Du Champ de la Frillière, secrétaire-général de la préfecture d'Indre-et-Loire, démissionnaire en 1830;

D'argent, au chevron de gueules, accompagné en chef de deux croissants du même et en pointe d'une coquille de sable.

D'après l'empreinte d'un cachet existant liasse 6ᵉ, corresp. admin. 1746, archives de l'Hôtel de ville de Tours, M. Lambron de Lignim indique les deux croissants comme étant d'*azur*.

Les mêmes croissants, dans les armes de Mathieu Du Champ, conseiller au siége présidial de Tours (vers 1696), étaient de sable, d'après l'*Armorial général*.

D'après l'*Armorial général* de d'Hozier, François Du Champ, chambrier et chanoine de St-Martin, de Tours; Jacques Du Champ de la Frillière et un autre Jacques Du Champ, chanoines de la même église, portaient :

Fascé d'argent et d'azur de six pièces.

DUCHAMP (Philippe), (fin du XVIIe siècle).

D'azur, à deux étoiles d'or en chef et un croissant de même en pointe.

Georges Duchamp, conseiller, secrétaire du roi, greffier civil et criminel au parlement de Bourgogne, portait :

D'azur, à deux étoiles d'or en chef et un croissant renversé d'argent en pointe. — Devise : *Tout bien du champ.*

DUCHAMP (Philippe), doyen de la Ste-Chapelle de Plessis-les-Tours (1743).

D'azur, à un soleil d'or accosté de deux étoiles de même, et en pointe trois épis de blé d'or, tigés, feuillés, rangés et accostés de deux roses tigées et feuillées de même, sur une terrasse de sable.

DUCHAMP (Martin), en Touraine (fin du XVIIe siècle).

D'azur, à un soleil d'or accompagné de deux étoiles de même, et en pointe trois épis de blé d'or, tigés, feuillés, rangés et accostés de deux œillets de même, sur une terrasse de sinople.

DUCHESNE (Victor-Alexandre) fut pourvu de la charge de greffier de la maîtrise des eaux et forêts de Loches, par lettres du 30 septembre 1695.

D'argent, au chevron d'azur, accompagné de trois glands au naturel.

DUCHESNE DE ST-LÉGER (Philippe), commandeur de Ballan (ordre de Malte), en 1789.

D'azur, à trois glands d'or, 2, 1.

DUCLOS-SUPPLIGEAU, marchands bourgeois à Tours (XVIIe siècle).

De sable, à une fasce d'argent.

DU CLUZEL (François-Pierre), marquis de Montpipeau, intendant de Touraine (1766-83), mourut à Tours en 1783.

De gueules, à la bande d'argent.

DUCLUZEL (Pierre-François), doyen de l'église de Tours (1774-82).

D'or, à un pin de sinople croissant sur une terrasse de même, et un cerf passant d'or, brochant sur le tout.

DUDOIT, Éc., Sgrs de Tonneaulx et du Grand-Hôtel de Mosnes, relevant d'Amboise (XVIe siècle).

Jean Dudoit fut pourvu de la charge de grenetier, garde-scel au grenier à sel de Tours (en 1693).

N. Dudoit ou Dudoigt, chanoine de l'église de Tours (1696), portait d'après d'Hozier :

D'azur, à une main d'argent.

DUFÊTRE (Dominique - Augustin), vicaire général de Tours (de 1824 à 1842), évêque de Nevers (27 janvier 1843).

D'azur, à la levrette d'argent portant dans sa gueule un flambeau et passant sur le sommet d'une mappemonde, le tout d'argent; au chef de gueules chargé de trois étoiles rangées d'argent. — Devise : *Quid volo nisi ut accendatur.*

DUFORT DE ST-LEU (Jean-Nicolas), comte de Cheverny, introducteur des ambassadeurs, lieutenant général du roi pour les provinces du Blésois, Dunois, Vendômois et bailliage d'Amboise (1789).

D'azur, à trois épis de blé d'or, tigés et feuillés de même, celui du milieu montant d'un monticule d'or posé à la pointe de l'écu; au chef d'or chargé de trois étoiles d'azur.

DUFRESNE, à Tours.

D'azur, à une fasce d'argent chargée de trois merlettes de... accompagnée en chef d'une patte de griffon de... et en pointe d'une croix recroisettée de...

DUGUÉ (Martin), monnayeur de la Monnaie de Tours (vers 1698).

D'argent, à trois tortues de sable, 2, 1.

DUGUÉ (N.), le jeune, officier de la Monnaie de Tours (1696).

D'azur, semé de billettes d'argent, à un lion d'or.

DUMAS (Christian-Léon, comte), député, aide-de-camp du roi, propriétaire à la Membrolle (Indre-et-Loire), 1845, — fils du lieutenant-général Mathieu Dumas, comte de l'Empire.

Coupé; au 1 de sable, au fer de cheval d'argent, cloué du champ; au 2 d'azur, à deux massues d'or.

DUMAS DE POLARD, comtes de Polard, comtes et barons de l'Empire.

Résidence en Touraine, au XIXe siècle : La Bouchardière, commune de Joué.

Écartelé; au 1 d'or, à l'élan passant, de gueules; au 2 de baron militaire; au 3 de gueules, au chevron d'argent accompagné de trois roques de même, et sommé d'une merlette aussi d'argent; au 4 d'azur, à la croix haute, pommetée d'argent, cantonnée en chef de deux étoiles d'or. — Supports : deux lions. — Couronne de comte.

DUMONT, Éc., Sgrs de Richemont, de Beaulieu. — Au xviiie siècle, une branche de cette famille résidait à Nueil-sous-Faye.

De sable, à la croix ancrée d'argent.

DUMONT, marchands-bourgeois , à Tours (fin du xviie siècle).

De sable, à deux fasces d'or.

DUMOULIN, Éc., Sgrs de la Souche (xviie siècle). Claude Dumoulin, conseiller du roi, fut maire de Tours en 1623.

D'azur, à trois nilles ou fers de moulin d'or, 2, 1.

DUMOUSSET (Charles), prêtre, chanoine de l'église de Verdun , chantre ordinaire de la musique du roi , prieur de Cigogné (1698), portait :

De sable, à une cigogne d'argent.

DUPAS, en Touraine (xviie siècle).

D'azur, à trois chevrons d'or.

DUMOUSTIER DE LAFOND, en Touraine.

D'argent, au chevron de sable, accompagné en chef d'un croissant de... accosté de deux étoiles de... et en pointe d'une hure de sanglier de...

DUPERCHE, marchands-bourgeois, à Tours (1698).

De sinople, à un faucon perché, d'or, grilleté d'argent, longé d'or.

DUPERCHE, en Touraine (xviie siècle).

Pierre-Louis Duperche était chanoine et prévôt de St-Martin de Tours, en 1768.

D'azur, à un chevron d'argent accompagné en chef de deux étoiles d'or, et en pointe d'une perche de même.

DUPIN, Éc., Sgrs de Chenonceau, Francueil, l'Épinière, Laleuf, la Caillaudière, Chisseaux, des Grands et Petits-Sagets, Civray, des Vieilles-Cartes , du fief de l'île St-Sauveur (xviiie siècle). — Famille originaire de Châteauroux.

Louise-Marie-Magdelaine-Guillaume de Fontaine, veuve de Claude Dupin, Éc., comparut par fondé de pouvoir, en 1789, à l'Assemblée électorale de la noblesse de Touraine et à celle de Poitou.

Claude Dupin, Ec., conseiller, secrétaire du roi, maison, couronne de France, receveur général des finances de Metz et d'Alsace, fermier général, acheta Chenonceau le 9 juin 1733, de Marie-Anne de Bourbon Condé.

D'azur, à trois coquilles d'or, 2, 1.

Louise-Marie-Magdelaine-Guillaume de Fontaine, ci-dessus nommée, portait :

Ecartelé; aux 1 et 4 d'argent, au lion de sable, langué de gueules; aux 2 et 3 de gueules, à la fontaine en château d'eau de sable, versant de l'eau, d'argent.

Ces armes, accolées à celles des Dupin, sont peintes au-dessus de la toile du théâtre de Chenonceau. Elles ont été signalées à l'auteur de cet Armorial par M. l'abbé Chevalier.

Dans l'*Armorial de Dubuisson*, T. I, p. 152, on trouve au nom de *de Fontaine, Sgr de Passy-sur-Marne*, les armes suivantes, qui diffèrent peu de celles qui viennent d'être décrites :

Ecartelé; aux 1 et 4 d'argent, au lion de sable armé et lampassé de gueules; aux 2 et 3 de gueules, à la tour couverte, d'argent.

DUPIN (François), sénéchal de la prévôté d'Anjou, dignité de l'église de Saint-Martin, de Tours (1698).

D'argent, au pin de sinople, sur une terrasse de même, fruité d'or.

DUPOIRIER, Sgrs de la Huberdière, Villeneuve (XVIIe siècle).

D'or, à un arbre arraché, de sinople, soutenu de deux lions affrontés de sable, lampassés et armés de gueules; au chef de gueules, chargé de trois croix d'argent.

La branche de Villeneuve chargeait le chef de trois coquilles au lieu de trois croix.

DUPONT, Éc., Sgrs de la Motte, élection de Loches (XVe siècle). — Famille alliée à celle de Préaux.

De gueules, au lion d'or.

DUPONT, Éc., Sgrs de la Roche-d'Enchailles (xvɪᵉ siècle), du Mousseau, paroisse d'Orbigny (xvɪɪᵉ siècle.

Jean Dupont, Éc., Sgr de la Roche-d'Enchailles, remplissait les fonctions de bailli, à Ligueil, en 1688.

Charles Dupont fut pourvu de la charge de procureur du roi à l'élection du grenier à sel de Loches, par lettres du 19 février 1695.

Jean Dupont était conseiller du roi, président du grenier à sel de la Haye, en 1696.

En 1734, Gilles Dupont remplissait à Loches les fonctions de conseiller du roi et de procureur du roi au grenier à sel.

De sable, à trois flammes d'or, 2, 1.

DUPRÉ, Éc., Sgrs de la Carte, paroisse de St-Laurent-de-Lin (xvɪɪᵉ et xvɪɪɪᵉ siècles).

D'azur, à une bande d'or chargée de trois gousses de genêt, de sinople.

DUPUY-BERGEON, en Touraine (xvɪɪᵉ siècle).

D'azur, à trois serpents volants, d'or; au chef de gueules.

DURAND, à Tours (xvɪɪᵉ siècle).

D'argent, à une flèche de gueules en pal, la pointe en bas, à la guivre ondoyante et entrelacée d'or.

DURAND, Éc., Sgrs de Villeblain et de Billy (xvɪɪᵉ et xvɪɪɪᵉ siècles).

D'argent, à trois maillets de gueules, 2, 1.

DURAND DE LINOIS, en Touraine (xɪxᵉ siècle), comtes de l'Empire.

D'azur, à une fasce d'or accompagnée en chef d'un croissant, et en pointe d'un trèfle de même; franc-quartier de comte tiré de l'armée, qui est d'azur, à l'épée haute en pal, d'argent, montée d'or.

DURAND DE MISSY (Jean-Baptiste-Pierre), chanoine et chancelier de l'église de Tours (1725).

Ecartelé; aux 1 et 4 de gueules, au fallot allumé, d'or; aux 2 et 3 d'azur, au lis de jardin, d'argent.

DURAND DE PIZIEUX, Chev., Sgrs de la Goguerie, de Courcelles, St-Quentin, des Brosses, la Rivière (xvɪɪɪᵉ siècle).

François-Ursin Durand de Pizieux fut créé baron avec majorat, le 19 juin 1813.

22

Parti d'or et de gueules, au lion couronné, de sable, brochant sur le tout.

DURBOIS (de), Ec., Sgrs de la Garenne et des Touches. — Famille originaire du Berry, où elle est connue dès l'an 1363.

Charles de Durbois, écuyer, fut capitaine-commandant des ville et château de Loches (1579-80), et gouverneur de Sancerre. Le 11 septembre 1597 une ordonnance le déchargea des taxes des ban et arrière-ban. Il mourut avant 1611 et fut enterré dans l'église de Nohant, en Berry.

La famille de Durbois s'est alliée à celles de la Chatre, de Joumiers, François, de Bonnault, Gigot, Dubois, Agoberd, Fabre, Guingard, etc.

D'argent, à une branche de houx, garnie de trois feuilles, de sinople, posée en bande; au chef échiqueté d'argent et de gueules de deux traits.

DUREIL (de), Éc., Sgrs de Coulaines (xvie siècle).

Losangé d'or et d'azur.

DURET, en Touraine (xviie siècle).

Chevronné d'argent et de gueules de 8 pièces.

DURFORT, marquis, puis ducs de Duras, comtes de Mongommery, de Vauzan et de Lorges, Sgrs des Roches-Tranchelion et de la Tour-d'Avon, Fontaine-Besnon, Oigné, Lallay, paroisse d'Avon (xvie et xviie siècles). — Maison des plus anciennes, originaire de Guyenne. La terre de Duras fut érigée en duché par lettres de février 1689, en faveur de Jacques-Henri Durfort, maréchal de France.

Louis-Antoine-François de Durfort fut grand-archidiacre de l'église de Tours et abbé de Fontaines-les-Blanches (1753-65).

Ecartelé; aux 1 et 4 d'argent à la bande d'azur, qui est de Durfort; aux 2 et 3 de gueules, au lion d'argent, qui est de Lomagne.

DURIFLÉ (Jean), lieutenant de la bourgeoisie de la ville de Loches (1698).

D'argent, à un renard de gueules.

DUROCHER DE LANGADIE, Ec., Sgrs de la Bellangerie et de la Roche-Mainbœuf (xviiie siècle).

Marie-Anne Durocher de Langadie, veuve de Jean Cotin, écuyer, dame de la Bellangerie et de la Roche-Mainbœuf, comparut par fondé de pouvoir à l'Assemblée de la noblesse de Touraine réunie pour l'élection des députés aux Etats-Généraux en 1789.

De azur, à un rocher d'argent; au chef aussi d'argent, chargé d'un croissan de gueules.

DURUAU, Ec., Sgrs de la Poterie.

Florentin Duruau fut maire d'Amboise en 1569-71. — Florentin Duruau, conseiller du roi, fut aussi maire de cette ville en 1615-17.

Florentin Duruau, maire de Poitiers en 1586, portait :

De gueules, à la licorne d'argent, passant sur une terrasse de sinople; au chef d'azur chargé de trois étoiles d'or.

DUSOUL. — Cette famille tourangelle, dont la filiation, établie par titres, remonte à Jean Dusoul, Sgr des Vaux, vivant en 1434, a possédé les fiefs de Beaujour, de Bellisson, de Ceaux, des Chateliers, des Morins, des Vaux, de Grizay, de la Felonnière, de la Giraudière, de la Haute-Chesnaye, des Maisons-Blanches, de la Melaudière, de la Paumardière, de la Ferrière, de la Ribottrye, de Laurais, de Puygirault, de Riparfonds (paroisse d'Huismes), de Vouzailles, de Villoy, etc. Elle s'est alliée aux familles d'Amouret du Puy-Herbault, Bridonneau, Chesnon, Coste de Champeron, des Lamberts, du Chastel, Henry de Noizay, Houdry, de la Felonnière, de la Ruelle, de Mersant, Patrix, Quirit, de Revol, de Roussel, de Sainte-Marthe, de Tubeuf, etc.

Elle a donné les fonctionnaires et les dignitaires ecclésiastiques dont les noms suivent :

Jean Dusoul, garde-du-corps du roi (vers 1570);

Charles Dusoul, conseiller du roi, élu en l'élection de Chinon, né en 1611 ;

Louis Dusoul, Sgr de la Paumardière, avocat au Parlement, conseiller du roi, assesseur à la maréchaussée de Chinon, né en mars 1614 ;

François Dusoul, receveur des tailles, à Chinon, né en janvier 1621 ;

Isaac Dusoul, conseiller du roi, élu en l'élection de Chinon, mort en 1649 ;

Charles Dusoul, procureur à Chinon ;

Charles Dusoul, écuyer, Sgr de la Ribottrye, valet de chambre ordinaire du roi, (1647);

N. Dusoul, chanoine de Saint-Martin de Tours, et prieur de la Madelaine ;

Adrien Dusoul, Sgr de Vouzailles, lieutenant des Eaux et forêts, à Chinon ;

Nicolas Dusoul, conseiller du roi, bailli de Loudunois (vers 1650) ;

Charles Dusoul, Ec., Sgr de Beaujour, conseiller, secrétaire du roi, maison, couronne de France et de ses finances, né en mars 1651 ;

Louis Dusoul, lieutenant des Eaux et forêts de Chinon, mort le 13 mars 1672 ;

Guillaume Dusoul, Sgr de Laurais, procureur du roi aux Eaux et forêts de Chinon, mort en 1677 :

Charles Dusoul, Sgr de Puyrigault, procureur et greffier au siége royal de Chinon, mort le 4 avril 1688 ;

Pierre Dusoul, Sgr des Morins, greffier en chef de la maîtrise des Eaux et forêts de Chinon (1688);

Charles Dusoul, Sgr de Beaujour, conseiller et avocat du roi, à Chinon, mort le 26 juin 1694 ;

Joseph Dusoul, Sgr de la Giraudière, greffier en chef de la maîtrise particulière des Eaux et forêts de Chinon (1740);

Louis Dusoul, conseiller du roi, élu en l'élection de Chinon (1787) ;

Louis Dusoul, greffier en chef de la maîtrise particulière des Eaux et forêts de Chinon, mort en 1788 ;

Joseph-Charles Dusoul, prêtre, chanoine de Saint-Venant, de Tours.

Louis Dusoul, fils de Louis Dusoul, greffier en chef de la

maitrise des Eaux et forêts, à Chinon, et de Modeste-Julie Duchatel, épousa, le 24 février 1813, Marie-Anne-Geneviève-Claudine Deschamps-Tallonneau, dont il eut :

1° Louis-Edouard Dusoul, né le 24 février 1814, maire de Bourgueil, marié en 1840 à Alix Gilbert (de Dampierre, près Saumur). De ce mariage sont issues deux filles : Louise-Alix, née le 25 août 1848, et Aimée-Marthe, née le 30 octobre 1853.

2° Marie-Onésyme Dusoul, née le 7 avril 1818, mariée le 2 mars 1840 à Napoléon-Magloire Chauvet, docteur en médecine, à Tours. De ce mariage est issu Louis-Fernand Chauvet, né le 6 septembre 1841.

Albertine Dusoul, fille d'Alexis Dusoul (fils de Louis Dusoul et de Modeste-Julie Duchatel), a épousé M. Bouvier, secrétaire de la sous-préfecture de Baugé (Maine-et-Loire).

D'azur, à un chevron d'or, accompagné en chef de deux quintefeuilles de....., et en pointe, d'un cygne de..... — *Alias* : D'azur, au chevron d'or, accompagné en chef de deux roses d'argent, et en pointe d'une merlette, d'or; — accolé de gueules, à la fasce d'argent chargée d'un losangé d'azur, à la bordure chargée de huit molettes d'éperon de sable. — *Alias* (d'après un cachet : Écartelé en sautoir; aux 1 et 3 d'azur chargés d'un cœur de..... aux 2 et 4 d'or chargés chacun de trois quintefeuilles de.....

DUTEMS, — à Tours (xviiie et xixe siècles).— Cette famille a donné un membre de l'Institut.

De sinople, à une ancre d'argent posée en pal.— Supports : deux palmes de sinople. — Timbre : une figure du temps tenant d'une main un sablier, de l'autre une faux.

DUVAL-DUNOYER, famille bourgeoise de Tours (fin du xviie siècle).

D'or, à deux arbres de sinople, sur une terrasse de même.

DUVAU, Sgrs de la Bessonnière, bourgeois de Tours (1698).

D'argent, à une aigle de sable.

DUVAU (N.), chanoine pénitencier de l'église de Tours (1698).

D'azur, à un cerf passant, d'or, sur une terrasse de sinople.

DUVAU, Chev., Sgrs du Breuil, de Garran, paroisse de Fondettes (xviii° siècle).

Vers 1750, François Duvau remplissait à Tours les fonctions de trésorier de France.

Alexis-Auguste Duvau, chevalier, conseiller du roi, trésorier de France à Tours, comparut à l'Assemblée électorale de la noblesse de Touraine, en 1789.

D'azur, à la fasce d'argent chargée d'une macle de gueules accompagnée de trois besants d'or, 2, 1.

DUVAU DE CHAVAIGNE, Éc., Sgrs de Malitourne et de Lerbière (xviiie siècle).

Claude-Aimé Duvau de Chavaigne comparut, en 1789, par fondé de pouvoir, à l'assemblée électorale de la noblesse de Touraine. La famille fut également représentée aux assemblées de la noblesse de l'Anjou et du Poitou.

D'azur, à deux aigles éployées d'or en chef, et un dragon volant en pointe, de même.

DYEL DE GRAVILLE, Chev., Sgrs de Graville, d'Enneval, du Parquet, etc... — Famille originaire de Normandie. Elle commence sa filiation par Robert Dyel, vivant en 1450 et qui laissa deux fils : Jehan Dyel, et Ernest, Sgr de Graville. Ernest prit le nom de Malet, d'une terre qu'il possédait, et fut la tige de la maison Malet de Graville.

Une branche de la famille Dyel de Graville s'est établie en Touraine vers le milieu du xviiie siècle. Cette branche était alors représentée par Guillaume-Adrien Dyel de Graville, lieutenant de grenadiers, marié à Jeanne-Gabrielle Gigou de Kervillot.

Cette maison s'est alliée à celles de Bréauté, des Isles, de Breteuil, de Grillet, de Vipart, d'Esparbès de Lussan, de Ricarville, de Trevillon, Le Bourg, de Villers au Tertre de l'Étendard, Quenel du Torp, d'Ingouville, etc... Elle a été maintenue dans sa noblesse par plusieurs sentences et jugements. Aujourd'hui elle réside à Rouen (Seine-Inférieure).

D'argent, au chevron brisé, de sable, accompagné de trois trèfles d'azur.

ECCLESIA (de), Éc., Sgrs de la Barrée, paroisse de Channay (xviie siècle). — Famille originaire d'Italie.

D'azur, à une église d'argent.

EGROT, en Touraine (xvii° et xviii° siècles).

Cette famille, originaire de l'Orléanais, a donné deux conseillers du roi, trésoriers de France au bureau des finances de Tours, Léon-Abraham Egrot (1739), et André-Jérôme Egrot (1762).

D'azur, au chevron d'or accompagné de trois paons d'argent, deux en chef et un en pointe.

ELBÈNE (d'), Chev., barons des Ormes-Saint-Martin, Sgrs du Pin, relevant de Nouâtre (xvii° siècle). — Famille originaire de Florence, et dont l'existence est connue dès 1377.

Elle a fourni plusieurs évêques, des chevaliers et commandeurs de Malte, un aumônier du roi Charles IX, des gentilshommes ordinaires de la Chambre du roi, etc...

D'azur, à deux bâtons fleurdelisés posés en sautoir, d'argent.

ENFANT DE BOIS-MOREAU (l').

D'or, à trois fasces de gueules.

ENTRAIGUES, en Touraine (xvii° siècle).

D'azur, à deux ondes d'argent et un aigle d'or sur le tout.

ÉON (D'), Éc., Sgrs de Tissey, de Malassise, d'Aigremont, etc. — Famille originaire de Bretagne. Elle commence sa filiation suivie par Robert d'Éon, dit de Molesmes, né en 1309, écuyer de Philippe de Courtenay. Un de ses membres, André-Thimothée d'Éon, écuyer, né en 1683, fils d'André d'Éon, écuyer, et de Marguerite Le Clerc de la Maison, fut premier secrétaire de l'Intendance de Tours, vers 1715, puis secrétaire en chef de la Police, Prévôté et Vicomté de Paris. Il mourut en 1749.

Charlotte - Geneviève - Louise - Anne Thimothée d'Éon de Beaumont, dite la *Chevalière d'Éon*, née à Tonnerre, le 5 octobre 1728, était de cette famille.

De....., à trois étoiles d'or, accompagnées d'un coq au naturel tenant en son pied dextre levé un cœur enflammé, de gueules; au chef d'azur. — Devise : *Vigil et audax.*

Une autre famille d'Éon porte :

D'argent, à un lion de sable, la pointe de sa queue recourbée en dedans.

ÉPEIGNÉ (la Seigneurie d'), (xvi⁰ siècle).

De... à un sanglier passant de...

ÉPINE (Jacques l'), lieutenant du bailli de Touraine, procureur au parlement (1444).

De l'Épine de Grainville porte :

Écartelé ; au premier et dernier quartier d'azur au trèfle d'or accompagné de trois molettes d'éperons de même; aux 2 et 3 d'azur, à la fasce d'argent, chargée de trois coquilles de sable.

ÉPRON, à Saint-Pierre-des-Corps, près Tours (xviii⁰ siècle).

N. Épron, officier de bourgeoisie, vivait en 1783.

D'azur, à trois pommes de pin d'or, 2, 1. — Couronne de comte.

ERBRÉE (Hevennus d'), chanoine de Saint-Martin de Tours (xii⁰ siècle).

D'argent, à trois molettes d'éperon de sable.

ÉRIAN, Éc., Sgrs de la Rochère, de Noizay, de la Salle, des Ouches.

De gueules, à une vivre d'hermines accompagnée de trois têtes de lion. arrachées, d'or.

ESCHALLARD, Éc., Sgrs de Chaligné, fief relevant de la Guerche, de la Tour-d'Oiré, de la Boulaye (xv⁰ et xvi⁰ siècles). Cette famille est originaire du Poitou où elle est connue dès 1285. Elle a été maintenue dans sa noblesse le 18 août 1667·

D'azur, au chevron d'or.

ESCHAUX (Bertrand d'), cardinal, évêque de Bayonne, puis archevêque de Tours (1618), mourut le 21 mai 1641.

D'azur, à trois fasces d'or.

ESCHELLES (d'), Chev., Sgrs de Saint-Flovier, de Charnizay, du Roulet, de Sainte-Julitte (xv⁰ siècle), du Pally et des Gastinières, paroisse de Beaumont de la Chartre-sur-Loir, bailliage de Tours (xvii⁰ siècle). — Famille originaire du Maine.

Échiqueté de gueules et d'or.

ESCOTAIS ou ECOTAIS (des), comtes de la Roche des Escotais, Sgrs de Bigot-de-Gastines, de la Roche-Racan, d'Armilly, la Chevalerie, du Coudray-Macouart, de la Grande-Gitonnière, de la Roche-les-Ecotais, du Plessis, du Grand-Thoriau, du Petit-Souvré, de la Houdinière, etc. — Famille connue en Touraine dès le XIIᵉ siècle. Thibaud des Escotais fut du nombre des chevaliers de cette province qui prirent la croix en 1191.

La terre de la Roche-des-Escotais fut érigée en comté, en janvier 1755, en faveur de Michel-Roland des Escotais de Chantilly.

Louis-Joseph des Escotais de Chantilly était commandeur de Balan (ordre de Malte) en 1772.

Louis-Jacques-Rolland, comte des Ecotais-le-Bigot-de-Gastines, comparut par fondé de pouvoir à l'Assemblée électorale de la noblesse de Touraine en 1789, et en personne à l'assemblée électorale de la vicomté de Paris.

D'argent, à trois quintefeuilles de gueules. — Supports : deux lions. — Couronne de comte.

ESCOUBLEAU (d'), Chev., Sgrs de la Bruère, de la Roche-ravaut, de la Denisière, de la Ripaudière, la Roullière, relevant de la Guerche (XIVᵉ siècle) du Coudray-Montpensier (XVIᵉ et XVIIᵉ siècles).

L'origine de cette famille remonte à Hanfroy d'Escoubleau, cité dans un titre de 1224. Vers 1549, la terre de la Chapelle-Bellouin fut érigée en comté en faveur de Jean d'Escoubleau, Sgr du Coudray-Montpensier ; quelques années après, Alluye fut érigée en marquisat en faveur de François d'Escoubleau, époux d'Isabelle Babou, dame d'Alluye.

Cette famille fut représentée à l'Assemblée électorale de la noblesse du Poitou, en 1789.

Parti d'azur et de gueules, à la bande d'or brochant sur le tout.

Les d'Escoubleau-Coudray-Montpensier portaient :

Ecartelé ; aux 1 et 4 d'Escoubleau ; au 2 d'or, au chevron de gueules accompagné de trois aiglettes d'azur, qui est de la Trémoille ; au 3 d'or à la fasce d'azur, qui est de Pot-de-Rhodes.

François d'Escoubleau, comte de Sourdis, capitaine d'Amboise, mort le 24 septembre 1707, portait :

Écartelé, au 1 contre-écartelé de Foix et de Béarn; au 2 contre-écartelé, aux 1 et 4 d'argent au lion d'azur, à la bordure de gueules chargée de 8 tourteaux d'argent, qui est de Carmain; aux 2 et 3 fascé d'argent et de gueules, au 3 grand quartier écartelé aux 1 et 4 d'azur au loup d'or; aux 2 et 3 d'or, au tourteau de gueules, qui est de Montluc; au 4 grand quartier écartelé aux 1 et 4 de Comminges; aux 2 et 3 d'azur, à une plume d'autruche, et sur le tout, d'azur, parti de gueules à la bande d'or, qui est d'Escoubleau.

ESGRET ou **AIGRET**, Chev., Sgrs des Ormes (xive siècle). — Famille originaire du Poitou.

D'azur, à trois aigrettes d'argent, 2, 1.

ESPAGNE (d'), **DESPAIGNE** ou **DESPEIGNE**, Chev., Sgrs de Coulaines, Venevelles, Aunai, la Brousse, Chailli, — de Chappin et de Guefors, paroisse de Langeais; de Laubonnières, paroisse de Villiers-au-Bouin (xvie et xviie siècles).

Cette famille résidait à Tours à la fin du xviie siècle. Le 14 avril 1644, Marie d'Espagne vendit les terres de Chöppin et de Guifors à Gatien Guilloche, de Tours.

Henri-Louis-Jacques d'Espagne, comte de Venevelles, et Henri-Louis d'Espagne, comparurent, en 1789, à l'Assemblée électorale de la noblesse du Maine.

D'azur, à un peigne d'argent posé en fasce, accompagné de trois étoiles d'or, 2, 1.

ESPÉRON (François), prieur de la Clarté-Dieu (1728-34).

D'argent, au chevron de gueules accompagné de trois molettes d'éperon de même.

ESPIARD, Sgrs de Grillemont (en partie), xviie siècle. — Famille originaire de Paris.

D'azur, à trois épis d'or, 2, 1.

ESPINAY (d'), Chev., Sgrs d'Ussé, Moncontour, Basse-Rivière, St-Michel-sur-Loire, de Danzay, paroisse de Saint-Louans, Ruau-Persil, Montignon (xve, xvie et xviie siècles).

Par acte du 24 février 1538, René d'Espinay fonda dans le

château d'Ussé un chapitre composé de six chanoines. Le 16 mai 1537, le même personnage vendit la terre d'Ussé à Suzanne de Bourbon, dame de Rieux.

Jean d'Espinay, abbé d'Aiguevives, puis évêque de Valence en 1491, mourut en 1503.

René d'Espinay, Sgr de Danzay figura, le 3 avril 1689, dans la monstre de la noblesse possédant fief dans le bailliage de Chinon.

D'argent, au lion coupé de sinople et de gueules armé et lampassé d'or.

D'Espinay de Basse-Rivière, portait :

D'argent, au lion coupé de gueules et de sinople; à la bordure de sable.

ESPINAY (de l'), Chev., marquis de l'Espinay, barons de Chantonnay. — Cette famille, originaire de Bretagne, et dont la filiation remonte à Jean de l'Espinay, vivant en 1482, a possédé au xviiie siècle la terre de la Chardonnière, paroisse de Vouvray, et divers fiefs dans la paroisse de Courcoué. Elle a été maintenue dans sa noblesse le 31 octobre 1668, par la chambre de réformation de Bretagne.

Samuel-Alexis de l'Espinay, baron de Chantonnay, fut président de l'assemblée d'élection de Châteauroux, en 1787. Plusieurs autres membres de la famille ont comparu, en 1789, à l'Assemblée électorale de la noblesse du Poitou.

Louis-Armand, baron de l'Espinay, page de l'Empereur, maréchal-de-camp, commandeur de la Légion d'honneur, chevalier de St-Louis, propriétaire de la Chardonnière, a épousé en premières noces Henriette de Montguyon, et en secondes noces Esther Le Tissier. Son père, Alexis-Louis-Marie de l'Espinay, marquis de l'Espinay, baron des Essarts, chevalier de Saint-Louis et officier de la Légion d'honneur, capitaine au régiment du roi, député de la Vendée en 1812, mourut à Poitiers le 15 février 1837.

D'argent, à trois buissons d'épines de sable, 2. 1.

ESPINOY (Marthe d'), abbesse de Moncé (1652).

D'azur, à l'aigle d'argent, membrée et becquée d'or.

ESPRONNIÈRE (de l'), Chev., Sgrs de Barrou, la Saulaie, la Roche-Bardoul, la Salinière, la Touche (xvie et xviie siècles). — Famille noble et très-ancienne, sortie du Poitou. Elle a été confirmée dans sa noblesse vers 1663, par Barentin, intendant du Poitou, et le 5 août 1667, par Voisin de la Noiraye, intendant de Touraine.

D'hermines, fretté de gueules de six pièces.

ESSARDS (des), Chev., Sgrs de Trizay (xviiie siècle).

Jacques-François-Henry des Essards, chevalier, officier au régiment d'infanterie de Bourbon, comparut, en 1789, à l'Assemblée de la noblesse de Touraine pour l'élection des députés aux États-Généraux.

D'argent, à la bande de gueules chargée de trois défenses d'éléphants. — Supports : deux lions.

ESSARTS (Philippe II des), Chev., Sgr de Thieux, était capitaine du château de Montils-les-Tours en 1465. — Il était fils de Philippe des Essarts et de Jeanne de Soyecourt.

De gueules, à trois croissants d'or, 2, 1. — Supports : deux lions.

ESTAING (Jean-Baptiste-Charles d'), marquis d'Estaing, de Saillans et de Châteaurenault, vice-amiral de France, gouverneur, lieutenant-général de Touraine (1785-90), mourut en 1793. Il était fils de Charles-François d'Estaing et de Marie de Maulévrier. Le marquisat de Châteaurenault était venu en sa possession par son mariage avec Marie-Sophie de Rousselet de Châteaurenault.

La famille d'Estaing est connue dans le Rouergue dès 1004. Elle a fourni un chevalier croisé, Guillaume d'Estaing (1190).

Charles-Henri, comte d'Estaing, marquis de Châteaurenault, chevalier des Ordres du roi, comparut, en 1789, à l'Assemblée électorale de la noblesse de Touraine.

D'azur, à trois fleurs de lis d'or ; au chef d'or.

ESTEVOU, Sgrs de la Morandière et de la Chaume-Percevault, relevant de Ste-Maure (xvie et xviie siècles).

Charles Estevou était intendant du prince de Guémenée-Maure, (1558.

D'argent, à trois oliviers de sinople, 2, 1.

ESTOUTEVILLE (d'), Chev., Sgrs de Montbazon et de Ste-Maure (xve siècle), de Véretz (xviie siècle).

Famille originaire de Normandie, où elle est connue dès 1066. Elle a fourni un chevalier-banneret, Henri d'Estouteville (1025); des chambellans du roi, un cardinal, des évêques, un grand sénéchal, gouverneur de Normandie, etc.

Fascé d'argent et de gueules de 10 pièces; au lion de sable brochant sur le tout, armé, lampassé et couronné d'or.

ESTRADES (Godefroy, comte d'), Chev. des Ordres du roi, commandant des place et gouvernement de Tours (par commission du 4 avril 1653).

Ecartelé; au 1 de gueules au lion d'argent couché sur une terrasse de sinople sous un palmier d'or, qui est d'Estrades; au 2 d'azur à la fasce d'argent accompagnée de trois têtes de léopard d'or, 2, 1, qui est de la Pole-Suffolk; au 3, écartelé en sautoir, le chef et la pointe de sinople, à deux bandes de gueules bordées d'or, flanqué d'or, avec ces paroles d'azur : *Ave Maria*, à dextre, et *Gratia plena*, à sénestre, qui est de Mendoze; au 4 de gueules, à 7 losanges d'argent, 3, 3, 1, qui est d'Arnoul.

ESTRÉES (d'), Chev., marquis de Cœuvres.

Gabrielle d'Estrées, maîtresse de Henri IV, naquit au château de la Bourdaisière, en 1565. Elle mourut le 10 avril 1599.

Fretté d'argent et de sable; au chef d'or chargé de trois merlettes de sable.

Antoine d'Estrées IV, époux de Françoise Babou de la Bourdaisière et père de Gabrielle d'Estrées, portait :

Ecartelé; aux 1 et 4 d'Estrées; au 2 de Bourbon, au bâton de gueules péri en bande, chargé d'un bâton d'argent péri en barre, au 3 d'or au lion d'azur, couronné et lampassé de gueules qui est de la Cauchie.

ETAMPES (Hugues II d'), archevêque de Tours (1135), mourut en 1448.

D'argent, à deux fasces de gueules.

ETAMPES (Jean d'), Chev., Sgr de Valençay, conseiller

d'Etat, intendant de Touraine (1637), — Eléonor d'Etampes de Valençay, archevêque de Rheims, abbé de Bourgueil, mort le 8 avril 1651 ; — et Henri d'Etampes de Valençay, aussi abbé de Bourgueil (1654-59), portaient :

D'azur, à deux girons d'or, la pointe vers le milieu du chef, qui est d'argent, chargé de 3 couronnes ducales de gueules.

Achille d'Étampes, chevalier de Malte, général des Galères de la Religion et des armées du Saint-Siége, cardinal (14 décembre 1643) décédé le 7 juillet 1646, était né à Tours le 5 juillet 1593.

ETIENNE (de Beauvais), abbé de Beaulieu, en Touraine (1068).

De gueules, à une tête de léopard arrachée, d'or : au chef d'azur chargé de trois rosettes d'argent.

EVEILLARD, Sgrs de Divois.

Pierre-Louis Eveillard comparut, en 1789, à l'Assemblée électorale de la noblesse de l'Anjou.

D'argent, à trois trèfles de sinople, 2, 1.

EVEILLARD (N.), chanoine et chancelier de l'église de Tours (1475), portait :

D'azur, à trois trèfles d'or, 2, 1, et une étoile de même en cœur.

EVEILLECHIEN, Ec., Sgrs de Bizây, de Grandfons, paroisse de Fléré-la-Rivière (xve siècle) :

D'azur, au chevron d'argent, accompagné de trois croix de même, deux en chef et une en pointe.

EVRARD (d'), Chev., Ctes de Crissé (xviie siècle).

Vers 1646, Auguste d'Evrard de Haiecourt, Chev., mestre-de-camp de cavalerie, était capitaine-gouverneur du château de Chinon.

De gueules, à une fasce ondée d'argent accompagnée de trois merlettes de même, 2, 1.

FABRE. — Famille de Tours anoblie par lettres du 7 janvier 1400, en la personne de Girard Fabre.

Pierre Fabre, Sgr de la Garde et de la Bardine, fut pourvu

de la charge de prévôt de la maréchaussée de Loches, en
1688.

D'or, à trois têtes de léopards arrachées, de gueules, 2, 1.

FADATE DE SAINT-GEORGE (de), Chev., Sgrs de Saint-
George-sur-Arnon, du Chesne, de Bouges, de Ste-Solange,
de la Varenne, etc. — Maison d'ancienne chevalerie, originaire d'Italie et naturalisée en France par lettres patentes
du 15 mars 1563, délivrées à Jean-Baptiste Fadate, Sgr de
St-George-sur-Arnon, en Berry, et homme d'armes des
ordonnances du roi, (compagnie de la Châtre). Jean Fadate,
père de Jean-Baptiste, était venu en France comme capitaine
de chevau-légers dans l'armée italienne amenée par le duc de
Nemours au roi François Ier.

Presque tous les membres de cette famille ont suivi la carrière des armes. Elle a fourni un maréchal-de-camp ; sous-
aide major des gardes du corps (compagnie de Noailles), mort
général-major au service de la Russie ; — trois chevaliers de
St-Louis, — un maire de Troyes, député de l'Aube, préfet des
Côtes-du-Nord, officier de la Légion d'honneur, etc. Elle s'est
alliée aux familles de Médicis, de Puygirault, de Coquilleray,
de Boisey, de Poix, de Trochet, Chabert de Fontville, de Boislinards, de Courans, de Feu de la Mothe, Harlan, Droüin,
etc... Les 19 décembre 1600 et 10 décembre 1715 elle a été
maintenue dans sa noblesse.

Jacques de Fadate de St-George, mestre-de-camp, chevalier de St-Louis, né le 28 décembre 1740, sous-lieutenant
des Gardes-du-corps, comparut à l'Assemblée électorale de la
noblesse de Champagne, en 1789. Il mourut le 27 mars 1799,
laissant de son mariage avec Anne-Mélanie Harlan plusieurs
enfants, entre autres Charles-Jacques de Fadate de St-George,
né le 2 juillet 1779, maire de Troyes, officier de la Légion
d'honneur, marié le 30 avril 1800 à Aimée-Geneviève-Thi-
mothée de Feu de la Mothe. De ce mariage sont issus :

1° Jacques-Thimothée de Fadate de St-George, né le
18 février 1801, garde-du-corps du roi, décédé en 1824 ;

2° Edmond-Jacques de Fadate de St-George, né le 1er juillet 1802, chevalier de la Légion d'honneur, capitaine d'état-major (démissionnaire), marié le 8 juillet 1834 à Julie Droüin, dont il a eu : Edmond-Charles-Jacques, marié à Blanche Dubois, et Raoul-Jacques-Patrice, marié à Marie Girard de Villesaison ;

3° Aimée-Bathilde de Fadate de St-George, née le 30 août 1805, mariée à Maximilien Ragon de Bange ;

4° Augustin-Jacques-Patrice de Fadate de St-George, colonel d'artillerie en retraite, officier de la Légion d'honneur, né le 13 décembre 1807, marié à Alix Chabert de Fontville, dont il a eu une fille, Geneviève ;

5° Eugène-Jacques de Fadate de St-George, né en novembre 1809, décédé en 1834.

D'or, au chevron de gueules, accompagné de trois tourteaux du même; au chef d'azur chargé de deux fleurs de lis du champ. — L'écu timbré d'un casque taré de front. — Couronne de marquis.

Les Médicis, alliés à la famille de Fadate de St-George, portaient :

D'or, à 5 tourteaux de gueules, 2, 2, 1, surmontés en chef d'un autre tourteau plus grand, d'azur, chargé de trois fleurs de lys d'or.

FAIRE DE VAUZELLE (de la), Éc., Sgrs de Bouchaut, élection de Richelieu (xvie, xviie et xviiie siècles).

Cette famille paraît être originaire du Bourbonnais où elle est connue dès 1476.

De gueules, à une bande d'argent.

FAISSOLE, en Touraine.

D'azur, au poisson d'or, en fasce, accompagné en chef d'un soleil naissant de même.

FALAISEAU (de), Chev., Sgrs d'Escrignolles, de Bois-Joli (xvie siècle), de Guesnes, la Poupardière, la Morandière-Valans, la Jarrie, paroisse de Fondettes (xviie et xviiie siècles).

Jean Falaiseau, lieutenant-général au bailliage de Chinon, puis lieutenant-général au bailliage et siége présidial de Tours, fut maire de cette ville en 1490.

Jean Falaiseau, fils du précédent, fut aussi maire de Tours en 1554.

D'azur, à trois lions d'or, armés et lampassés de gueules.

Samuel Falaiseau, vivant vers 1696, portait :

Les lions d'argent.

FALLON (N.) chanoine de Saint-Martin, de Tours (1696).

D'azur, à une aigle d'argent.

FALLOUX (de), comtes de FALLOUX. — Famille ancienne, originaire de l'Anjou. Une de ses branches résidait à Ingrandes au XVIIᵉ siècle.

Elle a comparu aux Assemblées électorales de la noblesse de l'Anjou et du Poitou en 1789.

Guillaume-Frédéric de Falloux reçut le titre de comte en 1830.

Louis-René, baron de Falloux, ancien officier supérieur de cavalerie, chevalier de Saint-Louis et de la Légion d'honneur, est décédé à Châteaufort, près Langeais, le 26 août 1866.

D'argent, à un chevron de gueules surmonté de trois étoiles de sable. — *Aliàs* : d'argent, à un chevron de gueules, accompagné en chef de trois étoiles de sable, et en pointe d'une rose de gueules.

René Falloux, conseiller du roi, président en l'élection de Saumur, eut ses armes enregistrées dans l'*Armorial* de 1696 ; elles étaient :

D'or, à un chevron de sable accompagné de trois trèfles de même.

FARNÈSE (Alexandre), cardinal, archevêque de Tours (1552), donna sa démission en 1554.

D'or, à six fleurs de lis d'azur posées, 3, 2, 1.

FAROU (de), Éc., Sgrs de Saint-Marsolle (XVIIᵉ siècle).

D'azur, à trois têtes de lion arrachées, d'or.

FAU (du), Chev., Sgrs du Fau, de Mantelan, de l'Espinay, de la Brosse, de Vauroux, de Bagneux, paroisse de Bournan, — du Roulet, de Notz, de Rochecot (XVᵉ et XVIᵉ siècles).

Vers 1500, la terre du Fau (autrefois Bray, et depuis Reignac), fut érigée en baronnie en faveur de Louis du Fau, fils de Jean du Fau, maître d'hôtel du roi, et de Jeanne de Bourbon.

De gueules, à une fasce d'argent de trois pièces. — *Alias* : de gueules à trois fasces d'argent.

FAUDOAS (de), Chev., comtes de Serillac, Sgrs de Maule, Juillé, Doucelles, Cangé. — Famille originaire de Gascogne. Sa filiation suivie commence par Bernard de Faudoas Ier, chevalier, seigneur et baron de Faudoas, Auterive, Sarraud, Cadours, etc..., qui fit son testament le 12 janvier 1283.

D'azur, à une croix d'or. — *Alias* : Écartelé; aux 1 et 4 d'azur, à une croix d'or; aux 2 et 3 de France, sans brisure. — Supports : Deux anges.

FAULQUIER (Étienne), prieur de Saint-Étienne de Dijon, abbé de Bourgueil (1450), mourut en 1455.

D'azur, à trois faulx d'argent, 2, 1.

FAULTRAY (du), Éc., Sgrs de la Charpraye, des Loges, de Véretz, en partie (XVIe et XVIIe siècles).

Jean du Faultray, trésorier de France en la généralité de Tours, fut maire de cette ville en 1580-81.

Antoine du Faultray était chanoine et prieur de Saint-Martin, de Tours, en 1589.

D'or, au sanglier passant de sable, surmonté au franc-canton d'un croissant d'azur.

Quelques membres de la famille portaient :

Écartelé; aux 1 et 4 d'or, au sanglier passant de sable surmonté au franc-canton d'un croissant d'azur; aux 2 et 3 d'argent, au lion d'azur.

Jean du Faultray, maire de Tours, portait :

Écartelé; aux 1 et 4 d'argent au sanglier passant de sable, au croissant de gueules, au franc-quartier; aux 2 et 3 d'azur, au lion armé d'or.

FAURE (de), Sgrs de Villeblanche, paroisse de Mettray (XVIIe siècle).

Jean Faure était maire de Tours en 1484.

De sable, au chevron d'argent accompagné de trois pointes de roche ou montagnes d'argent. — *Alias* : (d'après Segoing) : De sable, à trois rocs d'échiquier d'argent, accompagnant un chevron de même.

Une autre famille Faure portait :

De gueules à trois bandes d'or.

FAUVELLET, en Touraine (xvie siècle).

D'azur, à trois levrettes d'argent, 2, 1.

FAVEREAU, Ec., Sgrs de Chizé, Doussay, de la Gautrye (*Aliàs :* Baigneux), paroisse de Saint-Hippolyte, (xviie siècle).

Des membres de cette famille résidaient à Richelieu en 1699.

Etienne Favereau, chanoine de Saint-Martin, de Tours, mourut le 24 mars 1699.

D'azur, au chevron d'or accompagné de trois coquilles d'argent, 2, 1.

FAVEROLLES (de), Chev., Sgrs, barons de Bléré et du Plessis, *Aliàs :* du Chatellier, paroisse de Limeray (xvie et xviie siècles).

Cette famille est originaire de Normandie. Elle a donné un gouverneur d'Amboise, grand-maître des eaux et forêts d'Amboise et de Montrichard, Gilles de Faverolles (1560-69).

D'azur, à trois chevrons d'or. — *Aliàs :* D'azur, au chevron d'or de 3 pièces. — Cimier : Un lion naissant. — Supports : Deux lions.

FAVEROLLES-GAUVILLE (de).

De gueules, au chef d'hermines.

FAY (de), Éc., Sgrs de Juillé, du Martray (paroisse de Jaulnay), des Croix, de la Martinière.

De gueules, à trois genettes d'argent.

FAY DE **PEYRAUD** (de), Chev., marquis de la Chèze, Sgrs de Candé, d'Avanton, (xviiie siècle). — Cette famille est originaire du Velay. Elle a fourni un évêque de Poitiers, Jean de Fay, mort en 1578.

En 1758-85, Jacques-Joseph de Fay de Peyraud, marquis de la Chèze, était commissaire provincial des guerres à Tours. Il comparut à l'Assemblée de la noblesse de Touraine convoquée pour l'élection des députés aux Etats généraux, en 1789.

De gueules, à la bande d'or chargée d'une fouine d'azur.

Une branche, résidant à Poitiers, portait :

D'azur, à trois anneaux d'or à trois chatons d'argent, 2, 1.

FAYE (de), Chev., Sgrs de Faye.

Cette famille a donné deux archevêques de Tours, Barthelemy de Faye (1053-68) et Jean de Faye (1209), décédé en 1228. Ce dernier avait été doyen de l'église de Tours.

Gauthier de Faye et Henri de Faye furent grands archiprêtres de l'église de Tours, le premier en 1235, le second en 1250.

Écartelé; aux 1 et 4 d'argent plein; aux 2 et 3 d'argent, au chef de gueules; au lion d'azur, armé, lampassé et couronné d'or, brochant sur le tout.

FAYE (de). — Famille de Touraine anoblie en 1373, en la personne de Laurent de Faye, conseiller du roi, évêque de Saint-Brieuc, — et de Jean de Faye, son neveu.

René de Faye était Sgr de Velort, en Touraine, en 1485.

D'or, à deux lions passants affrontés de.....; au chef de sable.

FAYE (de), Ec., Sgrs des Masures, ou Mazières (xviie siècle).

D'argent, à trois cœurs de gueules, 2, 1.

FAYE (de la), Sgrs de la Groix. — Famille originaire de Touraine et établie en Poitou au xviie siècle. Elle a été maintenue dans sa noblesse le 18 avril 1668.

De sable, à la croix niellée d'argent.

FAYETTE (DE LA), *Voyez* MOTTIER.

FEBVOTTE (Jean-Joseph), chevalier de la Légion d'honneur, directeur de l'enregistrement et des domaines, à Tours, fut maire de cette ville du 6 septembre 1830 au 8 novembre 1831, et du 3 février 1832 au 20 juillet 1835.

D'azur, au triangle d'or (D'après l'*Armorial des maires de Tours*, de M. Lambron).

FEBVRIER, Ec., Sgrs de la Bellonnière, en Touraine. — Famille originaire de Bourgogne.

Louis Febvrier de la Bellonnière, chevalier, ancien commandant du bataillon de Champagne, capitaine gouverneur de Chinon, mourut dans cette ville en 1765.

D'azur, à une bande d'argent, au sanglier passant, de sable, les défenses d'argent.

D'argent, au porc de sable (d'après Dubuisson).

FEBVRIER, en Touraine (xviie siècle).

D'argent, à un arbre de sinople accosté de deux cœurs de gueules; au chef d'azur chargé d'une perdrix d'or.

FENOUILLET (de), Ec., Sgrs de l'Arable ou l'Érable, paroisse de St-Cyr-du-Gault (xviie siècle).

En 1597, Jacques de Fenouillet était capitaine et maître des eaux et forêts de Châteaurenault.

D'or, à trois grenades de gueules, surmontées chacune d'une étoile de même, 2, 1.

Marie de Fenouillet de l'Arable, vivant vers 1696, portait, d'après l'*Armorial général* :

D'or, à trois grenades de gueules tigées et feuillées au naturel, posées 2, 1, et surmontées de trois étoiles de gueules rangées en chef.

FER (le), Sgrs de la Bourdavière. — Famille originaire de Blois.

Échiqueté d'or et de gueules.

FERGON, Ec., Sgrs de la Pataudière (xviie siècle). — Famille originaire du Poitou.

D'or, à la bande d'azur chargée de trois gonds de...

FERMANT (Berthelot), lieutenant de Robert Recuchon, bailli de Touraine (1328).

De..... au chevron de vair, accompagné de trois lions de.....

FERON (Le), en Touraine, Alsace, Picardie, Poitou, etc. (xviie et xviiie siècles).

Cette famille a fourni des conseillers au parlement, des maîtres des Comptes, des conseillers à la Cour des Aides, des conseillers au Grand-Conseil, des Grands-Maîtres des eaux et forêts de l'Ile-de-France, de Normandie, de Flandre, Artois, Hainaut, etc... Elle est connue dès le commencement du xive siècle.

Jean Le Féron, conseiller du roi en ses conseils, commissaire député du roi, pour la réformation générale des forêts de France, dans les provinces de Touraine, d'Anjou et du Maine, mourut le 23 juin 1694.

De gueules, au sautoir d'or accompagné en chef et en pointe d'une molette d'éperon et à chacun des flancs d'une aiglette au vol éployé, le tout de même. — Supports : deux lions dragonnés d'or, armés et lampassés de gueules. — Cimier : Un lion d'or armé et lampassé de gueules. — Couronne de marquis. — Devise : *Eques ad Bovinam.*

FEROU (de), Chev., Sgr de la Chassaigne et de Mondion (XVIIᵉ siècle).

Cette famille a été maintenue dans sa noblesse en 1667.

D'azur, à deux chevrons brisés d'argent.

FERRAND, Ec., Sgrs des Roches-Tranchelion (XVIᵉ siècle), de Launay, de la Fouchardière, de Vernay, de la Nivardière (XVIIᵉ et XVIIIᵉ siècles), comtes Ferrand (XIXᵉ siècle).

La filiation de cette famille qui a résidé longtemps à Champigny-sur-Veude et à Loudun, commence par N. Ferrand, Sgr de Cambrot, en Rouergne (XVᵉ siècle).

Jean Ferrand, médecin de la reine Eléonore, puis du duc d'Anjou, fut anobli en 1554. Il est né à Champigny-sur-Veude.

En 1559, Jacques Ferrand, greffier de la prévôté de Loudun, acquit la terre des Roches-Tranchelion, de Gabriel, comte de Montgommery, et de Isabeau de la Touche, sa femme.

Gabriel Ferrand, Sgr de Launay, était gouverneur de Champigny-sur-Veude, en 1580.

Jérôme Ferrand fut chanoine de l'église de Tours, archidiacre d'Outre-Loire, puis grand-archidiacre de la même église, en 1646.

Cette maison a fourni un préfet de l'Aveyron (1827), Antoine-Gabriel-Jules, vicomte Ferrand, — et un ministre d'Etat, pair de France, membre de l'Académie française, Antoine-François-Claude, comte Ferrand, décédé le 17 janvier 1825.

D'azur, à trois épées d'argent, garnies d'or rangées, celle du milieu ayant la pointe en haut; à la fasce d'or brochant sur le tout. — Devise : *Pro fide, pro rege, pro me.*

FERRANT ou **FERRAND**, Ec., Sgrs de la Basterie. — Famille originaire de la Saintonge et résidant à Amboise aux XVIIᵉ et XVIIIᵉ siècles.

Jacques Ferrand fut conseiller du roi, président au siége royal d'Amboise vers 1640.

François-Philippe Ferrand de la Basterie, conseiller du roi, inspecteur des eaux et forêts de Montrichard et d'Amboise, et lieutenant de robe courte au bailliage d'Amboise, épousa Marie Tournyer, née le 28 décembre 1714.

Jean-François Ferrand, né le 8 février 1719, fut maire d'Amboise en 1748-53, et maître particulier des eaux et forêts d'Amboise et de Montrichard.

François-Gabriel Ferrand fut conseiller du roi, gouverneur d'Amboise et de Moutrichard vers 1780.

D'azur, à l'épée d'or en pal, la pointe en bas (d'après M. Lambron de Lignim).

Jean-Baptiste Ferrand, maître particulier des eaux et forêts d'Amboise (1696) portait, d'après l'*Armorial général* :

De sinople, à un pal échiqueté d'or et de gueules accompagné en pointe d'une tête de loup arrachée d'or.

FERRANT, à Amboise (xviiie siècle).

D'azur, à cinq besants d'argent, 2, 2, 1. — Couronne de comte.

Une autre famille Ferrand portait, d'après Dubuisson :

D'argent, à trois fasces de gueules.

FERRET (Martin), abbé de Baugerais.

D'azur, à la chaîne d'or mise en bande.

FERRIÈRES (de), Chev., marquis de Ferrières, Sgrs de Champigny-le-Sec, Monteil, Massé, du Tillou (xviie et xviiie siècles). — Cette famille, dont la filiation suivie commence par Jean de Ferrières, vivant en 1460, fut maintenue dans sa noblesse le 22 mars 1599, — en 1668, par Voysin de la Noiraie, intendant de Touraine ; — et un peu plus tard par M. de Chauvelin, intendant de la même province. Elle s'est alliée aux maisons de Rioms, de Béauvollier, de Martel, d'Aviau, de Brilhac, Briçonnet, de Jussy, du Tillet, de Monbiel de Hus, Frotier de la Messelière, Baret de Rouvray, etc.

René de Ferrières, chevalier, comparut, en 1789, à l'Assemblée électorale de la noblesse de Touraine.

D'azur, à trois pommes de pin d'or, la tige en haut, 2, 1 ; à la bordure de gueules.

FERRON DE LA FERRONNAYS, Chev., marquis de la Ferronnays, Sgrs du Sentier, des Brosses, de Souvigné, du Veau, etc... (xvIIIe siècle). — Famille originaire de Bretagne, où elle est connue dès l'an 1118, époque à laquelle un de ses membres fit une fondation en faveur de plusieurs abbayes.

Jacques Ferron de la Ferronnays, IIIe du nom, fut reconnu d'ancienne extraction et maintenu dans tous les titres et priviléges dus à sa naissance, par arrêt des commissaires députés pour la réformation de la noblesse en Bretagne, en 1670.

Cette maison a fourni des officiers généraux et un évêque de Saint-Brieuc et de Bayonne, Jules-Basile Ferron de la Ferronnays (1769-74). Elle s'est alliée aux familles du Breil, de Cœtquen, de Goyon, du Vouldy, de Constantin, Le Clerc, Jaillard de la Maronnière, de Marnais de St-André, de Verceil, etc...

D'azur, à six billettes d'argent, 3, 2, 1 ; au chef cousu de gueules chargé de trois annelets d'argent. — Supports : Deux léopards. — Cimier : Une rose ou un bras nu, armé d'une épée antique. — Devise : *In hoc ferro vinces.*

FERTÉ (Geoffroy de la), chevalier-banneret de Touraine (1213).

De..... à deux lions passants de.....

FERTÉ (de la).

D'hermines, au château de.....; au chef de..... chargé d'une étoile de.....

FERTÉ (de la), Ec., Sgrs du Plessis-Brizechaste, la Jaujupierre, Candé, Frenay (xvIe siècle).

D'or, à l'aigle de gueules becquée et membrée d'azur.

FERTÉ-SENECTAIRE (de la), voyez THIBAULT.

FESCAM ou FESCAN (de), Ec., Sgrs de Mettray (*aliàs*, le Rouvre dit Villeblanche), du Plessis (paroisse de Mettray), Avantigny, Chambault (xvIIe siècle).

D'azur, à trois fusées d'or, 2, 1.

FESQUES (de), Chev., marquis de la Roche-Bousseau,
Sgrs de Beauchêne (paroisse de Parçay), — de Marmande,
de Lesperonnière (paroisse de Cléré), — du Paillé, Chartrigny,
la Ferrière, Gennetor (xviie et xviiie siècles). — Famille originaire de Normandie.

Le 3 avril 1689, N. de Fesques, Sgr de Beauchesne, figura
à la monstre de la noblesse possédant fief dans le ressort du
bailliage de Chinon.

Louis-Marie-François de Fesques, marquis de la Roche-
Bousseau, comparut en 1789, à l'Assemblée électorale de la
noblesse de l'Orléanais.

D'or, à une aigle à deux têtes, de gueules. — *Aliàs* : D'or, à l'aigle à deux
têtes, éployée, de sable.

FESSARD, en Touraine (1254).

Pallé de six pièces de..... à une fasce de. ... brochant sur le tout.

FEUDRIX, Chev., Sgr de Bréquigny, Miré, la Chevalerie,
la Carte, la Bordinière, Grandbois (xviiie siècle).

Charles-Joseph Feudrix de Baltancourt, chanoine de Saint-
Martin, de Tours, mourut le 28 janvier 1768.

Louis-Georges-Oudard Feudrix, chevalier, membre de
l'Académie française et de l'Académie des inscriptions et
belles-lettres, comparut, en 1789, à l'Assemblée de la noblesse
de Touraine, pour l'élection des députés aux États généraux

D'azur, au chevron d'or accompagné de trois gerbes de seigle de même.

D'azur, à trois quintefeuilles d'or (D'après Borel d'Hauterive) (*Annuaire de
la noblesse* (1867) *généal.* de Bruce).

FIESQUE (de), Chev., Sgrs d'Ecueillé.

Bandé d'argent et d'azur de six pièces.

FILHET DE LA CURÉE, Chev., Sgrs de la Curée, de la Martinière et de la Roche-Turpin (xvie et xviie siècles).

Gilbert Filhet, Sgr de la Curée et de la Roche-Turpin, conseiller d'Etat, capitaine-lieutenant des chevau-légers de la

garde et de cinq cents hommes d'armes, puis maréchal des camps et armées du roi et chevalier du St-Esprit, mourut à Paris, le 3 septembre 1633.

De gueules, à cinq fusées d'argent mises en bande.

FILLET.— Cette famille paraît être originaire de Touraine. En 1614, vivait à Civray, près Chenonceau, Louis Fillet, chef d'échansonnerie du roi Louis XIII. Un de ses descendants, Antoine Fillet, Sgr de la Grande-Noue, marié le 23 juillet 1741, à Marie-Anne Delphine Bléré de la Grillonnière, résidait au château de la Grande-Noue, fief relevant de la baronie de Chemery. Antoine Fillet eut trois filles. L'aînée, Marie-Anne-Delphine a épousé Louis Trotignon de Montenay, dont la postérité représentée actuellement par la famille de Montenay, habite le Blésois. La postérité de la seconde est représentée par Mme Douville, M. Anatole Douville, son fils, et par Mme Anatole de Bomport, qui habitent Orléans. Celle de la troisième est représentée par la famille Phelippeaux.

D'argent, à un filet de sable.

FILLEUL DE LENCOSME, (xvie siècle).

D'azur, à deux lis au naturel en sautoir, brisé d'une fasce d'or chargée de trois billettes de gueules.

FILS-DE-FEMME, Ec., Sgrs de Gastines, près Chinon.

La terre de Gastines passa dans la maison de Macé, appelée plus tard Macé de Gastines, par le mariage de Marie Fils-de-Femme avec Antoine de Macé (1514).

D'azur, à trois molettes d'éperon, d'argent, 2, 1.

FINANCE (de), à Tours (xixe siècle).

D'azur, à trois cloches d'or, 2, 1.

FLAMANT (César), marchand bourgeois, de Tours, et sa femme (1696).

D'or, à un lion de sable, qui est de Flamant. — Accosté d'azur à une tour d'argent maçonnée de sable.

FLAVEAU (de), Ec., Sgrs de Boisgarnault, de la Raudière, de la Gérarderie, barons de Flaveau. — Famille originaire des environs de la Rochepozay. Sa filiation suivie commence par Robert de Flaveau, écuyer, marié en 1540, à Martine de la Lande, dont il eut Gabriel de Flaveau, Sgr de Boisgarnault, qui épousa le 11 septembre 1579, Lucie de Berthelot, fille de noble homme, Louis de Berthelot et de Renée de Mosseaux. Jacques de Flaveau, Sgr de la Raudière, capitaine d'infanterie, est né à Pozay-le-Vieil, le 11 septembre 1646.

Cette maison est allée s'établir aux Pays-Bas (pays de Liége et comté de Namur) vers la fin du xviie siècle. Elle a été décorée du titre de baron, par diplôme de l'Empereur, du 15 juin 1710. Parmi ses alliances on remarque les familles de la Chapelle, de Favereau, de Corte, de Hop, de Henry, de Salin, de Godard, de Grady, de Piret du Châtelet, de Cassal de Ny, etc...

D'azur, à trois coquilles de pèlerin, d'or; — Couronne de comte; — Supports : Deux lions.

FLAVIGNY (de), comtes de Flavigny. — Famille d'ancienne noblesse et originaire de Picardie. Elle s'est divisée en plusieurs branches, dont une est devenue propriétaire de la terre du Mortier, commune de Monnaie (Indre-et-Loire), en 1810. Deux de ses membres figuraient sur la liste des officiers généraux en 1789. Un de ces officiers généraux était en même temps ambassadeur de France à Parme.

La maison de Flavigny s'est alliée aux familles de la plus ancienne noblesse parmi lesquelles on remarque celles des comtes de Hédouville, de Roquefeuil, de Montesquiou et de Lavaux. Elle a fourni plusieurs écrivains distingués, entre autres Charles de Flavigny, auteur d'une histoire des rois de France des deux premières races (1594); — Valérien de Flavigny, docteur de Sorbonne; — Jacques de Flavigny, vicaire-général de l'évêché de Luçon, ami du cardinal de Richelieu, et à qui on doit plusieurs traités religieux fort estimés ; — le comte Gratien de Flavigny, lieutenant-colonel de dragons, traducteur de la correspondance de Fernand Cortès.

La comtesse de Flavigny, née de Montesquiou-Fézensac, a publié d'excellents ouvrages, entre autres : *Le livre de l'enfance chrétienne*, qui a été couronné par l'Académie française, en 1839.

. Maurice-Adolphe-Charles, comte de Flavigny, né à Vienne, le 3 décembre 1799, chevalier de la Légion d'honneur (1823), sous-directeur des affaires politiques au ministère des affaires étrangères (1829), membre du conseil général d'Indre-et-Loire (1833), président de ce conseil en 1840, pair de France (1841), officier de la Légion d'honneur (1847), député du département d'Indre-et-Loire à l'Assemblée législative (1849), et au Corps législatif (1852-57), commandeur de l'ordre de la Conception, de Portugal, chevalier de l'ordre de Charles III d'Espagne, a épousé, le 7 juillet 1830, Louise-Mathilde de Montesquiou-Fézensac, fille de Raimond-Aimery-Philippe-Joseph de Montesquiou-Fézensac, duc de Fézensac, général de division, pair de France, et de Henriette de Clarke de Feltre. De ce mariage sont issus :

1° Elisabeth de Flavigny, mariée au marquis Gustave de la Grange, petit-fils du prince de Beauvau ;

2° Blanche de Flavigny, mariée au vicomte Arthur de la Panouse ;

3° Emmanuel de Flavigny, chevalier de la Légion d'honneur, attaché à l'ambassade du baron Gros, en Chine ;

4° Marguerite de Flavigny, mariée au vicomte Louis de Pitray, capitaine-commandant aux carabiniers de la garde impériale.

Le comte de Flavigny a une sœur mariée au comte Charles d'Agoult.

Une autre branche de la maison de Flavigny réside en Champagne. Son chef, à l'époque de la Révolution, était lieutenant-général, cordon rouge, et ministre du roi à Parme.

Échiqueté d'argent et d'azur, à l'écusson de gueules en abîme.— Supports : Deux lions ; — Couronne de comte. — L'écu posé sur le manteau de pair.

FLEURIAU (de). — Famille noble, originaire de Touraine. Elle est allée s'établir à Paris dans le courant du xvii⁰ siècle.

Joseph-Jean-Baptiste de Fleuriau, Sgr d'Armenonville, garde des sceaux de France (1722), était de cette maison.

D'azur, à un épervier d'argent, membré, longé et grilleté de même, perché sur un bâton de gueules; au chef d'or chargé de 3 glands feuillés et tigés de sinople. — Supports : Deux griffons. — Couronne de comte.

FLEURY, Éc., Sgrs de Villetrun et de la Péroigne (xvi⁰ et xvii⁰ siècles). — Famille originaire de Blois.

Jacques-Richard Fleury, conseiller du roi, trésorier au bureau des Finances de Tours, fut maire de cette ville en 1621-22.

Écartelé; aux 1 et 4 d'or à une hure de sanglier de sable, défendue d'argent, miraillée de gueules; au chef endenté de même; aux 2 et 3 d'azur à une gerbe d'or, liée de gueules.

FLEURY, marchand-bourgeois, de Tours (1698).

D'azur, à un lis de jardin au naturel fleuri de deux fleurs et de trois boutons.

FLEURY (Charles), marchand-bourgeois à Tours (fin du xvii⁰ siècle).

D'azur à une main dextre d'argent et une croix de Lorraine d'or en pointe.

FLORETTE (Jean de), Sgr de Bussy, prieur de St-Thomas d'Amboise.

D'argent, à trois glands de sinople; au chef d'azur chargé de trois étoiles d'or.

FLOTTE (de), Chev., comtes de la Roche, Sgrs de la Crau, — de Cravant, en Touraine, (xviii⁰ siècle); — Famille originaire du Dauphiné. Elle commence sa filiation suivie par Henri de Flotte, vivant en 1080.

Joseph de Flotte de la Crau, fils de Claude de Flotte et de Marquise de Guin, fut capitaine dans le régiment de Sault, et aide-de-camp de Philippe, duc d'Orléans, petit-fils de France, avec rang de maréchal de camp. En 1708, le roi lui donna le gouvernement du château de Toucy, en la vicomté d'Auch.

Il fut gentilhomme de Philippe, duc d'Orléans, puis de son fils, régent du royaume, lequel, par suite d'une délibération de son conseil, du 1er octobre 1717, le gratifia de la châtellenie de Cravant, en Touraine, et d'une pension de 6000 livres. Il mourut à Paris, en 1743, sans postérité, et laissa toute sa fortune à Jean Augustin de Flotte, son neveu, chevalier de St-Louis et capitaine dans le régiment d'Agenois.

La branche de Flotte-Roquevaire, à laquelle appartient Joseph de Flotte de la Crau, porte :

De gueules à trois oriols d'or, 2, 1; surmontés d'un lambel d'argent.

FOIX DE CURZON (de), Chev., Comtes de Curzon et de Flex, barons du Grand-Pressigny (xviie siècle).

D'argent, à la croix de sable chargée de cinq coquilles d'argent.

FONTAINE (de), Ec., Sgrs de Verneuil (xvie siècle). — Famille originaire de Bourgogne. Le premier connu est Jean de Fontaine, chevalier banneret, qui se croisa en 1096.

N. de Fontaine s'établit en Touraine en 1525 et devint propriétaire de la terre de Verneuil (et non pas de Verneille comme le dit La Chesnaye des Bois) par suite de son mariage avec l'héritière de cette seigneurie. Son fils, Jean de Fontaine, assista à la rédaction de la coutume de Touraine en 1559. Il épousa, à Chinon, en 1552, Catherine des Ogères, dont il eut trois fils : Jean, Étienne et Antonin. Ce dernier, Sgr de Verneuil, épousa Denise Buchar, par contrat passé à Saumur le 1er septembre 1602. Pierre, fils d'Antonin, alla s'établir dans le Bas-Poitou, où il épousa, le 27 août 1653, Françoise Pommerey.

D'or, à trois écussons de vair, bordés de gueules.

FONTAINE (N.), chanoine de l'église de Tours (fin du xviie siècle).

D'azur, à une fontaine d'argent.

FONTAINE DE FOLLIN (de la), Chev., marquis de Follin, Sgrs de la Brossardière, Bourval, de la Renaudière, paroisse de Gizeux (xviie siècle).

La famille de Follin est originaire de la Bourgogne. Une de ses branches, celle qui a résidé en Touraine, changea son nom en celui de *de la Fontaine de Follin* par suite d'une clause insérée dans le contrat de mariage de Jeuffre de Follin et d'Élisabeth de Pinneville, fille de Laurent de Pinneville et de Henriette de la Fontaine (avril 1384).

En 1728, Charles de la Fontaine de Follin, écuyer, Sgr de Bonival, présenta sa généalogie et différents titres à la Cour des aides, pour être maintenu dans sa noblesse. Une ordonnance d'enregistrement de ces pièces au greffe de l'élection de Tours fut rendue le 19 septembre 1761, par le juge de ce siége.

Le 4 octobre 1782, Françoise de la Fontaine de Follin, veuve d'Alexandre Gerbouin, présenta requête à MM. de l'hôtel de ville de Tours, à l'effet d'obtenir l'enregistrement de ses titres de noblesse. Les titres produits furent énumérés seulement au registre des remembrances de cet hôtel de ville, leur texte étant trop volumineux pour être transcrit dans leur entier.

Jeanne Le Breton, veuve de Charles-François de la Fontaine, marquis de Follin, comparut, en 1789, à l'Assemblée électorale de la noblesse de Touraine.

A la même époque, René-François-Marie-Antoine-Henri de la Fontaine de Follin comparut à l'Assemblée électorale de la noblesse du Maine.

D'argent, à deux bandes de gueules.

La branche établie en Languedoc porte :

De gueules, au hêtre d'or déraciné, le pied dans un croissant d'argent. — Supports : Deux sauvages. — Devise : *Folium ejus numquam defluit.*

FONTAINE, Éc., Sgrs de la Crochinière, de Bois-Moreau.

D'or, à la croix de gueules.

FONTAINE (de la), Éc., Sgrs de la Grand-Maison, la Gouterie, paroisse de Chemillé, bailliage de Tours (xviie siècle).

D'or, à une bande d'azur, accompagnée de six étoiles de sable mises en orle.

Une branche portait :

D'argent, à la bande de gueules chargée de trois annelets d'or.

FONTAINE-GUÉRIN (de), en Touraine et en Anjou (xviie et xviiie siècles).

De gueules, à un aigle d'or becquée et membrée d'azur.

Fontaines-les-Blanches (Abbaye de), (*Sancta-Maria de Fontanis Albis*). — Ce monastère fut fondé en 1132 par Geoffroy, abbé de Savigny, avec le concours de l'archevêque de Tours, Hildebert, et de Regnaud, Sgr de Carament.

De gueules, à trois pals de vair; au chef d'or.

FONTENAILLES (de), Chev., Sgrs de Fontenailles, paroisse de Louestault (xiie et xiiie siècles).

Deux membres de cette maison ont pris part aux croisades, Rodolphe, en 1096; — Hugues, chevalier-banneret de Touraine, en 1213.

De..... à trois fleurs de lis de... , 2, 1.

Une autre famille de Fontenailles, dans l'Anjou et au Maine, portait :

D'argent, à trois annelets de gueules, 2, 1.

La famille de Fontenailles d'Yvry, dans le Maine, portait :

D'azur, treillissé d'argent.

FONTENAY (de). — Cette famille a fourni un bailli de Touraine, Pierre de Fontenay (1289-1304), et un chanoine de l'église de Tours, archidiacre d'Outre-Vienne, Jacques de Fonte nay (1466).

D'argent, à trois pals de sable ; au chevron de gueules brochant sur le tout.

FONTENAY (de), Éc., Sgrs de St-Gatien (xviie siècle).

Losangé d'or et d'azur, au franc-canton d'hermines.

FONTENAY (de), Chev., Sgrs de Plainville, au Perche. — Une branche de cette famille résidait en Touraine, en 1789, époque à laquelle Henri de Fontenay, chevalier, comparut à l'Assemblée de la noblesse de la province, convoquée pour l'élection des députés aux États-Généraux.

Le même Henri de Fontenay se fit représenter à l'Assemblée de la noblesse du bailliage de Chartres.

D'argent, à deux lions léopardés de sable, l'un sur l'autre, couronnés, lampassés et armés de gueules.

FONTENELLES (de), Éc., Sgrs de Souvigné et de Tanchoux, paroisse de St-Flovier (xviiie siècle).

De sable, au lion d'or, lampassé et armé de gueules.

FORASTEAU, Voyez FOURATEAU.

FOREST (de la), Éc., Sgrs de Vaudoré.

D'azur, à six croissants d'argent, 3, 2, 1.

FOREST D'ARMAILLÉ (de la).

D'argent, au chef de sable.

FORESTIER (Charlotte-Marie-Elisabeth-Armande Le), veuve de Louis des Landes, chevalier, Sgr de Blanville, baronne de Preuilly, dame d'Azay-le-Féron, de la Morinière, de Fontbaudry, de Claise, Princé, la Borde, Tournon, Neuville, Vinceuil, la Roche, comparut par fondé de pouvoir, en 1789, à l'Assemblée électorale de la noblesse de Touraine.

D'argent, à cinq palmes de sinople liées d'un lien de trois boucles, de gueules. (D'après M. Lambron de Lignim, *Mémoires de la Société archéologique de Touraine*, t. x, p. 113.

FORESTIERE ou **FORESTRIE** (de la), Ec., Sgrs du Chatellier, de Limeray, relevant d'Amboise (xvie siècle).

D'argent, à cinq palmes de sinople, liées d'un lien de trois boucles de gueules.

FOREZ (Guillaume de), gouverneur de Tours, Sgr de Châtillon-sur-Indre et de Loches (par suite d'une donation du roi saint Louis (4 octobre 1261).

De gueules, au dauphin pâmé d'or.

FOREZ (Guigues VII, comte de), lieutenant-général du roi en Touraine, Poitou et Saintonge (1355), mourut en 1360. Il était fils de Jean I, comte de Forez et d'Alix de la Tour, et portait comme le précédent :

De gueules, au dauphin pâmé d'or.

FORGE ou **des FORGES** (de la), Éc., Sgrs de la Martinière, du Portau-Bougray (paroisse de Beaumont-la-Ronce), de Boisseau et de la Borde-Châtelain, de la Gagnerie et de Bresne, paroisse de Semblançay (XVIIe siècle).

Échiqueté d'argent et de gueules.

FORGEAIS.

De sable, à une enclume d'argent surmontée de trois heaumes d'argent.

FORGET, Chev., barons de Mafflée et de Véretz, Sgrs de Lavau, du Cormier, la Dorée, la Branchoire, du Bouret, la Gautinière, du Ronceray, d'Avisé, du Portaïl, Baudrys, la Tortinière, Beaugaire, Breullevert, la Coste, Fresnes, Fercourt, Beauvais (XVIe et XVIIe siècles).

Cette famille, originaire de Tours, a pour auteur Jean Forget, Sgr de Lavau, vivant en 1500. Elle a donné à la Touraine les fonctionnaires et les dignitaires ecclésiastiques suivants :

Pierre Forget du Cormier, receveur général des tailles, maire et capitaine-gouverneur de Tours (1530);

Jean Forget, trésorier de l'église de Tours (1560);

Louis Forget, chanoine et chancelier de la même église (1562-1620) ;

César Forget de Baudrys, trésorier général de France au bureau des finances de la généralité de Tours, maire et capitaine-gouverneur de cette ville (1593).

Jean Forget, avocat au Parlement, maître des requêtes de la reine-mère, échevin, puis maire de Tours (1598).

Louis Forget, chanoine et chantre en dignité de l'église de Tours (1625).

Jacques Forget, chanoine de St-Martin, de Tours (1634);

François Forget, trésorier de l'église de Tours (1650).

D'azur, au chevron d'or, accompagné de trois coquilles de même.

La branche du Cormier brisait ces armes d'un *chef d'or*; celle de la Tortinière chargeait ce même chef d'un *lion léopardé*; un autre chargeait le chevron d'un *écusson d'azur*.

N. Forget, gouverneur de Loudun et pays Loudunois, ajoutait aux armes de la famille un écusson d'azur, posé en cœur et chargé d'une fleur de lis d'or.

Antoine Forget, anobli en 1608, portait :

D'azur, au chevron d'or accompagné de trois coquilles de même; à la bordure de gueules.

Paul Forget, également anobli en 1608, brisait les armes de la famille d'un lambel d'argent posé en chef.

FORNIER DE CARLES (de), Éc., Sgrs de Jeu-Maloches (XVIIe siècle). — Famille originaire du Languedoc, où elle est connue dès le XVIIe siècle.

D'or, à trois bandes de gueules chargées d'une étoile du champ posée en barre; au chef d'azur, chargé d'un lion d'or adextré d'une étoile de même, qui est de Fornier; écartelé d'argent à la bande d'azur, chargée de trois merlettes d'argent, qui est de Carles.—Cimier: un lion naissant, d'or; — Supports: deux lions du même.

FORTIA (de), Chev., Sgrs de Paradis, de la Branchoire, des Touches et de la Grange, en Touraine (XVe et XVIe siècles).

Cette famille, originaire de la Catalogne, s'est établie en France au XIVe siècle.

En 1532, Bernard de Fortia, second fils de Marc Ier, et d'Yolande de Benet ou Benoit, vint se fixer à Tours et acheta les terres du Paradis et de la Branchoire. Il épousa Jeanne Miron, fille de Gabriel Miron, médecin ordinaire du roi et d'Élisabeth Alexandre.

Jean de Fortia fut chanoine de Saint-Martin et archiprêtre de la métropole de Tours (1520).

Pierre de Fortia, chanoine et archidiacre de Tours, en 1577, abbé de Noyers et de St-Acheul, fut nommé à l'évêché d'Amiens et mourut sans avoir pris possession.

En 1577, Marc de Fortia, ancien conseiller au Parlement de Bretagne, était trésorier de France à Tours.

D'azur, à la tour d'or, crénelée et maçonnée de sable, posée sur un rocher de 7 coupeaux de sinople, mouvant du bas de l'écu.— Couronne ducale. — Supports : deux lions. — Devise : *Turris fortissima virtus.*

FORTIER, Éc., Sgrs de Resnay, près Bléré (XVIIe siècle).

En 1773, Yves-Ovide Fortier remplissait les fonctions de conseiller du roi, garde-marteau des eaux et forêts de Montrichard.

D'azur, au chevron d'or accompagné de trois fers d'épieux d'argent.

FOS DE MÉRY (du), en Picardie, Quercy et Touraine.

D'or, à trois pals de gueules.

FOU (du), Chev., Sgrs de Nouàtre, de Montbazon et de Ste-Maure (xve siècle)

Raoul du Fou du Vigean fut abbé de Noyers de 1470 à 1486.

Jean du Fou, conseiller et chambellan du roi, grand-échanson de France, était grand-bailli, gouverneur de Touraine, en 1480-84.

Yves du Fou remplit ces mêmes fonctions de grand-bailli, gouverneur de Touraine, en 1484. Il mourut le 2 août 1488.

René du Fou, évêque d'Angoulème, abbé de Noyers, en Touraine, mourut en 1501.

D'azur, à une fleur de lis d'or, et 2 éperviers affrontés d'argent, becqués et membrés d'or.

FOUASSE DE NOIRVILLE, Chev., marquis de Noirville, — en Touraine et en Normandie.

D'or, au chevron de gueules, accompagné en chef de deux quintefeuilles de même, et en pointe d'un trèfle de sable.

FOUCAULT (de), Chev., comtes et vicomtes de Foucault.

D'or, à la croix ancrée de sable soutenue par deux lions du même, lampassés et armés de gueules. — Couronne de comte. — Tenants : deux sauvages armés de massues. — Cri : *Ores à eux.*

FOUCAULT (de), Éc., Sgrs de la Salle de Chavagne, près Champigny (xviie siècle).

D'azur, semé de fleurs de lis d'argent; au chevron d'or surmonté d'une aigle éployée, aussi d'or.

FOUCHER, (Paul) marchand-bourgeois, à Tours (fin du xviie siècle).

De gueules, à un lion d'argent.

FOUCHER ᴅᴇ **THÉNIES** (Antoine), gouverneur de la ville et du château d'Amboise (1540).

De sable, semé de fleurs de lis d'argent, au lion de même brochant sur le tout.

FOUCHIER (de), Chev., Sgrs de Pont-Moreau, du Murault (élection de Richelieu), de Rilly, Cléret, la Brèche, du Vivier, de la Trapière, Dandésigny, la Richardière, Auboué, Puy-renom, la Roche-Borreau, des Mées, du Monteil, de Van-gely, etc. — Famille noble et très-ancienne, originaire du Poitou. Plusieurs de ses membres ont résidé en Touraine aux xviiᵉ, xviiiᵉ et xixᵉ siècles. Elle commence sa filiation en 1349. Pierre Fouchier, vivant en 1386, est qualifié d'écuyer dans un titre authentique de cette époque.

Jacques Fouchier, écuyer, Sgr de Pontmoreau, et Henriette Fouchier, sa sœur, furent maintenus dans leurs qualités et priviléges de noblesse, le 23 janvier 1642, par le juge délégué dans les élections de Tours, de Loudun et de Richelieu, par les commissaires généraux sur le fait d'exemption des francs-fiefs.

La famille de Fouchier a encore été maintenue dans sa noblesse le 3 août 1667 et le 18 février 1715.

Alexis-Pierre-André de Fouchier de Vangely fit ses preuves pour être admis dans l'ordre de Malte, en 1785.

André-Maxime de Fouchier, Sgr de Chauverolles et du Vivier, et Louis-Charles de Fouchier, Sgr de Châteauneuf, comparurent à l'Assemblée électorale de la noblesse de la sénéchaussée de Saumur, en 1789.

Parmi les alliances de cette maison on remarque les familles de la Roche, de Fougières, de Billy, de Lestang, de Messemé, de Marconnay, de Blot, du Chesneau, Poussineau des Carts, de Marreau de la Bonnetière, Le Peltier de Feumusson, de la Porte du Theil, Bonneau de la Touche, Maigret de Villiers, Liron d'Airoles, de Martel, Levêque de Vilmorin, Digues de la Touche, Girard de Pindray, Lageon, de Villedon, etc.

Quatre branches de la maison de Fouchier existent aujour-
d'hui :

Celle des anciens Sgrs de Dandésigny, de Pontmoreau,
du Murault, de Billy-Clairet, etc., est représentée par Fran-
çois-Édouard de Fouchier de Pontmoreau, né le 29 décembre
1787, officier supérieur en retraite, officier de la Légion d'honneur, chevalier de Saint-Louis, résidant à Thouars (Deux-
Sèvres).

La branche de Châteauneuf est représentée par : 1° Anatolie
de Fouchier, mariée à Louis-Charles-Modeste de la Porte du
Theil de Forges ; 2° Adèle de Fouchier, mariée à Paul-Henri
de la Porte du Theil ; 3° Maria de Fouchier, mariée à M. de
Lastic-Saint-Jal.

Celle des anciens Sgrs de Vaugely, de Launay, de Tricou,
etc., a pour représentants :

1° Henri-Édouard de Fouchier, né le 1er mai 1822, capitaine commandant le recrutement de Seine-et-Marne, chevalier de la Légion d'honneur et de Saint-Grégoire-le-Grand,
marié le 18 novembre 1855 à Marie-Adélaïde Lévèque de Vilmorin, fille d'Auguste-Antoine, général de division, grand
officier de la Légion d'honneur, chevalier de Saint-Louis, et de
Louise-Eugénie Wissault des Ferrières. De ce mariage sont
issus : 1° Marie-Marguerite-Louise-Jeanne de Fouchier, née
à Tours, le 23 juillet 1857 ; 2° Louis-Henri-Édouard de
Fouchier, né à Perpignan, le 14 mars 1861.

2° Marie-Rose-Appolline de Fouchier, née le 29 août 1829,
mariée le 14 juin 1860, à Charles Digues de la Touche.

3° Charles de Fouchier, capitaine en retraite, chevalier de
la Légion d'honneur.

4° Eugène-Louis de Fouchier, marié le 16 mai 1832
à Marie-Suzanne-Églantine Bellot. De ce mariage sont
issus : 1° Marie-Pélagie-Églantine de Fouchier, née le 13
mars 1833 ; 2° Louis-Eugène de Fouchier, né le 8 août 1838.

La branche de Vaugely-Tricon a pour chef Alexis-Fré-
déric de Fouchier, né le 18 décembre 1810, résidant au châ-

teau de Tricon, marié le 20 mai 1834 à Adèle Lageon, fille de Bonaventure Lageon, colonel d'état-major, et de Willel-mine Antony. De ce mariage sont issus :

1° Louise-Henriette-Marie de Fouchier, née le 19 avril 1835, mariée à Ernest de Villedon ;

2° Auguste-Léopold de Fouchier, né le 23 août 1841.

Henriette-Alexandrine-Placide Drouault, veuve d'Almire de Fouchier, — et Anne Arnault, veuve d'Adalbert de Fou-chier, résident actuellement à Mirebeau (Vienne).

Jeanne de Liron d'Airoles, veuve de Rousseau de Fouchier, et mère de Henri-Edouard de Fouchier et de Marie-Rose-Appolline de Fouchier, réside aux Dames - Blanches - la - Bretesche, près Tours.

D'argent, au lion rampant, de sable, armé et lampasé de gueules.

FOUGÈRES (Guillaume de), bailli de Touraine, Anjou et Maine (1230).

D'or, à une tige de fougère arrachée, de sinople.

FOUGÈRES (des), Ec., Sgrs de Renoué, des Essarts, la Barre, Villiers (XVIIIe siècle).

Losangé de gueules et de vair, au bâton d'or brochant en bande sur le tout.

FOUGEU, Ec., Sgrs des Cures (XVIe siècle).

Pierre Fougeu était gouverneur d'Amboise vers 1563.

Un autre Pierre Fougeu remplissait, en 1613, les fonctions de conseiller du roi, intendant des turcies et levées des rivières de Loire, Cher et Allier.

D'azur, à deux chevrons d'or accompagnés en chef de deux étoiles de même, et en pointe d'un croissant d'argent d'où sort une flamme d'or et de gueules et un chef retrait d'argent.

FOUGIÈRES (de), Chev., Sgrs de Chambon (en partie), près Preuilly, — des Effes, Vauléart, la Chatière, paroisse d'Abilly, — de la Roche, paroisse de St-Hippolyte, de Colombiers, du Breuil-Bouchard (XVe et XVIe siècles).

Cette famille a comparu, en 1789, à l'Assemblée électorale de la noblesse du Poitou.

D'or, au chef emmanché de gueules.

FOULQUES ou **FOUCHER**, abbé de Beaulieu, en Touraine (1105-1118).

D'or, au léopard de gueules armé et lampassé d'or.

FOULQUES DES VALLÉES, en Touraine (xvii⁰ siècle.)

Pierre Foulques, Sgr des Vallées, fut conseiller du roi, président en l'élection de Tours et échevin de cette ville. (Fin du xvii⁰ siècle.)

D'azur, à une cigogne d'argent tenant en son bec un serpent d'or.

FOUQUERRÉ, en Touraine (xvii⁰ siècle).

Pierre Fouquerré, aide d'échansonnerie du roi, vers 1696, portait :

D'argent, à un P et un F de sable entrelacés, accompagnés en pointe d'un cœur de gueules soutenu de deux palmes de sinople, les tiges passées en sautoir.

FOUQUET, Ec., Sgrs de la Sagerie, paroisse de St-Avertin, Marcilly (xvii⁰ siècle).

Charles Fouquet était conseiller du roi, trésorier de France au bureau des finances de la généralité de Tours en 1620.

Jacques Fouquet, écuyer, remplissait les fonctions de Conseiller du roi, assesseur dans la compagnie du prévôt général de Touraine en 1693.

Parti, au 1 d'argent à trois écureuils de gueules, 2, 1; au 2 écartelé; au 1 d'argent à trois oiseaux de gueules; au 2 d'argent à deux fasces d'azur surmontées d'un lambel à trois pendants de gueules; au 3 échiqueté d'argent et de gueules; au 4 écartelé d'argent et d'azur.

Quelques membres de la même famille, notamment Mathurin Fouquet, trésorier de France à Tours, portaient :

D'argent, à trois écureuils de gueules 2, 1.

FOUQUET, Chev., Sgrs de Baurepaire et de la Touche, — famille originaire du Poitou, et alliée aux de Gray, Sgrs de Chambon (xvii⁰ siècle).

De gueules, à deux chevrons d'argent accompagnés de trois coquilles de même.

FOUQUET (Jacques), écuyer, lieutenant criminel au siége présidial de Tours (1671).

D'or, à cinq tourteaux de sinople en sautoir.

FOUQUET (Basile), trésorier de St-Martin de Tours, abbé de Noaillé, mourut le 31 juin 1689.

D'azur, à trois écureuils d'or, 2, 1.

FOUQUET, Chev., marquis de Mézières, vicomtes de la Guerche (xviie siècle). — Famille originaire de Bretagne. Elle a fourni des évêques, un surintendant des finances, ministre d'État, et un maréchal de France.

François Fouquet était abbé de Saint - Julien de Tours, en 1577.

D'argent, à l'écureuil rampant de gueules.

FOURATEAU ou FORASTEAU, Chev., Sgrs de Neuilly-le-Noble, Boisaudé, Aigremont, la Forestière (xive siècle), de la Beraudière, de Girardet (xvie et xviie siècles).

Charles de Forasteau, Chev., demeurant à la Haye, comparut à Chinon au ban convoqué par lettres patentes du 26 février 1689.

D'or, à l'aigle éployée de gueules becquée et membrée d'azur.— Couronne de baron.

FOURNEAU D'AUZOUER.

De gueules, à la fasce d'or accompagnée en chef de..... et en pointe d'une gerbe de blé de..... — Couronne de comte.

FOURNIER, Ec., Sgrs des Hermites, de la Noue, de la Lande, de Montifault, de la Mulottière (xviie et xviiie siècles), — Famille originaire de Touraine.

Jean Fournier, Ec., conseiller du roi, était maire de Tours en 1507.

Jean Fournier, seigneur des Hermites, receveur-général des finances à Tours, fut aussi maire de cette ville en 1547-48.

De sable, au chevron d'argent. — Alias : d'azur, à un héron, chargé d'un gerfaut, le tout d'argent.

FOURNIER D'ALLÉRAC, — en Touraine et en Bretagne.

D'argent, au lion de gueules, couronné, armé et lampassé d'or; à la bordure engrêlée de sable, chargée de 8 besants d'or.

FOURNIER DE BEAUNE, Voyez BEAUNE (DE).

FOURNIER DE BOISAYRAULT D'OYRON ET DE VER-
RIÈRES, — Famille originaire de Bretagne, et dont les diverses branches se sont répandues dans cette province, en Anjou, dans le Maine, en Poitou et en Touraine.

Dès l'an 1170, on constate dans un titre de l'église de St-Maurice d'Angers (Archives de Maine-et-Loire), l'existence en cette ville, d'une branche des Fournier. Cette branche a donné un chancelier du roi René, devenu grand-juge d'Anjou et du Maine, des sénéchaux, des trésoriers de province, des maires d'Angers (1503) et de Nantes (1654); des conseillers aux parlements et présidiaux, des lieutenants généraux d'épée, un conseiller d'Etat, des dignitaires ecclésiastiques, des sujets distingués dans l'armée, un chevalier de St-Michel et des chevaliers de St-Louis.

A deux époques, les fermiers des aides contestèrent aux Fournier leur qualité de gentilshommes ; mais des lettres-patentes de 1702 et de 1755 confirmèrent ceux-ci dans leur noblesse. Ces lettres considèrent à tort, comme auteur commun de la famille, Pierre Fournier, échevin d'Angers en 1494, puis maire en 1553 ; car des titres conservés dans les archives de Maine-et-Loire, font mention avec la qualification d'écuyer et de chevalier de Jean Fournier, père de Pierre Fournier.

La famille a eu des représentants aux Assemblées électorales de la noblesse de l'Anjou et du Poitou, en 1789.

Pierre-Auguste Fournier de Boisayrault reçut, le 14 mai 1848, des lettres-patentes lui conférant le titre de baron, avec majorat.

La maison Fournier compte parmi ses alliances les familles de Cholet, des barons de Cholet en Anjou, de Tresves, de Thevalle, de Cissé, de Pontbriand, de Maigart, Le Clerc de Juigné, de Bonchamp, de Bailleul, de Beaumont, de la Moricière, d'Aubéry, de Marsange, de Voyer d'Argenson, de Lamote-Baracé, de Wall, etc.

Pierre-Auguste Fournier de Boisayrault d'Oyron mourut au château d'Oyron, le 23 janvier 1837, laissant quatre enfants

de son mariage avec Amélie-Constance Le Febvre de la Falluère :

I° Pierre-René-Gustave Fournier de Boisayrault, marquis
d'Oyron, marié le 6 septembre 1827 à Elisabeth de Voyer
d'Argenson, dont il a eu : 1° Auguste Fournier de Boisayrault, marquis d'Oyron, marié le 20 mai 1858, à Gertrude-
Vinifrède de Stacpoole ; 2° Élisabeth-Marie ; 3° Maria ;

II° Auguste-Paul Fournier de Boisayrault, comte d'Oyron,
baron de Verrières, marié à Alexandre de Lamote-Baracé
de Sennones ;

III° René-Albert Fournier de Boisayrault d'Oyron, comte
de Boisayrault, marié à Armande-Charlotte-Ulicka de Wall
(d'une très-ancienne famille, originaire d'Angleterre). De ce
mariage sont issus deux garçons ;

IV° Louise-Stéphanie Fournier de Boisayrault d'Oyron,
mariée le 27 décembre 1831, à Alphonse, baron de Cassin.

De gueules, à la bande denchée d'or, accostée de deux molettes d'éperon
(*alias* : deux étoiles) de même.

La branche aînée (celle de Bretagne) étant éteinte, le champ
de gueules de son écu a été repris par la branche cadette, qui
brisait d'azur.

FOURNIER de TRELO. — Famille très-ancienne, originaire de Bretagne.

D'argent, au lion de gueules, armé, lampassé et couronné d'or ; à la bordure
engrêlée de sable, chargée de 8 besants d'or.

FOURNY (Jean de), Sgr du Jon, capitaine-gouverneur du
château du Plessis-lès-Tours (1594).

D'azur, au chevron d'or surmonté d'une losange de même ; en chef à un
gland d'or avec sa coupelle en pointe.

FRANCBOUCHER (de), à Chinon et à Amboise. — Famille
originaire de l'Anjou.

Gerard Francboucher remplissait les fonctions de lieutenant-
général à Chinon, en 1489.

D'azur, à deux rencontres de cerf d'or, rangées en chef, et en pointe une
demi anille de même.

FRANCE (Alphonse de), comte de Poitiers et de Toulouse, Sgr de Langeais (1270), né le 11 novembre 1220, prit la croix en 1270 et mourut le 21 août 1271. Il était fils de Louis VIII, roi de France, et de Blanche de Castille.

Parti; au 1 semé de France; au 2 de gueules, à 6 châteaux d'or, 3, 2, 1.

FRANCE (Pierre de), comte d'Alençon, Sgr de Châteaurenault, par suite de son mariage avec Jeanne de Châtillon, comtesse de Blois (1277).

De France ; à la bordure de gueules chargée de 8 besants d'argent.

FRANCE (Philippe de), duc d'Orléans et de Touraine, fils puîné du roi Philippe de Valois et de Jeanne de Bourgogne, né le 1ᵉʳ juillet 1336, mourut le 1ᵉʳ septembre 1375.

Semé de France; au lambel de trois pièces, componné d'argent et de gueules.

FRANCE (Philippe II de), duc de Bourgogne et de Touraine (1360), 4ᵉ fils de Jean, roi de France, et de Bonne de Luxembourg, né à Pontoise, le 15 janvier 1341, mourut le 27 avril 1404.

Ecartelé, aux 1 et 4 semé de France à la bordure componnée d'argent et de gueules, qui est de Bourgogne moderne; au 2 et 3 bandé d'or et d'azur de six pièces, à la bordure de gueules, qui est Bourgogne ancien.

FRANCE (Louis I de), roi de Naples, de Sicile et de Jérusalem, comte d'Anjou et du Maine, duc de Touraine (1370), seigneur de Champigny-sur-Veude, mourut le 20 septembre 1384. Avant d'être investi du duché de Touraine, il avait été lieutenant-général pour le roi dans cette province (1360).

Louis I de France était fils de Jean, roi de France, et de Bonne de Luxembourg.

Tiercé en pal; au 1 d'argent à la croix potencée d'or, cantonnée de quatre croisettes de même, qui est de Jérusalem ; au 2 semé de France, au lambel de trois pendants de gueules, qui est d'Anjou ancien ; au 3 semé de France à la bordure de gueules qui est d'Anjou moderne.

FRANCE (Louis II de), roi de Naples, de Sicile, de Jérusalem et d'Aragon, duc d'Anjou, comte de Provence, de Forcalquier et du Maine, Sgr de Champigny-sur-Veude, fils de Louis I de France, naquit le 5 octobre 1377. Il mourut le

27 avril 1417, à Angers. Il avait vendu la terre de Champigny-sur-Veude à Pierre de Beauvau, au prix de 17,000 ducats d'or, 600 livres de rente et 400 écus d'or de pension.

Tiercé en pal et contre pal mi-parti; au 1 fascé d'argent et de gueules de huit pièces, qui est de Hongrie; au 2 semé de France, au lambel de trois pendants de gueules, qui est Anjou-Sicile; au 3 d'argent, à la croix potencée d'or, cantonnée de quatre croissants de même, qui est de Jérusalem; soutenu au 1 de la pointe, semé de France à la bordure de gueules, qui est d'Anjou; parti d'or à quatre pals de gueules, qui est d'Aragon.

Louis III de France, roi de Naples, de Sicile, de Jérusalem, d'Aragon, duc de Touraine, fils du précédent, né le 25 septembre 1403, mourut le 12 novembre 1434. Il portait les mêmes armes que son père, décrites ci-dessus.

FRANCE (Jean de), duc de Touraine et de Berry, comte de Poitou, pair de France, dauphin du Viennois, né le 31 août 1398, mourut le 5 avril 1416.

Écartelé, aux 1 et 4 de France; aux 2 et 3 de Dauphiné qui est d'or au dauphin d'azur.

FRANCE (Louis de), duc d'Orléans et de Touraine (1386), 2e fils de Charles V et de Jeanne de Bourbon.

De France, au lambel de trois pendants d'argent, à un croissant de même sous le second pendant, pour brisure.

FRANCE (Louis de), duc de Guyenne, dauphin de Viennois, pair de France, gouverneur de Chinon, mourut le 18 décembre 1415. Il était fils de Charles VI, roi de France, et d'Isabelle de Bavière.

Écartelé, aux 1 et 4 de France; aux 2 et 3 d'or au dauphin d'azur, qui est de Dauphiné.

FRANCE (Charles de), dauphin du Viennois, duc de Touraine (15 juillet 1416) (depuis Charles VII), reçut en don du roi de France, en 1415, la baronnie de St-Christophe, confisquée sur Jean l'Archevêque, qui avait pris le parti de Philippe, duc de Bourgogne. En 1425, Charles de France donna cette baronnie à Artus de Bretagne, comte de Richemont.

Avant 1422 :

Écartelé; aux 1 et 4 de France; aux 2 et 3 d'or, au dauphin d'azur qui est de Dauphiné.

Après 1422 :

De France.

FRANCE (Jeanne de), femme du roi Louis XII, dame de Châtillon-sur-Indre (1498), mourut le 4 février 1504.

De France.

FRANCE (Jehanne de), dame de la Roche-Clermault (1507), fille naturelle de Louis XI et de Marguerite de Sassenage, légitimée le 25 février 1465.

De France, à la barre d'argent.

FRANCE (François-Hercule de), duc d'Alençon, d'Anjou, de Brabant, de Touraine (1576), Sgr de Montrichard, 5e fils du roi Henri II et de Catherine de Médicis, né le 18 mars 1554, mourut le 10 juin 1584.

De France, à la bordure de gueules.

FRANCE (Philippe de), duc d'Orléans, de Valois et de Chartres, second fils de Louis XIII, acheta la terre de Montrésor vers 1663 et la revendit presque aussitôt à Paul de Beauvilliers, duc de St-Aignan.

De France, au lambel de trois pendants d'argent.

FRANCE (Charles-Philippe de), comte d'Artois et de Châteauroux (frère du roi), comparut par fondé de pouvoir, en 1789, à l'Assemblée de la noblesse de Touraine convoquée pour l'élection des députés aux États généraux.

D'azur, à trois fleurs de lis d'or ; à la bordure componnée de 10 pièces de gueules.

FRANÇOIS DES COURTIS. Voyez LE FRANÇOIS DES COURTIS.

FRANÇOYS, Éc., Sgrs de la Prouterie, paroisse de St-Cyr-du-Gault (XVIIe siècle).

D'azur, au chevron d'or accompagné en chef de deux massacres aussi d'or et en pointe d'un lion de même.

FRANCS (des), Chev., Sgrs du Pas, de la Bretonnière (XVIIIe siècle).

Augustin des Francs fut maire de Tours en 1753-54.

D'argent, à deux fasces de sable. — Couronne de marquis. — *Alias* : de sable à deux fasces d'argent.

FREDUREAU, Éc., Sgrs de Chaillou (xviie et xviiie siècles).

Jacques Fredureau était conseiller du roi au siége présidial de Tours, en 1687-1696.

Philippe Fredureau remplissait les fonctions de procureur du roi, à Amboise, en 1753.

D'azur, à trois épées d'or liées ensemble de même.

FREMYN DE FONTENILLE (Simon), abbé de Beaugerais (1773-90), docteur de la maison de Navarre, chanoine de l'église métropolitaine de Reims, né en 1709, portait :

D'argent, à la fasce d'azur bordée d'or, le champ de l'écu chargé de rayons flamboyants et contre-flamboyants de gueules, mouvants du chef, de la pointe de l'écu et du bas de la fasce.

FRESLON, en Touraine et au Maine.

Geoffroy Freslon, chanoine et archidiacre d'Outre-Loire (1258), fut évêque du Mans en 1258-69.

D'argent, au chevron d'azur accompagné de trois frélons de sable.

FRESLON DE LA FRESLONNIÈRE (Alexandre-Louis-Hugues de), commandeur de la Feuillée, en Touraine, en 1784.

D'argent, à une fasce de gueules accompagnée de six ancolies d'azur, ligées de gueules, trois en chef et trois en pointe.

FRESNAYE (de la), — Famille de Tours anoblie en 1374, en la personne de Henri de la Fresnaye.

D'or, à un chevron de sable, accompagné de trois merlettes de même.

Fresnaye (le prieuré de la), à la fin du xviie siècle.

D'or, à trois frênes arrachés de sinople.

FRESNE (Marie de), prieure de Rives (1547).

D'azur, au chevron d'or accompagné de trois coquilles de même, 2, 1.

FRESNEAU, Ec., Sgrs de la Croix, de Marigny (xviie siècle).

De gueules, à deux fasces d'argent accompagnées du huit merlettes de même en orle.

FRETARD. — Famille originaire de Touraine, et connue dès 1250. — Elle commence sa filiation par Simon Frétard, chevalier, seigneur de Turzay, qui laissa deux enfants : Pierre Frétard, chevalier, Sgr de Turzay et de de Sautonne, mort en 1297, — et Jeanne, femme de Gauvain de Dercé.

De gueules, fretté d'argent de six pièces.

FRETAUD (Pierre), archiprêtre de Ste-Maure, puis archevêque de Tours (12 août 1335), mourut en mai 1357.

Fretté d'or et de gueules.

FRETEVAL (de), en Touraine et en Poitou (xiie et xiiie siècles).

Nevellon de Freteval, Sgr de Faye et de Merlé, chevalier banneret, vivant en 1213, appartenait à cette maison.

D'or, à six merles de sable, 3, 2, 1.

FRÉZEAU DE LA FRÉZELIÈRE (de), Chev., marquis de la Frézelière et de Mons, Sgrs de Taffonneau, Gizeux, Lublé, Avrillé, Lathan, Saché; — de la Renaudière et de la Poitevinière, paroisse de Gizeux. — Famille originaire de l'Anjou. Sa filiation remonte à René Frézel, vivant du temps du roi Robert, et qui figure dans une charte de l'abbaye de Noyers.

Cette maison a fourni deux colonels du régiment de Touraine, Antoine-François, mort en 1674, et Jean, décédé en 1677; et un évêque de la Rochelle, Charles-Madelaine Frézeau de la Frézelière.

Le 1er février 1677, Anne de Frézeau, veuve de René de Rouxellé, comtesse de la Roche-Millay, acheta les terres de Gizeux et d'Avrillé, de Marc-Antoine-Saladin d'Anglure, comte d'Estoges et marquis du Bellay. — Elle mourut le 7 mars 1705, âgée de 72 ans.

Anne de Frézeau était fille d'Isaac de Frézeau, chevalier, marquis de la Frézelière, Sgr d'Amailloux et de Taffonneau, et de Madeleine de Savonnières.

Écartelé, aux 1 et 4 burelé d'argent et de gueules de 10 pièces, à une cotice d'or brochant sur le tout, qui est de Frézeau de la Frézelière; aux 2 et 3 de Montmorency. — Supports : deux lions d'or ; — Cimier : un lion naissant de même.

FRIZON DE BLAMONT (Simon-Nicolas), abbé de Beaulieu (1722).

D'azur, au sautoir bretessé d'or.

FRIZON DE BLAMONT DE BELLEVAL (Augustin-Armand), abbé de Beaugerais (1724-73), portait comme le précédent :

D'azur, au sautoir bretessé d'or.

FROGIER DE PONTLEVOY, en Touraine (xviiie siècle).

D'azur, à un poinçon d'or surmonté de deux gerbes de même.

FROMENTIÈRES (de), Éc., Sgrs de Beaumont-la-Ronce, Marçon, la Sargère, des Etangs-l'Archevêque (xve et xvie siècles). — Famille originaire du Maine.

D'argent, à deux fasces de gueules.

FROTTIER, Chev., marquis de la Messelière et de la Coste-Messelière, vicomtes de Montbas, barons de Preuilly, en Touraine, — Sgrs du Blanc, en Berry, d'Azay-le-Féron, de Thuré, de Fougéré, de Bagneux, de Queaux, de Melzéart, de Chamousseaux, des Roches-sur-Vienne, de l'Espinay, de l'Escorcière, etc. — Famille très-ancienne, originaire du Languedoc, et qui s'est établie en Poitou et en Touraine.

On trouve en 876, N. Frotier, archevêque de Bordeaux ; — en 900, Frotier II, évêque de Poitiers, — en 985, Frotier, évêque de Périgueux, — et en 1485, Frotier, évêque d'Alby.

Pierre Frotier prit part à la première croisade de St-Louis, en 1249.

La filiation suivie de la famille commence par Jean Frottier, premier écuyer du comte de Valois (1393), et Sgr de Melzéart et de Miséré.

La maison Frottier a fourni un conseiller et chambellan du roi, Pierre Frottier, baron de Preuilly (xve siècle), — des gentilshommes ordinaires de la chambre du roi, — un député de la noblesse de la Basse-Marche aux États-généraux de 1614, — des chevaliers des ordres du roi, — des chevaliers de St-Jean de Jérusalem, — des officiers généraux, etc... Elle s'est alliée aux familles de Preuilly, de Billy, Taveau de Mortemer, d'Amboise, de Lezay-Lusignan, de Polignac, de Marans, de Voyer d'Argenson, de la Rochefoucauld, de Chessé, Irland, de Brilhac, de Ferrières, de Volvire, de Fleury, Jourdain de Crissé, Baude de la Vieuville, de Faudoas, Lévesque de Marconnay, de Mesgrigny, de St-Georges de Vérac, de St-Simon, Courtomer, Jard-Panvilliers, Haxo, de Digoine, etc...

Elle a été plusieurs fois maintenue dans sa noblesse, notamment le 31 décembre 1667 et le 5 janvier 1700.

Louis-Bonaventure Frottier, chevalier, marquis de la Messelière, Sgr de Brion, de Vernon, — et Benjamin-Eléonore-Louis Frottier, chevalier, marquis de la Coste-Messelière, comparurent en 1789, le premier en personne, le second par fondé de pouvoir, à l'Assemblée électorale de la noblesse du Poitou.

D'argent, au pal de gueules, accosté de dix lozanges de même, 5 à dextre et 5 à sénestre, posées, 2, 2, 1.

FROULAY (de), Chev., marquis de Froulay, de Lavardin, et de Tessé, vicomtes d'Ambrières, Sgrs de Gastines, Beauchêne, Monflaux, etc... — Famille originaire du Maine. Elle a donné un maréchal de France, plusieurs grands d'Espagne, deux évêques, des chevaliers de Malte, etc...

Madeleine de Froulay fut religieuse à l'abbaye de Beaumont-lez-Tours (vers 1630) puis abbesse de Vignats, diocèse de Séez.

D'argent, au sautoir de gueules, endenté et bordé de sable.

FUMÉE, Chev., Sgrs des Roches-St-Quentin, Genillé, des Fourneaux, la Roche-aux-Belins, la Touche, Fausse-Roue, Belon, — et de Cornillau-St-Georges, relevant d'Amboise.

Cette famille, originaire de Touraine, a pour auteur Pierre Fumée, receveur des deniers communaux de la ville de Tours vivant en 1448. Elle a donné quatre abbés de Beaulieu :

Hugues Fumée (1485-94); Hardouin Fumée (1494-1521); — Nicolas Fumée de la Touche (1592), et Guy Fumée (1593-1637).

Lucas Fumée était chanoine de l'église de Tours en 1490.

Antoine Fumée fut doyen de la même église (1512) puis archidiacre d'outre-Loire (1545).

Ces dernières fonctions étaient remplies en 1587 par Christophe Fumée, chanoine de l'Église de Tours.

Un titre de 1658 fait mention de René Fumée, chanoine de la même église.

Marie-François-Antoine de Fumée, chevalier, seigneur de Charault, comparut à l'Assemblée électorale de la noblesse du Poitou, en 1789.

D'azur, à deux fasces d'or accompagnées de six besants de même, trois en chef, deux en cœur et un en pointe. — Cimier : une tête d'éléphant au naturel;— Supports : deux sauvages de carnation tenant chacun une massue, l'un d'or, l'autre d'azur.

Nicolas Fumée de la Touche, abbé de Beaulieu, portait :

Écartelé; aux 1 et 4 de Fumée; aux 2 et 3 d'or, à une croix cantonnée de 4 clefs de gueules posées en pal.

FUMELLE, Éc., Sgrs de la Bourdillière.

De gueules, à trois larmes d'argent posées en pal.

FUZELIER (le), Éc., Sgrs de la Côte, paroisse de Reugny (xvie siècle). — Famille originaire du Blésois.

Jehan le Fuzelier était chanoine de l'église de Tours en 1470.

D'or, à trois chausse-trapes de sable.

La famille obtint d'ajouter à ces armes une fasce d'azur chargée de trois fleurs de lis d'or.

Une branche brisait ses armes d'un lambel d'argent.

GABORIT DE MONTJOU, à Tours (xixe siècle). — Famille originaire du Poitou. Elle a fourni des conseillers au présidial de Poitiers, un maire de cette ville (1747-50), des chevaliers de St-Louis, un colonel, chef d'état-major des gardes nationales de la Vienne (1816), etc... Cinq de ses membres furent maintenus dans leur noblesse en 1668. Luc de Gaborit comparut au ban des nobles du Poitou en 1691. Deux autres membres de la famille, portant le prénom de Jacques, figurèrent au ban de la noblesse de la même province en 1695.

La famille Gaborit s'est alliée aux maisons de Brouilhac, Moreau des Moulières, Haloux, de Vaucelles, de la Chesnaye, d'Aviau, Bellin de la Boutaudière, Ballard d'Herlinville. Dargence, etc... Elle a formé deux branches, l'une connue sous le nom de Gaborit de la Brosse, l'autre sous le nom de Gaborit de Montjou.

D'azur, à trois têtes de lion, d'or, 2, 1, un croissant d'argent en cœur et une étoile d'or en chef.

GADAGNE (de), en Touraine (xvie et xviie siècles).

Thomas de Gadagne était abbé de Turpenay en 1559.

Jean-Baptiste de Gadagne fut abbé du même monastère en 1594.

De gueules, à la croix engrêlée d'or.

GAGNE DE PÉRIGNY, Éc., Sgrs de Périgny, en Touraine (xviie siècle).

D'azur, au chevron d'or accompagné de trois molettes d'éperon de même et d'un croissant d'argent en pointe de l'écu — Alias : D'azur, à trois molettes d'éperon d'or.— Supports : deux licornes.— Devise : Recalcitrantem cogo.

GAIGNARD (de), Sgrs des Places et de la Boulaye (xviie siècle).

D'argent, à trois merlettes de gueules, 2, 1.

GAIGNÉ (de), Éc., Sgrs de Loiré, paroisse de Marçon (bailliage de Tours).

D'azur, à six molettes d'éperon d'argent, 3, 2, 1.

GAIGNERON DE MAROLLES. — Ancienne famille noble de Touraine, passée à la Martinique vers le milieu du xviie siècle.

Jacques Gaigneron, comte de Marolles, revint se fixer en Touraine en 1802, et mourut à Tours en 1855. Il avait épousé en 1796, en Angleterre, Elisabeth Hussey, décédée également à Tours, en 1865. De ce mariage sont issus :

1° Alfred Gaigneron, comte de Marolles, ancien capitaine de cavalerie, chevalier de la Légion d'honneur, aujourd'hui propriétaire de la terre d'Aiguesvives (Loir-et-Cher), marié à Elisabeth Lawton, dont il a eu : Edouard de Marolles, lieutenant au 10ᵉ chasseurs; Anna de Marolles, mariée à William Johnston; Alice de Marolles.

2° Charles Gaigneron, vicomte de Marolles, ancien page de Louis XVIII et de Charles X, ancien capitaine de cavalerie, demeurant au château des Ormeaux (Indre-et-Loire), marié à Caroline Juteau, dont il a eu : Jacqueline de Marolles, mariée à M. le marquis de Piolenc.

3° Robertine Gaigneron de Marolles, veuve du marquis de Pujet de Barbantane.

D'argent, à un chevron d'azur accompagné de trois têtes de coq du même, arrachées, barbées et crêtées de gueules.

GAIGNON DE VILENNES, ou VILAINES, Chev., comtes de Vilennes.

Par lettres d'avril 1767, les terres de Vilennes, de Loupelande, de Préaux, etc... furent érigées en comté en faveur de Louis-Jacques-Armand Gaignon de Vilennes, mestre de camp de cavalerie.

Cette famille s'est alliée à celles de Villers, de Terray, le Cornu la Courbe, de la Guibourgère, le Prestre, etc...

D'hermines, à la croix de gueules.

GAILLARD, Ec., Sgrs de la Dalbaine, de la Ménaudière, des Gastinières, des Ormeaux, de Nanteuil, de Vernel (xviiᵉ et xviiiᵉ siècles).

Cette famille a donné à la Touraine les fonctionnaires dont les noms suivent :

François Gaillard, conseiller du roi et son procureur aux eaux et forêts d'Amboise et de Montrichard, maire d'Amboise (1667-68-69);

Michel Gaillard, conseiller du roi, maître d'hôtel ordinaire de Monsieur, frère du roi, maire de Tours en 1682-83-84-1707-10. Il était fils de Jérémie Gaillard avocat du roi à Amboise;

François-Victor Gaillard de la Menaudière, contrôleur ancien des turcies et levées de la Loire (1725).

Denis Gaillard de Vernel, né en 1762, maire d'Amboise en 1730-37;

Henri Gaillard de la Dalbaine, fourrier-des-logis du roi, maire d'Amboise (1688), mort le 5 octobre 1758.

Louis Gaillard, né en 1687, conseiller du roi et son procureur au bailliage et siége présidial d'Amboise, décédé le 11 mai 1737;

Louis-Auguste Gaillard, conseiller du roi, bailli de Montrichard (17...).

Claude-François Gaillard de la Dalbaine, capitaine du bataillon de milice de Touraine (1762);

Claude-Auguste Gaillard, né en 1754, conseiller du roi, avocat au parlement, contrôleur du grenier à sel de Montrichard (1789), décédé à Amboise en octobre 1843.

D'argent, au chevron de gueules, accompagné de trois roses d'azur.

GAILLARD (de), Chev., Sgrs de Longjumeau, de Chilly, du Fayet.— Famille originaire de Blois.

Michel de Gaillard, Sgr de Chilly et de Longjumeau, panetier du roi François Ier, épousa, par contrat du 10 février 1512, au château d'Amboise, Souveraine d'Angoulême de Valois, fille naturelle de Charles d'Orléans, comte d'Angoulême, et de Jeanne le Conte. Souveraine d'Angoulême fut légitimée en 1521.

D'argent, semé de trèfles de sinople, à deux T de gueules en chef, et deux perroquets de sinople en pointe.

GAILLARD, Chev., Sgrs de Colombiers et de Savonnières (en partie) au XVe siècle.

Parti, au 1 d'azur, à quatre chevrons d'or, le dernier brisé; au 2 d'argent, au lion de gueules couronné de sable.

GAILLARD. — Cette famille a fourni un argentier de Henry, comte de Champagne. Elle paraît être originaire de cette province. Parmi les familles auxquelles elle s'est alliée, se trouve celle de Droüin, de Touraine.

Parti, d'argent et d'or, le parti formé par un pal d'azur; au 1 chargé d'un col de cygne d'azur; au 2 chargé d'un drapeau de gueules chargé lui-même d'une croix d'or, la hampe du drapeau, de sable, soutenue par une main au naturel mouvant du flanc sénestre de l'écu.

GAILLIET DE BOUFFRET, Chev., Sgrs de Bouffret. — Cette famille a fourni un président à la Cour des Monnaies, à Paris, Christophe-François Gailliet de Bouffret, qui comparut, en 1789, à l'Assemblée électorale de la noblesse de la vicomté de Paris.

Henri-Bernard-Léon Gailliet, chevalier de Bouffret (résidant actuellement au château de Bouffret, commune de Chambon), fils de Nicolas Gailliet de Bouffret, et de Marguerite-Henriette Lambron de Maudoux, né au Mans en 1811, a épousé en 1832, Jeanne-Perrine-Louise Olivier. De ce mariage est née Marie-Louise-Edmonde-Pauline-Léonie Gailliet de Bouffret, mariée en 1854 à Amédée-Auguste-Antoine Le Febvre d'Argencé.

D'après un brevet de réglement d'armoiries délivré le 1er mars 1769, par d'Hozier de Sérigny, juge d'armes de la noblesse de France, à Christophe-François Gailliet de Bouffret, cette famille porte :

D'azur; au chevron d'or accompagné en chef d'un monde de même accosté de deux croissants d'argent, et en pointe, d'un bouquet de trois noix de galle, aussi d'argent.

GAIN (de), Chev., Sgrs de la Gauronnerie, paroisse de Nancré, — du Mur-Duval, de Fontenelle (XVIIe et XVIIIe siècles). — Cette famille a été maintenue dans sa noblesse le 26 décembre 1667.

Charles de Gain, Ec., Sgr de Fontenay, comparut à Chinon, en 1689, à la monstre des nobles possédant fief dans cette élection.

Georges de Gain et Pierre de Gain, chevaliers, comparurent

par fondé de pouvoirs, en 1789, à l'Assemblée électorale de la noblesse de Touraine. La famille fut aussi représentée à l'Assemblée de la noblesse de l'Anjou.

Le nom de cette famille se trouve quelquefois écrit *Deguin.*

D'azur, à trois bandes d'or.

GALARD DE BÉARN (de) Chev.. Sgrs de St-Maurice, Parçay-sur-Vienne, de l'Aubuge et du Pin, relevant de Nouâtre (XVII⁰ siècle).

Cette famille tire son origine des comtes de Condomois issus eux-mêmes des ducs de Gascogne. Sa filiation remonte à 1062.

La terre de Terraube fut érigée en marquisat, en 1683, en faveur de Jean-Louis de Galard.

Alexandre-Louis-René-Toussaint de Galard de Béarn fut créé comte, avec majorat, en 1809.

Écartelé, aux 1 et 4 d'or, à trois corneilles de sable, becquées et membrées de gueules; aux 2 et 3 d'or à deux vaches passantes de gueules, accornées. accolées et clarinées d'azur. — Supports : deux griffons.

GALLAND, ou **GALLANT,** Sgrs de Bezay et de Montorant.

Simon Galland était conseiller au bailliage et siége présidial de Tours en 1550.

Un autre Simon Galland était chanoine trésorier de l'Église de Tours, archidiacre d'Outre-Loire, en 1593.

Un troisième, portant le même prénom, fut échevin, puis maire de Tours, en 1597.

D'azur, à trois crémaillères d'or, 2, 1.

GALLAND, à Chançay (XVII⁰ siècle). — Branche de la famille précédente.

Écartelé, aux 1 et 4 d'or, à trois croix pommetées, au pied fiché, d'azur; aux 2 et 3 d'azur à trois crémaillères d'or, 2, 1.

GALLAND, Ec., Sgrs de Ferrières. — Famille de Touraine

anoblie par lettres du 10 août 1610, délivrées à Auguste Galland, conseiller d'État.

D'or, au chef d'azur chargé de trois étoiles d'or.

GALLARDON (Geoffroy de), sénéchal de Touraine et de Poitou (mentionné dans un titre de Marmoutier de 1219), — et Thierry de **GALLARDON**, bailli de Touraine, mentionné dans une charte d'Aymery de Thouars (août 1220) et dans un autre titre de 1223, où figure également Hugues de Ste-Maure, chanoine de Tours, et prieur de Loches), portaient :

Losangé en pal d'argent et de gueules.

GALLICZON (de), Ec., Sgrs de la Perrée, relevant d'Amboise (xve siècle).

Gatien de Galliczon était chanoine de St-Martin de Tours en 17...

D'azur, au lion d'or.

GALLIER (de)

D'azur, au chevron d'argent, accompagné de trois coquilles de même ; au chef d'argent chargé de trois roses de gueules.

GALLIFFET (de), Marquis de Galliffet, barons de Preuilly, Sgrs d'Azay-le-Féron, la Morinière, le Grand et le Petit-Tournon, la Borde, Princé, Becheron (*alias* la Ronde), Claise, Ris, Fontbaudry, la Chaussée du grand étang de Lureuil, du Pouët et de Malvoisine, près Preuilly (xviiie siècle).

Cette maison, originaire de Savoie, s'est illustrée dans la robe et dans les armes. Sa filiation suivie commence à Jean de Galliffet, qualifié de noble dans un acte du 15 septembre 1424.

D'azur, au chevron d'argent accompagné de trois trèfles d'or — Couronne de marquis.

GALLOIS (de), Chev., Sgrs de la Courance, paroisse de Neuilly-le-Noble (xve siècle), du Charreau, de Bezai, de Villedomer, des Bruères (ou Guerrie), des Hautes et Basses Épinières, relevant de Châteaurenault (xviiie siècle).

Magdelaine de la Haye de Charreau, veuve de René de Gallois, chevalier, Sgr de Charreau, chevalier de St-Louis, ancien capitaine au régiment royal-infanterie, comparut par fondé de pouvoir à l'Assemblée électorale de la noblesse de Touraine en 1789.

D'or, au fraisier de sinople fruitté de gueules ; au croissant de sable accosté de deux molettes d'éperon de même.

GALLON (de), Sgrs de Château-Ganne, paroisse de Parçay (xviie siècle).

D'argent, à un dauphin de sable, accompagné de trois papillons de même, 2, 1.

GALLUS, en Touraine (xviiie siècle). — Famille originaire de l'Orléanais.

D'azur, au chevron écoté, d'or, accompagné de trois besants d'argent, 2, 1.

GALOCHEAU, Sgrs de la Crouzillière, de la Gastinière, de Champgrimon et de Gilbert, près la Croix-de-Bléré, relevant d'Amboise.

Jean Galocheau fut élu maire de Tours le 28 octobre 1470.

Jean Galocheau était maire de la même ville en 1512.

D'azur, à trois anneaux accolés, 2, 1 ; les deux du chef soutenant un mât girouetté, en pal, garni de sa voile, le tout d'argent.

GALTIER (N.), trésorier de Saint-Martin, de Tours, puis archevêque de Tours (1419). Il était originaire d'Italie.

Ce personnage est mentionné sous le nom de *Gillebertus*, aul *Gilbertus*, dans l'*Armorial des archevêques de Tours*, par M. Lambron de Lignim.

De gueules, à trois rocs d'échiquier d'or, à la bordure échiquetée de 6 pièces aussi d'or.

Quelques membres de cette famille ont porté :

D'argent, à trois rocs en pointe, de sable.

GAMACHES (de), marquis de Gamaches, Sgrs des Effes, près Cléré-du-Bois, de Saint-Saturnin, du Glas, de Germain et de Laray, paroisse de Saint-Flovier (xviiie siècle).

Cette famille est originaire du Vexin français. — Sa filiation remonte au xive siècle.

Philippe de Gamaches, né en 1568, abbé de Saint-Julien, de Tours (1625), mourut le 21 juillet 1652.

D'argent, au chef d'azur.

GAMARD, en Touraine. — Cette famille a possédé la terre de la Crouzillière.

D'argent, au chevron d'azur, accompagné de trois coqs de même.

GANNES (de), Ec., Sgrs de Falaise, de Montdidier, de Chamaslé, élection de Loches (xviie siècle).—Famille originaire du Beauvoisis. Elle a été maintenue dans sa noblesse par sentence du 7 septembre 1667. Sa filiation remonte à 1364.

D'argent, à huit mouchetures d'hermines, de sable, 4, 3, 1, (ou 2, 3, 3).— Cimier : une moucheture.— Supports : deux lions.

D'argent, à deux fusées de gueules, posées en bande, d'après Le Breton et St-Allais.

GANS ou **GAND** (Aimery de), grand-bailli, gouverneur de Touraine (1254).

On pense qu'il portait, comme Beaudouin de Gand, ou Gans, chevalier croisé (1196) :

De sable, au chef d'argent.

GANTELIER (N.), chanoine de l'Église de Tours (1696).

D'azur, à trois couteaux d'argent mis en fasce.

GANTHEAUME (de).

Ecartelé : au 1 d'azur, à l'épée haute, en pal, d'argent, garnie d'or; au 2 d'argent, au gant d'azur; au 3 d'argent, au heaume d'azur, orné d'or; au 4 de sinople, à l'ancre d'or.

GARANCE (de), Ec., Sgrs du Pavillon, de la Durandière et de la Drouaudière, paroisse de Mons (xvie siècle). — Cette famille a fourni un échevin de Tours, en 1559, et un maire de la même ville (René de Garance), en 1582.

D'azur, au lion d'or, lampassé et couronné de sable; au chef d'or chargé de trois barbeaux d'azur, ligés de sinople et posés en pal.

GARDE (de la), Ec., Sgrs de la Garde et de Tranchelion (xve siècle).

D'azur, au chef d'argent.

GARDETTE, en Touraine (xviie siècle).

De gueules, à la bande d'or, chargée de deux pals d'azur et accostée de six étoiles d'argent.

GARDETTE, Ec., Sgrs de Varennes, Pierrefitte, paroisse d'Auzouer, Montifaut, le Plessis-Auzouer (xvie et xviie siècles).

René Gardette, conseiller au bailliage et siége présidial de Tours, fut maire de cette ville en 1559-60.

Victor Gardette était, vers la même époque, lieutenant-général et président au bailliage et siége présidial de Tours.

D'argent, au croissant d'azur, posé en cœur, accompagné de trois trèfles de sable, 2, 1.

GARDEUR (Le), Chev., comtes de Repentiguy. — Famille anoblie le 6 mai 1511, et maintenue dans sa noblesse le 8 juin 1666.

Louis-Gaspard Le Gardeur, chevalier, comte de Repentiguy, officier de marine et chevalier de Saint-Louis, comparut, en 1789, à l'Assemblée électorale de la noblesse de Touraine.

De gueules, au lion rampant d'argent, armé et lampassé d'or, tenant une croix recroisetée au pied fiché d'or. — Couronne de comte : — Supports : deux lions.

GAREAU (Jean), prêtre, curé de Sainte-Croix, à Tours (fin du xviie siècle).

D'or, à trois pals de sinople.

GAREMPEL DE BRESSIEUX (de), barons de l'Empire.

D'or, à la fasce contrefascée d'argent et de gueules; franc-quartier de baron, président de collège électoral, qui est d'azur, à trois fusées rangées en fasce, d'or.

GARGUESALLE ou **GUARGUESALLE** (de), Chev., Sgrs de Coulaines, Pocé, du Ponceau, Anzay, Linières, (xve, xvie et xviie siècles).

Jean de Garguesalle, grand-écuyer de France, fut capitaine du château de Chinon, en 1461-67.

Gironné d'argent et de sable de douze pièces.

GARIN, Ec., Sgrs de la Chapelle-Heurtemale (xvie siècle).

De gueules, à trois coquilles d'or, 2, 1.

GARLANDE (Robert de), Chev., Sgr de Tourneham, sénéchal de Touraine (1192-99), capitaine-gouverneur de Loches (1205).

D'or, à deux fasces de gueules.

GARNIER, Ec., Sgrs de la Maisonneuve, de Vineuil (xve siècle), de Saint-Georges-sur-Loire (xvie siècle).

Regnault Garnier a rempli les fonctions d'avocat du roi, à Tours, au xvie siècle.

Charles Garnier, Ec., Sgr de Vineuil, était capitaine de Montrichard en 1663

Pierre Garnier de Vineuil, chanoine de l'église de Tours, est mentionné dans un titre de 1737.

D'or, au lion de gueules.

GARNIER (François), prêtre, curé de Saint-Jean-sur-Indre (1696).

De gueules, à un pal denché d'or ; au chef d'azur.

GARNIER (René), grenetier au grenier à sel de Montrichard (1698).

D'azur, à une tour d'argent ; au chef de gueules chargé de trois étoiles d'or.

GARNIER (N.), chanoine de l'église de Tours (1696).

De sinople, au chevron d'argent chargé de trois bourses de gueules.

GARREAU (André), conseiller du roi, lieutenant criminel au bailliage et siége royal de Loches (1696-1725).

Au xviie siècle, un membre de la famille Garreau possédait le fief de Bois-Denis, relevant de Thuisseau.

D'argent, à trois palmes de sinople rangées en pal et soutenues chacune d'un croissant d'azur.

GASCHET, en Touraine (xviie siècle)

De gueules, à deux clefs d'argent adossées et passées en sautoir.

GASLARD, bourgeois de Tours, (xviie siècle).

D'azur, au chevron d'or accompagné en chef de deux étoiles de même.

GASNAY, en Touraine et en Berri.

Charles Gasnay, conseiller au bailliage et siége présidial de Tours, fut maire de cette ville en 1639.

Claude Gasnay fut promu à la charge de conseiller du roi au bailliage et siége présidial de Tours, en 1684.

De gueules, à trois chevrons renversés d'or; au chef d'azur chargé de trois étoiles d'argent.

GASSION (Jean de), Chev., Sgr d'Alluye et de Brou, maréchal de France, lieutenant-général au gouvernement de Touraine (4 septembre 1640), donna sa démission en 1644 et mourut le 2 octobre 1647. Il était né à Paris le 20 août 1609.

Ecartelé; aux 1 et 4 d'azur à la tour d'or; au 2 d'or à trois pals de gueules; au 3 d'argent à un arbre de sinople traversé d'un lévrier de gueules courant en pointe, accolé d'or.

GAST DE LUSSAULT (de), famille noble de Touraine, de laquelle était Élisabeth-Claude de Gast de Lussault, reçue à St-Cyr, au mois de mai 1686, et qui prouva que Louis de Gast et Jaumette Roussé, sa femme, vivants en 1540, étaient ses quatrième aïeul et aïeule.

D'azur, à cinq besants d'or, 2, 2, 1.

GASTELIER (Le), Sgr du Plessis (en partie), paroisse d'Artannes (1654), et de la Mererye, même paroisse.

D'azur, au chevron d'or, accompagné de trois grelots de même.

GASTINEAU ou GASTINEL (de) Chev., Sgrs de Chaumussay (XIIIᵉ siècle).

De.... à trois fasces de....; au chef pallé de cinq pièces de...

Payen de Gastinel, chanoine de St-Martin de Tours (1218) portait :

De.... à un griffon contrepassant de...

GASTINEAU (de), à Tours (XIVᵉ siècle). — Famille originaire de l'Anjou, où son existence est constatée dès 1180.

Cette famille a fourni un abbé de Villeloin, Jehan de Gastineau (1341-52), — et un élu de Tours, Jehan de Gastineau (1363).

D'azur, à trois fusées d'or en fasce.

GASTINEAU, Ec., Sgrs de Torneau, paroisse de Bossay (XVIIᵉ siècle).

De sable, au lion d'or.

Gastines (Abbaye de Sainte-Marie de), *Sancta Maria de Gastina vel de Gastinetis*, de l'ordre de Saint-Augustin. — Ce monastère fut fondé en 1138, par Hugues d'Etampes, archevêque de Tours, et par les comtes de Blois et de Vendôme.

D'azur, à une annonciation de la Sainte-Vierge, d'argent, et un lis, aussi d'argent, placé entre l'ange et la Sainte-Vierge; en pointe, une crosse d'or accostée de deux écussons de même. — *Alias*, d'après l'Armorial général (1698) : D'azur, à une fasce d'argent; écartelé d'argent à la bande d'azur.

GATIAN DE CLÉRAMBAULT, Ec., Sgrs de Vandannière, de Gennetreuil, de Taillé, de Fournaguère, de Lafond, des Hérissaudières, de Moreaupicou (du XVIᵉ au XVIIIᵉ siècle). — Famille noble et des plus anciennes de Tours. Elle a donné à la Touraine les fonctionnaires dont les noms suivent :

Bernard Gatian, secrétaire de la Reine, contrôleur des guerres et capitaine de la ville de Tours (1546);

Jacques Gatian, conseiller au bailliage et siége présidial de Tours, maire de cette ville en 1659 ;

Nicolas Gatian de Gennetreuil, conseiller du roi, trésorier de France au bureau des finances de la généralité de Tours, mort le 14 août 1661 ;

François Gatian de Clérambault, contrôleur général des finances et domaines (1711) ;

Louis-Victor Gatian de Taillé, conseiller du roi, lieutenant-général au bailliage de Tours (1713) ;

François-Jean Gatian de Clérambault, contrôleur général des finances et domaines (1745).

En 1789, François-Marie Gatian de Clérambault comparut à l'Assemblée de la noblesse de Touraine, pour l'élection des députés aux États-Généraux. Il épousa, en 1797, Henriette de Marsay, arrière-petite-nièce de l'immortel René Descartes.

Philibert-Victor Gatian de Clérambault, fils de François-Marie Gatian de Clérambault, et de Henriette de Marsay, a épousé, le 30 avril 1839, Marie-Marguerite-Clémentine Morinet, dont il a eu : Marie-Berthe-Alice, née le 25 juillet 1841, — et Raoul-Philibert-Roger, né le 16 septembre 1846. Son frère, François-Alfred Gatian de Clérambault, maire de Lerné, membre de la Société d'agriculture, sciences, arts et belles-lettres du département d'Indre-et-Loire, a épousé, le 30 juin 1830, Cécile-Euphrasie de Pignol de Rocreuse. De ce mariage sont issus : Charles-Alfred-Henri Gatian de Clérambault, né le 28 mai 1831, capitaine adjudant-major au 8ᵉ de chasseurs à cheval; et Edouard Gatian de Clérambault, né le 18 avril 1833, vérificateur de l'enregistrement et des domaines.

Résidence actuelle de la famille :

Tours et le château des Hérissaudières, canton de Neuillé-Pont-Pierre (Indre-et-Loire).

D'azur, à une sphère d'or, surmontant un croissant d'argent. — Couronne de marquis.

Une branche établie à Paris, vers 1600, portait :

D'azur, à une sphère d'or, accompagnée en chef de deux étoiles de même.

GATIEN (Louis), conseiller au siége présidial de Tours (avant 1696).

D'azur, à un chevron d'or.

GAUCHER DE **CHATILLON**, ducs de Châtillon, Sgrs des duché et marquisat de la Vallière (xviiiᵉ siècle).

De gueules, à trois pals de vair; au chef d'or.

GAUCOU (Jean), curé de la paroisse de Sainte-Croix, à Tours (1696).

D'or, à trois pals de sinople.

GAUCOURT (de), Chev.ʳ Sgrs de Preuilly (en partie), au xvᵉ siècle, de Naillac, Châteaubrun, Cluys-Dessus (xviᵉ siècle).

Cette famille est originaire de Picardie. Elle commence sa filiation par Raoul de Gaucourt, vivant en 1270. Parmi ses illustrations elle compte plusieurs grands-officiers de la couronne.

Raoul de Gaucourt remplissait les fonctions de capitaine-gouverneur de Chinon, en 1432-59. — Charles de Gaucourt fut pourvu de la même charge, par lettres du 10 décembre 1463.

D'hermines, à deux barbeaux adossés, de gueules.

GAUDIN, Ec., Sgrs de la Chenardière.

Coupé d'or et d'azur, à trois trèfles, de l'un en l'autre.

GAUDIN, de Tours (xviie siècle).

Gilles Gaudin était assesseur en l'élection de Tours vers 1698.

D'argent, à une bande d'azur, accompagnée de trois trèfles de même, 2, 1.

GAUDIN, Chev., Sgrs de la Bourdaisière, de Jallanges, de Thuisseau, de Villemereux, de Beheron (xve, xvie et xviie siècles).

Les personnes dont les noms suivent appartenaient à cette maison.

Jean Gaudin, chanoine de Tours (1462) ;

Jean Gaudin, maire de Tours (1473) ;

Nicolas Gaudin, conseiller et secrétaire du roi, receveur des tailles à Loudun, puis maire de Tours en 1504-05 ;

Jacques Gaudin, conseiller au bailliage et siége présidial de Tours, chanoine de Saint-Martin (1658).

La famille Gaudin portait :

D'azur, semé de fleurs de lis d'or; au lion de même brochant sur le tout.

M. Lambron de Lignim attribue à Nicolas Gaudin et à Jean Gaudin, maires de Tours, les armes suivantes :

D'azur, à la fasce d'or, accompagnée de trois roses d'argent, 2 en chef et 1 en pointe.

GAUDION (Pierre), abbé de Saint-Julien, de Tours (1356-80).

D'or, au chevron de gueules, accompagné en chef d'une étoile de même, accosté de deux grappes de raisin de même, et en pointe d'un van à deux anses aussi de gueules.

GAUDRU (Gilles de), écuyer, résidait dans l'élection de Loches en 1698.

D'azur, à cinq fers de flèches, mouvant du cœur de l'écu, quatre placés en sautoir, et un en pal, la pointe en bas, et accompagnés d'un tourteau de gueules en abîme et brochant sur le tout.

GAUDRU (Antoine), Sgr de la Roche, paroisse de Saint-Epain, élection de Chinon (xviie siècle).

D'azur, à cinq flèches d'argent, posées 4 en sautoir et la 5e en pal, les pointes en haut, les unes brochant sur les autres.

GAUFFEREAU, Ec., Sgrs de la Grillère, paroisse de Luzé, (xviiie siècle).

Barthélemy-Olivier Gauffereau était trésorier de France au bureau des finances de la généralité de Tours, en 1775.

Jean-Barthélemy Gauffereau posséda la même charge.

D'argent, à deux poissons posés en pal de...; et en pointe... — Couronne de comte.

GAULEPIED, Chev., barons de Sennevières, Sgrs de Bois-le-Roy (xviie siècle). — Famille originaire de Loches, éteinte à la fin du xviiie siècle.

Jean Gaulepied, conseiller du roi, fut trésorier de France au bureau des finances de la généralité de Tours vers 1690.

Jean-Baptiste Gaulepied, conseiller du roi, lieutenant particulier aux bailliage et siége présidial de Tours, fut maire de cette ville en 1677.

D'argent, à une croix d'azur chargée de 5 besants d'or.

GAULLIER (de), Chev., Sgrs de Saint-Cyr-du-Gault, de Thaïs, paroisse de Sorigny, d'Urbé, du Rivaud, de la Celle-Guenand, des Bordes, paroisse du Petit-Pressigny, de la Grandière, du Petit-Pressigny, etc... (xviiie siècle).

Originaire de l'Orléanais, cette famille s'est divisée en plusieurs branches établies en Touraine, dans le Saumurois et en Bas-Poitou. Pierre de Gaullier, né à Orléans, vers 1714, Sgr de Thaïs, de Saint-Cyr, des Bordes et de la Celle-Guenand, procureur du roi au présidial de Tours, de 1767 à 1775, puis procureur du roi honoraire au même siége, obtint de Louis XVI des lettres de noblesse datées du 19 octobre 1785, registrées au parlement de Besançon, le 23 décembre de la même année. Il comparut, en 1789, à l'Assemblée de la noblesse de Touraine, pour l'élection des députés aux États-Généraux et mourut cette même année, à Tours, le 27 juin. Son fils, Pierre-Adrien de Gaullier de la Celle, écuyer, remplit les fonc-

tions de procureur du roi au présidial de Tours, de 1775
à 1791; il mourut à Tours, le 14 janvier 1840.

Pierre de Gaullier de la Celle, chevalier, né à Vouvray,
le 2 octobre 1783, auditeur de première classe au Conseil
d'État, premier juge, juge d'instruction au tribunal du Mans,
et assesseur du prévôt de la Sarthe (1815), conseiller à la
cour royale d'Orléans (1818), président du tribunal civil de
Tours de 1828 à 1836, chevalier de la Légion-d'Honneur
(1829), épousa, en 1806, Rosalie Le Camus, décédée au château
de la Celle-Guenand le 26 avril 1866. — De ce mariage est issu
Léon de Gaullier de la Celle, né à la Celle-Guenand, le 7 mars
1816, résidant au château de la Celle-Guenand, marié le 26
avril 1836, à Joséphine-Augustine-Caroline Musset, dont il a
eu Maria de Gaullier de la Celle, née le 30 avril 1837, et qui a
épousé Ernest Devaulx de Chambord, résidant actuellement à
Limoise (Allier).

Gustave de Gaullier des Bordes, né à Saumur, le 7 avril
1792, capitaine d'état-major (1818), chevalier de Saint-Louis
et de Saint-Ferdinand d'Espagne (de 1re classe), fut créé baron
avec majorat, par lettres patentes enregistrées à la cour royale
de Paris, le 21 mai 1825. Il mourut au château des Bordes,
commune du Petit-Pressigny, le 22 octobre 1842, laissant
trois enfants, de son mariage avec Hélène-Pulchérie Robe-
lot : 1° Marie-Gustave, baron de Gaullier des Bordes, né le
20 mars 1829 ; 2° Edouard de Gaullier des Bordes, né le 21
octobre 1830, substitut du procureur impérial à Chartres;
3° Charles-Alfred de Gaullier des Bordes, né le 28 avril 1837.

Adrien-Michel de Gaullier de la Grandière, chevalier, Sgr de
Thaïs et de Saint-Cyr-du-Gault, né le 1er avril 1763, fils puîné
de Pierre de Gaullier et de Marie-Louise de Marigny, comparut
à l'Assemblée de la noblesse de Touraine, en 1789, pour l'élection des députés aux États-Généraux. Il mourut à Blois, le
22 octobre 1844, laissant de son mariage avec Catherine-
Louise Benoist de la Grandière :

1° Adrien-Alexandre de Gaullier de la Grandière, né à Tours, paroisse de Saint-Martin, le 29 janvier 1792, premier avocat général à la cour impériale d'Angers (1828), démissionnaire en 1830, marié le 8 janvier 1821, à Adelaïde Mayaud-Lagarde, dont il a eu : 1° Adrien, né le 12 décembre 1821, capitaine adjudant-major aux chasseurs à pied de la garde, tué à Sébastopol en 1855 ; 2° Stéphane, né le 30 janvier 1829, marié à Cécile Rouget, résidant à Niort.

2° Gabriel de Gaullier de la Grandière, né le 3 août 1798, chef de bataillon du génie, chevalier de la Légion-d'Honneur, mort le 10 juillet 1831.

3° Julie-Thaïs de Gaullier de la Grandière, née le 10 février 1797, mariée le 10 décembre 1814, à Denis Pélerin.

Vincent-Louis-Luc de Gaullier de Sénermont, né le 6 octobre 1754, épousa, le 8 prairial an ix, Gabrielle-Agathe-Aimée de Maisontiers, et mourut le 22 avril 1836, laissant de son mariage : Charles-Louis de Gaullier de Maisontiers, né le 14 mai 1805, marié le 11 novembre 1831, à Constance-Françoise Morin. De ce mariage sont issus : Charles-Emile, né le 30 octobre 1833 ; — Marie-Félicie, née le 25 février 1835 ; Renée-Noémi, née le 10 décembre 1838.

De Gaullier porte :

D'azur, au chevron d'or accompagné de trois croissants de même.

De Gaullier des Bordes porte :

Coupé, au 1 d'or, à trois croissants d'azur ; au 2 de gueules, au chevron d'argent.

De Gaullier de la Grandière porte :

D'azur, à deux étoiles d'argent, au chef cousu de gueules, chargé de trois tours aussi d'argent, qui est de Benoist de la Grandière ; et en abime les armes de Gaullier : d'azur, au chevron d'or, accompagné de trois croissants de même.— Devise : *Vir amator civitatis*, qui est de Benoist de la Grandière.

GAULT, en Touraine (xviie siècle).— Sgrs de la Saunerie.

D'azur, à la fasce d'argent.

GAULT, Éc., Sgrs de la Brillaudière, Boisdenier, des Maisons-Blanches, de Cosse.

Eustache Gault, échevin, conseiller du roi, contrôleur de l'audience du Parlement de Tours, fut maire de cette ville en 1595.

Jean Gault fut aussi maire de Tours (1606).

De gueules, à un papegault d'argent perché sur un bâton de même, accompagné d'une rose d'argent en pointe.

Alias : d'après L'Hermite-Souliers :

D'azur, à un épervier d'argent, grillé, becqué et membré d'or, perché sur un chicot d'argent.

GAULT (de), Sgrs du Portal (xviiie siècle).

En 1704, Charles de Gault était lieutenant-enquêteur à Loches.

Ecartelé; aux 1 et 4 d'argent, à la hure de sanglier de sable, le boutoir contourné; aux 2 et 3 d'argent à trois glands de sinople, 2, 1; et sur le tout, d'azur, à un épervier d'argent, grilleté, becqué et membré d'or, perché sur un chicot de même.

GAULTIER, Sgrs de la Grange (xviie siècle).

D'argent, à la fasce d'azur, accompagnée en chef de deux merlettes de sable, et en pointe d'une étoile de gueules.

GAULTIER, Éc., Sgrs de Fontaines, de la Crouzillière (xviie et xviiie siècles). — Famille originaire de l'Anjou.

Jacques Gaultier, conseiller du roi, président au siége présidial de Tours, trésorier de France au bureau des finances de la généralité de Touraine, fut maire de Tours en 1619-20.

Nicolas-Martin-Florentin Gaultier était chanoine et prévôt de St-Martin, de Tours, en 1775.

D'azur, à la rose d'argent, en cœur, accompagnée de deux étoiles d'or en chef et d'un croissant de même en pointe.

GAULTIER, Sgrs de la Vaillaudrie et de la Loge (du xvie au xviiie siècle). Cette famille paraît être originaire de Château-la-Vallière. Le premier de ses membres qui nous soit connu est Jean Gaultier, Sgr de la Vaillaudrie, né en 1506. Elle s'est alliée aux familles Aubry, Fontenay, Raymond de la Loge, Mariage, Taillecourt, Alizard de Parmencourt, de Falloux, Godeau de la Douve, de Lugré, Droüin, Passerat, Poirier des Bournais, Moreau, de Gréaulme, Viot, etc.

Elle a donné à la Touraine les fonctionnaires dont les noms suivent :

Jean Gaultier, bailli de la baronnie de Châteaux (vers 1560);

— Adam Gaultier, aussi bailli de Châteaux (vers 1600); — Urbain Gaultier, bailli de Châteaux, puis sénéchal du duché-pairie de Château-la-Vallière (vers 1668); — Urbain Gaultier, aussi bailli de ce duché-pairie, vers 1709; — Urbain-Adam Gaultier, avocat au Parlement, conseiller et avocat du roi aux bailliage et siége présidial de Tours (par provisions du 20 février 1739); — Louis-François Gaultier de la Loge, maire de la commune du Serrain, mort le 21 août 1810; — Urbain-Adam-Louis-François Gaultier, avocat au Parlement, conseiller et avocat du roi aux bailliage et siége présidial de Tours (13 juillet 1768), député du Tiers-État aux États généraux (1789), président du tribunal de première instance de Tours, décédé le 14 octobre 1817.

Urbain-Adam-Louis-François Gaultier laissa de son mariage avec Elisabeth-Anne Droüin, née à l'Ile-Bouchard le 4 juin 1751, fille de Charles Droüin, écuyer, ancien capitaine de milice, conseiller du roi, contrôleur des guerres, seigneur de Parçay :

1° Urbain-Charles Gaultier, né en 1773, inspecteur des domaines et finances, marié à Marie-Charlotte-Éléonore Poirier des Bournais. De ce mariage sont issus : Urbain, né à Tours, le 2 juillet 1814; Caroline, mariée à Maximilien-Marie Moreau ; Anne, mariée au vicomte Alfred-Gustave de Gréaulme; Louise, mariée à Paul Viot, avocat ; Éléonore et Julie Gaultier, professes aux Dames de Ste-Ursule, à Tours ;

2° Joseph-Jean Gaultier, né à l'Ile-Bouchard le 16 novembre 1774, mort à la Guadeloupe, le 12 octobre 1814 ;

3° Louis Gaultier, né le 16 mars 1776, marié à Élisabeth Passerat, dont il a eu Ludovic Gaultier, avocat.

D'argent, à la bande fuselée de gueules, au lion de sinople, lampassé de gueules.

GAULTIER, Éc., Sgrs de Chançay et des Places, la Fresnaye, la Guerye, de Houssay, Bois-Garnier, paroisse de Mons (XVIIe siècle).

D'or, à une fasce de gueules, accompagnée de deux merlettes de même en chef, et d'une étoile aussi de gueules en pointe.

GAULTIER ou GAUTIER, Éc., Sgrs de Rigny (xviiie siècle).

Jean-François Gaultier de Rigny, capitaine de cavalerie, chevalier de St-Louis, et Françoise Gautier de Rigny, comparurent par fondé de pouvoir, en 1789, à l'Assemblée électorale de la noblesse du Poitou.

La branche aînée de cette famille réside actuellement en Provence.

D'azur, au chevron d'or, accompagné en chef de deux étoiles aussi d'or, et en pointe d'une colombe d'argent. — Supports : deux griffons ; — Couronne de baron.

GAULTIER DE LA FERRIÈRE. — Cette famille a donné à la Touraine les fonctionnaires dont les noms suivent :

Jacques Gaultier, avocat au Parlement, procureur du roi au grenier à sel de Loches (1669) ;

Hugues Gaultier, assesseur en la maréchaussée de Loches (1693) ;

Jean Gaultier, conseiller du roi, assesseur en l'hôtel de ville de Loches (1695) ;

Etienne Gaultier, conseiller du roi, lieutenant en l'élection de Loches (1698) ;

Luc-Étienne Gaultier de la Ferrière, lieutenant-contrôleur au grenier à sel de Loches (1705) ;

Joseph Gaultier de la Ferrière, lieutenant en l'élection de Loches (1725-30) ;

Victor Gaultier de la Ferrière, conseiller du roi, contrôleur au grenier à sel de Loches (vers 1750) ;

Luc Gaultier de la Ferrière, fils du précédent, receveur des gabelles à Montrichard (1779) ;

N. Gaultier de la Ferrière, président du tribunal de première instance de Loches.

D'argent, à une bande fuselée de six pièces de sable, accompagnée en chef d'un lion armé, de sinople, lampassé de gueules ; et en pointe, d'une billette de gueules, couchée en fasce.

Etienne Gaultier, lieutenant en l'élection de Loches (1698), portait, d'après l'*Armorial général* de d'Hozier :

De sinople, à trois glands d'or, 2, 1.

GAULTIER DE LAUNAY, à Tours (xviiᵉ siècle).

Jacques Gaultier, écuyer, Sgr de Launay, était colonel du régiment d'infanterie de Touraine, vers 1698.

D'azur, à trois tours d'argent, rangées sur une terrasse de sinople.

GAUTHIER (Mathieu), abbé de Marmoutier (1512), évêque de Négrepont, mort au Louroux, le 15 juillet 1552.

D'argent, à trois lézards grimpants de sinople, 2, 1.

GAUTIER DE RAUNAY (Le), en Touraine (xviiᵉ siècle).

D'azur, à trois merlettes d'or, 2, 1.

GAUVAIN (de), Éc., Sgrs de la Poissonnière (xviiᵉ siècle).

D'azur, au triangle d'or, accompagné de trois molettes de même.

GAUVILLE (de). Voyez PELLERIN DE GAUVILLE.

GAY ou LE GAY, Éc., Sgrs de Brillaudin (paroisse de St-Aubin-le-Dépeint), du Puy-d'Anché, la Guignardière, Limbertière, la Giraudière, la Poissonnière, en Touraine. — Ces terres passèrent dans la maison de Rousselet de Châteaurenault, en 1658, par le mariage de Marie Le Gay avec François de Rousselet III.

Olive Le Gay fut prieure de Moncé en 1513-18.

Jean-Baptiste Gay et Jean-Marie Gay, chevaliers, comparurent, le premier en personne, le second par fondé de pouvoir, à l'Assemblée électorale de la noblesse du Poitou, en 1789.

Écartelé; aux 1 et 4 d'argent, à trois quintefeuilles de gueules, chargées chacune d'un point d'or; aux 2 et 3 d'argent à trois fasces d'azur, à la croix ancrée de gueules, brochant sur le tout, qui est de la Jumellière.

GAY (N. Le), curé de Preuilly (fin du xviiᵉ siècle).

D'or, à un geai de sable.

GAZEAU (de), Chev., comtes de la Bouère, Sgrs de la Mothe-Marcilly, du Plessis, de Pussigny, de la Grande-Garde, de la Duberie, de Martigny (xviiiᵉ siècle).

Cette famille, connue en Poitou dès 1236, a été maintenue dans sa noblesse le 6 mai 1559 et le 16 juin 1670. Elle s'est alliée aux familles de Marçai, de Russel, de Petit-Creux, Vigier, du Plouer, du Vergier, Barrière, du Porteau, des Villates, d'Argenton, de Bonnestat, de Bruc de la Morandière, des Cerqueulx, de la Roussière, de Gréaulme, de la Reigneraye, etc.

En 1789, Anne-Perrine de Gréaulme , veuve d'Armand-Philippe de Gazeau, comte de la Bouère, comparut à l'Assemblée électorale de la noblesse de Touraine. La famille Gazeau fut représentée à l'Assemblée de la noblesse de l'Anjou, à la même époque.

D'azur, au chevron d'or accompagné de trois trèfles de même.

GAZIL (Raoul), doyen de St-Martin , de Tours , dès 1614 , mourut en juillet 1628.

Ecartelé ; aux 1 et 4 d'azur, à trois lances guidonnées d'argent, 2, 1 ; au 2 de gueules, au cygne d'argent, les ailes d'or, à la bordure de... chargée de 8 croisettes de... ; au 3 de gueules, au lion d'or accompagné de croix d'argent mises en orle.

GÉBERT (de), Éc., Sgrs de Noyant (dès le xive siècle), du Ruau (xvie siècle), de Brou, de Preaux-Noyant, de Baugé, de Fougères, de Chastres, de Preugny, paroisse de Courcoué (xviiie siècle).

André-Thomas de Gébert de Noyant était conseiller du roi, prévôt général des maréchaux de France en la généralité de Tours, Loudunois, Haut et Bas-Maine, en 1719.

Nicolas-André de Gébert de Noyant était chanoine de Saint-Martin, de Tours, en 1740.

Louise-Madeleine de Gébert de Noyant, dame de Noyant, veuve d'Antoine d'Abzac , chevalier , marquis d'Abzac , comparut en 1789 , par fondé de pouvoir , à l'Assemblée électorale de la noblesse de Touraine. La famille fut également représentée aux Assemblées de la noblesse de l'Anjou et du Poitou.

La famille de Gébert s'est alliée à celles de Carcagny, de Marans , de Beauregard , de Budos, Odart, de Périon, de la Barre, Bigot, etc.

Ecartelé ; aux 1 et 4 d'azur, à la fleur de lis d'or ; aux 2 et 3 d'argent, à trois roses de gueules, 2, 1. — Cimier : un léopard d'or ; — Supports : deux léopards de même. — *Alias* : Ecartelé ; aux 1 et 4 d'or, à 3 roses de gueules, 2, 1 ; aux 2 et 3 d'azur, à la fleur de lis, parti de gueules et d'or, d'après

L'hermite-Souliers. *Alias* : D'azur, à la fleur de lis d'or, écartelé d'or, à trois roses de gueules, d'après la Thaumassière.

GEDOUIN DE **THAIX**, Chev., Sgrs de Thaix (paroisse d'Yzeures), de Jutreau, de Marigny, de la Boissière, de Sepmes, de la Chèze, de Mollante, de Couzières, paroisse de Veigné; — de Beauregard, de Fresnay et de la Peltrie, ces trois derniers fiefs situés dans la paroisse de la Celle-St-Avant, de Balesmes et de Pouzay (xive, xve et xvie siècles).

Cette famille a pour auteur Mery Gedouin, mentionné en 1344 dans un aveu rendu à la baronnie d'Angles. Son nom primitif est Gedouin, mais elle est plus connue dans l'histoire sous le nom de Thaix ou Taix.

Jean de Thaix de Sepmes, capitaine-gouverneur de Loches, mourut en 1523.

Jean de Thaix, grand-maître de l'artillerie de France et colonel-général de l'infanterie française, appartenait également à cette famille.

D'argent, à deux fasces d'azur. — Supports : deux licornes. — Cimier : une tête de licorne.

Une autre famille Gedouin, en Anjou, portait :

D'argent, au corbeau de sable.

GEFFRION (N.), chanoine de l'Église de Tours (1696).

D'or, au griffon de gueules.

GELAS D'**AMBRES** (de), Chev., Sgrs de Chanceaux, relevant de Tours (1735).

Ecartelé; au 1 d'or, à quatre pals de gueules, qui est d'Aragon; au 2 de gueules, à la croix vidée, clochée, pommetée et alaisée d'or, qui est de Lautrec; au 3 d'argent à trois fusées accolées en fasce de gueules, qui est de Voisines, au 4 de gueules, au lion d'argent, couronné et lampassé d'or; et sur le tout d'azur, au lion d'or, armé et lampassé de gueules, qui est de Gelas.

GENEST (du), Éc., Sgrs de Faverolles, Beaulieu, Puy-roger, Rilly, Charné, Crouslay (xviie siècle). — A cette époque une branche résidait à Pouzay, élection de Chinon; une autre à Panzoult.

Jean du Genest, Sgr de Puy-Roger, en Touraine, figura

en qualité d'homme d'armes, le 19 octobre 1616, à une monstre et revue passée à Cormery.

Un autre Jean du Genest, Ec., Sgr de Crouslay, comparut à Chinon, au ban convoqué par lettres patentes du 26 février 1689.

De sable, à 4 demi-fusées sortant du chef, d'argent. — Quelques membres de la famille brisaient ces armes d'un lambel de gueules.

GENEST (Christophe du), Chev., Sgr de Preuilly (en partie), et de la Roche-Bellouin (xvie siècle).

D'hermines, à trois tourteaux d'azur.

GENNES (de), Chev., Sgrs de la Roche-de-Gennes, relevant de Loches, de Saunay, de Chaveignes (xive siècle), de Naintré, de la Rogerie, du Fief-Clairet, de la Fresnelière, de Nantilly, de Penchaud, des Giraudières, de Breuil-Beauregard, de Maupuy (du xve au xviiie siècle). — Famille originaire du Poitou.

En 1254, Hemery de Gennes, bailli de Touraine, rendit un compte duquel il résultait que Hugues de Beauçay devait 18 livres au comte de Touraine pour le rachat de la terre de Champigny-sur-Veude dont il avait hérité avec Emery de Blo.

La maison de Gennes a fourni plusieurs chanoines à l'église St-Hilaire-le-Grand, de Poitiers, deux maires à la même ville (Pierre de Gennes des Bordes et Jacques de Gennes de Nantilly), et douze magistrats au présidial du Poitou. Elle a été maintenue dans sa noblesse vers 1700, par l'intendant Quentin de Richebourg.

Parmi les familles auxquelles elle s'est alliée, on remarque celles de Courtinier de la Millanchère, de Burbure, du Reignier, L'Huillier de la Chapelle, Piet de Chambelle, de Trochet, Parent de Curzon, d'Escravayat de la Barrière, de Sanglier, de Brilhac, Brochard de la Roche-Brochard, etc.

Plusieurs membres de la famille ont comparu à l'Assemblée électorale de la noblesse du Poitou, en 1789.

Charles-Hilaire de Gennes, chef de la branche du Liveault, épousa en premières noces Emilie du Trochet, et en secondes

(31 décembre 1817) Marie-Anne-Valérie Parent de Curzon, dont il eut :

1° Charles-Marie-Alexis de Gennes, magistrat, marié le 5 août 1846, à Marie-Françoise-Caroline d'Escravayat de la Barrière;

2° Marie-Vincent-Victor, mort jeune;

3° Marie-Antoinette, mariée à N. Chocquin, inspecteur des postes, décédée en 1841;

4° Marie-Juliette, née en 1825;

Louis-Alexis de Gennes-Sanglier, chef de la branche des Girardières, né le 11 janvier 1787, membre de plusieurs sociétés savantes, a épousé, le 18 août 1813, Adelaïde-Églantine de Sanglier. De ce mariage sont issus : 1° Pierre-Louis-Alexis-Oscar, né le 16 janvier 1819, marié le 9 mai 1849 à Augustine-Françoise-Émilie Brault; 2° François-Joseph-Louis-Léonidas, né le 1er septembre 1829.

D'argent, au chevron de gueules, accompagné en chef de deux roses et d'une étoile de même, et en pointe d'une coquille de sable.

GENOUD ou GENOU DE GUIBEVILLE, en Touraine.

Nicolas Genoud, secrétaire des commandements de la reine Marguerite, puis secrétaire du roi, fut reçu conseiller au Grand-Conseil le 26 novembre 1652.

Cette famille s'est alliée à celles du Puy, Brun, de Sève de Stainville et Vedeau de Grammont.

D'or, à trois bandes ondées d'azur.

GENOUILLAC (Jacques de), dit Galiot, Sgr de Montrichard (1516), mourut en 1546.

Ecartelé; aux 1 et 4 d'azur à trois étoiles d'or, en pal; aux 2 et 3 bandé d'or et de gueules de six pièces.

GENTILS (de) ou GENTILZ, Éc., Sgrs de la Viz, paroisse de Villebernin, en Touraine (XVIe siècle).

Denis Gentilz, Sgr de Fontenailles, fut nommé archer de la maréchaussée provinciale de Touraine, en 1672.

Gentils porte, d'après La Thaumassière (*Hist. du Berry*):

De gueules, à la croix ancrée de...

GEOFFROY.

D'azur, à deux aigles à deux têtes, éployées, l'une à sénestre, l'autre en pointe de l'écu ; au franc-quartier d'argent, au lion armé de... — Couronne de comte ; — Supports : deux lions.

GERÉ DE RANCÉ, Éc., Sgrs de Rancé, près Châtillon-sur-Indre (xviiᵉ siècle).

De gueules, au chef d'azur et un lion d'or brochant sur le tout.

GERSON.

De gueules, à un soleil posé au milieu d'un vol surmontant un écu chargé d'un T ; le soleil accompagné en chef de trois étoiles, et en pointe d'un croissant renversé, accosté de deux étoiles, le tout de...

GERVAISE, à Tours.

Nicolas Gervaise fut chanoine de St-Martin, de Tours, et prévôt de Suèvres (16...).

D'azur, à trois épis de blé d'or, 2, 1, tigés, feuillés et couronnés de même.

GIAC (de), Chev., Sgrs de l'Ile-Bouchard (xivᵉ et xvᵉ siècles).

Ecartelé ; aux 1 et 4 de sable plein ; aux 2 et 3 d'azur, au lion d'or, accompagné de trois aiglettes de même, 2, 1.

GIBOT, Éc., Sgrs de Moulinvieux, de la Périnière et du Portault etc... (xviiᵉ siècle).

Cette famille a été maintenue dans sa noblesse en 1667, 1697 et 1714. Elle a fourni deux chevaliers de Malte, Claude Gibot, — et Pierre-David Gibot, commandeur de Bourneuf, puis du Temple de Mauléon. Parmi ses alliances on remarque les familles de la Boisselière, de Courtalvert, de Maridor, Dorin, le Bascle et d'Aubigné.

D'argent, à un léopard de sable.

GIFFARD (de), Chev., Sgrs de Vaux (paroisse de St-Nicolas-de-Bourgueil), de Navonne (xviiᵉ siècle).

Charles de Giffard, Éc., comparut à Chinon au ban convoqué par lettres du 26 février 1689. Il résidait dans la paroisse de St-Germain de Bourgueil.

D'azur, à trois fasces ondées d'or, à la bande de gueules chargée de trois lionceaux d'or, brochant sur le tout.

GIGAULT (de), Chev., comtes et marquis de Bellefonds, Sgrs de Meuvres, de Mauvières, près Loches (xvie et xviie siècles), de Pont, de Marennes (paroisse de Civray), de Langeais (xviiie siècle).

Cette famille a fourni, entre autres illustrations, un archevêque de Paris et un maréchal de France.

Vers 1590, le roi fit don des profits de fief de la terre de Mauvières, relevant de Loches, à Jean Gigault, troisième du nom, Sgr de Marennes. Ce don eut lieu à l'occasion du mariage de Jean Gigault, avec Madeleine de Sigogné, fille de Georges, Sgr de Mauvières.

Jean Gigault fut abbé de Beaugerais, de 1517 à 1537.

Jacques Gigault, Chev., Sgr de Marennes, était lieutenant des maréchaux de France, au bailliage d'Amboise, en 1693.

Charles Gigault de Bellefonds, né le 17 février 1670, fut pourvu de la charge de lieutenant des maréchaux de France, en Touraine, le 4 août 1702. Son père, Charles Gigault, Sgr de Bellefonds, du Chassin et de Pons, avait obtenu acte de la représentation de ses titres de noblesse devant Voisin de la Noiraye, intendant de Tours, le 26 avril 1667.

Jacques Gigault de Meuvres, aussi lieutenant des maréchaux de France, en Touraine, mourut le 19 janvier 1709.

Jacques-Bon Gigault, chanoine et prévôt de St-Martin, de Tours, abbé de la Cour-Dieu (1730), fut ensuite évêque de Bayonne, puis archevêque d'Arles (1741) et archevêque de Paris (1746).

Éléonore Gigault de Bellefonds, née en 1708, fut religieuse à Beaumont-lez-Tours.

Joseph-Marie Gigault était trésorier de France, à Tours, en 17....

En 1789, Armand-Louis-François de Gigault, comte de Bellefonds, lieutenant-général des armées du roi, comparut à l'Assemblée de la noblesse de Touraine, pour l'élection des députés aux États généraux.

La famille de Gigault de Bellefonds s'est alliée à celles de

Grassignon, **Audet**, de Voisine, de Grasleul, d'Argilan, de Préville, Aux-Espaules, **Mautrot**, d'Argy, Carré d'Anjoin, Binet de Montifray, de Douhaut, d'Avoynes, du Chatelet, Davy d'Amfréville, de la Porte-Mazarin, de Bullion, etc.

D'azur, au chevron d'or, accompagné de trois losanges d'argent. — Cimier : une tête de maure ; — Supports : deux lions d'or. — Couronne : de marquis.

GILBERT, Éc., Sgrs de Fontaine (xviie siècle).

D'azur, à l'aigle éployée d'or.

GILBERT DE LA HAYE, Éc., Sgrs de la Guignardière (1654).

D'argent, à trois bandes (ou trois barres) de sable.

GILBERT DE **VAUTIBAULT**, Ec., Sgrs de Vautibault, de la Brèche, des Dormands, de Fontenay, de Beauchesne, des Vaux, de Bois-Brault, de Boislégat, de Levaré, etc.

Jean-Chrysostôme Gilbert, Écuyer, Seigneur de Vautibault, avocat au parlement, juge ordinaire civil et criminel et de police de la ville et baronnie de l'Ile-Bouchard, puis sénéchal de cette baronnie, comparut en personne et aussi comme fondé de pouvoir de Luc Gilbert, écuyer, Seigneur de Fontenay, et de Ursule Robin, dame de Beauchesne, veuve de Luc Gilbert, écuyer, à l'Assemblée électorale de la noblesse de Touraine, en 1789. Il eut quatre enfants :

1° J.-Chrysostôme Gilbert de Vautibault, marié à Elisa de Reneaulme, fille du marquis de Reneaulme. De ce mariage sont issus : Raoul et Gaston de Vautibault;

2° Luc Gilbert de Vautibault;

3° Alexandre Gilbert de Vautibault ;

4° Théodore Gilbert de Vautibault, résidant actuellement à Marcilly-sur-Vienne.

Coupé d'argent et de sable, à un lion d'or de l'un en l'autre, lampassé et armé de gueules.

GILBERT DE **VOISINS**, Chev., barons du Grand-Pressigny, Sgrs de Bessay, d'Etableaux, de Chanceaux, de Ferrière-Larçon xviiie siècle).

Cette famille est originaire de la Franche-Comté. Elle commence sa filiation par Michaut Gilbert, qui alla s'établir à Paris au xvᵉ siècle. Jean Gilbert, fils de Michaut, fut général des Finances du roi Charles VIII.

En 1789, Pierre Gilbert de Voisins, président au Parlement, comparut par fondé de pouvoir à l'Assemblée de la noblesse de Touraine pour l'élection des députés aux États généraux, et en personne à l'Assemblée électorale de la noblesse de la vicomté de Paris.

N Gilbert de Voisins fut créé comte le 4 juin 1815.

D'azur, à la croix engrêlée d'argent, cantonnée de 4 croissants d'or.

GILLES DE FONTENAILLES, Chev., Sgrs de la Grue, de la Bérardière, de Fontenailles, de Volaines. de Bagneux, de Louestault, de la Quantinière, de Beauvais, de Plessis-Raymond, barons de La Barbée et de Chaumont, etc... — Famille originaire du Vendômois, et répandue en Anjou et en Touraine.

Sa filiation suivie commence, d'après d'Hozier, par Nicolas Gilles, écuyer, Sgr de la Grue, vivant en 1391.

Des mémoires particuliers à cette maison portent qu'elle compte parmi ses aïeux Richard Gilles, capitaine de réputation, qui mourut à la bataille de Niort, en 1377.

La famille Gilles a donné trois conseillers du roi, présidents-trésoriers généraux de France au bureau des finances de Tours :

Jean Gilles I, écuyer, Sgr de la Grue (provisions du 16 juillet 1586 ;

• Jean Gilles II (provisions du 9 février 1593), et maître d'hôtel de la reine Catherine de Médicis ;

Charles Gilles, écuyer, Sgr de Volaines (provisions du 10 mai 1652).

Elle a été maintenue dans sa noblesse les 17 juillet et 22 décembre 1655 (arrêt du Parlement de Paris et jugement de la Cour souveraine des Francs-Fiefs) ; le 23 novembre 1656 (arrêt du Grand-Conseil) ; le 18 décembre 1657, le

26 février 1658, le 25 mars 1667 et 23 mai 1669 (sentences de l'intendant de Tours) ; le 26 juin 1696, le 18 mars 1715, le 27 juin 1716, le 15 septembre 1739 (sentences de l'intendant de Tours), et le 23 mars 1762 (sentence des sénéchaussée et présidial d'Angers).

Par lettres patentes d'avril 1752, la terre de la Grande-Barbée, avec les fiefs qui la composaient, fut érigée en baronnie pour Marin Gilles de la Bérardière, chevalier, capitaine au régiment de la Roche-Guyon-cavalerie. Ces lettres furent enregistrées au Parlement et à la chambre des Comptes de Paris, ainsi qu'au bureau des Finances de Tours.

Alexandre-Victor Gilles, chevalier, Sgr de Fontenailles, et Hercule-Victor Gilles, chevalier, Sgr de Fontenailles et de Louestault, comparurent, le premier en personne, le second par fondé de pouvoir, à l'Assemblée électorale de la noblesse de Touraine, en 1789.

D'argent, à trois biches, de gueules, passantes et posées deux et une.

GILLIER, Chev., marquis de Marmande et de la Villedieu, barons de Mauzé, Sgrs de Puygarreau, de Faye-la-Vineuse, de Ports, la Celle-St-Avant, Grouin, Barrault (relevant de Nouâtre), Sepmes (xve siècle), de Haute-Claire (paroisse de Razines), de la Roche-Clermault, de Verneuil, de la Tour, etc. (xvie et xviie siècles). — Famille originaire du Poitou. Elle a donné un maire de Poitiers (1392-93-94-99), Denis Gillier, chevalier du duc de Berry ; — un chambellan du roi Charles VII, Nicolas Gillier ; — un maître d'hôtel-pannetier ordinaire du roi (1557), Bonaventure Gillier, baron de Marmande ; — un chevalier de l'ordre du roi, gentilhomme ordinaire de sa chambre et de celle du duc d'Alençon, René Gillier, baron de Marmande (1568) ; — un lieutenant-général gouverneur pour le roi de la ville de Poitiers, Urbain Gillier, baron de Marmande (1638) ; — des chevaliers de l'ordre de Malte, etc.

Elle s'est alliée aux familles de Choisy, de la Rochefoucauld, de Taunay, de la Rocheaudry, de Cahiduc, de Parthenay, de Lostanges, de Vivonne, de Crevant, d'Aitz de Nesmy, de Bueil, Babou, de Laval, Chabot de St-Gelais, de Montmorency-Luxembourg, Lévesque de Marconnay, de Bernabé, de Croizilles, Janvre, etc.

D'or, au chevron d'azur, accompagné de trois macles de gueules. — Supports : deux lions d'or ; — Cimier : un lion naissant, aussi d'or, armé et lampassé de gueules.

GILLIS ou **GIELIS** (de), Sgrs du Fau et de l'Epinay, par suite du mariage de Marthe du Fau avec Alexandre Gillis (vers 1580).

De sinople (*Alias*, de pourpre); au chef d'argent chargé de trois maillets de gueules.

GILLMAN, à Tours (xixe siècle). — Famille d'origine anglaise.

D'azur, à trois mains ouvertes, de gueules, accompagnées d'une tête de cheval d'argent, posée en cœur. — Cimier : une tête de cheval.

GILLOT (Laurent), abbé de Bourgueil (1586), mort en 1597.

D'azur, à trois papillons d'or, 2, 1.

GILOIRE DE LEPINAIST, en Touraine (xviie, xviiie et xixe siècles).

Jean Giloire, Sgr de Lepinaist, était avocat à Chinon en 1698.

Jean Giloire de Contebault fut pourvu de la charge de conseiller et procureur du roi au grenier à sel de Chinon, le 11 mai 1743.

D'argent, coupé d'azur, à une croix ancrée de l'un en l'autre.

GIRARD, GÉRALD ou **GÉRAUD**, abbé de Beaulieu, en Touraine (1173-76).

De gueules, à trois macles d'or.

GIRARD, Éc., Sgrs de Véretz (en partie) et de Ste-Radégonde (1622). — Famille originaire de l'Auvergne.

Coupé; au 1 de gueules, à la fasce d'or, accompagnée de six besants du même; au 2 d'or, au lion de sable.

GIRARD (de), Ec., Sgrs de Gastines (xviie siècle).

D'azur, à trois chevrons d'or.

GIRARD DE **PINDRAY**, Chev., Sgrs de Pindray (XVIIIe siècle).

Cette famille a comparu, en 1789, à l'Assemblée électorale de la noblesse du Poitou. Elle compte parmi ses alliances les maisons de Salmon, de la Bussière, Foucault. Coustin de de Manados, de Bressole, le Vaillant, Ferré de Pindray, Richeteau du Poisron, etc...

Jean Girard de Champignolle fut reçu chevalier de Malte en 1642.

Ancien : D'argent, à trois fleurs de lis d'azur, au bâton d'or posé en bande brochant sur les premières fleurs de lis; à la bordure d'or chargée de trois cœurs de gueules, 1 à chaque flanc, 1 en pointe.

Moderne : D'argent, à trois fleurs de lis d'azur, à la bordure chargée de trois cœurs de gueules, 1 en chef, 1 à chaque flanc.

GIRARDIN, en Touraine.

En 1663, Jean Girardin remplissait à Tours les fonctions de conseiller du roi et de contrôleur général de ses finances.

D'argent, à trois têtes de corbeaux, arrachées, de sable, 2, 1.

GIRAULT DE **PLANCHOURY**, Chev., Sgrs de Planchoury, des Essarts, Fosse-Jouin, la Brosse (XVIIe siècle).

François Girault fut trésorier de France à Tours.

Simon Girault, conseiller du roi, aussi trésorier de France à Tours (9 septembre 1687), mourut le 5 avril 1694 et fut enterré dans l'église de Vernou.

André Girault de Planchoury, chevalier, comparut en 1789 à l'Assemblée de la noblesse de Touraine convoquée pour l'élection des députés aux États-Généraux.

D'azur, au chevron d'or accompagné en chef de deux étoiles d'argent et d'une rose de même en pointe.

GIROIS (de), Éc., Sgrs de Neuvy, de la Roche de Mayet (XVIIe siècle).

D'or, à quatre fasces d'azur.

GIROLET, à Tours (XVIIe et XVIIIe siècles). — Cette famille a fourni un chanoine de l'église de Tours; — un assesseur en l'hôtel de ville de Tours, Noël Girolet (1702),— et un trésorier général de France au bureau des finances de la même ville, Antoine Girolet (1777).

D'argent, au chevron de gueules, accompagné de trois coquilles de sable.

N. Girolet, aumônier du prince de Talleyrand, portait :
D'argent, à une fasce chargée de trois étoiles d'or, en fasce.

GIRONDE (de), Chev., comtes de Buron, Sgrs de Buxeuil, la Chaise-St-Rémy, relevant de la Haye (xviie et xviiie siècles). — Famille originaire d'Auvergne où elle est connue dès le xive siècle. Elle a été maintenue dans sa noblesse les 29 mars 1624, 18 mai 1635 et 7 août 1666.

Ecartelé ; aux 1 et 4 d'or, à trois hirondelles de sable, deux en fasce, se regardant, et une déployée en pointe, qui est de Gironde ; aux 2 et 3 de gueules à la croix vidée, pommelée, d'or ; et sur le tout, d'argent, à trois molettes d'éperon de sable, 2 en chef et une en pointe ; et une merlette de même en cœur, qui est de Rochefort.

D'après l'*Armorial général*, Alexandre de Gironde, comte de Buron (vivant en 1698), portait :
D'azur, à une colombe d'argent, accompagnée de trois étoiles de même, 2, 1.

GIROUST DU TRONCHAY, Éc., Sgrs de Miré (xviie et xviiie siècles).
D'azur, à la fasce d'or.

GIRY ou GIRI (J.-B.), prieur de l'abbaye de Fontaine-les-Blanches (1768).
D'azur, au soleil de... accompagné de quatre étoiles de...

GITONS DE BARONNIÈRE (Jean des), commandeur d'Amboise (1646-1673).
D'azur, à trois besants d'or.

GITTON DE LA RIBELLERIE, Éc., Sgrs de la Tour (à Rochecorbon), et du Portail de la Vieille-Chancellerie, à Tours (xviie siècle).

Pierre Gitton était receveur des consignations à Tours, en 1639.

Louis-Gabriel Gitton de la Ribellerie, chanoine et prévôt de St-Martin de Tours, mourut le 3 mai 1771.

D'argent, à deux canons au naturel, avec leurs affûts, passés en sautoir, accompagnés en pointe d'un baril de sable.

GIVRY DE ST-CYR (Joseph-Odet de), chanoine et chancelier de l'Église de Tours (vers 1750).

De sable, à trois quintefeuilles d'argent.

GLATIGNY (de).

D'argent, au chevron accompagné de trois roses, au chef, le tout de gueules.

GODARD D'ASSÉ, en Touraine (XVIIᵉ siècle).

Charles-Michel Godard d'Assé fut trésorier de France au bureau des finances de la généralité de Tours, en 16:...

Parti; au 1 de gueules au cygne d'argent posé sur une terrasse de sable; au chef d'azur chargé d'une étoile d'or; — au 2 d'or, au lion rampant, couronné de gueules; au chef d'azur chargé d'une hure de sanglier de sable, défendue d'argent.

GODDE DE VARENNES, Chev., marquis de Varennes,
— Famille originaire de Normandie, où elle est connue dès 1305. Au XVIIᵉ siècle, un de ses membres résidait à Avrillé. Elle a fourni un lieutenant-général des armées du roi, commandeur de St-Louis, Augustin-François Godde de Varennes (1743).

D'argent, à la fasce de gueules, accompagnée en chef de deux étoiles de sable, et en pointe d'une hure de sanglier de même, défendue d'argent.

GODEAU, Ec., Sgrs d'Ansans et du Puy, de Ronnay, paroisse de Négron, de Pray, relevant d'Amboise, de Bois-Millet, Bois-Godeau, près Amboise (XVᵉ et XVIᵉ siècles).

Jean Godeau fut maire de Tours en 1474.

De... à une cloche de... accostée de deux palmes de... (d'après une empreinte de sceau existant à l'hôtel de ville de Tours (liasse 21).

GODEAU, GODEAU D'ENTRAIGUES, Ec., Sgrs de la Douve, de la Houssaye, d'Entrennes (XVIIᵉ et XVIIIᵉ siècles).

En 1686, Pierre Godeau remplissait les fonctions de bailli à Château-la-Vallière.

Vers la même époque vivait Toussaint-Pierre Godeau de la Douve, greffier en chef du grenier à sel de Neuvy, sénéchal du duché-pairie de Château-la-Vallière.

Alexandre-François Godeau de la Houssaye, écuyer, Sgr d'Entraigues, comparut à l'assemblée électorale de la noblesse de l'Orléanais, en 1789.

La famille Godeau a donné un préfet au département d'Indre-et-Loire (2 août 1830), Alexandre-Pierre-Honoré Godeau d'Entraigues, maître des requêtes, officier de la Légion d'honneur, décédé en 1856.

D'azur, au chevron d'or, accompagné en chef de deux étoiles de même, et en pointe d'une ancre d'argent. — Couronne de comte. — Supports : deux lions.

GODEFROY, abbé de Beaulieu (1136) est mentionné dans une charte relative à la construction d'une église à la Haye.

De gueules, à dix hermines d'or, 4, 3, 2, 1 ; au chef de sable.

GODEFROY, Sgrs de Chauné (paroisse d'Epeigné) (xviie siècle).

D'azur, à une bande d'argent, chargée de trois chevrons de gueules, et accompagnée en chef de deux croissants d'argent et d'une molette d'éperon de même, en pointe.

GODESCHAL ou GODESCHAU, Chev., Sgrs de Cléré (xiie et xiiie siècles).

Geoffroy Godeschal, chevalier banneret, vivant en 1213, était de cette famille.

D'argent, à neuf merlettes de gueules posées en orle.

GODU, en Touraine (xviie et xviiie siècles).

D'argent, à 6 coquilles de gueules, en pal, 3, 3 ; à l'olivier de sinople fruitté de même ; au chef barré d'argent et de sable de 12 pièces.

GODU (François), chanoine de Saint-Martin de Tours (1606), mourut le 24 mars 1706.

D'azur, à trois aigles d'or, 2, 1.

GOGUIER DE SAINT-GEORGES.

D'azur, au cygne d'argent.

GOHIN DE MONTREUIL. — Famille originaire d'Angers.

Ecartelé ; aux 1 et 4 d'azur, à la croix recroisettée, d'or ; aux 2 et 3 d'argent, à l'aigle éployée de gueules.

GOHORY (de). — Cette famille, originaire de Florence et établie en Touraine en 1470, a donné un religieux à l'abbaye de Marmoutier, Cyprien Gohory. Elle s'est alliée aux maisons de Rivières, de Couhé, Zavatschi, Chevrier, de Canaples, Brisson, etc.

D'azur, à une fasce d'or chargée d'une hure de sanglier, de sable, et accompagnée de trois étoiles d'or, 2, 1. — Cimier : un lion issant, d'or, tenant de la patte droite une épée d'argent. — Supports : deux lions d'or. — Devise : *Spiritus et cor*.

GOHUAU DE SAINT-JEAN, en Touraine.

Gatien-Pierre Gohuau de Saint-Jean, conseiller du roi, était trésorier de France au bureau des finances de la généralité de Tours en 1786.

D'azur, au mouton pascal d'or contrepassant, sur une terrasse de sinople ; au chef d'or chargé de trois abeilles de... (d'après M. Lambron de Lignim).

GOISLARD, Sgrs de Montsabert et de Baillé — en Touraine et dans l'Ile-de-France.

Cette famille a donné trois conseillers au Parlement de Paris : Marc-Anne Goislard, mort le 9 novembre 1712 ; Anne-Charles Goislard de Montsabert, mort le 20 octobre 1733 ; Anne-Jeanne-Baptiste Goislard de Baillé (1739). Elle s'est alliée aux maisons de Sevin, le Maître de Montsabert, de Beaurepaire de Liverdy, de Riens, Patu, Rullant, Haynin, Aubin de Plancy, etc...

D'azur, à trois roses d'or, 2, 1.

Une famille Goilard, dite d'Amboise, portait, d'après l'*Armorial du Poitou*, de A. Gouget :

D'azur, à trois testes et cols de lions d'or arrachés et lampassés de gueules.

GOMBAULT, Ec., Sgrs de Méré (xviie siècle).— Cette famille a été maintenue dans sa noblesse en 1666.

D'azur, à six pals d'or.

GON DE VASSIGNY.

D'azur, à une aigle de profil et volante, d'or.

GONDOUIN. — A Tours.

De... à un gond de porte posé en chef de l'écu, et en pointe un daim, de...

GONDY (de) ou GONDI, ducs de Retz, marquis de Belle-Isle, Sgrs de Châteaurenault par suite d'un échange entre

Henri de Gondi, duc de Retz, et Albert Rousselet de Châteaurenault (25 mai 1618).

D'or, à deux masses de sable, passées en sautoir, et liées de gueules.

GONESSE (Guillaume de), Chev., bailli du roi, bailli du sénéchal du Maine, de l'Anjou et de la Touraine.

D'argent, à deux coqs de sable, l'un sur l'autre.

GONTAUT (de), Chev., marquis de Saint-Blancard, Sgrs de Monthodon (xviiie siècle). — Cette famille est une branche de la maison Gontaut de Biron, dont un membre, Armand-Louis-Henri Charles, résidait à Tours en 1848.

La terre de Biron, érigée en duché pairie par Henri IV en faveur de Charles de Gontaut, maréchal de France, fut érigée de nouveau, au même titre, en 1723, pour Charles-Armand de Gontaut, marquis de Biron.

Charles-Marie-Michel de Gontaut, marquis de Saint-Blancard, comparut par fondé de pouvoir, en 1789, à l'Assemblée électorale de la noblesse du Perche, tenue à Belesme.

Écartelé d'or et de gueules.

GORRON (de), Ec., Sgrs de la Gorronnière, de la Maison-Rouge, de Tenye, au xviie siècle (Touraine et Poitou). — Cette famille a été maintenue dans sa noblesse le 31 septembre 1667.

D'or, à trois fasces de gueules.

GOTH (Bertrand de), prévôt de Saint-Martin de Tours (1300), élu pape le 5 juin 1305, sous le nom de Clément V.

De... à trois sangliers de...

GOUBERT (Goubert), Chev. de Touraine, prit la croix en 1191.

De gueules, au grelier contourné d'or, lié du champ, accompagné en pointe d'une molette d'éperon d'or.

GOUDEAU, Ec., Sgrs du Tertre, paroisse de Villiers-au-Boin (xviie et xviiie siècles).

D'argent, au chevron de sable accompagné de trois trèfles de même

GOUFFIER, Chev., Sgrs de Sonnay, près Chinon (xv⁰ siècle), duc de Rouannez, Sgr de Bonnivet, Boissy, barons de Preuilly et Sgrs de Chinon (xvi⁰ siecle).— Maison d'ancienne chevalerie, originaire du Poitou et éteinte en 1786.

Aimer Gouffier, Sgr de Bonnivet, était grand bailli-gouverneur de Touraine en 1450.

Guillaume Gouffier, baron de Rouannez, grand bailli-gouverneur de Touraine, mourut à Amboise le 23 mai 1495.

Adrien Gouffier, cardinal de Sainte-Suzanne, grand aumônier de France, abbé de Cormery et de Bourgueil, mourut à Villandry le 24 juillet 1523.

Claude Gouffier, marquis de Boissy, était capitaine d'Amboise en 1558.

Gilbert Gouffier fut aussi capitaine d'Amboise (par lettres du 22 juillet 1566).

Louis Gouffier de Caravas était abbé de Cormery en 1627.

D'or, à 3 jumelles de sable en fasce.

GOUIN, à Tours.

Henry-Jacques-Marie Gouin, négociant à Tours, institué maire de Tours par le représentant du peuple Pocholle, par arrêté du 24 germinal an III, ou 13 avril 1795, exerça les fonctions de cette charge jusqu'au 19 brumaire an IV, ou 14 novembre 1795.

M. Gouin a rempli successivement les charges de membre du conseil municipal et de président du tribunal de commerce. Il a été choisi pour député du département d'Indre-et-Loire en 1815, renommé à deux élections consécutives et créé chevalier de la Légion-d'honneur.

La famille Gouin porte :

D'azur, à la croix tréflée d'or (1).

GOUJON DE GASVILLE, comtes et marquis de Gasville, Sgrs d'Iville, de Ris, Cousti, Thorigny, barons de Château-

(1) *Armorial des Maires de la ville de Tours*, par M. Lambron de Lignim, pages 74, 75.

neu etc... — Famille originaire de Normandie. Elle s'est alliées aux maison de Visé, de Bouville, Faulcon de Ris, Martinet, le Tonnelier de Breteuil, de Marolles, de Fresne l,d'Isarn de Beaujeu, de Fontaines, Babeau de la Chaussade, etc...

D'azur, à deux goujons d'argent passés en sautoir, et en pointe une rivière de même.

GOULLARD ou GOULART, Chev., Sgrs de la Boulaye, la Bourbellière (xvᵉ siècle), de la Poussardière, Beauvais, du Moulin-Neuf, paroisse de Neuvy (xviiᵉ siècle), de Courcoué et du Retail (xviiiᵉ siècle).

Cette famille, originaire de Lyon et établie en Touraine dans le cours du xvᵉ siècle, a été maintenue plusieurs fois dans sa noblesse, notamment le 18 août 1635, par Jean d'Etampes de Valençay, intendant de Touraine, et Jérôme de Bragelongue, commissaire général pour le réglement des tailles, — le 27 mars 1665, — et le 1ᵉʳ juillet 1699. Elle a comparu en 1789 à l'Assemblée de la noblesse du Poitou.

Lancelot Goullard, conseiller du roi, était receveur des tailles, à Tours, en 1630.

Thomas Goullard remplissait les fonctions d'avocat du roi au siége présidial de Tours, en 1654.

Charles Goullard était trésorier des turcies et levées, en Touraine, en 1663.

Jean-François Goullard était chanoine de St-Martin de Tours en 1730.

Louis-Joseph Goullard, chanoine de la même collégiale, prévôt de Vallières, est mentionné en cette qualité dans un titre de 1768.

D'azur, au lion rampant d'or, armé, lampassé et couronné de gueules.

GOUPIL DE BOUILLÉ, Éc., Sgrs de Bouillé et de Pavée, paroisse de Bourgueil (xviiiᵉ siècle).

Cette famille paraît être originaire de l'Anjou. Louis Goupil, Sgr de Bouillé, vivant en 1660, fut pourvu des charges de conseiller du roi, receveur alternatif des tailles, et de trésorier des octrois de cette ville, charges qui restèrent dans la famille jusqu'en 1778.

La terre de Pavée vint en la possession de la maison Goupil de Bouillé en 1768, par suite du mariage d'Anne-Françoise-Charlotte de Cougny avec Paul-René-Louis Goupil de Bouillé, écuyer, né le 17 janvier 1735, garde de la Manche du roi, capitaine de cavalerie et chevalier de St-Louis. Paul-René-Louis Goupil de Bouillé remplit les fonctions de garde de la Manche depuis le 19 octobre 1755 jusqu'au 3 octobre 1787. Il est mentionné en cette qualité et sous le nom de *de Goupil* dans *l'Etat militaire de France pour l'année* 1787, par M. de Roussel, page 116.

Du mariage de René Goupil de Bouillé et de Françoise-Renée Salmon sont issus :

1° Paul-René Goupil de Bouillé, né en avril 1800, prêtre, aumônier des sœurs de St-Martin de Bourgueil (1867).

2° François-René Goupil de Bouillé, né le 30 octobre 1802, marié le 25 janvier 1825 à Henriette-Claudine-Marie Lerou de la Chenaie, dont il a eu : 1° Xaverie-Marie-Renée, née le 1er novembre 1825 ; 2° René Goupil de Bouillé, né le 19 janvier 1829, marié le 26 novembre 1859 à Blanche-Marie-Clarisse-Emilie Ligier, de la famille Ligier de Laprade, originaire d'Auvergne. De ce mariage sont nés : Blanche-Marie-Renée et Anne-Marie-Xaverie, nées le 4 janvier 1862, et René-Joseph-Marie-Pierre, né le 1er mars 1865.

D'azur, à trois merlettes d'argent, 2, 1, et un croissant de même en pointe ; au chef d'or. — L'écu timbré d'un casque de front.

GOURDAULT (de), Sgrs de Lespinay, paroisse de Cheillé (xviie siècle).

D'argent, à trois quintefeuilles de gueules ; au chef de gueules chargé de deux croix d'or.

GOURJAULT (de), Chev., marquis de Gourjault. — A St-Ouen, en Touraine (xixe siècle).

Chérin, généalogiste des Ordres du roi, a dit de cette famille : « La noblesse de cette maison est ancienne et pure ; elle a des services militaires et de bonnes alliances. »

L'origine de la famille de Gourjault remonte à Hugues Gourjault, vivant au XIIe siècle.

Hugues Gourjault, gentilhomme poitevin, fit partie de la première croisade de saint Louis. Ses armes figurent au Musée de Versailles.

La maison de Gourjault a possédé dans le Poitou une grande quantité de fiefs et seigneuries. Elle a été maintenue dans sa noblesse le 10 décembre 1667 et le 7 avril 1699. En 1789 elle a comparu à l'assemblée électorale de la noblesse du Poitou.

Louis-Charles de Gourjault, marquis de Gourjault, épousa, le 9 septembre 1765, Henriette-Charlotte de Ramsay.

Charles-Louis-Ernest, marquis de Gourjault, né le 10 novembre 1800, à Altona (Danemarck), fut nommé auditeur au Conseil d'État en 1825 et donna sa démission en 1830. Il épousa, par contrat du 19 mai 1829, honoré de la signature du roi et des princes, Anne-Rose-Charlotte Butel de Sainteville, fille de Charles-Joachim-Mathurin Butel de Sainteville et d'Anne-Perrine Budan. De ce mariage sont issus : Raoul-Charles-Henri, né le 5 septembre 1830 ; Albert-Charles-Henri, né le 27 septembre 1834, mort jeune ; Charles-Emmanuel-Maurice, né le 24 octobre 1835, et Louise-Marie-Alix, née le 17 avril 1832.

Charles-Anastase-Gabriel, comte de Gourjault, chef de la 2e branche, né le 24 février 1803, a épousé le 4 octobre 1832 Louise-Henriette-Mathilde Bodson de Noirfontaine ; dont il a eu : Henri-Charles, mort jeune ; Ernest-Olivier, né le 29 avril 1836 ; Marie-Henri, né le 8 mars 1844 ; Camille-Hugues, né le 24 mars 1845.

De gueules, au croissant d'argent. — Supports : deux lions ; — Couronne de marquis.

GOURY (Alexandre), abbé de Gastines (1528-35).

D'azur, à la bande componnée d'or de 4 compons.

GOURY, à Tours (xvie et xviie siècles). — Famille originaire de Paris.

Antoine Goury, Sgr de Chays, était receveur général des tailles, à Tours, en 1621.

D'azur, à trois bandes (ou trois fasces) d'or.

GOUYN DE CHAPIZEAUX (de), Éc., Sgrs et marquis de Chapizeaux et de Fontenailles.

La terre de Fontenailles fut érigée en marquisat, en juillet 1703, en faveur de Henri-Louis de Gouyn de Chapizeaux.

D'argent, à une fasce de gueules chargée de trois besants d'or.

GOYET, Éc., Sgrs de Becherade, de Cangé, de la Raturière, des Hayes de Tresson (paroisse de Chenusson), des Hayes et de Villeseptier (paroisse de Rochecorbon), de Lauberdière et du Vivier (paroisse de Courcelles), de Villecor, du Plessis, de la Dorée. — Famille noble, originaire du Perche, et connue dès le commencement du xve siècle. Elle a fourni un chevalier de l'ordre de St-Jean de Jérusalem.

Gervais Goyet, avocat au bailliage de Tours, conseiller du roi, était maire de Tours en 1476.

Alexis Goyet, avocat au bailliage de Tours, fut aussi maire de cette ville en 1514.

Hélie Goyet des Hayes était conseiller-juge au présidial de Tours en 1602-16.

François Goyet, prêtre, décédé le 31 mai 1690, est auteur d'un ouvrage resté à l'état manuscrit et intitulé : *Le parfait hérault, Nobiliaire de la généralité de Touraine avec celle de Poitiers (2 parties), avec une instruction du blason et diverses observations et avis nécessaires à la noblesse, recueillis et dressés par M. François Goyet du Saint-Siége* (1686).

D'azur, au chevron d'or accompagné de trois pélicans du même. — Cimier : un pélican dans son aire avec ses petits, d'or ; — Supports : deux aigles de même.

GRACET DE LA DAVIÈRE, Éc., Sgrs de la Davière et de la Nouaudière (xvie siècle).

De... à trois coquilles de... 2, 1.

GRAFFART, Éc., Sgrs de Gée et du Mée (xviie siècle).

D'argent, à trois pieds de griffon, de sable, membrés de gueules.

GRAHAM (Jean-Robert), préfet d'Indre-et-Loire (18 mai 1800).

Les Graham d'Angleterre portent :

Écartelé ; aux 1 et 4 d'or, au chef de sable, chargé de trois coquilles d'argent ; aux 2 et 3 d'argent à trois roses de gueules, 2, 1. — Supports deux grues ou deux hérons. — Cimier : deux grues combattant. — Devise : *Ne oublie.* — Couronne de comte

GRAILLY (de), Chev., Sgrs du Plessis, Pouillé (paroisse de St-Pierre de Tournon), Fredilly (paroisse de Chasseigne), des Certeaux, de Buxeuil-sur-Creuse (xviie et xviiie siècles).

Jean Ier, sire de Grailly, chevalier, vicomte de Benanges, sénéchal de Guienne, prit la croix en 1270.

Le 10 décembre 1772, N. de Grailly vendit le fief de Pouillé, au prix de 40,000 livres, à M. d'Harembure.

D'or, à une croix fichée, de sable, chargée de cinq coquilles d'argent.

Grammont-lez-Tours (prieuré de), à la fin du xviie siècle.

D'azur, au bâton prieural d'or, accosté de deux montagnes de même.

GRAND, Éc., Sgrs de la Forêt-Fontanche et de la Joubardière (paroisse de Nouans), (xviie siècle), de Loché (xviiie siècle). — Famille originaire de Saintonge. Une branche s'est établie en Angoumois.

D'azur, à trois serpents volants d'or, 2, 1. — Cimier : un serpent de même, issant d'une tour. — Supports : deux lions.

GRAND, Éc., Sgr du Pouzet (xviie siècle), branche de la famille précédente.

D'azur, à trois serpents volants, d'or, à une bordure de gueules.

GRAND (de), Éc., Sgrs de la Berselonnière (xviie siècle).

A cette époque une branche des de Grand résidait à l'Ile-Bouchard.

D'argent, à trois têtes de maure de sable, posées de fasce, 2, 1, accompagnant une fasce de gueules chargée de trois étoiles d'or.

GRANDET, Éc., Sgrs de Plesse (xviiie siècle).

D'azur, au chevron d'or accompagné en chef de trois étoiles, et en pointe d'une coquille, le tout du même.

GRAND'HOMME (de), Sgrs de Gizeux, d'Avrillé, de la Caillère, de l'Aunay Barré, la Cour-Izoré-en-Savigné, d'Hommes, des Cartes, du Puy, de Parsay (xviiie siècle).

Marie-Anne de la Motte, veuve de N. Grand'homme, comparut par fondé de pouvoir, en 1789, à l'assemblée électorale de la noblesse de l'Anjou.

René Grand'homme acheta les terres de Gizeux, d'Avrillé, de Parsay et de Durtal, le 4 août 1723, de Henri-Aimé-René de Rouxellé.

Pierre Grand'homme, avocat en la sénéchaussée de Château-du-Loir (1698), portait :

De sable, à un buste d'homme, d'argent.

GRANDIN, en Touraine et en Orléanais.

D'azur, à une fasce d'or, accompagnée en chef de trois étoiles d'argent, et en pointe d'une rose de même.

GRANDIN, en Touraine et en Normandie.

D'azur, au chevron d'or, accompagné de trois étoiles de même, 2, 1.

GRANDMAISON (N. de), capitaine de bourgeoisie de la ville de Tours (fin du xviie siècle).

D'azur, à un château d'or.

Grandmont, près Chinon (le prieuré de).

D'azur, à une Sainte-Vierge, les mains croisées sur la poitrine, la tête auréolée d'or.

GRANGE (de la), Chev, Sgrs de Montigny, — de Beauvais et de Draché, en Touraine (xvie siècle). — Famille originaire du Berry.

Thibault de la Grange fut pourvu de la charge de maître des eaux et forêts de Touraine le 9 janvier 1400.

François Ier de la Grange de Montigny était abbé de Seuilly en 158...

François II de la Grange de Montigny fut abbé du même monastère en 1600.

D'azur, à trois renchiers d'or.

GRANGES (de), Éc., Sgrs de la Gibonnière (xviiᵉ siècle),
— A cette époque une branche résidait dans la paroisse de
Marsay.

De gueules, fretté de vair; au chef d'or chargé d'un lambel de sable,

GRAS DE PREIGNE (de), en Touraine (commune de Cinq-
Mars), (xixᵉ siècle). — Cette famille a donné plusieurs chevaliers de Malte.

Tiercé en bande; au 1 d'or; au 2 d'argent; au 3 de gueules à trois aiglettes
essorant et ayant les têtes contournées, de sable, membrées, becquées et
couronnées d'or.

GRASLEUL (de), Chev., marquis de Grasleul, Sgrs de la
Rochebreteau, paroisse de Ciran-la-Latte, de la Petite-Cou-
ture, de la Jonchère, de la Mairie-de-Jai, de Thaix, paroisse
d'Yzeures (xviiᵉ et xviiiᵉ siècles).

La famille de Grasleul figure dès le xiiᵉ siècle dans les
cartulaires du Berry et de la Touraine. Elle a formé diverses
branches, entre autres celles de la Motte-Grasleul, de la Rochebreteau, de Plaisance et de Guémeunier. Parmi ses alliances elle compte les familles de Guenand, de Menou, de.
Charnay, Savary de Lencosme, de Bourges, de Barbançois,
de la Motte, de Cigogné, de Marolles, Carré de Villebon, des
Escures, de Pierres, de Quinemont, de la Rochefoucauld, etc.

Le 4 mars 1486, Jean de Grasleul fut pourvu de la charge
de capitaine des francs archers de Touraine.

Gabriel-Christophe, chevalier de la Rochebreteau, marquis
de Grasleul, et Jacques-Marie, chevalier de Grasleul, capitaine au régiment de Brie, comparurent, le premier en personne, le second par fondé de pouvoir, à l'Assemblée électorale
de la noblesse de Touraine en 1789.

De sinople, au lion d'argent. — Cimier : une licorne issante.— Supports :
deux lions. — Couronne de baron.

GRASLIN (de), Éc., Sgrs de Chênauloup, de la Mozandière, — et des Bidaudières, paroisse de Vouvray (xviiᵉ et
xviiiᵉ siècles).— La filiation de cette famille tourangelle commence par Adrien Graslin, résidant dans la paroisse de Val-

lières, dont le petit-fils, vivant vers 1650, posséda les terres de la Mozandière et de Chênauloup.

La famille de Graslin a fourni les fonctionnaires et un chanoine de Tours dont les noms suivent :

Louis Graslin, écuyer, clerc commis de l'audience de la chancellerie présidiale de Tours (1691), puis greffier en chef au bureau des finances de cette généralité, décédé le 21 mars 1717 ;

Joseph-Louis Graslin, écuyer, né le 28 août 1683, aussi greffier en chef au bureau des finances de Tours, mort le 25 octobre 1743 ;

François Graslin, chanoine de l'église de Tours, prieur de Cérin, décédé le 4 novembre 1733 ;

Jean-Joseph-Louis Graslin, écuyer, receveur-général des fermes, à Nantes, mort le 10 mars 1790 ;

Louis-François de Graslin, écuyer, consul de France en Espagne, chevalier de la Légion d'honneur et de l'ordre de Charles III d'Espagne, né le 25 avril 1769, décédé en novembre 1850 ;

Gustave de Graslin, élève consul de France à Lisbonne, né en mars 1799, mort le 5 septembre 1832.

Jean-Joseph-Louis Graslin, dont nous venons de parler, naquit à Tours le 13 décembre 1728. D'abord avocat au Parlement, puis receveur général des fermes à Nantes, membre de la Société d'agriculture, des sciences et des arts de Tours, de la Société royale d'agriculture de Limoges et de l'Académie impériale de St-Pétersbourg, il se fit remarquer par l'étendue de ses lumières en finances et par la justesse de ses vues en économie politique. Nantes lui doit un agrandissement notable, ses progrès et sa prospérité. « La richesse de cette ville, lisons-nous dans le *Dictionnaire biographique* de Chalmel (Histoire de Touraine, t. IV, p. 219), ayant acquis une très-grande extension par le commerce des colonies, Graslin conçut l'idée d'en agrandir l'enceinte, par la construction d'un nouveau quartier qui ne s'éloignât pas trop de la Loire, et quoique le terrain sur lequel il se proposait de bâtir fut inégal et bien au-dessus du niveau du reste de la ville il ne fut point rebuté par les difficultés. Il mit la plus grande tenacité dans son entreprise; plusieurs particuliers imitèrent son exemple, et, dans l'espace de dix ans, la ville de Nantes se vit accrue et embellie par un nouveau quartier qui prit et qui conserve encore le nom de Graslin... Il est mort à Nantes en 1790, laissant la réputation d'un citoyen recommandable par ses talents, son patriotisme et par d'importants services rendus à une grande cité à qui sa mémoire doit longtemps être chère. »

Jean-Joseph-Louis Graslin a laissé d'excellents ouvrages dont la liste se trouve à la fin d'une brochure de R. M. Luminais, ayant pour titre : *Recherches sur la vie, les doctrines économiques et les travaux de J.-J.-Louis Graslin* (Nantes 1862, — ouvrage couronné par la Société académique de la Loire-Inférieure).

Louis-François de Graslin, consul de France en Espagne, fils de Jean-Baptiste-Louis Graslin, épousa N. Picault, dame de Malitourne. De ce mariage sont issus :

1° Gustave de Graslin, élève consul de France à Lisbonne, marié à Isabel del Mago, dont il a eu Eulalie de Graslin, née le 25 décembre 1831 ;

2° Adolphe-Hercule de Graslin, né le 11 avril 1802, marié à Céline-Marie-Eugénie de Rorthays, dont il a eu : Adolphe-Louis-Alfred de Graslin, né à Tours le 16 juin 1845 ;— et Roger Claire-Adolphe-Marie de Graslin, né à Tours le 3 mars 1858.

Résidence de la famille : Malitourne, commune de Flée, près Château-du-Loir.

D'argent, au chevron d'azur, accompagné en chef de deux étoiles de même, et en pointe d'un coq au naturel; au chef de sinople chargé d'un croissant d'argent accosté de deux cloches d'or, bataillées de sable.

GRATELOUP (de), Chev., barons de Sennevières, Sgrs de Manthelan, de Fay (xviie siècle). — Famille originaire de Bourgogne.

Gabriel de Grateloup, baron de Sennevières, lieutenant-colonel du régiment de Piémont, remplissait, en 1642, la charge de capitaine-gouverneur de Loches et de Beaulieu.

D'azur, au chevron d'or surmonté d'un soleil rayonnant de même, accompagné de deux fleurs de soucis d'or, tigées et feuillées de sinople.

D'après l'abbé Goyet, les armes de cette famille seraient :

De gueules, au loup d'or, à la main dextre d'argent, qui le gratte sur le dos, le bras mouvant du côté sénestre.

Ces dernières armes ne nous paraissent pas être les véritables.

GRAVIER, Éc., Sgrs d'Ortières.

D'azur, à une fasce ondée d'argent, accompagnée en chef de trois étoiles de même, et en pointe d'un croissant d'or.

GRAVIER, marchand bourgeois à Tours (xviie siècle).

D'azur, à trois fasces ondées d'argent.

GRAY (de), Chev., Sgrs de Chambon, près Preuilly (dès 1453), de Corbet (en partie), la Morsellière, la Touche, Chamboulin, la Charlottière (du xve au xviiie siècle).

Cette famille, d'origine anglaise, vint habiter la Normandie vers 1380, puis la Touraine vers 1440. Elle a pour auteur Jean de Gray, comte de Tancarville, écuyer d'écurie de Henri V, roi d'Angleterre. En 1453 Jean de Gray vendit une partie de la terre de Corbet à Jean d'Alès.

La famille de Gray s'est alliée à celles de Lomerie, de Menou, de Saintré, du Puy, Baudierre, de Montsorbier, de Commacre, Biseau, de Montbel, Fouquet, etc.

De gueules, au lion d'argent, à la bordure engrêlée de même.— Supports : deux lions de gueules. — Devise : *Anker Fast* (Tiens ferme).

Une branche qui a possédé la terre de Livarot, en Normandie, portait :

Fascé d'argent et d'azur.

GRÉAULME (de), Chev., comtes de Gréaulme, Sgrs de la Valette, des Greux, de Varennes (paroisse de St-Pierre de Tournon), de Pont (paroisse de Razines), de la Goronnière, d'Andilly, Boisgarnault, Razines, Bournan, la Tour-Légat, la Cliette, Chantejau, Boisgillet, la Chevallerie, Martigny, la

Tour-de-Brou, des Clerbaudières, etc. (du xve au xviii^e
siècle).

Les de Gréaulme, dont le nom s'est écrit aussi Graham,
Gréalme, Grayme, etc..., sont originaires d'Écosse et sont
sortis des Graham, ainsi qu'il est prouvé par une enquête
faite devant le bailli de Caux le 17 juillet 1449.

Cette maison de Graham est une des plus anciennes et des
plus illustres de l'Écosse. Un de ses membres, le roi Grime
ou Graëme, succéda à Constantin IV en l'an 985 et régna
9 ans. Lors de son établissement en France elle donna son
nom à une terre seigneuriale qui est restée dans la famille
pendant plusieurs siècles, et s'est partagée en trois branches
qui se sont répandues en Normandie, en Touraine et en
Poitou.

Bertram de Gréaulme vint s'établir en Touraine vers le
milieu du xve siècle. Il fut capitaine d'une compagnie de
francs-archers et lieutenant du château de Marmande (1464).

La maison de Gréaulme a été maintenue dans sa noblesse
les 17 avril 1599 et 12 août 1667. Un de ses membres, Henri-
François de Gréaulme, commanda le ban de la noblesse, en
Anjou, de 1695 à 1697. En 1789, elle a comparu à l'Assemblée
électorale de la noblesse du Poitou et à celle de la Touraine. Elle compte plusieurs chevaliers de Saint-Louis et de
la Légion d'honneur, des généraux et des lieutenants-généraux, un inspecteur-général de l'artillerie, grand croix de
Saint-Louis, un conseiller maître d'hôtel du roi, un aumônier
des rois Henri III et Henri IV, etc. Elle s'est alliée aux familles d'Héricourt, d'Yvetot, de Limbœuf, de Bethencourt,
de Louraye, de Vandel, des Cars, Isoré d'Hervault, Girard
de Pindray, de Mauvise, de Sanglier, Janvre de la Bouchetière, de Rives, de Savary, le Brun de la Messardière, de
Mocet, de Chergé, etc.

Pierre de Gréaulme de la Cliette, chanoine de St-Martin de
Tours, mourut le 4 mai 1764.

Les branches de la Goronnière, de Fagonne et des Clerbaudières sont éteintes. Celle de la Cliette a aujourd'hui pour chef de nom et d'armes Alfred-Gustave, comte de Gréaulme, né le 13 mars 1813, marié le 8 janvier 1839 à Anne Gaultier, fille d'Urbain-Charles, inspecteur des domaines, et de Charlotte-Éléonore Poirier des Bournais. De ce mariage sont issus : Marie-Henriette-Élisabeth, née le 18 mars 1845 ; Henri-René, né le 2 novembre 1846 ; Marguerite-Gabrielle ; Léon-Pierre-Paul et Bertrand-Amédée de Gréaulme.

Le *Dictionnaire des familles de l'ancien Poitou* attribue à la maison de Gréaulme les armes suivantes :

Branche ainée :

De sable, à trois coquilles d'or.

Branche de la Cliette :

D'azur, à trois cigales d'argent, 2, 1.

Selon le même ouvrage, les Graham, d'Écosse, portaient :

Aux 1 et 4 d'or, au chef de sable, chargé de trois coquilles d'argent, et aux 2 et 3 d'argent à trois roses de gueules.

Selon l'*Estat des nobles réservés dans toutes les élections de la généralité de Poitiers*, publié par M. A. Gouget (*Armorial du Poitou*, 1866), *Pierre de Grayme, Sgr de la Gautrye, issu autrefois d'Ecosse*, portait :

Ecartelé, aux 1 et 4 d'or, à 3 roses simples de gueules, aux 2 et 3 d'or, au chef de sable chargé de trois croisilles d'or.

D'après les recherches faites par M. le comte de Gréaulme les armes véritables de la famille sont :

D'argent, à une grue de sable, armée d'or, posée au milieu de l'écu ; au chef de sable chargé de trois coquilles d'argent. — Supports : deux grues couronnées à l'antique ; — Cimier : une grue ; — Couronne de comte à l'antique posée sur l'écu, surmontée d'un casque taré de face, grillé, sommé d'une couronne de comte à l'antique et orné de ses lambrequins d'argent et de sable. Cri d'armes (au-dessus du cimier) : *A tous Gréaulme*. — Devise héréditaire : *Candide te secure*.

GRÉBAN (de), Éc., Sgrs de Grisy, des Anneaux, des Mangeoins, de Suzy, etc. — Famille originaire de l'Ile de France. Pierre de Gréban de Grisy, écuyer, garde de corps de Son Altesse Mgr le duc d'Orléans, régent de France, fut le chef de la branche existante, dont un membre, M. de Gréban de Pontourny, écuyer, chevalier de la Légion d'honneur, ancien lieutenant de vaisseau, est venu s'établir en Touraine, lors de son mariage, en 1835. M. de Grizy laissa deux fils : 1° François de Gréban, écuyer, conseiller du roi, bailli, lieutenant-général au bailliage de Brie-Comte-Robert; 2° Pierre-Robert de Gréban, Sgr de Suzy, des Anneaux, des Mangeoins, etc., écuyer, chevalier de Saint-Louis, capitaine de cavalerie, porte-étendard des gendarmes de la garde ordinaire du roi.

A cette maison appartiennent deux poëtes du xv° siècle, nés à Compiègne, (Ile de France), berceau de la famille : 1° Simon de Gréban, plus connu sous le nom de Simon de Compiègne, qui fut d'abord secrétaire de Charles d'Anjou, comte du Maine, puis de Charles VII. On lui érigea un monument dans la cathédrale du Mans, devant l'autel de Saint-Michel; — 2° Arnoul de Gréban, son frère, fut pourvu d'un canonicat en l'église de St-Julien par le comte René d'Anjou.

Cette famille a eu plusieurs de ses membres dans la maison militaire de nos rois, dans l'armée, dans la marine et dans d'autres fonctions : Jean de Gréban, écuyer, pensionnaire du roi, fut lieutenant-général de la prévôté de l'hôtel, grande prévôté de France; Jacques-Bénigne de Gréban de St-Germain fut maître particulier des eaux et forêts au siége de Dijon. Né en 1700, il fut tenu sur les fonds baptismaux par Bossuet, évêque de Meaux, et par la marquise de la Trousse, amie de Mme de Sévigné.

Jacques de Gréban, fils du bailli, fut écuyer, chevalier de la Légion d'honneur, capitaine de vaisseau; il commandait, en 1812, la flottille de l'armée navale d'Anvers. Il a laissé trois enfants de son mariage avec la fille unique de M. Le Roy, chevalier de St-Louis, officier de la Légion d'honneur, ancien préfet maritime, ancien consul général, et de dame Marie-Louise de Girardin.

1° Emma de Gréban, mariée au baron Duveyrier Mélesville;

2° Amédée de Gréban, écuyer, commandeur de la Légion d'honneur, colonel du génie, marié à D^{lle} Mary Dupont-

White, dont il a : Amédée de Gréban, écuyer, substitut du procureur impérial à Dijon; Arthur de Gréban, écuyer, lieutenant au 9e chasseurs à pied; Amélie et Céline de Gréban;

3° Hippolyte de Gréban de Pontourny, marié le 10 novembre 1835, à Dlle Richard de Pontourny, dont il a eu trois enfants : Emma de Gréban de Pontourny, mariée au vicomte Louis de Lamalle, procureur impérial à Sancerre; Alphonse de Gréban de Pontourny, écuyer, ingénieur, civil des mines; Charles de Gréban de Pontourny, élève à l'école libre de l'Immaculée Conception, à Paris-Vaugirard.

Les alliances directes sont : avec les maisons de Gennes, de Boyer, Joly de la Ferté, Portal de Proyard, Bancks, Le Roy de Girardin, Dupont-White, Richard de Pontourny, de Lamalle, etc., etc.

D'azur au chevron d'argent, accompagné de 3 trois étoiles mal ordonnées en chef, et d'une cannette en pointe de même. L'écu timbré d'une couronne de comte, et entouré d'une guirlande de fruits et de feuilles de chêne.

GRENET, Ec., Sgrs de l'Espinay, bailliage de Loches (xve siècle). — La terre de Lespinay (ou l'Espinay) passa dans la maison de Broc, vers 1430, par le mariage de Marie Grenet, dame de Lespinay, avec Beaudouin de Broc.

De sable, au lion léopardé d'argent, lampassé et armé de gueules.

GRENET (de), Ec., Sgrs de Neubourg, paroisse de Noyant (xviie siècle).

De sable, à une colonne d'argent, en pal, entourée d'un serpent de même.

GRENOUILLON (de), Ec., Sgrs de Fourneux et de Montbrillais (xviiie siècle).

De sable, à trois fasces d'or; à une bande d'azur brochant sur le tout.

GRESLÉ, en Touraine. — Cette famille a fourni un conseiller secrétaire du roi, maison, couronne de France et de ses finances, Bernard Greslé, écuyer (vers 1698).

D'or, à un olivier de sinople; au chef d'azur chargé de trois étoiles d'or.

GREZILLE (de la), en Touraine et en Anjou (xive siècle).

De gueules, fretté d'argent.

Gresille, en Anjou et au Maine. — Famille alliée aux maisons de Champagne et de la Suze, portait :

De gueules, à trois crosses d'or posées en pal, 2, 1, à la bordure de même.

GRILLEMONT (de), Chev., Sgrs de Grillemont, en Touraine.

Hélie de Grillemont, chevalier, prit la croix en 1223.

D'argent, au chevron de sable, accompagné de trois tourteaux de même.

GRILLET (de), Ec., Sgrs de Plaisance (fin du XVIIᵉ siècle).

De sinople, au lion d'argent, couronné, lampassé et armé d'or.

GRIMAUDET DE MOTHEUX (André-Gaspard-Elzéard de), vicaire-général de Quimper, prieur de St-Paul d'Arçay, en Touraine (1784).

D'or, à trois lions de gueules, 2, 1. — *Alias* : D'azur, à trois lions d'or.

GRIMAULT (de), Éc., Sgrs de la Foucheréc, de Liaigne, élection de Richelieu (XVIIIᵉ siècle).

De gueules, à trois fleurs de lis d'argent, 2, 1.

GRIMOARD DE **BEAUVOIR** DU **ROURE**, Chev., marquis du Roure, Sgrs du Puy, près Montbazon (1699). — Maison originaire du Gévaudan. Elle a donné trois papes, Urbain IV, Urbain V et Jules II; plusieurs cardinaux et des officiers généraux. La terre de Grisac fut érigée en marquisat en sa faveur en 1608.

Ecartelé; aux 1 et 4 d'or, au lion de gueules, qui est de Beauvoir; aux 2 et 3 de gueules à l'emmanché d'or de quatre pièces, mouvantes du chef, qui est de Grimaud; sur le tout, d'azur, au chêne d'or, à quatre branches passées en sautoir, qui est du Roure.

GRIPPON (Jean), chanoine de St-Martin de Tours, mourut le 1ᵉʳ janvier 1646.

Gripon, en Poitou, portait :

De gueules, à un griffon d'argent, becqué, membré de sable, accompagné en pointe d'une étoile d'or.

GROGNET DE **VASSÉ**. Voyez **VASSÉ** (de).

GROING (le), Chev., vicomtes de la Motte-au-Groing, Sgrs de la Trompaudière et de la Morinière (XVIᵉ siècle). — La filiation suivie de cette maison remonte à Jean le Groing, chevalier, vivant en 1331.

D'argent, à trois têtes de lion arrachées et couronnées de gueules, 2, 1 ; au croissant montant de sable, en abîme. — Supports : deux léopards d'argent.

GROLLIER (de), Chev., marquis de Grollier, Sgrs de Belair, de Servière, etc. — Famille très-ancienne, originaire de Vérone, en Italie. Elle a donné des chevaliers de Malte.

D'azur, à trois besants d'or, surmontés chacun d'une étoile de même.

GROSBOIS (de), Ec., Sgrs du Poirier et de Champigny-le-Sec, paroisse de Braslou, élection de Richelieu.

Perronnelle de Grosbois était prieure de Moncé, en 1563.

Philippon de Grosbois, Éc., Sgr de Champigny-le-Sec, fut maintenu dans sa noblesse, avec René de Grosbois, son oncle, sur preuves remontant à 1504, par jugement rendu à Angers le 29 mars 1635, et signé : d'Estampes et de Bragelongne.

D'azur, à une coquille d'argent, accompagnée de trois besants de même, rangés en chef, et soutenue en pointe d'un triangle vuidé, de sable, enfermant un croissant d'argent.

GROS DE PRINCÉ (Le), Chev., Sgrs de Princé et de la Bourrelière (XVIIIe siècle).

Louis-André-Hector le Gros, Sgr de Princé, comparut en 1789 à l'Assemblée électorale de la noblesse de l'Anjou.

D'or, à une aigle, au vol abaissé, couronnée de sable, à la bordure de gueules, chargée de neuf besants d'or.

GROSPARMY DE PIRIS (Raoul de), doyen de St-Martin de Tours, puis évêque d'Evreux, mourut en août 1270.

De gueules, à deux jumelles d'hermines, au lion de même passant en chef. *Alias* : De gueules, à 2 jumelles d'or, surmontées d'un lion léopardé d'argent.

GROSSIN (N.), official de l'église de Tours (1696).

La famille Grossin est d'ancienne origine. En 1410, un de ses membres, qualifié d'écuyer, possédait la terre de Lavau, relevant du château d'Amboise.

De sable, à deux crosses contournées d'or.

GROUT DE BEAUFORT (de), Chev., comtes de Beaufort — Famille d'origine hollandaise, issue d'un rameau de la maison de Groot, établie en Allemagne. Jacques de Grout ou Groot, Ec., Sgr de Beaufort, vint d'Allemagne en France vers 1625, et fut major des gardes-du-corps du roi, précepteur de ce prince, puis gentilhomme de la chambre.

Cette famille a fourni des officiers supérieurs et généraux, des chevaliers de St-Louis et de St-Michel, des officiers de marine, etc... Elle compte parmi ses alliances les maisons de Beaufort, de la Belinage et Pignolet de Frène.

De gueules, à un chevron d'or, accompagné de trois roses d'argent, 2, 1 ; à la pointe extérieure de l'écu, une tête de carnation portée par une main gantée de fer. — Couronne de marquis. — Supports : deux lévriers.

La Chesnaye-des-Bois blasonne ainsi les armes de cette famille :

De gueules, au chevron d'or, accompagné de trois étoiles d'azur, 2, 1.

GUAST (du), Chev., marquis de Montgauger, seigneurs de Lussault, de Fontenailles, de Lucé, de la Tourballière, de Vauperroux, de Puy-d'Artigny. — Famille originaire du Comtat, où elle est connue dès 1297.

En janvier 1623, la terre de Montgauger fut érigée en marquisat en faveur de Roger du Guast.

Cette maison a fourni : un gouverneur d'Amboise, Michel du Guast ; — deux abbés de Gastines : Michel du Guast (1678) ; Antoine-Louis-Thomas du Guast (1679) ; — et un grand-prieur de Cormery, Barthélemy du Guast (1766).

D'azur, à cinq besants d'or, 2, 2, 1.

GUDIN, à Tours (xixe siècle). — Barons de l'Empire.

D'argent, au coq au naturel soutenu d'un croissant d'azur et surmonté de trois étoiles de gueules rangées en fasce, posées en chef. — Quartier de baron militaire.

GUEDIER, en Touraine (xvie et xviie siècles. — Cette famille a donne trois dignitaires de l'église de St-Martin de Tours :

Robert Guedier, prévôt de St-Martin, de Tours (1616). — Louis Guedier, prévôt de Restigné (164..) ; et Pierre Guedier, prévôt de St-Martin, de Tours (1630).

D'argent à une cigogne de sable portant au bec une serpent de gueules ; au chef d'azur chargé de trois étoiles d'or.

GUEFFAUT (de), Chev., Sgrs d'Argenson, Balesme, de

Pouvreau, d'Espiez, paroisse d'Abilly, de la Baillolière, de la Fontaine, des Naudières (xvᵉ siècle). — Famille très-ancienne, originaire du Poitou.

D'argent, à la fasce de sable.

GUEFFRON (de), Ec., Sgrs de Beauregard (paroisse de Theneuil), de la Boisselière (paroisse de Crissé), de Boisodé (paroisse de Mons), de Beugny (xviiᵉ siècle).

Salomon de Gueffron, Sgr de Beugny, était capitaine du château d'Ussé, en 1600.

Michel de Gueffron, Ec., Sgr de la Salle d'Avon, demeurant à Avon, comparut en 1689 à la monstre des nobles possédant fiefs dans l'élection de Chinon.

D'argent, au lion passant de gueules, armé et lampassé de sinople, traversant une branche de pin de même, fruittée de cinq pommes de pin de sable.

GUENAND (de), Chev., Sgrs des Bordes, ou Bordes-Guenand, paroisse du Petit-Pressigny, de la Celle-Guenand, Sepmes, la Vernoisière, Tauchoux (paroisse de St-Flovier), Vitray, la Roche-Chargé, la Courtaisière, la Chalonnière, Tranchelion, la Vallée, St-Paul, Villeneuve, Candé, du Breuil, St-Ciran, la Roche-aux-Belins, Beauregard, la Touche-St-Cyran, Lourlière, Chevannai, de l'Etang (du xivᵉ au xviiiᵉ siècle).

Cette famille est une des plus anciennes et des plus illustres de Touraine. Elle a donné un archevêque de Rouen et un porte-oriflamme de France, Guillaume Guenand des Bordes, chambellan du roi, lieutenant-général au gouvernement de Touraine (1369), capitaine du château de la Haye (1370), décédé en 1396.

Les personnages dont les noms suivent appartiennent également à cette maison :

Jeanne de Guenand, prieure de Rives (1289);

Antoine de Guenand des Bordes, capitaine-gouverneur de Loches (1444);

Pierre de Guenand, capitaine du château d'Amboise (1498);

Jeanne de Guenand, prieure de Moncé (1518-38).

Gabriel de Guenand, Ec., Sgr de la Vallée, comparut au ban convoqué à Chinon par lettres patentes du 26 février 1689.

Louis-Joseph de Guenand de Villeneuve, chevalier, comparut par fondé de pouvoir à l'Assemblée électorale de la noblesse de Touraine en 1789.

D'or, à cinq losanges de gueules posées en fasce. *Alias:* d'or, à trois fusées et deux demies, de gueules, mises en fasce et dressées en pal. — Cimier : un massacre de cerf. — Supports : deux lions d'or.

GUÉNIVAUT ou GUÉNIVEAU (N.), chanoine de St-Martin de Tours et prieur de Blaslay, (fin du xviie siècle).

De sable, à un griffon d'or.

GUERCHE (Geoffroy de la), Chev., Sgr de la Guerche (1301).

De gueules, à trois lions d'argent, 2, 1.

GUÉRIN, Ec., Sgrs de Poysieux (relevant de Châteaux, 1498), de la Pointe et de Faverolles (xviie siècle), de Bonnac et du Puy-d'Azay, paroisse d'Azay (xviiie siècle).

D'azur, au sautoir dentelé d'or, accompagné de quatre bustes de femme au naturel, les cheveux d'or.

GUÉRIN DE BEAUMONT, en Touraine.

D'or, à trois lions de sable, armés, couronnés et lampassés de gueules.

GUÉRIN DE LA PICARDIÈRE, Sgrs du Grandlaunay, en Anjou. — Famille originaire de Normandie, et qui s'est établie en Anjou et en Touraine).

D'azur, à un croissant montant d'argent, accompagné à dextre d'une épée de même, et à sénestre d'une palme, aussi d'argent.

GUÉRINEAU (Pierre), chanoine de St-Martin, de Tours et prévôt de Blaslay (1696), mourut le 4 avril 1703.

De sable, à un griffon d'or.

GUERNALEC DE KERANSQUER (Pierre-Daniel Le), chanoine et chancelier de l'Église de Tours, puis vicaire-général de ce diocèse (1789).

De gueules, à un chevron d'or, accompagné de cinq mouchetures d'hermines d'argent, quatre en chef (2, 2), et une en pointe.

GUERTIN, à Candes (1778).

De... à un lion léopardé de...

GUERRANDE (Jacques de), doyen de St-Gatien, de Tours, puis évêque de Nantes, mourut en 1267.

D'azur, à une aigle éployée d'argent, portant au pied droit un rameau de sinople.

GUESBIN DE RASSAY, Ec., Sgrs de Rassay, près Genillé, — de la Vallée, du Daim, de Courtay, de la Davière, de la Garenne, paroisse d'Azay-sur-Indre, — de la Louatière, paroisse d'Athée (du XVIe au XVIIIe siècle).

Originaire du Poitou, cette famille s'est établie à Beaulieu, près Loches en 1540, époque du mariage de Simonne Cireau avec Jean Guesbin, fils de N. Guesbin, sénéchal de Lusignan, en Poitou. Elle a fourni les fonctionnaires dont les noms suivent :

Jean Guesbin, écuyer, notaire royal et avocat au bailliage de Loches (vers 1600) ;

Jean Guesbin de Rassay, conseiller-secrétaire du roi, maison, couronne de France, résidant à Loches (1637) ;

Claude Guesbin de Rassay, capitaine au régiment de Normandie, puis lieutenant du roi des villes et châteaux de Loches et de Beaulieu (1676) ;

Jean-Jacques-Baptiste Guesbin de Rassay, nommé conseiller du roi, lieutenant-général au bailliage de Loches, le 30 janvier 1704 ;

Louis-Michel-René Guesbin de Rassay, lieutenant du roi, des villes et châteaux de Loches et de Beaulieu, mort le 3 mai 1725, laissant une fille, Marie-Renée, mariée à Jean Marc du Chesne, Ec. Sgr du Plessis et du Petit-Neuil.

De gueules, au lion d'or surmonté de trois étoiles d'argent rangées en chef. — Cimier : un lion naissant d'or. — Supports : deux levrettes d'argent.

GUESCLIN (DU), comtes de Longueville et Sgrs de Grille-

mont (xive siècle), par suite du mariage de Perrenelle d'Amboise avec Olivier du Guesclin.

Cette famille est originaire de la Bretagne. Elle a fourni un connétable de France, le célèbre Bertrand du Guesclin, le plus grand capitaine de son temps.

René du Guesclin, Sgr de Beaucé, d'Anvers-la-Courtin, du Deffays et des Isles, né à Sablé le 1er décembre 1614, produisit, devant Voisin de la Noiraye, intendant de Touraine, ses titres de noblesse depuis Bertrand du Guesclin, son bisaïeul, et fut reconnu noble d'extraction, par sentence du 11 août 1667.

D'argent, à l'aigle éployée de sable, à deux têtes, couronnées d'or.

Les Du Guesclin de Bossé et de la Roberie portaient, d'après l'abbé Goyet :

D'argent, à l'aigle éployée de sable, au bâton de gueules, posé en bande brochant sur le tout.

La Chesnaye-des-Bois blasonne ainsi les armes de cette famille :

D'argent, à l'aigle éployée de sable, couronnée d'or, à la bande de gueules brochant sur le tout.

GUESLE (François de la), cardinal, archevêque de Tours (1597), mourut à Paris, le 30 octobre 1614. Il était originaire de l'Auvergne et fils de Jean III, Sgr de la Guesle, conseiller du roi, président à Mortier au Parlement de Paris, et de Marie Poiret de Laureau.

D'or, à un chevron de gueules, accompagné de trois huchets de sable, virolés d'argent et enguichés de gueules.

GUESTON. — Famille de Touraine, anoblie en 1672, en la personne de Claude Gueston, conseiller du roi, directeur de la Compagnie des Indes, puis trésorier de France à Tours.

De gueules, à une hure de sanglier d'or.

GUETTE (Jacques), prêtre, chefcier en l'église collégiale de Chinon, vers 1698.

De gueules, à une gerbe de blé d'or, accompagnée en chef de deux étoiles d'argent, et de trois larmes d'argent, une à chaque flanc de l'écu, la troisième en pointe.

GUIBERT (Joseph-Hippolyte), évêque de Viviers (1842), archevêque de Tours (4 février 1857).

D'azur, à un mouton et un lion affrontés, d'argent, couchés sur une terrasse de sable, accompagnés en pointe des lettres, de sable, O. M. I. (*Oblatus Mariæ Immaculatæ*) et surmontés d'une croix de passion d'argent, plantée sur une terrasse de sable et chargée en sautoir d'une lance à la hampe de sable et au fer d'argent, et d'un roseau garni d'une éponge de sable. — Couronne ducale, surmontée d'une croix archiépiscopale d'or. — Devise, au haut de l'écu : *Pauperes evangelizantur.*. — Devise, au-dessous de l'écu : *Suaviter et fortiter.*

GUIBERT (de) Ec., Sgrs de la Gangnerie (ou Gasnerie), de la Gapaillière, de la Charonnière, en Touraine et au Maine (xviiᵉ siècle).

D'argent, à trois pals (ou palmes) de gueules.

Une autre famille de Guibert, habitant la paroisse de St-Mars-sous-Ballon, porte :

De gueules, à deux chevrons d'or, accompagnés de trois annelets de même.

GUIBERT DE LA **ROSTIDE** (de).— Famille noble, originaire de Touraine et dont la filiation remonte au xiiiᵉ siècle.

Nicolas de Guibert, fils de Jean, né à Tours en 1460, alla s'établir à Tarascon, en Provence, et fut nommé gouverneur de cette ville en 1504.

Le 23 mars 1770, Jérôme-Marie-Augustin de Guibert obtint le titre de marquis, par lettre close, en considération du même titre qui avait appartenu à un de ses ancêtres.

D'azur, au gui de chêne d'or fleuri d'argent, accompagné de trois étoiles d'or. Couronne de marquis. Supports : deux griffons.

GUICHE (François de la) fut chanoine de l'Église de Tours, archidiacre d'Outre-Vienne en 1519-1555. Il était fils de Pierre de la Guiche, conseiller et chambellan du roi, et de Marie (dite Françoise) de Chazeron.

De sinople au sautoir d'or.

GUICHE (Jeanne-Baptiste-Nicole de la), abbesse de Beaumont-les-Tours (1772-86). Elle portait comme le précédent :

De sinople, au sautoir d'or.

GUIEFFRON (de), Chev., Sgrs d'Humeau, Croisne (xviiie siècle).

Marie-Françoise de Guieffron, dame de Croisne, veuve de François-Charles le Riche des Dormans, et Julie Cajetane de Sassay, veuve de César-Alexandre de Guieffron, écuyer, comparurent en 1789, par fondé de pouvoir, à l'Assemblée de la noblesse de Touraine pour l'élection des députés aux États-généraux.

D'azur, au chevron d'or accompagné de deux étoiles aussi d'or en chef et d'un trèfle de même en pointe.

GUIET DE LA GRAVIÈRE, Ec., Sgrs de la Gravière, en Touraine, — et de la Forest, en Anjou (xviie siècle).

Henri Guiet de la Gravière était conseiller du roi, grenetier au grenier à sel de Loches en 1750.

Julien-Victor-Henri Guiet de la Gravière fut pourvu de la charge de conseiller du roi, élu en l'élection de Loches le 17 août 1768.

D'azur, à la fasce d'argent chargée de cinq merlettes de sable et accompagnée d'un croissant d'or en chef, et d'une étoile de même en pointe.

Guiet de la Rablaie, en Anjou, porte :

D'or, à trois hures de sanglier, arrachées, de sable, défendues et allumées d'argent; écartelé d'argent, au lion de gueules.

GUILLEMAIN DE COURCHAMPS, en Touraine, Sgrs de Courchamps.

D'argent, à la fasce de sable chargée de 3 coquilles d'or.— *Aliàs* : Écartelé ; aux 1 et 4 de gueules, au chevron d'argent, accompagné en chef de deux étoiles d'or, et en pointe d'un lion de même ; aux 2 et 3 d'argent, à la fasce de sable chargée de trois coquilles d'argent.

GUILLEMAIN DE LA MAIRIE, en Touraine.

Écartelé, aux 1 et 4 d'argent, à la fasce de sable, chargée de trois coquilles d'or ; aux 2 et 3 parti d'hermines et de gueules, qui est de Bailleul.

GUILLEMOT DE LESPINASSE, Chev., Sgrs de Beauregard, du Coudray, des Halles, des Genets, de la Sabardière, de Loché (en Touraine) de Lespinasse, du fief des Halles, à la Haye (xviiie siècle). — Cette famille a été maintenue dans sa noblesse le 26 septembre 1667.

Jean Guillemot de l'Espinasse, chevalier de St-Louis, comparut, en 1789, à l'Assemblée de la noblesse de Touraine, pour l'élection des députés aux États-généraux. La famille fut aussi représentée à l'Assemblée électorale de la noblesse du Poitou.

De gueules, à trois molettes d'éperon d'argent, 2, 1, — *Alias* : d'or, à trois éperons de sable.

GUILLERAULT, Ec., Sgrs de Bléré, de Resnay, de la Lande, de Fossambaud (xviiie siècle).

De sable, au chef d'or, chargé de trois merlettes de sable.

GUILLERY (N. de), avocat au siége présidial de Tours (1698).

De gueules, à un sautoir d'argent.

GUILLON, Sgrs de Lésigny, des Villates (xviie siècle).

D'argent, à un geai de sable patté et becqué d'or, au croissant d'azur, en pointe ; au chef cousu d'or chargé de trois roses de gueules.

GUILLON (Jacques-Alexandre), conseiller du roi, juge-garde de la Monnaie, à Tours (1743).

D'azur, à une tête de cerf posée de front, surmontée d'une tête de léopard, et une fleur de lis en chef, de... — Couronne de comte.

GUILLON DE ROCHECOT ou ROCHECOTTE, Chev., marquis de Rochecot, barons de Boisé et de Colombiers, Sgrs de Milly, de la Varenne, de St-Patrice, de Trogues, de la Chaise (xviie et xviiie siècles).

Par lettres patentes de janvier 1767, les terres de Rochecot, de Milly, de la Varenne, de St-Patrice et de la Chaise furent érigées en marquisat en faveur de Fortuné Guillon.

Cette famille a fourni trois trésoriers de France au bureau des finances de la généralité de Tours : René Guillon (1669) ; — François Guillon et Jean Guillon (1670).

Fortuné Guillon, marquis de Rochecotte, major de cavalerie, comparut en 1789 à l'Assemblée de la noblesse de Touraine convoquée par l'élection des députés aux États-généraux.

29

D'azur, à un agneau pascal passant d'or, avec sa croix de même, ornée d'une banderolle de gueules, accompagné de deux étoiles d'or en chef. — Supports : deux lions. — Couronne de marquis.

GUILLOT DE LA **POTERIE, Ec.,** Sgrs de Loupendu, de la Barre, de Goulard, de Balanson (du XVIᵉ au XVIIIᵉ siècle). — Famille originaire du Maine. Le premier connu de cette maison est Jean Guillot, avocat au parlement et au siége royal de Château-du-Loir, vivant en 1530. Son fils, Jacques, fut avocat (1590), puis conseiller du roi au même siége (1607). Plusieurs de ses descendants ont continué d'occuper des charges dans la magistrature de Château-du-Loir. D'autres ont suivi la carrière militaire.

Pierre Guillot de la Poterie, écuyer, Sgr de Loupendu, était commissaire d'artillerie en 1679.

Jacques-Pierre-André Guillot de la Poterie, né le 30 novembre 1767, colonel de la Légion de la Mayenne, chevalier de St-Louis, anobli par ordonnance du 29 novembre 1816, (Lettres patentes délivrées le 31 mai 1817), fut créé baron par ordonnance du 18 juin 1817. (Lettres patentes délivrées le 14 août 1818.

La famille Guillot de la Poterie s'est alliée à celles de Dagron de la Brière, Gouyn de Chapizeaux, Turgot de Cauvigny, Arnaut de Champniers, du Breil, Cousin des Lentinières, Denyon de Balanson, Dervillé, Darensdorff (barons en Livonie), Le Féron de Touche, etc… Elle forme aujourd'hui deux branches :

La branche aînée est représentée par Henri-Jacques, baron Guillot de la Poterie, né le 17 juin 1791, capitaine d'infanterie, démissionnaire, chevalier de la Légion-d'Honneur, marié à Arthemise-Elisabeth Leclerc de la Rongère, dont il a une fille unique, Maria-Clémentine Guillot de la Poterie.

La branche cadette a pour représentants :

Timoléon-Henri Guillot de la Poterie, né le 16 mai 1808, juge de paix à Saint-Calais, marié à Angèle-Adélaïde-

Madeleine Leroy, dont il a eu : René-Emile-Timoléon, né le 16 juin 1853 ;

Henri-Benjamin Guillot de la Poterie, né le 10 décembre 1814, lieutenant-colonel au 24ᵉ de ligne, officier de la Légion-d'Honneur, marié le 16 novembre 1848 à Léonie Perreault de la Motte de Montrevost, dont il a eu : Henriette ; Jean-Léopold et Henri-Benjamin Guillot de la Poterie ;

Léopoldine-Alodie Guillot de la Poterie, née le 29 mai 1818 ;

Théodore Guillot de la Poterie, né à Tours le 2 mars 1820, officier au 36ᵉ de ligne, démissionnaire, marié le 5 mai 1844 à Marie-Clémentine Guillot de la Poterie, dont il a : Berthe-Marie Guillot de la Poterie ;

Henri Guillot de la Poterie, résidant à Nantes ;

Thècle Guillot de la Poterie, mariée à N. de Longchamps ;

Angélique Guillot de la Poterie, mariée à Hippolyte Coustis de la Rivière.

D'argent, à la fasce de gueules, accompagnée de trois aigles à deux têtes, au vol abaissé, de sable, 2, 1.

Jacques-Pierre-André Guillot de la Poterie, portait :

De gueules, au chien d'argent, passant ; — L'écu timbré d'un casque taré de profil et orné de ses lambrequins. — Couronne de baron.

GUINEUF (de), Ec., Sgrs de la Tersère, paroisse de Pouzay (XVIIᵉ siècle).

D'azur, à l'aigle éployée d'or, armée et becquée de gueules.

GUIOT, Chev., marquis d'Asnières, barons du Repaire, Sgrs des Charuseaux, en Touraine, de Douce, de Monsérand, des Effes, de Ville-Champagne, de Lespars, de Risjoux, de Molans, de Blanzay, etc. — Famille d'origine chevalereque et qui est connue dès 1413, en la personne de Pierre Guiot, archer. D'après une tradition, elle serait sortie de la Bavière. Elle s'est divisée en un grand nombre de branches qui se sont établies dans la Basse-Marche, en Angoumois, en Touraine, en Poitou, en Berri, etc...

Huon Guiot, chevalier, figure dans un titre des croisades (1249), dont l'original est en la possession d'un membre de la famille.

La maison Guiot a été maintenue dans sa noblesse le 9 juin 1599, le 7 septembre 1667, le 22 août 1669, le 6 mai 1715, etc...

Jean-René Guiot de Monsérand, né le 19 décembre 1700, fut prieur de Notre-Dame-de-Grandmont-lez-Chinon.

D'or, à trois perroquets de sinople, becqués, membrés et colletés de gueules, 2, 1.

GUITON, en Touraine (xvi° et xvii° siècles).

Jean Guiton était prieur de l'abbaye de St-Pierre de Preuilly, vers 1698.

De sable, à trois flèches d'argent, 2, 1.

GUY, abbé de Marmoutier (1415).

De..., à trois croissants de... (D'après un sceau du cabinet Gaignières).

GUY, abbé de Marmoutier (1495).

De...., à la croix de..., à la bordure de...

GUY, Sgrs d'Aviré, près Amboise (xv° siècle).

D'argent, à un gui de chêne de sinople, en bande, accompagné de deux étoiles de gueules.

GUYARD DE **SAINT-CHÉRON**, Ec., Sgrs de Saint-Chéron et de Saint-Estienne.

Cette famille, originaire du Rouergue, s'est établie à Loches, en Touraine, dans le cours du xviii° siècle. Elle s'est alliée aux familles du Riflé, de Ricard de Riols, Trouillon, de Séverac de la Tour, de Juses, de Sorbiers, Haincque de Saint-Senoch, de Vaudricourt, Mollet, de Mairesse, etc...

Cosme Guyard, écuyer, seigneur de Saint-Chéron, fit enregistrer ses armes à l'*Armorial général de France*, en 1702, (généralité de Toulouse). Ces armes sont :

De gueules, à un gui de chêne d'or; au chef cousu d'azur chargé de trois roses d'argent boutonnées de sable.

GUYET. — Cette famille a fourni un conseiller du roi au

parlement de Bourgogne et commissaire aux requêtes du
Palais (1649).

D'azur, au chevron d'or, accompagné d'un croissant d'argent, en pointe.

**GUYMONT, Ec., Sgrs de Crochet, paroisse de Chanceaux
(XVIᵉ siècle). — Famille originaire du Berri.**

De gueules, au gui d'or adextré de trois oiseaux mis l'un sur l'autre et
sénestré d'un mont d'or chargé de trois étoiles d'argent.

GUYMONT (Alexandre), bourgeois de Tours (1698).

D'or; à un chêne de sinople sur un mont de même.

**GUYON, Ec., Sgrs de Saussay, Villiers, Vauguyon (XVIIIᵉ
siècle).**

D'argent, au cep de vigne sur une terrasse de sinople, fruité de gueules,
et tourné à l'entour d'un échalas, de sable.

GUYON, Ec., Sgrs de la Chevalerie, en Touraine.

D'argent, au cerf de sable passant dans un bois de sinople; au chef d'azur
chargé de trois étoiles d'or.

**GUYON DE MONTLIVAULT, Chev., comtes de Montlivault.
— Famille résidant actuellement en Touraine et dans le
Blésois.**

« La maison des comtes de Montlivault, lisons-nous dans
l'*Armorial général de la noblesse de France*, par MM. d'Auriac et
Acquier, est une branche puînée des anciens Guyon, de
Normandie, dont la branche aînée a formé les marquis de
Guercheville. La filiation authentique de cette famille, dont
l'origine paraît remonter aux premiers siècles du moyen-âge
et dont le nom se trouve fréquemment dans les chartes et
documents des XIᵉ, XIIᵉ, XIIIᵉ et XIVᵉ siècles, s'établit sans
interruption depuis Nicolas Guyon, écuyer, vivant en 1500.
Ses descendants se sont également distingués dans les armes,
dans les charges de Cour et dans l'administration. »

Nicolas Guyon fut maintenu dans sa noblesse par arrêt de
la Cour des Aides de Rouen du 28 avril 1523.

Eléonore-Cécile Guyon, lieutenant des vaisseaux, aide-
major des armées navales, chevalier de St-Louis a, le premier
de la famille, porté le nom de Montlivault, à la suite de son

mariage (1760), avec Marie-Anne-Angélique Le Maire de Montlivault, fille de Jean-François Le Maire, chevalier, Sgr de Montlivault.

Son fils ainé, Jacques-Marie-Cécile Guyon, chevalier, comte de Montlivault, Sgr de St-Dyé, Maslives, etc... fut porté sur le tableau général des électeurs de la noblesse de l'Orléanais en 1789.

Parmi les alliances de cette maison, on remarque les familles de Troyes, Bouvier de la Motte (de laquelle était Jeanne Bouvier de la Motte, la célèbre Madame Guyon, femme de Jacques Guyon II, chevalier, Sgr du Chenoy (1682), Fouquet, de Béthune-Sully, de Rogres, de Lusignan, de Champignelles, de Lavergne, de Montigny, de la Taille, Nau de Noizay, Bessières, de Cugnac, Le Breton de Vonne, etc...

Eléonore-Jacques-François-de-Salles Guyon, chevalier de Montlivault, chevalier de Malte, de St-Louis et de la Légion d'honneur, capitaine de frégate, est mort en 1846. Son frère, Casimir-Victor Guyon, aussi chevalier de Malte, officier de la Légion d'honneur, chevalier de St-Louis et autres ordres, ancien préfet et conseiller d'Etat, est décédé en 1846. A cette même branche appartenait Jacques-Pierre-Marie Guyon, comte de Montlivault, général de brigade, commandeur de la Légion d'honneur, chevalier de St-Louis, mort en 1859.

Le chef de nom et d'armes de la famille est actuellement Jacques-Henri Guyon, comte de Montlivault, né en 1840, officier au 6e régiment de cuirassiers, démissionnaire en 1863, marié le 14 janvier 1864 à Françoise-Lucienne Le Breton de Vonne, dont il a eu : 1° Jacques-Marie-Henri-Charles, né le 28 octobre 1864 ; 2° Amélie-Henriette-Marie, née le 16 novembre 1865.

Un rameau de la même famille réside au château de Montlivault (Loir-et-Cher), et a pour chef Casimir Guyon, comte de Montlivault.

D'or, à trois fasces ondées d'azur en chef, à la branche d'arbre de sinople, renversée en pointe. — Couronne de comte. — Supports : deux lions, ou deux levriers.

HABERT DE MONTMORT, Ec., Sgrs. de Montmort. — du Sauvage, près Amboise, — de la Couture (XVIᵉ, XVIIᵉ et XVIIIᵉ siècles). — Famille originaire d'Artois. Elle commence sa filiation par Pierre Habert, dont le fils, Philippe Habert, Sgr du Mesnil et de St-Denis-lès-Chevreuse, procureur, clerc du greffe criminel du Parlement de Paris, épousa, en 1549, Radégonde Hodon, fille d'Antoine Hodon, secrétaire du roi, et de Jacquette Budé.

Guillaume Habert, prévôt de la Monnaie de Tours, fut maire de cette ville en 1555.

En 1750, Nicolas Habert, Sgr de Chedray et de Belair, avocat au Parlement, remplissait les fonctions de bailli, juge ordinaire civil et criminel de police, maître particulier des eaux et forêts du marquisat de Châteaurenault.

Les Habert ont pris alliance avec la famille Legendre, représentée aujourd'hui par M. l'abbé Legendre, curé doyen de Bléré (1867), — avec la famille de Granville, — et avec celle de Billault, à laquelle appartient Adolphe Billault, député, président du Corps législatif, ministre de l'intérieur, décédé en 1862.

La famille porta primitivement, comme Guillaume Habert, maire de Tours :

D'azur, au chevron d'or, accompagné de trois fers de moulin, d'argent, 2, 1.

Elle adopta ensuite les armes suivantes :

Écartelé ; aux 1 et 4 d'azur, au chevron d'or accompagné de trois aniiles d'argent, 2, 1 ; aux 2 et 3 d'azur, à trois pattes de griffon d'or, 2, 1 ; accolé d'or, au chevron de gueules, accompagné de trois têtes de maure de sable, tortillées d'argent.

Barthélemy Habert, écuyer, Sgr du Sauvage, fourrier-des-logis du roi (1698), portait :

D'or, à une aigle de sable, écartelé d'azur, à un heaume d'argent ; et sur le tout, d'azur, au chevron d'or, accompagné de trois fers de moulin d'argent, 2, 1.

HACQUEVILLE (de), Ec., Sgrs de la Crousillière (1559). — Famille originaire de la Basse-Normandie. Sa filiation suivie commence par Jean de Hacqueville qui fut, en 1463, un des députés de Paris vers le roi Louis XI, habitant alors Plessis-lès-Tours.

André de Hacqueville était conseiller du roi à Tours en 1559.

Charles de Hacqueville, évêque de Soissons (1619), mort le 28 février 1623, appartient également à cette maison.

La famille de Hacqueville s'est alliée à celles de Viole, du Bourg, Hennequin d'Assy, de Bauquemare, de Broé, de Verrines, Aurillot de Champlastreux, Le Menager, Driard, etc.

D'argent, au chevron de sable chargé de cinq aiglettes éployées, d'or, 1, 2, 2, et accompagné de trois têtes de paon arrachées, de gueules (ou d'azur).

HAGUELON, en Touraine.

D'or, à l'aigle éployée, de gueules.

HAIES DE CRIC (des), Ec., Sgrs de Fontenailles, de la Perine, de la Fosse, du Bois-Blanc, de la Boissière, de la Véronnière, de la Motte, etc...— Famille noble, originaire du Maine.

Urbain des Haies fut maintenu dans sa noblesse en 1635.

Cette famille s'est alliée à celles d'Illiers, de Clinchamps, d'Assez, de Charnacé, du Grenier, de Scépeaux, Leshénault, de Longueil, etc.

Parti d'argent et de gueules à trois annelets de l'un en l'autre, 2, 1.

HAIMERY dit Fils-d'Ivon, chevalier banneret, Sgr de Crouzilles, la Motte-au-Fils-Ivon (depuis la Motte-Marcilly), XIIIᵉ siècle.

Burelé de seize pièces de...

HAINCQUE DE SAINT-SENOCH, DE BOISSY, DE LA FAISANDIÈRE, Chev., Sgrs de Boissy, de Saint-Senoch, de la Faisandière, du Châtellier, de Faulques, Hardillon, la Cailletière, la Chaise, Loché, Gueffault, — du Rouvray, près Loches, — de Puy-Gibault, paroisse de Betz (XVIIᵉ et XVIIIᵉ siècles).

Alexandre Haincque de Boissy, Chev., Sgr de Boissy et du Rouvray, remplissait les fonctions de contrôleur général des eaux et forêts de France au département d'Anjou, de Touraine et du Maine, en 1684.

Gabriel Haincque de la Faisandière fut nommé élu en l'élection de Loches, en 1727, en remplacement de Adrien Haincque de Puygibault.

Adrien-Pierre-Marie Haincque, Ec., président lieutenant-général du bailliage de Touraine, au siége royal de Loches, comparut à l'assemblée électorale de la noblesse de Touraine, en 1789.

D'argent, à l'ancre de sable, en pal, accompagnée en chef de deux étoiles de gueules.

HALLÉ, à Tours (XVIIᵉ et XVIIIᵉ siècles).

Pierre Hallé, sous-doyen de St-Martin, de Tours, est cité dans un acte de 1603.

André Hallé, capitaine bourgeois de la ville de Tours, en en 1696, portait :

D'argent, à deux demi-piques de sable passées en sautoir.

HALLENCOURT (de), en Touraine (XVᵉ siècle). — Famille originaire de Picardie et alliée à la maison d'Ars, à Bléré.

D'argent, à une bande de sable, cotoyée de deux cotices de même.

La branche de Drosmenil porte :

Ecartelé; au 1 de Proissy, qui est de sable à trois lionceaux d'argent, armés et langués de gueules; au 2 de Conflans; au 3 de Boufflers; au 4 de Châtillon-sur-Marne; et sur le tout de Hallencourt (comme ci-dessus).

Une famille d'Halaincourt, également originaire de Picardie, portait :

D'argent, à deux barres de sable.

HAMART, Ec., Sgrs de la Boyvinière, paroisse de Beaumont-la-Ronce (XVᵉ siècle).

D'argent, à trois têtes de buffle, de sable, 2, 1.

HAMELIN. — Famille de Touraine anoblie par lettres du 12 février 1366, en la personne de Jean Hamelin, avocat du roi à Tours. Jean Hamelin fut envoyé à Paris, avec Philippe Chambellan, par les bourgeois de Tours, afin d'assister aux États convoqués pour le 9 décembre 1369.

Jacques Hamelin était lieutenant du bailli de Touraine, à Loches, en 1434.

D'argent, à un chevron échiqueté d'or et de gueules de trois traits.

HAMELIN, à Loches (xviie siècle).

D'azur, à une fleur de pensée au naturel, chargée au milieu d'un cœur d'or.

HARANT. Voyez **HARENC**

HARCOURT (d'). — Cette famille, une des plus illustres de Normandie, tant par ses alliances avec plusieurs maisons souveraines que par le nombre infini de grands hommes qu'elle a donnés, a pour auteur Bernard, un des seigneurs danois qui vinrent en Normandie avec Rollon, au ixe siècle. Elle a possédé en Touraine des fiefs importants, notamment ceux d'Aspremont (xive siècle), de Reugny (xve siècle), de Montlouis, de Montrichard, de Semblançay, de St-Christophe et de Rochecorbon.

La maison de Harcourt compte parmi ses illustrations quatre maréchaux de France : Jean d'Harcourt (1285); Henri (1703); François (1746), et Anne-Pierre (1775) ; — un évêque de Salisbury (1140) et de Bayeux (1145); un évêque de Coutances (1291); des pairs de France, des chevaliers des Ordres du roi, etc.

Jean VII d'Harcourt, comte d'Aumale et de Mortain, lieutenant-général du roi en Touraine, gouverneur de Tours, capitaine des château et ville de Chinon, fut tué à la bataille de Verneuil, le 17 avril 1424.

Jean, bâtard d'Harcourt, était sénéchal de l'Anjou, de la Touraine et du Maine en 1476.

Cette famille est divisée aujourd'hui (1867) en deux branches.

La branche aînée, dite d'Harcourt-Beuvron, a pour chef Charles-François-Marie, duc d'Harcourt, marié le 27 mai 1832 à Marie-Thérèse-Caroline-Alénie de Mercy d'Argenteau.

La seconde branche, dite d'Olonde, a pour chef Georges Trevor-Bernard-Douglas, marquis d'Harcourt, né en 1809, marié le 5 août 1844 à Jeanne-Paule de Beaupoil de Saint-Aulaire.

De gueules, à deux fasces d'or.

Jean, bâtard d'Harcourt (1476), brisait ces armes *d'un lambel d'azur besanté d'argent.*

La branche d'Harcourt-Montgommery, portait :

Écartelé ; aux 1 et 4 de gueules à deux fasces d'or ; aux 2 et 3 bandé d'or et d'azur.

La branche d'Olonde place sur les armes d'Harcourt *un écu d'azur, à une fleur de lis d'or.*

HARDAS (du), Ec., Sgrs d'Hauteville, de Courtilloles, de Chenay, de Chevaigné, de Houssemaine, etc. — Un des membres de cette famille, Claude du Hardas, écuyer, fut taxé au rôle de l'arrière-ban du Maine en 1675. Un autre, abbé de l'Epau, mourut en 1781.

D'argent, à trois (ou six) tourteaux de gueules, 2, 1.

HARDOUIN (d'), Chev., marquis de la Girouardière, Sgrs de Rigné, de Sermaises, de Moulins, de Bois-Binettau, de Poillé, de Chantenay, de la Freslonnière, de Souligné-sous-Vallon (Maine et Touraine).

D'argent, à la fasce de gueules, accompagnée en chef d'un lion léopardé, de sable, lampassé et couronné de gueules, et en pointe de 2 quintefeuilles (ou roses) de sable.

HARDY (Michel), marchand bourgeois, à Tours (1698).

De gueules, à un coq d'or, le pied dextre levé.

HAREMBURE (d'), Chev., marquis d'Harembure, Sgrs de Granges (aujourd'hui Harembure), des Augères, de Romefort, de la Chévrie (paroisse de Chaumussay), de la Borde-Quenard, de la Bruère (paroisse de Boussay), de la Roche-Aguet, de Hauterive et de Saint-Léonard (paroisse d'Yzeures), etc...

Cette famille, originaire de la Basse-Navarre, s'est établie en Touraine au XVIIe siècle. Sa filiation suivie commence par Jean d'Harembure, qui assista aux États de la Basse-Navarre en 1512. Bertrand d'Harembure, Sgr de Picassary, fils de Jean d'Harembure, fut écuyer ordinaire du roi et gouverneur du château de Ha, à Bordeaux.

Jean d'Harembure, gentilhomme de la chambre du roi, capitaine d'une compagnie de cent chevau-légers, gouverneur d'Aigues-Mortes (1604), fut tué au combat de la Route, près Casal, en 1639. Son frère, Henri d'Harembure, Sgr de Romefort et de la Boissière, fut écuyer de la petite écurie, conseiller et maître d'hôtel du roi.

Jean d'Harembure, Ec., Sgr de Romefort et des Augères, né le 22 janvier 1660, commanda la noblesse de Touraine au ban de 1695.

Paul d'Harembure, Chev., Sgr de Romefort, de la Chévrie, de la Roche-Aguet, page de la duchesse de Bourgogne, mousquetaire du roi, né à Preuilly, le 14 avril 1683, épousa, le 9 novembre 1715, Marie-Anne de Moussy, fille de Claude de Moussy, Ec., Sgr de Granges, et de Madeleine de Montbel. De ce mariage sont issus vingt-et-un enfants, parmi lesquels on remarque :

1° Jean-Samuel, marquis d'Harembure, page de la reine (1731), gouverneur de Poitiers, chevalier de Saint-Louis, marié à Jeanne Sorbière de Bezay ;

2° Paul-Bertrand, né le 28 mars 1724, prêtre, licencié en théologie, vicaire-général de Poitiers, aumônier de Mesdames de France, abbé de Saint-Just, décédé le 4 janvier 1778 ;

3° Pierre-Edmond, enseigne de vaisseau, né le 26 juillet 1722, mort en 1747;

4° Charles, né le 20 janvier 1725, lieutenant de dragons au régiment de Beauffremont;

5° René Charles, né le 11 septembre 1727, écuyer du roi, chef de la légion de Flandre (1776), maréchal-de-camp, décédé à la Muette, près Paris, le 20 février 1784 ;

6° Jacques-Claude, né le 5 mars 1730, page de Madame la Dauphine, mort en 1755 ;

7° Charles-Henri-Borromée, chanoine de l'église de Poitiers ;

8° Louis-Charles, né le 18 septembre 1740, chevalier de St-Louis, lieutenant au régiment de Belzunce;

9° Louis-François-Alexandre, baron d'Harembure, né à Preuilly le 13 février 1742, lieutenant-général des armées du roi, commandeur de l'ordre royal et militaire de St-Louis, député de la noblesse de Touraine aux États généraux (1789).

Louis-François-Alexandre, baron d'Harembure, épousa en premières noces (28 novembre 1771) Anne-Rosalie-Nicole Bazin de Sainte-Honorine, et en secondes (18 décembre 1797) Françoise-Madeleine de Mégissier.

Du premier lit sont issus :

1° Louis-Philippe, aide-de-camp, décédé en 1798 ;

2° Catherine-Benjamine, mariée au comte de Saint-Pol.

Du second lit sont issues :

1° Louise-Virginie, mariée en 1817 à Louis-René-Ambroise de la Poëze, capitaine au Corps de carabiniers de Monsieur. De ce mariage sont nés : 1° Louis-Jean-Marie de la Poëze, marquis d'Harembure, né le 20 octobre 1819, marié le 27 janvier 1863 à Marie-Sidonie de Cassin ; 2° Gabriel-François-Marie de la Poëze, comte d'Harembure, né le 24 août 1823, marié le 16 avril 1856 à Théodora Ruyneau de Saint-Georges, dont un fils, Jean, né le 20 septembre 1858 ;

2° Françoise-Madeleine-Thérèse, mariée en 1820 au comte de Villelume ;

3° Marie-Emmanuelle-Azélie, mariée en 1821 au comte de la Lande ;

4° Athénaïs-Joséphine.

En 1814, Louis-François-Alexandre, baron d'Harembure, obtint la permission de donner le nom d'HAREMBURE à sa terre de Granges ; et, le 17 septembre 1817, une ordonnance royale autorisa Louis-René-Ambroise de la Poëze (gendre du baron d'Harembure), ainsi que ses enfants, à ajouter à leur nom celui de d'HAREMBURE.

D'or, à l'arbre de sinople, sur le fût duquel s'appuie un ours, en pied, de sable ; à la bordure de gueules, chargée de huit flanchis d'or. — Couronne de marquis. — Supports : deux ours — Cimier : un ours issant.

D'après l'*Armorial général* de d'Hozier, Jean d'Harembure, chevalier, Sgr de Romefort (1698), portait :

Coupé d'azur et d'or, le premier chargé d'une aigle naissante, d'or ; le deuxième chargé d'un lion naissant de gueules, lampassé et armé d'azur.

HAREN, Ec., Sgrs du Bourget, du Cormier, de Béauregard, de la Huchonnière, du Fourneau, de la Folye, de Bossay, de la Renardière, etc... (du XVIe au XVIIIe siècle).

Cette maison, qui a possédé pendant sept générations les charges de chef des fourriers et d'officiers du roi, établit sa filiation suivie depuis *noble homme* Nicolas Haren, écuyer, premier des fourriers du roi, marié vers 1570 à Diane Sauvaige, fille de François Sauvaige, écuyer, Sgr du Chesne. Elle a pris alliance avec les familles Sauvaige, Reverdy, de la Vallée, Olivier, de Chaux, de la Chapelle, Déodeau, Barraut, de Chapuiset, Fesland, Dumont, de Saint-Martin, etc.

Henry Haren remplissait, en 1737, les fonctions de greffier en chef au bailliage d'Amboise. Son fils, François-Claude, fut officier de la maison du roi, puis président du grenier à sel de Montrichard.

Henri-François, fils de François-Claude, né en 1740, fut avocat au Parlement au siége ducal d'Amboise.

Henry-Alexandre Haren, fils aîné de Henri-François, médecin en chef des armées, chevalier de la Légion d'honneur et de l'ordre de Charles III d'Espagne, est décédé en 1858 à Thomeaux, commune de St-Règle.

Cette ancienne famille tourangelle est aujourd'hui représentée (1867) par M. Henri Haren, ancien commandant de la garde nationale de Bléré, actuellement maire de la commune de Diou (Indre).

D'azur, à trois croissants d'argent, posés en bande.

HARENC ou HARANT, Ec., Sgrs de l'Etang, de la Pinsonnière et du Puy (XVIIe et XVIIIe siècles). — Famille alliée à celles du Bet, de Maussabré, Guesbin de Rassay, Loulles des Roches, etc.

Pierre Harant était conseiller du roi, maître des eaux et forêts du comté de Loches, en 1704.

Joseph Harant fut conseiller du roi, maître particulier des eaux et forêts à Loches (17...)

De sable, à trois harengs d'or. 2, 1.

HARLAY (Achille de), abbé de Villeloin (1600), mourut le 29 novembre 1646.

D'argent, à deux pals de sable.

HAROUARD (N.), chanoine de l'église de Tours (fin du XVIIe siècle).

Parti d'argent et de gueules, à un lion armé, lampassé, de l'un en l'autre.

HARPAILLÉ DU **PERRAY**, Ec., Sgrs du Perray et de Terrefort. — Famille de Touraine anoblie par lettres patentes de décembre 1728, délivrées à Louis Harpaillé du Perray, chevau-léger de la garde ordinaire du roi.

D'azur, au chevron d'or, accompagné en chef de deux croissants d'argent, et en pointe d'une étoile du second émail.

HARVOIN (François-Joseph), Ec., conseiller du roi, receveur général des finances de la généralité de Tours (1782).

De sinople, à trois tournesols d'argent, 2, 1.

HASTON, Sgrs de la Motte-Mottereux, en Touraine (XVIIe siècle).

De gueules, à trois fleurs de lis d'or, 2, 1.

HAUTEFORT (Charles-Louis de), marquis de Surville, baron de Preuilly, du chef de sa femme Anne-Louise d'Humières (1686), mourut le 19 décembre 1724. Il était fils de Gilles, marquis de Hautefort, comte de Montignac, vicomte de Ségur, baron de Thenon et de la Flotte, lieutenant-général des armées du roi, et de Marthe d'Estourmel.

D'or, à trois forces ou ciseaux de sable. — Devise : *Alti et fortis.*

Jacques-François, marquis de Hautefort, résidant dans le Maine, portait :

Ecartelé; aux 1 et 4 de Hautefort; aux 2 et 3 du Bellay. — Cimier : un mouton naissant, au naturel; — Supports : deux anges.

HAUTONNIÈRE (de la), marquis de la Hautonnière (XVIIe siècle). — Cette famille tire son nom d'une terre située dans la paroisse de Fougerolles, au Maine.

D'or, au sautoir noué de sable. *Alias :* deux bâtons écotés, cantonnés de quatre étoiles de gueules.

HAVART (de) Ec., Sgrs de Puy-d'Arcay, paroisse d'Azay (1670). — Famille originaire d'Angleterre, et établie en France au commencement du xive siècle.

De gueules, à six coquilles d'argent ; parti de sable à la bande fuselée d'or. — *Alias* : de gueules, à une bande d'or frettée de sable et accompagnée de 6 coquilles d'argent posées en orle, 3 en chef et 3 en pointe.

HAYE (de la), Chev., barons de la Haye, Sgrs de Faye-la-Vineuse (xie, xiie et xiiie siècles).

Hardouin de la Haye prit la croix en 1096.

Philippe de la Haye est qualifié de chevalier-banneret de Touraine en 1213.

Geoffroy III de la Haye, archevêque de Tours (1313) mourut le 6 avril 1323.

D'argent, à deux fasces de gueules accompagnées de six (ou huit) merlettes de même, mises en orle.

Un sceau de Barthélemy de la Haye vivant en 1267, porte :

D'argent, à deux fasces de gueules, accompagnées de huit merlettes posées 3, 2, 3.

HAYE (Geoffroy de la), archidiacre d'Outre-Loire, en l'église de Tours (1300).

De gueules, au lion d'or.

HAYE (La), famille noble de Touraine.

De gueules, au croissant d'or, accompagné de six étoiles de même, 3, 3.

HAYE (de la), en Touraine et en Anjou.

D'or, au croissant de gueules, accompagné de 6 merlettes de même, 3, 2, 1.

HAYE (de la), Ec., Sgrs de Charreau, de la Guignardière (xviie et xviiie siècles).

Madelaine de la Haye de Charreau, veuve de René de Gallois, chevalier, comparut par fondé de pouvoir, en 1789, à l'assemblée électorale de la noblesse de Touraine.

D'azur, à une tour d'argent soutenue de deux lions affrontés, d'or, lampassés et armés de gueules, le tout sur terrasse de sinople.

HAYE (Louis de la), prêtre, prieur de Beautertre (1696).

D'argent, à une haie de sinople accompagnée en chef de deux lacs d'amour de gueules.

Haye-Descartes (ville de la).

D'or, à une fasce de sinople chargée de trois tours d'argent. (xviiᵉ et xviiiᵉ siècles).

Au xviᵉ siècle, le sceau à contrats de la ville de la Haye représentait une grande fleur de lis accompagnée de plus petites, sans nombre. — Le sceau de la baronnie était : *d'or, à la croix de gueules, cantonnée de seize alérions d'azur,* qui sont les armes de Montmorency.

HAYER (Le). Voyez LE HAYER.

HAYES (des), à Tours.

D'argent (d'azur, d'après Segoing), à trois haies ou claies d'azur (d'or, d'après Segoing), 2, 1. — Couronne de comte.

HÉARD DE BOISSIMON, Éc., Sgrs de Linières-Bouton, de la Forterie et de la Roche, en Anjou.

René Héard de Boissimon fut pourvu de la charge de conseiller du roi, clerc au présidial d'Angers, en 1685.

Marie-Louis Héard de Boissimon et Charles-Marin Héard de Boissimon, chevalier de Saint-Louis, comparurent par fondé de pouvoir à l'Assemblée électorale de la noblesse de l'Anjou.

Résidence en Touraine (xixᵉ siècle) : Langeais.

N. Héard de Boissimon, conseiller au siége présidial d'Angers (1636), portait :

D'azur, au chevron brisé, d'argent, accompagné de deux étoiles d'or en chef et d'une larme d'argent en pointe.

N. Héard, Sgr de Boissimon, conseiller du roi, président au présidial de la Flèche (1698), portait :

D'azur, à un hérisson d'argent.

HÉBERT (David), chanoine de St-Martin, de Tours (1698).

De gueules, à deux poissons d'argent, en fasce, l'un sur l'autre.

HÉBERT (N.), chanoine de l'Eglise de Tours (1698).

D'azur, à un hibou d'argent; au chef de même.

HEÈRE (de), Chev., marquis de Heère, Sgrs de Poncelet, de Vaudoy, de la Fresnaye, de la Borde-Vernou, de la Coudraye, du Bois-des-Armes, du Coudray, etc... — Maison originaire de la Flandre autrichienne et dont la filiation suivie commence par Pierre de Heère, un des bienfaiteurs de l'église des Cordeliers de Bruges, vivant en 1388.

Antoine de Heère, petit-fils de Pierre, fut fait chevalier en 1445 par le duc de Savoie.

Cette maison a été maintenue dans sa noblesse les 1er décembre 1640, 20 avril et 13 juin 1641, 27 novembre 1642, 11 mai 1662 (par arrêt de la Cour des Aides de Paris), 4 janvier 1667 et 26 octobre 1693. Elle s'est alliée aux familles de Witte, de Baeust, Poulain de Groslay, de Miraumont, de Brienne, Le Cœur de St-Germain, Lamirault, Caillart de Beaupré, de Villedonné, de Laage de Bellefaye, de Lescalopier, de Giverville, de Baillivy, de la Tullaye, etc.

Denis de Heère, écuyer, Sgr de Vaudoy, conseiller au parlement, maitre des requêtes, fut nommé intendant de Touraine par lettres du 29 avril 1643.

André-Marie-Marc, marquis de Heère, chevalier de la Légion-d'honneur, né le 26 avril 1784, fils de Marc-René, marquis de Heère, commandant d'escadron dans le régiment Colonel-général, et de Anne-Geneviève de Lescalopier, épousa le 4 décembre 1816, Caroline-Jeanne-Françoise de Giverville, fille de Charles-Armand-Hyacinthe de Giverville, chevalier de St-Louis, chef d'escadron en retraite, et de Esprit-Angélique de Brevedent d'Ablon. De ce mariage sont nés :

1° Henri-Armand, marquis de Heère, né à Honfleur (Calvados), le 22 février 1830, marié le 23 janvier 1855 à Elisabeth-Néolie de Baillivy, fille de Jean-Vincent, comte de Baillivy, et de Elisabeth-Joséphine de Préaux. — De ce mariage sont issus 1° Jean-Marie-Marc de Heère, né à Tours le 27 juillet 1862 ; 2° Elisabeth-Jeanne-Caroline de Heère, née à Tours le 19 février 1856.

2° Marie-Caroline de Heère, né à Honfleur le 28 mai 1825, mariée le 10 juin 1847 à Joseph-Edmond, vicomte de la Tullaye.

D'argent, au chevron de sable, accompagné en chef de deux coquilles de même et en pointe d'une étoile de gueules. — Couronne de marquis. — Supports : deux licornes. — Cimier : une tête de Séraphin.

HÉLIAND (d'), Chev., barons d'Ingrandes, Sgrs du Vivier-des-Landes (XVIIIe siècle).

D'or, à trois aigles d'azur, becquées et onglées de gueules, 2, 1.

HÉLIAS, abbé de Saint-Julien, de Tours, mort en 1384.

De..... à une bande fuselée de.....

HÉMART, en Touraine.

D'azur, à une croix de vair.

HELLAUD DE VALLIÈRE (de), Ec., Sgrs de Vallière, de la Fosse, de la Pontonnière, de la Durencerie, etc. — Famille originaire de Bretagne. Sa filiation remonte à Guillaume de Hellaud, vivant vers 1367; elle fut justifiée, par titres représentés en 1587, par François de Hellaud, Sgr de Vallière, devant François de Ruzé, l'un des commissaires députés par le roi, pour le règlement des tailles en la généralité de Touraine.

Jeanne de la Saugère, veuve de François de Hellaud, fit la représentation des titres de son mari, devant Voisin de la Noiraye, intendant de Touraine, et obtint une sentence de maintenue de noblesse, à Tours, le 16 mars 1668.

La famille de Hellaud s'est alliée à celles de Poyet, d'Avoynes, de Chavigny, de l'Espinay, de la Roque, de Vigré, de Vezins, de Bonchamps, de Barrin, Hullin de la Guiltière, Herbereau de la Chaise, de Perriers, Gastinel, etc.

De gueules, au griffon d'or.

HÉMERY (d'), Chev., Sgrs de la Michelinière, en Touraine, de la Martinière, l'Abrie, Tuffeau, du Fouilloux, Mondétour, la Borde (XVIIe et XVIIIe siècles).

Cette famille est originaire de Champagne, où elle est connue dès le XIVe siècle. Elle s'est alliée aux familles Juliot de la Frouardière, Jourdain de Boistillé, de Marans, Pot de Piégu, de Blois de la Lande; Poignand de Lorgère, de Fricon, Rivaud de la Raffinière, etc.

François-Olivier de Hémery, Sgr de la Michelinière, comparut en 1789 à l'Assemblée électorale de la noblesse de Touraine. La famille fut également représentée à l'Assemblée de la noblesse du Poitou.

Richard d'Hémery, Chevalier, fut nommé maire d'Amboise, le 13 août 1776.

De gueules, à trois coquilles d'or, 2, 1, surmontées d'une trangle d'or.

D'Hémery, à Langres, porte :

D'azur, au lion dragonné et ailé d'or; au chef d'argent chargé de trois cannettes de gueules.

HÉMON (Victor de), Sgr de Perau, prêtre, chanoine de l'Église de Tours (1698).

D'or, à deux heaumes d'azur posés l'un sur l'autre.

HENNEQUIN (Jeanne), dame de la Curée, de la Bourdaisière, de Thuisseau, de Montlouis, St-Martin-le-Beau (fin du xve siècle).

Vairé d'or et d'azur; au chef de gueules chargé d'un lion léopardé d'argent.

HENRION, Sgrs du Cormier, — et du Plessis, (*alias*, le Chatellier), paroisse de Limeray (xviiie siècle).

D'azur, au croissant d'argent, en pointe d'une terrasse de même; au chef cousu de gueules, chargé de trois étoiles d'or.

HENRY du CHAMP, Ec., Sgrs du Champ et de la Moindrie, paroisses de Restigné et de Benais (xviiie siècle).

François de Henry, Ec., Sgr de la Moindrie, demeurant dans la paroisse de Benais, comparut au ban convoqué par lettres du 26 février 1689.

Charles Henry remplissait les fonctions de conseiller du roi, premier assesseur dans la compagnie du prévôt des maréchaux de Chinon, en 1698.

D'argent, à trois roses de gueules, 2, 1; au chef d'azur chargé de trois étoiles rangées d'argent (ou d'or).

HENRY (de), en Touraine. — Famille originaire de l'Anjou. Elle commence sa filiation par Philibert Henry, dont un des fils fut député vers le roi Louis XI, à Tours (1469), pour lui représenter l'intérêt qu'il avait à conserver la Pragmatique Sanction.

D'or, au cœur de gueules, orné des chiffres de Jésus, à l'antique, d'or ; au chef d'azur chargé d'un lion léopardé d'argent. — Devise : *Dedit illi nomen quod est super omne nomen.*

HÉRAULT (René), Chev., Sgrs de Fontaine-l'Abbé, conseiller d'Etat, intendant de Touraine (1722-25), puis lieutenant-général de police à Paris, mourut le 2 août 1740.

Il était fils de Louis Hérault, Sgr du Perche, receveur-général des domaines et bois de la généralité de Rouen, et de Jeanne-Charlotte Guillard.

La famille Hérault a été anoblie en 1389, en la personne de N. Hérault, Sgr de Genest. Elle a obtenu des maintenues de noblesse les 4 décembre 1598 et 24 juillet 1704.

D'argent, à trois cannes de sable, becquées et membrées d'or, 2, 1.

HERBERT, Ec., Sgrs du Plessis-d'Anché (xviiie siècle). — Famille originaire du Poitou. Elle s'est alliée à celles de Vernon, le Bascle, du Bellay, de Maulay de la Garenne, Henri, Racheteau, Thorenay, etc...

Alexandre Herbert, écuyer, seigneur de Grandmont, fut maintenu dans sa noblesse, avec Jacques, son frère aîné, le 24 septembre 1667.

Laurent-Jacques Herbert, Sgr de Grandmont et de Preugné, fut également maintenu dans sa noblesse le 9 avril 1699 et le 18 février 1715.

De gueules, à trois besants d'argent; au chef d'argent chargé de trois hures de sanglier, arrachées, de sable, défendues et allumées d'argent. — *Alias :* De gueules, à trois besants d'argent, 2, 1; au chef aussi d'argent, chargé d'une hure de sanglier de sable, les défenses d'argent.

HERBIERS (des), Chev., marquis de l'Estenduère, Sgrs de la Ballière, de la Poupardière, de Vauvert, etc... — Famille originaire du Poitou. Elle a formé plusieurs branches dont une s'est établie en Touraine au xviiie siècle. Sa filiation suivie commence par Amaury des Herbiers qui est mentionné dans une charte de l'abbaye de St-Aubin, d'Angers, en 1072. Geoffroy (ou Guillaume) des Herbiers, fils d'Amaury, cité dans des actes de 1110-20, et décédé en 1136, fit le voyage de la Terre-Sainte avec Guillaume IX, duc d'Aquitaine.

Charles des Herbiers, Chev., Sgr de la Raslière, capitaine de vaisseau, chevalier de St-Louis, eut de son mariage avec Marie-Olive des Herbiers :

1° Alexandre, décédé en 1794 ;

2° N. major général et commandant de la marine à Rochefort, chevalier de St-Louis (1789) ;

3° Antoine-Auguste des Herbiers, marquis de l'Estenduère, marié à Louise-Françoise de St-Martin, veuve de Louis Aubry, inspecteur des manufactures et des pépinières de la généralité de Tours. A l'époque de la révolution il résidait en Touraine. Arrêté, conduit à Paris et traduit devant le tribunal révolutionnaire, il fut condamné à mort comme ex-noble, le 11 pluviose, an II.

La famille des Herbiers a fourni plusieurs chevaliers de Malte. Elle s'est alliée aux maisons de Menisson, de Craon, de la Porte, du Puy du Fou, de Vivonne, de Montours, de la Poëze, Rouault, Amaury, d'Escoubleau, de la Haye-Montbault, d'Arcemale, de Martel, Jousseaume, de la Ville de Féroles, Fouscher, etc...

De gueules, à trois fasces d'or.

HERCÉ (Urbain-René de), abbé de Noyers (1761-85), puis évêque de Dol.

D'azur, à trois herses d'or, 2, 1.

HERPIN, Ec., Sgrs de Quindray ou du Coudray (xvi⁰ siècle).

D'argent, à deux manches mal taillées, l'une sur l'autre, de gueules ; rayées en sautoir, du champ ; au chef emmanché de trois pièces, de sable.

HERRY DE MAUPAS, Chev., vicomtes de Maupas, Sgrs de la Guérinière et de Blémars, paroisse de Dammarrie (xvii⁰ et xviii⁰ siècles).

Originaire de l'Orléanais, la maison Herry de Maupas s'est établie dans le Blésois vers le milieu du xvii⁰ siècle. Plusieurs de ses membres ont servi avec distinction dans la magistrature et dans les armes. Au xive siècle on trouve Jean Herry ou Le Herry qui figurait parmi les compagnons d'armes de DuGuesclin.

Cette famille s'est alliée aux maisons de Colbert, de Pelluys, de la Saussaye, de Reméon, de la Pierre de Fremeur, de la Fare, Butel de Sainte-Ville, de Champgrand, de Rangeard, du Juglart, de Mahy de Favras, de Nettancourt,de Cools, etc...

En 1789, le chevalier Herry de Maupas, ancien major du régiment Royal-dragons, chevalier de Saint-Louis et lieutenant pour le roi en la ville de Blois, fut un des commissaires chargés de la rédaction du cahier que la noblesse du Blésois adressa aux États-généraux.

Par lettres patentes du 18 juin 1828, enregistrées le 25 novembre 1829, la terre de la Guérinière et une partie de ses dépendances ont été constituées en majorat, avec titre de vicomte, en faveur d'Auguste Herry de Maupas.

Le vicomte Auguste de Maupas, chef actuel de la famille, ancien officier supérieur, chevalier de St-Louis et de la Légion-d'honneur, a épousé Aimée du Juglart, dernière héritière de cette ancienne et illustre maison.

De ce mariage sont nés :

1° Augusta de Maupas, mariée au comte Anatole de Frémeur ;

2° Anatole de Maupas, marié à Alix de Nettancourt (des Nettancourt de Lorraine), dont il a eu : Roger et Bernard de Maupas et Jeanne, mariée à Enguerrand Butel de Sainte-Ville ;

3° Marie de Maupas, mariée à Edouard de Champgrand ;

4° Esther de Maupas, mariée au vicomte Armand-Just de la Fare, descendant du maréchal de France, de la Fare, neveu du cardinal de ce nom.

D'or, à un lion de sable. — Supports : Deux griffons. — Couronne de comte. — Cimier : Un lion issant.

HERSANT-DESTOUCHES (Alexandre-Etienne-Guillaume), baron de l'Empire, préfet d'Indre-et-Loire (15 novembre 1814)..

Coupé d'azur et de gueules, l'azur semé d'étoiles d'or sans nombre, chargé en abime d'une rose d'argent tigée et feuillée de même ; les gueules à deux flèches en sautoir, les pointes basses, d'argent, nouées d'un ruban d'or ; à la bordure componnée d'or et de sable.

HERSENT, à l'Ile-Bouchard.

De gueules, à l'arbre arraché de... à la fasce d'argent bordée de... brochant sur le tout. — Supports : Deux lions. — Couronne de marquis.

HESSELIN. — Famille originaire de Picardie. Elle s'est alliée à la famille de Briçonnet.

D'or, à deux fasces d'argent semées de croisettes fleuronnées de l'un en l'autre.

HEURTELOUP (Nicolas), premier chirurgien des armées, inspecteur général du service de santé, officier de la Légion-d'honneur, baron de l'Empire, né à Tours le 26 novembre 1750, décédé le 27 mars 1812.

Ecartelé, au 1 de sinople, au dextrochère gantelé d'argent mouvant du canton dextre du chef, heurtant un loup ravissant, le corps contourné, d'or, édenté d'argent ; au 2 de sable à trois massues l'une sur l'autre en fasce, d'or, accolées chacune d'un serpent de même, celle du milieu contournée ; au 3 de gueules à la tour crénelée de 4 pièces d'argent ; au 4 d'or à la tête de Maure de sable, tortillée, accolée et allumée d'argent avec pendant d'oreille de même ; franc-quartier des barons pris parmi les officiers de santé attachés aux armées, brochant au 9e de l'écu.

HIERRAI (d').

D'argent, au chevron de gueules accompagné de trois grappes d'azur.

HILAIRE, Ec., Sgrs de l'Étang, de Bagneux, du Rivau, de la Brouée (xviie siècle). — Cette famille a été maintenue dans sa noblesse le 9 septembre 1667.

D'azur, à trois tours d'argent, 2, 1.

HILAIRE DE JOVYAC (d'), Chev., marquis de Jovyac, Sgrs de la Jarrie, en Touraine (xviiie siècle).

Cette famille tire son nom de la terre de Jovyac en Vivarais. Son existence est constatée dès 1355.

Jacques d'Hilaire de Jovyac, écuyer, chevalier de St-Louis,

comparut par fondé de pouvoir, en 1789, à l'Assemblée électorale de la noblesse de Touraine.

Écartelé; aux 1 et 4 d'azur, au lévrier courant d'argent, colleté d'or, surmonté d'un château aussi d'argent ouvert et maçonné de sable, qui est de Jovyac; aux 2 et 3 de sinople, au cygne d'argent membré d'or, qui est de Toulon-Sainte-Jaille.

HILLERIN (de), Chev., marquis de Boistissandeau, Sgrs de la Touche-Hillerin, de Brossy, de la Fremondière, de la Guérinière, de Lignières, etc.

Cette famille commence sa filiation suivie par René de Hillerin, Chev., Sgr du Bois, né vers 1471 et qui épousa, par contrat du 27 août 1512, Jeanne du Plessis. Elle a fourni deux prévôts du Loudunais : Henri de Hillerin (1602), et Charles de Hillerin (1622), — des maîtres d'hôtel du roi, — des chevaliers de l'Ordre de St-Michel, — un chevalier de Malte, — un officier supérieur dans les armées royales 1794), etc. Elle s'est alliée aux maisons de la Roche, Fornier, Moreau de Villiers, Grandjean de Fouchy, Darrot, des Nouhes, de Villeneuve du Cazeau, Palierne de la Naudussaye, Irland de Beaumont, etc.

La famille de Hillerin a comparu aux Assemblées électorales de la noblesse de l'Anjou et du Poitou.

Charles-Alexandre de Hillerin de Boistissandeau, né le 20 juillet 1806, a épousé le 21 octobre 1837 Olympe Guerry de Beauregard, veuve de Henri, comte de Talhouet.

De gueules, à trois roses d'argent.

Pierre de Hillerin, Sgr de la Guérinière, écartelait ses armes de celles d'Angleterre, par suite d'une concession de Jacques II, roi d'Angleterre, du 3 mars 1659.

HILLIÈRE ou ILLIÈRE(de la), Chev., Sgrs de Grillemont, du Clos (xviie siècle).

Jean-Gabriel de la Hillière était capitaine du château de Loches en 1615.

Michel de la Hillière fut abbé de Gastines, de 1661 à 1668.

D'argent, au lion de sable, armé et lampassé de gueules.

HILLIERE, en Touraine (xviie siècle). — Famille originaire de Gascogne.

D'azur, au lion d'or.

HOCQUART (Jacques-François), abbé de Seuilly (1738-60).

De gueules, à trois roses d'argent, 2, 1.

HODON (de), Ec., Sgrs des Oudes, paroisse de Francueil, de Chisseaux et de Moulin-Fort (xve et xvie siècles), d'Estilly et de Cravant (xvie siècle), de Vaulogé, paroisse de St-Christophe (xviie siècle). — Famille originaire du Maine.

De gueules, à trois quenouilles, ou fusées, d'argent, rangées en fasces.

HOMMES (d').

De sable, à la fasce d'argent accompagnée de trois porcs-épics d'or.

HOMMES (d'). — Maison très-ancienne, originaire de l'Anjou et qui a résidé en Touraine.

De gueules, à la bande d'argent.

HOPITAL (de l'), Chev., marquis de Choisy, Sgrs de Lournay, en Touraine (fin du xviie siècle).

La maison de l'Hopital commence sa filiation suivie par François de l'Hopital vivant en 1320. Elle a fourni deux maréchaux de France : François de l'Hopital, comte de Rosnay (1643), et Nicolas de l'Hopital, duc et marquis de Vitry, décédé le 28 septembre 1643.

François de l'Hopital, maître des eaux et forêts dans les pays de Touraine, Champagne et Brie (par provisions du 7 janvier 1400), mourut le 24 novembre 1427. Il était fils de Jean de Galuccio de l'Hopital (originaire du royaume de Naples) et de Jeanne Braque.

De gueules, au coq d'argent, crêté, membré et becqué d'or, ayant au col un écusson d'azur chargé d'une fleur de lis d'or.

HOSSARD (Allain), capitaine-gouverneur de la ville et du château de Tours (1424).

De gueules, à la manche mal taillée d'argent posée au premier quartier de l'écu.

HOTMAN. — Famille originaire de la ville d'Emerick (duché de Clèves). Elle s'est établie en France vers l'an 1470.

Une de ses branches résidait en Touraine dès le xvie siècle. Jean Hotman, secrétaire du roi, fils de Pierre Hotman, conseiller au parlement de Paris, et de Paule de Marle, mourut à Tours en 1596.

Vincent Hotman, Sgr de Fontenay, conseiller au grand conseil, intendant de Touraine (1656-57), mourut le 14 mars 1683.

Emmanché d'argent et de gueules, de dix pièces. .

HOTOT (Guillaume de), abbé de Cormery (1412-17), puis évêque de Senlis (1434).

D'azur, semé de molettes d'éperon d'or; au lion rampant, de même, brochant sur le tout.

HOUDAN (de), Ec., Sgrs des Landes, relevant du château d'Amboise, — de Chisseaux, Moulin-Fort, Vrigny, la Chervière, des Oudes, Estilly, Cravant (en partie), Varennes, — de la Chaume, paroisse de Souvigné, — de la Bataillerie, paroisse de Vernou (du xvie au xviiie siècle).

Nous connaissons deux maintenues de noblesse concernant cette famille; l'une du 30 juin 1664 (arrêt de la Cour des aides); l'autre du 28 juillet 1666.

Antoine de Houdan des Landes était chanoine du Plessis-lez-Tours en 1574.

D'or, à la bande d'azur, chargée de trois macles d'or couchées en bande.

HOUDRY, Ec., Sgrs de la Tour et des Roulais, en Touraine.

Simon Houdry était chanoine et chancelier de l'église de Tours, archidiacre d'outre-Loire en 1659.

Jacques Houdry fut maire de Tours en 1605.

D'argent, à trois trèfles de sinople, 2, 1.

HOUSSAYE (Claude), bourgeois de Tours (fin du xviie siècle).

D'or, à trois feuilles de houx de sinople.

HOUSSEAU (de) ou DES HOUSSEAUX, Ec., Sgrs de la

Gibottière, relevant de la Haye (xvᵉ et xvıᵉ siècles), de Bouf-
ferré et de l'Epinette, près le Grand-Pressigny.

D'or, à un lion de gueules.

HUAULT, Chev., marquis de Vaire et de Bussy, Sgrs de
Bernay, de Cousseteau, de la Huauldière, de Richebourg, de
la Roque, du Puy, de Montmagny (xvᵉ siècle). — Famille
originaire des environs d'Azay-le-Rideau, en Touraine. Le
premier de ce nom alla s'établir à Paris lors de la prise d'A-
zay par le dauphin Charles, sur les partisans de Jean-sans-
Peur, duc de Bourgogne, en 1418.

La maison Huault a donné un président au Grand-Conseil
(1587), — des gentilshommes de la chambre du roi, — un lieutenant-général des armées (1652), — un intendant du Poitou,
— des chevaliers de Malte, etc. Elle s'est alliée aux maisons
de Maillard, de Heilly, du Tronchay, le Vayer, du Temple,
de Bilon, du Drac, de Gouy, Lottin de Charny, de Mazis,
Ribier, Guérin de Tarnault, Hatte de Chevilly, d'Espi-
nose, etc.

D'or, à la fasce d'azur chargée de trois molettes d'éperon d'or, accompagnées de trois coquerelles de gueules, 2, 1.

HUBERT, Ec., Sgrs de Lauberdière, de Taillé, de Bois-
Jésu, de Lessé, en Touraine.

François Hubert, conseiller du roi, trésorier de France à
Tours, fut maire de cette ville en 1687-88-89.

A la même époque, Michel-Simon Hubert est mentionné
dans des actes, avec la qualité de conseiller au présidial de
Tours.

François-Gabriel Hubert était trésorier de France au bureau des finances de la généralité de Tours en 1700.

Louis Hubert de Lauberdière, trésorier de France au même
bureau (par provisions du 9 mars 1695), mourut le 14 avril
1742.

Charles-Louis Hubert de Lauberdière était chanoine de
St-Martin, de Tours, en 1787.

Louis Hubert de Lauberdière, chevalier, ancien capitaine

de vaisseau, et Alexandre Hubert de Taillé, écuyer, comparurent, en 1789, à l'Assemblée électorale de la noblesse de Touraine.

De gueules, au chevron d'or, accompagné de trois trèfles de même.

HUBERT (N.), chanoine de St-Martin, de Tours (fin du xviie siècle).

D'argent, à trois cors de chasse de gueules.

HUCHELONNIÈRE (de la), en Touraine (xve siècle).

De gueules, à deux fasces d'argent accompagnées de huit merlettes de même, 3, 2, 3.

HUDÉE, Sgrs de la Boissière; — famille bourgeoise de Tours.

D'azur, fretté d'or; au chef d'argent chargé de trois roses de gueules.

HUE, Éc., Sgrs de la Brosse. — Cette famille, originaire de l'Orléanais, où elle est connue dès le xive siècle, a donné un trésorier de France au bureau des finances de la généralité de Tours, Antoine Hue (1600).

D'argent, au huat (ou aigle) de sable.

HUE (Thomas), marquis de Miromenil, Sgr de la Roque, de Tourville, de Menildo, de Mouy, de Burgues, de Beaumetz, intendant de Touraine (1689-1704), mourut en août 1702. Il était fils de Michel Hue, Sgr de la Roque (originaire de Normandie) et de Marie Duval de Bonneval.

D'argent, à trois hures de sanglier de sable, 2, 1.

HUET. — Famille bourgeoise de Tours (xviie siècle).

D'argent, à une fasce de gueules chargée d'un croissant d'argent et accompagnée de trois roses de gueules, 2 en chef, 1 en pointe.

HUET DE MONTBRUN. — Famille originaire de Normandie et qui s'est établie dans l'Orléanais et en Touraine.

Le célèbre Pierre-Daniel Huet, évêque d'Avranches, mort le 26 janvier 1721, était de cette maison.

D'azur, à un cerf d'or sortant à mi-corps d'une rivière d'argent mouvante de la pointe de l'écu; au chef de gueules chargé de trois molettes d'éperon d'or.

HUGUES, premier du nom, abbé de Beaulieu, en Touraine (1224-25).

D'argent, à trois fasces de sable accompagnées de six hermines posées 3, 2, 1.

HUGUET DE SÉMONVILLE, marquis de Sémonville, en Touraine et au Maine. — Famille originaire du Gatinais. Elle a pour auteur Bertrand-François Huguet de Sémonville, pourvu d'un office de secrétaire du roi le 26 novembre 1655.

Charles-Louis Huguet de Sémonville fut créé pair de France le 4 juin 1814. Par ordonnance du 8 décembre 1817 le titre de marquis fut attaché à sa pairie.

Écartelé ; aux 1 et 4 d'azur au cygne d'argent ; aux 2 et 3 d'or au chêne de sinople , fruité du champ. — Devise : *Candor et robur*. — Tenants : Deux américains couronnés et ceints de plumes, et appuyés sur leurs massues.

HUGUET DE SÉMONVILLE (N.) sénateur, comte de l'Empire, portait :

Au 1 de comte sénateur ; aux 2 et 3 d'azur chargés d'un mouton d'or, surmonté de 3 quintefeuilles d'azur ; au 4 écartelé d'or et d'azur, savoir : les 1 et 4 d'or au chêne de sinople , les 2 et 3 d'azur à la merlette d'argent.

HULLIN, Éc., Sgrs de Prugny et du Ver (xviie siècle).

De gueules, au lion d'argent.

HULLIN, Éc., Sgrs du Bouchet, élection de Richelieu (xviiie siècle).

D'argent, au lion de gueules.

HULOT, barons de l'Empire.

Coupé, le premier parti de sable au dextrochère brassardé d'argent mouvant du flanc dextre, et de gueules, au signe de baron tiré de l'armée ; au deuxième d'azur, au griffon couché d'argent, soutenu d'or, la dextre posée sur un boulet d'or.

HUMBERT DE SOUBEYRAN DE SAINT-PRIX. — Famille originaire du Vivarais. Elle a formé trois branches , deux en Languedoc l'autre en Touraine.

Coupé ; au 1 d'azur au buste féminin couronné d'or, accosté de deux croissants d'or en chef ; au 2 d'argent à trois tours de gueules, 2, 1 ; au chef de gueules chargé de trois macles d'argent.

HURAULT, Chev., marquis de Vibraye, comtes de Cheverny, Sgrs de Gizeux, d'Avrillé, de Vueil (en partie), de Cherigny et des Souches, en Touraine (xviie et xviiie siècles); de Belesbat, de Boistaillé, du Marais, de Valgrand, de Weil, des Loges, de Châteauneuf, etc. — Cette famille paraît originaire d'Angleterre. Elle a donné un chancelier, garde des sceaux de France, deux archevêques d'Aix, des évêques, des ambassadeurs, etc... Sa filiation remonte à Philippe Hurault, qui eut un procès contre Ingelger, seigneur d'Amboise, avant l'année 1352.

La terre de Vibraye fut érigée en marquisat, par lettres du mois d'avril 1625, en faveur de Jacques Hurault, IIe du nom, conseiller d'Etat.

La maison Hurault s'est alliée à celles de Refuge, de Contremoret, de Malherbe, de Chauvigné, Le Vimeur de Rochambeau, de la Bonninière de Beaumont, d'Etampes, Poncher, de Beaune, de Harville, de Vassé, Le Roux de la Roche des Aubiers, Le Coigneux, de Monteil de Grignan, de Thou, de la Trimouille, Chabot, de Clermont, de Berulle, de L'Hopital, de Goutaut de Biron, etc...

Benoît Hurault était abbé de Bourgueil avant 1539.

Philippe Hurault de Cheverny, abbé de Marmoutier et de Bourgueil, mourut le 12 novembre 1539.

Philippe Hurault, comte de Cheverny, gouverneur d'Amboise, mourut en 1599.

Philippe Hurault de Cheverny, évêque de Chartres, abbé de Bourgueil, mourut en 1620.

En 1671, Florimond Hurault, chevalier, Sgr de St-Denis, remplissait les fonctions de grand-maître enquêteur et général réformateur des eaux et forêts des provinces de Touraine, Anjou, Maine, Poitou et Berry.

D'or, à la croix d'azur, cantonnée de quatre ombres de soleil de gueules.

HUSSON (de), Chev., comtes de Tonnerre, Sgrs de Croissy, — barons de Cinq-Mars, par suite du mariage (1473) de Charles de Husson, Sgr de Croissy, avec Antoinette, fille de Louis de la Tremoille.

Cette famille, originaire de Normandie, a fourni cinq chevaliers croisés (1096).

D'azur, à six annelets d'or.

HUTEAU. — Famille répandue en Touraine, en Bretagne et en Languedoc, aux XIIIᵉ, XIVᵉ, XVᵉ et XVIᵉ siècles.

Hermès Huteau, écuyer, homme d'armes de la compagnie du roi, comparut à une revue faite à Tours, vers 1540. Il épousa le 17 février 1546, Madeleine de la Vergne, dont le frère, Lucas de la Vergne, était alors chanoine de Tours.

Écartelé; aux 1 et 4 d'azur, à 3 étoiles d'or ; aux 2 et 3 d'argent, à une croix de gueules ancrée.

ILE ou ILE-BOUCHARD (de l'), Chev., barons de l'Ile-Bouchard, Sgrs de Rivarennes, Cinq-Mars, Veretz, Azay-le-Rideau, Parçay, Tavent, Crissé (du XIᵉ au XVᵉ siècle).

Les personnages dont les noms suivent appartiennent à cette famille :

Bouchard de l'Ile, chevalier croisé (1211) ;

Regnaud de l'Ile prit part à la croisade contre les Albigeois (1219) ;

Barthelemy II de l'Ile-Bouchard, chevalier banneret (1230) ;

Agnès de l'Ile, abbesse de Beaumont-lès-Tours (1295-99) ;

Pierre de l'Ile-Bouchard, archiprêtre du diocèse de Tours (1315).

La terre de l'Ile-Bouchard, possédée pendant plus de quatre siècles par la famille de ce nom, passa dans la maison de la Tremoille par le mariage de Catherine de l'Ile-Bouchard avec Georges de la Tremoille (contrat du 2 juillet 1425).

De gueules, à deux léopards d'or passants l'un sur l'autre.

Jean, sire de l'Ile-Bouchard, chevalier banneret (1385), portait, d'après un sceau de l'époque :

De... à deux lions passants, de.....— Supports : Deux léopards.— Cimier : Un vol.

Ile-Bouchard (Prieuré de Saint-Ambroise de l').

D'azur, à un bâton de prieur, d'or, accosté des lettres S et A, de même.

Ile-Bouchard (Prieuré de Saint-Gilles de l').

D'azur, à un bâton de prieur, d'or, accosté des lettres S et G, de même.

Ile-Bouchard (Sceau des officiers de la baronnie de l'), au XVIIIᵉ siècle.

D'argent, à trois chevrons de gueules. — Couronne de duc.

Ce sont les armes du Plessis de Richelieu.

Ile-Bouchard (Ville de l').

Écartelé ; aux 1 et 4 de sinople à la fasce d'or ; aux 2 et 3 d'or à la bande de sinople. — *Alias* : De gueules, à deux lions passants d'argent.

ILE DU GUAST (de l'), en Touraine.

De gueules, à la croix d'argent frettée d'azur.

ILE-OGIER (de l'), Chev., Sgrs de la Guerche (xive siècle).

Cette famille, issue des l'Ile-Bouchard, a pour auteur Jean de l'Ile-Ogier, fils de Barthelemy III de l'Ile-Bouchard.

De gueules, à trois léopards d'or, 2, 1.

ILLIERS (François d'), dit le chevalier d'Aunay, Sgr de Menars (xvie siècle) et seigneur-usufruitier de Chenonceau (1697).

La famille d'Illiers est originaire de la Beauce. C'est une des plus anciennes de France. Elle fait remonter sa filiation à Avesgard d'Illiers, vivant en 948.

D'or, à six annelets de gueules, 3, 2, 1.

IMBAUT, en Touraine, en Picardie et en Bretagne.

De gueules, à cinq cotices d'argent.

IMBERT, Éc , Sgrs de Cangé, paroisse de St-Avertin, et de Chastres (ou Chartres).

Jean Imbert fut abbé de Gastines de 1455 à 1462.

Jean Imbert de Chastres était maire de Tours en 1723.

Charlotte-Rosalie de Chastres, veuve de Jean-Baptiste-Pierre-René de la Rue Du Can, Sgr de Souvigny et des Cartes, comparut par fondé de pouvoir, en 1789, à l'Assemblée de la noblesse de Touraine pour l'élection des députés aux États généraux.

D'argent, à un lion de sable, lampassé et armé de gueules ; au chef de gueules chargé de trois quintefeuilles d'or.

INGRANDES (d'). — Famille originaire de l'Anjou.

D'or, à deux fasces d'azur, accompagnées de neuf merlettes de gueules, 4, 3, 2.

Une autre famille d'Ingrandes, d'ancienne chevalerie, porte :

De gueules, fretté d'or.

31

IRLAND, Chev., Sgrs d'Assay, de Lavau, de la Lionnière et de la Maingouère (xvııᵉ siècle).

Cette famille, dont la filiation suivie remonte au xıvᵉ siècle, est originaire d'Écosse. Elle a été maintenue dans sa noblesse le 31 décembre 1667. En 1789, elle a comparu à l'Assemblée électorale de la noblesse du Poitou.

D'argent, à deux fasces de gueules et trois étoiles d'azur posées en chef.

ISEMBERT, à Tours et à Orléans.

D'azur, à la croix ancrée, d'argent, cantonnée de 4 étoiles de même.

ISLE (d'), Chev., marquis d'Isle et de Loire, Sgrs de Beauchaine, du Breuil, de Marvillars, de Théon, etc... — Famille originaire de Saintonge, où elle est connue dès 1336. Une enquête faite sur cette maison en 1424 dit que les Isle étaient *nobles gens*, extraits de noble lignée, et que leurs armes sont peintes en l'église de Noulliers.

Guillaume Isle servit au ban des nobles de Saintonge, convoqué en 1467.

Une ordonnance de Robert de Blois et d'Olivier Rasin, conseillers à St-Jean-d'Angely, députés pour le règlement des tailles, confirma dans leur noblesse Jean et Daniel Isle (26 février 1599). Une autre maintenue de noblesse concernant cette famille fut prononcée le 18 juillet 1698.

Le marquis d'Isle, Jean-Jacques, chevalier d'Isle, et François d'Isle comparurent, en 1789, à l'Assemblée électorale de la noblesse de Saintonge.

La famille d'Isle s'est alliée aux maisons de Coucy, d'Estuer de Mortagne, de Montalembert, de Marbœuf, de Rieux, Foucher de Circé, de Bessay, de Beauchamps, du Breuil de Théon, Baret de Rouvray, Aubert de Boumois, de Lage de Volude, Brossard de Faviers, Froger de Léguille, etc... Elle forme plusieurs branches; deux résident actuellement (1866) en Touraine.

Charles Isle de Beauchaine (troisièm fils de Louis-Casimir Isle de Beauchaine, officier de cavalerie, démissionnaire en 1830, mort au château du Beignon (Vendée), le 23 octobre

1854, et de Pauline Froger de l'Eguille, dont le père fut une des victimes du massacre de Quiberon) épousa, le 6 novembre 1843, Marie-Louise de Vendel, fille de N. de Vendel, ancien officier d'infanterie, et de D^{lle} des Landes. De ce mariage sont issus :

1° Marie-Charles-Albert Isle de Beauchaine, né le 24 novembre 1844 ;

2° Marie-Paul Isle de Beauchaine, né le 3 décembre 1846 ;

3° Marie-Marcel Isle de Beauchaine, né le 31 mars 1849 ;

4° Marie-Jacqueline Isle de Beauchaine, née le 31 juillet 1856.

Charles Isle de Beauchaine est décédé à l'Hermitage, commune de Huismes, le 23 octobre 1862.

François-Georges Isle de Beauchaine, cinquième fils de Louis-Casimir Isle de Beauchaine, et de Pauline Froger de l'Eguille, a épousé, à Tours, le 16 octobre 1855, Eugénie-Charlotte-Denyse Ouvrard de Martigny, fille de N. Ouvrard de Martigny, officier d'infanterie, démissionnaire en 1830, et de Eugénie de la Barthe.

De ce mariage sont issus :

1° Marie-Thérèse Isle de Beauchaine, née le 5 septembre 1856 ;

2° Joseph-Roger Isle de Beauchaine, né le 18 octobre 1857.

D'argent, à trois roses de gueules, 2, 1. — Supports : Deux sauvages. — Couronne de comte.

ISORÉ ou YSORÉ, Chev., marquis de Plumartin et d'Hervault (ou Airvault), Sgrs de Couzières, paroisse de Veigné (1220), Bossay, Cyrandes, Paranzay, Barges, Puy-Champion, la Doumelière, la Tour de Brem, Remeneuil, Bois-Garnault, Jarry, Barrou, des Pruneaux, Fontenay, Amenon, — du Vigneau et de Bouesson, relevant de la Haye, — de Sorigny, Bazonneau, paroisse de Veigné (du XIIIe au XVIIIe siècle).

En janvier 1652, la terre de Plumartin fut érigée en marquisat en faveur de René Isoré d'Hervault.

Cette famille, originaire de Touraine, est une des plus anciennes de la province. Elle a fourni les personnages suivants :

Pierre Isoré, chevalier croisé (1248) ;

Philippe Isoré de Plumartin, abbé de Saint-Pierre de Preuilly ;

Geoffroy Isoré, archidiacre d'Outre-Vienne (diocèse de Tours) au XIVe siècle ;

Regnault Isoré, commandeur de Fretay, ordre de Malte (1521);

Pierre Isoré, prieur de Chissay (1559) ;

'Jacques Isoré, commandeur de Ballan, ordre de Malte (1567) ;

Antoine Isoré d'Hervault de Plumartin, grand archidiacre de l'église de Tours et abbé de St-Pierre, de Preuilly (1586).

Georges Isoré, marquis d'Hervault, lieutenant-général de Touraine (par lettres du 2 août 1644);

René Isoré d'Hervault, marquis de Plumartin, lieutenant-général de Touraine (1661) ;

Mathieu Isoré d'Hervault, évêque de Condom, puis archevêque de Tours (1694), décédé le 8 juillet 1716.

Armand-Louis-François Isoré d'Hervault, marquis de Plumartin, Sgr de la Rochepozay, comparut par fondé de pouvoir, en 1789, à l'Assemblée électorale de la noblesse de Touraine, et en personne à lA'ssemblée de la noblesse du Poitou.

D'argent, à deux fasces d'azur. — Tenants : Deux sauvages au naturel, ou de carnation. — Cimier : Une tête humaine au naturel, couronnée d'une couronne royale d'or.

JACOB DE TIGNÉ (Pierre), commandeur de l'Isle-Bouchard (1768).

D'azur, au chevron d'or, accompagné de trois quintefeuilles de même, 2 au chef et une en pointe.

JACOBSEN. — Famille originaire des Pays-Bas et établie en France vers le XVIe siècle.

D'azur, à la fasce ondée d'or, au compas de même en chef et au cimeterre de même en pointe.

JAHAN, à Richelieu (xviiiᵉ siècle).

N. Jahan, subdélégué de l'Intendance, à Richelieu, est mentionné dans un acte de 1748.

D'argent, à trois fouets de..... posés en fasce, 1, 1, 1, accompagnés de trois merlettes de..... rangées en chef.

JAHAN (Vincent et Noël), marchands-bourgeois à Tours (1698).

D'argent, à une fasce d'azur, chargée d'une aigle naissante d'or.

JAHAN, à Tours.

D'argent (ou d'or), au chevron d'azur, accompagné de trois roses de gueules tigées et feuillées de sinople, 2, 1.

JAILLE (de la), DE LA JAILLE-PAYROT, Chev., Sgrs de Gizeux (1212), de Draché, la Roche-Ramé, la Motte-au-Fils-Yvon, des Roches, de Thou, près Yzeures, de Verneuil, de Marcilly, la Garde, Beauvais, des Rosières, etc... (du xiiiᵉ au xviiᵉ siècle).

Cette famille est quelquefois désignée sous le nom de la Jaille-Payrot ou de la Roche-Ramé. Elle a fourni trois chevaliers croisés : Jean I et Jean II (1096), Aubert (1145), — et un chevalier banneret de Touraine, Aimeri de la Jaille (1213).

François de la Jaille, Sgr de Durestal et de Mathefelon, comparut à la rédaction du procès-verbal de la coutume de l'Anjou, le 7 septembre 1508.

D'argent, à une bande fuselée de gueules, sans nombre.— Cimier : un lion issant d'or. — Supports : deux lions. — *Alias* : D'or, à quatre fusées de gueules, d'après l'*Armorial général*.

Quelques membres de la branche de la Roche-Ramé ajoutaient à ces armes *un écusson d'argent, à la fasce de gueules.*

JAILLE (Jean), prêtre, curé de Truyes (fin du xviiᵉ siècle).

D'argent, à une croix d'argent, cantonnée de 4 taus, ou croix de St-Antoine, de gueules.

JAMIN, Éc., Sgrs de Parigny, du Bois (paroisse de Champigny-sur-Veude).

D'azur, à trois coquilles d'or, 2, 1.

JAMINEAU, Sgrs de la Coudraie, paroisse de Cléré (xviiᵉ siècle).

De gueules, au lion d'argent, accompagné de deux tourterelles de même en chef.

JANNART DE BELLEMARE.

Claude-Etienne-François Jannart de Bellemare était conseiller du roi, trésorier de France au bureau des finances de la généralité de Tours en 1789.

Jannart, à Paris, portait, d'après le *Dictionnaire héraldique* de M. Grandmaison, p. 186 :

De gueules, à deux cors de chasse, adossés et suspendus d'or, accompagnés en pointe d'une molette de même.

JANVRE, Chev., Sgrs de la Bouchetière, de la Tour-Légat, Lussay, la Rinchardière, Moulin-Neuf, du Vigneau (du XIVe au XVIIIe siècle).

Cette famille est une des plus anciennes de nos contrées. Elle a été plusieurs fois confirmée dans sa noblesse, notamment le 2 avril 1635, les 8 et 23 août 1667 et le 8 avril 1699. En 1789, elle a comparu à l'Assemblée électorale de la noblesse du Poitou.

D'azur, à trois têtes de lion, arrachées, d'or, lampassées et couronnées de gueules, 2, 1. — Devise : *Se peu rien d'autrui.* — Cimier : un *bifrons* (ou Janus).

JARDINS (des), Éc., Sgrs de la Roberderie (paroisse de St-Bault, près Loches), de Vonnes (paroisse du Pont-de-Ruan), de la Geraudière (paroisse de Cinais), de la Becquetière (XVIIe siècle).

Horace des Jardins, conseiller du roi, contrôleur-général des guerres à Tours, fut maire de cette ville en 1603.

Un autre Horace des Jardins, Sgr de la Geraudière, figura le 3 avril 1689 dans la montre de la noblesse du bailliage de Chinon, faite par Louis Boizard, Sgr de Brizay.

D'azur, à trois roses d'or, 2, 1, celles du chef, séparées par une étoile d'argent, la rose de la pointe soutenue d'un croissant aussi d'argent.

JARIE (la), en Touraine (XVIIe siècle).

D'azur, à trois glands d'or, 2, 1.

JARNAGE (de), Ec., Sgrs des Cognées, de la Rivière, des Aubruns, de la Fontaine, de la Jacquelinière, de la Rochecadou, etc... (du xvıᵉ au xvıııᵉ siècle).

Jean de Jarnage, 2ᵉ du nom, comparut avec d'autres gentilshommes du bailliage de Blois au ban et arrière-ban de 1534.

François de Jarnage II fut déclaré noble et issu d'extraction noble, avec François de Jarnage, son frère puiné, le 15 mai 1710.

Cette famille s'est alliée à celles de Quinemont, de la Treille, Cottereau, de Cornouailles, Denet, Soret, Renard, etc.

Une de ses branches, établie en Bretagne, à été maintenue dans sa noblesse en 1670.

De gueules, à deux chevrons d'or, accompagnés en chef de deux croissants de même, et en pointe d'un scorpion d'or.

JARRET, Sgrs des Terres-Noires, de Bellevue, du Boullay, de la Roche, de Bellenoue, du Baril (xvııᵉ siècle).

D'argent, à la hure de sanglier arrachée, de sable, lampassée, défendue et éclairée de gueules.

JARROSSEAU, Éc., Sgrs de Langevinière (xvııᵉ siècle).

D'or, à un chabot de gueules, en pal.

JARRY, en Touraine (xvııᵉ siècle).

Echiqueté d'argent et d'azur.

JARZÉ (de), Sgrs de Millé, paroisse de Chaveignes, — de Garennes (xvııᵉ siècle).

D'azur, à trois jars ou oies, d'or, 2, 1.

JAUCOURT (de), Chev., Sgrs des Faveras, de la Vaiserie. — Famille originaire de Champagne. Elle commence sa filiation par Pierre, premier du nom, sire de Jaucourt, pannetier de Champagne, vivant en 1224. Elle a fourni des conseillers et chambellans du duc de Bourgogne, des chevaliers de l'Ordre du roi, un lieutenant-général d'artillerie, un capitaine-général des armées de Maximilien d'Autriche, etc... Parmi ses alliances elle compte les maisons de Beauvoir, de Damas, de la Tremoille, de la Guiche, de Mailly, de Bar, d'Anlezy, de Mornay, du Bellay, de Montmorency, d'Angennes, d'Aumale, de la Rivière, Courault, du Faur de Pibrac, de Midou, de Cléry, etc.

Elle s'est divisée en plusieurs branches, dont une, celle dite des Faveras, s'est établie à Tours vers le milieu du xviie siècle. Cette branche a pour auteur François de Jaucourt, chevalier, Sgr des Faveras, marié à Catherine Le Pelletier, dont il eut :

1° François-Lancelot de Jaucourt, Chev., Sgr des Faveras, né en 1686, capitaine au régiment de Sanzay, marié, à Tours, par contrat du 9 janvier 1712, à Catherine de Boisgaultier. De ce mariage sont issus : 1° François de Jaucourt, capitaine au régiment d'Anjou, né à Tours le 26 novembre 1713 ; 2° François-Lancelot de Jaucourt, né à Tours le 3 septembre 1722, chanoine et grand-archidiacre de l'église de Tours, puis vicaire-général de ce diocèse ; 3° Marie-Catherine de Jaucourt, née à Tours en 1712.

2° Marie-Anne de Jaucourt, née à Tours le 9 mai 1688.

Les armes de la maison de Jaucourt sont :

De sable, à deux léopards d'or.

La branche des Faveras portait, d'après d'Hozier :

D'argent, à une croix de gueules cantonnée de quatre lionceaux d'azur.

Jacques de Jaucourt, abbé de Cormery (1545-47), décédé le 17 avril 1547, portait, d'après Dom Housseau :

De sable, à deux léopards d'or ; au chef de même chargé d'un barbeau d'azur.

JAUCOURT (de), en Touraine (xviie siècle).

D'hermines, au chef de vair.

JAUPITRE, Éc., Sgrs des Bouillons. — Famille anoblie le 12 décembre 1610, en la personne de Pierre Jaupitre, contrôleur des vivres à Tours, et échevin de cette ville.

D'azur, à trois besants d'argent, posés en fasce ; à une fleur de lis d'or, en chef.

Jaupitre, en Berri (xiiie siècle), portait :

D'azur, au coq hardi, membré, becqué, barbé, crêté d'or, couronné de même, et élevé sur une terrasse de sinople.

JAVARRY, en Touraine et au Maine (xvii⁰ et xviii⁰ siècles).

D'azur, au chevron d'or, accompagné en chef de deux étoiles de même, et en pointe d'un massacre de cerf, d'or.

JAY. Voyez **LE JAY.**

JEUNE DE **MALHERBE.** Voyez **LE JEUNE** DE **MAL-HERBE.**

JEAN, Iᵉʳ **du nom, abbé de Beaulieu, en Touraine** (1226-29).

De gueules, au lion léopardé, armé et lampassé d'or.

JEAN, IIᵉ **du nom, abbé de Beaulieu, en Touraine** (1363-83).

Losangé d'or et de sable ; au chef d'argent, chargé de trois hérissons de sable.

JEAN, IIIᵉ **du nom, abbé de Beaulieu, en Touraine** (1483-85).

D'azur, à trois losanges d'or, posées, 2, 1 ; au chef d'argent, chargé d'une mitre de gueules.

JOHANNET (André), **bailli de Villeloin** (1374).

De... à trois coqs de... 2, 1.

JOLIF DU **COULOMBIER, à Tours** (xviii⁰ siècle).

D'argent, à un if de sinople, sur une terrasse de même, et une bague d'or passée dans le fût de l'arche.

JOLLY DE **SAINT-DENIS, Éc., Sgrs de Saint-Denis.** — Famille résidant à Bossay, près Preuilly (xvii⁰ siècle).

Jolly, au Maine, porte :

D'or, au lion lampassé de gueules. — *Alias* : de sable à une fasce d'argent.

JON (du) ou DUJON, Éc., Sgrs de la Rajace, de la Vallée, barons de Beauçay (xvii⁰ et xviii⁰ siècles).

Armand-Gabriel-Charles du Jon, capitaine au régiment royal Roussillon-cavalerie; Gabriel-François du Jon, chevalier de St-Louis, et Pierre du Jon, chevalier de St-Louis, capitaine de vaisseau, comparurent en 1789 à l'Assemblée électorale de la noblesse du Poitou.

D'azur, au chevron d'or, accompagné d'un cheval d'argent posé en pointe.

JORET, Éc., Sgrs de Vaufouinard (paroisse de Rochecorbon),
de Fontenay (paroisse de Monnaie), de la Sagerie, des Belles-
Ruries, de Beaunoyer (xvııᵉ siècle).

François Joret, conseiller du roi, fut maire de Tours en
1571-72.

Jean Joret de la Sagerie était chanoine de l'église de Tours
en 1600.

D'azur, à trois fasces, la première d'or, surmontée de trois étoiles rangées,
de même, les deux autres ondées d'argent.

JOSSE. — Famille originaire de Paris.

Guillaume Josse, conseiller du roi, fut maire de Tours en
1707-08.

D'azur, à un chevron d'or, accompagné en chef de deux coquilles d'argent
et en pointe d'une rose de même.

JOSSIER, Sgrs de Jeu-Maloches et de la Jonchère (xvııᵉ
siècle.

De gueules, au puits d'argent, à deux lézards de même, en pal, affrontés, les
têtes en bas.

JOUAN (Jean-Baptiste-Etienne), conseiller au présidial de
Tours, archiprêtre de Loches, grand-archiprêtre de l'église
de Tours (1696), mourut le 3 septembre 1736.

Echiqueté d'argent et de sable ; parti de gueules, chargé de trois dés d'argent.

JOUAN (Antoine-Félix), chanoine, puis grand-archiprêtre
de l'église de Tours, mourut le 29 décembre 1757.

D'azur, à trois têtes et cols de cygne coupés, d'argent, 2, 1.

JOUBERT, Éc., Sgrs des Crémillères et des Touches (xvıᵉ
et xvııᵉ siècles).

Nicolas Joubert I, conseiller du roi et son lieutenant particulier en Touraine, fut maire de Tours en 1616-17.

Nicolas Joubert II, conseiller du roi, trésorier-général des
finances à Tours, était maire de cette ville en 1626.

D'azur, à une cigogne d'argent, membrée et becquée d'or, sur une joubarbe
de même; et deux croissants de même posés en sautoir en chef.

Les deux croissants ne figurent pas dans les armes de Nicolas Joubert, 2ᵉ du nom, maire de Tours en 1626.

JOUBERT, Chev., Sgrs de Villeboureau et de Méré (xiiie siècle), du Puy de Marigny, de Marigny (xive siècle).

Cette famille s'est éteinte au commencement du xixe siècle. Elle avait été maintenue dans sa noblesse le 3 novembre 1584, le 29 janvier 1599, le 11 mai 1624 et le 21 septembre 1667.

De gueules, à trois tours d'or maçonnées de sable, 2, 1.

Anciennement les Joubert portaient :

D'or, à la croix de sable chargée de cinq coquilles d'argent.

JOUBERT de la BASTIDE, marquis de CHATEAUMO-RAND. — A Tours, et au château du Paradis, canton de Bléré (1867).

Originaire du Limousin, où son existence est constatée dès 1150, cette famille a le titre de baron de Châteaumorand depuis le xve siècle, et celui de marquis depuis le règne de Louis XIV. Sa filiation suivie commence par Gauthier Joubert, chevalier, qui figure avec Josselin de Nazères dans un acte de 1150.

La maison de Joubert de la Bastide de Châteaumorand compte parmi ses illustrations : un grand-maître de l'Ordre de St-Jean de Jérusalem, N. Joubert, mort en 1179; — un capitaine de vaisseau, chevalier de St-Louis, François-Annet Joubert de la Bastide, marquis de Châteaumorand, décédé en juillet 1699; — un lieutenant-général des armées navales du roi, gouverneur-général de St-Domingue, chevalier de St-Louis, de N.-D. du Mont-Carmel et de St-Lazare de Jérusalem, Joseph-Charles Joubert de la Bastide, marquis de Châteaumorand, mort le 3 juin 1722; — un lieutenant-général des armées du roi, commandeur de St-Louis, Jean-François Joubert de la Bastide, marquis de Châteaumorand, mort en 1727.

Charlotte Joubert de la Bastide de Châteaumorand, nommée abbesse de Moncé, en Touraine, le 15 août 1705, fut transférée à l'abbaye de Maubuisson au mois de juin suivant et mourut le 13 mai 1740.

Le chef de la famille est aujourd'hui Charles-Marie

Joubert de la Bastide, marquis de Châteaumorand, né le 18 juin 1834, marié le 14 septembre 1859 à Valentine - Elisabeth de Toustain-Frontebosc, dont il a eu : 1° René-Charles-Marie, né le 5 septembre 1860 ; 2° Henri-Charles-François-Marie, né le 17 octobre 1862.

D'or, à cinq fusées de gueules, accolées et rangées en fasce. — Supports : deux hercules armés d'une massue ; — Couronne de marquis.

JOUBERT DE LA MOTTE (ou DE LA MOTHE). — Famille originaire de Valence, en Dauphiné. Elle s'est établie en Anjou dans la première moitié du XVIe siècle. Sa filiation suivie commence par Mathurin Joubert, Sgr de la Mothe, né à Morannes, près St-Denis d'Anjou, payeur de la compagnie des Quarante-Lances des ordonnances du roi François Ier (1540). Mathurin Joubert eut huit enfants : Urbain, Guillaume, René, Mathurin, François, Jean, Marie et Renée.

René Joubert, né à Morannes, épousa Marguerite Souchard, dont il eut : Pascal Joubert, seigneur de la Mothe, et Jean Joubert, seigneur de la Voiserye.

Du mariage de Pascal Joubert, Sgr de la Mothe, notaire royal et procureur fiscal à Morannes, sont issus : Marguerite Joubert ; — Marie Joubert, mariée à Martin Gaudicher, Sgr de la Flauminière ; — et Pierre-Pascal Joubert de la Motte, avocat au siége présidial de Château-Gonthier, sénéchal de Morannes, décédé le 1er juin 1736, laissant cinq enfants : Joseph Joubert de la Motte , Sgr des Vaux ; Marie, femme de N. Coquillé d'Aleu ; Jacques-Martin Joubert de la Motte ; N. Joubert de la Fontaine, et Pierre-Pascal-Jacques Joubert de la Motte, né à Morannes, le 8 mars 1710. ·

Ce dernier fut médecin pensionné du roi Louis XV. Il mourut avant 1751. De son mariage avec Marie-Marguerite Arthuys de Fontenelle, sont issus quatre enfants : Pascal, né en février 1738, prieur de l'abbaye de St-Florent-sur-Loire, secrétaire de la Bibliothèque royale, à Paris ; Charles-Jérôme de Ste-Frairie, qui fut tué à Versailles, à l'époque de la Révolution, en voulant défendre la reine Marie-Antoinette ;

— Marie-Anne-Henriette, mariée à Pierre-Louis Foucher; — et René-Nicolas Joubert de la Motte, né le 3 janvier 1740, docteur en médecine, médecin des hôpitaux militaires, naturaliste pensionné du roi Louis XVI, membre de la Société royale de médecine de Paris, de l'Académie des sciences, arts, et belles-lettres de Dijon et de Nantes, etc..., décédé à Saint-Domingue, en 1787.

René-Nicolas Joubert de la Motte avait épousé, le 12 octobre 1768, Marie-Madeleine Lemoine de Neuville, dont il eut : 1° Alexandre-Laurent-René-Pascal, qui suit; 2° Marie-Adelaïde, mariée à N. Violas de Martigny, directeur des contributions directes à Angers, et décédée dans cette ville en 1866, à l'âge de 97 ans ; 3° Marie-Eulalie, née le 21 janvier 1783, morte religieuse hospitalière à Baugé. — Alexandre-Laurent-René-Pascal Joubert de la Motte, né à Port-au-Prince, le 16 août 1785, capitaine au 66e régiment de ligne, puis chef de bataillon, faisant fonctions d'adjudant-major au 3e bataillon des armées royales de la rive droite de la Loire (sous le commandement du comte d'Andigné), chevalier de la Légion-d'Honneur, maire de Château-Gonthier, mourut le 11 septembre 1831. Il avait épousé en premières noces Marie-Victoire Maunoir, et en secondes noces (octobre 1830), Théodore-Marie-Françoise Lepecq. Du second mariage est issu :

Pascal-Théodore Joubert de la Motte, né à Château-Gonthier, le 1er décembre 1831, marié, le 24 juillet 1860, à Marie-Victoire Moreau, née à Preuilly, le 4 juin 1840, fille de Marie-Maximilien Moreau et de Caroline Gaultier.

De ce mariage sont issus :

1° Pierre-Marie-Laurent-Pascal Joubert de la Motte, né à Chalu, le 7 mai 1861 ;

2° René-Charles-Marie-Maximilien Joubert de la Motte, né à Chalu, le 26 novembre 1863.

Pascal-Théodore Joubert de la Motte est décédé le 9 juillet 1865, juge suppléant à Cholet.

Marie-Victoire Moreau, veuve Joubert de la Motte, réside actuellement, avec ses enfants, à Fontbaudry, près Preuilly (Indre-et-Loire).

D'argent, à la fasce de gueules, accompagnée de trois trèfles de sinople, 2, 1. — Couronne de vidame.— Devise : *Immotus etsi fortuna.*

JOUFFREY ou **JOUFFREI** (de), en Touraine et au Maine (xviie et xviiie siècles). — Famille originaire de Provence.

D'azur, à un croissant d'argent; au chef d'or, chargé de trois étoiles de sable. — Supports : deux lions d'or.

JOUFFROY-GONSANS (de), comtes de Jouffroy-Gonsans, — propriétaires du château de Montrésor (xixe siècle). — Famille originaire de Bourgogne, et dont l'existence est constatée dès 1356. Son nom s'est écrit primitivement JOFFROY.

Par lettres du mois de mars 1707, registrées à Besançon et à Dole, les terres d'Abans, de Bians, de Villers-St-Georges et de Pallantine, furent érigées en marquisat sous le nom de Jouffroy-d'Abans, en faveur de Claude-François Jouffroy.

Par autres lettres du 1er août 1736, les terres de Nouillard, d'Armagné, de Lanzeau et de la Malmaison furent érigées en marquisat, sous le nom de Jouffroy, en faveur de Thomas de Jouffroy-Nouillard.

La maison de Jouffroy a fourni un cardinal, évêque d'Alby, et des chevaliers de Malte. Elle s'est divisée en plusieurs branches. Parmi ses alliances on remarque les familles de Savigny, de Prie, de Vaudrey, de Joux, de Bigny, de Merceret, de Brancion, de Raucourt, de Bresley, de Montagu, de St-Ignon, de Lallemand, de la Tour-St-Quentin, etc...

Fascé de sable et d'or de six pièces, la première fasce chargée de deux croisettes d'argent.

JOURDAIN, Éc., Sgrs de Boistillé, de la Panne et de Crissay (xviiie siècle).

Cette famille, sortie des Jourdain d'Embleville, de la province de Saintonge, s'est établie près de Loches vers 1460 ou 1470. Dans le siècle suivant elle passa en Poitou, où elle posséda les fiefs de la Boujatière, de Villiers et de Marsilly; puis, au xviiie siècle, une branche vint résider en Touraine.

Les Jourdain ont été maintes fois confirmés dans leur noblesse, notamment les 1er et 7 septembre 1667, le 18 mars 1699 et le 29 mars 1715.

Emmanuel Jourdain, Sgr de Crissay, et Silvie-Antoinette Jourdain, veuve de Jean le Marchal, comparurent par fondé de pouvoir, en 1789, à l'Assemblée électorale de la noblesse de Poitou.

D'argent, au tau ou croix de St-Antoine, de gueules

Quelques membres de la famille portaient :

De gueules, au tau d'argent.

JOUSSEAULME (de), en Touraine.

D'argent, à une croix ancrée de sable.

JOUSSEAUME (de), Chev., marquis de la Bretesche, vicomtes de Tiffauges, Sgrs de Beaumont, — de la Chaubruère, paroisse de Gizeux (XVIIIe siècle). — Famille originaire du Poitou, où elle est connue dès 1178.

En 1657, les terres de la Bretesche, Mesdon, Ste-Lumine et Château-Thibaud furent érigées en marquisat en faveur de Louis de Jousseaume, gouverneur de Poitiers.

Henri de Jousseaume, chanoine de St-Martin, de Tours, mourut le 20 juin 1763.

La famille fut représentée à l'Assemblée électorale de la noblesse de l'Anjou et à celle du Poitou en 1789.

D'argent, fretté de gueules.

JOUSSEAUME, Ec., Sgrs du Colombier et des Coudrais, paroisse de Parçay, — des Mortiers, paroisse des Essarts, — de Saint-Michel, élection de Chinon (XVIIe siècle).

De gueules, à trois croix pattées, d'argent, 2, 1 ; à la bordure d'hermines.

JOUSSELIN ou **JOUSLIN** (de), Ec., Sgrs de la Roche et du Perray, — de la Couture, paroisse de Gizeux (XVIIe siècle).

Cette famille a fourni un lieutenant-général au bailliage de Touraine.

René de Jousselin, demeurant dans la paroisse de Continvoir, comparut à Chinon pour le ban convoqué par lettres du 26 février 1689.

Pierre Jouslin fut pourvu de la charge de conseiller du roi, lieutenant en l'élection et au grenier à sel de Chinon en 1695.

D'azur, au lion passant d'or.

JOUVENEL des URSINS, voyez JUVENEL.

JOUVENSTEL du PERRAI, à Châteaurenault (xviii* siècle).

D'argent, à trois lions léopardés, de gueules, 2, 1.

JOUY (de). — Famille originaire de Fortet, en Touraine. Elle fut anoblie, en la personne de Mathurin de Jouy, commis-général des maison et finances de la reine, par lettres de Charles IV, duc de Lorraine, du 20 juin 1664.

D'or, au lion de gueules tenant une palme de sinople.

JOUYE, Éc., Sgrs de la Jugeraye (xvie siècle). — Famille originaire du Maine.

Philippe Jouye était conseiller du roi, receveur des tailles de l'élection de Chinon, en 1558.

D'azur, à trois annelets d'or en chef, un cœur de même en abîme, et une rose d'argent à la pointe de l'écu. *Alias* : d'azur, au cœur d'or accompagné en chef de trois annelets de même, et en pointe d'une roue, aussi d'or.

JOYEUSE (Louis de) comte de Grandpré, Sgr de Champigny-sur-Veude, Rochefort, Bothéon, etc..., mourut le 4 mars 1498.

Écartelé; aux 1 et 4 de Joyeuse; aux 2 et 3 d'azur, au lion d'argent, à la bordure de gueules chargée de 8 fleurs de lis d'or, qui est de St-Dizier.

JOYEUSE (Henri de), comte du Bouchage et duc de Joyeuse, gouverneur-lieutenant-général de Touraine, né en 1567, se fit capucin en 1587 et mourut le 27 septembre 1608. Il était fils de Guillaume II, vicomte de Joyeuse, et de Marie de Bastarnay.

Écartelé; aux 1 et 4 d'azur, à trois pals d'or, au chef cousu de gueules chargé de 3 hydres d'or, qui est de Joyeuse; aux 2 et 3 d'azur au lion d'argent, à la bordure de gueules chargée de huit fleurs de lis d'or, qui est de St-Dizier; et sur le tout, écartelé d'or et d'azur, qui est de Bastarnay.

JOYEUSE (François, cardinal de), abbé de Marmoutier 1584-1604), mourut le 23 août 1615.

Ecartelé ; aux 1 et 4 pallé d'or et d'azur de six pièces ; au chef de gueules chargé de trois hydres d'or, qui est de Joyeuse ; aux 2 et 3 d'azur, au lion d'argent, à la bordure de gueules chargée de huit fleurs de lis d'or, qui est de Saint-Dizier.

JUCHEREAU DE SAINT-DENYS (de), Chev., marquis de Saint-Denys, famille de Touraine, qui, d'après de Courcelles, aurait pour auteur Jean Juchereau, écuyer, vivant en 1653. Elle a possédé les terres de Leugny, de Thuillay et de la Roche-Besard.

Louis-Barbe de Juchereau de Saint-Denys, chevalier, lieutenant-colonel d'infanterie, chevalier de St-Louis, comparut à l'Assemblée électorale de la noblesse en 1789.

Louis-Amédée-Vincent de Juchereau de St-Denys, marquis de St-Denys, né au château de Leugny, près Tours, en 1782, officier supérieur, chevalier de St-Louis et de la Légion d'honneur, est décédé le 16 novembre 1858, au château de la Guignardière, commune d'Avrillé (Vendée). Son père avait été officier aux Gardes-Françaises.

De gueules, à une tête de Saint-Denis, d'argent. — Couronne de marquis. — Tenants : deux sauvages.

JUGE DE BRASSAC voyez **LE JUGE DE BRASSAC**.

JUGLART (du), Chev., Sgrs de la Baudonnière, près Chinon (xvie siècle), du Fresne-Savary, de Vaux, de la Forêt, paroisse de Vernou, — de Rorthre (xviiie siècle).

Originaire d'Auvergne, et répandue dans cette province et dans le Limousin, cette maison a fourni une branche qui s'est établie en Touraine dans le cours du xvie siècle. Elle a donné un grand-maître à l'Ordre de Malte, — Robert du Juglart vivant en 1373, — et un prieur abbé de la Clarté-Dieu, en Touraine (xviie siècle).

Antoine-François du Juglart, officier au régiment de Vintimille, comparut, par fondé de pouvoir, en 1789, à l'Assemblée de la noblesse de Touraine convoquée pour l'élection des députés aux Etats généraux. A la même époque, Jacques-Jean du Juglart, chevalier, comparut à l'Assemblée de la noblesse de Saintonge.

D'azur, à la bande d'argent, crénelée par le bas, de six pièces, d'or, accompagnée de cinq étoiles de même, trois en chef, 2, 1, et 2 en pointe dans le sens de la bande.

Antoine-Robert du Juglart, chevalier, seigneur des Forgeais, élection de Baugé, portait :

D'argent, à un pal de sable, écartelé de sable à un pal d'argent.

JUHEL de MAYENNE, appelé aussi Yves de Mathefelon, archevêque de Tours (1229), passa en 1245 au siége de Rheims.

De gueules, à 6 besants d'or, 3, 2, 1. *Alias* : de... à six écussons de... chargés chacun d'une étoile à six rais de... — *Alias* : de gueules, à six écussons d'or.

JUIGNÉ (de), en Touraine et en Anjou. — Famille originaire de Bretagne. Sa filiation remonte à Geoffroy de Juigné, mort en 1226. Elle s'est alliée aux maisons de Laval-Guillaume, de la Touche, Baraton, de Poncé, de Pierres, de Sainte-Melaine, Girard de Montorsier, Rousseau de la Richaudaye, de Brabant, le Roy, etc...

D'argent, au lion de gueules, la tête d'or, lampassé, armé et couronné de même.

JUPILLES (de), Chev , Sgrs de Bourroux, du Monteil, de Noizay, relevant de Ste-Maure (1423). — Famille originaire du Maine. Sa filiation suivie remonte à Guillaume de Jupilles, Chev., vivant en 1223.

La terre de Jupilles fut érigée en vicomté, en faveur d'un des membres de cette maison, par lettres du mois de mars 1655.

Jean-Baptiste-Joseph-Joachim-Marie-Anne de Jupilles et Alexandre-Bon de Jupilles comparurent en 1789, le premier en personne, le second par fondé de pouvoir, à l'Assemblée électorale de la noblesse du Maine.

Emmanché d'hermines et de gueules. — Cimier : un cygne essorant, d'argent, becqué de sable. — Supports : Deux sauvages tenant l'écu d'une main, de l'autre, une massue, de gueules. — Devise : *Utinam virtus tenet juncta nobili animo mente.*

JUSSAC (de), Chev., Sgrs de la Morinière, de Ris, près Bossay, de Maisonneuve, de Rilly, de la Folaine, de l'Etang (paroisse d'Azay-sur-Indre), de la Couture, de Chédigny, de la Celle-St-Avant (par suite du mariage de François de Jussac avec Isabelle Paumart, 22 juillet 1566), — du Breuil, de St-Martin de Lamps (du xvie au xviiie siècle).

Fascé, enté et ondé d'argent et de gueules de six pièces ; au lambel d'argent à trois pendants mouvants de chef de l'écu. — Couronne de marquis.

D'après la Chesnaye-des-Bois les armes de cette famille sont :

Fascé, enté et ondé d'argent et de gueules de six pièces, au chef d'argent chargé d'un lambel d'azur à trois pendants, mouvants du chef de l'écu.

La branche aînée ne prenait pas de lambel. Elle avait pour cimier *une sirène*, et pour supports *deux sauvages*.

JUSTON ou JUSTE (de), Chev., Sgrs de St-Aubin-le-Dépeint, de la Fosse, de Chenu. — Famille de Touraine dont l'origine remonte au xive siècle.

D'argent, à la bande de gueules accompagnée de trois étoiles de sable, une en chef, deux en pointe.

JUVENEL ou JOUVENEL ou JUVENAL des URSINS, Chev., Sgrs de la Chancellerie, fief situé dans la ville de Tours, — et de Chanteloup. — Ancienne et illustre famille originaire de Champagne. Elle prit, au xve siècle, le surnom des Ursins, d'un hôtel de ce nom, dont la ville de Paris fit présent à Jean Juvenel, prévôt des marchands sous Charles VI. Parmi ses illustrations, elle compte un chancelier de France et deux archevêques de Rheims.

N. Juvénal des Ursins était trésorier de l'église de Tours en 1442.

Juvenal des Ursins porte pour armes :

Bandé d'argent et de gueules de six pièces ; au chef d'argent chargé d'une rose de gueules, boutonnée d'or.

La branche Juvenal de Carlencas porté :

D'azur, au chevron d'or, accompagné de trois trèfles d'argent, 2, 1 ; au chef d'azur, chargé d'une demi fasce d'or, surmontée de trois étoiles de même. — Supports : deux ours. — Cimier : un ours issant.

JUYÉ (Isaac de), Chev., Sgr de Morie, conseiller au Grand-Conseil, intendant de Touraine, Poitou et Berry, conseiller d'État en 1632, mourut le 25 septembre 1651. Il était fils de Pierre de Juyé, Sgr des Forges, président à la Rochelle.

D'azur, au rocher d'or, surmonté d'une épée en fasce, d'argent, garnie du second émail, — *Alias* : D'azur, au chevron d'or, accompagné en pointe de 3 croissants d'argent, 2, 1 ; au chef d'argent chargé de trois étoiles de gueules.

KAERBOUST DES AUNAIS, ou KERBOUT (de), Chev., Sgrs des Vernières (xviie siècle). — Famille originaire de Bretagne. Par lettres de juin 1618, les terres de Baillau-le-Pin et d'Ormoy furent érigées en baronnie en faveur de Lancelot de Kaerbout, Sgr de Gemasse, gentilhomme ordinaire de la chambre du roi.

Jacques de Kaerbout, Sgr de Treillé, fut maintenu dans sa noblesse en 1698.

La famille de Kaerbout se nommait autrefois D'ESCARBOT.

De gueules, à trois fermeaux d'argent, 2, 1.

KAIRVEL (de), Éc., Sgrs de Bléré (xvie siècle). — Le nom de cette famille se trouve souvent écrit KARUEL.

D'argent, à trois molettes ou merlettes de sable, 2, 1.

Quelques membres de la famille ajoutaient à ces armes une *bordure de gueules*.

KERBALANECK (de), à Tours. — Famille originaire de Bretagne.

D'or, à un arbre de sinople, sommé d'une pie au naturel.

KERBOURIC LA BOISSIÈRE (de), en Touraine (xvie siècle) — et en Bretagne.

D'argent, au sautoir de sable, accompagné de 4 roses de gueules.

KERCKOVE (le vicomte de), président de l'Académie d'archéologie de Belgique, membre honoraire de la Société archéologique de Touraine.

D'argent, à la bande fuselée de cinq pièces, de sable.

KERGARIOU (Joseph-François-René, comte de), préfet d'Indre-et-Loire (1er février 1812).

D'argent, fretté de gueules de six pièces ; au canton de pourpre chargé d'une tour crénelée, d'argent.

KOETQUIS (Philippe de), archevêque d'Embrun, puis de Tours (1427), mourut le 12 juillet 1444.

D'argent, à un sautoir de gueules accompagné en chef d'un annelet de gueules, et aux flancs et en pointe de trois roses aussi de gueules.

LA BAUME de la **SUZE** (de la), comte de la Suze, Sgrs d'Ussé (1420) et du Grand-Pressigny, en partie, 1623. — Ancienne maison de Dauphiné, qui compte parmi ses illustrations un gouverneur et amiral de Provence. La terre de la Suze fut érigée en comté, en décembre 1472, en faveur de François de la Baume de la Suze.

D'or, à trois chevrons de sable l'un sur l'autre; au chef d'azur chargé d'un lion naissant, d'argent, couronné d'or.

LA BAUME le **BLANC** (de la), Chev., Sgrs, marquis, puis ducs de la Vallière, Sgrs de Reugny, de la Gasserie, de Boissay, de Montreuil, de la Roche, de Châteaux, de Saint-Christophe, de Vaujours, du Ruau, de Courcelles, etc... — Famille originaire du Bourbonnais et qui s'est établie en Touraine en 1336.

Pierre de la Baume le Blanc, vivant en 1360, eut un fils, Pierre de la Beaume le Blanc, deuxième du nom, qui servit avec distinction sous le règne de Charles VII, en 1605. Après l'extinction de la branche aînée, Jean le Blanc, Sgr de la Vallière, fut autorisé à prendre le nom de la Baume le Blanc (1635).

Cette maison a donné à la Touraine les fonctionnaires et les dignitaires ecclésiastiques dont les noms suivent :

Laurent le Blanc, écuyer, maître d'hôtel de la reine Éléonore d'Autriche, maire de Tours (1558);

Jean le Blanc, écuyer, Sgr du Ruau, conseiller du roi, maître d'hôtel de François de France, duc d'Anjou et d'Alençon, maire de Tours (1575), lieutenant en la capitainerie du château de Plessis-les-Tours, par provisions du 14 mai 1578;

Pierre de la Baume le Blanc, abbé de Bois-Aubry, puis évêque de St-Flour (1er septembre 1576);

Jean le Blanc, maître d'hôtel ordinaire du roi, trésorier-général de France à Tours, maire de cette ville en 1589;

Jean le Blanc, écuyer, conseiller du roi, président trésorier de France à Tours, maire de cette ville (1618);

Pierre le Blanc, écuyer, Sgr de la Roche, conseiller du roi, président et lieutenant-général criminel au bailliage et siége présidial de Tours, maire de cette ville en 1637;

François de la Baume le Blanc, chevalier de Malte, né en 1609, lieutenant pour le roi des ville et château d'Amboise, décédé en 1644;

Laurent de la Baume le Blanc, chevalier, Sgr de la Vallière, baron de la Maisonfort, lieutenant pour le roi au gouvernement d'Amboise, par lettres du 1er avril 1639 ;

Gilles de la Baume le Blanc, né en 1616, chanoine de de St-Martin de Tours (1642), puis évêque de Nantes, mort à Tulle le 10 juin 1709;

Jean de la Baume le Blanc, chevalier, gouverneur d'Amboise et de Tours, par provisions du 1er avril 1639, mort le 27 décembre 1647;

Maximilien-Henri de la Baume le Blanc, chevalier, lieutenant pour le roi au gouvernement d'Amboise, par commission du 15 juin 1697.

Louise-Françoise de la Baume le Blanc, maîtresse de Louis XIV, eut de ce prince Marie-Anne de Bourbon, née le 17 octobre 1666, légitimée de France le 14 mai 1667. Par lettres de mai 1667, les baronnies de Châteaux, de Saint-Christophe et la terre de la Vallière (cette dernière érigée en châtellenie en 1650), furent érigées en duché-pairie, sous l'appellation de la Vallière, en faveur de Louise-Françoise de la Baume le Blanc et de sa fille, Marie-Anne de Bourbon.

Louise-Françoise de la Baume le Blanc mourut le 6 juin 1710.

En 1723, François de la Baume le Blanc obtint de nouvelles lettres d'érection du duché-pairie de la Vallière. Quelques années après, Marie-Anne de Bourbon, ayant été autorisée à donner tous ses biens à Louis-César de la Baume le Blanc, les baronnies de St-Christophe, de Châteaux, la terre de Courcelles et autres furent de nouveau érigées en duché-pairie pour ce dernier (7 février 1730).

En 1789, Adrienne-Emilie-Félicité de la Baume le Blanc de la Vallière, duchesse de Châtillon, veuve de Louis Gaucher, duc de Châtillon, et dame des duché et marquisat de la Vallière, comparut par fondé de pouvoir à l'Assemblée électorale de la noblesse de Touraine

Coupé d'or et de gueules, au lion léopardé, coupé d'argent et de sable, langué de gueules et couronné d'argent.

Pierre le Blanc, maire de Tours en 1637, portait une *étoile de gueules au franc-canton de l'écu.*

LA BÉRAUDIÈRE (de la), voyez BÉRAUDIÈRE (de la).

LACORDAISE (Charles de), conseiller du roi, commissaire aux revues à Bléré (1696), fut nommé conseiller du roi, lieutenant du maire alternatif et mi-triennal de Bléré le 29 avril 1708.

D'argent, à deux fasces d'azur.

LACOUX (de), Éc., Sgrs de Marivaud, de Mesnard et de Velours (xviiie siècle).

Antoine-Nicolas de Lacoux de Mesnard, prêtre, abbé de N.-D.-de-St-Martin de Châteauroux, comparut par fondé de pouvoir, en 1789, à l'Assemblée électorale de la noblesse de Touraine.

D'azur, au croissant accompagné en chef de trois étoiles mal ordonnées, et en pointe d'un poisson, le tout d'argent.

LACROIX (de) ou LA CROIX, à Loches (xviie siècle).

D'argent, à la croix cramponnée, de gueules.

LADOUEPPE du FOUGERAIS, barons du Fougerais, à Tours (xixe siècle).

D'azur, au croissant d'argent surmonté d'une étoile de même et accompagné en pointe de cinq besants d'argent.

LAFOLLYE (de). — Maison originaire de Laféré, village de l'arrondissement de Rocroy (Ardennes).

Pendant les guerres de religion dont ces contrées furent le théâtre, les archives de la famille de Lafollye et celles des paroisses où cette dernière avait résidé ont été détruites, de sorte que les documents authentiques que l'on trouve ne remontent pas au-delà de la seconde moitié du XVIIe siècle. Siméon de Lafollye, le premier connu, est décédé en 1654, laissant quatre fils.

La famille de Lafollye est représentée actuellement en Touraine (1867) par Charles-Jules de Lafollye, né à Paris le 23 mars 1817, inspecteur, chef du service télégraphique d'Indre-et-Loire, chevalier de la Légion d'honneur, membre de la Société archéologique de Touraine, marié le 14 décembre 1852 à Alix-Marie-Nathalie Pescherard. De ce mariage sont issus : Louis-Charles-Eugène, né à Blois en 1853 et décédé à Bordeaux en 1856 ; — et Henri-Jules, né à Bordeaux le 16 décembre 1855.

D'azur, au chevron d'argent, accompagné de trois roseaux d'or chargés chacun d'une merlette de sable. — Supports : deux lions ; — Devise : *Pauci sed boni.*

D'après le *Dictionnaire héraldique* de Ch. Grandmaison, *Folye*, en Champagne, porte :

D'azur, à trois roseaux d'or rangés en pal, chargés d'une merlette de sable.

LA FOND (de), Sgrs de la Ferté-Gilbert et de la Beuvrière (XVIIe siècle).

Jacques de La Fond, contrôleur et receveur des consignations en Touraine (vers 1675), secrétaire du roi, garde des rôles des officiers de France, puis conseiller d'État, mourut le 4 avril 1679.

Trois des descendants de Jacques de La Fond furent conseillers au Grand Conseil : Claude de La Fond (25 janvier 1673) ; Claude-Adrien de La Fond (26 juin 1705) ; Charles-Jean de La Fond, marquis de Paudy (5 décembre 1740).

La famille de La Fond s'est alliée à celles de Bannelier, de la Trousse, Bence et de la Rivière de Mur.

D'or, au chevron de sable accompagné en pointe d'un arbre de sinople, issant de la pointe de l'écu.

LAFON DE LADUYE. — Cette Famille est originaire de

Toulouse. Elle a comparu en 1789 à l'Assemblée électorale de la noblesse de l'Orléanais.

Le titre de baron, conféré par l'empereur Napoléon Ier au général Ravier, a été transmis par concession nouvelle à M. Lafon de Laduye, par décret du 24 mars 1864 ; les lettres patentes ont été expédiées en 1865. Le général Ravier est aïeul maternel de M. Lafon de Laduye.

Bandé de sable et d'or, chargé de deux anguilles de sable.

LAFONS (de), à Chançay (xviie siècle).

D'azur, à la fontaine carrée d'argent de laquelle sort un lion d'or.

LAFOREST DE DIVONNE, comtes de Divonne, — à Tours (xixe siècle). — Famille originaire de Savoie.

De sinople, à la bande d'or, frettée de gueules. — Couronne ducale. — Cimier : une aigle éployée. — Supports : deux lions. — Devise : *Tout à travers.*

LAILLER (Robert), marchand-bourgeois, à Tours (fin du xviie siècle).

D'argent, à trois trèfles d'azur, 2, 1.

LAILLIER DU PLESSIS, voyez LALLIER.

LAIR (Jacques), receveur général des tailles de la généralité de Tours (1666).

D'argent, à une croix dentelée, de sable, cantonnée en chef de deux étoiles d'azur et en pointe de deux roses de gueules.

LAISNÉ, Éc., Sgrs de la Bergerie (xviie et xviiie siècles).

Jacques Laisné, Sgr de la Bergerie, garde des plaisirs du roi, est mentionné dans un acte de 1639. Son fils, François Laisné, était officier de Monsieur, frère du roi, en 1708.

Vers 1750, Jean-François Laisné, remplissait, à Amboise, les fonctions de directeur des Aides.

De gueules, à trois levrettes d'argent, 2, 1.

LAISNÉ, en Touraine et en Orléanais.

D'azur, à un lion d'argent, lampassé et armé de gueules, accompagné de trois étoiles d'argent, deux en chef, une en pointe.

LAISTRE (de), Chev., comtes de Laistre, Sgrs de la Grange, de Champ-Goubert, de Colombelle, de Lory-Jarzay, etc...

Cette famille est originaire de Bourgogne. En avril 1724, Joseph-Simon de Laistre, conseiller-secrétaire du roi et secrétaire ordinaire du conseil d'État, obtint confirmation en sa faveur de l'érection en comté de la terre de Fontenay-lès-Brie, qui avait été accordée en juillet 1659 à Henri de Bullion, aïeul de sa femme.

« Une tradition de famille, lisons-nous dans le *Dictionnaire des familles de l'ancien Poitou* (t. II, p. 276), donne pour auteur de cette famille ou du moins comme le plus ancien membre connu, Eustache de Laistre, fils de Philippe de Laistre, avocat au parlement et bourgeois de Paris, chanoine et sous-chantre de Beauvais, qui, partisan de la maison de Bourgogne, fut nommé chancelier de France par la faction Bourguignonne en 1413, pour remplacer Mess. Arnaud de Corbie, lors âgé de 88 ans; destitué un mois après, il fut replacé par le duc de Bourgogne (dont il avait toujours été le principal conseiller, dit Pierre de Miraulmont dans son *Traité de la chancellerie de France*) après la mort de Henri de Marle, qui périt assassiné dans les troubles, le 12 juin 1418; nommé évêque de Beauvais en 1420, il ne put prendre possession de son siége, étant mort le 22 septembre (ou le 18 juin) de cette année, dans la ville de Sens, où il avait accompagné le roi. Avant d'avoir embrassé l'état ecclésiastique, Eustache de Laistre était Sgr d'Escury, en Soissonnais, avocat au parlement de Paris, et avait été nommé conseiller au Châtelet par lettres du 24 avril 1394. Il avait épousé en premières noces Marguerite de Thumery, dont il eut Marie, épouse de Jean Bonnet, Chev., et 2° Collette de Corbie, que l'on croit fille d'Arnaud de Corbie, chancelier de France, auquel il succéda, ou pour mieux dire, auquel il fut donné comme adjoint, pour l'aider à remplir cette charge lorsque son grand âge ne lui permettait plus d'en supporter les fatigues. Il en eut Arnaud, qui, dans un arrêt de 1432, est qualifié de *Damoiseau mineur*. »

Outre le chancelier de France dont on vient de parler, la

famille de Laistre a fourni un conseiller au Parlement de Paris (1530); un inspecteur général des bois au département de la Champagne, Forest et Lyonnais, puis secrétaire du roi, greffier en chef de la cour des aides,— un contrôleur général de la grande chancellerie de France, puis secrétaire du roi au conseil d'État; — un conseiller secrétaire du roi et secrétaire ordinaire du conseil d'État; — des officiers, des chevaliers de St-Louis, etc.....

Pierre de Laistre fut chanoine de St-Martin de Tours en 1630, et de l'église de Tours en 1645.

Armand-Martin-Claude, comte de Laistre, né en 1776, émigré, capitaine de cavalerie, fit les fonctions de colonel, sous-chef d'état-major de l'armée d'Anjou, en 1815. Sous-préfet de Poitiers, puis de Loudun, et ensuite de Roanne, chevalier de St-Louis et de la Légion d'honneur, il mourut à Roanne le 18 avril 1830. Le 21 avril 1803, il avait épousé Louise-Félicité Bunault de Montbrun, dont il eut :

1° Paul-Marie-Gustave, comte de Laistre, capitaine au 22ᵉ de ligne, démissionnaire en 1834, marié le 1ᵉʳ février 1836 à Marie-Renée-Louise de Neuchèze ;

2° Louise-Georgette, mariée le 8 novembre 1822 à Alfred, marquis de Querrhoent;

3° Pauline, décédée en 1819 ;

4° Louise-Eugénie-Octavie, née le 9 septembre 1822.

Antoine-Martin-Gustave de Laistre, frère d'Armand-Martin-Claude de Laistre, né le 7 juillet 1784, décédé le 21 avril 1844, avait épousé, le 18 avril 1809, Louise-Élisabeth de Crozé. De ce mariage sont issus :

1° Armand-Stanislas de Laistre, né le 11 janvier 1810, marié le 11 août 1840, à Félicie-Ursule Pas de Beaulieu, dont il a eu : Marie-Claudine-Georgette, Pierre-Antoine et Jean-Marie-Raoul de Laistre ;

2° Antoine-Charles de Laistre, né le 20 mai 1812, marié le 8 août 1837 à Mathilde de Baudot du Carrey.

D'azur, au chevron d'or, accompagné de trois cygnes d'argent 2, 1.

LA LANDE (de), voyez LANDE (de la).

LALEU (de), en Touraine (xviiie siècle).

D'azur, au lion d'or, couronné de même, surmonté de deux étoiles d'argent.

LALIVE (de), en Touraine, au Maine et dans l'Ile de France.

Joseph-Christophe Lalive, Sgr de Pailly, fut pourvu de la charge de lieutenant du roi à Tours, le 1er janvier 1740.

D'azur, au pin de sinople, le fût accosté de deux étoiles de gueules.

LALLEMANT (Guillaume), grand archidiacre de l'Église de Tours (1478), et Étienne Lallemant, chanoine de la même Église (vers 1499), portaient :

De gueules, à un chevron d'or, accompagné de trois roses d'argent.

LALLIER ou LAILLIER, Éc., Sgrs de la Roche, de la Linaudière, du Plessis-Regnault et de la Serpinière, relevant d'Amboise, (xviie siècle). — Famille originaire de Bretagne ou de Normandie. Elle s'est divisée en plusieurs branches ; celle de Touraine a pour auteur Pierre Laillier, vivant en 1382.

Jean Lallier, avocat au parlement et maître des requêtes de la Reine-Mère, fut maire de Tours en 1546.

René Lallier, échevin perpétuel de la ville de Tours, est mentionné dans un titre de 1668.

N. Lallier était abbé de Bois-Aubry en 1722.

De gueules, au chevron d'argent, accompagné de trois coquilles d'or.

LALLIER, en Touraine et en Orléanais (xviie et xviiie siècles).

De gueules, à une bande fuselée, d'or, accostée de deux étoiles de même, une au-dessus, l'autre au-dessous.

LALOIRE (de), Écuyers. — à Tours (1698).

De gueules, à une bande d'argent, accompagnée de six besants d'or posés en orle.

LALONDE (de), Sgrs de Cangé-le-Noble, paroisse de Saint-Avertin (xviie siècle). — Cette famille de Touraine a été anoblie en 1677 en la personne de Nicolas de Lalonde.

D'azur, à trois têtes de grues, d'or, 2, 1.

LAMANDÉ (de), chevaliers de Vaubernier. — Famille originaire de Bretagne. — Laurent de Lamandé, ingénieur en chef de la généralité de Rouen, fut anobli par Louis XVI (1787), puis créé chevalier de l'Empire, en 1809, sous la dénomination de chevalier de Vaubernier.

Louis-Jules de Lamandé, chevalier de Vaubernier, dont le père fut inspecteur général des ponts-et-chaussées, député et conseiller général de la Sarthe, officier de la Légion d'honneur, réside au château du Doussay, près la Flèche.

D'azur, à une fasce d'argent, accompagnée en chef d'un compas ouvert, d'or, et en pointe, d'une ancre de même. — L'écu timbré d'un casque de profil, orné de ses lambrequins, d'or, d'azur et d'argent.

LAMBALLE (Pierre de), chanoine du Mans, puis archevêque de Tours (1251-56).

D'hermines, à une bordure de gueules.

LAMBERT (Paul-Augustin), baron de l'Empire, préfet d'Indre-et-Loire (31 janvier 1806).

De gueules, au chevron d'or accompagné en chef de deux croissants d'argent, et en pointe, d'un chêne arraché d'or; franc-quartier de baron-préfet.

LAMBRON, Sgrs de Maudoux, de Bois-le-Roy (paroisse de Nouzilly), du Puy-d'Artigny, — de la Crouzillière, de la Métiverie, du Puy-de-l'Epan, de St-Georges, de Joué, des Fosses-Rouges, en Touraine, — de Chevillé, au Maine, — de la Roche, en Auvergne, etc...

Cette famille, originaire de l'Auvergne et établie en Touraine dans le cours du XVe siècle, portait à cette époque le nom de CHASLUS. Son premier auteur connu est N. Chaslus, Sgr de la Roche, qui se fixa en Touraine à la suite de son mariage avec Marie Bohyer, de la maison Bohyer, propriétaire de Chenonceau, et originaire, comme les Chaslus-Lambron, de la province d'Auvergne.

Du mariage de N. Chaslus et de Marie Bohyer naquit Martin Chaslus, premier du nom, dit Lambron, licencié ès-lois, avocat et conseiller au siége royal de Tours, marié à Marie Pénigault, fille de Pierre Pénigault, valet de chambre dé Louis XI, grenetier au grenier à sel de Tours, maire de cette ville (1er novembre 1467), et de Catherine Travers.

Antoine Lambron était capitaine de Véretz en 1503.

Toussaint Lambron, 3e du nom, Éc., Sgr du Grand-Maudoux et de la Métiverie, acquit, avant 1697, la charge d'intendant général des turcies et levées.

Par lettres du 24 octobre 1735, Martin Lambron, né le 5 juillet 1693, fut pourvu de la charge de conseiller du roi, contrôleur général ancien des turcies et levées de la Loire, du Cher, de l'Allier, etc...

François Lambron de Bois-le-Roy, conseiller du roi, intendant ancien et mi-triennal des turcies et levées de la Loire, de l'Allier, du Cher, de la Cioulle, etc..., mourut le 1er juin 1749. Son fils, Martin Lambron de Bois-le-Roy, remplit également les fonctions d'intendant ancien et mi-triennal des turcies et levées.

André-Charles Lambron, clerc tonsuré, chapelain de la chapelle de St-Christophe en l'église de St-Pierre-le-Puellier (1746), puis chanoine de St-Martin de Tours, mourut le 22 septembre 1774.

En 1762, Toussaint-Michel Lambron, clerc tonsuré, fut reçu chapelain de la chapelle de St-Christophe, en remplacement d'André-Charles Lambron. Il fut ensuite chanoine de St-Martin de Tours, et mourut le 5 mai 1774.

Jacques-Nicolas Lambron de Maudoux, Éc., Sgr de Saint-Georges, mousquetaire de la garde ordinaire du roi, puis capitaine chef de la grande fauconnerie, fils de François Lambron, Éc., Sgr de Bois-le-Roy, et de Madelaine-Catherine Le Normand de la Place, épousa, à Tours, le 1er juin 1772, Gillette-Marguerite-Louise Testard des Bournais, fille de René-Joachim-François Testard des Bournais, Éc., conseiller du roi, président trésorier de France au bureau des finances de la généralité de Tours, Sgr du Puy, de Longueplaine, de Cigoigné, de la Menaudière, des Chevilliers, de

St-Aubin, — et de Madeleine-Marguerite Lambron de Bois-le-Roy. De ce mariage sont issues :

1° Marguerite-Henriette Lambron de Maudoux, mariée en premières noces, le 24 octobre 1792, à Louis-Marie Aubry, fils de Denis-Louis Aubry, inspecteur des manufactures et pépinières du roi en la généralité de Tours, et de Louise-Françoise de St-Martin, — en secondes noces elle épousa Christophe-Nicolas Gailliet de Bouffret.

2° Julie Lambron de Maudoux, décédée en 1780.

Henry Lambron de Lignim, garde du corps des rois Louis XVIII et Charles X, capitaine de cavalerie, démissionnaire en 1830, né à Tours le 7 juillet 1799, fils de Jacques-François Lambron et de Rosalie-Marie Bon de Lignim, épousa, à la Flèche, le 4 mars 1832, Hélène-Célestine Lambron des Piltières, sa cousine, fille de Martin-Étienne-François Lambron des Piltières, inspecteur des contributions directes, et de Anne-Marie-Hélène Davy des Piltières.

Henry Lambron de Lignim ajouta à son nom celui de sa mère, issue d'une noble et ancienne famille, éteinte en 1856, en la personne du général Bon de Lignim.

Déjà, dans la préface de cet ouvrage, nous avons signalé les importants services qu'il rendit à l'histoire de Touraine, particulièrement en ce qui concerne l'étude du blason et du nobiliaire de cette province. Une assez grande partie de ses travaux ont été insérés dans les *Mémoires de la Société archéologique de Touraine*. On en trouvera la nomenclature dans la Table analytique de ces Mémoires (pages 162-163), dressée par M. l'abbé Chevalier et qui forme le tome xve des publications de la Société.

Elu vice-président de la Société archéologique de Touraine le 28 janvier 1858, M. Lambron de Lignim fut nommé président le 26 janvier de l'année suivante. Trois ans après, la Société le nomma président honoraire.

M. Lambron de Lignim était membre de plusieurs autres sociétés savantes françaises et étrangères.

Il mourut au Morier, près Tours, le 9 mai 1863, sans postérité.

François Lambron de la Mésangerie, appartenant à une autre branche de la famille Lambron, capitaine de bourgeoisie, administrateur de l'hôpital général de Tours, mourut dans cette ville le 1er mars 1789. Le 28 février 1746, il avait épousé Françoise Viot, décédée le 29 janvier 1772. De ce mariage sont issus :

1° Martin-Jacques Lambron, qui suit ;

2° Françoise-Marie-Madeleine Lambron, mariée à N. Vauquer.

Martin-Jacques Lambron mourut le 16 février 1839, laissant un fils, de son mariage (26 août 1777) avec Françoise-Jeanne-Adélaïde Cartier :

Martin-Etienne-François Lambron, né le 24 décembre 1784, inspecteur des contributions directes, en retraite, résidant au château de Créans, près la Flèche (Sarthe), marié le 3 septembre 1807 à Anne-Marie-Hélène Davy des Piltières, née à la Flèche le 18 août 1781, fille de N. Davy des Piltières, avocat du roi à la Flèche et député suppléant pour la sénéchaussée d'Anjou aux États généraux de 1789.

De ce mariage sont issus :

1° Martin-René Lambron, né à la Mésangerie, près Tours, le 23 juillet 1808, directeur des contributions directes à Laval (Mayenne), marié, au Mans, le 6 juin 1836, à Jeanne-Emilie Renault de la Grange, dont il a eu : Albert-Anatole-Ernest-Martin Lambron, né le 13 mai 1838.

2° Hélène-Célestine Lambron, né à Bourg (Ain) le 16 septembre 1812, mariée le 5 mars 1832 à son cousin, Henry Lambron de Lignim, ainsi que nous l'avons dit plus haut.

Mme veuve Lambron de Lignim réside actuellement au Morier, commune de St-Cyr, près Tours.

Une autre branche de la famille Lambron est fixée à Lévroux (Indre).

Les armes de la famille Lambron sont :

D'azur, au chevron d'or, accompagné de trois étoiles d'argent, 2, 1. — Tenants deux anges. — Couronne de comte. — Devise : *Tenax in sua fide.*

La famille **Davy des Piltières** porte :

D'azur, au chevron d'or accompagné en chef de deux étoiles de même, et en pointe d'un épi de blé, d'or.

LAMBRON (Toussaint), bourgeois de Tours (1698).

D'or, à une fasce de gueules, chargée d'un lambel d'argent.

LAMI, voyez LAMY.

L'AMIRAULT, Éc., Sgrs de Bois-le-Roy, paroisse de Nouzilly, — de Lansais (xviii⁰ siècle).

D'azur, à un chevron d'or, accompagné en chef de deux coquilles, de... et une pomme de pin de... en pointe.

LAMIRAULT DE NOIRCOURT, Éc., Sgrs de Noircourt, de la Lande, de Cerny, de la Vilatte, etc... — Famille connue dans l'Orléanais dès 1224. Elle a été nombre de fois maintenue dans sa noblesse, notamment les 22 février 1648, 18 août 1649, 4 février 1662 et 14 décembre 1671.

Bonitau Lamirault, *visiteur-général des greniers à sel ordonnés sur la rivière de Loire et sur les rivières chéantes en icelle* (1369) mourut en 1390).

En 1627, une branche, représentée par Guillaume Lamirault, écuyer, Sgr de Sabusson, résidait à Chinon. A la même époque, une autre branche, représentée par René Lamirault et Marie Lamirault, sa femme, résidait à Bourgueil.

La branche de Noircourt a résidé dans le Soissonnais et à Tours.

Antoine - Charles Lamirault de Noircourt, chevalier de St-Jean de Jérusalem, est décédé à Tours le 28 octobre 1865. Son fils, Edgard Lamirault de Noircourt est membre de la Compagnie de Jésus.

La famille Lamirault s'est alliée à celles de Brodart, des Forges, de Préseau, de Lancry, d'Orléans, de Tolède, Sinson de Sevestreville, Colas, Bardin d'Origny, du Val, de Tullières, etc...

D'or, à une rose de gueules ; au chef de même.

33

LAMOTE-BARACÉ (de), Chev., marquis de Senonnes et de Lamote-Baracé, Sgrs du Coudray-Montpensier, de Cinais et de Seuilly, en Touraine (xviiie siècle). — Famille originaire de Bretagne où elle est connue dès le xie siècle.

Juhel de Lamote, chevalier, prit la croix, en 1191, avec Juhel de Mayenne.

Avant le xiiie siècle, cette maison n'était connue que sous le nom de de Lamote. Ce fut Désiré de Lamote, vivant en 1263, qui, le premier, ajouta à son nom celui de Baracé, à la suite de la fondation du fief de la Lamote qu'il fit au lieu dit les Prévotés de Baracé, près Duretal.

Jean IX de Lamote-Baracé, marquis de Senonnes, fut maintenu dans sa noblesse le 25 septembre 1715 par M. de Chauvelin, intendant de la généralité de Tours.

Philippe-Claude, comte de Lamote-Baracé, fils cadet de Pierre, marquis de Senonnes, et d'Adrienne de Sales, fut le chef de la branche de Touraine. Il hérita en 1720, par testament de son grand-oncle Henri, de Vallières, ancien gouverneur d'Annecy, en Savoie, du château et de la terre du Coudray-Montpensier.

En 1789, Alexandre, chevalier, comte de Lamote-Baracé, capitaine de vaisseau, chevalier de Malte et de Saint-Louis, lieutenant des maréchaux de France, marquis du Coudray-Montpensier, comparut à l'Assemblée de la noblesse de Touraine convoquée pour l'élection des députés aux États généraux.

La famille fut également représentée à l'Assemblée de la noblesse de l'Anjou.

La maison de Lamote-Baracé compte parmi ses alliances les familles de Châteaubriand, de Fougerolles, du Vergier, de Loucelles, de Sales, de Bueil, de Sancerre, de Beauvau, de la Jaille, de Tinteniac, de Rosmadec, de Villiers de l'Isle-Adam, de Ludre, d'Oyron, de Sarcus, de Chauvigné, de Rocreuse, Achard de La Haye, etc...

La branche aînée, résidant en Anjou, a actuellement pour chef Gatien de Lamote-Baracé, marquis de Senonnes.

La seconde branche a actuellement pour représentants :

1° Alexandre-Auguste, comte de Lamote-Baracé, propriétaire du château du Coudray, né le 22 novembre 1810, marié, en premières noces, le 12 avril 1836, à Elisabeth Achard de La Haye; 2° le 30 août 1841, à Marie-Lucie de Sarcus; 3° le 21 mai 1850, à Thérèse de Virieu. — Du second mariage sont issus : Marie-Augustine-Louise, née le 1er novembre 1842, et Marie-Thérèse, née le 3 octobre 1844, mariée en 1866 avec le comte Franck Russell-Killough, capitaine au service du Saint-Siége. — Du troisième mariage : Juhel de Lamote-Baracé, né le 24 février 1851.

2° Edouard, vicomte de Lamote-Baracé, né le 26 avril 1817, marié le 27 février 1843, à Louise de Pignol de Rocreuse, dont un fils, Charles, né en 1844.

3° Alexandre de Lamote-Baracé, né le 12 février 1827.

Armes de la maison de Lamote-Baracé avant 1263 :

D'argent, à une fasce de gueules fleurdelisée et contre-fleurdelisée de six pièces.

Depuis 1263 :

D'argent, au lion de sable, cantonné de quatre merlettes de même, et chargé d'un écu d'argent, à la fasce de gueules fleurdelisée et contre-fleurdelisée de six pièces. — Couronne de marquis. — Supports : deux lions. — Devise : *Lenitati fortitudo comes.*

LAMY ou LAMI, Chev., Sgrs de Louri, de Bourneuf, d'Achères (xve siècle). — Famille noble, originaire de Touraine, et qui a pour auteur Philippe Lamy, Chev., Sgr de Louri. — Elle s'est alliée aux maisons d'Albiac, d'Arzac, Baraton de Montgoger et du Mesnil-Simon.

Ecartelé; aux 1 et 4 de gueules à la bande d'or, à la bordure de même; au 2 et 3 d'azur à la harpie d'or. — *Alias* : D'azur, à une aigle d'or ayant une tête de femme de carnation et posée de front. — Supports : deux lions d'or, armés et lampassés de gueules. — Cimier : une aigle comme celle de l'écu, *Alias* : une harpie éployée.

LAMYNE-GIRAULT (de), en Touraine (xvie siècle).

De... au chevron de... accompagné de trois fers de lance de... 2, 1, celui de la pointe montant.

LANCE (Nicolas de), fut reçu archer de la maréchaussée générale de Touraine en 1694.

D'azur, à un pal d'or, cotoyé de 7 coquilles de même.

LANCRAU ou **LANCREAU** (de), Éc., Sgrs de la Saudraye, Chanteil, — maison noble et ancienne, répandue dans la Touraine et dans l'Anjou.

Elle s'est alliée aux familles de Bréon, Le Picard, de Meaulne, Taveau, Voyer, du Châtelet de la Pezelière, Ridouet, Leclerc, Dupré, Salles, etc...

Alexis-Marc-Henri-Charles, Jacques-Armand-Louis et Jacques-Jean de Lancreau comparurent, en 1789, à l'Assemblée électorale de la noblesse de l'Anjou, les deux premiers en personne, le troisième par fondé de pouvoir.

D'argent, à un chevron de sable, accompagné de trois roses de gueules boutonnées d'or, et posées 2, 1.

LANCRY (de), comtes de Pronleroy — au château de la Planche-au-Chef, commune de Rillé (1867). — Cette famille, originaire de Picardie, remonte à Jean de Lancry, vivant en 1097. Elle a fourni des chevaliers de Malte.

La terre de Pronleroy fut érigée en marquisat, en 1770, en faveur de L. M. de Lancry, chevalier, lieutenant-général des armées du roi.

D'or, à trois ancres de sable 2, 1.

LANDAIS (de). — Famille originaire de Touraine où elle est connue dès le xiie siècle. Guillaume de Landais fut anobli en 1398.

François de Landais, Sgr de Châteaubilly, chevalier de St-Louis et gouverneur du fort St-François, eut deux fils. L'aîné, Étienne de Landais, lieutenant dans le régiment d'Orléans-infanterie, fut tué à l'assaut et prise de Berg-op-Zoom.

D'azur, à la fasce alaisée et échancrée, accompagnée en chef d'un croissant accosté de 2 étoiles, et en pointe d'une rose, le tout d'or.

LANDE (de la), Éc., Sgrs de la Vau, en Poitou, — de Chavigny, de Bissus et de la Fontaine du Breuil, en Touraine (xviiie siècle), propriétaires de Bouferré, paroisse du Grand-Pressigny (xixe siècle).

Robert de la Lande, Sgr de St-Étienne, fut pourvu de la charge de sous-gouverneur de Louis XIV, le 9 mars 1646. Son fils, Jean de la Lande, épousa Françoise Filleau, dont il eut Marie-Anne et Jeanne, toutes deux reçues à St-Cyr au mois de juillet 1688.

Victor de la Lande, écuyer, comparut en 1789 à l'Assemblée de la noblesse de Touraine pour l'élection des députés aux Etats généraux.

La terre de Bouferré vint en la possession de la famille de la Lande par suite du mariage (1810) de Marie-Martine de Lestenou, fille et héritière de Joseph-Isaac de Lestenou, avec Victor de la Lande, écuyer, fils de Victor de la Lande, Éc., Sgr des Potineaux, et de Marie-Thérèse Dupont.

Ecartelé d'azur et d'or. — *Alias* : d'argent.

LANDE (de la), en Touraine.

De gueules, à trois marteaux d'or, 2, 1.

LANDE (de la). — Famille originaire de Touraine et établie en Poitou au xvie siècle. Elle fut anoblie en 1594, en la personne d'Étienne de la Lande.

D'or, à un arbre arraché, de sinople, au chef d'azur, chargé d'un croissant d'argent.

LANDRIÈVE, Éc., Sgrs des Bordes, de Pont-de-Ruan, la Turbellière, Meray, paroisse d'Artannes (xviiie siècle). — Famille originaire du Limousin.

Paul-Pierre Landrière, écuyer, garde-du-corps du roi, comparut en 1789 à l'Assemblée de la noblesse de Touraine pour l'élection des députés aux États généraux.

D'azur, à une croix d'argent accompagnée en pointe d'un croissant de même. — Supports : deux lions.— Couronne de comte.

Langeais (ville de).

D'or, à trois melons de sinople, 2, 1.

Langeais (Chapitre de Saint-Jean de).

D'azur, au chevron d'or, accompagné de trois croix ancrées, de même.

LANGLADE, à Tours (xviiie siècle). — Cette famille a
fourni un conseiller du roi, contrôleur contre-garde de la
Monnaie de Tours (xviiie siècle).

D'argent, à trois orangers dans leurs caisses, de..., 2, 1.

LANGLAIS, Éc., Sgrs de Bonval.

D'azur, à une bande d'argent, chargée de deux molettes d'éperon, de
sable.

LANGLOIS (de), Ec., Sgrs du Buisson, paroisse de St-Ouen,
— de la Bagourne, de la Raguenette, de Beauregard, de
Portereau, de la Perchaye, relevant de Pocé, (xvie, xviie et
xviiie siècles).

La filiation suivie de cette famille tourangelle remonte à
Charles Langlois, fourrier du corps du roi, décédé en 1569.
Michel Langlois, fils de Charles, et Jean Langlois, fils de
Michel, remplirent également les fonctions de fourrier du corps
du roi. Jean Langlois mourut en 1652, laissant six enfants de
son mariage avec Catherine Guerot :

1° Jean Langlois qui suit ;

2° Thomas Langlois, seigneur de Beauregard ;

3° Michel Langlois, Sgr de la Raguenette, né en 1644,
chanoine de Notre-Dame et St-Florentin d'Amboise ;

4° Pierre Langlois ;

5° Claude Langlois, mariée à Jacques Ferrand, conseiller
du roi, président au siége royal d'Amboise ;

6° Catherine Langlois, femme de Pierre Bretonneau, docteur en médecine.

Jean Langlois, écuyer, seigneur du Buisson, fourrier des
logis du roi, par suite de la démission de son père, en sa
faveur, reçut, en février 1678, des lettres de noblesse héréditaire. Nous avons publié le texte de ces lettres dans notre
*Calendrier de la noblesse de Touraine, de l'Anjou, du Maine
et du Poitou,* pour 1867, pages 247-48-49.

De son mariage avec Marguerite Geslin, fille de Jacques
Geslin, seigneur de la Ferraudière, et de Jeanne Besnard,
Jean Langlois eut cinq enfants :

1° Jacques Langlois, né le 4 janvier 1670;

2° Jean Langlois, qui suit;

3° Jean Langlois, écuyer, seigneur de Portereau, marié en 1699 à Susanne de Villode, fille de Pierre de Villode et de Jeanne Martin, et veuve de Jean Melin, capitaine de milice;

4° Marie Langlois;

5° Catherine Langlois, mariée en premières noces, en 1707, à Alexis-Alexandre de Sallier, écuyer, Sgr de Givry, fils de Philippe de Sallier, écuyer, Sgr de Lanconnière, et de Marguerite Lelarge; — et en secondes noces, en 1711, à Alexandre Jouslin, Sgr de la Huberdière.

Jean Langlois, Ec., Sgr du Buisson, maréchal-des-logis du roi, épousa, le 9 décembre 1703, Françoise Peschard, fille de Joseph Peschard, écuyer, Sgr de Boisgaudeau, et de Françoise Peltier. De ce mariage sont issus :

1° Michel Langlois, qui suit;

2° Michel Langlois, prêtre, chanoine, puis sous-doyen du Chapitre de Notre-Dame et St-Florentin d'Amboise, mort le 28 avril 1790;

3° Jean Langlois, Sgr de Boisgardeau.

Michel Langlois, Ecuyer, Sgr de la Bagourne et de la Perchaye, eut cinq enfants de son mariage (contrat du 19 septembre 1741) avec Catherine de Perceval :

1° Michel Langlois, qui suit;

2° Jean-Baptiste Langlois, né le 15 juillet 1764, chanoine du Chapitre noble de Notre-Dame et St-Florentin d'Amboise;

3° Charles Langlois, officier de cavalerie;

4° Catherine Langlois, née le 7 janvier 1744, décédée le 7 janvier 1744, décédée le 27 vendemiaire, an XIII;

5° Marie-Anne Langlois.

Michel de Langlois, écuyer, Sgr de la Bagourne, capitaine au régiment d'Armagnac, chevalier de St-Louis, émigré, capitaine au régiment de Laval-Montmorency au service de Sa Majesté Britannique (1794-95), épousa le 1er ventose an

XIV. Marie-Thérèse-Julie Campbell d'Achimbreck, fille de Guillaume Campbell d'Achimbreck, capitaine au régiment d'Ogibry, et de Marie-Angélique-Catherine Robart. Il mourut à Nazelles (Indre-et-Loire), le 9 septembre 1817.

Son fils unique, Michel de Langlois, né le 31 août 1807, maire de Nazelles, épousa, le 18 janvier 1831, Marie-Thérèse de Maussion de Candé, fille de Charles-Antoine de Maussion de Candé, et de Marie-Elisabeth de Beaumont. De ce mariage sont issus :

1° Amédée de Langlois, né le 31 mars 1840, résidant à la Source, commune de Nazelles (Indre-et-Loire) ;

2° Malthide de Langlois, née le 24 octobre 1831, mariée le 29 juin 1853 à Paul-Michel-Marie-Joseph Moreau de Bellaing, propriétaire de la terre du Buisson, commune de St-Ouen.

D'argent, au chevron de gueules, accompagné en chef de deux étoiles de même, et en pointe d'une tourterelle de sable.

LANGLOIS DE SEPTENVILLE. — Famille originaire de Normandie où elle est connue dès 1444. Vers cette époque, une branche, connue sous le nom de Langlois de Septenville, s'est fixée en Picardie. Léon Langlois de Septenville, né à Amiens, le 10 janvier 1754, aide-maréchal-général des logis de l'armée, avec rang de colonel (1788), membre du Corps Législatif (1805), officier de la Légion d'Honneur, fut autorisé par l'empereur Napoléon à constituer un majorat avec titre de baron de l'Empire (mars 1813). Le titre de baron lui fut confirmé le 29 mars 1817. Son petit-fils, Charles-Edouard Langlois, baron de Septenville, né le 19 novembre 1835, chevalier de l'Ordre royal et militaire du Christ, de Portugal, et de l'Ordre royal de Charles III d'Espagne, membre de la Société impériale des Antiquaires de France, de la Société archéologique de Touraine et autres sociétés savantes, est auteur de plusieurs ouvrages historiques. — Il a épousé, le 1er mai 1860, Marie-Antoinette de Belleval, fille du marquis de Belleval, d'une des plus anciennes familles de Picardie. De ce mariage sont issus deux enfants :

M. le baron de Septenville réside au château de Lignières
(Somme) et à Paris.

D'azur, à l'aigle naissante, d'or, coupé d'argent à quatre pointes de gueules.
Supports : deux lions. — Cimier : une tête de loup de sable dans un vol des
armes de l'écu. — Devise : *Soli fas cernere solem.*

LA PALLU DE LA COMBE. — Voyez DE BARJOT.

LARÇAY (de), Éc., Sgrs de Larçay, près Tours, de la Crouzillière (xvie siècle), de la Dorée (xviie siècle).

D'argent, au lion de sable, armé et couronné d'or.

LA ROSIÈRE (Carlet de). — Voyez CARLET.

LA RUE (de), Chev., vicomtes de la Huge, barons du Tour,
en Champagne, Sgrs de la Coste, de la Boissière, de Bois-
Aigu, de la Morellerie, de la Bellangerie, de Malicorne et du
Fief-de-Rochecorbon, en Touraine (xvie siècle).

Marc de la Rue, conseiller du roi, fut élu maire de Tours en
1535.

Claude de la Rue fut abbé de Beaugerais, de 1552 à 1560.

D'azur, au sautoir engrêlé d'or.

LA RUE DU CAN DE CHAMPCHEVRIER (de), Chev., barons
de Champchevrier, Sgrs du Plessis et du Can, au Maine, — de
Cléré, des Châtillons, de la Hartelloire, de Brasserac, de Souvigny, des Cartes (paroisse de Sonzay), de la Chotardière, de
Courbouin, de Brousson, de la Touche-en-St-Laurent-de-Lin,
de Houdaigne, de Prépinson, du Plessis-L'hermiteau, etc...—
Famille originaire du midi de la France. Un de ses membres
suivit Henri IV et vint se fixer dans le Maine.

Pierre de la Ruë, Ier du nom, épousa Michelle Dupin, dont
il eut : Pierre de la Ruë II, marié à Marie Le Faucheux.

De ce mariage sont issus : 1º Pierre de la Rue du Can III,
qui suit ; 2º Marie, dame de la Poterie ; 3º François de la Ruë
du Plessis, marié à Marie du Genest ; 4º Magdeleine de la
Ruë.

Pierre de la Ruë du Can III épousa Françoise Fournier,
dont il eut : 1º Jean-Baptiste-Pierre-Henri ; 2º François de la
Ruë du Can ; 3º Une fille mariée à N. d'Amboise.

En 1741, la terre de Champchevrier fut érigée en baronnie en faveur de Jean-Baptiste-Pierre-Henri de la Ruë du Can et de ses descendants. Les lettres patentes furent enregistrées au Parlement, le 15 janvier 1742, — et à la Chambre des comptes, le 24 du même mois.

Jean-Baptiste-Pierre-Henri de la Ruë du Can avait acheté cette terre, le 29 avril 1728, de Gaston-Jean-Baptiste-Antoine, duc de Roquelaure.

Il épousa Louise Le Chauvellier, nièce et fille adoptive de N. d'Olivier. Quatre enfants sont issus de ce mariage : 1° Michel-Denis, qui suit; 2° Jean-Baptiste-Pierre-René, chef de la branche de la Ruë du Can; 3° Angélique de la Ruë du Can, mariée en premières noces à Jean-Joseph Durand de Beauval, écuyer, seigneur de Roissy; — et en deuxièmes noces, à J.-B.-Benigne-Vincent d'Hautecourt , comte de Rainecourt ; 4° Marie-Louise de la Ruë du Can , mariée à Louis-Antoine, chevalier du Fos, marquis de Méry.

Michel-Denis de la Ruë du Can , baron de Champchevrier, écuyer de main du roi, épousa Emmanuelle-Francoise-Joséphine-Magdeleine de Purgolt, d'une ancienne famille allemande. De ce mariage sont issus : 1° Jean-Baptiste-Michel, qui suit; 2° Alexandre-Michel de la Ruë, chevalier de Champchevrier, lieutenant au régiment de Piémont-infanterie, chevalier de l'Ordre royal et militaire de St-Louis, qui épousa N. Richard de la Missardière, d'où deux filles, Emilie et Clémentine, non mariées; 3° N. de la Ruë de Champchevrier, marié à N. de Berthelot de Villeneuve; 4° N. de la Ruë de Champchevrier, mariée à N. de Berthelot de Villeneuve, chevalier de l'Ordre royal et militaire de St-Louis, frère du précédent; 5° Anne de la Ruë de Champchevrier, non mariée ;

Jean-Baptiste-Michel de la Ruë, baron de Champchevrier, eut trois enfants de son mariage avec Catherine de Raillier : 1° Jean-Baptiste de la Ruë, baron de Champchevrier, qui épousa Adèle Le Romain, d'où, trois filles : Léonie, mariée au baron de Fougères; Adrienne, mariée au vicomte de Nonneville, et Anna, non mariée; 2° René de la Ruë de Champ-chevrier, qui suit; 3° Aimée de la Ruë de Champchevrier, morte sans s'être mariée.

René de la Ruë, baron de Champchevrier, chevalier de la Légion d'Honneur, a épousé Julie de Contades-Gizeux, fille de Gabriel-Marie, marquis de Contades-Gizeux, lieutenant-général, chevalier de St-Louis, et arrière-petite-fille du maréchal de Contades.

De ce mariage sont issus : 1° Adolphe, mort jeune; 2° Caroline, mariée au comte Alfred de la Bonninière de Beaumont; 3° Erasme de la Ruë, baron de Champchevrier, marié à Elise de Loise, dont il a eu deux fils : René de la Ruë, baron de Champchevrier, et Léon de la Ruë, baron de Champ-chevrier, marié à Marie de Rochemore.

Jean-Baptiste-Pierre-René de la Ruë du Can, frère cadet de Michel-Denis de la Ruë du Can, baron de Champchevrier, fut écuyer de main du roi, capitaine d'une compagnie de chevau-légers au régiment de Bretagne, en 1743; puis en 1747, au régiment de Bourgogne, chevalier de l'Ordre royal et militaire de Saint-Louis, seigneur de Souvigné et des fiefs des Cartes, la Roche et autres lieux. Il épousa Charlotte Imbert de Chastres, d'où sont issus trois enfants : 1° Armand-Pierre, qui suit; 2° Amélie de la Ruë du Can, mariée à Alexandre Gilles de Fontenailles, lieutenant au régiment de dragons de La Rochefoucauld; 3° Emmanuel-Pierre-Armand, dont nous parlerons plus loin.

Armand-Pierre de la Ruë du Can, capitaine de dragons au régiment de Deux-Ponts, puis capitaine au régiment de chasseurs de Flandre, épousa Marie-Françoise de Chalus, nièce de la duchesse de Narbonne, dame d'honneur de Mesdames de France, qui l'avait élevée et dotée. Armand-Pierre de la Ruë du Can émigra et fit les campagnes de l'armée des Princes et de l'armée de Condé. Il eut neuf enfants de son mariage avec Marie-Françoise de Chalus : 1° Armand de la Ruë du Can, mort officier d'infanterie; 2° Alexis de la Ruë du Can, sorti de

St-Cyr en 1807, chevalier de la Légion d'Honneur à vingt ans;
il a fait les campagnes d'Espagne en 1810 et 1811; celles d'Allemagne en 1812, 1813; celles de France en 1814, et de
Béthune en 1815; puis il fut capitaine-commandant au 4ᵉ régiment de la Garde royale, et mourut à Lille en 1818;
3° Charlotte de la Ruë du Can, mariée à Louis de Lugré;
4° Casimir, baron de la Ruë du Can, sorti de St-Cyr en 1812; il
se distingua dans la campagne de Saxe, à Dresde et à Leipsig,
et entra au 10ᵉ de ligne en 1813; il y fut décoré de la Légion
d'Honneur, par le duc d'Angoulême, pour sa belle conduite à
l'affaire du pont de la Drôme. Il a été, comme son frère
Alexis, capitaine-commandant au 4ᵉ régiment de la garde
royale. Il a épousé Rose-Adèle d'Eyssautier, fille du vicomte
d'Eyssautier, colonel d'artillerie, et de N. de Fransure; il est
mort sans enfants, le 1ᵉʳ avril 1865; 5° Elisabeth de la Ruë
du Can; 6° Pauline de la Ruë du Can; 7° Timoléon de la Ruë
du Can, mort jeune: 8° Octave, qui suit; 9° Amable de la
Ruë du Can, membre du Conseil général de Loir-et-Cher,
marié à Augustine de Querhoënt.

Octave de la Ruë du Can, substitut du procureur du roi à
Tours, en 1828, donna sa démission en 1830. Il a épousé
L.-M.-Antoinette Espivent de Perran, dont il a eu : 1° Antoine de la Ruë du Can; 2° Casimir de la Ruë du Can, lieutenant au 53ᵉ de ligne; 3° Anne-Marie de la Ruë du Can, mariée
à Paul Moëzan de la Villirouët; 4° Octave de la Ruë du
Can.

Emmanuel-Pierre-Armand, chevalier de la Ruë du Can,
frère cadet d'Armand-Pierre, fut sous-lieutenant de dragons
au régiment de Deux-Ponts, puis au 3ᵉ régiment de chasseurs
à cheval. Il quitta le service lorsque la révolution éclata. De
son mariage avec Anne-Geneviève de Cherbon, il eut:
1° Emmanuel, qui suit; 2° Charlotte, marié à N. Guérin;
3° Amélie, morte jeune; 4° Emma de la Ruë du Can; 5° Lau-
rent-Sébastien de la Ruë du Can, curé d'Orvault, près Nantes;
6° René, dont nous parlerons plus loin.

Emmanuel de la Ruë du Can, prit les armes dans la Vendée, en 1832, et fut blessé à l'attaque de Montjean. Il a épousé, le 24 janvier 1848, Suzanne-Joséphine de la Tullaye, dont trois enfants : 1° Geneviève de la Ruë du Can; 2° Blanche de la Ruë du Can; 3° Henri de la Ruë du Can.

René de la Ruë du Can, élève à St-Cyr, en sortit en 1830; il prit, comme son frère, les armes dans la Vendée, en 1832, et fit partie de l'expédition de Portugal, commandée par le maréchal de Bourmont, qui allait porter secours à Dom Miguel de Bragance. René de la Ruë du Can entra ensuite au service de l'Autriche, comme cadet. Rentré en France, il y a épousé en premières noces, Marie Le Loup de Beaulieu, et en deuxièmes noces, Marie-Thérèse Le Loup de Beaulieu. Cinq enfants sont issus de ces mariages : Marie, Jean, Charlotte, Élisabeth et René de la Ruë du Can.

Alexandre-Michel de la Ruë du Can, chevalier de Champchevrier; Armand-Pierre de la Ruë du Can, capitaine de dragons; Anne-Jean-Baptiste de la Ruë du Can de Champchevrier; Michel-Denis de la Ruë du Can, baron de Champchevrier, et Charlotte-Rosalie de Chartres, veuve de Jean-Baptiste-Pierre de la Ruë du Can, comparurent, les deux derniers par fondés de pouvoir, les trois autres en personne, à l'Assemblée électorale de la noblesse de Touraine, en 1789.

D'azur, au chevron d'or accompagné de deux roses d'argent en chef et d'un cerf ou chevreuil passant, d'or, en pointe. — Supports : deux lions. — Couronne de marquis.

LARY DE LATOUR (de), Chev., comtes de Latour, Sgrs de Mausenpuy, Aurenque, la Lanne, etc.

Cette maison est originaire de Gascogne où elle est connue dès le XIVe siècle. Elle a été maintenue dans sa noblesse en 1666 et 1700. Par lettres de mai 1664, enregistrées au Parlement de Toulouse, le 19 juillet de la même année, Louis XIV érigea en comté, sous le nom de la Tour, la terre de la Tour, Mausenpuy, Aurenque, etc., en faveur de Bernard de Lary.

Résidence en Touraine (1867) : Véretz.

D'azur, à six cotices d'or, en barre ; au chef d'or, chargé de 3 merlettes de sable. — Couronne de comte. — Supports : deux lions. — Devise : *Durum patientia frango.*

LASCARIS (de), en Touraine.

De gueules, à l'aigle éployée d'or.

LA SELLE (de), Ec., Sgrs de Fromenteau et de Murs.

Jean de la Selle fut trésorier de France, à Tours, en 17...

De sable, à trois quintefeuilles d'or, 2, 1, accompagnées en cœur d'un croissant montant, de même.

LASNEAU (Louis), marchand-bourgeois à Tours (fin du XVIIe siècle).

Gaspard Lasneau fut pourvu de la charge de procureur du roi à Loches, en 1691.

D'azur, à un chevron d'or accompagné en chef de deux annelets d'argent, et en pointe d'un agneau de même.

LASTRE (de), Ec., Sgrs des Ouches, relevant d'Amboise (1489).

D'azur, à trois tours crénelées d'argent, maçonnées de sable.

LA TREMOILLE (de). — Voyez TRÉMOILLE.

LAUNAY (de), chanoine de l'église de Tours (1698).

De sable, à une croix fleuronnée, d'or.

LAUNAY (de), Ec. — Famille alliée aux de Préaux. Au XVIe siècle elle résidait dans les environs de Loches.

D'or, à l'aune de sinople, le tronc accosté de deux aigles de sable membrées et becquées de gueules.

LAUNAY (de), Ec., Sgrs d'Onglée et de Beaumont-la-Ronce (XVIe siècle).

Daniel de Launay était conseiller du roi, trésorier de France au bureau des finances de la généralité de Tours, en 1602.

D'argent, à trois aigles mal ordonnées, de sable, 2, 1 ; coupé, fascé d'azur et d'argent, de six pièces. — Devise : *A lumine pulsis.*

LAUNAY DE RAZILLY (de).

D'argent, au laurier à cinq branches, de sinople.

LAUR DE LA LAUZADE (de), à Richelieu (XIXe siècle). — Famille originaire du Languedoc.

D'argent, au laurier de sinople posé sur une terrasse de même et soutenu par deux lions de gueules affrontés ; au chef d'azur chargé de deux étoiles d'argent.

LAURENCIN (de).— Famille de Touraine anoblie en 1665.

Louis Laurencin fut pourvu de la charge de conseiller au siége présidial de Tours, le 12 décembre 1654.

De sable, au chevron d'or accompagné de trois étoiles de même.

LAURENS, en Touraine et en Anjou (xvi⁰ siècle).

D'or, au sanglier de sable.

LAURENS (de), Ec., Sgrs de la Crillouère et de Joreau.— Famille originaire de l'Anjou. Elle a fourni un gentilhomme de la chambre du roi, François de Laurens, qui épousa, par contrat du 19 mars 1590, passé devant Davonneau, notaire de la cour de Villaines, en Touraine, Madelaine Rouxellé, fille de François Rouxellé, écuyer, seigneur de la Treille, et de Renée Savary, dame de Saché.

Parmi les autres familles auxquelles les de Laurens se sont alliées, on remarque celles de Balne, Miron de l'Hermitage, Boison de la Guierche, de Gennes, Gilles de la Grue, etc...

D'azur, coupé d'argent, au lion coupé de l'un en l'autre. — Supports : deux lions d'or. — Timbre : un casque de front.

LAUVERJAT (de).

Ecartelé; aux 1 et 4 d'azur, à la fasce d'argent chargée de trois roses de gueules, accompagnée de trois écots d'arbre, d'or, 2, 1 ; aux 2 et 3 d'or, au pin de sinople, accosté de deux croix pattées de gueules surmontant un croissant d'azur; sur le tout, de gueules, à trois cloches d'or, 2, 1. — Devise : *Bituricensis munera urbis* (D'après M. Lambron de Lignim).

LAUZIÈRES (Pons de), marquis de Thémines, maréchal de France, seigneur du Chatellier, près Paulmy, en Touraine, par suite de son mariage avec Marie de la Noue, veuve de Jean de Barangeville et de Louis de Pierre-Buffière (1622), mourut à Auray, le 1er novembre 1627.

La famille de Lauzières, originaire du Bas-Languedoc, commence sa filiation par Frotard, Sgr de Lauzières, vivant en 1168.

D'argent, au buisson de sinople. — *Alias* : Ecartelé; au 1 d'argent au buisson (ou osier) de sinople ; au 2 de gueules à deux chèvres passantes, d'argent, l'une sur l'autre; au 3 de gueules, au lion d'argent, à l'orle de huit besants de même, qui est de Cardaillac; au 4 d'or, à 3 fasces de sable, au chef d'hermines, qui est de Clermont-Lodève.

LAUZON ou **DELAUZON** (de), Chev., Sgrs de Laubuge (xviii* siècle).

Cette famille est originaire du Poitou. Elle a été maintenue dans sa noblesse le 5 mai 1699 et le 13 mars 1715. Le 31 janvier 1652, la terre de la Poupardière fut érigée en baronnie en faveur de Jean de Lauzon.

François-Henri de Lauzon, chevalier, comparut, en 1789, à l'Assemblée électorale de la noblesse de Touraine. La famille prit part également à l'Assemblée de la noblesse du Poitou.

D'azur, à trois serpents d'argent mordant leur queue, 2, 1, à la bordure de gueules chargée de six besants d'or.

-**LAVAL** (de), Chev., Sgrs de Loué, de Benais, de Bressuire, de Maillé, Rochecorbon, La Haye, des Ecluses, de la Chétardière, de Lezâi, de Brehabert, du Verger, Mache-Ferrière, de la Clarté, de Bretignolles, de Gournay, de la Fresnaye, du Plessis-Rafré, barons de Maillé, de Marmande et de Faye-la-Vineuse, etc...

La terre de Maillé fut érigée en baronnie par le roi Charles IX en faveur de Jean de Laval, qui mourut en 1578.

Guy de Laval était capitaine-gouverneur de Loches en 1194.

Foulques de Laval remplissait les fonctions de lieutenant-général de Touraine en 1536.

De gueules, au léopard d'or.

LAVAL (Louis de), Chev., Sgr de Châtillon et de Comper, gouverneur du Dauphiné, bailli-gouverneur de Touraine (1484), grand-maître des eaux et forêts de France, mourut le 21 août 1489. Il était fils de Jean DE MONTFORT, Sgr de Kergolay, et d'Anne de Laval.

La dissemblance des noms du père et du fils pourrait paraître singulière si on ne savait qu'Anne de Laval avait épousé Jean de Montfort (20 janvier 1404) à la condition que celui-ci et ses descendants porteraient, les nom, cri et armes de Laval. Jean de Montfort est désigné sous le nom de Guy XIII de Laval par les généalogistes.

De gueules, au léopard d'or.

LAVAL-BOISDAUPHIN (Henri-Marie de), doyen de Saint-Martin, de Tours, puis évêque de la Rochelle (1661), mourut le 22 novembre 1693.

De Montmorency-Laval, à la bordure de sable chargée de cinq lionceaux d'argent, les pieds tournés vers l'écusson.

LAVAL D'HASCLACH (de), barons d'Hasclach. — Famille originaire de Lorraine, et établie en Touraine au XVIII⁰ siècle.

Louis-Joseph de Laval, baron d'Hasclach, ancien capitaine au régiment de Saintonge, et Louis de Laval, chevalier d'Hasclach, lieutenant au régiment d'Anjou, comparurent, en 1789, à l'Assemblée de la noblesse de Touraine, réunie pour l'élection des députés aux États-Généraux.

Louis-Joseph de Laval avait épousé, le 3 février 1750, Angélique-Louise-Charlotte Audiger. De ce mariage sont issus : Louis-Joseph, Louis-Anne, Louis-Rémi, Pierre et Louise-Madelaine de Laval.

D'or, semé de flammes de gueules, à la croix ancrée, d'azur, chargée de cinq flammes d'or; l'écu surmonté d'un armet d'acier poli, chargé d'un lambrequin des métaux et couleurs du dit écu. — Cimier : trois flammes de gueules sortant d'un tortil d'or, d'azur et de gueules. — Supports : deux salamandres d'or. — Devise : *Spes mea crux et amor.*

LAVARDIN ou LAVERDIN (de), Chev., Sgrs de Rané, de Boussé, près Amboise, de Lavardin, de la Gaudinière (XVII⁰ siècle), des Bordes, de Bourdigale, du Plessis-Boureau (XVI⁰ siècle).

Hildebert de Lavardin, évêque du Mans, puis archevêque de Tours (1125), mourut le 18 décembre 1135.

Françoise de Lavardin fut prieure de Moncé, de 1550 à 1561.

De gueules, à trois fleurs de lis d'or, 2, 1.

LAVAU (de), Ec., Sgrs du Mortier, de Malabry (xviiie siècle).

François-Raphaël de Lavau était conseiller du roi, trésorier de France au bureau des finances de la généralité de Tours, en 1750.

Jean-Boniface de Lavau, chanoine de St-Martin, de Tours, est mentionné en cette qualité dans un titre de 1775.

Martin de Lavau, écuyer, comparut en 1789, à l'Assemblée électorale de la noblesse de Touraine.

D'azur, au lion rampant, d'argent, accompagné de trois gerbes de blé d'or, liées de gueules, 2, 1.

LA VERGNE (Lucas de), chanoine de Tours (1546). Il était fils de Guy de la Vergne (originaire du Languedoc) et de N. de Tovejo.

D'azur, à une croix recroisettée, d'or; au chef de gueules, chargé de trois étoiles d'or.

LA VUE.

D'azur, à l'aigle d'or regardant un soleil de même.

LAWERNHES (de), Ec., Sgrs de la Jonchère, paroisse de Veigné (xviiie siècle).

Pierre Lawernhes était trésorier général des turcies et levées, et contrôleur des guerres à Tours, en 1750.

De gueules, au chevron d'argent accompagné en pointe d'un croissant de même; au chef d'argent chargé de trois étoiles de...

LE BAS DU PLESSIS, Chev., Sgrs de St-Antoine-du-Rocher (fin du xviiie siècle).

Famille originaire de Berri, divisée en plusieurs branches établies à Paris, à Besançon et en Touraine. Par lettres de novembre 1749, la terre de Bouclan, en Bourgogne, fut érigée en marquisat en faveur de Joseph Le Bas de Clevaut, chef de la branche des seigneurs du Plessis.

François-Nicolas Le Bas du Plessis, colonel d'infanterie, chevalier de St-Louis, comparut en 1789 à l'Assemblée électorale de la noblesse de la vicomté de Paris.

D'or, au lion de gueules, accompagné de trois arbres arrachés, de sinople 2 en chef et 1 en pointe.

LE BASTARD, Sgrs de la Gaudinière (xviie siècle).

François Le Bastard était chanoine de St-Martin de Tours, en 1620, et Pierre Le Bastard, curé de Courçay, vers 1696.

Ce dernier portait pour armes :

D'azur, au nom de Jésus d'or, et un St-Pierre d'argent.

LEBÉALLE. — Famille résidant à Amboise au xviiie siècle.

François Lebéalle, greffier du bailliage d'Amboise (1717), marié à Jeanne Le Beau, portait pour armoiries :

D'azur, à trois besants d'or, coupé d'argent, à trois tourteaux d'azur, 2, 1.

LE BEAU (ou LEBEAU), Ec., Sgrs de la Venerie, paroisse de St-Ouen, — des Ouches, — de la Calonnière, paroisse de Mosnes, — du Pin (xviie et xviiie siècles). — Famille originaire de Mosnes.

Michel Le Beau, né à Mosnes, le 10 février 1642, officier de fruiterie de la maison du roi, fut maire d'Amboise de 1661 à 1666 et mourut dans cette ville vers 1703.

D'argent, au chevron d'azur accompagné en chef d'un chien courant à dextre, de sable; d'un cor de chasse, de gueules, à sénestre, et en pointe d'un croissant de même.

Michel Le Beau, officier de fruiterie du roi, vivant en 1696, portait, d'après d'Hozier.

D'argent, à trois lambeaux de sable, de trois pièces chacun, 2, 1.

LE BEAU, en Touraine.

D'azur, à une fasce d'argent accompagnée en chef de trois coquilles de même, et en pointe d'une étoile d'or.

LE BEL de la JAILLIÈRE, Ec., Sgrs de la Motte-d'Orveaux et d'Aviré (xviiie siècle).

Guy-Marie-François Le Bel de la Jaillière comparut par fondé de pouvoir, en 1789, à l'Assemblée électorale de la noblesse de l'Anjou.

D'or, fretté de gueules.

LE BLANC DE LA COMBE. Voyez BLANC DE LA COMBE (Le).

LEBON, en Touraine.

D'or, au chevron de gueules accompagné de deux trèfles de sable, et d'une branche d'olivier de sinople soutenue d'un croissant d'azur, en pointe ; au chef d'azur chargé de trois étoiles d'argent.

LE BOUCHER, Sgrs de Martigny, de Fondettes, de la Felonnière, de Maugerais, de Neuillé-Pont-Pierre, de la Moisandière, de Challays. — Maison de très-ancienne origine.

Louis-Etienne-Ambroise Le Boucher, chevalier, comparut en 1789 à l'Assemblée électorale de la noblesse de Touraine.

D'azur, à une fasce d'or accompagnée en chef d'un lion de même, passant, langué de gueules ; et en pointe de trois annelets d'or, 2, 1.

LE BOUCHER, Éc., Sgrs de Raray (xviie siècle).

De gueules, au lion d'or, l'écu semé de croisettes d'argent.

LE BOUCHER DE CHAMBELLAY, Ec., Sgrs de Chambellay et de la Meraudière. — Une branche de cette famille résidait à Ambillou en 1740.

D'azur, à deux fasces d'argent, accompagnées de trois besants d'or, 2, 1.

LE BOUCHER DE VERDUN (Marie-Catherine), veuve de Charles-Marie-Marthe, marquis de Bridieu, chevalier, Sgr de St-Germain, de Rouvray, de la Brosse, des Gardes-St-Germain, de Montreuil, de Fourchette et de Chauffour, comparut en 1789 à l'Assemblée de la noblesse de Touraine pour l'élection des députés aux États-généraux.

La famille Le Boucher de Verdun (Ec., Sgrs de Verdun, généralité de Caen), a été maintenue dans sa noblesse en 1666.

D'azur, à une fasce d'or surmontée d'une aigle éployée, accostée de deux merlettes, et accompagnée en pointe de trois roses posées, 2, 1, le tout d'or.

LE BOULTZ, Ec., Sgrs des Chauvelières et de Chaumont.

Jacques Le Boultz était trésorier de France à Tours en 1622.

François Le Boultz, Eléonore-François Le Boultz, et Louis Le Boultz, conseillers du roi, furent grands-maîtres des eaux et forêts de Touraine, Anjou et Maine, le premier en 1677, le second en 1692, le dernier en 1720.

D'azur, à un chevron d'or accompagné en pointe d'une étoile de même; au chef de gueules chargé de trois pals d'or.

LE BRETON, Ec., Sgrs de Chanceaux, de l'Espinay (xve et xvie siècles).

Jean Le Breton fut doyen de St-Martin de Tours, de 1442 à 1462.

De gueules, à la bande échiquetée de trois traits d'argent et de sable, avec un compon d'argent chargé d'une hermine de sable.

LE BRETON, Ec., Sgrs du Pressoir, près Chinon (xviie siècle).

D'azur, au chevron d'argent accompagné en chef de deux étoiles d'argent et surmonté d'un lambel de trois pendants de même.

LE BRETON, Chev., marquis de Villandry (autrefois Colombiers), Sgrs de la Roche-Clermault, Savonnières (xvie et xviie siècles).

Des lettres patentes de juillet 1639 décidèrent que le marquisat de Colombiers, érigé par lettres de 1619, serait appelé désormais marquisat de Villandry.

D'azur, à un chevron d'argent; au chef de gueules chargé de trois besants d'or. — Supports : deux lions de même. — Cimier : un lion naissant d'or.

LE BRETON, Chev., Sgrs de la Doinetrie, paroisse de Neuillé-Pont-Pierre, — de la Chesnaye, St-Michel-sur-Indre, du Breuil, Langlerie, Gaudinière (du xvie au xviiie siècle).

Pierre Le Breton III fut maintenu dans sa noblesse par ordonnance du 27 mai 1716.

D'azur, à trois colombes d'argent, 2, 1, celles du chef affrontées; sur le tout, un écu d'azur chargé d'une fleur de lis d'or; et un chef d'or chargé d'un lion naissant de gueules.

La famille Le Breton de la Doinetrie portait autrefois dans ses armes une étoile d'argent. Des lettres patentes du 4 juin 1638 l'autorisèrent à substituer une fleur de lis d'or à cette étoile.

LE BRETON (Claude), marchand-bourgeois à Tours (1696).

De gueules, à deux bandes d'argent.

LE BRETON DE LA BONNELIÈRE, Ec., Sgrs de la Bonnelière, près Chinon, du Bessay, de la Gilleberdière, etc...
(xviie et xviiie siècles).

Cette famille paraît originaire de la Bonnelière, près
Chinon. Le 15 avril 1840, un jugement du tribunal civil de
Meaux a ordonné la rectification, sur les registres de l'état-
civil, du nom de cette famille qui n'avait pas été accompagné
de la particule ou du nom de la Bonnelière.

Les trois personnages dont les noms suivent, appartenant à
cette famille, sont mentionnés dans un acte de 1697.

Charles Le Breton, Sgr de la Bonnelière, conseiller du roi,
assesseur civil et criminel au bailliage et siége royal de
Chinon et receveur des tailles de l'élection ;

Joseph-Philippe-François Le Breton, prêtre, chanoine de la
collégiale de St-Mesme, de Chinon ;

Jean-Charles-François Le Breton du Bessay, chanoine honoraire de la même collégiale.

Jean-Charles-François-Joseph Le Breton de la Bonnelière,
conseiller du roi, président du siége royal du grenier à sel de
Chinon (8 juillet 1772), mourut en 1805.

D'azur, à un chevron d'or, accompagné en chef de deux étoiles d'argent, et
en pointe d'un croissant de même.

LE BRETON DE VONNE, Chev., Sgrs de Vonne, de Nueil,
de Noiré, de la Baudière, de Tilly, de Curzay, paroisse de
Lerné, de la Haute-Chevrière (xvie, xviie et xviiie siècles).

Cette famille commence sa filiation suivie par Denis Le
Breton, Sgr de Curzay, paroisse de Lerné, dont le fils Jean I,
s'établit, en 1574, à Chinon, où il remplit les fonctions de
conseiller, avocat du roi, en l'élection et grenier à sel.

Jean II, un des quatre enfants de Jean I, fut conseiller du
roi, lieutenant particulier, assesseur criminel au bailliage de
Chinon et secrétaire ordinaire de la Reine-Mère, et mourut
en 1667.

François-Jean Le Breton, Sgr de Noiré, conseiller, procureur du roi au bailliage et siége royal de la police de Chinon

(par provisions du 23 mai 1727, et sur la résignation faite en sa faveur, par François Le Breton, son père, qui avait exercé cette charge pendant 28 ans), fut reçu président trésorier de France en la généralité de Poitiers (4 juin 1753).

Pierre-François-Jacques Le Breton, fils de François-Jean, né le 3 août 1732, fut comme lui conseiller, procureur du roi au bailliage et siége royal de Chinon (provisions du 12 juillet 1756 et du 15 septembre 1773).

La famille Le Breton s'est alliée aux maisons de Perrochon de la Renaudière, de Bourassé, Le Rou de Nesde, Aubry, Bacot, Guyon de Montlivault, Torterue de Sazilly, Gilles de Fontenailles, etc.

François Le Breton de Vonne, écuyer, né à Saumur le 4 février 1789, épousa, le 9 juillet 1813, Julienne-Joséphine-Raimonde-Laure Aubry, fille de Joseph-Robert Aubry, ancien premier président du bureau des finances de la généralité de Tours, conseiller de préfecture, et d'Alexandrine-Julienne Patas. De ce mariage sont issus :

1° Hippolyte Le Breton de Vonne, né à Tours le 28 mai 1814, maire de Saché, marié le 23 avril 1842 à Françoise-Amélie Bacot, dont il a eu : Lucienne-Françoise Le Breton de Vonne, mariée le 14 janvier 1864 à Jacques-Henri Guyon, comte de Montlivault, — et Suzanne-Catherine Le Breton de Vonne.

2° Alexandre Le Breton de Vonne, né le 23 mars 1821, décédé le 28 août 1863 ;

3° Henri Le Breton de Vonne, né le 19 septembre 1834, marié en avril 1864 à Jeanne Torterue de Sazilly, fille de Charles Torterue de Sazilly et d'Emilie Aymé de la Chevrelière ;

4° Marie-Zoë Le Breton de Vonne, née en 1825, décédée le 19 septembre 1833 ;

Marie - Zoë Le Breton de Vonne, sœur de François Le Breton de Vonne, a épousé, le 15 décembre 1823, Hercule Gilles de Fontenailles, officier de cavalerie.

D'azur, à un chevron d'or accompagné en chef de deux étoiles d'argent et en pointe d'un croissant de même. — L'écu timbré d'un casque de chevalier posé de trois quarts.

LE BRUN DE LA BROSSE, Chev., Sgrs de la Brosse, d'Esme (xviie siècle), de la Gaschetière, de la Messardière et du Temple, paroisse de Courcoué, — des Bouliers, paroisse de Braslou,— des Carrois, paroisse de la Tour-St-Gélin (xviie et xviiie siècles).

Joseph Le Brun était gouverneur du château de Chinon, vers 1700.

D'argent, au chevron de gueules accompagné de trois merlettes de sable.

LE CARON DE FLEURY, LE CARON DE TROUSSURES, Chev., Sgrs d'Esvres, de Candé, de la Roche-Farou et de la Bruère, en Touraine, — de Troussures, de Mouchy, de Voisin-lieu, de la Tache, de la Tour d'Oisy, de Berlette, de Sorel, de Canly, etc., dans l'Isle-de-France. — Famille originaire de Compiègne, où son existence est constatée dès 1294, époque à laquelle vivait Pierre Le Caron.

Laurent Le Caron, lieutenant-général à Compiègne, fut anobli par lettres du roi Charles VIII, du mois d'août 1497. Ces lettres se trouvent indiquées dans un arrêt du conseil d'Etat, du 15 septembre 1667, portant maintenue et confirmation de noblesse en faveur de Jeanne Le Feron, veuve de Jean Le Caron, Sgr de Fresnel, arrière-petit-fils de Laurent Le Caron.

Par arrêt du Conseil d'État, du 28 mai 1668, Louis Le Caron, dit Carondas, Chev., Sgr de Canly, gentilhomme ordinaire du roi, fut maintenu dans sa noblesse.

Charles-Hyacinthe Le Caron de Fleury, écuyer, capitaine au régiment Mestre-de-camp-général, comparut, en 1789, à l'assemblée électorale de la noblesse de Touraine.

A la même époque, Claude-Charles Le Caron de Fleury, secrétaire du roi honoraire, seigneur de Beauvoir (Isle-de-France), comparut à l'Assemblée électorale de la noblesse de la vicomté de Paris.

Deux membres de la branche Le Caron de Troussures comparurent, l'un en personne, l'autre par fondé de pouvoir à l'Assemblée de la noblesse du bailliage de Beauvais.

La famille Le Caron a donné un pair de la ville de Beauvais (1340) un prévôt des villes et châtellenies de Compiégne et de de Choisy, Raoul Le Caron (xive siècle); — un hérault d'armes (xvie siècle); — un lieutenant civil et criminel de la ville de Compiégne, Laurent Le Caron, mort en 1538; — un député aux Etats de Blois (1588); — un lieutenant des eaux et forêts à Compiégne; — des conseillers du roi et des présidents en l'élection de cette ville; — un conseiller du roi, assesseur criminel au bailliage de Senlis; — un jurisconsulte et littérateur célébre, Louis Le Caron, dit Carondas, maître des requêtes de la Reine Catherine de Médicis, lieutenant-général du bailliage de Clermont; — un conseiller d'état; — un prévôt des connétables et maréchaux de France au gouvernement de Bric; — deux conseillers secrétaires du roi, maison, couronne de France; — un commissaire ordinaire de l'artillerie de France, des chevaliers de St-Louis et de la Légion d'honneur, etc.

Plusieurs de ses membres sont morts aux armées, entre autres, N. Le Caron, Sgr du Hez, tué à la bataille de Poitiers (1358), et Florimond Le Caron d'Urtebize, capitaine d'artillerie, tué au siége de Jaffa (1799).

Elle a contracté des alliances avec les familles du Puis, de Creil, de Hénault, d'Avaine, Bievet, Le Feron, de Lancry, de Catheu, Dolet d'Hucqueville, de Régnonval, de la Mothe, vicomtes de Flomond, de Bovent, Morel de Boucourt, Louët de Terrouenne, d'Agincourt, Rigodeau de la Tour d'Oisy, de la Granche de Crespy, du Peu, de Billy, de la Porte, du Val, Thirat de St-Agnan, d'Isson, Lechat de Tessecourt, de Noircourt, etc...

Aujourd'hui, elle est divisée en deux branches: celle de Fleury, et celle de Troussures.

Branche de Fleury.

Lucien-Alexandre Le Caron de Fleury, né à Tours le 31 mai 1800, chevalier de la Légion d'honneur, conseiller de préfecture du département d'Indre-et-Loire (de 1839 à 1861), puis conseiller de préfecture honoraire, fils de Charles-Hyacinthe Le Caron de Fleury, capitaine de dragons, chevalier de St-Louis, conseiller de préfecture du département d'Indre-et-Loire, et d'Adélaïde Sain de Bois-le-Comte , a épousé, le 30 octobre 1834, Marie-Augustine Thirat de St-Agnan, née à Paris, le 11 février 1815, dont il a eu un fils unique : Gaston-Marie Le Caron de Fleury, né à Tours le 19 août 1835, marié le 27 avril 1859 à Georgine-Anne-Michel Walon de Beaulieu, née à Douai le 1er février 1839. De ce mariage sont issus :

1º Marie-Gaston-Maurice Le Caron de Fleury, né à Tours le 23 janvier 1860 ;

2º Marie-Gaston-André Le Caron de Fleury, né à St-Germer, (Oise), le 3 mai 1863.

Ernest Le Caron de Fleury, né au château de Candé, commune de Monts, en 1799, capitaine d'état-major, chevalier de la Légion d'honneur, fils de Louis-Frédéric Le Caron de Fleury, lieutenant-colonel d'artillerie, chevalier de St-Louis, et de Louise d'Isson, a épousé, en décembre 1831, Céline Chévrier, dont il a eu : Eugène Le Caron de Fleury, né en 1834, lieutenant au 37e régiment d'infanterie.

Raoul Le Caron de Fleury, frère du précédent, né le 26 pluviôse an IX (1801) chevalier de l'Ordre des S. S. Maurice et Lazare, a épousé, le 26 avril 1842, Sarah Jenks. De ce mariage est issue Léontine-Marie Le Caron de Fleury, née le 8 mars 1843, mariée le 30 avril 1862 à Emmanuel Lechat de Tessecourt, dont une fille, Marie-Marguerite-Ivonne.

Branche de Troussures.

Cette branche commence par Jean Le Caron , 1er du nom,

(vᵉ degré), fils ainé de Pierre Le Caron, 3ᵉ du nom, et de Anne Walton.

Louis le Caron, 1ᵉʳ du nom, Ec., Sgr de Troussures, de Mouchy, etc., fils de Toussaint Le Caron II, Ec., conseiller, secrétaire du roi, maison, couronne de France (mort le 28 septembre 1691), et de Madeleine Dolet d'Hucqueville, fut maintenu dans sa noblesse par sentence de M. Colbert, au mois d'août 1698. Comme son père, il remplit la charge de conseiller, secrétaire du roi, — et fut bailli de Beauvais, et lieutenant général de cette ville. De son mariage avec Catherine de Régnonval il eut trois filles et un fils, Jean-Toussaint Le Caron, Chev., Sgr de Troussures, né le 25 novembre 1709, bailli de Beauvais, décédé le 4 septembre 1769.

Jean-Toussaint Le Caron de Troussures avait épousé, le 7 février 1741, Marie-Marguerite Danse de Boulaines, dont il eut :

1° Marguerite, femme de Claude Danse, Ec., Sgr de Boisquenoy ;

2° Françoise-Gabrielle Le Caron, mariée à François de la Mothe, Chev., vicomte de Flomond, maréchal-de-camp dans la Compagnie écossaise des gardes-du-roi, décédée le 12 septembre 1834 ;

3° Louis-Lucien Le Caron, Chev., Sgr de Troussures, né le 30 avril 1751, lieutenant particulier au bailliage de Beauvais. Il fut arrêté, en 1793, comme « noble et ami du roi, » et envoyé à la prison de Chantilly. Nommé président du tribunal civil de Beauvais en 1800, il mourut le 24 février 1821.

Le 13 septembre 1779, Louis-Lucien Le Caron avait épousé Françoise Le Mareschal de Fricourt, dont il eut :

1° Foy Le Caron, femme d'Adrien-Louis-Mathieu Le Vaillant de Bovent, Ec., capitaine commandant l'artillerie de la garde, député de l'Oise (1829), chevalier de Saint-Louis, commandeur de la Légion d'honneur, décédé en février 1859 ;

2° Toussaint Le Caron, Chev., Sgr de Troussures, né le 2 septembre 1782, ancien élève de l'Ecole Polytechnique (1801), chef de bataillon, chevalier de Saint-Louis et de la Légion d'honneur, mort le 22 mai 1836.

De son mariage (4 septembre 1828) avec Marie-Louise-Jeanne-Pauline Morel de Boncourt, il eut deux enfants :

1° Marie-Louis Le Caron de Troussures, né le 5 juin 1829, officier de cavalerie, démissionnaire, marié, le 26 septembre 1865, à Marie-Geneviève Louët de Terrouenne, dont il a eu un fils, Pierre Le Caron de Troussures, né le 9 juillet 1866. — Marie-Louis Le Caron de Troussures réside actuellement (1867) au château de Troussures, canton d'Auneuil (Oise) ;

2° Marie-Ferdinand Le Caron de Troussures, né le 2 juin 1831, officier d'infanterie, démissionnaire, actuellement chef de bataillon aux Zouaves Pontificaux.

D'azur, à trois besants d'or ; au chef denché de même.

La branche de Beauvoisis ajoute à ces armes *une tête de licorne placée entre les besants.*

LE CHAT, Ec., Sgrs de Thenay, dans l'élection d'Amboise (xviie siècle).

D'argent, à deux fasces d'azur accompagnées de 7 merlettes de même, 3, 3, 1.

LE CIRIER, Ec., Sgrs de Montigny, et de Neuchelles.

D'azur, à trois licornes saillantes , d'or, 2, 1.

Le Cirier, Sgrs de Villiers, du Boisguignault, paroisse de Lavaré, élection de Château-du-Loir, portaient:

D'argent, à cinq hermines de sable.

Le Cirier de Semur, au Maine, portait , d'après Laîné :

D'argent, à trois étoiles de gueules, cantonnées de 4 mouchetures de sable.

LE CLERC, Chev., Sgrs de Courcelles, du Vivier-des-Landes, de Boisrideau, de la Chesnaye (xve, xvie, et xviie siècles).

Guillaume Le Clerc, avocat du roi au bailliage et siége Présidial de Tours, fut maire de cette ville en 1489.

Nicole Le Clerc, conseiller du roi, lieutenant particulier au bailliage de Touraine, fut aussi maire de Tours en 1532.

Nicolas Le Clerc était lieutenant-général de Touraine vers 1638.

Jean Le Clerc de Boisrideau fut grand-archidiacre de l'Église de Tours et vicaire-général de ce diocèse (1648).

De gueules, au lion d'or surmontant un croissant d'argent (ou d'or). — Cimier : un lion issant d'or. — Supports : deux lions d'or.

LE CLERC, Ec., Sgrs de Varennes, paroisse de Villiers.

D'argent, à trois bandes de gueules, colle du milieu chargée en chef d'une étoile d'or.

LE CLERC, LE CLERC DE PULLIGNY, Ec., Sgrs de Pulligny. — Famille noble et ancienne, originaire de Lorraine. Sa filiation suivie commence par Claude Le Clerc, écuyer, Sgr de Pulligny, en Lorraine, qui épousa en 1530 Catherine de Trèves, fille de Pierre de Trèves, Sgr de Vinamont, et de Barbe de Velle.

Jean Le Clerc, chevalier de St-Marc de Venise, et Alexandre Le Clerc, attaché à la maison du duc de Lorraine, tous deux frères, furent anoblis, par lettres de Henri, duc de Lorraine, le 28 mai 1623. Nous avons publié le texte de ces lettres dans le *Calendrier de la noblesse de la Touraine, de l'Anjou, du Maine et du Poitou*, pour 1867, pages 273-74-75-76, d'après un extrait des minutes déposées aux archives de la Préfecture du département de la Meurthe.

La famille Le Clerc s'est alliée aux maisons de Trèves, Humbelot, des Pilliers, Platel des Plateaux, Feriet, de Thierry, Piart, Collesson, Rivière, du Châtel, Canchan, etc.

Anne-René-Augustin Le Clerc, remplissait les fonctions de receveur des gabelles, à Neuvy-Roi, en 1789; il mourut le 19 juillet 1806.

La famille Le Clerc forme aujourd'hui deux branches :

La première est représentée par Augustin-Victor Le Clerc de Pulligny, né le 8 avril 1818, et Félix-Augustin Le Clerc de Pulligny, né le 14 février 1821.

Louis-Joseph-Frédéric Le Clerc, chef de la seconde branche, résidant à Tours, docteur en médecine, médecin en chef de l'hôpital général de Tours, professeur à l'Ecole de médecine de la même ville, né le 22 septembre 1810, a épousé, le 14 novembre 1842, Marie-Eugénie Meusnier. De ce mariage sont issus: Marguerite-Marie-Eugénie Le Clerc ; Marie-Joséphine-Jeanne Le Clerc, et Marc-André-Maurice Le Clerc, né le 18 août 1864.

Edouard-Emmanuel-Eugène Le Clerc, capitaine d'infanterie de marine, chevalier de la Légion d'honneur, frère de Louis-Joseph-Frédéric Le Clerc, est décédé en avril 1859.

Parti en fasce de gueules et d'azur, au 1 chargé d'un lion de St-Marc, d'or : au 2 chargé de deux épées en sautoir, d'argent, garnies d'or ; — Cimier : un lion naissant de l'écu, tenant une croix de l'ordre de chevalier de St-Marc, d'or, issant d'un tortil des métaux et couleurs de l'écu.

LE CLERC DE JUIGNÉ, Chev., comtes de Juigné, Sgrs de Coulaines, de Juigné, de la Basse-Rivière, de St-Martin de Candé, de Roche-Servière. — Famille originaire de l'Anjou, et dont la filiation remonte au XIVe siècle.

Charles-Philibert-Gabriel Le Clerc de Juigné, Jacques-Gabriel-Louis Le Clerc de Juigné, et Jacques-Louis Le Clerc, marquis de Juigné et de Montaigu, lieutenant-général des armées du roi, comparurent, en 1789, à l'Assemblée électorale de la noblesse du Poitou. La famille comparut également à l'Assemblée de la noblesse de l'Anjou et de l'Ile-de-France.

Antoine-Eléonor-Victor, comte de Juigné, fut nommé préfet d'Indre-et-Loire, le 1er novembre 1809.

D'argent, à la croix de gueules, bordée, engrêlée de sable, cantonnée de quatre aiglettes du même, becquées et onglées de gueules. — Cimier : un coq à ailes ouvertes. — Devise : *Ad alta.* — Cri de guerre : *battons et abattons.*

LE CLERC DE LA MOTTE, Ec., Sgrs du Peray, de la Motte, de Lisle, etc... — Famille originaire du Nivernais. Elle commence sa filiation par Etienne Le Clerc, anobli par lettres patentes de Philippe de Valois, du mois de février

1349. Ces lettres furent enregistrées en la chambre des Comptes de Paris, ainsi qu'il résulte d'un acte obtenu en la dite Chambre, sur requête présentée, en 1627, par Germain Le Clerc, général des finances, armées et garnisons de France. Jean Le Clerc I, secrétaire du roi (1355), fils d'Etienne, mourut vers 1367.

Françoise-Julie Le Clerc de la Motte, fille de Jean-François Le Clerc de la Motte, chevalier de St-Louis, capitaine des grenadiers au régiment de Hainaut, et de Susanne de Gauvrit, épousa, le 4 mars 1737, Henri de la Peyre, écuyer, président, trésorier de France au bureau des finances de Tours. Elle mourut à Paris, le 17 mai 1753.

D'azur, au lion d'or; au chef cousu de gueules chargé de trois têtes de femme de carnation, coiffées d'or, posées de front.

LE CLERC DE LESSEVILLE (Charles-Nicolas), baron d'Authon, commissaire départi dans la généralité de Tours (1710), puis intendant de Touraine (1734-43), mourut le 17 février 1749.

Eustache-Benoît Le Clerc de Lesseville, auditeur des Comptes, et Eustache-Antoine Le Clerc, marquis de Lesseville, comparurent en 1789, à l'Assemblée électorale de la noblesse de l'Ile-de-France.

D'azur, à trois croissants d'or, 2, 1, surmontés d'un lambel de même à trois pendants.

LE COCQ DE LA FONTAINE, Ec., Sgrs de la Fontaine, de Préville et d'Azincourt, en Cambrésis.

L'existence de cette famille, dans le Cambrésis, est constatée dès 1387, époque à laquelle Jean Le Cocq, bailli du Cambrésis, acheta la terre et seigneurie de la Fontaine.

Parmi les officiers que la famille Le Cocq de la Fontaine a fournis on remarque : Philippe Le Cocq de la Fontaine, tué au siége de Térouanne en 1523 ; — Hugues Le Cocq de la Fontaine, écuyer du duc de Parme, né en 1557 ; — Jean-François Le Cocq de la Fontaine, né en 1665, conseiller-secrétaire du roi, commandant au régiment de Pontois, tué en Espagne; — Louis-Joseph-Onuphre Le Cocq de la Fontaine, capitaine de grenadiers au régiment de Lowendal, puis à celui de la Marck, chevalier de St-Louis, né en 1715; — Philippe-Louis-Joseph Le Cocq, écuyer, Sgr de la Fontaine, capitaine au régiment de Strasbourg (Corps royal d'artillerie), colonel de la garde nationale de Valenciennes sous la Restauration.

Nicolas Le Cocq, Sgr de la Fontaine, fut lieutenant prévôt de Cambray vers 1439. Jean Le Cocq, Sgr de la Fontaine, né en 1522, fut conseiller des Etats du Cambrésis.

En 1789, N. Le Cocq de la Fontaine a comparu à l'Assemblée de la noblesse du bailliage du Quesnoy, pour la nomination des députés aux États-Généraux.

Le chef actuel de nom et d'armes de la famille, Frédéric-Casimir-Désiré Le Cocq de la Fontaine, écuyer, a épousé Marie-Louise-Françoise d'Emery. Il réside à Paris.

Frédéric-Philippe-Auguste Le Cocq de la Fontaine, fils du précédent, né le 30 juillet 1826, réside actuellement à Tours.

D'azur, à la fasce d'or, accompagnée de trois coqs d'argent.

LE COIGNEUX, Chev., Sgrs de Signy, en Touraine (XVIIIe siècle). En 1772, N. Le Coigneux, brigadier des armées du roi, vendit cette terre de Signy à un membre de la famille de Valory.

La famille Le Coigneux, marquis de Bélàbre, commence sa filiation suivie par Antoine Le Coigneux, vivant en 1572. Par lettres de février 1650, la châtellenie de Bélàbre, jointe aux terres de la Luzeraise, d'Ajon, de Guillebaud et de Selle, fut érigée en marquisat en faveur de Jacques Le Coigneux, président au Parlement de Paris.

Jacques-Gabriel Le Coigneux, Chev., marquis de Bélàbre, né le 14 octobre 1792, chevalier de Malte (1815), chevalier de la Légion d'honneur (1824), gentilhomme de la Chambre du roi (1826), membre du Conseil général de l'Indre, mourut le 19 mars 1840. Le 8 janvier 1816, il avait épousé Louïse-Elisabeth Tillette de Mautort. De ce mariage est issu : Charles-

Jacques-Camille Le Coigneux, marquis de Bélâbre, né le 30 novembre 1817, maire de Bélâbre (1844), membre du Conseil général de l'Indre.

D'azur, à trois porcs-épics d'or, 2, 1.

LECOMTE ou LE COMTE, Chev., Sgrs du Rivault, de la Mothe-de-Mougon, de la Maisonneuve, de Neuville (xviie et xviiie siècles). — Famille originaire du Poitou, et dont la filiation suivie remonte au xve siècle. Elle a été maintenue dans sa noblesse le 6 novembre 1624 et le 25 janvier 1669.

Zacharie Le Comte du Theil, né le 10 septembre 1803, a épousé, le 20 février 1832, Louise-Susanne-Léonie de Savatte de Genouillé, dont il a eu : Louis-Marie-Stanislas, Marie-Gaston-Landry, Marie-Hilaire-René-Gabriel, Marie-Françoise-Roger, Marie-Césarine-Delphine, Marie-Gabrielle-Camille, Marie-Rose-Blanche et Marie.

D'azur, à un lion d'or armé et lampassé de gueules, cantonné de quatre étoiles d'argent.

LE COMTE du BOISDAIS, Ec., Sgrs de Pouvreau (xviiie siècle), et du Boisdais (paroisse d'Abilly).

Mathieu-Louis Le Comte du Boisdais, écuyer, Sgr de Pouvreau, comparut, en 1789, à l'Assemblée de la noblesse de Touraine, convoquée pour l'élection des députés aux États-Généraux.

D'azur, au croissant d'or, surmonté d'un soleil de même.

LECONTE de la BRANCHOIRE, Chev., Sgrs de la Branchoire, du Perrier (xviiie siècle).

Adrien-Louis Leconte, chevalier, lieutenant des maréchaux de France, à Tours, comparut par fondé de pouvoir à l'Assemblée de la noblesse de Touraine, convoquée pour l'élection des députés aux États-Généraux.

D'azur, au croissant d'argent surmonté d'un soleil rayonnant d'or. — Couronne de comte. — Supports : deux levrettes (ou deux licornes).

LE CONTE de NONANT, Chev., marquis de Raray, de Flamauville, de Pierrecourt, vicomtes de Fauguernon, barons d'Angerville.

35

Cette famille a pour auteur Colinet Le Conte, connétable de Navarre (xiie siècle). Elle s'est alliée aux maisons de Lorraine-Brionne, de Rohan, de Courtenay, de Dreux, d'Aumont, d'Angennes, d'Herbouville, d'Ailly, de Narbonne, de Laval, d'Aché, d'Etampes, d'Epinay-St-Luc, etc.

D'azur, au chevron d'argent accompagné en pointe de 3 besants d'or, 1, 2. — Couronne de marquis. — Supports : 2 sauvages.

LE COQ, Ec., Sgrs d'Orfons et des Forges, près Loches (xviie siècle).

D'argent, à un coq de gueules, le pied dextre levé, l'autre appuyé sur une terrasse de sinople.

LECOQ, Ec., Sgrs de la Neuville (xviie siècle). A cette époque le chef de la famille résidait à Beaulieu, près Loches.

D'azur, à trois coqs d'or, armés, crêtés et barbés de même, 2, 1.

LE COUSTELIER, Ec., Sgrs d'Auzouer (xvie siècle), du Puy de Montbazon (xviie siècle), et de St-Paterne (xviiie siècle).

François Le Coustelier, conseiller du roi et de la reine Eléonore d'Autriche, lieutenant-général au bailliage de Tours, naquit dans cette ville en 1507.

D'argent, à une croisette de sable accompagnée de trois hures de sanglier de même, 2, 1 (d'après Dubuisson).

D'argent, à trois hures de sanglier, de sable (d'après l'abbé Goyet, cité par M. Lambron de Lignim).

LE COUVREUR, Chev., Sgrs de la Cour d'Angé, de la Salle, de Vineuil-sur-Cher, en Touraine (xviiie siècle). — Famille originaire des Pays-Bas. Sa filiation suivie remonte à Florimond Le Couvreur, chevalier, seigneur de Theluch, grand-veneur et gruyer de la châtellenie de Cassel, vivant au commencement du xive siècle. Jean Le Couvreur, fils de Florimond, fit, en 1441, l'acquisition de la terre de Vraignes, près Abbeville.

Des lettres de noblesse accordées à Claude Le Couvreur, Sgr d'Angé, avocat au Parlement, furent enregistrées aux Remembrances d'Amboise, le 28 octobre 1761.

Claude-Théophile Le Couvreur, chevalier, comparut par fondé de pouvoir à l'Assemblée électorale de la noblesse de Touraine, en 1789. Il était président-lieutenant criminel aux bailliage, gouvernement et prévôté de Roye, en Picardie. De son mariage avec Marie-Louise-Thérèse Asselin de Popincourt, il eut deux enfants portant les mêmes prénoms : Jean-Baptiste-Claude, et nés, l'un le 22 juillet 1767, l'autre le 18 novembre 1769.

Cette famille porta primitivement pour armes :

D'or, à un sanglier de sable, traversant un bois de sinople et posé sur une terrasse de même.

Aujourd'hui elle porte :

Écartelé; aux 1 et 4 d'or, à 7 macles accolées, d'azur, posées 3, 1 et 3 ; aux 2 et 3, aussi d'or, au sanglier de sable traversant un bois de sinople, posé sur une terrasse de même; et sur le tout, d'azur à trois boucliers d'or, posés 2 et 1. Tenants : deux chevaliers couverts de leurs boucliers.— Cimier : une licorne. — Devise : *Virtute et gladio.* — Couronne de marquis.

LE DOUX, Éc., Sgrs du Breuil et de Melleville.

D'azur, à trois têtes de perdrix, arrachées, d'or, becquées de gueules.

LÉE (Justin de), abbé de Villeloin (1709-54).

D'argent, au chevron de sable, accompagné de trois hures de sanglier de même.

LEFAU ou **LE FAU,** en Touraine.

De gueules à trois fasces d'argent.

LEFEBURE DE LA **MAILLARDIÈRE** (Charles-François), vicomte de la Maillardière, colonel du régiment d'Artois, membre de la Société royale d'Agriculture de Tours (1775).

D'azur, à trois maillets d'or emmanchés d'argent. — Cimier : un homme issant, vêtu de gueules, un maillet d'or, en main. — Devise : *Cedatur feriens.*

LEFEBVRE (N.), chanoine de l'Église de Tours (1696).

De sinople, à cinq marteaux d'or, 2, 1, 2.

LE FEBVRE D'ARGENCÉ. — Cette famille a donné un conseiller et secrétaire du roi, maison, couronne de France et de ses finances, François-René Le Febvre d'Argencé d'Hierray.

Amédée-Auguste-Antoine Le Febvre d'Argencé, fils de
de François-René Le Febvre d'Argencé, ancien garde-du-
corps de Louis XVI, et de Joséphine-Elisabeth du Chesne de
Chédouët, a épousé, en 1854, Marie-Louise-Edmonde-Pauline-
Léonie Gailliet de Bouffret, fille de Henri-Bernard-Léon
Gailliet de Bouffret, et de Jeanne-Perrine-Louise Olivier.

D'argent, à une loutre de sable, posée sur une terrasse de sinople; au chef
d'azur, chargé de trois roses d'argent.

LEFEBVRE DE LA FALLUÈRE, Chev., comtes de la Falluère,
Sgrs Jallanges, la Galinière (paroisse de Vernou), de Noizay,
des Etangs, du Mortier, de la Jonchère, de Montifray, de la
Borde, St-Antoine, Saugères, Villemier, la Touche, Mireuil,
du Fougeray, de la Thoysière (paroisses de Chançay et de
Vernou), de la Borde et des Grandes et Petites-Bercelleries,
paroisse de Joué (xviiie siècle).

Les personnages suivants appartiennent à cette maison :

Gabriel Lefebvre, chanoine de Saint-Martin de Tours
(1606);

Alexandre Lefebvre, conseiller du roi, trésorier de France
au bureau des finances de la généralité de Tours, maire de
cette ville (1668);

Claude Lefebvre de la Falluère, trésorier de France à
Tours (16...);

Pierre Lefebvre de la Falluère, chanoine et prévôt de Saint-
Martin, de Tours (1671);

François-Michel Lefebvre de la Borde, trésorier de France
à Tours (1766);

Michel-Hector-Joseph Lefebvre, aussi trésorier de France à
Tours (de 1786 à 1789);

Claude-Pierre Lefebvre de la Falluère, chevalier, et Léonard Lefebvre de la Falluère, chevalier, comparurent en
1789, à l'Assemblée de la noblesse de Touraine, convoquée
pour l'élection des députés aux États-Généraux.

D'azur, à trois bandes d'or.

LEFEBVRE du BREUIL, en Touraine.

D'argent, au chevron de gueules, accompagné d'une étoile aussi de gueules en pointe ; au chef de sable chargé de trois coquilles d'or.

LE FÈVRE de CAUMARTIN, Chev., Sgrs de Bagneux, relevant de Ste-Maure, — de la Grange-Hocquet, la Tour-Sibylle, la Belletière (xvie siècle). — Famille originaire du comté de Ponthieu. Elle descend de Huart, Sgr de Peirette, auquel le roi Charles VI accorda plusieurs priviléges, en l'an 1400, en considération de ses belles actions et de ses services.

Jean-François-Paul Le Fèvre de Caumartin, doyen et vicaire-général de l'Église de Tours (1713-18), puis évêque de Vannes, mourut le 30 août 1732.

D'azur, à cinq trangles d'argent. — *Alias* : d'azur, à trois fasces d'argent.

LEFORESTIER (Thomas), curé de Conflans et chanoine de Tours.

D'argent, à trois têtes de loup, de sable, lampassées de gueules.

LE FRANC, Ec., Sgrs de Chanteloup, près Amboise, — de la Thomasserie, paroisse de Vallières-les-Grandes ; — de Cray, relevant de Vernou ; — de Huisseau (xvie et xviie siècles).

Cette famille, originaire de Touraine, a été anoblie par lettres du 18 avril 1594, en la personne de Jean Le Franc, conseiller du roi.

François Le Franc était intendant des turcies et levées, au Touraine, en 1672.

François Le Franc fut pourvu de la charge de conseiller du roi, élu en l'élection d'Amboise en 1673.

D'argent, à une fasce de gueules accompagnée de trois cœurs de même 2, 1.

LE FRANC, en Touraine.

D'azur, au chevron d'or, accompagné en pointe d'un cœur de même ; au chef d'or chargé de trois étoiles d'azur.

LE FRANÇOIS des COURTIS, Chev., marquis de la Groye et des Courtis, Sgrs de la Valette, des Courtis (ou Courtils), de Soulangé, du Bois-Florimond, de la Tourette, de la Risendelière, de la Jarrie, de la Tour de Venelles, des Clercs (paroisse de Barrou), de la Borde, du Chillay, — de Pousieux (paroisse de Toizelay), de la Tour (paroisse de Chambon), de la Gibardière, du Plessis, de la Pasquière, de la Poussardière, la Tour-Poquetière, du Plessis-Guenand, de la Galardière, la Saudinière, la Bruère, la Bourgerie, la Morinière, des Magins, de Cornel, de Salais, de Buxeuil-sur-Creuse, relevant de la Guerche (du XVIe au XVIIIe siècle). — Maison de très-ancienne noblesse, originaire du Piémont. Son nom s'est écrit primitivement FRANÇOIS. L'Hermite-Souliers indique comme étant le premier connu de la famille Clément FRANÇOIS, résidant à Naples en 1272. Mais la filiation suivie ne commence qu'à Antoine François, chevalier, Sgr de la Mare, au comté de Tende (Piémont), gouverneur des ville, château et comté de ce nom, vivant en 1420.

La famille Le François s'est établie en Touraine au commencement du XVIe siècle, en la personne d'Antoine François, qui fut pourvu de la charge de capitaine-gouverneur des château et baronnie du Grand-Pressigny. Elle a été maintenue dans sa noblesse le 8 juin 1617 (par arrêt de la Cour des Aides); le 8 mai 1663 (par un autre arrêt de la même Cour). Plusieurs de ses membres ont comparu à l'Assemblée électorale de la noblesse du Poitou, en 1789. Elle s'est alliée aux familles de Grimaldi (princes de Monaco), de Villeneuve, de Couhé de Lusignan, de Bonnes-Lesdiguières, Vézien de Champaigne, de Mousseaux, de la Roche-Céry de la Groye, Aubineau d'Insay, de Sahuguet d'Amarzit d'Espagnac, Chapiteau de Remondias, de Barentin de Montchal, de la Roche-St-André, de Marcé, de Maigret de Foussecreuse, etc...

Carle François fut, comme Antoine François, son père, capitaine-gouverneur des château et baronnie du Grand-Pressigny (avant 1525).

Denis Le François des Courtis, était curé de Barrou (vers 1780).

Augustin-Josaphat Le François des Courtis, vicaire-général du diocèse de St-Claude, mourut en 1825.

La maison Le François des Courtis s'est divisée en deux branches, dites de la Groye (branche aînée), et de la Valette.

Branche de la Groye.

Charles-Pierre Le François des Courtis de la Groye, marquis des Courtis, décédé le 2 mars 1866, avait eu sept enfants, de son mariage (contracté le 6 janvier 1810), avec Agathe-Louise-Renée-Caroline de Sahuguet Damarzit d'Espagnac : — 1° Charles-Honorat Le François des Courtis, marié, en 1838, à Louise-Armande-Charlotte Le François des Courtis, dont il a eu : Ernest-Henri-Marie Le François des Courtis, marquis de la Groye, enseigne de vaisseau, démissionnaire en 1863, marié le 3 octobre 1866, à Isabelle-Rose-Marie de Lamote-Baracé de Senonnes ; — Marguerite et Gabrielle, religieuses carmélites, et Raoul-Marie ; — 2° Ursule-Charlotte-Mathilde, née au château de Laudonnière, en 1812 ; — 3° Edouard-Auguste-Antoine, né en 1813 ; — 4° Ernest, mort en bas-âge ; — 5° Marie-Eugénie-Coralie, mariée, en 1840, à Charles-Henri-Aimé, dit Fortuné, du Breuil-Hélion de la Guéronnière ; — 6° Gabrielle-Charlotte, mariée, en 1839, à Jules-Alexis Levieil de la Marsonnière, procureur général à Colmar ; — 7° Ursule-Caroline-Alexandrine, mariée, en 1841, à Pierre-Charles du Mas de la Fougère, capitaine de cavalerie, décédé en 1864.

Branche de la Valette.

Henri-Félix Le François des Courtis de la Valette, né le 8 février 1787, épousa en premières noces (1813) Marie-Louise-Antoinette Chapiteau de Remondias, et en secondes (18 mars 1824) Marie-Louise-Augusta de Barentin de Montchal. Du premier mariage sont nées trois filles, dont deux mortes en bas-âge, la troisième, Louise-Armande-Charlotte, mariée, en

1838, à Charles-Honorat Le François des Courtis, ci-dessus nommé. — Du second mariage sont issus : — 1° Charles-Marie Le François des Courtis, né le 11 mars 1825, capitaine au long cours, marié, le 12 juin 1854, à Marie-Lucile de la Roche-St-André, dont il a : Henry-Louis-Marie, né le 1er avril 1855, et Roger-Léopold-Marie, né le 8 janvier 1857; — 2° Arthur-Marie-François, mort en bas âge; — 3° Félix-Marie-Charles Le François des Courtis, résidant actuellement à Vouneuil-sous-Biard (Vienne); — 4° Marie-Augusta-Nice, mariée, en 1852, au baron Louis de Bonnault; — 5° Conrad-Romain-Marie Le François des Courtis, capitaine adjudant-major au 5e de hussards, chevalier de la Légion d'Honneur et de l'Ordre mexicain de Guadalupe; — 6° Marie-Charles-Maxime Le François des Courtis, né le 19 janvier 1837, résidant actuellement à Poitiers.

D'azur, à une tour d'argent, chargée de trois mouchetures d'hermines, de sable, 2, 1, accostée de deux fleurs de lis d'argent, et soutenue d'une croisette de même. — Supports : deux lions. — Couronne de marquis.

Au XVIIe siècle, d'après L'Hermite-Souliers, la famille posait ses armes sur un écartelé de Couhé de Lusignan, de Bonnes-Lesdiguières, de Villeneuve et de Grimaldi, maisons alliées aux Le François. Le même auteur timbre l'écusson d'un casque taré de front et d'une couronne de baron.

LE GAIGNEUR, Éc., Sgrs de Poillé, près La Flèche. — Famille originaire du Vendômois.

Jacques Le Gaigneur, conseiller du roi, trésorier de France à Tours, était maire de cette ville en 1620. Son fils Gabriel Le Gaigneur lui succéda dans la charge de trésorier de France à Tours.

D'azur, au lion d'or, couronné, lampassé et armé de gueules ; à une croix niellée de même brochant sur le tout.

LEGENDRE (Gaspard-François), vicomte de Montclar, maître des requêtes, intendant de Touraine (1717-24), mourut en 1740.

D'azur, à la fasce d'argent, accompagnée de trois têtes de pucelles au naturel, aux cheveux épars d'or.

LE GOUZ, Chev., Sgrs de Chéniers et du Plessis-Lionnet, en Touraine (xvie et xviie siècles), — du Bois, du Mesnil, de Bordes, du Goivre, etc., en Anjou. — Famille originaire de Bretagne, et qui s'est établie en Anjou et en Touraine. Elle a été maintenue dans sa noblesse par arrêt du Parlement, du 23 août 1633, et par sentence de Chauvelin, intendant de Tours, du 9 mai 1714. Parmi les maisons auxquelles elle s'est alliée, on remarque celles de St-Gouesnon, de Montortier, du Breil, de Bouillé, de Bionne, de la Mabillière, du Petit-Jean, de Goyet, de la Haye-Montbault, de Varice, de Quatrebarbes, de Crespy de Vaugirault, Gaultier de Brulon, de Saint-Offange, Le Clerc de la Ferrière, etc...

Dimanche Le Gouz fut prieur de l'abbaye de Cormery, en Touraine, de 1585 à 1592.

François Le Gouz du Plessis-Lionnet, conseiller, aumônier du roi, fut abbé commendataire de l'abbaye de Notre-Dame-de-la-Clarté-Dieu, en Touraine (1618). Il était fils de Urbain Le Gouz, chevalier, seigneur du Plessis-le-Vicomte, et de Marie du Breil.

Fascé d'or et de sable de six pièces; au franc-quartier d'azur chargé de trois quintefeuilles d'argent, 2, 1.

LE GRAND, Éc., Sgrs des Gallois. — Cette famille résidait à Mougon au xviie siècle. Elle a été maintenue dans sa noblesse le 1er septembre 1667.

D'azur, au lion d'argent.

LE GRAS DE SÉCHEVAL, Chev., Sgrs de Sécheval, de Beauregard, de Château-d'Argent, de la Chapelle, de la Chassetière, paroisse de Notre-Dame-d'Oë, de Mortaigne-la-Vieille, — de Corbet, de Mons, paroisse de Betz, etc... —

Cette famille, d'ancienne origine, a donné à la Touraine les fonctionnaires dont les noms suivent :

René Le Gras I, écuyer, Sgr de Sécheval, conseiller du roi, chevalier d'honneur au bailliage et siége présidial de Tours (1691);

Philibert Le Gras, conseiller du roi, chevalier d'honneur au bailliage et siége présidial de Tours, après le précédent (par lettres du 21 juin 1705) ;

René Le Gras II, écuyer, Sgr de Sécheval, commissaire de l'artillerie de France (1713), puis trésorier de France à Tours, conseiller du roi et chevalier d'honneur au bailliage et siége présidial de cette ville, mourut le 22 janvier 1765 ;

René Le Gras III, chevalier, Sgr de Sécheval, ancien officier d'artillerie, chevalier d'honneur au bailliage et siége présidial de Tours, trésorier de France au bureau des finances de cette ville (par lettres du 21 avril 1766), comparut, en 1789, à l'Assemblée électorale de la noblesse de Touraine ;

René Le Gras IV, chevalier, Sgr de Sécheval, capitaine de cavalerie, lieutenant des maréchaux de France, chevalier d'honneur au bailliage et siége présidial de Tours, chevalier de la Légion-d'honneur, adjoint au maire de Tours, puis maire de cette ville le 14 novembre 1821 ; il remplit les fonctions de maire de Tours jusqu'au 16 février 1828.

Cette famille s'est alliée aux maisons de Troyes, de Ste-Maure, Bernard de la Rivière, de Bernage, Charlet, Aveline de Montbonnault, Le Jarriel des Forges, Olier de Verneuil, d'Argy, Chevarier d'Ydoyne, Duchamp du Porteau de la Frillière, d'Azy de Tavigny, de Pessailhan, Le Pelletier-Logette, etc...

René Le Gras de Sécheval IV épousa, en 1786, Anne-Élisabeth Duchamp du Porteau de la Frillière, fille de Louis-Augustin Duchamp du Porteau de la Frillière, capitaine au régiment Royal-infanterie, chevalier de St-Louis, et de Anne-Élisabeth Chicoisneau de la Motte. Il a eu de ce mariage :

1° Adelaïde-Marie-Joséphine Le Gras de Sécheval ;

2° Ernestine-Marie-Clotilde Le Gras de Sécheval, mariée à Alphonse de Pessailhan, officier au 1er régiment des grenadiers de la garde royale ;

3° Alphonse-Marie-Joseph, mort en bas-âge ;

4° Théodore-Marie-Alphonse, mort jeune ;

5° Alexandrine-Marie-Hélène, comtesse Le Gras de Séche-val, chanoinesse du chapitre royal de Ste-Anne, de Munich ;

6° Élisabeth-Marie, morte en bas âge;

7° Élisabeth-Marie-Joséphine Le Gras de Sécheval ;

8° Clémentine-Marie-Lydie-Mélanie Le Gras de Sécheval, mariée à Auguste Le Pelletier-Logette, ancien officier de cavalerie dans l'armée Autrichienne, résidant actuellement au château des Armuseries, commune de Rochecorbon (Indre-et-Loire).

La branche des Le Gras, barons de la Boissière, réside dans le département de Seine-et-Oise.

D'azur, à trois rencontres de cerf, d'or, 2, 1.

LE GRAS DU LUART, Chev., marquis du Luart, propriétaires de la terre de Longueplaine, en Touraine (XIX° siècle).

Cette famille a fourni cinq conseillers au Grand-Conseil : Pierre (23 avril 1597); François (18 avril 1581) ; François II (26 septembre 1623); François III (26 janvier 1664); François IV (15 mai 1714); — un lieutenant particulier de la ville du Mans, — un conseiller au parlement de Metz, — un conseiller au parlement de Paris, — un capitaine aux Gardes, — un intendant de la province de Roussillon, etc... Elle s'est alliée aux maisons de Denisot, Dupont, de la Châtre, Le Clerc de Lesseville, Dalmas de Boissy, Pollart, Le Nain de Guignonville, Leriget de la Faye, Lucas de Muyn, des Escotais de Chantilly, d'Harcourt, Barbin de Broyes, de Franqueville, etc...

En 1726, la terre du Luart fut érigée en marquisat en faveur de François Le Gras du Luart, maître des requêtes, intendant de la province de Roussillon.

Anne-Jean Le Gras, marquis du Luart et François-Marie Le Gras, chevalier, comparurent, en 1789, à l'Assemblée électorale de la noblesse du Maine.

D'azur, à trois têtes ou rencontres de cerf, d'or, 2, 1.

LE GRIS, Éc., Sgrs de la Gaudinière (XVIII° siècle). — Famille originaire de l'Anjou; elle a donné un conseiller du roi, trésorier de France au bureau des finances de la généralité de Tours, et grand-voyer de la même généralité, Etienne-Jean Le Gris de la Gaudinière (1785-89).

D'hermines, à la croix de sable. — Couronne de comte.

LE HAYER, Éc., Sgrs de la Chevallerie, de Chédigny, de la Couture, la Folaine, paroisse d'Azay-sur-Indre.

Urbain Le Hayer, conseiller du roi, fut anobli par lettres de mai 1639. — Le 26 octobre 1681, Dreux Le Hayer acheta la terre de Chédigny, de Claude de Jussac.

D'or, à un chevron de gueules chargé de trois croissants d'argent.

LE HAYER du PERON. Cette famille a été maintenue dans sa noblesse le 30 novembre 1669.

D'azur, à une massue d'argent posée en pal. — *Alias* : d'or, au chevron d'azur, chargé de trois croissants d'argent.

LE HOUX, à Tours (xvie et xviie siècles).

Amanion Le Houx était chanoine de l'Église de Tours en 1632.

Pierre Le Houx fut pourvu de la charge de lieutenant de la maréchaussée provinciale de Touraine, par lettres du 10 octobre 1693.

D'azur, à une tête de léopard, d'or, surmontée d'une fleur de lis et soutenue d'un massacre de cerf, d'or.

LE JART ou **LEJART**, Éc., Sgrs de Launay, de la Brosse (paroisse de Pouillé), des Vieilles-Cartes (xviie et xviiie siècles). — Le 20 juin 1703, François Lejart vendit les Vieilles-Cartes à Jacques Chesnon.

D'or, au lion de gueules, couronné de même.

Jacques Lejart, vivant en 1686, brisait ces armes d'un lambel de trois pendants d'azur ou de sable.

LE JAY (René), chanoine et prévôt de St-Martin, de Tours (1640).

De gueules, à trois losanges d'argent.

LE JAY (Charles), baron de Tilly et de la Maison-Rouge, seigneur de St-Fargeau, intendant de Touraine (1661-63). mourut en 1671.

D'azur, à l'aigle et trois aiglons d'or regardant un soleil aussi d'or placé au canton dextre du chef, d'après Palliot; — D'azur, à une aigle d'or, cantonnée au premier canton d'un soleil d'or, et au 2 et 3 derniers cantons de trois aigles de même, d'après la Chesnaye-des-Bois.

LE JEUNE DE MALHERBE, Chev., Sgrs de Monterreux, relevant de Chinon (XVIᵉ siècle), et du Folet, paroisse de St-Christophe (XVIIᵉ siècle).

D'argent, au chevron d'azur accompagné de trois molettes d'éperon (ou trois étoiles) de gueules, qui est Lejeune; écartelé d'or à 2 jumelles de gueules surmontées de deux léopards affrontés de gueules, qui est de Malherbe.

LE JOSNE, Éc., Sgrs de Contay (XVIᵉ siècle).

Fascé d'argent et de gueules de six pièces, et une bordure d'azur. — *Alias* : de gueules, à deux fasces d'or et une bordure d'azur.

LE JUGE.

D'or, à une branche de laurier de sinople posée en pal.

LE JUGE DE BRASSAC, en Touraine (XVIIᵉ et XVIIIᵉ siècles).

Pierre-Joseph Le Juge était chanoine-trésorier de l'Église de Tours, en 1788.

D'azur, à l'olivier d'argent arraché, d'or, accosté d'un croissant et d'une étoile de même.

LE LARGE (Pierre), conseiller et avocat du roi au bailliage d'Amboise (avant 1696).

D'azur, à trois fusées accolées, d'argent, celle du milieu chargée de trois tourteaux de gueules.

LE LARGE D'ERVAU, Éc., Sgrs d'Ervau (paroisse de St-Denis d'Amboise), de la Mairie, des Cartes (*alias* : des Quartes), de Mosnes, de Vallières, d'Auzan, de la Charmoise (du XVIᵉ au XVIIIᵉ siècle).

La filiation suivie de cette famille commence par Claude Le Large d'Ervau, né à Amboise le 15 mai 1597, marié à Marie de Brussy de la Hardonnière, dont il eut : Claude Le Large, Ec., Sgr d'Ervau, maréchal-des-logis du roi, né à Amboise le 25 août 1628, marié à Simonne Roulin, — et Thomas Le Large, Ec., Sgr de la Mairie, qui a formé la branche de ce nom.

La famille Le Large d'Ervau a fourni deux capitaines de vaisseau, un capitaine de frégate et plusieurs officiers dans les armées de terre, et un chanoine de Saint-Gatien, de Tours. Elle s'est alliée aux familles de Brussy, Genlard de Crussy, de Saint-André, de Gigault, de Faverolles, de Boissy, de Penaudref de Kerantret, de Maulne, de Vigny, de Boisguéret de la Vallière, du Theil de la Rochère, etc...

Charles-Claude-Augustin Le Large d'Ervau comparut, en 1789, à l'Assemblée électorale de la noblesse du Blésois.

Toussaint-Claude-Augustin Le Large d'Ervau, Écuyer, sous-lieutenant au régiment de Touraine, né en 1768, mourut au château de la Charmoise le 10 novembre 1849, laissant quatre enfants de son mariage (1802) avec Elisabeth de Vigny :

1° Charles-Edouard Le Large d'Ervau, né le 22 septembre 1803, marié le 5 février 1833 à Eulalie-Emilie Gaullier. De ce mariage est né Sophie-Raoul Le Large d'Ervau, né le 20 janvier 1834, marié le 16 décembre 1861 à Marie-Sidonie de Laistre, dont il a eu Emilie-Louise-Marie-Pauline Le Large d'Ervau, née à la Charmoise le 27 février 1863. — Charles-Edouard Le Large d'Ervau est mort le 7 mai 1864 ;

2° Adrienne-Cécile Le Large d'Ervau, née le 14 juin 1805, mariée le 18 juillet 1831 à Félix-Gabriel de Boisguéret de la Vallière, décédé le 24 janvier 1848 ;

3° Joseph-Sophie Le Large d'Ervau, né le 17 août 1807, capitaine de frégate, marié en premières noces (1848) à Euzébie du Theil de la Rochère, et en secondes à Octavie de Laistre. — Joseph-Sophie Le Large d'Ervau a deux fils : 1° Léopold Le Large d'Ervau, né le 2 avril 1849 ; 2° Gustave Le Large d'Ervau, né le 18 septembre 1851.

4° Benjamin-Paul-Noël-Philogone Le Large d'Ervau, maire de Bourré, né à Pont-le-Voy le 23 décembre 1808.

La branche Le Large de Morton réside à Château-Gontier (Mayenne).

D'azur, à deux fasces d'argent chargées de trois annelets de gueules, deux sur la première, un sur la seconde.

LELAY DE VILLEMARÉ, — Famille originaire de Bretagne et alliée à la maison Isoré de Plumartin, marquis de Plumartin, Sgrs de la Rochepozay. Elle a été déclarée d'ancienne extraction noble par les Commissaires de la chambre établie pour la recherche de la noblesse de la province de Bretagne.

D'argent, à une fasce d'azur, accompagnée en chef de trois annelets de gueules, et en pointe d'une aigle de sable, éployée, becquée et membrée de gueules.

LELIÈVRE (Pierre-Marie), grand-prieur de Cormery, mourut le 14 août 1782.

D'azur, à un lièvre d'argent en fasce, accompagné de trois têtes de chien de même.

LEMAIRE SIMON, abbé de Marmoutier (1342).

Coupé; aux 1 et 2 au lion léopardé de...

LE MAIRE, Éc., Sgrs de la Prunière, relevant de la Haye (xvᵉ siècle), de la Planche, paroisse de Maillé-Lailler, — de Pray et du Breuil, relevant du château d'Amboise (xviiᵉ siècle).

Pierre Le Maire, Écuyer, demeurant dans la paroisse de Maillé-Lailler, comparut à Chinon, pour le ban convoqué par lettres du 26 février 1689.

De gueules, au lion d'or.

LE MAIRE, Sgrs de Monhoudon, — en Touraine et au Maine.

D'or, à un chevron de gueules chargé en chef d'un merle d'argent.

LE MAIRE, bourgeois de Tours (fin du xviiᵉ siècle).

D'azur, à un lion d'argent tenant en sa patte dextre une épée de même.

LE MAIRE DE COURTEMANCHE, Chev., Sgrs de Courtemanche et d'Azay-le-Rideau (xviiiᵉ siècle). — Famille originaire du Maine, aujourd'hui éteinte.

Alexis-Charles Le Maire, marquis de Courtemanche, comparut par fondé de pouvoir, en 1789, à l'Assemblée électorale de la noblesse du Maine.

D'argent, au sautoir de sable.

LE MAISTRE (Adrien), abbé de Bourgueil, de 1596 à 1603.

Le Maistre, d'après Vertot (prieuré d'Aquitaine), porte :

D'argent, au sautoir engrêlé de gueules, accompagné de quatre coquilles de même.

LEMAYE, Chev. , Sgrs de Dammarie (xvᵉ siècle), de Val-lière, Mayseaux (xviiiᵉ siècle). — Maison noble originaire de Beaulieu, près Loches. Elle a été maintenue dans sa noblesse, par arrêt de la Cour des Aides de Paris, le 4 août 1781. Les titres qu'elle a produits établissent sa filiation depuis Guillaume Lemaye qualifié de *Dominus miles* en 1218.

Simon Lemaye, évêque de Chartres, puis de Dol, et abbé de Marmoutier (1330-52), était de cette famille.

Jacques-François-Philippe Lemaye, chevalier, comparut par fondé de pouvoir, en 1789, à l'Assemblée électorale de la noblesse du Poitou.

Écartelé ; aux 1 et 4 d'azur au bâton d'argent, accompagné en chef de trois fleurs de lis d'or et en pointe de trois clefs de même ; aux 2 et 3 d'argent à la fasce de gueules chargée de trois croissants de même posés en fasce ; — sur le tout : d'azur à trois feuilles de chêne d'or, 2, 1 ; parti d'azur à trois tourteaux d'argent, 2, 1. — Supports : deux lions. — Couronne de comte. — Devise : *Querens amica jovi.*

LE MEINGRE , voyez MEINGRE.

LE MERCIER , Éc. , Sgrs de la Rivière — et des Tou-relles , paroisse de Fondettes (xviiᵉ siècle).

Cette famille a donné deux conseillers du roi, trésoriers de France au bureau des finances de la généralité de Tours : Louis Le Mercier et Paul-Philippe Le Mercier, — et un avo-cat au siège présidial de Tours , Charles Le Mercier (1654).

D'argent, à une bande de sinople chargée d'un besant d'or et accostée de six merlettes de sable, en bande, trois dessus, trois au-dessous.

LE MERCIER DE MONTIGNY, à Langeais.

D'or, à trois merlettes de...

LE MERLE, DE MERLE ou DU MERLE, comtes de BEAUFOND. — Famille originaire de la Martinique et de la Normandie. Elle a donné un maréchal de France (1302), des

chévaliers de Malte, des officiers supérieurs dans les armées
de terre et de mer, des gentilshommes de la chambre du roi,
etc... Elle s'est alliée aux familles de Feydeau, d'Estouteville,
de Dyel, de Nocé, de l'Hopital, de Fribois, de Geffrier, du
Parc, d'Abancourt, des Vergers, de Maupertuis, etc...

Jacques-Louis-Catherine Le Merle de Beaufond, ancien
conseiller au conseil supérieur de la Martinique, conseiller
honoraire à la cour royale de cette colonie, ancien conseiller
de préfecture d'Indre-et-Loire, né à la Martinique le 14
octobre 1761, mourut à Tours le 14 mars 1837.

Nicolas-François Le Merle de Beaufond, capitaine d'infanterie en retraite, chevalier de St-Louis, né à la Martinique le
10 septembre 1750, fils de Jacques-François Le Merle de Beaufond et d'Anne-Françoise des Verjers, est mort, à Tours, le
29 mai 1838.

De gueules, à trois quintefeuilles d'argent, et en abime un merle d'or
tenant en son bec une branche de laurier, de sinople, posé sur un rocher de
trois coupeaux d'argent. — Supports : deux lions ; — Couronne de comte.

LEMERYE (de).

D'or, à trois arbres de sinople.

LEMESNIL, en Touraine.

Echiqueté d'argent et de sinople.

LEMICHEL, Éc., Sgrs de la Roche-Maillet (xviiiᵉ siècle).— Famille originaire de Venise.

D'azur, à trois merlettes d'or, 2, 1.

LEMOINE DE NEUVILLE, Éc., Sgrs de Neuville (xviiᵉ siècle).

Parti; d'azur et d'or, à une étoile de 8 rais de l'un en l'autre ; à la bordure
componnée d'argent et de gueules ; au chef de gueules chargé de trois glands
d'or.

LEMPEREUR, en Touraine.

D'or, à l'aigle éployée, de sable, surmontée d'une ombre de soleil de
même.

LE NAIN, Éc., Sgrs de Beaumont, de Tillemont, de Gui-
gnonville, de Lavau, etc... — Famille originaire de Touraine,
et célèbre dans la magistrature et dans les lettres. Sa filiation

36

remonte à Jean Le Nain, président en l'élection de Chinon. dont le fils, Jean Le Nain, secrétaire du roi (31 mars 1590), épousa Madeleine Tricot. Jean Le Nain IV, petit-fils de ce dernier, Sgr de Tillemont et de Beaumont, conseiller au parlement de Paris, maître des requêtes le 21 février 1642, mourut le 9 février 1698. Il avait épousé, le 2 février 1632, Anne Le Ragois, dont il eut : 1° Jean Le Nain, conseiller au parlement de Paris; 2° Claude Le Nain, Sgr de Beaumont et de Lavau, marié à Geneviève Marchant, veuve d'Abel de Ste-Marthe; 3° Louis-Sébastien Le Nain, né le 30 novembre 1637, prêtre, auteur des *Mémoires pour l'histoire ecclésiastique* et de l'*Histoire des Empereurs*, mort le 10 janvier 1698; 4° Pierre Le Nain, sous-prieur de l'abbaye de la Trappe, auteur de divers ouvrages; 5° Benigne-Louis Le Nain, Sgr d'Olinville, maintenu dans sa noblesse le 4 avril 1704; 6° Marie-Madeleine, mariée, le 20 février 1662, à Antoine Portail, conseiller au Parlement de Paris; 7° Marie-Marthe, religieuse carmélite.

Jean Le Nain VII, intendant de Poitiers (1731), conseiller d'État (1748), mourut le 28 décembre 1750.

Jean-Vincent-Claude Le Nain, intendant de Moulins (1760), mourut le 18 août 1762.

Echiqueté d'or et d'azur.

LENOIR, Éc., Sgrs de Pas-de-Loup, Bois-Huguet, des Coudreaux, paroisse de Lerné, de la Cour de Couziers (xviie et xviiie siècles).

Cette famille comparut, en 1789, aux Assemblées électorales de la noblesse de l'Anjou et du Poitou.

D'azur, à trois écussons d'argent accompagnés de 7 hermines de sable, 3 en chef, une en cœur, 3 en pointe, 2, 1.

Quelques membres de la famille ne portaient dans leurs armes que six hermines, et mettaient une étoile d'or en cœur.

LÉNONCOURT (Robert de), archevêque de Tours, du 21 juillet 1484 à 1508, mourut le 25 septembre 1532.

Les armes suivantes ont été gravées sur son tombeau.

D'azur, au sautoir d'or, cantonné de quatre roses de...

LÉNONCOURT (de), en Touraine (xve et xvie siècles).

Philippe de Lénoncourt était chanoine de l'Église de Tours et archidiacre d'Outre-Loire en 1507.

Jean de Lénoncourt, trésorier de Saint-Martin, doyen et vicaire général de l'Église de Tours, devint évêque de Verdun (15..).

Robert de Lénoncourt fut abbé de Villeloin et de Cormery de 1550 à 1557.

D'argent, à une croix engrêlée, de gueules.

LE NORMAND (François), marchand-bourgeois de Tours (fin du xviie siècle).

D'or, à un léopard de sable.

LE NORMAND DE LA PLACE, Éc., Sgrs des Perriers (xviiie siècle).

Jacques Le Normand de la Place fut nommé lieutenant criminel au présidial de Tours le 2 septembre 1701.

Alexandre-Simon Le Normand de la Place fut nommé lieutenant de police à Tours en 1738.

Fascé, ondé d'azur et d'argent de 8 pièces; au chef d'or (ou d'argent), chargé d'une rose de gueules accompagnée de deux cannettes de sinople affrontées.

LE NORMAND DE SALVERTE, Éc., Sgrs de Salverte (xviie siècle).

François Le Normand, Sgr de Salverte, maréchal-des-logis du roi dans les provinces d'Anjou et de Poitou, capitaine des ville et château de Langeais, fut anobli par lettres du mois de mai 1605.

Cet anoblissement lui fut accordé en considération de ses services et de ceux de son père, François Le Normand, qui avait exercé la charge de maréchal-des-logis du ban et de l'arrière-ban en Poitou et en Anjou.

Une branche de cette famille s'est établie en Bretagne.

D'azur, au lion léopardé, d'or; au chef de gueules soutenu d'argent, chargé d'un léopard d'or.

LÉON (Etienne), marchand-bourgeois à Tours (fin du xvııᵉ siècle).

D'azur, à une tête de léopard arrachée, d'or, lampassée de gueules.

LÉONARD de la CROIX, abbé de Saint-Julien, de Tours (1727).

D'azur, à une croix tréflée, d'or, accompagnée de 4 têtes de lions arrachées, d'argent, et affrontées. — Couronne de baron.

LE PEINTRE de MARIGNY (Jacques), chanoine de l'Église de Tours, archidiacre d'Outre-Vienne, puis doyen de l'Église de Tours (1680), seigneur de Huismes, mort le 15 avril 1713.

D'argent, à une fasce de sable accompagnée de trois cerfs passants, aussi de sable, 2, 1.

D'autres généalogistes attribuent au même personnage les armes suivantes :

D'argent, à trois pinceaux de sable mis en fasce.

LE PELLERIN de BEAUVAIS. — Famille originaire de Normandie où elle est connue dès le xvᵉ siècle. Plusieurs de ses membres se sont établis, vers 1660 et depuis, dans la province de Touraine où ils ont possédé divers fiefs.

François-Charles Le Pellerin de Beauvais remplissait les fonctions de lieutenant des maréchaux de France, à Richelieu, en 1769.

Cette famille est actuellement représentée par :

1° Marie-Auguste-Edouard Le Pellerin de Beauvais, né le 19 septembre 1842, résidant à Paris;

2° Marie-Auguste-Henri Le Pellerin de Beauvais, né le 20 mars 1852;

3° Marie-Joseph-François-Arthur Le Pellerin de Beauvais, fils de Pierre-Auguste Le Pellerin, comte de Beauvais, et de Françoise-Angélique Esmoingt du Chézeau.

D'azur, à un chevron d'or, accompagné de trois étoiles d'argent; au chef de sable chargé de trois coquilles d'argent.

LEPETIT (Simon), commandeur de Ballan et de Linière, paroisse de Mareuil (1596).

Fuselé d'or et de gueules.

LÉRETTE (de), Éc., Sgrs de Lérette, du Pouet, de Rilly, en Touraine. La filiation de cette famille remonte à Jean de Lérette (1535).

En 1682, Joseph de Lérette était lieutenant des chasses d'Amboise et de Montrichard.

D'argent, à trois grues de sable, 2, 1, becquées et armées de gueules, les extrémités des ailes aussi de gueules.

LE RÉVÉREND voyez RÉVÉREND.

LE RICHE, Éc., Sgrs de Ports et des Plantes (XVIIIe siècle).

Hyacinthe-Julien le Riche, docteur de Sorbonne, chanoine de la collégiale de Chinon, grand-archidiacre et vicaire général de l'Église de Tours, fut abbé commendataire de Noyers de 1736 à 1746 et prieur de St-Louans en 1765.

De gueules, au coq d'argent, perché sur une chaîne d'or, en fasce, ayant la patte droite levée et regardant une étoile aussi d'or placée à l'angle dextre du chef. — Couronne de marquis. — Tenants : deux sauvages. — *Alias* : De gueules, au coq perché sur une chaîne, adextré en chef d'une étoile, le tout d'or.

LE ROI DE LA POTHERIE, Éc., Sgrs de Saindous (en partie) au Canada, et de la Touche, en Touraine (XVIIIe siècle). — Cette famille a été maintenue dans sa noblesse le 4 septembre 1769 par le conseil supérieur de la Guadeloupe.

D'azur, au chevron d'or, accompagné de trois ombres de soleil à 8 rais, de même.

LE ROI DE MORÉ (Nicolas), abbé de Beaulieu, en Touraine (1671-93).

D'argent, à la bande de gueules chargée de trois étoiles d'or.

LEROU DE LA CHENAIE, en Touraine (XIXe siècle). — Cette famille a comparu à l'Assemblée électorale de la noblesse du Poitou, en 1789.

De sable, à trois merlettes d'argent, 2, 1. — Supports : deux griffons. — Couronne de marquis.

LE ROUX, Éc., Sgrs de Rochefuret (XVIIe siècle).

Nicolas le Roux, échevin, maire de Tours en 1638, trésorier de France à Tours (1651), mourut le 8 janvier 1695.

En 1695, Louis le Roux fut pourvu de la charge de trésorier de France au bureau des finances de la généralité de
Tours.

A cette époque, une branche de la famille le Roux résidait
à Blois.

D'azur, au chevron d'or accompagné de trois annelets d'argent ; 2, 1. —
Alias : De gueules, au chevron d'or accompagné de trois annelets de
même.

LE ROUX, Éc., Sgrs de Rassay, Graveteau — et de Ne-
mans, paroisse d'Avoine (XVIIᵉ siècle).

Gilles le Roux de Rassay était capitaine du château de
Bonaventure, en Touraine en 1686.

Un autre Gilles Le Roux, écuyer, Sgr de Rassay, était
huissier de la chambre du roi en 1700.

De sinople, ou de gueules, à une croix ancrée, d'argent, chargée en cœur
d'une coquille de sable.

LE ROUX, Sgrs de la Pinardière, élection de Loches
(XVIIIᵉ siècle).

Jean-Baptiste-Claude-Basile Le Roux de la Pinardière,
avocat du roi et son conseiller au bailliage et siége présidial
de Loches, en 1789, portait :

D'azur, à trois pommes de pin, d'or, 2, 1 — Supports : deux lévriers. —
Couronne de comte.

LE ROUX, marchands-bourgeois à Tours (fin du XVIIᵉ
siècle).

D'azur, à trois pals d'or.

LE ROYER DE LA SAUVAGÈRE, Chev., Sgrs d'Artzé,
près Chinon, des Places et des Huiliers, en Véron, de Chantepie, la Motte (XVIIIᵉ siècle).—Famille originaire de Bretagne.
— Elle a obtenu des lettres de maintenue de noblesse en novembre 1742.

Marc-Pierre Le Royer de la Sauvagère était chanoine de
Notre-Dame et de Saint-Florentin d'Amboise, en 1789.

François-Sébastien-Marc-Antoine Le Royer de la Sauvagère d'Artezay, chevalier, ancien lieutenant-colonel d'infanterie, comparut, en 1789, à l'Assemblée de la noblesse de

Touraine convoquée pour l'élection des députés aux États-généraux.

D'azur, à trois roues d'or, 2, 1. — Devise : *Pro. fide et patria.* — Supports : deux sauvages. — Couronne de marquis.

LESAGE ou **LE SAGE.** — Cette famille, une des plus anciennes de la Touraine où elle a possédé la terre de Luzillé (xvie siècle), fait remonter son origine à Toussaint Lesage, baron du Sage, chevalier banneret de cette province, et vivant en 1300. Une branche alla s'établir en Guienne vers 1470.

D'or, au huchet d'azur, noué de gueules. — Supports : un lion à dextre, et un griffon à sénestre. — Devise : *Deus spes sapientis.*

L'ESBAY (de), Éc., Sgrs de la Barre et de Bourneuf (xviie siècle).

A cette époque, une branche résidait dans la paroisse de Saint-Gorgon, (élection et bailliage de Tours); une autre dans la paroisse de Marcilly.

D'argent, au porc-épic de sable, passant, accompagné de trois roses de gueules, rangées.

L'ESCALOPIER (Gaspard-César-Charles), fut intendant de Touraine (1756-66). Il était fils de César-Charles L'Escalopier, conseiller au parlement, maître des requêtes, intendant de Champagne, conseiller d'État, premier président du Grand-Conseil, et de Anne-Geneviève Charrier. En 1737, il épousa Anne Le Clerc de Lesseville dont il eut : Armand-Jean-François-Charles L'Escalopier, et N., chevalier de Malte.

Armand-Jean-François-Charles de Lescalopier, chevalier, conseiller au Parlement, comparut, en 1789, à l'Assemblée électorale de la noblesse de l'Isle-de-France.

De gueules, à la croix d'or cantonnée de 4 croissants montants, de même. Supports : deux lions. — Couronne de marquis.

LESCOT (de), Éc., Sgrs du Marais et de la Garde (paroisse de Pouzay) (xviie siècle).

Cette famille a résidé à Pouzay et à Ports.

Losangé d'azur et de pourpre.

LESCOUET (de), Chev., Sgrs de la Moquelaye, de la Guerrande, Grillemont (xvᵉ siècle).

Cette famille, originaire de Bretagne, s'est établie en Touraine vers 1460. Elle a fourni trois capitaines-gouverneurs de Loches : Raoulant I de Lescouet, qui était en même temps maître des eaux et forêts de Touraine (1461), — Bertrand de Lescouet (1475), — et Raouland II de Lescouet (1477).

De sable, à l'épervier d'argent, armé, becqué, longé et grilleté d'or, accompagné de trois coquilles du second émail.

Quelques généalogistes attribuent à cette famille les armes suivantes :

D'argent, au chef de gueules chargé de 7 billettes d'argent, 4, 3.

LESCOURS (de), en Touraine.

Coticé d'or et d'azur.

LESCOUX (de), Chev., Sgrs de Saint-Bohaire. — Famille originaire de Picardie. Henri de Lescoux, Sgr de Torsy, produisit des titres de cinq degrés, depuis l'an 1523.

De gueules, au sautoir échiqueté d'argent et d'azur.

LESMERIE DE LUCÉ (Philippe-Joseph de), commandeur de Fretay, du Blison et de Villejésus (ordre de Malte), mourut à Poitiers le 30 mars 1734, âgé de 95 ans.

D'argent, à trois feuilles de chêne de sinople, 2, 1.

LE SOUFFLEUR DE GAUDRU, Chev., Sgrs de Gaudru, paroisse de Saint-Pierre de Tournon, des Effes, Saint-Saturnin, de Roncée-Bigot, paroisse de Liéze, de la Roche, paroisse de St-Epain (xviiᵉ siècle).

Cette famille, originaire de Touraine, est une des plus anciennes de cette province. Elle a possédé le château de Gaudru pendant plus de quatre siècles.

Jacques Le Souffleur de Gaudru, chevalier, capitaine de dragons, comparut, en 1789, à l'Assemblée électorale de la noblesse de Touraine.

Par acte du 24 juillet 1685, Antoine Le Souffleur, Éc., Sgr de Gaudru, et Anne Fourhier, sa femme, vendirent la terre de Roncée-Bigot à Jean Pallu, Sgr de Lessert.

De gueules, au chevron d'argent, accompagné en pointe de deux mâts girouettés de même issants d'une eau de sinople; au chef d'azur, chargé de trois étoiles d'or. — Couronne de comte.

LESPAYE (de), Éc., Sgrs de Lespaye, paroisse de Parçay, — de Limon (élection de Loudun), — de Montigné (xvii⁰ siècle).

De gueules, à six annelets d'argent posés en orle, et une bande aussi d'argent.

LESPINASSE (de), en Touraine.

De sable, au lion d'or; au chef échiqueté de gueules et d'argent de deux traits.

LESPINAY (de), Sgrs de la Plesse, paroisse de Rivarennes (élection de Chinon), — de Courléon, des Cartes (xviie siècle).

La branche de la Plesse portait :

D'argent, au lion de gueules, coupé de sinople, armé, lampassé et couronné d'or.

La branche de Courléon :

D'argent, au lion de gueules, armé, lampassé et couronné d'or.

LESPINE (de), Chev., Sgrs de Sonzay et de Souvigny (xiiie siècle).

D'argent, à une croix de gueules; à un aubépin de sinople au premier quartier.

LESTANG (de), Éc., Sgrs de Villaines, Vauvert, Ry (xviie et xviiie siècles).

René de Lestang fut maintenu dans sa noblesse le 3 avril 1745.

D'argent, à sept fusées de gueules.

LESTANG-PARADE (de), Chev., marquis et comtes de Lestang-Parade, — très-ancienne famille originaire d'Arles, en Provence. Elle a fourni plusieurs grands dignitaires à l'ordre de Malte.

Une charte du xie siècle, rapportée par le Père Hardouin, dans son *Histoire des Croisades*, fait mention du chevalier de Lestang qui conduisit la compagnie des croisés levée à Arles.

Louis-Joseph-Roland, marquis de Lestang-Parade, réside (1866) au château de la Menardière, commune de Saint-

Denis-hors. Son frère, le comte de Lestang-Parade, habite la ville d'Aix.

D'or, au lion d'azur, armé et lampassé de gueules. — Couronne de marquis.

LESTENOU (de), Chev., Sgrs de Bouferré, du Rouchoux, de la Russellerie, de la Gaudetterie, de la Croix, de la Poterie, de la Poitevinière, du Pré, de la Chaubruère, paroisse de Gizeux (du xvᵉ au xviiiᵉ siècle.

Famille de Touraine, dont la filiation remonte au commencement du xvᵉ siècle. La terre de Bouferré (paroisse du Grand-Pressigny), vint dans la maison de Lestenou par le mariage de Jeanne de Bouferré avec Jean de Lestenou, Éc., vers 1430, et elle y resta jusqu'en 1807, époque de la mort de Joseph-Isaac de Lestenou, dernier représentant mâle de la famille.

Joseph-Isaac de Lestenou avait eu quatre enfants de son mariage avec Anne-Hélène Odart : 1° Anne-Henriette, née en 1789, morte en bas âge; 2° Marie-Martine, née en 1790, mariée en 1810 à Victor de la Lande, écuyer ; 3° Joseph, né le 23 avril 1793, mort jeune; 4° Elisabeth, née le 3 octobre 1803.

Après la mort de Marie-Martine de Lestenou, épouse de Victor de la Lande, la terre de Bouferré fut possédée par ses ses enfants. Aujourd'hui elle appartient à M. René-Florent Bréchard.

La famille de Lestenou a été maintenue dans sa noblesse le 31 août 1666. Elle s'est alliée aux maisons de Bouferré, Fumée, Poitevin, de Beauvollier, de la Bouchardière, de Bellère, de Rougemont, de Préville, de Costic, Odart, Gautry, de la Lande, d'Olivet, du Pineau, d'Argis, Vaillant, etc...

Alexandre de Lestenou, Éc., fut pourvu de la charge de capitaine-gouverneur des châteaux de la Bourdaisière et de Chissé, en 1589.

De sable, au lion d'argent lampassé de gueules et couronné d'or.

Depuis son alliance avec la famille de Bouferré, la maison de Lestenou a porté :

Ecartelé; aux 1 et 4 de sable au lion d'argent; aux 2 et 3 d'azur, au bouc d'argent ferré d'or et rampant contre un chêne englanté au naturel. — Cimier : un lion issant entre deux vols bannerets d'argent — Supports : deux lions de même.

LESTRADE (de), Éc., Sgrs des Mousseaux, fief relevant de Preuilly (xvie siècle).

D'azur, au croissant renversé, d'argent, au chef cousu de gueules chargé d'une étoile d'or.

LETORT, à Tours.

D'azur, à la tortue passante, d'or. — Couronne de roses.

LE TOURNEUX de la **PERRAUDIÈRE**, Éc., Sgrs de la Perraudière (xviiie siècle). — Famille originaire de l'Anjou et anoblie en la personne de René-Sébastien Le Tourneux de la Perraudière, par lettres du mois de juin 1769.

D'azur, au chevron surmonté d'un croissant et accompagné en chef de deux têtes de licorne, et en pointe d'une tour, le tout d'argent. — L'écu timbré d'un casque de profil orné de ses lambrequins d'or et d'azur.

LE VACHER, voyez VACHER (Le).

LE VAILLANT, voyez VAILLANT (Le).

LE VASSEUR, barons de l'Empire.

D'azur, à la bande d'or chargée au milieu de deux losanges du champ, surchargées d'une étoile d'argent, et, aux deux extrémités, d'une rose de gueules; franc-quartier de baron tiré de l'armée.

LÉVÊQUE DE VILMORIN, Éc., Sgrs de Landrecourt, de Voué, d'Aubreville, etc... — Famille originaire de Lorraine ou de Champagne. Elle a donné un général de division, grand officier de la Légion d'honneur, chevalier de St-Louis, Antoine-Auguste Lévêque de Vilmorin, fils de Philippe-Victoire Lévêque de Vilmorin et de Jeanne-Marie-Adélaïde Andrieux.

Philippe-Victoire Lévêque de Vilmorin était lui-même fils de Jacques Lévêque de Vilmorin, écuyer, seigneur de Landrecourt, et d'Elizabeth Monet.

Nicolas Lévèque de Vilmorin, écuyer, Sgr de Landrecourt (père de Jacques), épousa Marie-Jacques de Souhesmes. Il était fils de Carle Lévèque de Vilmorin, écuyer, Sgr de Landrecourt, d'Aubreville, de Voué, etc..., major au régiment de Noailles, et de Madeleine de Saillet.

A la fin du xvie siècle, la famille Lévèque de Vilmorin s'était alliée à celle de Villemorien à laquelle appartenait Jean de Villemorien (alias : Villemorin), bailli et prévôt de Clermont, gentilhomme du roi, capitaine de 100 hommes d'armes, décédé en 1616.

De nos jours, elle s'est alliée à la maison de Fouchier, par le mariage (18 novembre 1855) de Marie-Adélaïde Lévèque de Vilmorin, fille d'Auguste-Antoine Lévèque de Vilmorin, général de division, grand officier de la Légion d'honneur, chevalier de St-Louis, et de Louise-Eugénie Wissault des Ferrières, avec Henri-Edouard de Fouchier, capitaine commandant le recrutement de Seine-et-Marne, chevalier de la Légion d'honneur et de Saint-Grégoire-le-Grand. Auguste-Antoine Lévèque de Vilmorin, né le 7 août 1786, est décédé à Tours le 6 juillet 1862.

La famille Lévèque de Vilmorin réside actuellement à **Paris.**

D'argent, au chevron d'azur, acccompagné de trois tourterelles de même ; sur le tout, d'argent, à la croix ancrée, de sable, chargée en cœur d'une étoile de sept pointes, d'or.

LEVESQUE DE GRAVELLE (N.), grand-maître des eaux et forêts de la généralité de Tours (1764).

Coupé d'azur et d'argent; l'azur chargé d'une grue d'argent tenant sa piété d'or; et l'argent chargé de trois cœurs enflammés de gueules.

LEVIS (de), Chev., comtes de Chalus, Sgrs de Macé, fief relevant de Loches (xviie siècle).

La filiation authentique de cette famille remonte à Philippe de Levis, vivant en 1197. Guy III de Levis, maréchal de Mirepoix, prit la croix en 1270.

La maison de Levis s'est divisée en plusieurs branches, parmi lesquelles on remarque celles : des marquis de Levis, ducs de Mirepoix; des marquis de Mirepoix, ducs de Fernando-Luis ; des ducs de Levis, créés ducs en 1763; des Levis-Ventadour, créés ducs de Ventadour en 1578. Elle a fourni des maréchaux de France, des lieutenants-généraux, un cardinal, onze prélats, des ambassadeurs, des chevaliers des ordres du roi.

D'or, à trois chevrons de sable.

LEVRAULT, Éc., Sgrs de Naintré, La Citière (xve et xvie siècles). — Famille originaire du Poitou.

D'argent, à la bande de gueules.

LEZAY-LEZIGNAN (de), voir LUSIGNAN DE LEZAY.

LEZAY-MARNÉSIA (de), Chev., barons, comtes et marquis de Lezay-Marnésia, Sgrs de Grandval, Vernantois, Montonne, Rothonay, etc... — Famille originaire de Bourgogne, où elle est connue dès le xiie siècle.

D'après la Chesnaye des Bois, le nom de cette ancienne maison serait *de les Haies,* ou *de Lessais,* en latin *de Asseribus*. Ce serait Mathieu de Lezay, reçu chevalier de Saint-Georges le 23 avril 1625, qui le premier aurait signé DE LEZAY. Son père signait DE LESAIS et DE LESAY.

La famille de Lezay-Marnésia a fourni un chambellan du roi Charles VI, un brigadier des armées du roi, un évêque d'Évreux, et des chanoines-comtes de Lyon. Elle a fait des preuves pour l'Ordre de Malte.

Par lettres-patentes du mois de décembre 1721, enregistrées à Dole, les terres de Marnésia, de Montonne, du Châtel, de Noinot, etc..., furent érigées en marquisat en faveur de Claude-Hubert de Lezay, brigadier des armées du roi, commandant des villes et châteaux de Brest et de Toulon, chevalier de Saint-Louis.

Le comte Albert de Lezay-Marnésia, chevalier de la Légion d'honneur, chambellan de S. M. l'impératrice, résidant au château de la Vallière, commune de Château-la-Vallière, en Touraine, (1864), a épousé Louise Poitelon du Tarde.

Mi-parti d'argent et de gueules, à la croix ancrée de l'un en l'autre.

LEZIGNEM DE LEZAY (de), voyez LUSIGNAN.

L'HERMITE, Chev., Sgrs de Moulins, de Rochefort, de Mondion, de Beauvais, de la Rongerie, du Bouchet, etc... — Tristan L'Hermite fut conseiller-chambellan du roi, prévôt des Maréchaux et maître de l'artillerie de France. Il résidait au château de Tours en 1464. Sa postérité s'est éteinte en la personne de Gilles L'Hermite, Éc., Sgr de Saint-Denis-sur-Huyges (bailliage du Perche), maintenu dans sa noblesse par M. de Marle, intendant d'Alençon, en 1667.

Écartelé; aux 1 et 4 d'azur, à trois gerbes d'or, liées de gueules; aux 2 et 3 d'argent, à une tête ou massacre de cerf, de sable, ramée d'or.

L'HERMITE, Chev., Sgrs de Souliers. — Famille originaire du Périgord. Elle a été maintenue dans sa noblesse le 4 octobre 1698.

François L'Hermite de Souliers, dit Tristan, secrétaire du marquis de Villars-Montpezat, résidait au Grand-Pressigny en 1650.

D'azur, à trois chevrons d'argent; au chef cousu, de gueules, chargé d'une croix potencée, d'or, cantonnée de quatre croisettes de même.

LHOMME DE LA PINSONNIÈRE, Chev., comtes de la Pinsonnière, Sgrs de Villiers, de Freulleville, etc. (xviie et xviiie siècles).

Jacques Lhomme, Sgr de la Pinsonnière, chef de la Panneterie du roi, fut anobli par lettres du mois d'août 1684, registrées au parlement le 26 juin 1685.

Claude-Odo Lhomme de la Pinsonnière, doyen du chapitre noble de Notre-Dame et Saint-Florentin d'Amboise, mourut le 29 septembre 1788.

Louis-Claude Lhomme de la Pinsonnière, chevalier de Saint-Louis, et Jacques Lhomme de la Pinsonnière, écuyer, comparurent à l'Assemblée électorale de la noblesse de Touraine en 1789.

Alexis-Jacques-Louis-Marie Lhomme de la Pinsonnière, maire de Civray-sur-Cher, fut créé comte et pair de France sous le règne de Louis-Philippe.

D'or, au chevron de sable chargé de deux épis d'or, et accompagné de trois trèfles de sinople, 2 en chef et un en pointe. — Supports : deux lions ; — Couronne de marquis.

LHUILLIER, Éc., Sgrs du Buisson (xvie, xviie et xviiie siècles).

Jean-Baptiste-Antoine Lhuillier du Buisson était conseiller du roi, trésorier de France au bureau des finances de la généralité de Tours, en 1670.

Antoine-Jean-Baptiste Lhuillier remplissait ces mêmes fonctions en 1696.

A la même époque, Antoine Lhuillier était conseiller du roi, assesseur et premier échevin de l'hôtel de ville de Tours.

D'azur, à une fasce d'argent, accompagnée de trois croissants d'or en chef, et en pointe de trois lis d'argent, tigés et feuillés de sinople, mis en pal.

LHUILLIER (N.), Sgr des Mesliers, receveur des décimes de Tours (1698).

D'argent, au chevron d'azur accompagné de trois cœurs de gueules.

LHUILLIER (Estienne), Éc., receveur des décimes à Tours (xviie siècle).

De gueules, à trois besants d'argent, 2, 1.

LHUILLIER DE LA CHAPELLE, Éc., Sgrs de la Chapelle, de la Gaudière et du Crochet, paroisse de Chanceaux, des Cartes, de la Rabottière, de la Guenetière, paroisse de Sonzay (xviie et xviiie siècles).

Jacques Lhuillier, de Tours, Sgr de la Chapelle, capitaine-général des guides, fut anobli vers 1650. — En 1683, ses enfants furent maintenus dans leur noblesse.

Alexandre Lhuillier, conseiller du roi, remplissait les fonctions de contrôleur-général des tailles de la généralité de Tours, en 1654.

Plusieurs membres de la famille ont comparu en 1789 à l'Assemblée électorale de la noblesse du Poitou.

A la même époque, Jacques-François Lhuillier de la Chapelle comparut à l'Assemblée électorale de la noblesse de l'Isle-de-France.

D'azur, à deux lions affrontés, d'or, lampassés de gueules, tenant une épée d'argent en pal.

L'HUILLIER DE LA MARDELLE, Éc., Sgrs de la Mardelle, de la Noue, de la Ridellière, de la Frosserie, de Saray (xviiie siècle).

Cette famille s'est alliée aux maisons d'Auvergne, de la Motte, Carré de Villebon, le Bloy de la Pornerie, Martin de Jartraux, de Bièvre, de François de la Ridellière, etc.

De son mariage avec Marthe Martin de Jartraux (1813), Hippolyte-Hyacinthe L'huillier de la Mardelle a eu quatre enfants : Edouard, né à Cloffy, en 1814, docteur en médecine, marié à Tharsille Maréchal de Bièvre ; — Louis-Charles, né en 1819, marié : 1° à Olympe-Aglaé-Lodoïska Rullières des Pegués; 2° à Zulmé Maspero ; — Adèle-Prudence-Léocadie, née en 1816, mariée en 1836 à Théodore Le Couvreur de Saint-Mauvieu, notaire à Ligueil; — Elisabeth-Eulalie-Marie, née en 1825, mariée à Léon de Laroche, maire de Villentrois.

D'azur, à un lion d'or adextré en chef d'un croissant tourné d'argent. — Casque de chevalier, taré de front et orné de ses lambrequins.

LHULLIER, Éc., Sgrs de la Richerie, de Breuil. — Famille résidant à Loches au xviie siècle.

D'azur, au chevron d'or accompagné de trois pattes de griffon de même, les doigts vers la dextre de l'écu.

LIÉBERT DE NITRAY, barons de Nitray (par lettres patentes du 2 mai 1844).

D'or, à la barre de gueules chargée d'un lion passant, contourné d'argent; au comble d'azur chargé de trois étoiles d'or rangées en fasce; franc-quartier de baron tiré de l'armée (de gueules à l'épée d'argent, la pointe en haut).

Liget, près Loches (la Chartreuse de Saint-Jean du).

D'azur, à un crucifix adextré d'une N.-D., et senestré d'un St-Jean, le tout d'or.

www.ingramcontent.com/pod-product-compliance
Lightning Source LLC
Chambersburg PA
CBHW070617270326
41926CB00011B/1718

CÉLIBAT

ET

CÉLIBATAIRES

CHEZ LES DEUX SEXES